화박사 유튜버 전혜승의 매회 완판되는 족집게 실전고사!!

최신판

실시간 질문&답변

맞춤형화장품 **조제관리사**

블랙박스 실전고사

실전고사 8회차 수록

- 최신 출제경향 반영된 모의고사로 실력점검
- 해설집 문제 반복으로 시험 완벽대비
- 화박사 네이버카페 실시간 질문 및 답변
- 상세한 해설로 핵심이론 학습
- OMR카드로 시험 실전 연습

전혜승 저자

VIP 등업 카페 닉네임 작성란

GUIDE

시험과목 및 세부내용

교과목	주요 항목	세부 내용
1. 화장품법의 이해	1.1. 화장품법	• 화장품법의 입법취지 • 화장품의 정의 및 유형 • 화장품의 유형별 특성 • 화장품법에 따른 영업의 종류 • 화장품의 품질 요소(안전성, 안정성, 유효성) • 화장품의 사후관리 기준
	1.2.개인정보 보호법	• 고객 관리 프로그램 운용 • 개인정보보호법에 근거한 고객정보 입력 • 개인정보보호법에 근거한 고객정보 관리 • 개인정보보호법에 근거한 고객 상담
2. 화장품 제조 및 품질관리	2.1. 화장품 원료의 종류와 특성	• 화장품 원료의 종류 • 화장품에 사용된 성분의 특성 • 원료 및 제품의 성분 정보
	2.2. 화장품의 기능과 품질	• 화장품의 효과 • 판매 가능한 맞춤형화장품 구성 • 내용물 및 원료의 품질성적서 구비
	2.3. 화장품 사용제한 원료	• 화장품에 사용되는 사용제한 원료의 종류 및 사용한도 • 착향제(향료) 성분 중 알레르기 유발 물질
	2.4. 화장품 관리	• 화장품의 취급방법 • 화장품의 보관방법 • 화장품의 사용방법 • 화장품의 사용상 주의사항
	2.5. 위해사례 판단 및 보고	• 위해여부 판단 • 위해사례 보고

교과목	주요 항목	세부 내용
3. 유통 화장품 안전관리	3.1. 작업장 위생관리	• 작업장의 위생 기준 • 작업장의 위생 상태 • 작업장의 위생 유지관리 활동 • 작업장 위생 유지를 위한 세제의 종류와 사용법 • 작업장 소독을 위한 소독제의 종류와 사용법
	3.2. 작업자 위생관리	• 작업장 내 직원의 위생 기준 설정 • 작업장 내 직원의 위생 상태 판정 • 혼합·소분 시 위생관리 규정 • 작업자 위생 유지를 위한 세제의 종류와 사용법 • 작업자 소독을 위한 소독제의 종류와 사용법 • 작업자 위생 관리를 위한 복장 청결상태 판단
	3.3. 설비 및 기구 관리	• 설비·기구의 위생 기준 설정 • 설비·기구의 위생 상태 판정 • 오염물질 제거 및 소독 방법 • 설비·기구의 구성 재질 구분 • 설비·기구의 폐기 기준
	3.4. 내용물 및 원료 관리	• 내용물 및 원료의 입고 기준 • 유통화장품의 안전관리 기준 • 입고된 원료 및 내용물 관리기준 • 보관중인 원료 및 내용물 출고기준 • 내용물 및 원료의 폐기 기준 • 내용물 및 원료의 사용기한 확인·판정 • 내용물 및 원료의 개봉 후 사용기한 확인·판정 • 내용물 및 원료의 변질 상태(변색, 변취 등) 확인 • 내용물 및 원료의 폐기 절차

GUIDE

교과목	주요 항목	세부 내용
3. 유통 화장품 안전관리	3.5. 포장재의 관리	• 포장재의 입고 기준 • 입고된 포장재 관리기준 • 보관중인 포장재 출고기준 • 포장재의 폐기 기준 • 포장재의 사용기한 확인·판정 • 포장재의 개봉 후 사용기한 확인·판정 • 포장재의 변질 상태 확인 • 포장재의 폐기 절차
4. 맞춤형 화장품의 이해	4.1. 맞춤형화장품 개요	• 맞춤형화장품 정의 • 맞춤형화장품 주요 규정 • 맞춤형화장품의 안전성 • 맞춤형화장품의 유효성 • 맞춤형화장품의 안정성
	4.2. 피부 및 모발 생리구조	• 피부의 생리 구조 • 모발의 생리 구조 • 피부 모발 상태 분석
	4.3. 관능평가 방법과 절차	• 관능평가 방법과 절차
	4.4. 제품 상담	• 맞춤형 화장품의 효과 • 맞춤형 화장품의 부작용의 종류와 현상 • 배합금지 사항 확인·배합 • 내용물 및 원료의 사용제한 사항
	4.5. 제품 안내	• 맞춤형 화장품 표시 사항 • 맞춤형 화장품 안전기준의 주요사항 • 맞춤형 화장품의 특징 • 맞춤형 화장품의 사용법

교과목	주요 항목	세부 내용
4. 맞춤형 화장품의 이해	4.6. 혼합 및 소분	• 원료 및 제형의 물리적 특성 • 화장품 배합한도 및 금지원료 • 원료 및 내용물의 유효성 • 원료 및 내용물의 규격(PH, 점도, 색상, 냄새 등) • 혼합·소분에 필요한 도구·기기 리스트 선택 • 혼합·소분에 필요한 기구 사용 • 맞춤형화장품 판매업 준수사항에 맞는 혼합·소분 활동
	4.7. 충진 및 포장	• 제품에 맞는 충진 방법 • 제품에 적합한 포장 방법 • 용기 기재사항
	4.8. 재고관리	• 원료 및 내용물의 재고 파악 • 적정 재고를 유지하기 위한 발주

시험방법 및 문항유형

과목명	문항유형	과목별 총점	시험방법
화장품법의 이해	선다형 7문항 / 단답형 3문항	100점	필기시험
화장품 제조 및 품질관리	선다형 20문항 / 단답형 5문항	250점	
유통화장품의 안전관리	선다형 25문항	250점	
맞춤형화장품의 이해	선다형 28문항 / 단답형 12문항	400점	

시험시간

과목명	입실시간	시험시간
• 화장품법의 이해 • 화장품 제조 및 품질관리 • 유통화장품의 안전관리 • 맞춤형화장품의 이해	09 : 00까지 (변동가능)	09 : 30 ~ 11 : 30 (120분) 변동가능

CONTENTS

PART 1 실전고사 문제

PART 2 실전고사 해설

맞춤형화장품 실전고사

1회

실전고사 1회

001

「화장품법」 제2조에 따른 화장품의 정의에 해당되지 않는 것은?

① 화장품은 인체를 청결·미화하여 매력을 더하고 용모를 밝게 변화시키기 위하여 사용되는 물품이다.
② 약사법 제2조제4호의 의약품에 해당하는 물품은 제외한다.
③ 화장품은 인체에 대한 작용이 경미한 것이다.
④ 화장품은 피부·모발·구강의 건강을 유지 또는 증진시킨다.
⑤ 인체에 바르고 문지르거나 뿌리는 등 이와 유사한 방법으로 사용한다.

002

화장품영업의 등록이 아닌 신고가 필요한 것으로 옳은 것은?

① 화장품 제조업
② 화장품 수입업
③ 화장품 책임판매업
④ 화장품 수입대행업
⑤ 맞춤형화장품 판매업

003

「화장품 유해사례 등 안전성 정보보고 해설서」에서는 판매한 화장품으로 인해 화장품 사용자가 입원이 필요한 경우에는 이 정보를 안 날로부터 (㉠)일 이내에 식품의약품안전처장에게 신속보고 하도록 규정하고 있다. ㉠에 들어갈 알맞은 날짜는?

① 5
② 10
③ 15
④ 20
⑤ 25

004

「화장품법 시행규칙」[별표 2]에 따라 화장품책임판매 후 안전관리 업무 중 정보 수집, 검토 및 그 결과에 따른 필요한 조치에 관한 업무를 (   )(라)고 한다. 괄호에 적합한 용어는?

① 안전확보 업무
② 안전관리 업무
③ 안전대책 업무
④ 안전보증 업무
⑤ 안전조치 업무

005

「화장품법 시행규칙」제7조의 품질관리기준에 따라 화장품책임판매업에서 안전관리 업무를 총괄하는 자로 적합한 자는?

① 화장품책임판매업자
② 책임판매관리자
③ 화장품제조업자
④ 품질부서책임자
⑤ 안전관리책임자

006

「화장품법 시행규칙」제7조의 책임판매 후 안전관리기준에 따라 수집한 안전관리 정보의 검토 결과 조치가 필요하다고 판단될 경우, 화장품책임판매업자가 조치해야 하는 사항으로 적절하지 않은 것은?

① 회수
② 폐기
③ 판매정지
④ 품질기록문서의 개정
⑤ 식품의약품안전처장에게 보고

007

「화장품법 시행규칙」에 따라 화장품의 유형 중 기초 화장용 제품류에 속하지 않는 제품은?

① 파우더
② 수렴화장수
③ 손·발의 피부연화제품
④ 클렌징 티슈
⑤ 물휴지

008

식품의약품안전처장이 고시한「천연화장품 및 유기농화장품의 기준에 관한 규정」에 따라 천연화장품과 유기농화장품에 사용할 수 없는 보존제는?

① 벤조익애씨드 및 그 염류(Benzoic Acid and its salts)
② 벤질알코올(Benzyl Alcohol)
③ 소르빅애씨드 및 그 염류(Sorbic Acid and its salts)
④ 살리실릭애씨드 및 그 염류(Salicylic Acid and its salts)
⑤ 페녹시에탄올(Phenoxyethanol)

009

식품의약품안전처장 고시「천연화장품 및 유기농화장품의 기준에 관한 규정」에 따라 천연화장품과 유기농화장품에 대한 설명으로 옳은 것은?

① 천연화장품 및 유기농화장품의 용기와 포장에 폴리스티렌폼을 사용할 수 있다.
② 유기농화장품은 유기농함량이 전체 제품에서 10%이상 함유하며 유기농함량을 포함한 천연함량이 전체 제품의 함량에서 95%이상으로 석유화학성분을 사용할 수 없다.
③ 유기농화장품에 사용할 수 있는 허용된 합성원료 함량은 3%이다.
④ 유기농원료는 원료보관실에서 다른 원료와 함께 안전하게 보관한다.
⑤ 물, 미네랄, 미네랄유래원료는 유기농화장품의 함량비율계산에 포함하지 않는다.

010

화장품 원료에 대한 성상을 설명한 것 중에서 옳지 않은 것은?

① 살리실릭애씨드(salicylic acid) : 백색의 결정성 가루로 냄새는 없다.
② 나이아신아마이드(niacinamide) : 백색의 결정 또는 결정성 가루로 냄새는 없다.
③ 알부틴(arbutin) : 미황색 ~ 황색의 가루로 약간의 특이한 냄새가 있다.
④ 징크피리치온(zinc pyrithione) : 적색을 띤 회백색의 가루로 냄새는 없다.
⑤ 징크피리치온 액(50 %)(zinc pyrithione solution(50 %)) : 흰색의 수성현탁제로 약간 특이한 냄새가 있다.

011

식품의약품안전처장 고시 「화장품 안전기준 등에 관한 규정」에 따라 화장품에 사용할 수 없는 배합금지 원료인 것은?

① 프로필파라벤
② 메틸파라벤
③ 페닐트리메치콘
④ 페녹시에탄올
⑤ 페닐파라벤

012

화장품 원료 명칭과 비타민 명칭이 옳지 않게 짝지어진 것은?

① 토코페롤(tocopherol) - 비타민 E
② 아스코르빅애씨드(ascorbic acid) - 비타민 C
③ 판테놀(panthenol) - 비타민 B5
④ 피리독신에이치씨엘(pyridoxine HCL) - 비타민 B6
⑤ 레티놀(retinol) - 비타민 D

013

우수화장품 제조 및 품질관리기준(CGMP) 해설서에서 설명하고 있는 완제품 보관검체에 대한 설명으로 옳지 않은 것은?

① 품질 상에 문제가 발생하여 재시험이 필요할 때 보관검체를 사용한다.
② 각 뱃치를 대표하는 검체를 보관한다.
③ 일반적으로는 각 뱃치별로 제품 시험을 2번 실시할 수 있는 양을 보관한다.
④ 제품이 가장 안정한 조건에서 보관한다.
⑤ 제품의 사용기한이 경과 후 3년까지 보관한다.

014

표시량이 300mL인 샴푸의 충진량(g)으로 적당한 것은?(단, 샴푸의 비중은 0.8)

① 240그램　② 300그램
③ 330그램　④ 360그램
⑤ 400그램

015

우수화장품 제조 및 품질관리기준(CGMP)에 따라 화장품을 제조하는 작업실에 대한 관리기준으로 적당하지 않은 것은?

① 제조실-낙하균 30개/hr 이하 또는 부유균 : 200개/㎥ 이하
② 칭량실-낙하균 30개/hr 이하 또는 부유균 : 200개/㎥ 이하
③ 충전실-낙하균 30개/hr 이하 또는 부유균 : 200개/㎥ 이하
④ 내용물보관소-낙하균 30개/hr 이하 또는 부유균 : 200개/㎥ 이하
⑤ 완제품보관소-낙하균 30개/hr 이하 또는 부유균 : 200개/㎥ 이하

016

식품의약품안전처고시 「화장품 바코드 표시 및 관리요령」에 따라 다음 중 화장품 중에서 화장품 바코드 표시를 생략할 수 없는 것은?

① 내용량 15그램 아이크림
② 내용량 15그램 영양크림
③ 내용량 30그램 아이크림 견본품
④ 내용량 30그램 영양크림 견본품
⑤ 내용량 30그램 아이라이너

017

자외선 차단 기능성화장품과 관련된 설명 중 옳은 것은?

① 최소홍반량은 UVA를 사람의 피부에 조사 후 일정시간 범위 내에 조사영역의 전 영역에 홍반을 나타낼 수 있는 최소한의 자외선 조사량이다.
② 최소지속형즉시흑화량은 UVB를 피부에 조사한 후 2~24시간 내 희미한 흑화가 인식되는 최소 자외선 조사량을 말한다.
③ 자외선차단지수(SPF)는 UVB를 차단하는 제품의 차단지수를 나타내는 지수이다.
④ 자외선차단지수는(SPF)는 자외선차단제품을 도포하지 않고 얻은 최소홍반량을 자외선차단제품을 도포하여 얻은 최소홍반량으로 나눈 값이다.
⑤ 자외선A 차단지수(PA)가 8이상이면 PA++++로 표시한다.

018

「화장품법 시행규칙」제10조의2에 따라 영유아 또는 어린이가 사용할 수 있는 화장품임을 표시·광고하려는 경우에는 제품별로 안전과 품질을 입증할 수 있는 자료를 작성 및 보관하여야 한다. 이때 영유아 및 어린이의 연령기준으로 옳은 것은?

① 영유아 : 3세 이하, 어린이 : 4세 이상부터 14세 이하까지
② 영유아 : 3세 이하, 어린이 : 4세 이상부터 13세 이하까지
③ 영유아 : 3세 이하, 어린이 : 4세 이상부터 12세 이하까지
④ 영유아 : 4세 이하, 어린이 : 5세 이상부터 13세 이하까지
⑤ 영유아 : 4세 이하, 어린이 : 5세 이상부터 12세 이하까지

019

식품의약품안전처장이 고시한 「화장품 안전기준 등에 관한 규정」에 따른 자외선 차단성분의 사용한도로 옳은 것은?

① 에칠헥실메톡시신나메이트 7%
② 벤조페논-3(옥시벤존) 7%
③ 옥토크릴렌 10%
④ 티타늄디옥사이드 20%
⑤ 호모살레이트 5%

020

「개인정보보호법」에 따라 고객 상담 시 개인정보 중 민감 정보에 해당 되는 것으로 옳은 것은?

① 여권법에 따른 여권번호
② 주민등록법에 따른 주민등록번호
③ 출입국관리법에 따른 외국인등록번호
④ 도로교통법에 따른 운전면허의 면허번호
⑤ 유전자검사 등의 결과로 얻어진 유전 정보

021

우수화장품 제조 및 품질관리기준 (CGMP)에 따라 원료 및 포장재가 입고될 때 확인해야 할 정보로 적당하지 않은 것은?

① 인도문서와 포장에 표시된 품목·제품명
② 공급자명
③ 공급자가 부여한 뱃치 정보(batch reference)
④ 납품차량
⑤ 수령 일자

022

「화장품법」제3조의3에 따라 맞춤형화장품판매업자로 신고할 수 있는 자는?

① 피성년후견인 또는 파산선고를 받고 복권되지 아니한 자
② 「화장품법」을 위반하여 금고 이상의 형을 선고받고 그 집행이 끝나지 아니하거나 그 집행을 받지 아니하기로 확정되지 아니한 자
③ 「화장품법」 제24조에 따라 등록이 취소되거나 영업소가 폐쇄된 날부터 1년이 지나지 아니한 자
④ 「정신건강증진 및 정신질환자 복지서비스 지원에 관한 법률」 제3조제1호에 따른 정신질환자
⑤ 보건범죄 단속에 관한 특별조치법을 위반하여 금고 이상의 형을 선고받고 그 집행이 끝나지 아니하거나 그 집행을 받지 아니하기로 확정되지 아니한 자

023

다음 중 회수 대상에 해당되는 위해 화장품은?

① 화장품의 안전용기 및 포장을 위반한 화장품
② 화장품 책임판매관리자를 두지 않고 판매한 화장품
③ 화장품책임판매업자가 판매한 화장품
④ 맞춤형화장품판매업 신고를 한 자가 판매한 맞춤형화장품
⑤ 혼합·소분을 위하여 포장 및 기재사항을 훼손한 맞춤형화장품

024

식품의약품안전처장이 고시한 「천연화장품 및 유기농화장품의 기준에 관한 규정」에 따라 천연화장품 및 유기농화장품의 제조에 사용할 수 있는 보존제로 옳은 것은?

① 포믹애씨드
② 이미다졸리디닐우레아
③ 징크피리치온
④ 포타슘소르베이트
⑤ 디엠디엠하이단토인

025

〈보기〉는 염모제에 대한 사용 시의 주의사항이다. ㉠에 공통으로 적합한 단어는?

> 〈보기〉
>
> 염색 전 2일전(48시간 전)에는 다음의 순서에 따라 매회 반드시 (㉠)를(을) 실시하여 주십시오. (㉠)의 결과, 이상이 발생한 경험이 있는 분들은 사용하지 마십시오. 사용 후 피부나 신체가 과민상태로 되거나 피부이상반응(부종, 염증 등)이 일어나거나, 현재의 증상이 악화될 가능성이 있습니다.

① 안전성 테스트
② 안정성 테스트
③ 패치 테스트
④ 누적첩포 테스트
⑤ 사용 테스트

026

최소홍반량(Minimum Erythema Dose, MED)에 대한 설명으로 적절하지 않은 것은?

① 최소홍반량은 UVB를 사람의 피부에 조사한 후 16 ~ 24시간에서 조사영역의 거의 대부분에 홍반을 나타낼 수 있는 최소한의 자외선량이다.
② MED 값이 작을수록 UVB에 의한 홍반이 잘 생기는 피부이다.
③ 자외선차단제를 피부에 도포하면 MED 값이 증가한다.
④ 일반적으로 피부색이 흰색에 가까울수록 MED 값이 증가한다.
⑤ 자외선차단제 도포 후의 MED 값이 도포 전의 MED 값보다 크다.

027

식품의약품안전처고시「화장품 안전기준 등에 관한 규정」에 따라 다음의 화장품 원료 중 사용상의 제한이 필요한 원료는?

① 토코페롤
② 토코페릴아세테이트
③ 아스코르빅애씨드
④ 레티놀
⑤ 레티닐팔미테이트

028

「화장품법 시행규칙」 제18조에 따라 안전용기·포장 대상에서 제외되는 용기가 아닌 것은?

① 일회용 제품
② 용기 입구 부분이 뚜껑을 돌려서 여는 제품
③ 용기 입구 부분이 펌프로 작동되는 분무용기 제품
④ 용기 입구 부분이 방아쇠로 작동되는 분무용기 제품
⑤ 압축 분무 용기제품

029

「화장품법 시행규칙」 별표 3(화장품의 유형)에 따라 화장품을 분류할 때 기초화장품 제품류에 속하는 것은?

① 애프터셰이브 로션(aftershave lotions)
② 프리셰이브 로션(preshave lotions)
③ 손·발의 피부연화 제품
④ 헤어 크림·로션
⑤ 페이스 파우더(face powder)

030

식품의약품안전처장이 고시한 「화장품 안전기준 등에 관한 규정」에서는 화장품의 비의도적 유래물질의 검출 허용 한도를 정하고 있다. 이 규정에 따라 화장품의 비의도적 유래물질의 양을 시험하고자 할 때 유도결합플라즈마-질량분석기를 이용한 방법(ICP-MS)으로 분석할 수 없는 성분은?

① 납 ② 니켈
③ 비소 ④ 안티몬
⑤ 수은

031

「화장품 안전기준 등에 관한 규정」의 유통화장품 안전관리 기준에서 규정하는 비의도적으로 유래된 물질의 검출 허용한도가 옳지 않은 것은?

① 비소 : 10㎍/g이하
② 메탄올 : 0.2(v/v)%이하 단, 물휴지는 0.002%(v/v)이하
③ 포름알데하이드 : 3000㎍/g이하
④ 수은 : 1㎍/g이하
⑤ 디옥산 : 100㎍/g이하

032

「화장품 안전기준 등에 관한 규정」의 유통화장품 안전관리 기준에 따라 치오글라이콜릭애씨드 또는 그 염류가 주성분인 냉2욕식 퍼머넌트웨이브용 제품 1제의 시험기준으로 적합하지 않은 것은?

① pH : 4.5~9.6
② 알칼리 : 0.1N염산의 소비량은 검체 1mL에 대하여 7.0mL이하
③ 중금속 : 20㎍/g이하
④ 비소 : 5㎍/g이하
⑤ 철 : 10㎍/g이하

033

「화장품 안전기준 등에 관한 규정」의 유통화장품 안전관리 기준에서 규정하는 비의도적 유래 물질인 납의 검출 허용한도가 옳은 것은?

① 점토를 원료로 사용한 분말제품은 50㎍/g(ppm)이하, 그 밖의 제품은 20㎍/g이하
② 점토를 원료로 사용한 분말제품은 40㎍/g(ppm)이하, 그 밖의 제품은 10㎍/g이하
③ 점토를 원료로 사용한 분말제품은 30㎍/g(ppm)이하, 그 밖의 제품은 10㎍/g이하
④ 눈 화장용 제품은 35㎍/g 이하, 그밖의 제품은 10㎍/g 이하
⑤ 색조 화장용 제품은 30㎍/g이하, 그밖의 제품은 10㎍/g 이하

034

「개인정보보호법」에서 정하고 있는 개인정보보호의 원칙에 대한 설명 중 틀린 것은?

① 개인정보처리자는 개인정보의 처리 목적을 명확하게 하여야 한다.
② 개인정보처리자는 개인정보의 처리 목적에 필요한 범위에서 적합하게 개인정보를 처리하여야 하며, 그 목적 외의 용도로 활용하여서는 아니 된다.
③ 개인정보처리자는 개인정보를 반드시 익명 처리해야 한다.
④ 개인정보처리자는 개인정보 처리방침 등 개인정보의 처리에 관한 사항을 공개하여야 하며, 열람청구권 등 정보주체의 권리를 보장하여야 한다.
⑤ 목적에 필요한 범위에서 최소한의 개인정보만을 적법하고 정당하게 수집하여야 한다.

035

원료나 내용물의 피부에 대한 알레르기, 부작용 등을 확인하기 위하여 일정량의 원료나 내용물을 피부에 도포 후, 일정 시간 경과 후에 피부의 반응을 보는 시험은 무엇인가?

① 피부감작성시험
② 피부첩포시험(패치테스트, patch test)
③ 1차피부자극시험
④ 유전독성시험
⑤ 광독성시험

036

「우수화장품 제조 및 품질관리기준(CGMP)」제8조에 따른 화장품 작업장에 관한 기준으로 옳은 것은?

① 화장품 작업장은 환기가 잘 되도록 외부와 연결된 창문이 가능한 잘 열리도록 해야 한다.
② 화장품 작업장은 제조하는 화장품의 종류와 제형에 관계없이 필요에 따라 구획하면 된다.
③ 작업장의 공간상 불가피한 경우 수세실과 화장실은 생산구역과 분리되지 않아도 된다.
④ 사용하지 않는 연결 호스와 부속품은 위생관리를 하지 않아도 무관하다.
⑤ 화장품 작업장 내 조명이 파손될 경우를 대비하여 제품을 보호할 수 있는 처리 절차를 마련하여야 한다.

037

「우수화장품 제조 및 품질관리기준(CGMP)」에 따라 품질관리 시, 원자재 용기 및 시험기록서에 필수적으로 기재해야하는 사항이 아닌 것은?

① 원자재 공급자가 정한 제품명
② 원자재 공급자명
③ 발주일자
④ 공급자가 부여한 제조번호 또는 관리번호
⑤ 수령일자

038

물에 녹기 쉬운 염료를 알루미늄 등의 염이나 황산알루미늄, 황산 지르코늄 등을 가해 물에 녹지 않도록 불용화시킨 유기안료를 (㉠)이라 한다. ㉠에 적당한 단어는?

① 타르색소 ② 안료
③ 레이크 ④ 염료
⑤ 피그먼트

039

우수화장품 제조 및 품질관리기준(CGMP) 적합업소 지정을 받기 위해서는 청정도 기준에 제시된 청정도 등급 이상으로 설정하여야 하며 청정도 등급을 설정한 구역은 설정 등급의 유지여부를 정기적으로 모니터링 하여 설정 등급을 벗어나지 않도록 관리해야 한다. 다음 중 청정도 2등급 작업실에 해당되지 않는 곳은?

① 제조실
② 벌크보관실
③ 충진실(충전실)
④ 원료칭량실
⑤ 원료보관소

040

에멀젼(emulsion)의 물리적 불안정성에 해당되지 않는 것은?

① 유상과 수상의 분리
② 비중 차에 의한 침전
③ 합일
④ 응집
⑤ 변취

041

「화장품 안전기준 등에 관한 규정」의 유통화장품 안전관리 기준에 따라 화장품의 pH가 3.0~9.0이어야 하는 화장품에 해당되지 않는 것은?

① 유연 화장수
② 바디로션
③ 수분 크림
④ 클렌징 오일
⑤ 마스크 팩

042

「기능성화장품 기준 및 시험방법」에 고시된 탈모증상의 완화에 도움을 주는 기능성 성분이 아닌 것은?

① 덱스판테놀
② 비오틴
③ 엘-멘톨
④ 징크피리치온
⑤ 캠퍼

043

화장품의 품질요소에 해당되지 않는 것은?

① 안전성(safety)
② 안정성(stability)
③ 사용성(usability)
④ 유효성(efficacy)
⑤ 작용성(functionality)

044

식품의약품안전처장이 고시한 「화장품 사용 시의 주의사항 및 알레르기 유발성분 표시에 관한 규정」에서는 착향제(향료)에 포함된 알레르기 유발물질을 전성분에 표시하도록 정하고 있다. 다만 사용 후 씻어내는 제품에는 0.01% 초과, 사용 후 씻어내지 않는 제품에는 (㉠)초과 함유하는 경우에만 알레르기 유발성분을 표시한다. ㉠에 적합한 단어는?

① 0.001%
② 0.010%
③ 0.020%
④ 0.100%
⑤ 1.000%

045

「화장품법 시행규칙」에서 정하고 있는 화장품에 공통적으로 표시해야 하는 사용 시의 주의사항으로 적당하지 않은 것은?

① 상처가 있는 부위 등에는 사용을 자제할 것.
② 어린이의 손이 닿지 않는 곳에 보관할 것.
③ 눈 주위를 피하여 사용할 것.
④ 직사광선을 피해서 보관할 것.
⑤ 화장품 사용 시 또는 사용 후 직사광선에 의하여 사용부위가 붉은 반점, 부어오름 또는 가려움증 등의 이상 증상이나 부작용이 있는 경우 전문의 등과 상담할 것.

046

「화장품법」제40조에 따라 100만원의 과태료가 부과되는 자는?

① 화장품 생산실적을 보고하지 아니한 자
② 동물실험을 실시한 화장품을 유통·판매한 자
③ 의무교육을 이수하지 않은 맞춤형화장품조제관리사
④ 폐업 신고를 하지 않는 자
⑤ 화장품 판매가격을 표시하지 아니한 자

047

「화장품법」에 따라 맞춤형화장품조제관리사가 의무교육을 이수하지 않았을 때의 처벌은?

① 과징금 100만원
② 과태료 50만원
③ 과징금 50만원
④ 판매정지 15일
⑤ 업무정지 30일

048

「화장품법 시행규칙」에서 규정한 안전용기·포장대상 품목이 아닌 것은?

① 아세톤을 함유하는 네일 에나멜 리무버
② 미네랄 오일을 10% 함유하고 운동점도가 21센티스톡스(cst)(섭씨 40도 기준) 이하인 비에멀젼 타입의 액체상태의 어린이용 오일
③ 개별포장당 메틸살리실레이트를 3% 함유하는 액체상태의 제품
④ 미네랄 오일을 10% 함유하는 운동점도가 21센티스톡스(cst)(섭씨 40도 기준) 이하인 비에멀젼 타입의 액체상태의 클렌징 오일
⑤ 아세톤을 함유하는 네일 폴리시 리무버

049

「화장품법 시행규칙」제14조의2에 의거, 회수대상 화장품에 대한 위해성등급 분류기준에 따라 위해화장품을 분류할 때, 다등급에 해당되는 위해화장품이 아닌 것은?

① 사용기한 또는 개봉 후 사용기간(병행 표기된 제조연월일을 포함한다)을 위조·변조한 화장품
② 영업신고를 하지 아니한 자가 판매한 맞춤형화장품
③ 맞춤형화장품조제관리사를 두지 아니하고 판매한 맞춤형화장품
④ 화장품에 사용할 수 없는 원료를 사용한 화장품
⑤ 화장품책임판매업자 스스로 국민보건에 위해를 끼칠 우려가 있어 회수가 필요하다고 판단한 화장품

050

식품의약품안전처장이 고시한「화장품의 색소 종류와 기준 및 시험방법」에 따라 영유아용 제품류 또는 13세 이하 어린이가 사용할 수 있음을 특정하여 표시하는 제품에 사용할 수 없는 색소는?

① 적색 2호
② 적색 40호
③ 적색 201호
④ 적색 202호
⑤ 적색 220호

051

식품의약품안전처장이 고시한「화장품 안전기준 등에 관한 규정」에 따라, 다음 중 사용한도가 정해진 원료가 아닌 것은?

① 만수국꽃 추출물
② 만수국아재비꽃 추출물
③ 클로로아트라놀
④ 하이드롤라이즈드밀단백질
⑤ 땅콩오일, 추출물 및 유도체

052

식품의약품안전처장이 고시한「화장품 안전기준 등에 관한 규정」에 따라, 다음 중 배합금지 원료가 아닌 것은?

① 벤조일퍼옥사이드
② 백색 페트롤라툼을 제외한 페트롤라툼
③ 아트라놀
④ 하이드록시아이소헥실 3-사이클로헥센 카보스알데히드(HICC)
⑤ 레조시놀

053

「화장품법 시행규칙」제12조에 따라 화장품책임판매업자는 〈보기〉 성분이 0.5% 이상 함유하는 제품의 경우에는 해당품목의 안정성시험자료를 최종 제조된 제품의 사용기한이 만료된 날로부터 (　　) 간 보존해야 한다.

〈보기〉
레티놀 및 그 유도체, 아스코빅애씨드 및 그 유도체, 토코페롤, 과산화화합물, 효소

① 6개월　② 1년
③ 2년　④ 3년
⑤ 4년

054

미립자 분말 원료의 취급에 대한 설명으로 적절하지 않은 것은?

① 칭량 시에 집진기를 사용한다.
② 저습조건에서 보관하는 것이 권장된다.
③ 우기(雨期)에는 원료 보관소에 제습기 설치가 권장된다.
④ 원료별 보관온도에 맞게 보관한다.
⑤ 칭량 후, 원료분말에 의해 원료용기 표면이 오염되면 원료를 비닐용기로 옮겨 담아서 보관한다.

055

우수화장품 제조 및 품질관리기준(CGMP)에 따라 화장품을 제조하는 시설에 대한 사항으로 적절하지 않은 것은?

① 환기가 잘 되고 청결할 것.
② 수세실과 화장실은 접근이 쉬워야 하며 생산구역 내에 설치할 것.
③ 외부와 연결된 창문은 가능한 열리지 않도록 할 것.
④ 바닥, 벽, 천장은 가능한 청소하기 쉽게 매끄러운 표면을 지닐 것.
⑤ 바닥, 벽, 천장은 소독제 등의 부식성에 저항력이 있을 것.

056

「화장품법 시행규칙」에 따라 화장품 광고의 매체 또는 수단 중에서 어린이가 사용할 수 있는 화장품이라고 광고 하는 경우 안전성자료를 작성하지 않아도 되는 광고 매체는?

① 신문·방송 또는 잡지
② 전단·팸플릿·견본 또는 입장권
③ 인터넷 또는 컴퓨터통신
④ 방문광고 또는 실연(實演)에 의한 광고
⑤ 비디오물·음반·서적·간행물·영화 또는 연극

057

우수화장품 제조 및 품질관리 기준에 설명하고 있는 일탈의 처리순서로 적당한 것은?

㉠ 일탈의 발견 및 초기평가 ㉡ 즉각적인 수정조치 ㉢ SOP(표준작업지침서)에 따른 조사, 원인분석 및 예방조치 ㉣ 후속조치/종결 ㉤ 문서작성/문서추적 및 경향분석

① ㉠-㉡-㉢-㉣-㉤
② ㉠-㉡-㉢-㉤-㉣
③ ㉠-㉢-㉡-㉣-㉤
④ ㉠-㉢-㉡-㉤-㉣
⑤ ㉠-㉣-㉢-㉡-㉤

058

기능성화장품의 심사를 위해 제출해야 하는 안전성, 유효성 또는 기능을 입증하는 자료가 아닌 것은?

① 기원 및 개발경위에 관한 자료
② 안전성에 관한 자료
③ 유효성 또는 기능에 관한 자료
④ 자외선차단지수(SPF) 설정의 근거자료(자외선 차단제품에 한함)
⑤ 안정성에 관한 자료

059

기능성화장품 심사를 위해 안전성에 관한 자료를 제출해야 한다. 안전성에 관한 자료에 해당되지 않는 것은?

① 안점막자극시험자료
② 피부감작성시험자료
③ 광독성 및 광감작성 시험자료
④ 인체첩포시험자료
⑤ 유전독성시험자료

060

화장품 원료 명칭과 비타민 명칭이 옳게 짝지어진 것은?

① 토코페롤(tocopherol) - 비타민 C
② 아스코르빅애씨드(ascorbic acid) - 비타민 E
③ 판테놀(panthenol) - 비타민 B5
④ 피리독신에이치씨엘(pyridoxine HCL) - 비타민 A
⑤ 레티놀(retinol) - 비타민 D

061

식품의약품안전처고시 「화장품 안전기준 등에 관한 규정」에 따라 맞춤형화장품에 혼합할 수 있는 원료로 옳은 것은?

① 우레아
② 아스코르빅애씨드
③ 트리클로산
④ 징크피리치온
⑤ 토코페롤

062

균일하고 미세한 유화입자를 만들어서 크림이나 로션과 같은 유화제품의 제조에 사용되는 화장품 제조설비는?

① 균질기(Homogenizer)
② 헨셀(Henschel)
③ 아토마이저(Atomizer)
④ 3단롤러(3 Roller)
⑤ 디스퍼(Disper)

063

화장품에 사용되는 원료의 특성을 설명한 것으로 옳은 것은?

① 금속이온봉쇄제는 주로 점도증가, 피막형성 등의 목적으로 사용된다.
② 계면활성제는 계면에 흡착하여 계면의 성질을 현저히 변화시키는 물질이다.
③ 고분자화합물은 원료 중에 혼입되어 있는 이온을 제거할 목적으로 사용된다.
④ 산화방지제는 수분의 증발을 억제하고 사용감촉을 향상시키는 등의 목적으로 사용된다.
⑤ 유성원료는 산화되기 쉬운 성분을 함유한 물질에 첨가하여 산패를 막을 목적으로 사용된다.

064

사용한도 혹은 사용할 때 농도상한이 있는 화장품 원료가 아닌 것은?

① p-니트로-o-페닐렌디아민
② 4-메칠벤질리덴캠퍼
③ 멘톨
④ 레조시놀
⑤ 쿼터늄-15

065

동일한 기능을 가진 화장품 성분으로만 이루어진 것은?

① 토코페릴아세테이트, 비에이치티, 프로필갈레이트
② 소듐벤조에이트, 베타인, 살리실릭애씨드
③ 벤조페논-4, 호모살레이트, m-아미노페놀
④ 글리세린, 다이프로필렌글라이콜, 디에칠렌글라이콜
⑤ 치오글라이콜릭애씨드, 시트릭애씨드, 글라이콜릭애씨드

066

기능성효능과 그 원료의 최대 사용함량이 바르게 짝지어진 것은?

① 미백-닥나무추출물 2%
② 주름-레틴산 2500IU
③ 여드름-살리실릭애씨드0.5%
④ 주름개선-아데노신0.4%
⑤ 탈모-징크피리치온 0.5%

067

식품의약품안전처고시「천연화장품 및 유기농화장품의 기준에 관한 규정」에 따라 천연화장품 및 유기농화장품의 제조에 사용할 수 있는 허용기타원료가 아닌 것은?

① 키토산　② 베타인
③ 카라기난　④ 레시틴
⑤ 잔탄검

068

광노화(photo-aging)의 원인이 되는 빛의 파장은?

① 200~400nm　② 400~750nm
③ 800~1000nm　④ 1200~3000nm
⑤ 3500~10000nm

069

다음의 화장품 원료의 성상에 대한 설명이 적당하지 않은 것은?

① 소듐하이알루로네이트 : 백색~담황색의 분말
② 소듐클로라이드 : 무색 또는 백색의 입방형의 결정 또는 결정성 가루
③ 다이소듐이디티에이 : 백색의 결정 또는 결정성 가루
④ 소듐라우릴설페이트 : 무색 ~ 엷은 황색의 액
⑤ 소듐벤조에이트 : 흰색의 알갱이, 결정 또는 결정성 가루

070

피부에 색소침착이 있는 고객에게 맞춤형화장품조제관리사가 추천할 수 있는 제품으로 가장 적당한 것은?

① 알파-비사보롤이 주성분인 기능성화장품
② 아데노신이 주성분인 기능성화장품
③ 레티닐팔미테이트가 주성분인 기능성화장품
④ 아데노신액(2%)이 주성분인 기능성화장품
⑤ 에칠헥실메톡시신나메이트가 주성분인 기능성화장품

071

「화장품법 시행규칙」제2조에 따라 다음 중 기능성화장품이 아닌 것을 고르시오.

① 모발의 색상을 일시적으로 변화시키는 스프레이 제품
② 피부에 침착된 멜라닌색소의 색을 엷게하여 피부의 미백에 도움을 주는 화장품
③ 피부의 탄력을 주어 피부주름을 완화시키거나 개선시키는 기능을 가진 화장품
④ 강한 햇볕을 방지하여 피부를 곱게 태워주는 기능을 가진 화장품
⑤ 자외선을 차단 또는 산란시켜 자외선으로부터 피부를 보호하는 기능을 가진 화장품

072

맞춤형화장품의 내용물 및 원료에 대한 품질검사결과를 확인할 수 있는 서류로 옳은 것은?

① 품질규격서 ② 품질성적서
③ 제조공정도 ④ 포장지시서
⑤ 칭량지시서

073

맞춤형화장품 매장에 근무하는 조제관리사에게 향료 알레르기가 있는 고객이 제품에 대해 문의를 해왔다. 조제관리사가 설명문안을 참조하여 고객에게 안내해야 할 말로 가장 적절한 것은?

〈설명문안〉

- 제품명:허브 유기농 로션
- 제품의 유형:액상 에멀젼류
- 내용량:210mL
- 전성분:정제수, 1, 3-부틸렌글리콜, 글리세린, 스쿠알란, 호호바유, 모노스테아린산글리세린, 피이지 소르비탄지방산에스터, 1, 2-헥산디올, 녹차추출물, 황금추출물, 참나무이끼추출물, 토코페롤, 잔탄검, 구연산나트륨, 벤질알코올, 유제놀, 리모넨

① 이 제품은 유기농 화장품으로 알레르기 반응을 일으키지 않습니다.
② 이 제품은 알레르기는 면역성이 있어 반복해서 사용하면 완화될 수 있습니다.
③ 이 제품은 조제관리사가 조제한 제품이어서 알레르기 반응을 일으키지 않습니다.
④ 이 제품은 알레르기 완화 물질이 첨가되어 있어 알레르기 체질 개선에 효과가 있습니다.
⑤ 이 제품은 알레르기를 유발할 수 있는 성분이 포함되어 있어 사용 시 주의해야 합니다.

074

다음 〈보기〉중 맞춤형화장품조제관리사의 업무가 적절한 것은?

> 〈보기〉
>
> ㄱ. 조제관리사가 맞춤형화장품을 매장 조제실에서 직접 조제하여 고객에게 전달하였다.
>
> ㄴ. 조제관리사는 썬크림을 조제하기 위하여 에틸헥실메톡시신나메이트를 10%로 배합, 조제하여 판매하였다.
>
> ㄷ. 책임판매업자가 기능성화장품으로 심사 또는 보고를 완료한 제품을 맞춤형화장품조제관리사가 소분하여 판매하였다.
>
> ㄹ. 맞춤형화장품 구매를 위하여 인터넷 주문을 진행한 고객에게 조제관리사는 전자상거래 담당자에게 직접 조제하여 제품 배송까지 진행하도록 지시하였다.

① ㄱ, ㄴ　② ㄱ, ㄹ
③ ㄱ, ㄷ　④ ㄴ, ㄹ
⑤ ㄷ, ㄹ

075

다음 〈보기〉에서 맞춤형화장품 조제에 필요한 원료 및 내용물 관리로 적절한 것은?

> 〈보기〉
>
> ㄱ. 내용물 및 원료의 제조번호를 확인한다.
>
> ㄴ. 내용물 및 원료의 입고 시 품질관리 여부를 확인한다.
>
> ㄷ. 내용물 및 원료의 사용기한 또는 개봉 후 사용기간을 확인한다.
>
> ㄹ. 내용물 및 원료 정보는 기밀이므로 소비자에게 설명하지 않을 수 있다.
>
> ㅁ. 책임판매업자와 계약한 사항과 별도로 내용물 및 원료의 비율을 다르게 할 수 있다.

① ㄱ, ㄴ, ㄷ　② ㄱ, ㄴ, ㄹ
③ ㄱ, ㄷ, ㅁ　④ ㄴ, ㅁ, ㄹ
⑤ ㄷ, ㅁ, ㄹ

076

맞춤형화장품으로 판매할 수 있는 경우로 적합한 것은?

① 보존제를 직접 첨가한 제품
② 자외선차단제를 직접 첨가한 제품
③ 화장품에 사용할 수 없는 원료를 첨가한 제품
④ 식품의약품안전처장이 고시하는 기능성화장품의 효능·효과를 나타내는 원료를 첨가한 제품
⑤ 해당 화장품책임판매업자가 식품의약품안전처장이 고시하는 기능성화장품의 효능·효과를 나타내는 원료를 포함하여 식약처로부터 심사를 받거나 보고서를 제출한 경우에 해당하는 제품

077

다음 〈보기〉의 우수화장품 품질관리기준에서 기준일탈 제품의 폐기처리 순서를 나열한 것으로 옳은 것은?

> 〈보기〉
>
> ㄱ. 격리 보관
>
> ㄴ. 기준 일탈 조사
>
> ㄷ. 기준일탈의 처리
>
> ㄹ. 폐기처분 또는 재작업 또는 반품
>
> ㅁ. 기준일탈 제품에 불합격라벨 첨부
>
> ㅂ. 시험, 검사, 측정이 틀림없음 확인
>
> ㅅ. 시험, 검사, 측정에서 기준 일탈 결과 나옴

① ㄷ→ㄴ→ㅂ→ㅅ→ㄹ→ㄱ→ㅁ
② ㅁ→ㄴ→ㅂ→ㄷ→ㅅ→ㄱ→ㄹ
③ ㅅ→ㄴ→ㄹ→ㄷ→ㅁ→ㅂ→ㄱ
④ ㅅ→ㄴ→ㅂ→ㄷ→ㅁ→ㄱ→ㄹ
⑤ ㅅ→ㄴ→ㅂ→ㄷ→ㅁ→ㄹ→ㄱ

078

맞춤형화장품에 혼합 가능한 화장품 원료로 옳은 것은?

① 아데노신
② 라벤더오일
③ 징크피리치온
④ 페녹시에탄올
⑤ 메칠이소치아졸리논

079

피부의 표피를 구성하고 있는 층으로 옳은 것은?

① 기저층, 유극층, 과립층, 각질층
② 기저층, 유두층, 망상층, 각질층
③ 유두층, 망상층, 과립층, 각질층
④ 기저층, 유극층, 망상층, 각질층
⑤ 과립층, 유두층, 유극층, 각질층

080

맞춤형화장품조제관리사인 연주는 매장을 방문한 고객과 다음과 같은 〈대화〉를 나누었다. 연주가 고객에게 혼합하여 추천할 제품으로 다음 〈보기〉 중 옳은 것은?

〈대화〉

- 고객:최근에 야외활동을 많이 해서 그런지 얼굴 피부가 검어지고 칙칙해졌어요. 건조하기도 하구요.
- 연주:아. 그러신가요? 그럼 고객님 피부 상태를 측정해 보도록 할까요?
- 고객:그럴까요? 지난번 방문 시와 비교해 주시면 좋겠네요.
- 연주:네. 이쪽에 앉으시면 저희 측정기로 측정을 해드리겠습니다.

피부측정 후

- 연주:고객님은 한 달 전 측정 시보다 얼굴에 색소 침착도가 30% 가량 증가했고, 피부 보습도가 약 35% 감소하셨습니다.
- 고객:음. 걱정이네요. 그럼 어떤 제품을 쓰는 것이 좋을지 추천 부탁드려요.

〈보기〉

ㄱ. 티타늄디옥사이드(titanium dioxide) 함유 제품
ㄴ. 나이아신아마이드(niacinamide) 함유 제품
ㄷ. 카페인(caffeine) 함유 제품
ㄹ. 소듐하이알루로네이트(sodium hyaluronate) 함유제품
ㅁ. 아데노신(adenosine) 함유제품

① ㄱ, ㄷ
② ㄱ, ㅁ
③ ㄴ, ㄹ
④ ㄴ, ㅁ
⑤ ㄷ, ㄹ

081

화장품 안전기준 등에 관한 규정 별표2에서는 (㉠)는 "양이온염으로 소듐, 포타슘, 칼슘, 마그네슘, 암모늄 및 에탄올아민, 음이온염으로 클로라이드, 브로마이드, 설페이트, 아세테이트"로 규정하고 있으며 에스텔(ester)류는 메칠(methyl), 에칠(ethyl), 프로필(propyl), 이소프로필(isopropyl), 부틸(butyl), 이소부틸(isobutyl), 페닐(phenyl)로 정하고 있다. ㉠에 적합한 단어를 적으시오.

082

영유아 또는 어린이가 사용할 수 있는 화장품임을 표시·광고하려는 경우에는 제품별로 제품 및 제조방법에 대한 설명자료, 화장품의 (㉠) 평가 자료, 제품의 효능·효과에 대한 증명 자료를 작성하여 보관하여야 한다. ㉠에 적합한 단어를 적으시오.

083

화장품의 위해평가는 인체가 화장품에 존재하는 위해요소에 노출되었을 때 발생할 수 있는 유해영향과 발생확률을 과학적으로 예측하는 일련의 과정으로 위험성 확인, 위험성 결정, (㉠), (㉡) 등 일련의 단계를 말한다. ㉠, ㉡에 적합한 단어를 적으시오.

084

<보기>의 ㉠, ㉡에 적합한 단어를 적으시오.

> <보기>
>
> (㉠)은(는) (㉡)(를)을 수용하는 1개 또는 그 이상의 포장과 보호재 및 표시의 목적으로 한 포장이다. (㉡)은(는) 화장품 제조 시 내용물과 직접 접촉하는 포장용기이다.

085

〈보기〉의 ㉠에 공통으로 적합한 단어를 적으시오.

〈보기〉

• (㉠) 제품이란 충진(1차포장) 이전의 제조 단계까지 끝낸 제품을 말한다.

출처 : 우수화장품 제조 및 품질관리기준 제2조(용어의 정의)

086

「화장품법 시행규칙」 별표3에 따라 〈보기〉의 사용상의 주의사항을 1차 혹은 2차 포장에 표기해야 하는 화장품 성분은?

〈보기〉

가) 햇빛에 대한 피부의 감수성을 증가시킬 수 있으므로 자외선 차단제를 함께 사용할 것(씻어내는 제품 및 두발용 제품은 제외한다).
나) 일부에 시험 사용하여 피부 이상을 확인할 것.
다) 부작용이 발생할 우려가 있으므로 전문의 등에게 상담할 것(이 성분이 10퍼센트를 초과하여 함유되어 있거나 산도가 3.5 미만인 제품만 표시한다).

087

화장품의 색소 종류와 기준 및 시험방법에서 색소는 화장품이나 피부에 색을 띄게 하는 것을 주요 목적으로 하는 성분이며, (㉠)는 색소 중 콜타르, 그 중간생성물에서 유래되었거나 유기합성하여 얻은 색소 및 그 레이크, 염, 희석제와의 혼합물로 정의하고 있다. ㉠에 적합한 단어를 적으시오.

088

기능성화장품 심사에 관한 규정에 따르면 유효성 또는 기능에 관한 자료 중 인체적용시험자료를 제출하는 경우 (㉠) 제출을 면제할 수 있다. 다만, 이 경우에는 해당 효능·효과를 나타내는 성분을 제품 명칭의 일부로 사용하거나 해당 성분에 대해 효능·효과를 기재·표시할 수 없다. ㉠에 적합한 단어를 적으시오.

089

화장품 안전기준 등에 관한 규정에 따라 화장비누에 포함된 유리알칼리는 (㉠)이하 이어야 한다. ㉠에 적합한 단어를 적으시오.

090

〈보기〉의 ㉠에 공통으로 적합한 단어를 적으시오.

〈보기〉
카민 또는 코치닐추출물 함유 제품에는 "카민 또는 코치닐추출물을 함유하고 있으므로 이 성분에 과민하거나 (㉠)가 있는 사람은 신중히 사용할 것"이라는 주의사항을 표시해야 한다. 착향제(향료)에 포함된 (㉠)유발 물질이 사용 후 씻어내는 제품(rinse off)에는 0.01% 초과, 사용 후 씻어내지 않는 제품(leave on)에는 0.001% 초과 함유하는 경우에는 전성분에 표시해야 한다.

091

화장품의 전성분 표시는 화장품에 사용된 함량순으로 많은 것부터 기재한다. 다만, 혼합원료는 개개의 성분으로서 표시하고, (㉠)(으)로 사용된 성분, 착향제 및 착색제에 대해서는 순서에 상관없이 기재할 수 있다. ㉠에 적합한 단어를 작성하시오.

092

화장품 1차 포장에 반드시 기재해야 하는 표시사항은 화장품의 명칭, 영업자의 상호, (㉠), 사용기한 또는 개봉 후 사용기간(제조연월일 함께 기재)이다. ㉠에 적합한 단어를 작성하시오.

093

(㉠)은(는) 실험실의 배양접시 등 인위적 환경에서 시험물질과 대조물질을 처리한 다음 그 결과를 측정하는 시험이다. (㉠)은(는) 일반적으로 이런 방식으로 가장 잘 입증될 수 있는 성분이나 완제품에 의해 나타날 수 있는 효능을 강조하기 위해 실시된다. 이 시험은 비교가 가능하며, 그 결과는 정량화할 수 있다. (㉠)은(는) 제품 개발 중의 스크리닝 방법으로, 또는 성분의 작용기전을 설명하는데 사용될 수 있다. ㉠안에 적합한 용어를 작성하시오.

094

(㉠)(은)는 각질층에 존재하는 지질(intercellular lipids)로서 그 양이 지질 중에서 가장 많고 피부 표면에 라멜라 상태로 존재하여 피부의 수분을 유지시켜 준다. ㉠에 적합한 용어를 작성하시오.

095

〈보기〉의 화장품 성분 중에서 피부미백에 도움을 주는 성분을 고르시오.

〈보기〉

- 아데노신
- 비오틴
- 덱스판테놀
- 알파-비사보롤
- 토코페릴아세테이트

096

광선의 투과를 방지하는 용기 또는 투과를 방지하는 포장을 한 용기를 (㉠)용기라 한다. ㉠에 적합한 용어를 작성하시오.

097

화장품 안전성 정보관리 규정(식품의약품안전처 고시)에서는 (㉠)은(는) 유해사례와 화장품 간의 인과관계 가능성이 있다고 보고된 정보로서 그 인과관계가 알려지지 아니하거나 입증자료가 불충분한 것을 정의하고 있다. ㉠에 적합한 용어를 작성하시오.

098

〈보기〉의 ㉠에 공통으로 적합한 단어는?

〈보기〉

- 모발의 안쪽에는 모발 무게에 대부분을 차지하는 (㉠)와(과) 모수질이 있으며 (㉠)(에)는 피질세포(cortical cell), 케라틴(keratin), 멜라닌(melanin)이 존재한다.
- 모발은 모근과 모간으로 분리되며 모근에는 모유두(papilla), 모모세포(毛母細胞), 색소세포(멜라닌), 모세혈관이 있는 모구(hair bulb)가 위치하고 있다. 모간은 모수질과 (㉠)(으)로 구성된다.

099

다음 〈보기〉는 고객 상담 후 맞춤형화장품조제관리사가 처방한 맞춤형화장품의 최종 성분 비율이다. 다음 〈대화〉에서 ( )안에 들어갈 말을 순서대로 쓰시오.

〈보기〉

- 정제수 82.95%
- 부틸렌글라이콜 5.00%
- 1,2-헥산다이올 2.00%
- 트라이에탄올아민 0.50%
- 벤질알코올 0.30%
- 카보머 0.50%
- 세토스테아릴알코올 2.50%
- 아르간커넬오일 6.00%
- 토코페릴아세테이트 0.20%
- 다이소듐이디티에이 0.05%

〈대화〉

- A:요즘 화장품에 쓰이는 보존제에 대해 관심이 많은데요. 처방된 화장품의 성분 중에 사용된 보존제는 어떤 성분인가요? 문제없는 성분 맞죠?
- B:제가 처방한 보존제 성분은 (㉠)입니다. 이 보존제 성분은 식품의약품안전처고시 「화장품 안전기준 등에 관한 규정」에 따라 보존제로 사용될 경우 사용한도가 (㉡)% 입니다. 사용한도 내로 처방하였으므로 문제가 없습니다.

100

기저층에 존재하는 (㉠)는 멜라닌을 생성하고 납작한 원모양 또는 둥근 막대형 모양의 특수한 세포소기관인 (㉡)안에 저장되어 각질층으로 전달된다. ㉠, ㉡에 적합한 단어는?

맞춤형화장품 실전고사

1~2회 특별

실전고사 1-2회 특별

001

다음 〈보기〉에서 설명하는 설비의 종류는 무엇인지 고르시오.

〈보기〉
유상성분과 수상성분을 균질하고 미세한 유화입자를 만드는 도구이다. 크림이나 로션 타입의 제조에 주로 사용되며 안쪽에 터번형의 회전날개를 원통으로 둘러싼 구조이다. 고정된 고정자(Stator)와 고속 회전이 가능한 운동자(Rotor) 사이의 간격(Clearance)으로 내용물이 대류 현상으로 통과되며 강한 전단력을 받아 균일하고 미세한 유화 입자를 만들어 낸다.

① 헨셀믹서(henschel mixer)
② 프로펠러믹서(Propeller mixer)
③ 호모게나이져(Homogenizer)
④ 호모믹서(Homo-mixer)
⑤ 디스퍼(Disper)

002

화장품 제조에 사용되는 물의 품질에 대한 설명으로 적절하지 않은 것은?

① 청결과 위생관리가 이루어지는 시스템을 통해 물이 공급되어야 한다.
② 물의 품질은 필요 시 검사해야 하고, 미생물학적 검사도 실시할 수 있다.
③ 물 공급 설비는 물의 정체와 오염을 피할 수 있도록 설치되어야 한다.
④ 물 공급 설비는 물의 품질에 영향이 없어야 한다.
⑤ 물 공급 설비는 살균처리가 가능해야 한다.

003

식품의약품안전처고시「화장품 안전기준 등에 관한 규정」에 의해 다음 중 화장품에 사용할 수 없는 원료는?

① 천수국꽃오일 및 추출물
② 만수국꽃오일 및 추출물
③ 벤질알코올
④ 세테아릴알코올
⑤ 디프로필렌글라이콜

004

우수화장품 제조 및 품질관리기준(CGMP)에서 요구하는 공기 조절의 4대 요소가 아닌 것은?

① 청정도
② 실내온도
③ 습도
④ 압력
⑤ 기류

005

〈보기〉의 안료 중에서 체질안료만으로 이루어진 것을 고르시오.

〈보기〉
• 탤크
• 카올린
• 칼슘카보네이트
• 흑색산화철
• 울트라마린블루

① 탤크, 카올린, 칼슘카보네이트
② 탤크, 카올린, 흑색산화철
③ 탤크, 카올린, 울트라마린블루
④ 탤크, 칼슘카보네이트, 흑색산화철
⑤ 탤크, 칼슘카보네이트, 울트라마린블루

006

매끄러운 사용감과 흡수력이 좋아 베이비파우더, 투웨이 케익에 많이 사용되며 활석이라고도 하는 체질안료는?

① 마이카 ② 탈크
③ 카올린 ④ 이산화티타늄
⑤ 산화아연

007

식품의약품안전처장 고시 「화장품 사용 시의 주의사항 및 알레르기 유발성분 표시에 관한 규정」에 따라 화장품의 포장에 추가로 기재·표시하여야 하는 화장품의 함유 성분별 사용 시의 주의사항 표시 문구로 옳지 못한 것은?

① 스테아린산아연 함유제품 - 사용시 흡입되지 않도록 주의할 것.
② 알부틴2% 이상 함유제품 - 알부틴은 「인체적용시험자료」에서 구진과 경미한 가려움이 보고된 예가 있음.
③ 포름알데하이드 0.02% 이상 검출된 제품 - 이 성분에 과민한 사람은 신중히 사용할 것.
④ 폴리에톡실레이티드레틴아마이드 0.2% 이상 함유 제품 - 폴리에톡실레이티드레틴아마이드는 「인체적용시험자료」에서 경미한 발적, 피부건조, 화끈감, 가려움, 구진이 보고된 예가 있음.
⑤ 부틸파라벤, 프로필파라벤, 이소부틸파라벤 또는 이소프로필파라벤 함유 제품(영·유아용 제품류 및 기초화장용 제품류 중 사용 후 씻어내지 않는 제품 - 3세 이하 영유아의 기저귀가 닿는 부위에는 사용하지 말 것.

008

머리카락의 주성분인 케라틴 단백질에는 약 16% 정도의 시스틴(cystin) 이 함유되어 있으며, 단백질을 구성하는 2개의 폴리펩티드사슬을 연결하는 기능을 갖는다. 그래서 단백질 사이의 가교 역할로 인해 머리카락을 더욱 단단하고 질긴 특성을 가지도록 하는 역할을 한다. 헤어퍼머넌트 웨이브로션은 1제의 환원제와 2제의 중화제로 구성되어있다. 1제의 환원제는 (㉠)결합으로 연결된 2분자의 (㉡)이 산화되어 모발의 시스틴 결합을 절단하여 웨이브(wave)를 형성 하는 것으로 각종 환원시약에 의해 쉽게 환원한다. ㉠, ㉡에 적합한 것은?

	㉠	㉡
①	이황화	시스테인
②	이산화	시스테인
③	펩티드	시스테인
④	펩티드	케라틴
⑤	펩티드	엘라스틴

009

소듐벤조에이트 성분을 사용 후 씻어내지 않는 제품에 사용시 최대 사용 한도(산으로서)와 같은 양을 최대 사용한도로 가진 성분은?

① 벤질알코올 - 보존제로 사용시
② 징크피리치온 - 샴푸에 사용시
③ 소르빅애씨드 - 보존제로 사용시
④ 클로로부탄올 - 보존제로 사용시
⑤ 페녹시에탄올 - 보존제로 사용시

010

다음 <보기>에서 제시하는 변경신고를 하지 않은 경우 처해지는 1차 행정처분을 순서대로 나열한 것은?

<보기>

① 맞춤형화장품판매업자의 변경 미신고시
② 맞춤형화장품판매업소의 상호변경 미신고시
③ 맞춤형화장품판매업소의 소재지 변경 미신고시
④ 맞춤형화장품조제관리사 변경 미신고시

① 시정명령 - 시정명령 - 판매업무정지1개월 - 시정명령
② 판매업무정지1개월 - 시정명령 - 시정명령 - 시정명령
③ 판매업무정지1개월 - 시정명령 - 판매업무정지1개월 - 시정명령
④ 판매업무정지1개월 - 판매업무정지1개월 - 시정명령 - 시정명령
⑤ 시정명령 - 판매업무정지1개월 - 시정명령 - 시정명령

011

다음 <보기>의 대화에 따라 고객이 요구하는 내용을 추가하여 맞춤형화장품을 처방할 경우 다음 중 성격이 다른 원료는?

<보기>

- A:지난번에 만들어 드린 바디오일은 마음에 드셨나요?
- B:지난번 바디오일은 사용감이 너무 무거웠어요. 사용감이 가벼운 오일이었으면 좋겠습니다.
- A:그렇군요. 참고하겠습니다. 또 원하시는 사항 있으신가요?
- B:그리고 저번에 구입한 오일은 피부에 흡수가 잘 안됐어요. 이번에는 흡수력이 좋은 천연오일을 쓰고 싶어요.
- A:알겠습니다. 참고하여 바디오일을 처방해드릴게요.

① 마유
② 밍크오일
③ 에뮤오일
④ 무코르키르키넬로이데스오일
⑤ 난황유

012

영유아용 및 13세 이하 어린이가 사용할 수 있는 화장품 중 씻어내지 않는 제품에 사용하면 안되는 보존제와 착향제의 알레르기 성분 중 0.001% 초과 시 표기해야 하는 성분으로 옳게 짝지어진 것은?

① 페녹시에탄올 - 리모넨
② 살리실릭애씨드 - 나무이끼 추출물
③ 벤조익애씨드 - 시트로넬올
④ 소르빅애씨드 - 헥실신남알
⑤ 벤질알코올 - 유제놀

013

식품의약품안전처장 고시「화장품 안전기준 등에 관한 규정」[별표 3]에서 설명하는 인체 세포·조직 배양액 안전기준으로 옳지 않은 것은?

① 누구든지 세포나 조직을 주고받으면서 금전 또는 재산상의 이익을 취할 수 없다.

② 누구든지 공여자에 관한 정보를 제공하거나 광고 등을 통해 특정인의 세포 또는 조직을 사용하였다는 내용의 광고를 할 수 없다.

③ 인체 세포·조직 배양액을 제조하는데 필요한 세포·조직은 채취 혹은 보존에 필요한 위생상의 관리가 가능한 의료기관에서 채취된 것만을 사용한다.

④ 세포·조직을 채취하는 의료기관 및 인체 세포·조직 배양액을 제조하는 자는 업무수행에 필요한 문서화된 절차를 수립하고 유지하여야 하며 그에 따른 기록을 보존하여야 한다.

⑤ 화장품 제조업자는 세포·조직의 채취, 검사, 배양액 제조 등을 실시한 기관에 대하여 안전하고 품질이 균일한 인체 세포·조직 배양액이 제조될 수 있도록 관리·감독을 철저히 하여야 한다.

014

「화장품법 시행규칙」 28조, 29조 위반 시 발생하는 행정처분 중 틀린 것은?

① 안전용기포장을 위반하여 회수대상화장품을 회수하지 않거나 조치를 취하지 않은 경우 1차 위반시 판매 또는 제조업무정지 1개월

② 코뿔소 뿔을 사용한 제품을 판매하여 회수에 따른 조치를 취하지 않은 경우 1차 위반시 판매 또는 제조업무정지 1개월

③ 회수계획을 보고하지 않거나 거짓으로 보고한 경우 1차 위반시 판매 또는 제조업무정지 1개월

④ 화장품안전용기·포장에 관한 기준을 위반한 경우 1차 위반시 판매 또는 제조업무정지 1개월

⑤ 화장품제조등록을 하지 않은 자가 만든 화장품을 판매하여 회수조치를 취하지 않은 경우 1차 위반시 판매 또는 제조업무정지 1개월

015

식품의약품안전처장 고시「천연화장품 및 유기농화장품의 기준에 관한 규정」에 따라 유기농화장품 및 천연화장품의 포장으로 사용하면 안되는 재질은?

① 폴리염화비닐(PVC)

② 폴리에틸렌(PE)

③ 폴리에틸렌 테레프타레이트(PET)

④ 저밀도 폴리에틸렌(LDPE)

⑤ 폴리에틸렌테레프탈레이트(PETE)

016

다음 〈보기〉는 미백 기능성화장품의 전성분 표시이다. 기능성화장품 미백 고시 성분과 사용상의의 제한이 필요한 원료를 최대 사용한도로 사용하여 제조하였다. 이를 통해 추측할 수 있는 녹차추출물의 함량의 범위는 얼마인가?

〈보기〉
정제수, 프로판다이올, 펜틸렌글라이콜, 호호바오일, 해바라기오일, 닥나무추출물, 에틸헥실글리세린, 녹차추출물, 카보머, 하이드로제네이티드레시틴, 옥틸도데세스-16 부틸렌글라이콜, 페녹시에탄올, 잔탄검, 덱스트린, 향료

① 2~3%
② 0.5~4%
③ 1~4%
④ 1~2%
⑤ 3~4%

017

식품의약품안전처장 고시「화장품 안전기준 등에 관한 규정」에 따라 미생물의 한도 기준에 대한 설명으로 옳은 것은?

① 총호기성생균수는 영·유아용 제품류의 경우 100개/g(mL) 이하
② 총호기성생균수는 눈 화장용 제품류의 경우 500개/g(mL) 이하
③ 물휴지의 경우 세균 및 진균수는 합하여 100개/g(mL) 이하
④ 기타 화장품의 경우 2,000개/g(mL) 이하
⑤ 대장균(Escherichia Coli), 녹농균(Pseudomonas aeruginosa), 황색포도상구균(Staphylococcus aureus)은 100개/g(mL) 이하

018

다음은 손님과 맞춤형화장품조제관리사의 대화이다. 대화를 통해 맞춤형화장품을 옳게 처방한 경우를 고르시오.

① A : 오늘 산에 갔다 왔는데 피부가 많이 당겨요.
B : 그럼 나이아신아마이드를 함유한 크림을 처방하겠습니다.
② A : 골프를 치고 왔더니 피부가 햇빛에 많이 그을리고 피부가 거칠고 당깁니다.
B : 나이아신아마이드 크림제에 히알루론산을 넣어 처방하겠습니다.
③ A : 우리 아이가 13세인데 여드름이 심하고 피지가 많고 부분적으로 칙칙합니다.
B : 살리실릭애씨드가 함유된 내용물에 아데노신을 넣어 처방하겠습니다.
④ A : 등산을 자주해서 피부가 당기고 주름이 많이 생겼어요.
B : 닥나무추출물이 함유된 내용물에 알파-비사보롤을 넣어 처방하겠습니다.
⑤ A : 날씨가 건조해서 피부가 당기고 민감합니다.
B : 나이아신아마이드 성분의 크림제에 글리세린을 넣어 처방하겠습니다.

019

다음은 손님과 맞춤형화장품조제관리사의 대화이다. 대화를 통해 맞춤형화장품을 옳게 처방한 경우를 고르시오.

① A : 입술이 건조합니다. 촉촉한 제품으로 립스틱을 만들어주세요.
B : 히알루론산을 넣고 자색401호와 적색2호를 넣어 붉은색으로 처방하겠습니다.

② A : 등산을 갔다 와서 피부가 당기고 기미가 올라오네요.
B : 나이아신아마이드와 살리실릭애씨드로 처방하겠습니다.

③ A : 우리 아이가 12살인데 여드름이 나고 유분기가 없는 크림으로 처방해주세요.
B : 로즈향을 넣고 적색102호를 넣어 핑크색의 로션을 처방하겠습니다.

④ A : 스트레스를 많이 받아 머리카락이 많이 빠지고 두피가 가려워요.
B : 징크옥사이드가 들어있는 샴푸베이스에 글리세린를 넣어 처방하겠습니다.

⑤ A : 수용성 주름개선성분과 지용성 미백성분으로 크림을 만들어주세요.
B : 아데노신과 알파-비사보롤을 처방하겠습니다.

020

다음 〈보기〉에서 설명하는 화장품 유형은?

〈보기〉

㉠ 정해진 용법과 용량을 잘 지켜 사용할 것.
㉡ 3세 이하 어린이에게는 사용하지 말 것.
㉢ 임신 중에는 사용하지 않는 것이 바람직하며, 분만 직전의 외음부 주위에는 사용하지 말 것.
㉣ 프로필렌 글리콜(Propylene glycol)을 함유하고 있으므로 이 성분에 과민하거나 알레르기 병력이 있는 사람은 신중히 사용할 것(프로필렌 글리콜 함유제품만 표시한다).

① 외음부세정제 ② 손·발의 피부연화 제품
③ 염모제 ④ 탈염제
⑤ 체취방지용제품

021

다음은 「화장품 안전기준 등에 관한 규정」의 유통화장품의 안전관리 기준에 관한 내용이다. 괄호 안에 들어갈 단어를 순서대로 바르게 기재한 것은?

화장품의 내용량 기준 시험은 제품 (㉠)개를 가지고 시험할 때 그 평균 내용량이 표기량에 대하여 (㉡)% 이상이여야한다.
pH 시험은 유통되고 있는 제품의 품질변화, 안전성 등 화장품의 품질을 확인하기 위함이다. 물을 포함하지 않는 제품과 사용한 후 곧바로 물로 씻어내는 제품을 제외한 영·유아용 제품류, 눈화장용 제품류, 색조화장용 제품류, 두발용 제품류, 면도용 제품류, 기초화장용 제품류 중 액, 로션, 크림 및 이와 유사한 제형의 제품은 pH 기준이 (㉢)이어야 한다.

	㉠	㉡	㉢
①	3	97	4.5~7.0
②	3	95	3.0~9.0
③	3	97	3.0~9.0
④	2	97	4.5~7.0
⑤	2	95	3.0~9.0

022

다음 설명 중 옳지 않은 것은?

① 제품 3개를 가지고 시험할 때 그 평균 내용량이 표기량에 대하여 97% 이상이어야 한다.

② 화장비누는 수분포함중량과 건조중량을 모두 표기해야 하며 수분포함중량을 내용량으로 한다.

③ 유기농화장품은 중량 기준으로 유기농 함량이 전체 제품에서 10% 이상이어야 하며, 유기농 함량을 포함한 천연 함량이 전체 제품에서 95% 이상으로 구성되어야 한다.

④ 천연화장품과 유기농 화장품은 천연화장품 또는 유기농화장품의 품질 또는 안전을 위해 필요하나 따로 자연에서 대체하기 곤란한 허용기타원료, 허용합성원료의 원료를 총중량기준 5% 이내에서 사용할 수 있다.

⑤ 천연화장품 및 유기농화장품의 석유화학부분(petrochemical moiety의 합)은 2%를 초과 할 수 없다.

023

다음은 고객과 맞춤형화장품조제관리사가 대화하는 내용이다. 맞춤형화장품조제관리사가 처방해야 하는 성분으로 알맞은 것은?

〈보기〉

- 고객 : 골프를 자주 치다 보니 피부가 거칠어지고 기미가 올라오고 많이 당깁니다.
- 맞춤형화장품조제관리사 : 지용성의 (㉠)미백제와 (㉡)보습제를 넣어서 알맞은 화장품을 처방하겠습니다.

	㉠	㉡
①	닥나무추출물	비오틴
②	알파비사보롤	히아루론산
③	유용성감초추출물	멘톨
④	나이아신아마이드	레티놀
⑤	알부틴	아데노신

024

다음은 고객과 맞춤형화장품조제관리사가 대화하는 내용이다. 맞춤형화장품조제관리사가 고객과 상담 후 처방해야 하는 성분으로 알맞은 것은?

- 맞춤형화장품조제관리사:피부상태는 어떠신가요?
- 손님:잦은 운동으로 인해 햇빛에 타서 기미가 올라오고 주름이 생겼어요.
- 맞춤형화장품조제관리사:그렇다면 미백 기능성 성분과 주름 개선 기능성 성분이 들어있는 화장품을 처방하겠습니다. 특별히 원하시는 사항이 있으신가요?
- 손님:수용성인 미백 기능성 성분과 지용성인 주름 개선 기능성 성분으로 처방해 주세요.

① 알부틴 - 아데노신

② 유용성감초추출물 - 레티닐팔미테이트

③ 아스코빌글루코사이드 - 아데노신

④ 알파비사보롤 - 폴리에톡실레이티드레틴아마이드

⑤ 나이아신아마이드 - 레티놀

025

다음은 화장품 유통에 관련된 설명이다. 틀린 것은?

① 화장품책임판매업자가 화장품을 수입하여 지정된 마트에 독점으로 공급 판매한다.

② 화장품책임판매업자가 수입화장품을 백화점에 독점으로 판매한다.

③ 제조된 화장품의 내용물에 다른 화장품 내용물을 섞어서 만든 화장품을 맞춤형화장품판매업자가 판매한다.

④ 책임판매업자가 제조 및 수입한 내용물을 맞춤형화장품조제관리사가 소분하여 판매한다.

⑤ 맞춤형화장품조제관리사가 1제 염모제와 2제 염모제를 혼합하여 판매한다.

026

다음은 「화장품안정성시험가이드라인」에 따른 안정성시험 종류에 대한 설명이다. 괄호 안에 들어갈 용어로 알맞은 것은?

> (　　)은 화장품을 사용하는 동안의 오염을 고려해 사용기한을 설정하기 위하여 장기간에 걸쳐 물리화학적, 미생물학적 안정성 및 용기적합성을 확인하는 시험을 말한다. 시험조건은 적절한 온도나 계절별 평균 온도, 습도 등의 조건을 설정할 수 있으며 시험기간은 6개월 이상 시험, 시험개시 때와 첫 1년간은 3개월 마다, 그 후 2년까지는 6개월 마다, 2년 이후부터 1년에 1회 시험한다.

① 개봉 후 안정성시험
② 사용기간 시험
③ 사용기한 시험
④ 가혹시험
⑤ 가속시험

027

아래에 설명하는 의무는 누구의 의무인가?

> A. 품질관리기준에 따른 품질관리 업무 총괄
> B. 책임판매 후 안전관리기준에 따른 안전확보 업무 총괄
> C. 원료 및 자재의 입고(入庫)부터 완제품의 출고에 이르기까지 필요한 시험·검사 또는 검정에 대하여 제조업자를 관리·감독하는 업무
> D. 매년 4시간이상 8시간이하 교육을 받아야할 의무

① 화장품책임판매관리자
② 맞춤형화장품조제관리사
③ 화장품제조업자
④ 맞춤형화장품판매업자
⑤ 화장품책임판매업자

028

다음 설명 중 옳지 않은 것은?

① 식품의약품안전처장은 국민 건강상 위해를 방지하기 위하여 필요하다고 인정하면 맞춤형화장품 판매업자에게 화장품 관련 법령 및 제도(화장품의 안전성 확보 및 품질관리에 관한 내용 포함)에 관한 교육을 받을 것을 명할 수 있다.
② 둘 이상의 장소에서 화장품책임판매업을 하는 경우에는 종업원 중에서 총리령으로 정하는 자를 책임자로 지정하여 교육을 받게 할 수 있다.
③ 지방식품의약품안전청에 맞춤형화장품판매장의 맞춤형화장품조제관리사로 신고한 자는 매년 4시간 이상, 8시간 이하의 집합교육 또는 온라인 교육을 식약처에서 정한 교육실시기관에서 이수해야 한다.
④ 맞춤형화장품 판매업소가 둘 이상일 경우 각 매장마다 맞춤형화장품조제관리사를 두어야 하며 대표이사가 겸직할 수 있다.
⑤ 맞춤형화장품조제관리사는 매장당 한명만 등록 가능하다.

029

다음은「화장품법 시행규칙」제5조에 따른 변경등록에 관한 설명이다. 옳지 않은 것은?

① 화장품제조업자 또는 화장품책임판매업자가 변경등록을 하는 경우에는 변경 사유가 발생한 날부터 30일 이내에 변경 신청해야 한다.

② 화장품제조업자 또는 화장품책임판매업자는 행정구역 개편에 따른 소재지 변경 시 90일 이내 변경 신청해야 한다.

③ 책임판매 유형변경의 경우 수입대행형거래를 목적으로 화장품을 알선·수여하는 영업의 화장품 책임판매 유형으로 등록한 자가 '화장품을 직접 제조하여 유통·판매하는 영업, 위탁하여 제조된 화장품을 유통·판매하는 영업, 수입된 화장품을 유통·판매하는 영업'의 책임판매 유형으로 변경하거나 추가하는 경우 : 화장품의 품질관리기준 매뉴얼, 책임판매 후 안전관리기준 매뉴얼, 책임판매관리자의 자격을 확인할 수 있는 서류를 제출해야 한다.

④ 화장품의 1차포장만을 화장품제조 유형으로 등록한 자가 화장품을 직접 제조 또는 위탁받아 제조하는 영업의 화장품제조 유형으로 변경하거나 제조 유형을 추가하는 경우에 시설의 명세서를 제출해야한다.

⑤ 맞춤형화장품판매업자의 변경 시 대표자의 의사진단서(다음과 같은 문구가 들어간 의사 진단서 "「정신보건법」제3조제1호에 따른 정신질환자 및 마약이나 그 밖의 유독물질의 중독자가 아님을 증명함")가 필요하다.

030

다음은 우수화장품 제조 및 품질관리기준(CGMP)에 따른 기준일탈 제품의 처리에 관한 내용이다. 순서대로 나열한 것은?

㉠ 시험, 검사 측정에서 불합격 결과 나옴
㉡ 기준일탈의 조사
㉢ 측정이 틀림없음을 확인
㉣ 기준일탈의 처리
㉤ 기준일탈제품에 불합격라벨 첨부
㉥ 격리보관
㉦ 품질책임자의 승인
㉧ 재작업 및 폐기처분, 반품

① ㉠-㉡-㉢-㉣-㉤-㉥-㉦-㉧
② ㉠-㉢-㉡-㉣-㉤-㉥-㉦-㉧
③ ㉠-㉡-㉢-㉤-㉣-㉥-㉦-㉧
④ ㉠-㉡-㉢-㉣-㉤-㉦-㉥-㉧
⑤ ㉠-㉡-㉢-㉤-㉥-㉦-㉧-㉣

031

「우수화장품 제조 및 품질관리기준(CGMP)」에 따라 다음의 직무를 수행해야 하는 자는 누구인가?

㉠ 품질에 관련된 모든 문서와 절차의 검토 및 승인
㉡ 품질 검사가 규정된 절차에 따라 진행되는지의 확인
㉢ 일탈이 있는 경우 이의 조사 및 기록
㉣ 적합 판정한 원자재 및 제품의 출고 여부 결정
㉤ 부적합 품이 규정된 절차대로 처리되고 있는지의 확인
㉥ 불만처리와 제품회수에 관한 사항의 주관

① 화장품책임판매관리자
② 맞춤형화장품조제관리사
③ 품질책임자
④ 품질관리책임자
⑤ 제조책임자

032

「화장품법」에 따라 10mL(g) 이하의 화장품 1차 포장에 반드시 기재해야 하는 사항이 아닌 것은?

① 화장품의 명칭
② 영업자의 상호
③ 사용기한 또는 개봉 후 사용기간
④ 제조번호
⑤ 내용량

033

「화장품법 시행규칙」[별표 4] 화장품 포장의 표시기준 및 표시방법에 따른 설명으로 옳지 않은 것은?

① 전성분 표기 시 글자의 크기는 5포인트 이상으로 하며 화장품 제조에 사용된 함량이 많은 것부터 기재·표시한다. 다만, 1퍼센트 이하로 사용된 성분, 착향제 또는 착색제는 순서에 상관없이 기재·표시할 수 있다.
② 전성분 표기 시 혼합원료는 혼합된 개별 성분의 명칭을 기재·표시하며, 색조 화장용 제품류, 눈 화장용 제품류, 두발염색용 제품류 또는 손발톱용 제품류에서 호수별로 착색제가 다르게 사용된 경우 '± 또는 +/-'의 표시 다음에 사용된 모든 착색제 성분을 함께 기재·표시할 수 있다.
③ "화장품제조업자", "화장품책임판매업자" 또는 "맞춤형화장품판매업자"는 각각 구분하여 기재·표시해야 한다. 다만, 화장품제조업자, 화장품책임판매업자 또는 맞춤형화장품판매업자가 다른 영업을 함께 영위하고 있는 경우에는 한꺼번에 기재·표시할 수 있다.
④ 수입화장품의 경우에는 추가로 기재·표시하는 제조국의 명칭, 제조회사명 및 그 소재지를 국내 "화장품제조업자"와 구분하여 기재·표시해야 한다.
⑤ 내용량이 10밀리리터 이하 또는 10그램 이하인 화장품의 포장 및 비매품의 전성분은 생략되며 화장품의 명칭, 영업자의 상호, 가격, 제조번호만 표기 하면 된다.

034

맞춤형화장품조제관리사인 수연씨는 고객과 다음과 같은 대화를 나눈 후 이를 참고하여 맞춤형화장품을 〈보기〉와 같이 처방하였다. 고객에게 설명하여야 하는 내용으로 옳은 것은?

〈대화〉

- 수연:요즘 피부 상태는 어떠세요?
- 고객:최근에 야외활동을 많이 해서 그런지 피부가 햇빛에 그을려 기미가 생겼어요.
- 수연:기미가 육안으로도 확인 가능하네요. 우선 피부측정부터 해보겠습니다.

피부측정 후

- 수연:고객님 피부는 색소침착도가 전보다 약 20% 이상 증가하셨고, 피부보습도가 전보다 약 30% 감소하셨네요. 피부 보습에도 신경쓰셔야 겠어요.
- 고객:맞아요, 요즘 피부가 민감하고 많이 건조해요.

〈보기〉

전성분:장미꽃수, 해바라기씨오일, 아보카도오일, 세틸알콜, 벤질알코올, 히알루론산, 글리세린, 나이아신아마이드, 리날룰, 나무이끼추출물, 리모넨, 향료

① 보습 성분과 미백성분이 함유되어있으며 알러지 유발성분이 있으니 주의하세요.
② 오일이 함유된 제품으로 13세 이하의 어린이가 아니면 알러지가 유발되지 않습니다.
③ 자외선 차단성분이 함유되어있으므로 햇빛 알러지에 주의하세요.
④ 3세 이하 영유아 및 13세 이하 어린이는 사용할 수 없습니다.
⑤ 나이아신아마이드 성분이 함유되어있으므로 햇빛에 노출되지 않도록 주의하세요.

035

「화장품법 시행규칙」[별표 3]에 따라, 화장품의 포장에 기재·표시하여야 하는 헤어퍼머넌트 웨이브 제품 및 헤어스트레이트너 제품의 사용 시 주의사항으로 틀린 것은?

ㄱ. 두피·얼굴·눈·목·손 등에 약액이 묻지 않도록 유의하고, 얼굴 등에 약액이 묻었을 때에는 즉시 물로 씻어낼 것.
ㄴ. 특이체질, 생리 또는 출산 전후이거나 질환이 있는 사람 등은 사용을 피할 것.
ㄷ. 머리카락의 손상 등을 피하기 위하여 용법·용량을 지켜야 하며, 가능하면 일부에 시험적으로 사용하여 볼 것.
ㄹ. 섭씨 15도 이하의 어두운 장소에 보존하고, 색이 변하거나 침전된 경우에는 사용하지 말 것.
ㅁ. 개봉한 제품은 30일 이내에 사용할 것.
ㅂ. 제2단계 퍼머액 중 그 주성분이 브롬산나트륨인 제품은 검은 머리카락이 갈색으로 변할 수 있으므로 유의하여 사용할 것.

① ㄱ, ㄷ, ㅂ
② ㄴ, ㅁ
③ ㄷ, ㄹ
④ ㄹ, ㅁ, ㅂ
⑤ ㅁ, ㅂ

036

「개인정보보호법」에 대한 설명으로 틀린 것은?

① 프로그램은 정보 유출 방지를 위해 해킹방어시스템이 있어야 한다.
② 고객정보입력 및 고객관리는 개인정보보호법의 규정사항에 따라야 한다.
③ 데이터는 손상에 대비하여 물리적 및 전자적 수단을 이용하여 보호되어야 하며 저장된 데이터는 접근성, 가독성, 정확성이 요구된다.
④ 데이터는 주기적으로 백업이 되어야 하며 데이터 폐기 시에는 개인정보 보호법에 의해 복구 및 재생되지 않아야 한다.
⑤ 처리 목적을 명확하게 하여야 하고 목적 내에서 적법하고 정당하게 최대 수집한다.

037

「개인정보보호법」에 따라, 정보주체의 동의를 받지 않고 개인정보의 수집·이용이 가능한 경우가 아닌 것은?

① 법률에 특별한 규정이 있거나 법령상 의무를 준수하기 위하여 불가피한 경우
② 공공기관이 법령 등에서 정하는 소관 업무의 수행을 위하여 불가피한 경우
③ 정보주체와의 계약의 체결 및 이행을 위하여 불가피하게 필요한 경우
④ 정보주체 또는 그 법정대리인이 의사표시를 할 수 없는 상태에 있거나 주소불명 등으로 사전 동의를 받을 수 없는 경우로서 명백히 정보주체 또는 제3자의 급박한 생명, 신체, 재산의 이익을 위하여 필요하다고 인정되는 경우
⑤ 개인정보주체자의 이익을 달성하기 위하여 필요한 경우로서 명백하게 정보주체의 권리가 우선하는 경우

038

「개인정보보호법」에 따라, 개인정보 수집 목적 범위 내에서 제3자에게 개인정보의 제공이 가능하며 이를 위해 정보주체의 동의를 받아야 한다. 동의 받을 때 의무 고지사항으로 적당하지 않은 것은?

① 개인정보를 제공받는 자
② 제공받는 자의 개인정보이용 목적
③ 제공하는 개인정보의 항목
④ 동의를 거부할 권리가 있다는 사실 및 동의 거부에 따른 불이익이 있는 경우에는 그 불이익의 내용
⑤ 제공받는 자의 개인정보파기 기한

039

다음 내용 중 1차위반 행정처분에 관한 내용으로 옳은 것은?

① 품질관리업무 절차서를 작성하지 않은 경우와 책임판매 후 안전관리기준을 준수하지 않은 경우가 동시에 적발되면 판매업무정지 3개월에 처해진다.
② 화장품 가격을 표시하지 않고 판매한 경우와 기능성화장품 변경심사를 하지 않아 적발된 경우에는 과태료 150만원에 처해진다.
③ 화장품용기에 일부 기재사항을 기재하지 않은 경우와 화장품 광고 중지 명령을 위반하여 광고한 경우 해당품목 판매업무정지 4개월.
④ 화장품 원료 목록을 선보고 하지 않아 100만원의 과태료 부과.
⑤ 맞춤형화장품조제관리사가 매년 받아야 하는 정기 교육을 받지 않은 경우 과태료 100만원 부과.

040

천연화장품과 유기농화장품에 대한 설명으로 틀린 것은?

① 화장품의 책임판매업자는 천연화장품에 적합함을 입증하는 자료를 구비하고, 제조일(수입일 경우 통관일)로부터 3년 또는 사용기한 경과 후 1년 중 긴 기간 동안 보존하여야 한다.
② 천연화장품은 중량 기준으로 천연 함량이 전체 제품에서 95% 이상으로 구성되어야 한다.
③ 유기농화장품은 중량 기준으로 유기농 함량이 전체 제품에서 10% 이상이어야 하며, 유기농 함량을 포함한 천연 함량이 전체 제품에서 95% 이상으로 구성되어야 한다.
④ 인증의 유효기간은 인증을 받은 날부터 3년으로 한다.
⑤ 인증의 유효기간을 연장 받으려는 경우에는 유효기간 만료 30일 전까지 그 인증을 한 인증기관에 식품의약품안전처장이 정하여 고시하는 서류를 갖추어 제출해야 한다. 다만, 그 인증을 한 인증기관이 폐업, 업무정지 또는 그 밖의 부득이한 사유로 연장신청이 불가능한 경우에는 다른 인증기관에 신청할 수 있다. 유효기간이 경과한 화장품에 인증을 표시하면 200만원 이하의 벌금형에 처해진다.

041

자외선에 대한 설명으로 맞는 것은?

① UVA는 320~400㎚의 장파장, 진피까지 도달하여 색소침착 및 콜라겐손상을 유발시킨다.

② UVB는 200~290㎚의 단파장, 표피 및 진피의 상부까지 침투하여 색소침착, 일광화상 및 피부홍반 그리고 피부암 유발 가능성이 있다.

③ UVC는 290~320㎚의 중파장, 대기에서 대부분 차단되며 피부암을 유발시킨다.

④ UVA는 290~320㎚의 파장으로 표피 및 진피의 상부까지 침투하여 색소침착, 일광화상 및 피부홍반을 발생시킨다.

⑤ UVB는 320~400㎚의 장파장, 진피까지 도달하여 색소침착 및 콜라겐손상을 유발시킨다.

042

"최소지속형즉시흑화량(Minimal Persistent Pigment darkening Dose, MPPD)"은 (   )를 사람의 피부에 조사한 후 2~24시간의 범위 내에, 조사영역의 전 영역에 희미한 흑화가 인식되는 최소 자외선 조사량을 말한다. 괄호안에 알맞은 용어는?

① UVA ② UVB

③ UVC ④ 태양

⑤ 빛

043

식품의약품안전처장이 고시한 자외선 차단 성분과 최대 사용함량이 틀리게 짝지어진 것은?

① 벤조페논-3 : 3%

② 벤조페논-4 : 5%

③ 벤조페논-8 : 3%

④ 옥토크릴렌 : 10%

⑤ 호모살레이트 : 10%

044

식품의약품안전처장이 고시한 성분과 함량 중 지용성 미백성분과 수용성 주름개선 성분과 그 함량이 옳게 짝지어진 것은?

① 닥나무추출물 2%-레티놀 2,500IU/g

② 알파-비사보롤 0.5%-아데노신 0.04%

③ 나이아신아마이드 2%-아데노신 0.04%

④ 알파-비사보롤 0.5%-레티닐팔미테이트 10,000IU/g

⑤ 유용성감초추출물 0.05%-레티놀 2,500IU/g

045

우수화장품 제조 및 품질관리기준(CGMP)에 따라 위해화장품의 폐기처리 등에 관한 설명으로 옳지 못한 것은?

① 품질에 문제가 있거나 회수·반품된 제품의 폐기 여부는 품질 책임자에 의해 승인되어야 한다.

② 변질·변패 또는 병원미생물에 오염되지 아니한 경우 재작업을 할 수 있다.

③ 제조일로부터 2년이 경과하지 않았거나 사용기한이 1년 이상 남아있는 경우 재작업을 할 수 있다.

④ 재입고 할 수 없는 제품의 폐기처리규정을 작성하여야 하며 폐기 대상은 따로 보관하고 규정에 따라 신속하게 폐기하여야 한다.

⑤ 재작업 처리 실시의 결정은 품질 책임자가 실시하고, 승인이 끝난 재작업 절차서 및 기록서에 따라 실시한다.

046

다음 〈품질성적서〉는 맞춤형화장품조제관리사가 화장품책임판매업자로부터 받은 것이고, 〈보기〉는 2중 기능성 화장품인 로션의 전성분을 표시한 것이다. 다음 〈대화〉 중 맞춤형조제관리사 A가 손님 B의 질문에 옳게 대답한 것을 고르시오.

〈품질성적서〉

시험 항목	시험 결과
아스코빌글루코사이드	98%
레티닐팔미테이트	109%
카드뮴	3㎍
안티몬	불검출
니켈	불검출
메탄올	불검출

〈보기〉

전성분:정제수, 하이드로제네이티드폴리데센, 글리세린, 병풀추출물, 디프로필렌글라이콜, 글리세릴스테아레이트, 소듐하이알루로네이트, 하이드로제네이티드레시틴, 레티닐팔미테이트, 동백나무씨오일, 아스코빌글루코사이드, 식물성스쿠알란, 페녹시에탄올, 알란토인

〈대화〉

- B:이 로션은 여드름 피부 완화에 도움을 주는 제품인가요?
- A: ① 네, 이 제품은 이중기능성 화장품으로 여드름성 피부완화에 도움을 주는 기능성화장품입니다.
- B:전성분표시를 보니 이 제품은 보존제가 들어가지 않은 제품이군요?
- A: ② 아니요, 전성분 표시를 보시면 페녹시에탄올이 있습니다. 이 성분은 사용한도가 2%인 보존제입니다.
- B:요즘 기미가 생겨서 고민입니다. 이 제품은 피부 미백에 도움이 될까요?
- A: ③ 네 이 제품은 피부 미백 뿐만 아니라 주름 개선에도 도움을 주는 제품입니다.
- B:레티닐팔미테이트가 109%를 함유하고 있네요? 괜찮은건가요?
- A: ④ 네 괜찮습니다, 레티닐팔미테이트가 100% 넘게 함유 되었으므로 주름개선에 효과를 주는 제품입니다.
- B:품질성적서를 보니 카드뮴이 검출되었는데 판매 가능한건가요?
- A: ⑤ 이를 확인하지 못했네요. 죄송합니다. 판매 중지 시킨 후 회수조치 하겠습니다.

047

다음 중 원료에 대한 설명으로 옳지 못한 것은?

① 영유아 및 13세이하 어린이가 사용하는 샴푸에 살리실릭애씨드를 함유해도 된다.
② 징크피리치온은 사용 후 씻어내는 제품에 보존제로 0.5%, 비듬 및 가려움을 덜어주는 샴푸 및 린스 그리고 탈모증상을 완화하는데 도움을 주는 화장품에 총 징크피리치온으로서 1.0%의 사용한도가 있다.
③ 호모살레이트는 10%의 사용한도가 있다.
④ 페녹시에탄올은 1.0%의 사용한도가 있다.
⑤ 소르빅애씨드 및 그 염류는 1.0%의 사용한도가 있다.

048

「기능성화장품심사에 관한규정」제6조 (별표4)「자료제출이 생략되는 기능성화장품의 종류」에서 효능 효과를 나타내는 성분, 함량이 고시된 품목의 경우 기능성화장품심사 또는 보고 시 어떤 자료가 생략되는지 모두 고르시오.

〈보기〉
㉠ 기원 및 개발 경위에 관한 자료
㉡ 안전성에 관한자료
㉢ 유효성 또는 기능에 관한자료
㉣ 자외선차단지수(SPF), 내수성자외선차단지수 및 자외선A차단등급(PA) 설정의 근거자료
㉤ 기준 및 시험방법에 관한자료

① ㉠, ㉢, ㉣
② ㉠, ㉡, ㉢
③ ㉡, ㉣, ㉤
④ ㉡, ㉢, ㉤
⑤ ㉢, ㉣, ㉤

049

화장품 액성의 성질을 구체적으로 표시하는 pH값과 저장온도 및 시험온도의 정의가 옳게 짝지어진 것은?

① 미산성 pH 약 5~약6.5 , 실온 15~25℃
② 약산성 pH 약 3~약 5 , 실온 1~30℃
③ 약산성 pH 약 3~약 5, 냉침10~20℃
④ 약알칼리성 pH 약 7.5~약 9, 온침 15~25℃
⑤ 미알칼리성 pH 약 9~약 11, 미온탕 35~45℃

050

다음 중 맞춤형화장품에 해당되는 것은?

① 염색제 1제와 2제를 혼합한 것.
② 나이아신아마이드가 함유된 크림베이스에 히알루론산을 혼합한 것.
③ 화장비누를 소분한 것.
④ 소비자에게 판매하기 위해 생산된 화장품 완제품을 소분한 것.
⑤ 화장품의 내용물에 보존제를 혼합한 화장품

051

다음 상담 내용을 파악하고 고객이 원하는 맞춤형화장품 조제 시 첨가되는 원료로 옳은 것은?

〈보기〉
자외선으로 인해 피부가 많이 노출되어 기미가 생겼습니다. 백탁이 생기지 않고 발림성이 좋으며 미백에 도움이 되는 자외선차단제품으로 원합니다.

① 에칠헥실살리실레이트 - 알부틴
② 티타늄디옥사이드 - 나이아신아마이드
③ 징크옥사이드 - 나이아신아마이드
④ 에틸헥실메톡시신나메이트 - 시녹세이트
⑤ 징크옥사이드 - 알파비사보롤

052

다음 상담 내용을 파악하고 고객이 원하는 맞춤형 화장품을 처방할 때 사용할 오일과 유화제로 알맞은 것을 고르시오.

〈보기〉
피부가 많이 건조하고 당깁니다. 번들거리거나 무거운 느낌이 들지 않고 가벼운 느낌의 크림을 원합니다.

① 이소프로필미리스테이트(IPM)과 폴리소르베이트 80을 넣어 조제한다.
② MCT오일과 세틸알콜을 넣어 조제한다.
③ 해바라기오일과 폴리소르베이트 80을 넣어 조제한다.
④ 라놀린오일과 폴리소르베이트 80을 넣어 조제한다.
⑤ 에뮤오일과 세틸알콜을 넣어 조제한다.

053

유통화장품 안전관리 시험방법에서 규정하고 있는 납에 대한 원자흡광광도법(AAS)에 대한 설명으로 적당하지 않은 것은?

① 검체 약 0.5g을 정밀하게 달아 석영 또는 테트라플루오로메탄제의 극초단파분해용 용기의 기벽에 닿지 않도록 조심하여 넣는다.
② 검체를 분해하기 위하여 질산 7mL, 염산 2mL 및 황산 1mL을 넣고 뚜껑을 닫은 다음 용기를 극초단파분해 장치에 장착하여 분해한다. 상온으로 식힌 다음 조심하여 뚜껑을 열고 분해물을 25mL 용량플라스크에 옮기고 물 적당량으로 용기 및 뚜껑을 씻어 넣고 물을 넣어 전체량을 25mL로 하여 검액으로 한다. 침전물이 있을 경우 여과하여 사용한다. 따로 질산 7mL, 염산 2mL 및 황산 1mL를 가지고 검액과 동일하게 조작하여 공시험액으로 한다. 뚜껑을 닫은 다음 용기를 극초단파분해 장치에 장착하여 무색~엷은 황색이 될 때까지 검체를 분해한다.
③ 표준액(10μg/mL) 0.5mL, 1.0mL 및 2.0mL를 각각 취하여 구연산암모늄용액(1→4) 10mL 및 브롬치몰블루시액 2방울을 넣고 이하 검액과 같이 조작하여 검량선용 표준액으로 한다.
④ 조작조건으로 가연성가스는 공기를 사용하고 지연성 가스는 아세칠렌 또는 수소를 사용한다.
⑤ 납중공음극램프를 사용하여 283.3nm에서 흡광도를 측정한다.

054

다음 맞춤형화장품을 소비자에게 조제 처방할 때 소비자에게 설명해야 하는 주의사항으로 알맞은 것은?

> 천연아로마에센셜오일을 바디워시 내용물에 넣어 혼합한 맞춤형화장품
> 전성분:정제수, 소듐라우릴설페이트, 코코베타인, 녹차추출물, 감초추출물, 글리세린, 디소듐EDTA, 벤질알코올, 향료, 쿠마린, 리모넨

① 알레르기 유발물질이 있으니 테스트 후 사용하세요.
② 광감성이 있으니 자외선 차단제와 함께 사용하세요.
③ 13세 이하 어린이는 사용할 수 없으므로 주의하세요.
④ 건성용 피부를 위한 제품이므로 지성용 피부에는 사용을 자제해 주세요.
⑤ 주의 사항이 없는 천연 제품이므로 누구든 사용이 가능합니다.

055

다음은 「화장품법 시행규칙」 [별표 3]에 따라 화장품 사용 할 때의 주의사항 중 개별기재 사항에 대한 내용이다. 다음 중 옳은 것은?

① 미세한 알갱이가 함유되어 있는 스크럽-세안제 알갱이가 눈에 들어갔을 때에는 물로 씻어내고 이상이 있는 경우에는 전문의와 상담할 것.
② 팩-입 주위를 피하여 사용할 것.
③ 두발용, 두발염색용 및 눈 화장용 제품류-눈, 코 또는 입 등에 닿지 않도록 주의하여 사용할 것.
④ 천연 핸드크림-눈, 코 또는 입 등에 닿지 않도록 주의하여 사용할 것.
⑤ 체취 방지용 제품-털을 제거한 직후에 사용할 것.

056

화장품의 위해평가는 인체가 화장품에 존재하는 위해요소에 노출되었을 때 발생할 수 있는 유해영향과 발생확률을 과학적으로 예측하는 일련의 과정으로 위험성 확인, 위험성 결정, 노출평가, (㉠) 등 일련의 단계를 말한다. ㉠에 적합한 단어는?

① 유해성 결정
② 유해도 평가
③ 유해도 결정
④ 위해도 평가
⑤ 위해도 결정

057

위해화장품의 등급이 옳게 짝지어진 것은?

① 인체에 심각한 위해가 있는 바이러스균이 로션에서 발견된 경우는 가등급이다.
② 영유아용 화장품의 포장지에 전성분 사항이 훼손 또는 위변조 된 경우는 나등급이다.
③ 영업신고를 하지 않은 자가 제조한 화장품을 유통 판매한 경우는 나등급이다.
④ 비매품을 소비자에게 판매한 화장품은 나등급이다.
⑤ 안전용기 포장 등에 위반되는 화장품은 다등급이다.

058

우수화장품 제조 및 품질관리기준(CGMP)에 따라 일탈의 처리 순서로 옳은 것은?

> ㉠ 일탈의 발견 및 초기평가
> ㉡ 즉각적인 수정조치
> ㉢ SOP에 따른 조사, 원인분석 및 예방조치
> ㉣ 후속조치/종결
> ㉤ 문서작성/문서추적 및 경향분석

① ㉠, ㉡, ㉢, ㉣, ㉤
② ㉠, ㉢, ㉡, ㉣, ㉤
③ ㉠, ㉡, ㉣, ㉤, ㉢
④ ㉠, ㉣, ㉢, ㉡, ㉤
⑤ ㉡, ㉠, ㉢, ㉣, ㉤

059

「화장품법 시행규칙」제18조에 따라 다음 중 안전용기·포장대상 품목이 아닌 것은?

① 아세톤을 함유하는 네일 에나멜 리무버
② 아세톤을 함유하는 네일 폴리시 리무버
③ 미네랄 오일 20퍼센트 함유한 어린이용 오일
④ 메틸살리실레이트 5퍼센트 함유한 액체
⑤ 미네랄 오일 10% 함유한 클렌징 오일

060

알파-하이드록시 애씨드(alpha-hydroxy acid, AHA)에 설명으로 적당하지 않은 것은?

① 시트릭애씨드는 카르복시기(-COOH)가 3개 붙어있는 AHA이다.
② 살리실릭애씨드는 AHA성분으로 수용성이다.
③ 말릭애씨드는 사과에서 발견되는 AHA이다.
④ 락틱애씨드는 쉰우유에서 생성되는 AHA이다.
⑤ 시트릭애씨드는 감귤류에서 발견되는 AHA이다.

061

우수화장품 제조 및 품질관리기준(CGMP)에 따라 화장품 작업소의 시설기준으로 옳지 못한 것은?

① 제조하는 화장품의 종류·제형에 따라 적절히 구획·구분되어 있어 교차오염 우려가 없어야 하고 바닥, 벽, 천장은 가능한 청소하기 쉽게 매끄러운 표면을 지니고 소독제 등의 부식성에 저항력이 있어야 한다.
② 환기가 잘 되고 청결해야 하고 외부와 연결된 창문은 즉시 열어 환기를 빠르게 시킬 수 있어야 한다.
③ 수세실과 화장실은 접근이 쉬워야 하나 생산구역과 분리되어 있어야 하고 작업소 전체에 적절한 조명을 설치하고, 조명이 파손될 경우를 대비한 제품을 보호할 수 있는 처리절차를 마련해야 한다.
④ 제품의 오염을 방지하고 적절한 온도 및 습도를 유지할 수 있는 공기조화시설 등 적절한 환기시설을 갖추어야 한다.
⑤ 각 제조구역별 청소 및 위생관리 절차에 따라 효능이 입증된 알칼리 세척제 및 소독제를 사용하고 제품의 품질에 영향을 주지 않는 소모품을 사용해야 한다.

062

우수화장품 제조 및 품질관리기준(CGMP)에 따라 설비세척의 원칙으로 옳지 못한 것은?

① 세정력과 안전성이 우수한 알칼리성 지용성 세제를 사용한다.
② 위험성이 없는 용제로 세척한다.
③ 브러시 등으로 문질러 지우는 것을 고려한다.
④ 가능한 한 세제를 사용하지 않는다.
⑤ 분해할 수 있는 설비는 분해해서 세척한다.

063

우수화장품 제조 및 품질관리기준(CGMP)에 따라 원자재 입출고에 대한 설명으로 옳지 못한 것은?

① 제조업자는 원자재 공급자에 대한 관리감독을 적절히 수행하여 입고관리가 철저히 이루어지도록 하여야 한다.

② 원자재의 입고 시 구매 요구서, 원자재 공급업체 성적서 및 현품이 서로 일치하여야 한다. 필요한 경우 운송 관련 자료를 추가적으로 확인할 수 있다.

③ 원자재 용기에 제조번호가 없는 경우에는 관리번호를 부여하여 보관하여야 한다.

④ 원자재 입고절차 중 육안확인 시 물품에 결함이 있을 경우 입고를 보류하고 격리보관 및 폐기하거나 원자재 공급업자에게 반송하여야 한다.

⑤ 입고된 원자재는 "적합", "부적합", "검사 중" 등으로 상태를 표시하여야 하며 동일 수준의 보증이 가능한 다른 시스템이 있어도 대처하면 안된다.

064

화장품 포장재의 공간비율에 대한 설명으로 옳지 못한 것은?

① 향수는 완충제 사용시 포장공간비율의 제약은 없으나 2차포장이내로 포장해야 한다.

② "단위제품"이란 1회 이상 포장한 최소 판매단위의 제품을 말하고, "종합제품"이란 같은 종류 또는 다른 종류의 최소 판매단위의 제품을 2개 이상 함께 포장한 제품을 말한다. 다만, 주 제품을 위한 전용 계량 도구나 그 구성품, 소량(30g 또는 30ml 이하)의 비매품(증정품) 및 설명서, 규격서, 메모카드와 같은 참조용 물품은 종합제품을 구성하는 제품으로 보지 않는다.

③ 제품의 특성상 1개씩 낱개로 포장한 후 여러 개를 함께 포장하는 단위제품의 경우 낱개의 제품 포장은 포장공간비율 및 포장횟수의 적용대상인 포장으로 보지 않는다.

④ 제품의 제조·수입 또는 판매 과정에서의 부스러짐 방지 및 자동화를 위하여 받침접시를 사용하는 경우에는 이를 포장횟수로 정해야 한다. 종합제품의 경우 종합제품을 구성하는 각각의 단위제품은 제품별 포장공간비율 및 포장횟수기준에 적합하여야 하며, 단위제품의 포장공간비율 및 포장횟수는 종합제품의 포장공간비율 및 포장횟수에 산입(算入)해야 한다.

⑤ 종합제품으로서 복합합성수지재질·폴리비닐클로라이드재질 또는 합성섬유재질로 제조된 받침접시 또는 포장용 완충재를 사용한 제품의 포장공간비율은 20% 이하로 한다.

065

맞춤형화장품판매업소의 판매내역서 작성 시 필수로 기재하는 내용이 아닌 것은?

① 제조번호
② 사용기한 또는 개봉 후 사용기간
③ 판매일자
④ 판매량
⑤ 구매자명

066

(㉠)증상은 대부분의 사람은 특별한 문제가 되지 않는 물질에 대하여 특정인들은 면역계의 과민반응에 의해서 나타나는 여러 가지 증상들을 의미한다. 아토피성 피부염, 천식, 그 외의 과민증상, 안구 충혈, 가려움을 동반한 피부 발진, 콧물, 호흡곤란, 부종 등의 증세를 나타낸다. 또한 화장품 착향제의 구성성분으로 인해 이 증상이 발생 된다. ㉠에 적합한 단어는?

① 발적
② 홍조
③ 광감성
④ 증후군
⑤ 알레르기

067

피부에 대한 설명으로 옳지 못한 것은?

① 피부는 겉에서부터 표피, 피하지방, 진피로 구성되어있다.
② 진피의 기질이 만들어낸 수분은 마르거나 얼지 않는 성질을 가지고 있으며 이를 결합수(Bound water) 라고 한다.
③ 천연 보습인자는 피부 내에 존재하는 피지의 친수성 부분을 의미하며 피부의 수분량을 조절하여 피부건조를 방지하는 역할을 하며 표피의 각질층에 존재한다.
④ 표피 지질은 각질 세포의 사이사이를 메워주는 역할을 하는 성분으로서 가장 많은 구성성분은 세라마이드이다. 이러한 지질성분의 함량 변화는 피부를 건조하게 하는 원인 중 하나이다.
⑤ 진피의 노화는 한선의 수가 감소하여 열에 대한 방어기능이 저하된다.

068

유통화장품 안전관리 시험방법에서 규정하고 있는 시험방법 중 안티몬과 니켈을 동시에 분석할 수 있는 시험방법만을 짝지어 놓은 것은?

① ICP-MS, AAS, ICP
② ICP-MS, AAS, 비색법
③ 푹신아황산법, AAS, ICP
④ ICP-MS, 액체크로마토그래프법, ICP
⑤ ICP-MS, AAS, 디티존법

069

다음 제시하는 두 가지의 품질성적서를 비교한 설명으로 옳지 못한 것은?

1. 베이비 크림 COA	2. 영양 크림 COA
점도:12,000CPS	점도:20,000CPS
pH:6.5	pH:6.0
총호기성생균수:합격	총호기성생균수:합격
납:합격	납:합격
수은:합격	수은:합격

① 입구가 좁은 1차포장의 경우 영양크림이 베이비크림보다 넣기 힘들다.
② 베이비크림이 일반크림보다 미생물관리가 까다롭다.
③ 베이비크림은 일반화장품과 달리 pH는 자극이 적은 중성에 가까운 6.5~7.0 사이이어야 한다.
④ 비의도 유래물질의 납함량은 점토를 원료로 사용한 분말제품은 50㎍/g 이하, 그 밖의 제품은 20㎍/g 이하이며 베이비크림과 영양크림 둘 다 같은 적용을 한다.
⑤ 비의도 유래물질인 수은 함량은 1㎍/g 이하 이며, 베이비크림과 영양크림 둘 다 같은 적용을 한다.

070

영유아용과 어린이용 화장품은 제품별 안전성 자료를 보관해야 한다. 개봉 후 사용기간을 표시하는 경우에 안전성 자료는 영유아 또는 어린이가 사용할 수 있는 화장품임을 표시·광고한 날부터 마지막으로 제조한 제품의 (㉠) 혹은 마지막으로 수입한 제품의 (㉡) 이후 3년간 보관한다. ㉠, ㉡에 적합한 단어는?

	㉠	㉡
①	제조일자	통관일자
②	칭량일자	통관일자
③	제조일자	수입일자
④	생산일자	통관일자
⑤	포장일자	합격일자

071

기능성화장품을 올바르게 설명한 것은?

① 모발 - 일시적으로 모발의 색상을 변화시키는 제품
② 체모 - 물리적으로 체모를 제거하는 제품(제모왁스, 제모테이프)은 제외
③ 주름 - 주름을 없애주는 치료효과가 있다.
④ 여드름 - 기초화장용 제품류, 인체세정용제품류
⑤ 미백 - 기미를 없애 준다.

072

에센스 100ml 판매 시 1차 포장에 반드시 기재할 사항을 모두 고르시오.

㉠ 화장품의 명칭
㉡ 영업자(화장품제조업자, 화장품책임판매업자, 맞춤형화장품판매업자)의 상호
㉢ 해당 화장품 제조에 사용된 모든 성분(인체에 무해한 소량 함유 성분 등 총리령으로 정하는 성분은 제외)
㉣ 내용물의 용량 또는 중량
㉤ 제조번호
㉥ 사용기한 또는 개봉 후 사용기간(개봉 후 사용기간의 경우 제조연월일 병기)
㉦ 가격
㉧ 기능성화장품의 경우 "기능성화장품"이라는 글자 또는 기능성화장품을 나타내는 도안으로서 식품의약품안전처장이 정하는 도안
㉨ 사용할 때의 주의사항
㉩ 기능성화장품의 경우 심사받거나 보고한 효능·효과, 용법·용량
㉪ 인체 세포·조직 배양액이 들어있는 경우 그 함량

① ㉠, ㉡, ㉢, ㉣
② ㉠, ㉡, ㉢, ㉤
③ ㉡, ㉢, ㉣, ㉥
④ ㉠, ㉡, ㉤, ㉥
⑤ ㉠, ㉢, ㉥, ㉦

073

맞춤형화장품 립밤 벌크제품 제조 시 사용할 수 있는 색소는?

① 자색 201호 ② 자색 401호
③ 적색 205호 ④ 적색 206호
⑤ 적색 207호

074

식품의약품안전처 고시 「화장품 사용 시의 주의사항 및 알레르기 유발성분 표시 등에 관한 규정」에서는 착향제 성분 중 알레르기 유발물질을 정하고 있다. 다음 착향제 성분 중 테르펜(terpene) 계열의 알레르기 유발물질이 아닌 것은?

① 리날룰 ② 시트랄
③ 제라니올 ④ 신남알
⑤ 리모넨

075

우수화장품 제조 및 품질관리기준(CGMP)에 따른 화장품 작업소의 위생기준으로 옳지 않은 것은?

㉠ 제조하는 화장품의 종류·제형에 따라 적절히 구획·구분되어 있어 교차오염 우려가 없을 것.
㉡ 바닥, 벽, 천장은 가능한 청소하기 쉽게 매끄러운 표면을 지니고 소독제 등의 부식성에 저항력이 있을 것.
㉢ 환기가 잘 되고 청결할 것.
㉣ 외부와 연결된 창문은 잘 열려 환기가 잘 되도록 할 것.
㉤ 작업소 내의 외관 표면은 가능한 매끄럽게 설계하고, 청소, 소독제의 부식성에 저항력이 있을 것.
㉥ 수세실과 화장실은 다른 층에 있어야한다.
㉦ 작업소 전체에 적절한 조명을 설치하고, 조명이 파손될 경우를 대비한 제품을 보호할 수 있는 처리절차를 마련할 것.
㉧ 제품의 오염을 방지하고 적절한 온도 및 습도를 유지할 수 있도록 적절한 환기시설을 갖출 것.
㉨ 각 제조구역별 청소 및 위생관리 절차에 따라 효능이 입증된 세척제 및 소독제를 사용할 것.
㉩ 제품의 품질에 영향을 주지 않는 소모품을 사용할 것.

① ㉥, ㉨ ② ㉣, ㉥
③ ㉤, ㉨ ④ ㉣, ㉤
⑤ ㉨, ㉩

076

탄화수소와 알파-하이드록시애씨드의 성분이 바르게 짝지어진 것은?

① 스쿠알란-락틱애씨드
② 히아루론산-시트릭애씨드
③ 세라마이드-말릭애씨드
④ 솔비톨-락틱애씨드
⑤ 해바라기오일-타타릭애씨드

077

소독제에 대한 것으로 알맞지 않은 것은?

① 5분 이내 미생물 사멸효과를 가져야한다.
② 병원균을 죽이고 사용 기간 동안 활성을 유지해야 한다.
③ 에탄올 원액을 사용한다.
④ 제품이나 설비와 반응하지 않아야 한다.
⑤ 부식성이 없어야 한다.

078

포름알데하이드가 몇% 이상 검출된 제품에 〈보기〉와 같은 문구를 기재·표시하여야 하는가?

〈보기〉
포름알데하이드를 함유하고 있으므로 이 성분에 과민한 사람은 신중히 사용할 것.

① 0.001% ② 0.01%
③ 0.2% ④ 0.05%
⑤ 0.5%

079

다음은「화장품법 시행규칙」[별표 3]에 따른 영유아용 제품류에 대한 내용이다. 빈칸에 알맞은 유형을 쓰시오.

① 영유아용 샴푸, 린스 ② 영유아용 로션, 크림 ③ 영유아용 오일 ④ 영유아 (　　) 제품 ⑤ 영유아 목욕용 제품

① 기초화장용 ② 인체세정용
③ 모발용 ④ 얼굴용
⑤ 위생용

080

식품의약품안전처장 고시「화장품 안전기준 등에 관한 규정」에서는 특정세균은 불검출되어야 하는 것으로 정하고 있으며 특정세균은 대장균, 녹농균, (　㉠　)이다. ㉠에 적합한 단어는?

① 칸디다균 ② 아크네균
③ 황색포도상구균 ④ 폐렴균
⑤ 미생물

081

「화장품법 시행규칙」에 따르면 보기의 어느 하나에 해당하는 성분을 0.5퍼센트 이상 함유하는 제품의 경우에는 해당 품목의 안정성시험 자료를 최종 제조된 제품의 사용기한이 만료되는 날부터 1년간 보존해야 한다. ㉠, ㉡에 적합한 단어는?

가. 레티놀(비타민A) 및 그 유도체 나. 아스코빅애시드(비타민C) 및 그 유도체 다. (　㉠　) 라. 과산화화합물 마. (　㉡　)

082

표시량이 50mL인 로션의 충진량으로 몇 그램인가?(단, 로션의 비중은 0.9)

083

우수화장품 제조 및 품질관리(CGMP)에서 (㉠)은(는) 주문 준비와 관련된 일련의 작업과 운송 수단에 적재하는 활동으로 제조소 외로 제품을 운반하는 것이라 정의하고 있으며,「화장품법 시행규칙」별표 1(품질관리기준)에서는 화장품책임판매업자가 그 제조 등(타인에게 위탁 제조 또는 검사하는 경우를 포함하고 타인으로부터 수탁 제조 또는 검사하는 경우는 포함하지 않는다.)을 하거나 수입한 화장품의 판매를 위해 출하하는 것을 (㉡)(이)라 정의하고 있다. ㉠, ㉡에 적합한 단어는?

084

점도측정법 : 액체가 일정방향으로 운동할 때 그 흐름에 평행한 평면의 양측에 내부마찰력이 일어난다. 이 성질을 (㉠)이라고 한다. (㉠)은 면의 넓이 및 그 면에 대하여 수직방향의 속도구배에 비례한다. 그 비례정수를 절대점도라 하고 일정온도에 대하여 그 액체의 고유한 정수이다. 그 단위로서는 포아스 또는 센티포아스를 쓴다. ㉠에 적합한 단어는?

085

우수화장품 제조 및 품질관리기준(CGMP) 제15조에서는 제조 및 품질관리의 적합성을 보장하는 기본 요건들을 충족하고 있음을 보증하기 위하여 (㉠), 제조관리기준서, (㉡), 품질관리기준서를 작성하고 보관하여야 한다. ㉠, ㉡에 적합한 단어는?

086

모발의 성장구조 중 빈칸에 알맞은 용어는?

- 성장기 : 성장기는 모유두의 세포분열이 매우 왕성하게 진행되어 모발이 빠르게 성장하는 시기이다 성장기의 기간은 약 3~6년이며, 전체 모발주기의 80~90%가 이 시기에 속한다. 성장기의 모발은 한 달에 약 1~1.5cm 자라지만 영양상태, 호르몬분비, 계절, 연령, 유전인자 등 개인에 따라서 달라질 수 있다.
- 퇴행기 : 성장기를 거친 모발이 차츰 퇴화기를 맞아 성장이 느려져 결국 더 이상 모발이 자라지 않는다. 퇴화기는 약 1~2개월이며, 전체 모발주기의 약 1%에 해당된다. 퇴화기에는 모유두와 모구부가 분리되기 시작하고 모낭이 위축되어 모근은 위쪽으로 밀려 올라가게 되고 결국 세포 분열을 멈추게 된다.
- (   ) : 모낭과 모유두가 완전히 분리되고 모낭도 더욱더 위축되어 모근은 위쪽으로 더 밀려 올라가 모발이 빠지게 된다. 휴지기의 기간은 약 4~5개월이며, 이 기간 동안 모유두는 쉬게 된다. 이 휴지기에 해당하는 모발의 수는 전체 모발의 약 10%에 해당되며 휴지기에 들어선 후 약 3~4개월은 두피에 머무르다가 차츰 자연스럽게 빠지게 된다.

  휴지기 상태의 모발이 약 20% 이상이 되어 탈모되는 수가 많아질때는 그 원인을 파악해서 더 이상 탈모가 진행되지 않도록 두피 및 모발관리를 해야 한다.
- 탈모기 : 탈모는 새로 성장하는 모발의 수 보다 빠지는 모발의 수가 더 많아지는 현상으로 모발의 수가 점점 줄어드는 것을 말한다. 정상적인 자연탈모의 경우 하루에 약 50~100개의 모발이 빠지지만 그 이상의 숫자가 빠지는 경우에는 이상탈모 증상으로 보아야 한다. 이 경우 모모세포의 생장 활동이 중지 되고 성장기는 짧아지고 휴지기가 길어진다. 남성호르몬의 이상, 스트레스, 피지분지, 염증, 잦은 퍼머 또는 염색으로 인해 탈모가 발생하기도 한다.

탈모에 도움이 되는 기능성 성분은 덱스판테놀, 비오틴, L-멘톨, 징크피리치온 등이 있다.

087

「화장품법 시행규칙」[별표4]의 화장품의 유형과 사용 시의 주의사항에서는 포장의 표시기준 및 표시방법에 대하여 규정하고 있으며 영업자의 상호 및 주소는 등록필증 또는 신고필증에 적힌 소재지(맞춤형화장품판매업자의 주소는 맞춤형화장품판매업신고필증에 적힌 소재지) 또는 (㉠), (㉡)업무를 대표하는 소재지를 기재·표시해야 한다. ㉠, ㉡에 적합한 단어는?

088

식품의약품안전처장이 고시한「기능성화장품 심사에 관한 규정」에서는 기능성화장품의 심사를 위해 제출해야 하는 자료를 정하고 있으며 제출해야 하는 안전성에 관한 자료는 단회 투여 독성시험 자료, 1차 피부자극시험 자료, 안(眼)점막 자극 또는 그 밖의 점막 자극시험 자료, (㉠), 광독성(光毒性) 및 광감작성시험 자료, 인체 첩포시험(貼布試驗) 자료, 인체 누적첩포시험 자료이다. ㉠에 적합한 단어는?

089

표피 중 가장 깊은 곳에 위치하고 단일층으로 구성된 타원형의 핵을 가진 살아있는 세포로서 활발한 세포분열을 가장 왕성하게 하여 새로운 세포를 생성하는 곳은?

090

다음 표기된 "사용할 때의 주의사항"을 사용하는 화장품의 종류를 「화장품법」에 사용된 용어로 쓰시오.

- 화장품 사용 시 또는 사용 후 직사광선에 의하여 사용부위가 붉은 반점, 부어오름 또는 가려움증 등의 이상 증상이나 부작용이 있는 경우 전문의 등과 상담할 것.
- 상처가 있는 부위 등에는 사용을 자제할 것.
- 보관 및 취급 시의 주의사항
  가) 어린이의 손이 닿지 않는 곳에 보관할 것.
  나) 직사광선을 피해서 보관할 것.
- 눈에 들어갔을 때에는 즉시 씻어낼 것.
- 사용 후 물로 씻어내지 않으면 탈모 또는 탈색의 원인이 될 수 있으므로 주의할 것.

091

화장품제조업을 등록하려는 자는 총리령으로 정하는 시설기준을 갖추어야 한다. 다만, 화장품의 일부 공정만을 제조하는 등 총리령으로 정하는 경우에 해당하는 때에는 시설의 일부를 갖추지 아니할 수 있다. 화장품책임판매업을 등록하려는 자는 총리령으로 정하는 화장품의 품질관리 및 책임판매 후 안전관리에 관한 기준을 갖추어야 하며, 이를 관리할 수 있는 (　　　)를 두어야 한다.

092

다음 〈보기〉에서 설명하는 ㉠, ㉡에 적합한 용어는?

〈보기〉

계면활성제는 분자 내에 친수기(Hydrophilic group)와 소수기(Lipophilic group)를 동시에 갖는 물질로 이러한 계면에 흡착하여 계면장력을 낮추어 두 액체를 섞이도록 한다. 이러한 계면 중 기체-액체, 액체-액체상의 액체계면(liquid interface)과 기체-고체, 고체-액체상의 고체계면(solid interface)으로 나눌 수 있다.

(㉠)계면활성제:모발에 흡착하여 유연효과나 대전 방지 효과, 모발의 정전기 방지 효과를 준다.

(㉡)계면활성제:물 속에서 친수부가 대전되지 않으며 자극이 적어서 기초화장품류 제품에서 유화제, 가용화제 등으로 사용된다.

093

〈보기〉의 ㉠, ㉡에 적합한 단어를 작성하시오

〈보기〉

「화장품법」에서는 맞춤형화장품판매업자는 맞춤형화장품판매장에서 국가자격시험에 합격한 자인 (㉠)를 두어 맞춤형화장품의 (㉡) 업무를 하여야 한다.

094

모발은 크게 모근부와 모간부로 구분되며, 모근부는 피부 속에 박혀 있는 부분으로 모낭으로 둘러싸여 있다. 기저층의 (㉠)세포는 모발의 기원이 되는 세포로 세포 분열에 의해 증식되고, 증식된 세포는 서서히 각화 되면서 위쪽 모공 부위로 올라간 후 모발 세포층만 남게 된다. 모유두에 접하고 있는 세포인 (㉠)세포는 세포의 분열과 증식에 관여하여 새로운 모발 세포를 만드는 작용을 한다. 모소피는 모피질을 보호하고 있으며 큐티클층이라 불리우며, 각질형성세포(keratinocyte)에서 만들어진 경단백질의 (㉡)으로 만들어져 마찰에 약하고 자극에 의해 쉽게 부러지는 성질이 있다. ㉠, ㉡에 적합한 단어를 작성하시오.

095

화장품 내용량이 10밀리리터 초과 50밀리리터 이하 또는 중량이 10그램 초과 50그램 이하 화장품의 포장인 경우에는 아래의 성분을 생략하지 않고 표기해야 한다. 빈 괄호에 적합한 단어는?

- 타르색소
- (   )
- 샴푸와 린스에 들어 있는 인산염의 종류
- 과일산(AHA)
- 기능성화장품의 경우 그 효능·효과가 나타나게 하는 원료
- 식품의약품안전처장이 사용한도를 고시한 화장품의 원료

096

진피에 있는 망상층에서는 교원섬유(collagen)가 합성되어 형성되며, 세포 기질 성분 중 기질금속단백질분해효소(MMP, matrix metalloprotease)는 금속이온인 (   )과 결합하여 교원섬유를 분해 파괴한다. 콜라겐 합성보다 분해하는 효소가 더욱 많은 경우 노화가 촉진된다. 괄호에 적합한 용어는?

097

연한 갈색, 암갈색, 흑색 등의 색과 다양한 크기의 과색소 침착성 질환으로서 주로 30대 이후 중년여성에게서 많이 발생되며, 임신이나 폐경기 및 내분비질환으로 인해 발생되기도 한다. 일반적으로 운전, 운동 등으로 인해 지속적으로 햇빛에 노출 시, 스트레스 및 화장품 등의 부작용으로 인해 발생되는 침착 색소를 무엇이라고 하는가?

098

과도한 자외선 노출은 피부보호막을 파괴하고 멜라닌 색소 생성을 촉진시키며, 피부 탄력 섬유를 파괴할 뿐만 아니라 얼굴의 모세혈관을 확장시켜 안면 홍조를 유발한다. 멜라닌 세포는 표피에서 적황색 또는 흑갈색의 멜라닌을 생성하여 각질형성세포로 공급하는 수지상 세포이며 자외선에 의해 기저층의 세포가 손상되는 것을 방어한다. (㉠)은 카로티노이드 색소의 일종으로 피부의 황색은 이 물질에서 유래 하며 여성보다 남성에게 많으며 주로 피하조직에 존재하며 비타민A의 전구물질로 작용한다. (㉡)는 적혈구 속에서만 존재하며 산소를 세포와 조직에 운반하는 역할을 한다. 산소와 충분히 결합한 경우에는 붉은색을 띠어 건강한 사람의 피부가 붉게 보이도록 하고, 산소와 결합하지 못한 경우에는 푸른색을 띠어 건강하지 못한 사람의 피부는 산소가 부족하여 푸른빛을 띠어 창백하게 보이게 한다. 피부표면 가까이 모세혈관이 분포되어 있는 안면, 목부위 등의 붉은색은 피부색에 크게 영향을 준다. ㉠, ㉡에 적합한 단어는?

099

〈보기〉는 화장품 시험법에 대한 설명으로 ㉠, ㉡에 적합한 단어를 작성하시오.

〈보기〉
100mL 비이커에 검체 약 (㉠)g 또는 (㉠) mL를 취하여 넣고 물 (㉡)mL를 넣어 수욕상에서 가온하여 지방분을 녹이고 흔들어 섞은 다음 냉장고에서 지방분을 응결시켜 여과한다. 이때 지방층과 물층이 분리되지 않을 때는 그대로 사용한다. 이 여과액에 대하여 시험한다.

100

기능성화장품 기준 및 시험방법(KFCC)에서 고시한 탈모 증상의 완화에 도움을 주는 성분으로 박하 (Mentha arvensis Linné var. piperascens Holmes(Labiatae))를 수증기 증류하여 얻은 정유를 냉각시켜 만든 고형물이다. 화학식은 C10H20O, 분자량 156.27, 녹는점 42~44℃, 비중 0.890(15℃)이며 무색의 기둥상 또는 침상의 결정 및 백색의 작은 박편 또는 결정성 가루로 특이하고 상쾌한 방향이 있고 맛은 처음에는 뜨끔한 것 같으며 나중에는 청량한 맛이 있다. 물에는 거의 녹지 않으나, 에탄올·에테르·클로로폼에는 잘 녹는다. 이 화장품 성분은 무엇인가?

맞춤형화장품 실전고사

2회

실전고사 2회

001

맞춤형화장품조제관리사인 사람이 퇴사해서 일반 직원이 대신 일을 수행하여 맞춤형화장품을 조제·판매할 경우 행정처분으로 알맞은 것은?

① 5년 이하 징역 또는 5천만원 이하 벌금
② 3년 이하 징역 또는 3천만원 이하 벌금
③ 1년 이하 징역 또는 1천만원 이하 벌금
④ 과태료 200만원 또는 200만원 이상 벌금
⑤ 시정명령

002

다음 대화 내용을 보고 맞춤형화장품조제관리사가 혼합·소분할 수 있는 화장품 유형이 아닌 것을 고르시오.

〈대화〉

- 손님:저번에 추천 주신 제품 너무 좋았어요.
- 직원:그럼 기존에 사용하시던 보습크림으로 조제해드릴까요?
- 손님:아니요, 이번에는 동일 성분으로 (　　　)를 조제해 주시고, 10mL씩 5개로 소용량으로 나눠주세요.

① 흑채
② 제모왁스
③ 손소독제
④ 데오도란트
⑤ 외음부세정제

003

다음 중 맞춤형화장품판매업자의 영업등록의 결격 사유에 대한 설명으로 옳지 않은 것은?

① 피성년 후견인 또는 파산선고를 받고 복권되지 않으면 영업신고를 할 수 없다.
②「보건범죄 단속에 관한 특별조치법」을 위반하여 금고 이상의 형을 선고받고 그 집행이 끝나면 영업신고를 할 수 있다.
③「마약류 관리에 관한 법률」제2조제1호에 따라 마약중독자로 진단받으면 맞춤형화장품판매업의 신고를 할 수 없다.
④ 국민보건에 위해를 끼쳤거나 끼칠 우려가 있는 화장품을 제조·수입하여 등록이 취소된지 1년이 지나지 않은 경우 맞춤형화장품판매업의 신고를 할 수 없다.
⑤ 법 제24조에 따라 영업 등록이 취소되거나 영업소가 폐쇄된 지 1년이 지나면 영업신고를 할 수 있다.

004

맞춤형화장품 판매업소 소재지 변경 미신고시 1차 적발된 경우 알맞은 행정처분을 고르시오.

① 시정명령
② 판매업무정지 1개월
③ 판매업무정지 3개월
④ 판매업무정지 6개월
⑤ 판매업무정지 12개월

005

다음은 맞춤형화장품조제관리사 '신비'와 '고객' 간의 대화이다. 아래의 내용을 보고 맞춤형화장품조제관리사가 설명해야 하는 내용으로 옳은 것은?

Base 종류	사용기한	사용된 보존제
건성피부용 Base	2020.03.24.생산 (제조일로부터 3년)	페녹시에탄올
지성피부용 Base	2020.03.24.생산 (제조일로부터 3년)	벤잘코늄 클로라이드

유효성분	사용기한	-
베이비파우더향	2020.10.13.생산 (제조일로부터 2년)	-
라벤더 오일	2020.10.13.생산 (제조일로부터 2년)	-

기능성 성분	사용기한	비고
아데노신	2020.03.24.생산 (제조일로부터 3년)	책판업자가 기능성 성분으로 식약처에 심사, 등록을 마침
나이아신아마이드	2020.03.24.생산 (제조일로부터 3년)	

- 신비:안녕하세요. 잘 지내셨어요? 오랜만에 방문하셨네요.
- 고객:네. 오랜만에 왔네요. 요즘 날씨가 바뀌어서 그런지 피부가 많이 건조해진 것 같아요. 제 피부에 맞는 화장품으로 조제해 주세요
- 신비:네 그렇게 해드릴게요. 우선 피부측정부터 해볼게요.

〈피부측정결과〉

	지난번	이번
수분량(%)	60	40
색소침착(%)	6	16
주름(%)	5	6
탄력도(%)	56	57

- 신비:지난번 오셨을 때보다 수분도가 20% 줄었고, 색소침착도가 약 10% 증가했네요. 지난번 조제해 드린 크림은 어떠셨나요?
- 고객:네. 좋은 것 같아요.
- 신비:그러면 지난번 크림과 같게 조제해드릴까요?
- 고객:네. 그런데 지난번엔 베이스 향이 진해서 조금 불편했어요. 이번에는 가능하면 베이비파우더 향을 넣고 싶은데 될까요?
- 신비:그러면 베이스의 향을 조절할 수 있도록 베이비파우더 향을 좀 더 첨가해 드릴게요.
- 고객:네. 그렇게 해주세요.
- 신비:다른 원하시는 사항이 있나요?
- 고객:보습이 더 되면 좋겠고요. 여름에 바깥 활동을 많이 해서 그런지 피부가 칙칙해서 미백 기능이 있으면 좋겠어요.

처방성분
나이아신아미드, 아데노신, 라벤더오일, 베이비파우더향, 소듐하이알루로네이트

① 건성 Base를 사용할 시 눈에 접촉을 피하고 눈에 들어갔을 때는 즉시 씻어내도록 해야 한다.

② 이 제품은 아데노신이 첨가되어 미백에 도움이 된다.

③ 이 제품은 베이스의 사용기한이 3년이므로 사용기한은 2023년 3월 24일까지이다.

④ 지성 Base 성분에는 사용 한도가 있는 원료가 있다.

⑤ 신비가 이 기능성 원료를 화장품에 첨가하여 혼합·소분할 수 없다.

006

다음은 주름개선크림을 광고하는 내용이다. 광고할 수 있는 내용으로 바르지 못한 것을 모두 고르시오.

ㄱ. 화장품의 주름 개선 효과는 최고이다.
ㄴ. 피부에 탄력을 주어 주름 개선에 효과가 있다.
ㄷ. 이 제품은 홍길동 피부과 의사가 추천한 제품이다.
ㄹ. 포름알데하이드 불검출 제품이다.
ㅁ. 폴리에톡실레이티드레틴아마이드가 0.2% 함유되어 있다.

① ㄱ, ㄴ, ㄷ
② ㄱ, ㄷ, ㄹ
③ ㄱ, ㄹ, ㅁ
④ ㄴ, ㄷ, ㄹ
⑤ ㄴ, ㄹ, ㅁ

007

다음은 화장품의 1차 포장과 2차 포장이 같은 제품이다. 포장에 기재표시 된 사항 중 추가해야 하는 사항을 고르시오.

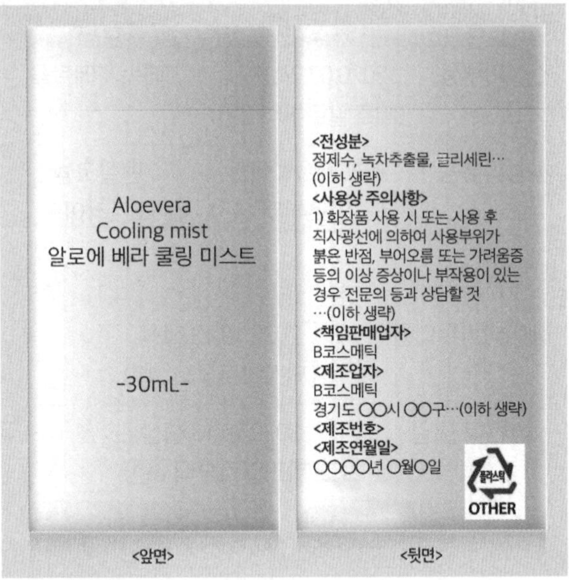

ㄱ. 제품의 효능·효과
ㄴ. 바코드
ㄷ. 사용 방법
ㄹ. 제품명에 기재된 원료의 성분명과 함량
ㅁ. 사용기한 및 개봉 후 사용 기간

① ㄱ, ㄴ, ㄷ
② ㄱ, ㄷ, ㅁ
③ ㄱ, ㄹ, ㅁ
④ ㄴ, ㄷ, ㅁ
⑤ ㄴ, ㄹ, ㅁ

008

맞춤형화장품조제관리사가 보습에센스 100g을 만들었다. 여기에 향료를 0.2% 배합하였다. 다음은 그 향료의 조성목록이다. 향료로 표기하지 않고 따로 알레르기 유발물질로서 기재해야 하는 것을 모두 고른 것은?

• 에탄올-10%	• 리모넨-10%
• 1, 2-헥산다이올-5%	• 리날룰-5%
• 시트랄-1%	• 벤질알코올 0.1%

① 에탄올, 리모넨, 1, 2-헥산다이올
② 에탄올, 1, 2-헥산다이올, 리날룰
③ 리모넨, 리날룰, 시트랄
④ 리모넨, 리날룰, 벤질알코올
⑤ 1, 2-헥산다이올, 리날룰, 벤질알코올

009

다음 중 「화장품법」 제10조에 따라 화장품의 1차 포장에 반드시 표기해야 할 사항이 아닌 것은?

① 화장품의 명칭
② 영업자의 상호
③ 내용량
④ 제조번호
⑤ 사용기한 또는 개봉 후 사용 기간

010

맞춤형화장품을 사용한 고객의 얼굴과 손에 흰 반점이 생기는 백반증과 비슷한 유해사례가 지속해서 발생할시 맞춤형화장품판매업자가 취해야 할 조치로 알맞은 것은?

ㄱ. 지체 없이 부작용 발생사례를 식품의약품안전처장에게 보고한다.
ㄴ. 품질성적서를 수정·보완한다.
ㄷ. 회수대상화장품이라는 사실을 안 날부터 6일 이내로 지방식품의약품안전청장에게 회수 계획서를 제출한다.
ㄹ. 지체 없이 해당 화장품을 회수하거나 회수하는 데에 필요한 조치를 한다.
ㅁ. 회수를 시작한 날부터 30일 이내 회수 종료한다.

① ㄱ, ㄴ
② ㄱ, ㄹ
③ ㄴ, ㄷ
④ ㄴ, ㄹ
⑤ ㄹ, ㅁ

011

다음 중 위해화장품 등급이 다른 하나를 고르시오.

① 식품의약품안전처장이 화장품의 제조 등에 사용할 수 없는 원료를 지정하여 고시한 원료를 사용한 화장품
② 영업등록을 하지 아니한 화장품책임판매업자가 수입하여 유통·판매한 화장품
③ 제형 일부의 성상이 분리된 화장품
④ 화장품책임판매업자 스스로 위해를 끼칠 우려가 있어 회수가 필요하다고 판단한 화장품
⑤ 화장품의 개봉 후 사용기한을 위조한 화장품

012

다음 중 빈칸에 들어갈 것은?

> ㄱ. 헤어린스, 헤어 트리트먼트, 섬유유연제 및 대전 방지제로 사용된 계면활성제로, 모발의 유연효과 및 정전지 방지효과를 지니는 것은 (㉠)이다.
> ㄴ. 계면활성제가 수용액에 있을 때 친수기는 바깥의 수용액과 닿고, 소수기는 안에서 핵을 형성하여 만들어지는 구형의 집합체로서, 수용액 내에 계면활성제의 농도가 증가하면 분자 간 집합체인 (㉡)을 형성한다.

	㉠	㉡
①	양쪽성 계면활성제	미셀
②	양이온 계면활성제	미셀
③	음이온 계면활성제	미셀
④	양이온 계면활성제	리포좀
⑤	비이온 계면활성제	리포좀

013

식품의약품안전처장이 고시한 「화장품 안전기준 등에 관한 규정」에 따라 다음 중 화장품에 사용할 수 없는 알코올류는?

① 벤질알코올
② 클로로부탄올
③ 2,2-디브로모-2-니트로에탄올
④ 이소프로필메칠페놀
⑤ 2,4-디클로로벤질알코올

014

폐업 신고한 맞춤형화장품판매업자가 고객들의 개인정보를 파기하려 한다. 다음 중 옳지 않은 것은?

① 영구적으로 폐기하였다.
② 식약처에 관련 신고서를 제출 후 폐기 처리하였다.
③ 1년간의 보관기한이 남아있었지만, 기한이 남은 개인정보 서류들을 파기하였다.
④ 다른 서류들과 분리하여 파기하였다.
⑤ 전화번호 및 개인정보가 적힌 것을 다른 서류와 분리 배출하였다.

015

<보기>의 빈칸에 들어갈 알맞은 말로 짝지은 것은?

> <보기>
> • (㉠)라 함은 일상의 취급 또는 보통 보존상태에서 외부로부터 고형의 이물이 들어가는 것을 방지하고 고형의 내용물이 손실되지 않도록 보호할 수 있는 용기를 말한다.
> • (㉡)라 함은 일상의 취급 또는 보통 보존상태에서 액상 또는 고형의 이물 또는 수분이 침입하지 않고 내용물을 손실, 풍화, 조해 또는 증발로부터 보호할 수 있는 용기를 말한다.

	㉠	㉡
①	밀폐용기	기밀용기
②	밀폐용기	밀봉용기
③	밀봉용기	밀폐용기
④	밀봉용기	기밀용기
⑤	기밀용기	밀폐용기

016

천연화장품과 유기농화장품에 대한 설명 중 옳은 것을 모두 고르시오.

ㄱ. 동물성 원료로 만든 화장품은 천연화장품에 해당한다.
ㄴ. 천연화장품과 유기농화장품은 인증을 받은 판매자만 판매할 수 있다.
ㄷ. 인증의 유효기간을 연장 받으려는 자는 유효기간 만료 60일 전에 총리령으로 정하는 바에 따라 연장신청을 하여야 한다.
ㄹ. 인증의 유효기간은 인증을 받은 날부터 3년이다.
ㅁ. 천연화장품 유기농 화장품 인증은 식품의약품안전처장이 지정한 인증기관에서 인증받아야하며 알킬베타인과 소듐벤조에이트는 5% 이내에서 사용해야 한다.

① ㄱ, ㄴ, ㄹ ② ㄱ, ㄹ, ㅁ
③ ㄴ, ㄷ, ㄹ ④ ㄴ, ㄹ, ㅁ
⑤ ㄷ, ㄹ, ㅁ

017

다음 중 「화장품 안전기준 등에 관한 규정」에 따라 맞춤형화장품조제관리사 미영씨는 영유아 로션을 조제하고자 한다. 다음 〈보기〉 중 사용할 수 있는 성분을 모두 고르시오.

〈보기〉

ㄱ. 페녹시에탄올
ㄴ. 살리실릭애씨드
ㄷ. 메틸파라벤
ㄹ. 아이오도프로피닐부틸카바메이트(IPBC)
ㅁ. 1,2-헥산다이올

① ㄱ ② ㄱ, ㄴ
③ ㄷ ④ ㄷ, ㄹ
⑤ ㅁ

018

식품의약품안전처고시 「화장품 사용 시의 주의사항 및 알레르기 유발성분 표시에 관한 규정」에 따라, 신남알 계열로서 알레르기 유발 성분이 아닌 것은?

① 신남알
② 헥실신남알
③ 신나밀 알코올
④ 아밀신나밀 알코올
⑤ 브로모신남알

019

다음 중 천연화장품 및 유기농화장품 제조 시 허용되는 공정이 아닌 것은?

① 알킬화(Alkylation)
② 에스텔화(Esterification)
③ 비누화(Saponification)
④ 설폰화(Sulphonation)
⑤ 오존분해(Ozonolysis)

020

A회사는 눈화장용 제품류인 화장품 B를 출시할 예정이다. 다음 품질 성적서는 출시 전의 화장품의 성분을 검사한 결과이다. 다음 중 결과에 대한 해석으로 옳은 것은?

〈품질성적서〉	
시험 항목	시험 결과
디옥산	86㎍/g
카드뮴	10㎍/g
니켈	25㎍/g
메탄올	불검출
포름알데하이드	100㎍/g

① B화장품의 디옥산 함량은 비의도적으로 유래된 물질의 검출허용한도를 초과하였다.
② B화장품의 카드뮴 함량은 비의도적으로 유래된 물질의 검출허용한도를 초과하지 않았다.
③ B화장품의 니켈 함량은 비의도적으로 유래된 물질의 검출허용한도를 초과했다.
④ 메탄올은 0.02%(v/v) 이하로 관리되어야 한다.
⑤ 포름알데하이드는 2000㎍/g 이하로 관리되어야 한다.

021

다음 중 피부를 곱게 태워주거나 자외선으로부터 피부를 보호하는 데 도움을 주는 제품의 성분 및 사용한도를 바르게 연결된 것은?

① 드로메트리졸 2.0% - 에칠헥실메톡시신나메이트 7.5%
② 4 - 메칠벤질리덴캠퍼 4.0% - 페닐벤즈이미다졸설포닉애씨드 10%
③ 에칠헥실메톡시신나메이트 7.5% - 시녹세이트 4%
④ 벤조페논 - 3 5% - 옥토크릴렌 8%
⑤ 옥토크릴렌 10% - 4 - 메칠벤질리덴캠퍼 4%

022

다음 〈보기〉는 「화장품법」 제2조2항에 명시된 기능성화장품에 대한 정의이다. 다음 설명 중 옳은 것을 고르시오.

〈보기〉

가. 피부의 (ㄱ)미백에 도움을 주는 제품
나. 피부의 (ㄴ)주름개선에 도움을 주는 제품
다. 피부를 곱게 태워주거나 자외선으로부터 피부를 보호하는 데에 도움을 주는 제품
라. 모발의 색상·변화·제거 또는 영양공급에 도움을 주는 제품
마. 피부나 모발의 기능 약화로 인한 건조함, 갈라짐, 빠짐, 각질화 등을 방지하거나 개선하는데에 도움을 주는 제품

① 기능성 화장품의 세부범위는 「화장품법 시행규칙」 제2조에 고시되어 있다.
② (ㄱ)에서 아스코빅애씨드는 미백 고시 성분이다.
③ (ㄴ)에서 레티노익애씨드는 주름개선 고시 성분이다.
④ 자외선의 파장은 200~400㎚로, 가시광선보다 파장이 길다.
⑤ 「화장품법 시행규칙」 제2조에 따르면 일시적으로 모발의 색상을 변화시키는 제품은 기능성화장품이다.

023

다음 중 여드름 기능성 화장품의 표시·광고에 대한 내용으로 옳은 것은?

① 여드름 기능성 화장품은 로션제, 액제, 크림제, 침적 마스크제로 기능성 심사받은 내용을 광고할 수 있다.

② 여드름 치료 효과가 있다고 표시·광고 할 수 있다.

③ 여드름 개선 효과를 표방하는 표시·광고에 대한 실증자료로 여드름 피부 개선용 화장료 조성물 특허자료를 제시해도 된다.

④ 여드름 기능성 화장품을 얼굴에 흡수시켜 피부에 존재하는 여드름균 성장을 억제한다는 내용을 표시·광고할 수 있다.

⑤ 기능성 화장품 인증을 받지 않아도, 실증을 통해 여드름성 피부에 적합한 화장품이라 표시·광고할 수 있다.

024

다음 대화를 읽고, A, B, C의 행동 중 알맞은 것을 고르시오.

- A:2020.4월에 입사하여 5월에 맞춤형화장품조제관리사 시험에 합격한 맞춤형화장품조제관리사
- B:A를 도와서 매장에서 판매·홍보 업무를 하는 직원으로 10월에 맞춤형화장품조제관리사 자격증 시험을 볼 예정
- C:고객

〈대화〉

- A:어서오세요, 손님
- C:네, 안녕하세요
- A:제가 지난 4월에 조제해드린 맞춤형화장품은 어떠셨나요?
- C:제 피부에 맞는 것 같아요.
- A:네, 우선 피부측정부터 하겠습니다.

피부측정 결과

	지난번	이번
수분량(%)	57	62
색소침착(%)	5	5
주름(%)	7	7
탄력도(%)	50	55

- A:전반적으로 피부상태가 좋으시네요. 4월 달에 조제해드린 화장품이 고객님의 피부에 잘 맞나 봅니다. 4월에 조제 해놓은 동일 제품이 있는데 서비스로 드릴게요. B님, 해당 제품 가지고 와서 C님께 드리세요.
- B:네 알겠습니다.
- A:고객님 이번에 조제할 화장품에 대해 특별히 원하시는 사항이 있으신가요?
- C:아니요, 지난번에 만들어주신 제품과 같은 걸로 다시 조제해 주세요. 다만 좀 더 작은 용기들로 소분해서 조제 부탁드립니다.
- A:네 알겠습니다. B님 지난 4월에 제가 조제했던 맞춤형화장품과 동일하게 조제해주시고, 200ml를4통으로 소분하세요.
- B:네 알겠습니다.

B가 조제실로 이동

- A:C님 혹시 직접 쓰실 맞춤형화장품을 조제하는 체험 해보고 싶으세요?
- C:네, 체험해보고 싶어요.
- A:그럼 조제실로 따라오세요.

C가 혼합 및 소분을 하는 중

① A가 4월에 맞춤형화장품을 조제해 C에게 판매했다.

② A가 4월에 조제한 동일 맞춤형화장품을 C에게 선물했다.

③ A가 상담을 끝낸 후 B에게 지난 4월에 조제한 제품과 동일하게 혼합 및 이를 소분하도록 지시했다.

④ B가 서비스로 제공할 제품의 사용기한 및 주의사항을 확인하였다.

⑤ A가 C에게 직접 내용물을 혼합, 소분하는 체험을 지시했다.

025

다음 중 기능성화장품의 사용 목적과 처방으로 옳은 것은?

① 홍반 감소 - 알부틴 2%
② 미백 - 레티닐팔미테이트 8000 IU/g
③ 자외선 차단 - 에칠헥실살리실레이트 5%
④ 여드름성 피부 완화 - 치오글리콜산 80% 산으로서 4%
⑤ 주름 개선 - 아스코빌글루코사이드 1.0%

026

다음 중 〈보기〉에서 수용성 성질보다 지용성 성질이 더 강한 성분을 고르시오.

〈보기〉
ㄱ. 토코페롤-아스코빅애씨드
ㄴ. 글리세린-세틸알코올
ㄷ. 스테아릭애씨드-시트릭애씨드

	ㄱ	ㄴ	ㄷ
①	토코페롤	글리세린	스테아릭애씨드
②	토코페롤	세틸알코올	시트릭애씨드
③	토코페롤	세틸알코올	스테아릭애씨드
④	아스코빅애씨드	글리세린	스테아릭애씨드
⑤	아스코빅애씨드	세틸알코올	시트릭애씨드

027

다음 중 〈보기〉에서 염모제로 사용되지 않는 성분을 모두 고르시오

〈보기〉
ㄱ. 퀴닌　　ㄴ. 과산화수소수
ㄷ. 2-메칠레조시놀　　ㄹ. 브롬산나트륨
ㅁ. 니트로-p-페닐렌디아민

① ㄱ, ㄴ　　② ㄱ, ㄷ
③ ㄱ, ㄹ　　④ ㄴ, ㄹ
⑤ ㄴ, ㅁ

028

다음 중 맞춤형화장품조제관리사의 업무로 옳지 않은 것은?

① 맞춤형화장품 조제 전에 제조번호 또는 식별번호를 확인하고, 혼합하는 원료의 종류로는 개인 맞춤형으로 추가되는 색소, 향, 기능성 원료 등이 해당된다.
② 책임판매업자가 소비자에게 유통 · 판매할 목적으로 하거나 제품의 홍보 판매촉진 등을 위해 제조 또는 수입한 화장품은 혼합·소분할 수 없다.
③ 원료와 원료를 혼합하기 전 손을 소독 세정하거나 일회용 장갑을 착용한다.
④ 혼합 소분 전 용기 오염의 확인에 대한 책임은 공급자에게 있으나 필요시 맞춤형화장품판매업자가 확인할 수 있다.
⑤ 맞춤형화장품조제관리사는 자격유지를 위해 주기적으로 연1회 교육을 받아야 한다.

029

다음〈보기〉는 기능성화장품의 전성분 표시이다. 식품의약품안전처고시「기능성화장품 심사에 관한 규정」제6조 3항 (별표 4)에 따라 식품의약품안전처에 자료제출이 생략되는 기능성화장품 성분을 모두 고른 것은?

〈보기〉
정제수, 글리세린, 소듐하이알루로네이트. 유용성감초추출물, 식물성스쿠알란, 하이드로제네이티드레시틴, 판테놀, 알란토인, 베타인, 폴리에톡실레이티드레틴아마이드, 토코페릴아세테이트, 페녹시에탄올

① 유용성감초추출물, 하이드로제네이티드레시틴
② 하이드로제네이티드레시틴, 판테놀
③ 토코페릴아세테이트, 알란토인
④ 유용성감초추출물, 판테놀
⑤ 유용성감초추출물, 폴리에톡실레이티드레틴아마이드

030

다음 중 해당 물질을 제조시 부산물로 디옥산이 검출될 수 있는 것으로 알맞은 것은?

① 폴리비닐알코올
② 폴리아크릴릭애씨드
③ 폴리에틸렌글리콜
④ 폴리소르베이트
⑤ 폴리아크릴아마이드

031

다음 중 우수화장품 제조 및 품질관리기준(CGMP)에 따라 설비 세척에 관하여 옳게 설명한 것은?

① 가능한 세정력이 좋은 중성 세제를 항상 사용한다.
② 증기세척은 가장 권장하는 좋은 방법이다.
③ 세척과정에서 브러쉬 사용은 하면 안된다.
④ 설비는 분해해서 세척하지 않는다.
⑤ 판정 후의 설비는 다음 사용 시까지 자연건조를 위해 밀폐하지 않고 보관한다.

032

〈보기〉는「우수화장품 제조 및 품질관리기준(CGMP)」제21조, 제22조에 관한 내용이다. 검체의 채취 및 보관, 폐기처리 또는 재작업에 대한 설명으로 옳은 것은 고르시오.

〈보기〉

ㄱ. 시험용 검체는 오염되거나 변질되지 아니하도록 채취하고, 채취한 후에는 원상태에 준하는 포장을 해야 하며, 검체가 채취되었음을 표시하여야 한다.
ㄴ. 시험용 검체의 용기에는 다음 사항을 기재하여야 한다. 1. 명칭 또는 확인코드, 2. 제조번호, 3. 사용기한
ㄷ. 재작업은 제조책임자의 지시에 따라 작업한다.
ㄹ. 원료와 포장재, 벌크제품과 완제품이 적합판정기준을 만족시키지 못 할 경우 "기준일탈 제품"으로 지칭한다. 기준일탈 제품이 발생했을 때는 미리 정한 절차를 따라 확실한 처리를 하고 실시한 내용을 모두 문서에 남긴다.
ㅁ. 품질에 문제가 있거나 회수·반품된 제품의 폐기 또는 재작업 여부는 화장품책임판매업자에 의해 승인되어야 한다.

① ㄱ, ㄴ
② ㄱ, ㄹ
③ ㄴ, ㄷ
④ ㄴ, ㄹ
⑤ ㄷ, ㅁ

033

우수화장품 제조 및 품질관리기준(CGMP)에 명시된 청정도 등급에 관한 다음의 설명으로 옳지 않은 것은?

① 1등급 대상시설에는 Clean Bench가 필요하며, 낙하균 10개/hr의 관리기준을 가지고 있다.
② 1등급 대상시설의 청정공기순환 기준은 20회/hr 이상 또는 차압관리이다.
③ 2등급 대상시설은 제조실, 충전실, 내용물 보관소 등이 있으며, 낙하균 30개/hr이 관리 기준이다.
④ 2등급 대상시설의 관리 기준은 부유균 20개/㎥이 관리 기준이다.
⑤ 완제품보관소 또는 원료보관소는 관리기준이 없다.

034

다음 중 「화장품법 시행규칙」제18조에 따라 안전용기・포장을 사용하여야 하는 품목에 해당되는 것은?

① 에탄올을 함유하는 네일 에나멜 리무버 및 네일 폴리시 리무버
② 개별 포장당 탄화수소류를 5퍼센트 함유하고 운동점도가 21센티스톡스(섭씨 40도 기준) 이하인 베이비오일
③ 개별포장당 메틸 살리실레이트를 5퍼센트 함유하는 바디오일
④ 개별 포장당 탄화수소류를 10퍼센트 함유하고 운동점도가 21cst 이하인 유액로션
⑤ 용기 입구 부분이 펌프 또는 방아쇠로 작동되는 분무용기 제품

035

다음 〈보기〉는 「화장품법 시행규칙」 제10조의3에 대한 내용이다. 괄호 안에 들어갈 내용으로 알맞은 것을 고르시오.

〈보기〉

화장품의 1차 포장에 사용기한을 표시하는 경우:영유아 또는 어린이가 사용할 수 있는 화장품임을 표시, 광고한 날부터 마지막으로 제조,수입된 제품의 사용기한 만료일 이후 (㉠)년 까지의 기간, 이 경우 제조는 화장품의 (㉡)에 따른 제조일자를 기준으로 하며, 수입은 통관일자를 기준으로 한다.

	㉠	㉡
①	2	관리번호
②	1	관리번호
③	1	제조번호
④	3	관리번호
⑤	3	제조번호

036

다음 〈보기〉는 식품의약품안전처고시「화장품 안전기준 등에 관한 규정」[별표4] 유통화장품 안전관리 시험방법(제6조 관련)에 따른 치오글라이콜릭애씨드 또는 그 염류를 주성분으로 하는 냉2욕식 헤어퍼머넌트웨이브용 제품 제1제 시험방법에 관한 내용이다. 괄호 안에 들어갈 지시약의 명칭을 고르시오.

〈보기〉

가. 제1제 시험방법

① pH:검체를 가지고 기능성화장품 기준 및 시험방법 (식품의약품안전처 고시) Ⅵ. 일반시험법 Ⅵ-1. 원료의 "47. pH측정법"에 따라 시험한다.

② 알칼리:검체 10mL를 정확하게 취하여 100mL 용량플라스크에 넣고 물을 넣어 100mL로 하여 검액으로 한다. 이 액 20mL를 정확하게 취하여 250mL 삼각플라스크에 넣고 0.1N염산으로 적정한다(지시약:(㉠) 2방울).

③ 산성에서 끓인 후의 환원성 물질(치오글라이콜릭애씨드):②항의 검액 20mL를 취하여 삼각플라스크에 고 물 50mL 및 30% 황산 5mL를 넣어 가만히 가열하여 5분간 끓인다. 식힌 다음 0.1N 요오드액으로 적정한다(지시약:(㉡) 3mL). 이때의 소비량을 AmL로 한다(이하 생략).

	㉠	㉡
①	메칠레드시액	전분시액
②	과산화수소시액	수산화칼륨시액
③	브롬시액	메칠레드시액
④	요오드화칼륨시액	전분시액
⑤	암모니아시액	요오드화칼륨시액

037

다음 〈보기〉는 식품의약품안전처고시「화장품 안전기준 등에 관한 규정」[별표4] 유통화장품 안전관리 시험방법(제6조 관련)에 따른 세균 및 진균수 시험방법에 대한 내용이다. 빈칸에 들어갈 내용이 차례대로 바르게 연결된 것을 고르시오.

〈보기〉

(1) 세균수 시험

㉮ **한천평판도말법**:직경 9~10 cm 페트리 접시내에 미리 굳힌 세균시험용 배지 표면에 전처리 검액 0.1 mL이상 도말한다.

㉯ **한천평판희석법**:검액 1 mL를 같은 크기의 페트리접시에 내에 넣고 그 위에 멸균 후 45 ℃로 식힌 15 mL의 세균시험용 배지를 넣어 잘 혼합한다. 검체당 최소 2개의 평판을 준비하고 (㉠)℃에서 적어도 (㉡)시간 배양하는데 이때 최대 균집락수를 갖는 평판을 사용하되 평판당 300개 이하의 균집락을 최대치로 하여 총 세균수를 측정한다.

(2) 진균수 시험

'(1) 세균수 시험'에 따라 시험을 실시하되 배지는 진균수시험용 배지를 사용하여 배양온도 (㉢)℃에서 적어도 (㉣)일간 배양한 후 100 개 이하의 균집락이 나타나는 평판을 세어 총 진균수를 측정한다.

	㉠	㉡	㉢	㉣
①	30~35	48	20~25	5
②	20~25	48	30~35	7
③	35~40	36	25~30	7
④	20~25	36	30~35	5
⑤	30~35	36	20~25	7

038

다음 중 인체세포·조직의 채취 및 검사 기록서에 포함되지 않는 것은?

① 공여자의 적격성 평가 결과
② 배지의 조성
③ 세포 또는 조직의 종류, 채취방법, 채취량
④ 채취한 의료기관 명칭
⑤ 채취 연월일

039

식품의약품안전처고시「화장품 안전기준 등에 관한 규정」의 유통화장품 안전관리 시험방법에 따라 다음은 무슨 시험법인가?

> 시판 배지는 배치마다 시험하며, 조제한 배지는 조제한 배치마다 시험한다. 검체의 유·무하에서 총 호기성 생균수시험법에 따라 제조된 검액·대조액에 시험균주를 각각 100cfu 이하가 되도록 접종하여 규정된 총호기성생균수시험법에 따라 배양할 때 검액에서 회수한 균수가 대조액에서 회수한 균수의 1/2 이상이어야 한다. 검체 중 보존제 등의 항균활성으로 인해 증식이 저해되는 경우(검액에서 회수한 균수가 대조액에서 회수한 균수의 1/2 미만인 경우)에는 결과의 유효성을 확보하기 위하여 총 호기성 생균수 시험법을 변경해야 한다. 항균활성을 중화하기 위하여 희석 및 중화제를 사용할 수 있다. 또한, 시험에 사용된 배지 및 희석액 또는 시험 조작상의 무균상태를 확인하기 위하여 완충식염펩톤수(pH 7.0)를 대조로 하여 총호기성 생균수시험을 실시할 때 미생물의 성장이 나타나서는 안 된다.

① 대장균 검출 시험법
② 녹농균 검출 시험법
③ 황색포도상구균 검출 시험법
④ 세균 및 진균 수
⑤ 배지성능 및 시험법 적합성 시험

040

우수화장품 제조 및 품질관리기준(CGMP)에 명시된 청정도 등급에 대한 설명이다. 옳지 않은 것은?

① Clean bench : 20회/hr 이상 또는 차압관리, 낙하균 10개/hr 또는 부유균 20개/hr
② 칭량실 : 10회/hr 이상 또는 차압관리, 낙하균 30개/hr 또는 부유균 200개
③ 충진실 : 10회/hr 이상 또는 차압관리, 낙하균 30개/hr 또는 부유균 200개
④ 포장실 : 10회/hr 이상 또는 차압관리, 낙하균 30개/hr, 또는 부유균 200개
⑤ 원료보관실 : 환기장치

041

식품의약품안전처고시「화장품 안전기준 등에 관한 규정」에 따라 비의도적 유래된 물질의 검출 허용 한도를 위반한 것은?

① 납 35㎍/g 함유한 점토를 원료로 사용한 파우더 제품
② 포름알데하이드 1900㎍/g 함유한 액제와 포름알데하이드 18㎍/g을 함유한 물휴지를 섞은 제품
③ 니켈 32㎍/g 함유한 아이섀도와 메탄올 0.1㎍/g 함유한 크림제를 섞은 제품
④ 비소 6㎍/g 함유한 크림제A와 비소 13㎍/g 함유한 크림제B를 반반씩 섞은 제품
⑤ 카드뮴 2㎍/g 함유한 메이크업 베이스 제품

042

「화장품법 시행규칙」제19조에 따른 화장품 포장의 표시기준 및 표시방법에 대한 설명으로 옳은 것은?

① 화장품의 1차 포장 또는 2차 포장의 무게가 포함되지 않은 용량 또는 중량을 기재·표시해야 한다. 이 경우 화장 비누(고체 형태의 세안용 비누를 말한다)의 경우에는 건조중량만을 기재·표시해야 한다.
② 화장품 제조에 사용된 성분을 표시할 시 글자의 크기는 9포인트 이상으로 한다.
③ 화장품 제조에 사용된 함량이 많은 것부터 기재·표시한다. 다만, 2퍼센트 이하로 사용된 성분, 착향제 또는 착색제는 순서에 상관없이 기재·표시할 수 있다.
④ 50ml 또는 50g을 초과하는 화장품은 전성분 표기를 해야한다.
⑤ 안정화제, 보존제 등 원료 자체에 들어 있는 부수성분으로서 그 효과가 나타나게 하는 양보다 적은 양이 들어 있는 성분이라도 반드시 기재·표시해야 한다.

043

다음 중「우수화장품 제조 및 품질관리기준(CGMP)」제2조(용어의 정의)에 대한 내용으로 옳은 것은?

① "일탈"이란 규정된 합격 판정 기준에 일치하지 않는 검사, 측정 또는 시험결과를 말한다.
② "출하"란 주문 준비와 관련된 일련의 작업과 운송수단에 적재하는 활동으로 판매소 외로 제품을 운반하는 것을 말한다.
③ "제조"란 원료 물질의 칭량부터 혼합 및 충전까지의 일련의 작업을 말한다.
④ "공정관리"란 제조공정 중 적합판정기준의 충족을 보증하기 위하여 공정을 모니터링하거나 조정하는 모든 작업을 말한다.
⑤ "회수"란 판매한 제품 가운데 품질 결함이나 안전성 문제 등으로 나타난 제조번호의 제품을 판매소로 거두어 들이는 활동을 말한다.

044

다음은 식품의약품안전처고시「인체적용제품의 위해성평가 등에 관한 규정」제13조(독성시험의 실시)에 관한 내용이다. 다음 중 옳은 것을 고르시오.

① 식품의약품안전처장은 위해성평가에 필요한 자료를 확보하기 위하여 독성의 정도를 동물실험 등을 통하여 과학적으로 평가하는 독성시험을 실시할 수 없다.
② 독성시험은「의약품등 독성시험기준」또는 WTO에서 정하고 있는 독성시험방법에 따라 다음 각 호와 같이 실시한다. 다만, 필요한 경우 위원회의 자문을 거쳐 독성시험의 절차·방법을 다르게 정할 수 있다.
③ 독성시험 대상물질의 특성, 노출경로 등을 고려하여 독성시험항목 및 방법 등을 선정한다.
④ 독성시험 절차는「임상시험관리기준」에 따라 수행한다.
⑤ 독성시험결과에 대한 임상병리학 전문의의 검증을 수행한다.

045

「화장품법 시행규칙」제19조에 따라 내용량이 50ml 또는 50g초과인 제품의 경우, 제품의 포장에 반드시 표기해야하는 내용 중 올바르지 않은 것을 고르시오.

① 인체세포조직 배양액의 함량
② 기능성화장품의 경우 심사 받거나 보고한 효능·효과, 용법·용량
③ 성분명을 제품의 명칭의 일부로 사용한 경우 그 성분명과 함량
④ 사용기준이 지정 고시된 원료 중 보존제의 함량
⑤ 수입화장품인 경우 제조국의 명칭, 제조회사명, 소재지

046

다음은 시스테인, 시스테인염류 또는 아세틸시스테인을 주성분으로 하는 가온2욕식 1제 헤어퍼머넌트 웨이브용 제품에 대한 것이다. 다음 중 틀린 것은?

① pH : 4.0~9.5
② 알칼리 : 0.1N염산의 소비량은 검체 1mL에 대하여 9mL이하
③ 시스테인 : 1.5~6.5%
④ 중금속 : 20㎍/g이하
⑤ 철 : 2㎍/g이하

047

다음 <보기>는 식품의약품안전처고시「기능성화장품 심사에 관한 규정」에 따른 인체첩포시험에 대한 내용이다. 옳은 것을 모두 고르시오.

〈보기〉

ㄱ. 시험대상은 10명 이상으로 수행한다.
ㄴ. 피부과 전문의 또는 연구소 및 병원, 기타 관련기관에서 5년이상 해당시험 경력을 가진 자의 지도하에 수행되어야 한다.
ㄷ. 사람의 상등부 또는 및 수완부 등에 인체첩포시험을 실시한다.
ㄹ. 인체사용시험을 평가하기에 적정한 부위를 폐쇄첩포한다.
ㅁ. 원칙적으로 첩포 48시간후에 패치를 제거하고 제거에 의한 일과성의 홍반의 소실을 기다려 관찰한다.

① ㄱ, ㄴ
② ㄱ, ㄷ
③ ㄱ, ㄹ
④ ㄴ, ㄹ
⑤ ㄴ, ㅁ

048

다음 중 식품의약품안전처고시「기능성화장품 심사에 관한 규정」에 따른 독성시험법과 그 시험방법이 바르게 연결된 것은?

① 1차피부자극시험 - Ison 법
② 피부감작성시험 - Draize Test 법
③ 유전독성시험 - Maximization Test 법
④ 안점막자극시험 - Adjuvant and strip 법
⑤ 광독성시험 - Oral Mucosal Irritation test 법

049

「화장품 안전기준 등에 관한 규정」에 따른 인체 세포·조직 배양액 제조 배양시설 및 환경의 관리에 관한 사항으로 옳은 것은?

① Temperature range : 74±8°F(18.8~27.7℃)
② Pre - fillter
③ 기압 20pa
④ 시간 당 환기횟수 30~40
⑤ 인체 세포 조직 배양액을 제조하는 배양시설은 청정등급 1A 이상의 구역에 설치하여야 한다.

050

다음 〈보기〉는 화장품 안정성 시험의 경시변화시험에 관한 내용이다. 틀린 것을 모두 고르시오.

〈보기〉

ㄱ. 경시변화시험은 시중에 유통할 제품과 동일한 처방, 제형 및 포장용기를 사용한다.

ㄴ. 가속시험은 일반적으로 장기보존시험의 지정저장온도보다 15 ℃ 이상 높은 온도에서 시험한 경시적 시험이다.

ㄷ. 경시변화시험 중 화학적 시험에는 비중, 융점, 경도, pH, 유화상태, 점도 등의 평가항목이 있다.

ㄹ. 가혹시험은 시험개시 때와 첫 1년간은 3개월마다, 그 후 2년까지는 6개월마다, 2년 이후부터는 1년에 1회 시험결과를 측정한다.

ㅁ. 가속시험은 화장품의 운반, 보관, 진열 및 사용 과정에서 뜻하지 않게 일어나는 가능성 있는 가혹한 환경 조건에서 경시적인 품질변화를 검토하기 위해 시험을 수행한다.

① ㄱ, ㄴ, ㄷ　② ㄱ, ㄹ, ㅁ
③ ㄴ, ㄷ, ㄹ　④ ㄴ, ㄷ, ㅁ
⑤ ㄷ, ㄹ, ㅁ

051

다음 〈보기〉는 A사의 기초화장용 제품류인 (가),(나),(다) 화장품을 검사하여 검출된 성분을 나타낸 결과이다. 식품의약품안전처고시「화장품 안전기준 등에 관한 규정」제6조에 따른 기준을 위반한 화장품은 무엇인가?

〈보기〉

	(가)화장품	(나)화장품	(다)화장품
검출성분	납: 16㎍/g	수은: 0.3㎍/g	디옥산: 80㎍/g
	니켈: 6㎍/g	안티몬: 8㎍/g	메탄올:0.003%(v/v)
	포름알데하이드:130㎍/g	카드뮴: 7㎍/g	부틸벤질프탈레이트:12㎍/g

① (가)화장품
② (가)화장품, (나)화장품
③ (나)화장품
④ (나)화장품, (다)화장품
⑤ (가)화장품, (나)화장품, (다)화장품

052

맞춤형조제관리사 미영씨는 맞춤형화장품을 조제하고자 한다. 식품의약품안전처장이 고시한「화장품 안전기준 등에 관한 규정」에 따라 올바른 행위를 한 경우를 모두 고르시오.

ㄱ. 총호기성생균수가 100개/g(mL)가 측정된 물휴지를 판매하였다. ㄴ, 셰이빙폼의 pH를 측정한 수치가 9.5이 나와 해당 제품을 판매하지 않았다. ㄷ. 포름알데하이드 성분이 30㎍/g 검출된 물휴지를 판매하였다. ㄹ. 총호기성생균수가 800개/g(mL)인 페이스파우더를 판매하였다. ㅁ. 카드뮴 성분이 3㎍/g이 검출된 로션제A와 카드뮴 성분이 5㎍/g 검출된 로션제B를 절반씩 섞은 화장품을 판매하였다.

① ㄱ, ㄴ
② ㄱ, ㄴ, ㄹ
③ ㄱ, ㄹ, ㅁ
④ ㄹ, ㅁ
⑤ ㄴ, ㄷ, ㅁ

053

다음 중 염모제 성분으로 옳지 않은 것은?

① 몰식자산
② p-페닐렌디아민
③ 피크라민산
④ 6-아미노-o-크레솔
⑤ 황산 o-클로로-p-페닐렌디아민

054

식품의약품안전처고시「인체적용제품의 위해성평가 등에 관한 규정」에 따라 옳지 않은 것을 고르시오.

① 위해요소의 인체 내 독성 등 확인과 인체노출 안전기준 설정을 위하여 국제기구 및 신뢰성 있는 국내·외 위해성평가기관 등에서 평가한 결과를 준용하거나 인용할 수 있다.
② 인체노출 안전기준의 설정이 어려울 경우 위해요소의 인체 내 독성 등 확인과 인체의 위해요소 노출 정도만으로 위해성을 예측할 수 있다.
③ 어린이 및 임산부 등 민감집단 및 고위험집단을 대상으로 위해성평가를 실시할 수 없다.
④ 인체적용제품의 섭취, 사용 등에 따라 사망 등의 위해가 발생하였을 경우 위해요소의 인체 내 독성 등의 확인만으로 위해성을 예측할 수 있다.
⑤ 인체의 위해요소 노출 정도를 산출하기 위한 자료가 불충분하거나 없는 경우 활용 가능한 과학적 모델을 토대로 노출 정도를 산출할 수 있다.

055

다음 중 맞춤형화장품에 사용할 수 있는 원료로 배합 가능한 것은?

① 에칠헥실디메칠파바
② 살리실릭애씨드
③ 소듐나이트라이트
④ 벤질알코올
⑤ 소듐바이카보네이트

056

다음은 맞춤형화장품판매업으로 신고한 매장에서 일하는 맞춤형화장품조제관리사 A와 맞춤형화장품 조제관리사 B가 대화하는 내용이다. 〈보기〉의 밑줄 친 내용 중 올바른 것을 모두 고르시오.

〈보기〉

- A : 그거 알아? 셀뷰티라는 브랜드에서 새로 출시한 에센스 참 좋더라. 맞춤형화장품이랑 같이 팔면 매출에 도움이 될 텐데. 같이 팔아도 되겠지?
- B : 오, 그거 좋은 생각이다. 맞아, ㉠ 우리가 일반 화장품을 팔아도 괜찮아.
- A : 또 궁금한게 있는데, 어제 한 손님이 우리가 파는 코롱의 양이 너무 많다고 20ml로 소분해서 팔면 안되냐고 물으시더라. 그래도 될까?
- B : 안돼, ㉡ 법적으로 코롱은 우리가 소분할 수 없어.
- A : 그럼 미생물에 오염을 방지하기 위해서 코롱에 벤질알코올을 추가해도 될까?
- B : 안돼, ㉢ 벤질알코올은 맞춤형화장품에 사용할 수 없어. 아, 그런데 조금 전에 나 없을 때 뭐 조제해서 팔았어?
- A : 예전에 ㉣ 메틸살리실레이트(Methyl Salicylate)를 5% 함유하는 액체 상태의 맞춤형화장품을 일반용기에 충전·포장하여 고객에게 판매했었거든? 방금 전에 그 고객님이 재방문하셔서 피부 측정을 했더니 주름이 증가했더라고, 그래서 ㉤ 화장품책임판매업자가 사전에 레티놀 원료를 포함하여 기능성화장품 심사를 받은 내용물을 기 심사 받은 조합·함량의 범위 내에서 혼합해서 조제했어.

① ㄱ, ㄴ, ㄹ　　② ㄱ, ㄷ, ㄹ

③ ㄱ, ㄷ, ㅁ　　④ ㄴ, ㄷ, ㅁ

⑤ ㄴ, ㄹ, ㅁ

057

식품의약품안전처고시 「화장품 표시·광고 실증에 관한 규정」에 따른 내용으로 알맞지 않은 것은?

① "실증자료"라 함은 표시·광고에서 주장한 내용 중에서 사실과 관련한 사항이 진실임을 증명하기 위하여 작성된 자료를 말한다.

② "실증방법"이라 함은 표시·광고에서 주장한 내용 중 사실과 관련한 사항이 진실임을 증명하기 위해 사용되는 방법을 말한다.

③ "인체 적용시험"은 화장품의 표시·광고 내용을 증명할 목적으로 해당 화장품의 효과 및 안전성을 확인하기 위하여 사람을 대상으로 실시하는 시험 또는 연구를 말한다.

④ "인체 외 시험"은 실험실의 배양접시, 인체로부터 분리한 모발 및 피부, 인공피부 등 인위적 환경에서 시험물질과 대조물질 처리 후 결과를 측정하는 것을 말한다.

⑤ "시험계"는 시험을 실시하는데 필요한 사람, 건물, 시설 및 운영단위를 말한다.

058

다음 중 피부 각질층의 수분 상태를 평가하는데 이용되는 방법으로 적절하지 않은 것은?

① 피부 전기전도도 측정

② 피부 정전용량 측정

③ 근적외분광분석법

④ 경피수분손실량(TEWL) 측정

⑤ 생체 전기저항 분석법(BIA)

059

인체 내 활성을 띄기 위해 구리이온을 필요로 하는 효소는 무엇인가?

① 티로시나아제
② mmp-1
③ ACAT
④ NADPH
⑤ 엘라스타아제

060

다음 중 섬유아세포에 의해 생성되지 않는 물질은?

① 콜라겐(collagen)
② 엘라스틴(elastin)
③ 피브릴린(fibrillin)
④ 싸이토카인(Cytokine)
⑤ GAG

061

다음은 식품의약품안전처고시「화장품 법령·제도 등 교육실시기관 지정 및 교육에 관한 규정」에 내한 내용이다. 옳지 않은 것을 고르시오.

① 교육실시기관은 교육시설을 소유하고 있거나 교육이 진행되는 기간 동안 계속하여 임차하여야 한다.
② 강의실은 바닥 면적이 150㎡ 이상인 것(예상 교육인원이 100명을 초과 하는 경우 초과 1명당 1.5㎡씩 추가 확보)으로서 1개 이상이어야 한다.
③ 교육실시기관은 1명 이상의 교육관리자를 지정하여 운영 전반을 감독하도록 하여야 한다.
④「고등교육법」에 따른 전문대학 이상의 대학에서 교육과정과 관련된 학과(「화장품법 시행규칙」 제8조제1항제1호부터 제3호의2까지에 따른 책임판매관리자 자격기준 인정학과)를 졸업하고 관련분야 실무경력 3년 이상인 자는 교육강사의 자격요건으로 부합하다.
⑤ 교육실시기관은 화장품제조업자, 화장품책임판매업자, 맞춤형화장품판매업자, 책임판매관리자 및 맞춤형화장품조제관리사의 교육 수요 분야별로 특성에 맞는 교육과정을 마련하고 교육을 실시하여야 한다.

062

식품의약품안전처고시「화장품 안전기준 등에 관한 규정」에 첨부된 [별표 3] 인체 세포·조직 배양액 안전기준에 의거, 인체 세포·조직 배양액의 품질을 확보하기 위한 인체 세포·조직 배양액 품질관리 기준서에 들어가지 않는 항목은?

① 마이코플라스마 부정시험
② 세포독성 시험
③ 순도 시험
④ 외래성 바이러스 부정시험
⑤ 성상

063

「화장품법」제14조,「화장품법 시행규칙」제10조의2에 따른 화장품 표시·광고 및 실증에 관한 내용으로 설명이 알맞은 것을 〈보기〉에서 모두 고르시오.

〈보기〉

ㄱ. 어린이 사용 화장품의 경우 방문광고 또는 실연(實演)에 의한 광고를 하기 위해서는 실증에 관한 자료가 있으면 가능하다.

ㄴ. 영업자 및 판매자는 자기가 행한 표시·광고 중 사실과 관련한 사항에 대하여는 이를 실증할 수 있어야 한다.

ㄷ. 식품의약품안전처장에 의해 실증자료의 제출을 요청받은 영업자 또는 판매자는 요청받은 날부터 30일 이내에 그 실증자료를 식품의약품안전처장에게 제출하여야 한다.

ㄹ. 식품의약품안전처장은 영업자 또는 판매자가 제2항에 따라 실증자료의 제출을 요청받고도 제3항에 따른 제출기간 내에 이를 제출하지 아니한 채 계속하여 표시·광고를 하는 때에는 실증자료를 제출할 때까지 그 표시·광고 행위의 중지를 명하여야 한다.

ㅁ. 식품의약품안전처장으로부터 실증자료의 제출을 요청받아 제출한 경우에는「표시·광고의 공정화에 관한 법률」등 다른 법률에 따라 다른 기관이 요구하는 자료제출을 거부할 수 있다.

① ㄱ, ㄴ, ㄷ
② ㄱ, ㄴ, ㄹ
③ ㄴ, ㄷ, ㅁ
④ ㄴ, ㄹ, ㅁ
⑤ ㄷ, ㄹ, ㅁ

064

화장품 표시·광고 시 준수사항으로 옳지 않은 것은?

① 국제적 멸종위기종의 가공품이 함유된 화장품임을 표현하거나 암시하는 표시 · 광고를 하지 말 것
② "최고" 또는 "최상" 등의 절대적 표현의 표시·광고를 하지 말 것.
③ 사실 유무와 관계없이 다른 제품을 비방하거나 비방한다고 의심이 되는 표시·광고를 하지 말 것.
④ 비교 대상 및 기준을 분명히 밝혀서 경쟁상품과 비교하는 객관적인 내용을 표시·광고하지 말 것.
⑤ 사실과 다르거나 부분적으로 사실이라고 하더라도 전체적으로 보아 소비자가 잘못 인식할 우려가 있는 표시·광고 또는 소비자를 속이거나 소비자가 속을 우려가 있는 표시·광고를 하지 말 것.

065

다음 인체 적용시험의 최종시험결과보고서에 반드시 포함되어야 하는 것은?

㉠ 시험책임자 및 시험자의 성명
㉡ 시험의뢰자의 명칭과 주소
㉢ 시험 의뢰자의 연락처
㉣ 시험 의뢰자의 체중
㉤ 연구자의 이력

① ㄱ, ㄴ
② ㄱ, ㄷ
③ ㄱ, ㄷ, ㄹ
④ ㄴ, ㄷ
⑤ ㄷ, ㄹ, ㅁ

066

피부 각질 때문에 고민하는 고객에게 락틱애씨드를 2.0 % 첨가한 수분크림을 맞춤형화장품으로 추천하였다. 〈보기1〉은 맞춤형화장품의 전성분이다. 고객에게 설명해야 할 주의사항을 〈보기2〉에서 모두 고른 것은?

〈보기1〉

정제수, 프로판디올, 부틸렌글라이콜, 판테놀, 쉐어버터, 락틱애씨드, 글리세릴카프릴레이트, 하이드로제네이티드폴리데센, 1,2-헥산다이올, 라벤더오일, 메도우폼씨오일, 토코페릴아세테이트, 부틸파라벤, 디소듐이디티에이, 에칠헥실글리세린

〈보기2〉

ㄱ. 상처가 있는 부위 등에는 사용을 자제할 것.
ㄴ. 눈에 접촉을 피하고 눈에 들어갔을 때에는 즉시 씻어낼 것.
ㄷ. 3세 이하 영유아의 기저귀가 닿는 부위에는 사용하지 말 것.
ㄹ. 사용 시 흡입되지 않도록 주의할 것.
ㅁ. 햇빛에 대한 피부의 감수성을 증가시킬 수 있으므로 자외선차단제를 함께 사용할 것.
ㅂ. 털을 제거한 직후에는 사용하지 말 것.

① ㄱ, ㄷ, ㅁ ② ㄱ, ㄹ, ㅁ
③ ㄴ, ㄷ, ㄹ ④ ㄴ, ㄹ, ㅁ
⑤ ㄴ, ㄹ, ㅂ

067

「화장품법」제15조의2에 따라 동물실험을 실시한 화장품 또는 동물실험을 실시한 화장품 원료를 사용하여 제조 또는 수입한 화장품을 유통·판매할 수 있는 경우를 모두 고르시오.

ㄱ. 병원미생물에 오염된 화장품 원료에 대한 사용기준을 정하기 위해.
ㄴ. 동물대체시험법이 존재하지만 그 동물이 보호동물로 지정된 경우.
ㄷ. 화장품 수출을 위하여 수출 상대국의 법령에 따라 동물실험이 필요한 경우.
ㄹ. 수입하려는 상대국의 법령에 따라 제품 개발에 동물실험이 필요한 경우.
ㅁ. 다른 법령에 따라 동물실험을 실시하여 개발된 원료를 화장품의 제조 등에 사용하는 경우.

① ㄱ, ㄴ, ㄷ ② ㄱ, ㄷ, ㄹ
③ ㄴ, ㄷ, ㄹ ④ ㄴ, ㄷ, ㅁ
⑤ ㄷ, ㄹ, ㅁ

068

다음 중 표피에서 세포의 분열이 가장 더딘 세포는?

① 각질(화)세포(Corneocyte)
② 과립층 세포
③ 멜라닌 세포(Melanocyte)
④ 기저세포(Basal cell)
⑤ 랑게르한스세포(Langerhans cell)

069

피부조직에 대한 설명 중 옳은 것은?

① 멜라노사이트는 기저층에서 각질층으로 이동한다.
② 케라티노사이트 : 기저층에 존재한다.
③ 마스트세포 : 분해돼서 지방세포로 변한다.
④ 모세혈관 : 표피에서 진피까지 모세혈관이 분포한다.
⑤ 대식세포 : 기저층에 위치하고 있으며 신경섬유의 말단과 연결되어 피부에서 촉각을 감지하는 역할을 하여 촉각세포라고 한다.

070

다음은 피부의 표피에서 일어나는 면역반응에 대한 설명이다. 빈 칸에 들어갈 말로 알맞은 것을 고르시오.

> 피부 염증의 국소 증상은 염증 부위의 혈관이 이완(확장)되고, 모세혈관들의 투과성이 증가하며, 혈류가 증가하는 과정에서 생기게 된다. 혈액의 흐름이 염증 부위 쪽으로 증가되어 (㉠)과 (㉡)을 일으킨다.

	㉠	㉡
①	종양	부종
②	염증	발열
③	홍반	부종
④	통증	부종
⑤	발열	홍반

071

다음은 피부구조를 나타낸 그림이다. 각각에 대한 설명으로 옳은 것을 모두 고르시오.

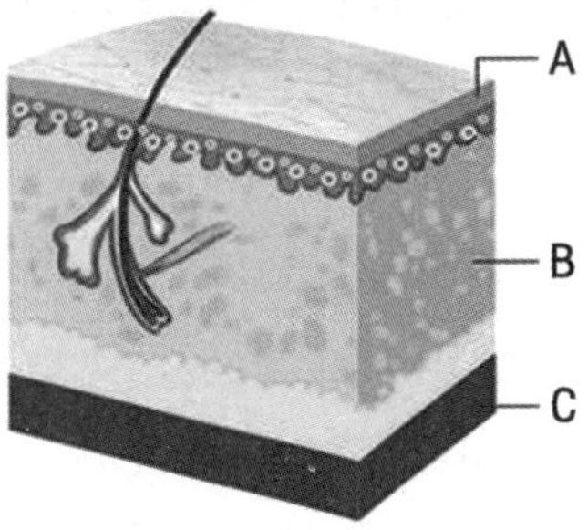

ㄱ. B에는 메르켈세포가 존재한다.
ㄴ. A에는 투명층이 존재한다.
ㄷ. B에는 지방세포가 많이 분포되어 있다.
ㄹ. B에는 망상층이 있으며 섬유아세포가 콜라겐을 생성한다.
ㅁ. 모세혈관은 A, B, C 모두에 분포한다.

① ㄱ, ㄴ
② ㄱ, ㅁ
③ ㄱ, ㄹ
④ ㄴ, ㄹ
⑤ ㄴ, ㅁ

072

다음은 피부의 자연노화에 따른 피부변화에 설명이다. 틀린 것을 고르시오.

① 진피 두께가 두꺼워지고 조직이 조밀해진다.
② 표피와 진피가 접한 기저막의 굴곡이 편평해진다.
③ 각질층 세포의 크기가 커지고 얇아진다.
④ 콜라겐 손상으로 탄력이 감소된다.
⑤ 멜라닌 세포수가 감소하며, 색소침착이 증가한다.

073

남성형 탈모증은 남성호르몬인 디히드로테스토스테론(DHT)호르몬의 영향으로 모발이 점점 얇아지면서 빠지는 증상을 말한다. 테스토스테론에서 디히드로테스토스테론(DHT)으로 변환시 필요한 효소는?

① 티아미나아제(Thiaminase)
② 알돌전이효소(Transaldolase)
③ β-갈락토시다아제(Beta-galactosidase)
④ 포스파타아제(Phosphatase)
⑤ 5-알파-환원효소(5-alpha-reductase)

074

다음은 피부를 곱게 태워주거나 자외선으로부터 피부를 보호하는 데 도움을 주는 자외선 관련제품에 관한 설명이다. 다음의 설명에 해당되는 성분을 고르시오.

> 해당 자외선 차단제의 성분은 자외선을 흡수하여 무해한 적외선으로 변환시킨 후에, 열로 바꾸어 발산하는 방식으로 자외선을 차단한다.

① 징크옥사이드-벤조페논-3
② 징크옥사이드-부틸메톡시디벤조일메탄
③ 4-메칠벤질리덴캠퍼-티타늄디옥사이드
④ 징크옥사이드-디갈로일트리올리에이트
⑤ 옥토크릴렌-에칠헥실트리아존

075

다음 중 계면활성제 종류와 각각의 이름이 바르게 연결된 것은?

① 음이온계면활성제-코코베타인
② 양쪽성 계면활성제-글리세릴모노스테아레이트
③ 양이온 계면활성제-벤잘코늄클로라이드
④ 비이온 계면활성제-소듐코코암포아세테이트
⑤ 천연 계면활성제-소듐라우릴설페이트

076

다음 중 관능평가 용어에 따른 물리화학적 평가법이 잘못 연결된 것은?

① 부드러움, 매끄러움-점탄성 측정
② 피부 탄력이 있음-유연성 측정
③ 투명감이 있음-변색분광측정계
④ 균일하게 도포할 수 있음 - 확대 비디오 관찰
⑤ 화장 지속력이 좋음-광택계

077

과립층에 존재하는 지질 과립인 층판소체는 각질층으로 이동하여 세라마이드, 콜레스테롤, 지방산 등으로 이루어진 세포간지질이 된다. 또한 과립층에 존재하는 단백질과립인 케라토하이알린과립은 프로필라그린을 포함하고 있는데 프로필라그린은 과립층에서 단백질 과립 형태로 존재하다가 각질형성세포의 최종 분화 과정에서 필라그린으로 분해된다. 이때 각질형성세포가 각질층으로 이동하여 각질세포의 탈락에 중요한 가교 역할을 하는 층판소체의 내부물질은 무엇인가?

① 엑소좀(Exosome)
② 엔도좀(Endosome)
③ 데스모좀(desmosome)
④ 소포체(Endoplasmic reticulum)
⑤ 골지체(Golgi body)

078

표면장력(γ, 20℃)이 물과 가장 비슷한 물질을 고르시오.

① 헥센
② 에탄올
③ 글리세린
④ 디메치콘
⑤ 올레익애씨드

079

다음은 맞춤형화장품 조제와 관련된 대화 내용이다.〈보기〉중 옳은 것을 모두 고르시오.

- 고객:친구가 좋다고 해서 추천해준 주름개선 에센스를 사용했는데, 주름개선 효과는 없고, 피부가 붉어지고 가려움증이 생겼어요.
- 조제관리사:사용하시던 화장품은 가져오셨나요?
- 고객:네 여기 있습니다.
- 조제관리사:전성분을 확인해 보겠습니다.

〈전성분〉

정제수, 글리세린, 알부틴, 사이클로펜타실록세인, 부틸렌글라이콜, 1,2-헥산다이올, 히알루론산, 참깨오일, 리모넨

〈보기〉

㉠ 이 제품은 주름 기능성 성분이 없다.
㉡ 이 제품을 사용하면 구진과 가려움증이 있을 수 있다.
㉢ 이 제품은 보습성분을 포함하고 있지 않다.
㉣ 이 제품에는 알레르기 유발 성분이 포함되어 있다.
㉤ 참깨오일은 알레르기 유발물질이다.

① ㄱ, ㄴ, ㄷ
② ㄱ, ㄴ, ㄹ
③ ㄱ, ㄴ, ㅁ
④ ㄴ, ㄷ, ㄹ
⑤ ㄴ, ㄹ, ㅁ

080

멜라닌색소가 생성되어 멜라노사이트에서 각질형성세포로 이동하는 데 직접적으로 관여하는 단백질이 아닌 것은?

① 키네신
② PAR-3
③ 액틴
④ 리포폴리사카라이드
⑤ 디네인

081

「화장품법 시행규칙」제10조의2에 따라 다음의 빈 칸에 들어갈 알맞은 숫자를 순서대로 적으시오.

- 영유아:(㉠)세 이하
- 어린이:(㉡)세 이상부터 (㉢)세 이하까지

082

다음의 빈 칸에 들어갈 알맞은 숫자를 적으시오.

어린이용 오일 등 개별포장 당 탄화수소류를 (　　) 퍼센트 이상 함유하고 운동점도가 21센티스톡스(섭씨 40도 기준) 이하인 에멀젼 형태가 아닌 액체상태의 제품

083

「개인정보 보호법」 제25조에 따라 맞춤형화장품 판매업자가 CCTV를 설치하려고 한다. 아래 안내판의 빈칸에 들어갈 사항을 법 용어로 정확히 적으시오.

CCTV 설치안내

촬영목적	방범 및 화재예방, 시설물 관리
촬영시간	24시간 연속 촬영 및 녹화
설치장소	뷰티 아파트
(　　)	
책임자	홍길동(Tel:010-XXXX-XXXX)

084

다음은 베헨트리모늄 클로라이드의 사용한도를 나타낸 것이다. 빈칸에 알맞은 숫자를 쓰시오.

(단일성분 또는 세트리모늄 클로라이드, 스테아트리모늄클로라이드와 혼합사용의 합으로서)

- 사용 후 씻어내는 두발용 제품류 및 두발 염색용 제품류에 (㉠)%
- 사용 후 씻어내지 않는 두발용 제품류 및 두발 염색용 제품류에 3.0%
- 세트리모늄 클로라이드 또는 스테아트리모늄 클로라이드와 혼합 사용하는 경우 세트리모늄 클로라이드 및 스테아트리모늄 클로라이드의 합은 '사용 후 씻어내지 않는 두발용 제품류'에 (㉡)% 이하, '사용 후 씻어내는 두발용 제품류 및 두발 염색용 제품류'에 2.5% 이하여야 함

085

다음은 기능성화장품 심사에 관한 규정의 일부이다. 빈칸에 들어갈 알맞은 용어를 규정에 고시된 정확한 단어로 기입하시오.

제4조제1호다목에서 정하는 유효성 또는 기능에 관한 자료 중 (㉠)시험자료를 제출하는 경우 효력시험자료 제출을 면제할 수 있다. 다만, 이 경우에는 해당 효능·효과를 나타내는 성분을 제품 명칭의 일부로 사용하거나 해당 성분에 대해 효능·효과를 기재·표시 할 수 없다.

자외선차단지수(SPF) (㉡)이하 제품의 경우에는 제4조제1호라목의 자료 제출을 면제한다.

086

「화장품법」에 따라 빈칸에 들어갈 알맞은 용어를 정확한 단어로 기입하시오.

- 화장품이란 인체를 청결·미화하여 매력을 더하고 용모를 밝게 변화시키거나 피부·(㉠)의 건강을 유지 또는 증진하기 위하여 인체에 바르고 문지르거나 뿌리는 등 이와 유사한 방법으로 사용되는 물품으로서 인체에 대한 작용이 경미한 것을 말한다.
- (㉡)란 화장품의 용기·포장에 기재하는 문자·숫자·도형 또는 그림 등을 말한다.

087

다음 빈칸에 들어갈 알맞은 단어를 〈보기〉에서 골라 쓰시오.

허브식물의 잎이나 꽃을 수증기 증류법 으로 증류하면 물과 함께 휘발성오일 성분이 증류되어 나온다. 이러한 오일성분은 주로 (　　　)계열 혼합물로서 고유의 향기를 지니며 화장품에서 천연향료로 많이 사용된다. 아로마테라피등에서 자주 사용되는 이러한 천연오일을 통칭하여 정유라고 한다.

〈보기〉

사포닌, 알킬, 플로라보노이드, 폴리페놀, 모노테르펜,알콜,알데하이드, 리모넨

088

다음 빈칸에 들어갈 말을 정확한 단어로 기입하시오.

- 맞춤형화장품조제관리사는 혼합·소분 전에 혼합·소분된 제품을 담을 포장용기의 (　㉠　)여부를 확인할 것.
- 제조번호, 사용기한 또는 개봉 후 사용기간, 판매일자 및 판매량 등의 사항이 포함된 맞춤형화장품 (　㉡　)를 작성·보관할 것.

089

다음은 식품의약품안전처고시 「화장품 바코드 표시 및 관리요령 」에 대한 내용이다. 다음 빈칸에 들어갈 정확한 단어로 기입하시오.

제3조(표시대상)

① 화장품바코드 표시대상품목은 국내에서 제조되거나 수입되어 국내에 유통되는 모든 화장품(기능성화장품 포함)을 대상으로 한다.

②제1항 규정에 불구하고 내용량이 15밀리리터 이하 또는 15그램 이하인 제품의 용기 또는 포장이나 견본품, 시공품 등 비매품에 대하여는 화장품 바코드 표시를 생략할 수 있다.

제4조(표시의무자):화장품바코드 표시는 국내에서 화장품을 유통·판매하고자 하는 (　　　)가 표시 한다.

090

행정처분에 관해 묻는 문제이다. 빈 칸에 공통으로 들어갈 알맞은 숫자를 쓰시오(1차 처분 기준).

- A:우리 회사는 10년 전에 대전에 제조소를 처음으로 설립했어. 그러고 나서 3년 전에 김포로 이사를 왔는데 직원이 깜빡하고 소재지 변경 신고를 안했어. 큰일이네.
- B:우리 회사는 책임판매관리자가 예전에 퇴사했지 뭐야. 새로 직원을 뽑지 않고 1년 동안 책임판매관리자 없이 제품을 유통·판매 했는데 걱정이야.

A→제조업무정지 (　　　)개월

B→판매 또는 해당 품목 판매업무정지 (　　　)개월

091

다음은 화장품 향료 중 향료에 포함되어 있는 알레르기 유발성분의 표시의무화와 관련된 내용이다. 빈칸에 들어갈 알맞은 숫자를 순서대로 쓰시오.

> 착향제는 '향료'로 표시할 수 있으나, 착향제 구성 성분 중 식약처장이 고시한 알레르기 유발성분이 있는 경우에는 '향료'로만 표시할 수 없고, 추가로 해당 성분의 명칭을 기재하여야 한다.
> 이 때 「화장품 사용시의 주의사항 및 알레르기 유발성분 표시에 관한 규정」에서 정한 25종 성분 중 사용 후 씻어내는 제품에서 (㉠)퍼센트 초과, 사용후 씻어내지 않는 제품에서 (㉡)퍼센트를 초과하는 경우에만 표기한다.

092

빈 칸에 공통으로 들어갈 알맞은 용어를 쓰시오.

> • 최종제품의 안전성 평가는 성분 평가가 원칙이지만, 제품의 제조, 유통 및 사용 시 발생할 수 있는 ( )의 오염에 대해 고려할 필요가 있다.
> • 맞춤형화장품판매업자는 주기적으로 ( )오염 샘플링 검사를 실시해야 한다.

093

다음은 맞춤형화장품에 사용가능한 원료지정에 대한 설명이다. 빈칸에 들어갈 말을 쓰시오.

> 3종 원료 외에는 모두 맞춤형화장품에 사용가능하다. 이 3종 원료에는 사용금지원료, 사용제한원료, 사전심사 또는 보고를 하지 않은 ( ) 고시 원료가 있다.

094

식품의약품안전처고시 「기능성화장품 심사에 관한 규정」에 따라 빈칸에 들어갈 말을 정확하게 쓰시오.

> 광독성 및 광감작성 시험자료는 자외선에서 흡수가 없음을 입증하는 ( ) 시험자료를 제출하는 경우에는 자료제출을 면제한다.

095

빈칸에 들어갈 말을 쓰시오

> 치오글리콜산의 제형은 액제, 크림제, 로션제, 에어로졸제에 한하며, 제품의 효능·효과는 '(　　　)'로, 용법·용량은 '사용 전 제모할 부위를 씻고 건조시킨 후 이 제품을 제모할 부위의 털이 완전히 덮이도록 충분히 바른다. 문지르지 말고 5 ~ 10분간 그대로 두었다가 일부분을 손가락으로 문질러 보아 털이 쉽게 제거되면 젖은 수건[(제품에 따라서는) 또는 동봉된 부직포 등]으로 닦아 내거나 물로 씻어낸다. 면도한 부위의 짧고 거친 털을 완전히 제거하기 위해서는 한 번 이상(수일 간격) 사용하는 것이 좋다.'로 제한한다.

096

다음 중 피부 표피의 기저층에 위치하며, 촉각을 담당하는 세포를 보기에서 찾아 쓰시오.

> 변형세포, 보에트취세포, 황세포, 반세포, 통상수지상세포, 접합핵세포, 작동T세포, 아교모세포, 골지세포, 과립 세포, 섬유아세포, 혈구모세포, 메르켈세포, 활막 세포, 난포막 세포.

097

다음 빈칸에 들어갈 알맞은 피부표피 부위를 쓰시오.

> 피부의 pH 는 피부 (　　　)에서 pH를 측정하여 판단할 수 있다. 피부의 pH는 피부의 상태에 따라 변할수 있으나 가장 이상적인 피부의 pH 상태는 약산성이지만 아토피성 피부는 약알칼리이다.

098

다음의 빈 칸에 들어갈 알맞은 말을 한글로 작성하시오.

> 햇볕에 의한 파장 290 ~ 315㎚의 자외선 B를 피부에 쬐면, 칼슘과 인의 흡수를 도와 뼈를 튼튼하게 하게하는 비타민인 (㉠)가 생성된다. 표피에 존재하는 세포간지질의 주성분인 (㉡)이 햇빛 속 자외선의 도움을 받아 프리비타민 D3(비타민 D3의 전구체)가 된다. 이 프리비타민 D3는 약 50%는 2시간 내에 온도에 의해 비타민 D3로 변한다. 이런 비타민 D3가 간으로 가서 '25-(OH)비타민D' 형태로 바뀌어 체내 저장되고, 다시 25-(OH)비타민D는 신장으로 가서 비타민D의 활성 형태(1,25-(OH)비타민D)로 바뀐다. 바로 이 활성 형태가 된 비타민D가 우리 몸에 꼭 필요한 호르몬이다.

099

다음 빈 칸에 들어갈 알맞은 말을 순서대로 쓰시오.

- 맞춤형화장품조제관리사는 화장품책임판매업자로부터 받은 내용물 및 원료의 혼합·소분 범위에 대해 사전에 (㉠) 및 (㉡)을/를 확보해야 한다.
- 인체적용시험용 화장품(또는 물질)은 (㉡)이 충분히 확보되어야 한다.
- 내용물 및 원료를 공급하는 화장품책임판매업자가 혼합 또는 소분의 (㉢)를 검토하여 정하고 있는 경우 그 (㉢) 내에서 혼합 또는 소분할 것.

100

평판도말법을 통해 총 호기성 생균수를 계수하고자 한다. 로션제 10배 희석 검액에서 0.1ml를 이용하여 2회 반복하여 실험하였을 때, 다음의 표를 보고 총호기성 생균수를 쓰고, 적합 여부를 판정하시오.

	각 배지에서 검출된 집락수		
	평판1	평판2	평균
세균용 배지	66	58	62
진균용 배지	28	24	26

맞춤형화장품 실전고사

3회

실전고사 3회

001

다음은 「천연화장품 및 유기농화장품의 기준에 관한 규정」에 대한 내용이다. 옳은 것으로 짝지어진 것은?

〈보기〉

ㄱ. “유기농원료”란 「친환경농어업 육성 및 유기식품 등의 관리·지원에 관한 법률」에 따른 유기농수산물 또는 이를 이 고시에서 허용하는 화학적 공정에 따라 가공한 것
외국 정부(미국, 유럽연합, 일본 등)에서 정한 기준에 따른 인증기관으로부터 유기농수산물로 인정받거나 이를 이 고시에서 허용하는 화학적 공정에 따라 가공한 것
국제유기농업운동연맹(IFOAM)에 등록된 인증기관으로부터 유기농 원료로 인증받거나 이를 이 고시에서 허용하는 화학적 공정에 따라 가공한 것

ㄴ. “식물 원료”란 식물(해조류와 같은 해양식물, 버섯과 같은 균사체 제외) 그 자체로서 가공하지 않거나, 이 식물을 가지고 이 고시에서 허용하는 물리적 공정에 따라 가공한 화장품 원료를 말한다.

ㄷ. “미네랄 원료”란 지질학적 작용에 의해 자연적으로 생성된 물질을 가지고 이 고시에서 허용하는 물리적 공정에 따라 가공한 화장품 원료를 말한다. 다만, 화석연료로부터 기원한 물질은 제외한다.

ㄹ. “동물에서 생산된 원료, 동물성원료”란 동물 그 자체(세포, 조직, 장기)는 제외하고 동물로부터 자연적으로 생산되는 것으로서 가공하지 않거나, 이 동물로부터 자연적으로 생산되는 것을 가지고 이 고시에서 허용하는 물리적 공정에 따라 가공한 화장품 원료를 말한다.

ㅁ. 천연화장품 또는 유기농화장품으로 표시·광고하여 제조, 수입 및 판매할 경우 이 고시에 적합함을 입증하는 자료를 구비하고, 제조일(수입일 경우 통관일)로부터 3년 또는 사용기한 경과 후 1년 중 긴 기간 동안 보존하여야 한다.

① ㄱ, ㄴ, ㄷ
② ㄱ, ㄴ, ㄹ
③ ㄴ, ㄷ, ㄹ
④ ㄷ, ㄹ, ㅁ
⑤ ㄱ, ㄹ, ㅁ

002

다음은 맞춤형화장품판매업소에서 지켜야 하는 안전관리 기준에 대한 설명이다. 옳지 않은 것을 고르시오.

① 맞춤형화장품은 내용물에 원료 또는 내용물을 혼합·소분하여 만든다.
② 맞춤형화장품에 사용된 원료의 사용상주의사항과 사용된 원료는 반드시 설명하여야 한다.
③ 기능성화장품으로 등록 보고된 베이스는 혼합·소분이 불가능하다.
④사용 제한이 있는 원료와 보존제 등은 혼합이 불가능하다.
⑤ 화장품을 미리 혼합·소분한 후 판매하면 안된다.

003

맞춤형화장품판매업자 A는 B에게 맞춤형화장품판매업소를 양도하려고 한다. 이때 관리하던 고객정보도 함께 이전하는 경우 개인정보보호법에 위반되는 것을 고르시오.

① A는 고객들에게 개인정보를 이전한다는 내용고지와 고객정보 이전을 원하지 않는 경우에 대한 방법을 고지하였다.
② A가 개인정보 이전 사실을 고객들에게 고지하였으므로 B는 고객들에게 개인정보를 이전받았다는 사실을 고지하지 않았다.
③ A는 개인정보를 이전한다는 내용을 고객들에게 우편으로 고지하였다.
④ A는 개인정보 이전 사실을 통지할 수 없는 고객들을 위해 10일 동안 인터넷 홈페이지와 매장 출입구에 게시하였다.
⑤ 개인정보가 이전되는 것을 원하지 않는 고객들의 정보는 B가 폐기 하였다.

004

다음 위해화장품 공표문 양식에 들어갈 내용으로 알맞은 것으로 짝지어진 것은?

〈공표문〉
위해화장품 회수
「화장품법」 제5조의2에 따라 아래의 화장품을 회수합니다.
1. 회수제품명 :
2. ㉠
3. ㉡
4. ㉢
5. 회수방법 : 구매한영업소 및 본사 택배배송
6. 회수 영업자 : MW코스메틱
7. 영업자 주소 : 경기도 성남시 중원구 갈마치로302
8. 연락처 : 031-736-2689
9. 그밖의 사항 : 위해화장품 회수 관련 협조 요청
① 해당 회수화장품을 보관하고 있는 판매자는 판매를 중지하고 회수 영업자에게 반품하여 주시기 바랍니다.
② 해당 제품을 구입한 소비자께서는 그 구입한 업소에 되돌려 주시는 등 위해화장품 회수에 적극 협조하여 주시기 바랍니다.

	㉠	㉡	㉢
①	제조번호	사용기한	회수사유
②	회수기한	제조번호	회수사유
③	제조번호	배상방법	회수사유
④	제조번호	배상방법	회수기한
⑤	회수목적	사용기한	회수사유

005

천연화장품 및 유기농화장품에 사용 가능한 보존제 및 변성제로 짝지어지지 않은 것은?

① 이소프로필알코올, 벤조익애씨드
② 벤질알코올, 데나토늄벤조에이트
③ 살리실릭애씨드, 테트라소듐글루타메이트디아세테이트
④ 3급부틸알코올, 데하이드로아세틱애씨드
⑤ p-하이드록시벤조익애씨드, 소듐벤조에이트

006

다음은 위해화장품의 회수에 대한 설명으로 옳은 것으로 짝지어진 것은?

〈보기〉

ㄱ. 회수대상화장품이라는 사실을 안 날부터 15일 이내에 회수계획서를 지방식품의약품안전청장에게 제출하여야 한다.

ㄴ. 위해화장품 발생시 해당 화장품을 업무상 취급하는 자에게 방문, 우편, 전화, 전보, 전자우편, 팩스 또는 언론매체를 통한 공고 등을 통하여 회수계획을 통보하여야 하며, 통보 사실을 입증할 수 있는 자료를 회수종료일부터 3년간 보관하여야 한다.

ㄷ. 맞춤형화장품 사용과 관련된 중대한 유해사례 등 부작용 발생 시 그 정보를 알게 된 날로부터 15일 이내 식품의약품안전처 홈페이지를 통해 보고하거나 우편 팩스 정보통신망 등의 방법으로 보고해야 한다.

ㄹ. 맞춤형화장품판매업자는 회수대상화장품이라는 사실을 인지한 후 15일 이내에 회수계획서를 식품의약품안전처장에게 보고한다.

ㅁ. 회수계획량의 5분의 4 이상을 회수한 경우 : 그 위반행위에 대한 행정처분을 면제한다.

ㅂ. 회수계획량의 3분의 1 이상을 회수한 경우 등록 취소인 경우에는 업무정지 2개월 이상 6개월 이하의 범위에서 행정처분한다.

ㅅ. 병원미생물에 오염된 화장품은 위해등급 나등급이다.

① ㄱ, ㄴ, ㄹ　② ㄴ, ㄷ, ㅂ
③ ㄴ, ㄷ, ㅁ　④ ㄷ, ㅁ, ㅂ
⑤ ㄷ, ㅁ, ㅅ

007

개인정보처리자가 「개인정보보호법」에 근거하여 개인정보 처리를 할 때에 주의할 내용으로 옳은 것은?

① 개인정보를 익명 또는 가명으로 처리하여도 개인정보 수집목적을 달성할 수 있다면 익명처리가 가능한 경우에는 익명에 의하여, 익명처리로 목적을 달성할 수 없는 경우에는 가명에 의하여 처리한다.
② 개인정보가 1백 명 이상의 정보 유출 시에는 인터넷 홈페이지 7일 이상 게재(홈페이지가 없을 시 사업장 등의 보기 쉬운 장소로 대체)해야 한다.
③ 개인정보처리자는 개인정보의 처리에 대하여 정보주체의 동의를 서면으로 받을 때 글씨의 크기는 최소한 7포인트 이상으로 다른 내용보다 20% 이상 글씨를 크게 작성한다.
④ 관계법령에 따라 개인 정보를 보존해야 하는 경우, 개인정보를 전부 저장해도 무관하다.
⑤ 공공기관에서 법령 등에 의한 업무 수행을 위해서 정보 주체의 동의 없이 개인정보를 수집할 수 없다.

008

다음은 식품의약품안전처고시 「기능성화장품 심사에 관한 규정」 [별표4]에서 고시하고 있는 기능성 성분들이다. 기능 - 성분명 - 최대사용함량을 짝지은 것 중 옳은 것은?

① 미백에 도움 - 아데노신 - 0.05%
② 모발 색상변화 - 톨루엔 - 2.5 - 디아민 - 3.8%
③ 주름개선 - 폴리에톡실레이티드레틴아마이드 - 0.05 ~ 0.2%
④ 미백에 도움 - 아스코빌글루코사이드 - 2.0 ~ 5.0%
⑤ 여드름 피부 완화 - 치오글리콜산 80% - 3.0 ~ 4.5%

009

다음 중 화장품색소에 대한 정의로 옳은 것은?

① "타르색소"라 함은 화장품에 사용할 수 있는 색소 중 콜타르, 그 중간생성물에서 유래되었거나 유기합성하여 얻은 색소로 그 레이크, 염, 희석제와의 혼합물은 제외한다.
② "순색소"라 함은 중간체, 희석제, 기질 등을 포함하지아니한 순수한 색소를 말한다.
③ "레이크"라 함은 타르색소의 나트륨, 칼륨, 알루미늄, 바륨, 칼슘, 스트론튬 또는 지르코늄염을 기질에 흡착, 공침 또는 단순한 혼합이 아닌 물리적 결합에 의하여 확산시킨 색소를 말한다.
④ "희석제"라 함은 레이크 제조 시 순색소를 확산시키는 목적으로 사용되는 물질을 말하며 알루미나, 브랭크휙스, 크레이, 이산화티탄, 산화아연, 탤크, 로진, 벤조산알루미늄, 탄산칼슘 등의 단일 또는 혼합물을 사용한다.
⑤ "기질"이라 함은 색소를 용이하게 사용하기 위하여 혼합되는 성분을 말한다.

010

치오글라이콜릭애씨드 또는 그 염류를 주성분으로 하는 냉2욕식 퍼머넌트웨이브용 제품을 구성하는 제1제, 제2제 각각의 주성분으로 옳은 것은?

	제1제	제2제
①	치오글라이콜릭애씨드	트리클로산
②	치오글라이콜릭애씨드	브롬산나트륨
③	치오글라이콜릭애씨드	요오드액
④	과산화수소수	치오글라이콜릭애씨드
⑤	요오드액	브롬산나트륨

011

우수화장품 제조 및 품질관리기준(CGMP)의 3대 요소에 해당하는 것은?

〈보기〉
㉠ 인위적인 과오의 최소화
㉡ 미생물오염 및 교차오염으로 인한 품질저하 방지
㉢ 고도의 기술확립
㉣ 고도의 품질관리체계 확립
㉤ 자동화시설 확립
㉥ 문서의 전산체계

① ㄱ, ㄴ, ㄹ
② ㄱ, ㄴ, ㄷ
③ ㄱ, ㄷ, ㅁ
④ ㄴ, ㄹ, ㅂ
⑤ ㄷ, ㅁ, ㅂ

012

다음 중 화장품의 유형과 제품의 연결이 옳은 것은?

① 인체 세정용 제품류 - 외음부 세정제
② 목욕용 제품류 - 바디 클렌저
③ 두발용 제품류 - 헤어 틴트
④ 눈 화장용 제품류 - 아이 크림
⑤ 방향용 제품류 - 디퓨저

013

다음 중 화장품 유형에 상관없이 보존제로서 0.7% 이상 사용 가능한 원료로 옳게 짝지어진 것은?

① 살리실릭애씨드, 트리클로산
② 살리실릭애씨드, 페녹시에탄올
③ 소르빅애씨드, 프로피오닉애씨드
④ 소르빅애씨드, 페녹시에탄올
⑤ 벤질알코올, 페녹시에탄올

014

화장품 착향제 중 알레르기 유발물질 표시 사항 중 옳은 것은?

① 식물의 꽃·잎·줄기 등에서 추출한 에센셜오일이나 추출물이 착향의 목적으로 사용되었거나 또는 해당 성분이 착향제의 특성이 있는 경우에는 알레르기 유발성분을 표시·기재하지 않아도 된다.
② 사용 후 씻어내는 제품(샴푸, 린스, 바디클렌저 등)에는 0.1% 초과, 사용 후 씻어내지 않는 제품(토너, 로션, 크림 등)에는 0.01% 초과 함유하는 경우에 알레르기 성분명을 전성분명에 표시해야 한다.
③ 제품에 알레르기 성분을 표시 했다면 책임판매업자 홈페이지, 온라인 판매처 사이트에서는 알레르기 유발성분을 표시하지 않아도 된다.
④ 원료목록 보고 시 알레르기 유발성분은 포함하지 않아도 된다.
⑤ 내용량 10mL(g) 초과 50mL(g) 이하인 소용량 화장품의 경우 착향제 구성 성분 중 알레르기 유발성분의 표시는 생략이 가능하다. 단, 외음부세정제와 속눈썹용 퍼머넌트웨이브용 제품은 제외.

015

다음은 맞춤형화장품의 부작용에 관련된 대화 내용이다. 알레르기 유발성분은 무엇인가?

> 고객 : 친구가 좋다고 해서 추천해준 주름개선 에센스를 사용했는데, 피부가 붉어지고 가려움증이 생겼어요.
> 조제관리사 : 사용하시던 화장품은 가져오셨나요?
> 고객 : 네 여기 있습니다.
> 조제관리사 : 전성분을 확인해 보겠습니다.
>
> 〈전성분〉
>
> 정제수, 글리세린, 사이클로펜타실록세인, 부틸렌글라이콜, 1,2-헥산다이올, 페녹시에탄올, 히알루론산, 아데노신, 벤질살리실레이트, 참깨오일, 향료, 벤질알코올, 제라니올

① 페녹시에탄올, 벤질살리실레이트
② 벤질살리실레이트, 벤질알코올, 제라니올
③ 사이클로펜타실록세인, 벤질알코올, 제라니올
④ 사이클로펜타실록세인, 벤질살리실레이트, 제라니올
⑤ 벤질알코올, 제라니올

016

화장품 제조에 사용된 성분을 표시하는 방법으로 틀린 것은?

① 글자의 크기는 15포인트 이상으로 한다.

② 화장품 제조에 사용된 함량이 많은 것부터 기재·표시한다. 다만, 1퍼센트 이하로 사용된 성분, 착향제 또는 착색제는 순서에 상관없이 기재·표시할 수 있다.

③ 혼합원료는 혼합된 개별 성분의 명칭을 기재·표시한다.

④ 색조 화장용 제품류, 눈 화장용 제품류, 두발염색용 제품류 또는 손발톱용 제품류에서 호수별로 착색제가 다르게 사용된 경우 '± 또는 +/-'의 표시 다음에 사용된 모든 착색제 성분을 함께 기재·표시할 수 있다.

⑤ 산성도(pH) 조절 목적으로 사용되는 성분은 그 성분을 표시하는 대신 중화반응에 따른 생성물로 기재·표시할 수 있고, 비누화반응을 거치는 성분은 비누화반응에 따른 생성물로 기재·표시할 수 있다.

017

다음은 맞춤형화장품에 표시할 〈사용 시 주의사항〉 중 공통기재사항이다. 외음부세정제에 추가로 기재해야 하는 개별사항을 모두 고른 것은? (단, 프로필렌글라이콜은 함유하지 않음.)

〈사용 시 주의사항〉

1) 화장품 사용 시 또는 사용 후 직사광선에 의하여 사용부위가 붉은 반점, 부어오름 또는 가려움증 등의 이상 증상이나 부작용이 있는 경우 전문의 등과 상담할 것
2) 상처가 있는 부위 등에는 사용을 자제할 것
3) 보관 및 취급 시의 주의사항
 가) 어린이의 손이 닿지 않는 곳에 보관할 것
 나) 직사광선을 피해서 보관할 것

〈추가 기재사항〉

ㄱ. 눈, 코 또는 입 등에 닿지 않도록 주의하여 사용할 것
ㄴ. 정해진 용법과 용량을 잘 지켜 사용할 것
ㄷ. 특이체질, 생리 또는 출산 전후이거나 질환이 있는 사람 등은 사용을 피할 것
ㄹ. 3세 이하 영유아에게는 사용하지 말 것
ㅁ. 임신중에는 사용하지 않는 것이 바람직하며, 분만 직전의 외음부 주위에는 사용하지 말 것
ㅂ. 일부에 시험 사용하여 피부 이상을 확인할 것

① ㄱ, ㄴ, ㄹ, ㅁ
② ㄴ, ㄷ, ㄹ, ㅁ
③ ㄴ, ㄹ, ㅁ
④ ㄴ, ㄷ, ㄹ
⑤ ㄷ, ㄹ, ㅁ, ㅂ

018

「화장품 안전성 정보관리 규정」에 대한 내용으로 옳은 것은?

① "유해사례(Adverse Event/Adverse Experience, AE)"란 화장품의 사용 중 발생한 바람직하지 않고 의도되지 아니한 징후, 증상 또는 질병을 말하며, 당해 화장품과 반드시 인과관계를 가져야 한다.

② "실마리 정보(Signal)"란 유해사례와 화장품 간의 인과관계 가능성이 있다고 보고된 정보로서 그 인과관계가 알려지지 아니하거나 입증자료가 충분한 것을 말한다.

③ "안전성 정보"란 화장품과 관련하여 국민보건에 직접 영향을 미칠 수 있는 안전성·유효성에 관한 새로운 자료, 유해사례 정보 등을 말한다.

④ 화장품 책임판매업자는 중대한 유해사례의 화장품 안전성 정보를 알게 된 날로부터 10일 이내에 식품의약품안전처장에게 신속보고 하여야 한다.

⑤ 화장품 책임판매업자는 신속보고 되지 아니한 화장품의 안전성 정보를 매년 1회 식품의약품안전처장에게 정기보고 하여야 한다.

019

다음 중 천연 유래 계면활성제가 아닌 것은?

① 레시틴

② 코카미도프로필베타인

③ 소듐코코일애플아미노산

④ 라우릴글루코사이드

⑤ 사포닌

020

화장품법 제3조 별표1에 고시된 화장품 색소 성분이 아닌 것은?

① 울트라마린

② 파프리카추출물

③ 카라멜

④ 구아이아줄렌

⑤ 에이치시 녹색NO.1

021

화장품 제조시 「화장품 사용 시의 주의사항 및 알레르기 유발성분 표시에 관한 규정」에 따라 해당 성분을 표시해야한다. 다음 〈보기〉는 아로마 에센셜오일의 향료 성분이다. 알레르기 유발 성분을 모두 고르시오.

ㄱ. 시트릭애씨드
ㄴ. 벤질알코올
ㄷ. 아이소프로필알코올
ㄹ. 하이드록시시트로넬알
ㅁ. 벤질살리실레이트
ㅂ. 벤조익애씨드

022

화장품책임판매업자로부터 공급받은 베이비샴푸 내용물은 총 5개의 뱃치로 각각의 시험성적서와 함께 제공되었다. 맞춤형화장품조제관리사 A는 각각의 시험성적서를 확인하여 시험결과가 적합하지 않은 하나의 뱃치를 부적합으로 처리하고 반품요청을 하였다. 부적합 제품은 어느 것인가?

①

베이비샴푸	LOT.N : 210301-01
납	20㎍/g
비소	9㎍/g
디옥산	70㎍/g
포름알데하이드	2000㎍/g

②

베이비샴푸	LOT.N : 210301-02
납	20㎍/g
비소	8㎍/g
디옥산	60㎍/g
포름알데하이드	1900㎍/g

③

베이비샴푸	LOT.N : 210301-03
납	10㎍/g
비소	5㎍/g
디옥산	80㎍/g
포름알데하이드	2000㎍/g

④

베이비샴푸	LOT.N : 210301-04
납	18㎍/g
비소	10㎍/g
디옥산	100㎍/g
포름알데하이드	1800㎍/g

⑤

베이비샴푸	LOT.N : 210301-05
납	10㎍/g
비소	10㎍/g
디옥산	100㎍/g
포름알데하이드	2300㎍/g

023

<보기>의 대화는 맞춤형화장품판매업소에서 근무하는 맞춤형화장품조제관리사 A와 맞춤형화장품판매업소에 방문한 손님 B의 대화이다. 밑줄 친 내용 중 A가 B에게 옳게 설명한 것은 몇 개 인가?

<보기>

A : 어서오세요 손님, 현장에서 바로 만들어드리는 맞춤형화장품판매업소입니다.

B : 안녕하세요, 맞춤형화장품 제도가 도입되었다는 소식을 듣고 찾아왔습니다. 요즘 환절기라 피부가 많이 건조해요. 제 피부에 맞는 로션을 구입하고 싶습니다.

A : 네 손님, 우선 피부 측정부터 해보겠습니다.
(피부 측정 후)
손님의 피부는 연령대 평균에 비해 25% 정도 피부 보습도가 떨어지십니다. 피부 측정결과를 참고해서 로션을 만들어드리겠습니다.

B : 잠시만요. 제가 전에 쓰던 수분크림을 가지고 왔는데 이 제품은 제 피부와 잘 맞는 것 같아서 잘 쓰고 있습니다. 이 제품을 참고해서 처방해주세요.

A : 네 알겠습니다.

B : 조제하시기 전에 처방하신 전성분을 확인할 수 있을까요?

A : 여기 처방한 전성분을 인쇄해 드리겠습니다.

<처방한 로션의 전성분>
히알루론산, 세라마이드, 에틸파라벤, 적색102호 (전성분 이하 동일)

<손님이 가져온 로션의 전성분>
쿠민열매추출물, 스쿠알란, 페루발삼 추출물, 벤질알코올 (전성분 이하 동일)

A : ㉠ 제가 처방한 로션의 전성분에는 보습력을 높이기 위해 히알루론산, 세라마이드를 혼합했습니다.

B : 조제관리사님이 처방해 주신 로션에는 스쿠알란, 쿠민열매추출물, 우레아, 벤질알코올이 빠져있는데 이 성분들을 추가해주시면 안될까요?

A : ㉡ 벤질알코올은 보존제로서 맞춤형조제관리사가 맞춤형화장품에 혼합할 수 없습니다. 하지만 걱정마세요. 제가 사용하는 맞춤형화장품 베이스에는 보존제인 에틸파라벤이 이미 함유되어 있으므로 보존제를 추가로 더 넣지 않아도 됩니다. 그리고 ㉢ 쿠민열매추출물은 알레르기 유발물질이므로 고객님의 피부에 자극이 될 수도 있습니다. 괜찮을까요?

B : 제가 알레르기 유발 성분에는 민감한 편이라 그 성분은 빼주세요. 그리고 제가 가져온 제품에 함유된 페루발삼 추출물이 더 증량되어 첨가되면 좋겠어요. 가능할까요?

A : ㉣ 제품 외관을 보니 페루발삼 추출물의 함량이 0.4%이라 표기되어있네요. 페루발삼 추출물의 사용한도는 0.4%입니다. 따라서 더 이상 증량할 수 없습니다.

(조제관리사가 로션을 조제 후 손님에게 전달)

B : 조제해주신 로션을 얼굴에 발라보니 촉촉하고 너무 마음에 듭니다. 유치원에 다니는 제 아들도 사용해도 될까요?

A : ㉤ 네. 아이부터 어른까지 가족분들 모두 다 같이 사용하셔도 됩니다.

① 1　② 2
③ 3　④ 4
⑤ 5

024

다음 화장품의 전성분 중 사용상 제한이 있는 성분으로 고시된 원료로 짝지어진 것은?

〈전성분〉

정제수, 스쿠알란, 부틸렌글라이콜, 글리세린, 해바라기씨오일, 소듐하이알루로네이트, PEG-40스테아레이트, 세틸알코올, 카보머, 1,2-헥산다이올, 이디티에이, 페녹시에탄올, 쿼터늄-15, 향료, 시트릭애씨드, 리날룰, 리모넨

① 1,2-헥산다이올, 페녹시에탄올
② 세틸알코올, 페녹시에탄올
③ 페녹시에탄올, 쿼터늄-15
④ PEG-40스테아레이트, 페녹시에탄올
⑤ PEG-40스테아레이트, 쿼터늄-15

025

「화장품 사용 시의 주의사항 및 알레르기 유발성분 표시에 관한 규정」에 따른 착향제의 알레르기 유발성분에 대한 설명으로 옳지 않은 것은?

① 사용 후 씻어내는 제품(샴푸, 린스, 바디 클렌저 등)에는 0.01% 초과, 사용 후 씻어내지 않는 제품(토너, 로션, 크림 등)에는 0.001% 초과 함유하는 경우에 알레르기 성분명을 전성분명에 표시해야 한다.

② 향료 뒤에 알레르기 유발 성분명을 표기하거나 또는 전성분 표시 방법과 동일한 성분 함량 순으로 표기 한다.

③ 내용량 10mL(g) 초과 50mL(g) 이하인 소용량 화장품의 경우 착향제 구성 성분 중 알레르기 유발성분의 표시는 생략이 가능하나 해당 정보는 홈페이지 등에서 확인할 수 있도록 해야 한다. 단, 외음부세정제와 속눈썹용 퍼머넌트웨이브용 제품은 전성분표시.

④ 벤질살리실레이트, 아니스알코올, 알파 - 아이소메틸아이오논, 머스크케톤은 알레르기 유발성분이다.

⑤ 식물의 꽃·잎·줄기 등에서 추출한 에센셜오일이나 추출물이 착향의 목적으로 사용되었거나 또는 해당 성분이 착향제의 특성이 있는 경우에는 알레르기 유발성분을 표시·기재하여야 한다.

026

맞춤형 화장품 작업장 내 작업자의 위생관리에 관한 설명으로 옳지 않은 것은?

① 피부 외상을 입은 직원은 소독한 후 소분, 혼합이 가능하다.

② 소분, 혼합할 때는 위생복(방진복)과 위생 모자(방진 모자, 일회용 모자)를 착용하며 필요시에는 일회용 마스크를 착용한다.

③ 소분, 혼합 전에 손을 세척하고 필요 시 소독한다.

④ 소분, 혼합하는 직원은 이물이 발생할 수 있는 포인트 메이크업을 하지 않는 것이 권장된다.

⑤ 질병이 있는 직원은 소분, 혼합 작업을 하지 않는다.

027

다음에서 제시하는 원료와 같은 성격인 대처 원료로 바르게 짝지어진 것은?

〈보기〉

㉠ 폴리소르베이트 80
㉡ 카라기난
㉢ 프로필렌글라이콜
㉣ 이미다졸리디닐우레아

	㉠	㉡	㉢	㉣
①	소듐라우릴설페이트	카보머	디프로필렌글라이콜	페녹시에탄올
②	라우릭산	잔탄검	부틸렌글라이콜	페녹시에탄올
③	세테아디모늄클로라이드	카보머	글리세린	폴리비닐알코올
④	코카미도프로필베타인	폴리비닐알코올	이소스테아릴알코올	벤질알코올
⑤	글리세릴모노스테아레이트	소듐카복시메틸셀룰로오스	글리세린	파라벤

028

다음은 「우수화장품 제조 및 품질관리기준(CGMP)」 제13조에 따른 보관 관리 요건에 대한 내용이다. 괄호 안에 들어갈 알맞은 단어를 고르시오.

> 〈보기〉
> 원료의 사용기한은 사용 시 확인이 가능하도록 (㉠)에 표시되어야 한다. 원료와 포장재 및 벌크제품, 완제품, 부적합품 및 반품 등에 도난, 분실, 변질 등의 문제가 발생하지 않도록 작업자 외에 보관소의 출입을 (㉡)하고, 관리하여야 한다.

① ㉠ 문서, ㉡ 제한
② ㉠ 라벨, ㉡ 제한
③ ㉠ 라벨, ㉡ 개방
④ ㉠ 문서, ㉡ 개방
⑤ ㉠ 문서, ㉡ 폐쇄

029

「우수화장품 제조 및 품질관리기준(CGMP)」제17조에 따른 내용물 공정 관리에 대한 설명으로 적절하지 않은 것은?

① 제조 공정 단계별로 적절한 관리기준이 규정되어야 하며 그에 미치지 못한 모든 결과는 보고되고 조치가 이루어져야 한다.
② 벌크제품의 최대 보관기한을 설정하여야 하며, 그 기한과 가까워진 벌크제품은 완제품으로 제조하기 전에 품질 이상과 변질 여부 등을 확인해야 한다.
③ 벌크제품의 충전 공정 후 벌크가 사용하지 않은 상태로 남아 있고 차후 다시 사용할 것이라면 밀봉하여 식별 정보를 표시해야 한다.
④ 여러 번 자주 사용하는 벌크제품의 경우 가능한 많은 양을 한꺼번에 보관통에 담아 보관한다.
⑤ 남은 벌크는 재보관하고 재사용 할 수 있다.

030

「우수화장품 제조 및 품질관리기준(CGMP)」에 따른 설비 기구의 유지관리의 원칙에 해당하지 않은 것을 모두 고르시오.

> 〈보기〉
> ㄱ. 건물, 시설 및 주요 설비는 정기적으로 점검하여 화장품의 제조 및 품질관리에 지장이 없도록 유지·관리·기록하여야 한다.
> ㄴ. 결함 발생 및 정비 중인 설비는 적절한 방법으로 표시하고, 고장 등 사용이 불가할 경우 표시하여야 한다.
> ㄷ. 세척한 설비는 다음 사용 시까지 오염되지 아니하도록 관리하여야 한다.
> ㄹ. 모든 제조 관련 설비는 제조시설 구역 있는 모든 직원들이 사용가능하다.
> ㅁ. 제품의 품질에 영향을 줄 수 있는 검사·측정·시험장비 및 자동화장치는 계획을 수립하여 정기적으로 검교정 및 성능점검을 하고 기록해야 한다.
> ㅂ. 유지관리 작업은 제품의 품질에 최소한의 영향을 주도록 실행한다.

① ㄱ, ㄷ
② ㄴ, ㄹ
③ ㄹ, ㅁ, ㅂ
④ ㄹ, ㅂ
⑤ ㄷ, ㄹ, ㅁ

031

「우수화장품 제조 및 품질관리기준(CGMP)」제11조에 따른 원자재 용기 및 시험기록서에 필수로 기재해야 할 사항이 아닌 것은?

① 수령일자
② 수령지
③ 원자재 공급자가 정한 제품명
④ 원자재 공급자명
⑤ 공급자가 부여한 제조번호 또는 관리 번호

032

〈보기〉는 「우수화장품 제조 및 품질관리기준(CGMP)」 기준일탈과 검체의 채취에 대한 내용이다. (　　)안에 들어갈 용어로 옳은 것은?

〈보기〉

ㄱ. 기준일탈이 된 경우는 규정에 따라 책임자에게 보고한 후 조사하여야 한다. 조사결과는 책임자에 의해 일탈, 부적합, (㉠)를 명확히 판정하여야 한다.

ㄴ. 시험용 검체의 용기에는 명칭 또는 (㉡), 제조번호 또는 제조단위, 검체채취 날짜, 검체 채취 지점을 기재하여야 한다.

	㉠	㉡
①	검사중	확인코드
②	적합	확인코드
③	보류	확인코드
④	보류	시험번호
⑤	검사중	시험번호

033

식품의약품안전처고시 「화장품 안전 기준 등에 관한 규정」 [별표 1]은 사용할 수 없는 원료를 고시하고 있다. 다음 중 화장품에 배합할 수 없는 원료가 아닌 것은?

① 프로피오닉애씨드
② 메칠렌글라이콜
③ 벤조일퍼옥사이드
④ 페닐살리실레이트
⑤ 붕산

034

식품의약품안전처고시 「화장품 안전 기준 등에 관한 규정」 [별표2]는 사용상의 제한이 필요한 원료를 고시하고 있다. 다음의 성분과 그 사용 한도의 연결로 옳지 않은 것은?

	원료명	사용한도
①	테트라브로모-o-크레졸	0.3%
②	클로로자이레놀	0.5%
③	소듐라우로일사코시네이트	0.2%
④	에칠라우로일알지네이트 하이드로클로라이드	0.4%
⑤	p-클로로-m-크레졸	0.04%

035

다음은 「우수화장품 제조 및 품질관리기준(CGMP)」 제18조에 따른 포장 작업 시작 전 및 작업 시의 지침이다. 옳지 않은 것을 고르시오.

① 포장작업 시작 전 포장작업에 대한 모든 관련 서류가 이용가능하고, 모든 필수 포장재가 사용 가능하며, 설비가 적절히 위생처리 되어 사용할 준비가 완료되었음을 확인하는데 이러한 점검이 필수적이다.
② 포장 작업 전, 이전 작업의 재료들이 혼입될 위험을 제거하기 위하여 작업 구역/라인의 정리가 이루어져야 한다.
③ 제조된 완제품의 각 단위/뱃치에는 추적이 가능하도록 특정한 제조번호가 부여되어야 하며, 완제품에 부여된 특정 제조번호는 벌크제품의 제조번호와 동일해야 한다.
④ 작업 동안, 모든 포장라인은 최소한 다음의 정보로 확인이 가능해야 한다.
  - 포장라인명 또는 확인 코드
  - 완제품명 또는 확인 코드
  - 완제품의 뱃치 또는 제조번호
⑤ 모든 완제품이 규정 요건을 만족시킨다는 것을 확인하기 위한 공정 관리가 이루어져야 한다.

036

「우수화장품 제조 및 품질관리기준」 원자재 관리에 관한 내용이다. (　　)안에 들어갈 내용이 해당 법에 기재 된 법률 용어로 옳게 짝지어진 것은?

〈보기〉

- 원자재의 입고 시 (㉠), 원자재 공급업체 성적서 및 현품이 서로 일치하여야 한다. 필요한 경우 운송 관련 자료를 추가적으로 확인할 수 있다.
- 설정된 보관기한이 지나면 사용의 적절성을 결정하기 위해 (㉡)을 확립하여야 하며, 이를 통해 보관기한이 경과한 경우 사용하지 않도록 규정하여야 한다.

	㉠	㉡
①	구매요구서	재평가시스템
②	구매요구서	재시험시스템
③	거래명세서	재시험시스템
④	거래명세서	재확인시스템
⑤	발주확인서	재평가시스템

037

화장품의 재작업에 대한 내용으로 옳지 않은 것은?

① 재작업은 적합판정기준을 벗어난 완제품 또는 벌크제품을 재처리하여 품질이 적합한 범위에 들어오도록 하는 작업을 말한다.
② 품질 책임자가 규격에 부적합이 된 원인 조사를 지시한다.
③ 재작업 전의 품질이나 재작업 공정의 적절함 등을 고려하여 제품 품질에 악영향을 미치지 않는 것을 재작업 실시 전에 예측한다.
④ 대표자의 승인이 끝난 후 재작업 절차서를 준비해서 실시하고 기록서에 작성하여 남긴다. 재작업 한 최종 제품 또는 벌크제품의 제조기록, 시험기록을 충분히 남긴다.
⑤ 품질이 확인되고 품질 책임자의 승인을 얻을 수 있을 때까지 재작업품은 다음 공정에 사용할 수 없고 출하할 수 없다.

038

다음중 화장품제조에 사용되는 용어의 정의로 옳지 않은 것은?

① "일탈"이란 규정된 합격 판정 기준에 일치하지 않는 검사, 측정 또는 시험결과를 말한다.
② "청소"란 화학적인 방법, 기계적인 방법, 온도, 적용시간과 이러한 복합된 요인에 의해 청정도를 유지하고 일반적으로 표면에서 눈에 보이는 먼지를 분리, 제거하여 외관을 유지하는 모든 작업을 말한다.
③ "유지관리"란 적절한 작업 환경에서 건물과 설비가 유지되도록 정기적·비정기적인 지원 및 검증 작업을 말한다.
④ "검교정"이란 규정된 조건 하에서 측정기기나 측정 시스템에 의해 표시되는 값과 표준기기의 참값을 비교하여 이들의 오차가 허용범위 내에 있음을 확인하고, 허용범위를 벗어나는 경우 허용범위 내에 들도록 조정하는 것을 말한다.
⑤ "수탁자"는 직원, 회사 또는 조직을 대신하여 작업을 수행하는 사람, 회사 또는 외부 조직을 말한다.

039

화장품 포장재에 대한 설명으로 옳지 않은 것은?

① 포장재는 화장품의 포장에 사용되는 모든 재료를 말하며 운송을 위해 사용되는 외부 포장재는 제외한 것이다. 제품과 직접적으로 접촉하는지 여부에 따라 1차 또는 2차 포장재라고 말한다.
② 제품, 원료 및 포장재 등의 혼동이 없도록 각각 따로 구획을 두어야 한다.
③ 포장재가 재포장될 경우, 원래의 용기와 동일하게 표시되어야 한다.
④ 재평가 방법을 확립해 두면 보관기한이 지난 원료 및 포장재를 재평가해서 사용할 수 있다.
⑤ 버니어 캘리퍼스를 이용하여 포장재의 재질을 확인한다.

040

「화장품법 시행규칙」제19조, 제20조, 제21조에 따른 화장품의 표시·기재 사항에 대한 설명으로 틀린 것은?

① 화장품의 기재사항은 대통령령으로 정하는 바에 따라 한글로 읽기 쉽도록 기재·표시할 것
② 한글, 한자와 함께 병행 기재 표시할 수 있다.
③ 30mL의 화장품 중 외음부세정제와 속눈썹용퍼머넌트웨이브용 제품을 제외하고는 전성분표시를 생략할 수 있다.
④ 견본품은 전성분 표시를 생략할 수 있다.
⑤ 가격 표시는 소비자에게 직접 판매하는 최종판매자가 표시한다.

041

화장품에 사용되는 1차포장재,2차포장재에 대한 설명으로 옳지 않은 것은?

① 운송을 위해 사용되는 외부박스(택배박스)는 2차포장재에 포함된다.
②1차포장재는 화장품 제조 시 내용물과 직접 접촉하는 포장용기로, 유리, 플라스틱, 금속 등이 있다.
③ 2차포장은 1차포장을 수용하는 1개 또는 그 이상의 포장과 보호재 및 표시의 목적으로 한 포장을 말한다.
④ 거의 모든 화장품 용기에 플라스틱이 이용되고 있으며 열가소성수지인 PET, PP, PE, PS, ABS와 열경화성수지인 페놀, 멜라민, 에폭시 수지 등이 있다.
⑤ 금속재질의 포장재는 철, 스테인리스강, 놋쇠, 알루미늄, 주석 등이 해당하며, 화장품 용기의 튜브, 뚜껑, 에어로졸 용기, 립스틱 케이스 등에 사용된다.

042

화장품 작업장의 미생물 관리를 위한 낙하균 측정법에 대한 설명이다. (　　)안에 들어갈 내용으로 옳은 것으로 짝지어진 것은?

〈보기〉

낙하균 측정 위치마다 세균용 배지와 진균용 배지를 1개씩 놓고 배양접시의 뚜껑을 열어 배지에 낙하균이 떨어지도록 한다. 위치별로 정해진 노출시간이 지나면, 배양접시의 뚜껑을 닫아 배양기에서 배양, 일반적으로 세균용 배지는 (㉠)℃, (㉡)시간 이상, 진균용 배지는 (㉢)℃, (㉣)일 이상 배양, 배양 중에 확산균의 증식에 의해 균수를 측정할 수 없는 경우가 있으므로 매일 관찰하고 균수의 변동을 기록한다. 배양 종료 후 세균 및 진균의 평판마다 집락수를 측정하고, 사용한 배양접시 수로 나누어 평균 집락수를 구하고 단위시간 당 집락수를 산출하여 균수로 한다.

	㉠	㉡	㉢	㉣
①	30~35	24	20~25	3
②	30~35	48	20~25	5
③	30~45	24	20~35	3
④	30~45	48	30~45	5
⑤	30~45	24	30~45	3

043

작업장내 직원의 소독을 위한 손 소독제의 종류로 옳은 것은?

① 알코올 70%, 클로르헥시딘디글루코네이트, 차아염소산나트륨
② 아이오다인과 아이오도퍼, 클로록시레놀, 4급암모늄화합물
③ 클로르헥시딘디글루코네이트, 페녹시에탄올
④ 클로록시레놀, 일반비누, 차아염소산나트륨
⑤ 헥사클로로펜, 트리클로산, 페녹시에탄올

044

화장품 제조설비에 따른 재질 및 특성으로 옳지 않은 것은?

① 미생물학적으로 민감하지 않은 물질 또는 제품 제조시 유리로 안을 댄 강화 유리 섬유 폴리에스터와 플라스틱으로 안을 댄 탱크를 사용할 수 있다.
② 교반 장치는 기계적으로 회전된 날의 간단한 형태로부터 정교한 제분기와 균질화기가 있다.
③ 필터 여과기는 내용물과 반응하지 않는 스테인레스 스틸316 또는 비반응성 섬유를 사용해야 한다.
④ 강화된 식품등급의 고무 또는 스테인리스, 구리, 동 소재의 호수를 사용한다.
⑤ 이송파이프 시스템은 제품점도, 유속 등을 고려해야 하며 펌프, 필터, 파이크, 부속품, 밸브, 이덕터 또는 배출기로 구성되어있다.

045

화장품제조 설비의 세척 및 소독 원칙 중 옳은 것으로 짝지어진 것은?

〈보기〉

ㄱ. 설비 등은 제품의 오염을 방지하고 배수가 용이하도록 설계, 설치하며, 제품 및 청소 소독제와 화학반응을 일으키지 않는 스테인리스 재질을 사용한다.
ㄴ. 제품과 설비가 오염되지 않도록 배관 및 배수관을 한쪽에 노출 설치하며, 배수관은 역류되지 않아야 하고, 청결을 유지할 것.
ㄷ. 천정 주위의 대들보, 파이프, 덕트 등은 가급적 노출되지 않도록 설계하고, 피치못할 경우 파이프는 벽에 붙여서 안전하게 받침대 등으로 고정한다.
ㄹ. 세정제는 안전성이 높아야 하며, 세정력이 우수하며 헹굼이 용이하고, 기구 및 장치의 재질에 부식성이 없는 염산을 희석하여 사용한다.
ㅁ. 청소, 소독 시에는 틈새까지 세밀하게 관리해야 하며 물청소 후 반드시 물기를 제거하여야 한다. 청소는 위쪽에서 아래쪽으로 안쪽에서 바깥쪽으로 청소를 해야 한다.
ㅂ. 사용하지 않는 연결 호스와 부속품은 청소 등 위생관리를 하며, 자연건조를 하여 청결에 주의해야 한다.
ㅅ. 세척시 온수 또는 증기로 세척하는 것이 가장 바람직하지만 브러시 또는 수세미등을 사용하여 세척하여도 된다.
ㅇ. 소독제를 선택할 때에는 사용농도에 독성이 없고 제품이나 설비 기구 등에 반응을 하지 않으며, 불쾌한 냄새가 남지 않아야 하고 10분 이내에도 효과를 볼 수 있는 광범위한 항균기능을 가져야 한다.

① ㄱ, ㄴ, ㅁ, ㅅ
② ㄱ, ㄴ, ㅁ, ㅇ
③ ㄴ, ㅁ, ㅂ, ㅅ
④ ㄷ, ㄹ, ㅁ, ㅅ
⑤ ㄷ, ㅂ, ㅅ, ㅇ

046

다음은 화장품에서 검출된 비의도적 유래물질이다. 유통화장품안전관리 기준에 적합하여 합격한 화장품은 무엇인가?

	납 (㎍/g)	수은 (㎍/g)	비소 (㎍/g)	니켈 (㎍/g)
① 크림	10	3	10	10
② 토너	10	3	8	12
③ 베이비로션	10	1	5	10
④ 아이샤도우	10	5	5	35
⑤ 샴푸	10	1	10	15

047

다음은 MW코스메틱에서 새로 출시한 화장품의 총호기성생균수를 검사한 품질검사 결과이다. 합격판정을 받은 제품으로 짝지어진 것은?

구분	제품	결과
㉠	샴푸	총호기성생균수 600개/g(mL)
㉡	아이라이너	총호기성생균수 900개/g(mL)
㉢	베이비로션	총호기성생균수 900개/g(mL)
㉣	토너	총호기성생균수 550개/g(mL)
㉤	물휴지	세균 95개/g(mL) 진균 35개/g(mL)
㉥	아이섀도우	총호기성생균수 600/g(mL)

① ㄱ, ㄴ, ㄷ
② ㄱ, ㄹ, ㅁ
③ ㄴ, ㄷ, ㄹ
④ ㄴ, ㄹ, ㅁ
⑤ ㄹ, ㅁ, ㅂ

048

다음은 시중에 유통 중인 화장품들을 수거하여 품질검사를 한 결과이다. 유통화장품의 안전관리기준에 적합하여 유통 가능한 제품으로 짝지어진 것은?

〈보기〉

ㄱ. 총호기성생균수 750개/g(mL) 검출된 베이비로션
ㄴ. 니켈 35㎍/g 검출된 립스틱
ㄷ. 포름알데하이드 18㎍/g 검출된 물휴지
ㄹ. 납 50㎍/g 검출된 페이스파우더
ㅁ. 카드뮴 5㎍/g 검출된 아이섀도우
ㅂ. 비소 20㎍/g 검출된 로션
ㅅ. 디옥산 500㎍/g 검출된 샴푸

① ㄱ, ㄷ, ㅁ
② ㄴ, ㄷ, ㅅ
③ ㄷ, ㄹ, ㅁ
④ ㄹ, ㅁ, ㅂ
⑤ ㅁ, ㅂ, ㅅ

049

화장품 원자재 및 벌크 등의 보관관리에 대한 설명으로 옳지 않은 것은?

① 원자재 및 벌크제품은 품질에 나쁜 영향을 미치지 아니하는 조건에서 보관하여야 하며 보관기한을 별도로 설정하여야 한다.
② 원자재 및 벌크제품은 바닥과 벽에 닿지 않도록 보관하고, 선입선출에 의하여 출고할 수 있도록 보관 하여야 한다.
③ 원자재, 시험 중인 제품 및 부적합품은 각각 구획된 장소에서 보관하여야 한다. 다만, 서로 혼동을 일으킬 우려가 없는 시스템에 의하여 보관되는 경우에는 구획되지 않은 장소에 함께 보관해도 된다.
④ 설정된 보관기한이 지나면 사용의 적절성을 결정하기 위해 재평가시스템을 확립하여야 하며 동 시스템을 통해 보관기한이 경과한 경우 사용하지 않도록 규정하여야 한다. 보관기한이 규정되어 있지 않은 원료는 품질부문에서 적절한 보관기한을 정할 수 있다.
⑤ 원료와 포장재가 재포장될 때, 새로운 용기에는 회사 내부 규정에 따른 새로운 라벨링을 한다.

050

다음은 설명중 옳은 것으로 짝지어진 것은?

〈보기〉

ㄱ. 포장재 수급 담당자는 포장재의 소요량 및 재고량을 미리 예상하여 품절이 되지 않도록 미리 넉넉하게 재고를 입고시켜야 한다.
ㄴ. 포장지시서는 제품명, 포장 설비명, 포장재 리스트, 상세한 포장 공정 및 포장 생산 수량 등의 항목이 포함되어 있다.
ㄷ. 생산계획서는 생산 계획에 따라 벌크제품, 1차 제품 또는 2차 제품을 어느 일정 일시까지 일정 수량을 생산할 것을 지시하는 서식이다.
ㄹ. 용기란 화장품에 직접 접촉하는 초자, 튜브, 플라스틱, 캡, 분사기 등을 말하며, 1차 포장 자재 용기와 화장품에 첨부하는 스푼 등은 용기에 해당된다.
ㅁ. 포장재에는 용기의 재질 및 박스의 재질을 의미하는 1차포장재, 2차포장재가 있으며 각종 라벨 및 봉함 라벨은 포장재에 포함되지 않는다.

① ㄱ, ㄴ ② ㄱ, ㄷ
③ ㄴ, ㄷ ④ ㄴ, ㄹ
⑤ ㄹ, ㅁ

051

「우수화장품 제조 및 품질관리기준(CGMP)」제20조에 따른 시험관리에 관한 설명으로 바르지 않은 것을 고르시오.

① 품질관리를 위한 시험업무에 대해 문서화된 절차를 수립하고 유지하여야 한다.
② 원자재, 벌크제품 및 완제품에 대한 적합 기준을 마련하고 제조번호별로 시험 기록을 작성·유지하여야 한다.
③ 시험결과 적합 또는 부적합인지 분명히 기록하여야 한다.
④ 원자재, 벌크제품 및 완제품은 적합판정이 된 것만을 사용하거나 출고하여야 한다.
⑤ 정해진 보관 기간이 경과된 원자재 및 벌크제품은 재평가 없이 무조건 폐기해야 한다.

052

맞춤형화장품조제관리사 A는 고객 B와의 대화를 통해 향료를 포함한 에센스 100g을 제조하려고 한다. (　　　)안에 들어갈 알맞은 것은?

〈대화〉

A : 에센스에 향료를 넣어서 조제하겠습니다. 특별히 원하시는 향이 있나요?
B : 기분이 좋아지는 상큼한 향을 원합니다.
A : 바다향과 숲향 두 가지를 추천합니다. 시향해 보시겠어요?
B : 둘 다 향이 상큼하고 좋네요.
A : 향의 양은 1%, 2.5%, 5% 세 가지가 중 선택해주세요.
B : 2.5%로 선택할게요.
A : 따로 더 요청하실 사항은 있나요?
B : 제가 향 알레르기가 있어서 알레르기 성분이 없는 것은 어떤 향인가요?
A : 제가 추천해드리겠습니다.

〈바다향〉

성분명	함유량(%)
벤질벤조에이트	0.05
리모넨	0.002
유제놀	0.2
헥실신남알	0.03
1,3 부틸렌글라이콜	0.98
디프로필렌글라이콜	0.01

〈숲향〉

성분명	함유량(%)
1-2헥산다이올	0.2
아이소유제놀	0.04
메틸 2-옥티노에이트	0.01
머스크케톤	0.07
1,3-부틸렌글라이콜	0.02
디프로필렌글라이콜	0.1

〈보기〉

추천한 향은 (㉠)이며, 함유된 알레르기 유발물질은 (㉡)이지만 함량이 0.001%를 초과하지 않아서 전성분에 표시하지 않는 안전한 향입니다.

	㉠	㉡
①	바다향	벤질벤조에이트, 리모넨, 유제놀, 헥실신남알
②	바다향	리모넨, 유제놀, 헥실신남알
③	바다향	벤질벤조에이트, 리모넨, 헥실신남알
④	숲향	아이소유제놀, 메틸 2-옥티노에이트, 머스크케톤
⑤	숲향	아이소유제놀, 메틸 2-옥티노에이트

053

맞춤형화장품판매업자의 준수사항이 옳은 것으로 짝지어진 것은?

〈보기〉

ㄱ. 혼합·소분 전에 손을 소독하거나 세정할 것. 다만, 혼합·소분 시 일회용 장갑을 착용할 수 없다.
ㄴ. 혼합·소분에 사용되는 내용물의 사용기한 또는 개봉 후 사용기간을 초과하여 맞춤형화장품의 사용기한 또는 개봉 후 사용기간을 정하지 말 것.
ㄷ. 소분하는 맞춤형화장품은 미리 소분하여 보관하거나 판매할 수 있다.
ㄹ. 맞춤형화장품 판매내역서와 원료 및 내용물의 입고, 사용, 폐기 내역 등에 대하여 기록 관리 해야 한다.
ㅁ. 혼합·소분 전에 내용물 및 원료의 사용기한 또는 개봉 후 사용기간을 확인하고, 사용기한 또는 개봉 후 사용기간이 지난 것은 자체평가를 통해 다시 사용 가능하다.

① ㄱ, ㄷ
② ㄱ, ㅁ
③ ㄴ, ㄷ
④ ㄴ, ㄹ
⑤ ㄹ, ㅁ

054

맞춤형화장품판매업소의 혼합·소분 판매에 대한 내용 중 옳은 것은?

① 시중에 유통되어 판매하는 제품을 구입하여 소분한다.
② 판매의 목적이 아닌 제품의 홍보·판매촉진 등을 위하여 미리 소비자가 시험·사용하도록 제조 또는 수입된 화장품을 소분 판매한다.
③ 화장품책임판매업자로부터 받은 액체 비누 벌크를 소분 판매한다.
④ 맞춤형화장품판매업자가 원료를 직접 구입해서 조제관리사가 원료와 원료를 혼합하여 판매한다.
⑤ 맞춤형화장품판매업자가 화장품 내용물을 직접 수입하여 조제관리사가 내용물과 혼합하여 판매한다.

055

다음은 화장품 안전성시험의 시험 방법 중 하나이다. (   )안에 들어갈 알맞은 용어로 짝지어진 것은?

〈보기〉
(㉠)은 화장품 사용 시에 일어날 수 있는 오염 등을 고려한 사용기한을 설정하기 위하여 장기간에 걸쳐 물리·화학적, 미생물학적 안정성 및 (㉡)을 확인하는 시험이다.

	㉠	㉡
①	가혹시험	용기적합성
②	장기보존시험	용기적합성
③	장기보존시험	안전성
④	개봉 후 안정성시험	안전성
⑤	개봉 후 안정성시험	용기적합성

056

맞춤형화장품 판매 시 준수사항으로 옳지 못한 것은?

① 원료 입고 시 품질관리 여부를 확인하고 품질성적서를 구비한다.
② 원료는 직사광선을 피하고 품질에 영향을 미치지 않는 장소에 보관한다.
③ 원료는 사용기한을 확인하고 관련 기록을 해야 한다.
④ 맞춤형화장품 판매 시 소비자에게 사용 시 주의사항과 내용물 및 원료에 대한 자료를 문서로 제공해야 한다.
⑤ 맞춤형화장품 판매 시 소비자에게 설명하지 않으면 1차위반 시 200만원 이하의 벌금과 시정명령에 처해진다.

057

맞춤형화장품판매업에 대한 설명으로 옳지 않은 것은?

① 맞춤형화장품은 다양한 피부타입에 해당되는 화장품을 미리 조제한 후에 소비자의 피부상태나 선호도 등에 맞는 제품으로 골라서 판매해도 된다.
② 혼합·소분을 통해 조제된 맞춤형화장품은 소비자에게 제공되는 "유통화장품" 완제품에 해당되므로 유통화장품안전관리기준을 반드시 준수해야 한다.
③ 맞춤형화장품의 안전관리기준 미준수시 행정처분은 1차 위반 시 해당품목만 판매업무정지 15일에 해당된다.
④ 판매내역서, 원료 및 내용물의 입고, 사용, 폐기에 관련된 기록서 등을 작성 비치해야 한다.
⑤ 판매내역서 미작성시 1차위반시 시정명령 4차 위반 시 판매업무 및 해당품목 판매업무정지 6개월에 처해진다.

058

다음 중 맞춤형화장품에 관련된 사항으로 옳게 설명한 것은?

① 책임판매업자로부터 공급받은 원료와 원료를 혼합하거나 소분 판매한다.
② 발모효과가 있는 벌크샴푸를 소분하여 판매한다.
③ 맞춤형화장품조제관리사 자격증을 재발급 받을 때는 신청서와 신분증을 가지고 지방식품의약품안전청에 신청한다.
④ 손소독제를 소분하여 판매한다.
⑤ 혼합 소분 시 일회용장갑은 착용할 수 없고 반드시 손을 소독하여야 한다.

059

피부색소에 대한 설명으로 옳지 않은 것은?

① 티로신(tyrosine)이라는 아미노산이 '티로시나아제(tyrosinase)' 효소 작용에 의해 변화하면서 '유멜라닌'과 '페오멜라닌'이 생성된다.
② 멜라닌형성세포 내의 멜라노좀(melanosome)에서 만들어진 멜라닌이 세포돌기를 통하여 각질형성세포로 전달된다.
③ 피부의 색을 결정하는 색소는 멜라닌, 카로티노이드, 헤모글로빈이 있다.
④ 멜라닌색소의 양은 인종에 따라 차이가 없고 피부색소의 종류와 수에 따라 피부색이 결정된다.
⑤ 카로틴은 비타민 A의 전구물질로 피부에 황색을 띠게 하며 황인종에게 많이 분포한다.

060

다음은 표피의 각질층에 대한 설명으로 옳은 것으로 짝지어진 것은?

〈보기〉

ㄱ. 피부의 pH측정은 표피의 각질층에서 측정하여 판단한다.
ㄴ. 20~25개의 층의 죽은 세포로 구성되어있으며 케라틴(50%), 지질, 천연보습인자를 함유하고 있다.
ㄷ. 멜라닌색소가 형성되는 층이다.
ㄹ. 물의 침투에 대한 방어막 역할과 피부 내부로부터의 수분이 증발되는 것을 막아 준다.
ㅁ. 피부의 퇴화가 시작되는 층에 해당된다.

① ㄱ, ㄴ
② ㄱ, ㅁ
③ ㄴ, ㄹ
④ ㄱ, ㄹ
⑤ ㄹ, ㅁ

061

다음 중 맞춤형화장품에 대한 설명으로 옳지 않은 것은?

① 화장품의 내용물과 원료를 혼합한 화장품
② 화장품의 원료와 원료를 혼합한 화장품
③ 화장품의 벌크와 벌크를 혼합한 화장품
④ 화장품의 내용물을 소분한 화장품
⑤ 화장품의 대용량을 소분한 향수

062

다음은 유통화장품 안전관리 기준에 따른 화장품 내용량 시험기준에 관한 내용이다. (   )에 들어갈 내용으로 바르게 짝지어진 것은?

〈보기〉

ㄱ. 제품 3개를 가지고 시험할 때 그 평균 내용량이 표기량에 대하여 (㉠)% 이상(다만, 화장 비누의 경우 건조중량을 내용량으로 한다)

ㄴ. 내용량이 기준치를 벗어날 경우에는 (㉡)개를 더 취하여 시험할 때 평균 내용량이 (㉠)% 기준치 이상

	㉠	㉡
①	90	3
②	90	6
③	90	9
④	97	3
⑤	97	6

063

「헤어퍼머넌트웨이브 제품 및 헤어스트레이트너 제품」에 개별적으로 반드시 기재하여야 하는 사용 시 주의사항으로 옳은 것은?

① 사용 후 물로 씻어내지 않으면 탈모 또는 탈색의 원인이 될 수 있으므로 주의할 것

② 특이체질, 신장질환, 혈액질환이 있는 분은 사용하지 말 것

③ 개봉한 제품은 7일 이내에 사용할 것(에어로졸 제품이나 사용 중 공기유입이 차단되는 용기는 표시하지 아니한다.)

④ 섭씨 25도 이하의 어두운 장소에 보존하고, 색이 변하거나 침전된 경우에는 사용하지 말 것

⑤ 제2단계 퍼머액 중 그 주성분이 과산화수소인 제품은 검은 머리카락이 회색으로 변할 수 있으므로 유의하여 사용할 것

064

다음 내용 중 맞춤형화장품조제관리사의 업무에 해당되는 것은?

① 홈쇼핑에서 구매한 화장품에 원료를 혼합 소분한다.

② 소비자가 직접 본인의 화장품을 혼합소분 하도록 감독한다.

③ 네일샵에서 메니큐어 혼합 후 고객에게 발라준다.

④ 미용실에서 염색을 위하여 염모제를 혼합후 시술해준다.

⑤ 자외선차단용 대용량벌크제품에 기능성으로 허가를 받은 미백원료를 혼합 소분한다.

065

다음에서 설명하는 화장품의 제형이 옳게 짝지어진 것은?

〈보기〉

㉠ 유화제 등을 넣어 유성성분과 수성성분을 균질화하여 이루어진 반고형상

㉡ 액체를 침투시킨 분자량이 큰 유기분자로 이루어진 반고형상

	㉠	㉡
①	로션제	겔제
②	크림제	액제
③	크림제	겔제
④	크림제	로션제
⑤	로션제	액제

066

다음은 염모제의 염색의 원리에 대한 설명이다. 괄호 안에 들어갈 알맞은 용어로 짝지어진 것은?

> (㉠)는 모표피의 시스틴을 손상시켜 염료와 (㉡)가 모피질 속으로 잘 스며들 수 있도록 하는 역할을 한다. (㉡)는 모피질 속의 멜라닌 색소를 파괴하여 머리카락의 색을 없애주는 탈색의 역할을 한다.

	㉠	㉡
①	암모니아	과산화수소
②	과산화수소	암모니아
③	암모니아	암모니아
④	과산화수소	과산화수소
⑤	황산	과산화수소

067

다음 〈보기〉에서 설명하는 화장품 포장재의 재질은 무엇인가?

〈보기〉

ㄱ. 딱딱하고 투명성이 우수하며 광택이 있다.
ㄴ. 내약품성이 우수하다.
ㄷ. 일반 기초화장품 용기로 사용된다.

(용기 예시)

① PET
② 저밀도 폴리에틸렌(LDPE)
③ 고밀도 폴리에틸렌(HDPE)
④ AS수지
⑤ ABS 수지

068

〈보기〉는 「기능성화장품 기준 및 시험방법」 [별표2]에 따른 닥나무추출물의 시험방법이다. (　　)에 들어갈 물질에 대한 설명으로 옳지 않은 것은?

〈보기〉

닥나무추출물(Broussonetia Extract)
이 원료는 닥나무 Broussonetia kazinoki 및 동속식물(뽕나무과 Moraceae)의 줄기 또는 뿌리를 에탄올 및 에칠 아세테이트로 추출하여 얻은 가루 또는 그 가루의 2w/v% 부틸렌글리콜 용액이다. 이 원료에 대하여 기능성 시험을 할 때 (　　) 억제율은 48.5 ~ 84.1% 이다.

① 멜라닌을 형성하는데 관여하는 효소이다.
② 소수성으로 물에 녹이면 침전물이 생긴다.
③ 대부분의 식물과 동물 조직에 존재한다.
④ 티로신을 하이드록시하여 도파를 형성하고 더 산화하여 도파퀴논을 형성할 때 관여한다.
⑤ 구리이온을 포함하는 효소로 구리이온과 결합하여 활성에 관여한다.

069

다음은 맞춤형화장품 내용물(벌크)의 품질성적서에 대한 내용이다 본 성적서에 대한 해석으로 옳지 못한 것은?

제품명	베이비 썬 로션 내용물	
시험항목	시험기준	시험방법
성상	유백색의 로션상	표준품과 비교
비중	0.990~1.010	비중측정 The specific gravity
점도	12,500 ~ 18,500 (6pin, 30rpm)	점도계 측정
pH	5.3~6.5 (25℃)	pH meter 측정

시험항목	시험기준	시험방법
미생물	세균수, 진균수 총합으로서 1,000 개/g(mL) 이하	화장품 안전기준 등에 관한 규정
기능성 주성분의 함량	티타늄디옥사이드 90% 이상	KFCC
사용법	본품 적당량을 피부에 골고루 펴 바른다.	-
효능효과	자외선으로부터 피부를 보호한다. (SPF30)	-
사용기한	제조일로부터 24개월	-
보관조건	실온보관	-
전성분의 명칭 및 주성분의 함량	정제수, 부틸렌글라이콜, 호호바씨오일, 디메치콘, PEG40-스테아레이트 세틸알코올, 소듐하이알루로네이트 감초뿌리추출물, 오렌지껍질오일, 티타늄디옥사이드(20%w/w), 향료 , 페녹시에탄올	

① 실온에서 흐름성이 거의 없고 밀도가 높은 빡빡한 제형이다.

② 영유아에게 사용하는 제품이므로 미생물 허용한도를 500개/g(mL) 이하를 기준으로 시험해야 한다.

③ 베이비 썬 로션을 맞춤형화장품으로 판매시 페녹시에탄올의 함량을 기재 표시해야 한다.

④ 향료의 알러지 성분을 표시해야 한다.

⑤ 티타늄디옥사이드의 함량은 18% 이상이다.

070

다음 (　　)안에 공통으로 들어갈 알맞은 자외선의 파장은?

〈보기〉

㉠ 자외선 중 (　　)파장을 가진 자외선은 진피까지 도달하여 색소침착 및 콜라겐손상을 일으켜 피부 노화의 원인이 된다.

㉡ "최소지속형즉시흑화량(Minimal Persistent Pigment darkening Dose, MPPD)"이라 함은 (　　)의 파장을 가진 자외선을 사람의 피부에 조사한 후 2~24시간의 범위내에, 조사영역의 전 영역에 희미한 흑화가 인식되는 최소 자외선 조사량을 말한다.

① 320nm~400nm

② 290nm~320nm

③ 200nm~290nm

④ 200nm~320nm

⑤ 200nm~400nm

071

피부의 활성 작용과 이에 관여하는 성분을 옳게 짝지은 것은?

〈피부의 작용〉

㉠ 멜라닌이 각질형성세포로 이동하는 것을 막아준다.
㉡ 티로신효소작용 및 도파의 산화를 억제한다.
㉢ 남성호르몬인 테스토스테론이 DHT로 전환되어 탈모가 발생한다.
㉣ 티로시나아제는 멜라닌형성에 도움을 준다.
㉤ MMP는 교원섬유와 탄력섬유를 분해한다.

〈활성성분〉

ⓐ 5-알파 환원효소
ⓑ 아연이온
ⓒ 비타민C 유도체
ⓓ 구리이온
ⓔ 나이아신아마이드

①	㉠	ⓐ
②	㉡	ⓑ
③	㉢	ⓒ
④	㉣	ⓓ
⑤	㉤	ⓔ

072

〈보기〉에서 맞춤형화장품 관능평가에 사용되는 표준품을 옳게 짝지어진 것은?

〈보기〉

ㄱ. 제품 표준견본
ㄴ. 흡수도 표준견본
ㄷ. 향료 표준견본
ㄹ. 점도 표준견본
ㅂ. 충진양 표준견본
ㅅ. PH 표준견본
ㅇ. 용기·포장재 한도견본
ㅈ. 용기·포장재 표준견본

① ㄱ, ㄷ, ㅇ, ㅈ
② ㄱ, ㄷ, ㅂ, ㅇ
③ ㄱ, ㄹ, ㅂ, ㅈ
④ ㄴ, ㄹ, ㅁ, ㅅ
⑤ ㄷ, ㄹ, ㅁ, ㅇ

073

다음 내용 중 「화장품법」에 위반되는 사항을 고르시오.

① 고객이 미백에 도움을 주는 화장품을 원했는데, 미백기능성 내용물이 없어서 맞춤형화장품을 조제할 수가 없었다. 그래서 다른 일반 화장품을 추천하여 판매했다.
② 피부가 칙칙하고 기미가 많은 고객에게 알부틴 5%가 첨가된 크림을 추천했다.
③ 알부틴은 「인체적용시험자료」에서 구진과 경미한 가려움이 보고된 예가 있다고 주의사항을 설명했다.
④ 여드름이 많은 남성에게 살리실릭애씨드 2%를 함유한 폼 클렌저를 추천했다.
⑤ 살리실릭애씨드 함유 폼 클렌저는 사용 후 씻어내는 제품이므로 온 가족이 사용가능하다고 설명했다.

074

「천연화장품 및 유기농화장품의 기준에 관한 규정」에 따른 천연함량 및 유기농 함량 계산 방법으로 옳지 않은 것은?

① 물, 미네랄 또는 미네랄유래 원료는 유기농 함량 비율 계산에 포함한다.
② 유기농 원물만 사용하거나, 유기농 용매를 사용하여 유기농 원물을 추출한 경우 해당 원료의 유기농 함량 비율은 100%로 계산한다.
③ 수용성 및 비수용성 추출물 원료의 유기농 함량 비율 계산 방법은 다음과 같다. 단, 용매는 최종 추출물에 존재하는 양으로 계산하며 물은 용매로 계산하지 않고, 동일한 식물의 유기농과 비유기농이 혼합되어 있는 경우 이 혼합물은 유기농으로 간주하지 않는다.
④ 천연함량 비율은 물을 포함하여 계산한다.
⑤ 신선한 원물이 아닌 건조한 씨앗을 사용하는 경우에는 건조중량에 2.5를 곱하여 신선한 원물로 복원하여 계산한다.

075

피부측정방법이 올바르지 않게 연결된 것은?

① 피부수분 - 전기전도도기
② 피부유분 - 카트리지필름
③ 홍반 - 헤모글로빈측정
④ 탄력도 - 음압을 가한 후 복원정도 측정
⑤ 멜라닌 - 멜라닌의 색상 측정

076

다음은 맞춤형화장품 매장에서의 대화이다. 맞춤형화장품조제관리사 서영씨가 상담 고객에게 추천할 성분을 모두 고르시오.

〈대화〉

고객 : 최근 들어 얼굴에 주름이 많이 생긴 것 같아 고민입니다.
서영 : 주름 때문에 고민이시군요. 고객님, 피부 측정이 필요할 것 같네요.
고객 : 네. 지난 번 측정결과와 비교할 수 있나요?
서영 : 비교해서 알려드리겠습니다.
(피부 측정 후)
서영 : 고객님, 지난 번과 비교했을 때 주름이 좀 더 깊어진 것이 맞습니다. 색소침착도 10% 증가했네요.
고객 : 색소침착까지... 걱정이네요. 어떤 제품이 좋을까요?

〈추천 제품〉

ㄱ. 에칠아스코빌에텔 함유 제품
ㄴ. 덱스판테놀 함유 제품
ㄷ. 살리실릭애씨드 함유 제품
ㄹ. 폴리에톡실레이티드레틴아마이드 함유 제품
ㅁ. 알파-비사보롤 함유 제품
ㅂ. 시녹세이트 함유제품

077

다음은 메탄올과 땅콩오일 및 그 추출물과 유도체에 대한 설명이다. (   )안에 들어갈 내용으로 알맞은 것은?

〈보기〉

- 메탄올은 에탄올 및 이소프로필알코올의 변성제로서만 알콜 중 (㉠)%까지 사용 가능하다.
- 땅콩오일, 추출물 및 유도체는 원료 중 땅콩 단백질의 최대 농도는 (㉡)ppm을 초과하지 않아야 한다.

	㉠	㉡
①	5	0.5
②	1	0.5
③	1	0.05
④	0	0.05
⑤	5	0.05

078

다음은 매장을 방문한 고객 B에게 맞춤형화장품조제관리사 A가 상담하는 내용이다. B가 원하는 화장품에 혼합할 기능성 원료와 그 사용된 함량이 옳게 짝지어진 것은? (단, 에센스 용량은 50g, 기능성원료는 보고서 제출로 사용가능함으로 가정함)

〈대화〉

A: 현재 고객님의 피부 상태는 많이 건조하여 보습용 에센스 베이스를 사용할 예정입니다. 추가로 원하시는 것이 있나요?

B: 요즘 피부가 많이 칙칙하고, 주름도 많아져 고민입니다.

A: 피부보습과 미백, 주름 개선에 도움을 줄 수 있는 성분을 함께 조제하겠습니다.

〈보기〉

구분	기능성 원료명	사용함량(g)
ㄱ	레티놀	0.04
ㄴ	알부틴	2.0
ㄷ	마그네슘아스코빌포스페이트	1.5
ㄹ	폴리에톡실레이티드레틴아마이드	0.1
ㅁ	아데노신	0.04
ㅂ	닥나무추출물	1.0
ㅅ	아스코빌테트라이소팔미테이트	0.1
ㅇ	나이아신아마이드	2.0
ㅈ	알파-비사보롤	0.5

① ㄱ, ㄴ, ㄷ, ㅇ, ㅈ
② ㄱ, ㄴ, ㅁ, ㅇ, ㅈ
③ ㄱ, ㄴ, ㅅ, ㅇ, ㅈ
④ ㄴ, ㄷ, ㄹ, ㅂ, ㅇ
⑤ ㄴ, ㄷ, ㅁ, ㅅ, ㅇ

079

다음은 MW코스메틱에서 판매하는 제품들의 비의도적 유래물질의 함량을 나타낸 「품질성적서」이다. 유통화장품 안전관리기준에 적합하지 않아 회수 폐기해야 하는 제품으로 짝지어진 것은?

가. 〈MW페이스파우더〉

원료명	함량
납	25㎍/g
비소	7㎍/g
수은	0.5㎍/g
디옥산	50㎍/g
포름알데하이드	2000㎍/g

나. 〈MW아이섀도〉

원료명	함량
납	20㎍/g
니켈	35㎍/g
수은	1.0㎍/g
메탄올	2000㎍/g
포름알데하이드	1200㎍/g

다. 〈MW크림〉

원료명	함량
납	25㎍/g
니켈	10㎍/g
수은	1㎍/g
카드뮴	4㎍/g
포름알데하이드	500㎍/g

라. 〈MW샴푸〉

원료명	함량
납	15㎍/g
니켈	10㎍/g
수은	0.6㎍/g
카드뮴	4㎍/g
포름알데하이드	2000㎍/g

마. 〈MW물휴지〉

원료명	함량
납	20㎍/g
니켈	10㎍/g
수은	0.5㎍/g
메탄올	2000㎍/g
포름알데하이드	2000㎍/g

① 가, 라　② 가, 다
③ 나, 다　④ 나, 마
⑤ 다, 마

080

다음 대화는 맞춤형화장품조제관리사 A와 고객 B의 상담내용이다. 화장품책임판매업자 로부터 공급받은 베이스의 성분표이다. 〈대화〉를 바탕으로 베이스C 40%와 베이스D 60%의 혼합 비율로 맞춤형 화장품을 혼합소분 판매하려고 할 때, 「화장품법」에 따른 전성분 기재 표시 순서로 옳은 것은?

〈대화〉

B : 최근에 피부가 많이 건조하고 당겨요. 제 피부에 맞는 화장품을 추천해 주세요.

A : 피부를 측정해 보겠습니다.

(측정 후)

A : 지금 고객님 피부는 많이 붉고 피부침착도가 높습니다. 경피수분손실량이 평균보다 높아서 많이 건조하고 민감한 상태라서 먼저 진정과 보습에 필요한 성분으로 화장품을 처방해 보겠습니다.

B : 그러면 사용되는 전성분을 알수있을까요?

A : 네, 전성분은 당연히 알려드립니다.

〈C베이스 전성분표〉

성분명	함량
정제수	75.4
부틸렌글라이콜	5.0
소듐하이알루로네이트	5.0
시어버터	3.0
올리브오일	2.0
세틸알코올	1.5
PEG-40스테아레이트	2.0
토코페릴아세테이트	0.2
글리세린	3.0
세라마이드	2.0
벤질알코올	0.5
포타슘소르베이트	0.4
합계	100

〈D베이스 전성분표〉

성분명	함량
정제수	60.8
알로에베라	20.0
소듐하이알루로네이트	2.5
올리브오일	3.0
호호바씨오일	1.5
부틸렌글라이콜	3.0
감초뿌리추출물	5.0
PEG-40스테아레이트	2.0
세틸알콜	1.0
토코페릴아세테이트	0.3
벤질알코올	0.5
포타슘소르베이트	0.4
합계	100

① 정제수,알로에베라,소듐하이알루로네이트,감초뿌리추출물,부틸렌글라이콜,올리브오,PEG-40스테아레이트,시어버터,세틸알코올,글리세린,토코페릴아세테이트,세라마이드,호호바씨오일,벤질알코올,포타슘소르베이트

② 정제수,알로에베라,감초뿌리추출물,부틸렌글라이콜,소듐하이알루로네이트,올리브오,PEG-40스테아레이트,시어버터,세틸알코올,글리세린,토코페릴아세테이트,세라마이드,호호바씨오일,벤질알코올,포타슘소르베이트

③ 정제수,알로에베라,소듐하이알루로네이트,,부틸렌글라이콜,올리브오일,감초뿌리추출,PEG-40스테아레이트,시어버터,세틸알코올,글리세린,토코페릴아세테이트,세라마이드,호호바씨오일,벤질알코올,포타슘소르베이트

④ 정제수,알로에베라,부틸렌글라이콜,소듐하이알루로네이트,감초뿌리추출물,올리브오,PEG-40스테아레이트,시어버터,세틸알코올,글리세린,토코페릴아세테이트,세라마이드,호호바씨오일,벤질알코올,포타슘소르베이트

⑤ 정제수,알로에베라,부틸렌글라이콜,감초뿌리추출물,올리브오,PEG-40스테아레이트,소듐하이알루로네이트,시어버터,세틸알코올,글리세린,토코페릴아세테이트,세라마이드,호호바씨오일,벤질알코올,포타슘소르베이트

081

다음은 천연화장품 및 유기농화장품에 대한 인증의 유효기간에 대한 설명이다. (   )안에 알맞은 숫자를 적으시오.

〈보기〉

법 제14조의2 제1항에 따른 천연화장품과 유기농화장품 인증의 유효기간은 인증을 받은 날부터 3년으로 한다. 인증의 유효기간을 연장 받으려는 자는 유효기간 만료 (   )일 전에 총리령으로 정하는 바에 따라 연장신청을 하여야 한다.

082

다음은 「화장품법 시행규칙」 [별표3] 화장품 유형에 대한 내용이다. (   )에 들어갈 화장품 유형을 보기에서 찾아 적으시오.

> 클렌징 워터, 클렌징 오일, 클렌징 로션, 클렌징 크림 등 메이크업 리무버는 (   )에 포함된다.

〈보기〉

영유아용 제품류, 목욕용 제품류, 인체 세정용 제품류, 눈 화장용 제품류, 방향용 제품류, 두발 염색용 제품류, 색조 화장용 제품류, 두발용 제품류, 손발톱용 제품류, 면도용 제품류, 기초화장용 제품류, 체취 방지용 제품류, 체모 제거용 제품류

083

영유아용 로션의 전성분이 〈보기〉와 같을 때 함량을 표시해야 하는 성분을 모두 적으시오.

〈보기〉

〈제품 정보〉

성분명	함량
정제수	70.03
알로에베라추출물	15.0
세틸알코올	1.5
PEG-40스테아레이트	3.0
비즈왁스	2.0
스쿠알란	3.5
디메치콘	2.5
카복시데실트라이실록세인	1.5
세틸피리디늄클로라이드	0.05
프로피오닉애씨드	0.9
착향제	0.02

084

화장품에 사용하는 수성원료 중 분자 내에 하이드록시기(OH-)를 2개 이상 가지고 있는 유기화합물인 다가알코올을 폴리올류라고 한다. 하이드록시기(OH-)를 3개 지니고 있는 폴리올류 원료를 〈보기〉에서 고르시오.

〈보기〉
시트릭애씨드, 솔비톨, 세틸알코올, 토코페롤, 글리세린, 아이소스테아릴알코올, 소듐하이알루로네이트,세테아릴알코올, 부틸알코올, 프로필렌글라이콜, 에탄올

085

다음은 「화장품 안전기준 등에 관한 규정」 중 「유통화장품의 안전관리」에 관한 내용이다. (　　)안에 들어갈 용어를 순서대로 적으시오.

영·유아용 제품류영·유아용 샴푸 영·유아용 린스 영·유아 인체세정용 제품(영·유아목욕용제품 제외), 눈화장용 제품류, 색조 화장용 제품류, 두발용 제품류(샴푸, 린스 제외), 면도용 제품류(셰이빙 크림, 셰이빙 폼 제외), 기초화장용 제품류(클렌징 워터, 클렌징 오일, 클렌징 로션, 클렌징 크림 등 메이크업 리무버 제품 제외) 중 액, 로션, 크림 및 이와 유사한 제형의 액상제품은 pH 기준이 (㉠) ~ (㉡) 이어야 한다. 다만, (㉢)을 포함하지 않는 제품은 제외한다.

086

「화장품법 시행규칙」 제26조 의거 어린이가 개봉하기 어려운 안전용기 포장이 필요한 품목에 대한 내용이다. (　　)에 들어갈 알맞은 용어를 〈보기〉에서 골라 넣으시오.

〈안전용기·포장이 필요한 대상 품목〉
• (㉠)을 함유하는 네일 에나멜 리무버 및 네일 폴리시 리무버 • 개별 포장당 (㉡)를 5% 이상 함유하는 액체 상태의 제품

〈보기〉
에탄올, 메탄올, 과산화수소, 멘톨, 살리실릭애씨드, 솔비톨, 아세톤, 아세틱애씨드, 알부틴, 치오글리콜산, 아이소프로필알코올, 토코페롤, 파라벤, 메틸살리실레이트, 벤질살리실레이트, 벤질알코올, 벤질신나메이트, 구연산, 신남알, 탄화수소, 광물성오일

087

다음은 사용한도가 있는 원료에 대한 설명이다. 어떤 원료에 대한 설명인지 성분명을 적으시오.

〈보기〉

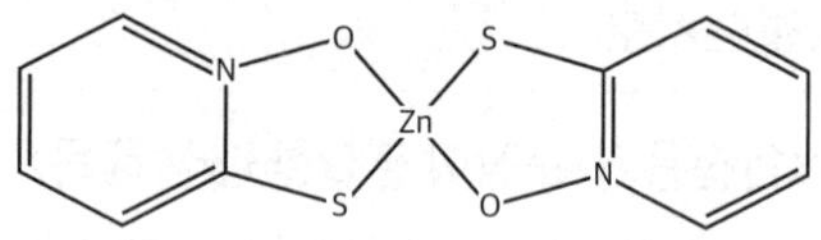

$(C_5H_4ONS)_2Zn$

이 원료는 황색을 띈 회백색의 가루로 냄새는 없다. 이 원료는 디메틸설폭시드에 녹고 디메틸포름아미드 또는 클로로포름에 조금 녹으며 물 또는 에탄올에 거의 녹지 않는다. 사용 후 씻어내는 제품의 보존제로 사용시 사용한도는 0.5% 이다.

088

다음은 기능성화장품의 범위에 대한 내용이다. (　　)안에 들어갈 알맞은 법령 용어를 순서대로 작성하시오.

〈보기〉

- 여드름성 피부를 완화하는 데 도움을 주는 화장품 다만, (㉠) 제품류로 한정한다.
- (㉡)로 인한 붉은 선을 엷게 하는 데 도움을 주는 화장품

089

다음은 화장품 교육의 의무에 대한 내용이다. (　　) 안에 들어갈 알맞은 숫자를 작성하시오.

〈보기〉

- 교육 주기 : 매년 1회
- 교육 내용 : 화장품 관련 법령 및 제도 관련 사항, 책임판매 후 안전성 확보 및 품질관리에 관한 사항
- 교육 시간 : 매년 (㉠)시간 이상, (㉡)시간 이하

090

다음 〈보기〉에서 설명하는 피부측정법으로 적당한 용어를 작성하시오. (영어 또는 한글작성)

〈보기〉

ㄱ. 피부를 통해 손실되는 수분량(단, 땀을 통한 수분 배출은 제외)을 의미하며 피부로부터 증발 및 발산되는 수분량을 측정하므로서 피부장벽의 상태를 알수 있는 피부측정법이다. 건조한 피부나 손상된 피부는 정상인에 비해 높은 값을 보인다.

ㄴ. 피부장벽기능(skin barrier function)의 이상을 나타내는 것으로 과도한 수분량의 손실로 피부의 건조를 유발한다.

091

다음에서 설명하는 세포의 종류를 〈보기〉에서 골라 ㉠, ㉡ 순서대로 작성하시오.

구분	특성
ㄱ	• 피하 지방을 생산 하여 몸을 따뜻하게 보호 • 탄력성 유지 및 체온조절기능 • 외부의 충격으로부터 몸을 보호
ㄴ	• 진피 내에 존재 • 콜라겐 및 엘라스틴을 합성 생성

〈보기〉
각질형성세포, 멜라닌형성세포, 섬유아세포, 기저층, 머켈세포, 비만세포, 지방세포, 대식세포, 백혈구, 적혈구, 랑게르한스세포, 멜라노좀, 멜라닌, 케라토히알린과립, 미토콘드리아, 과립층

092

다음은 안전성 정보에 대한 설명이다. (　　)안에 들어갈 용어를 법령 그대로 적으시오.

〈보기〉
• 화장품 안전성 정보의 보고·수집·평가·(㉠) 등 관리체계로 이루어진다.
• "안전성 정보"란 화장품과 관련하여 국민보건에 직접 영향을 미칠 수 있는 안전성·(㉡)에 관한 새로운 자료, 유해사례 정보 등을 말한다.

093

다음은 「화장품 사용 시의 주의사항 및 알레르기 유발성분 표시에 관한 규정」 중 화장품의 성분 함유별 표시해야 하는 사용 시의 주의사항 이다. (　　)안에 공통으로 들어갈 공통 성분명을 한글로 작성하시오.

성분	(　　) 및 (　　) 생성물질 함유제품
표시 문구	눈에 접촉을 피하고 눈에 들어갔을 때는 즉시 씻어낼 것

094

〈보기〉는 「화장품법 시행규칙」에 따라 기능성화장품의 심사를 받지 않고 보고서를 제출하는 기능성 화장품에 대한 설명이다. (　　)안에 들어갈 알맞은 숫자를 적으시오.

〈보기〉
강한 햇볕을 방지하여 피부를 곱게 태워주는 기능을 가진 화장품 또는 자외선을 차단 또는 산란시켜 자외선으로부터 피부를 보호하는 기능을 가진 화장품인 기능성화장품의 경우 자외선 차단지수의 측정값이 마이너스 (　　)퍼센트 이하의 범위에 있는 경우에는 같은 효능·효과로 보며, 기능성화장품의 심사를 받지 아니하고 식품의약품안전처장에게 보고서를 제출하여 제품을 생산·판매할 수 있다.

095

〈보기〉는 기능성 화장품 원료의 유효성에 관한 설명이다. (   )안에 들어갈 해당 법령에 기재된 용어를 한글로 작성하시오.

> 〈보기〉
> 덱스판테놀, 비오틴, 엘-멘톨, 징크피리치온,징크피리치온액 50% 는 (   ) 증상 완화에 도움을 준다.

096

「화장품 표시·광고를 위한 인증·보증기관의 신뢰성 인정에 관한 규정」에 따른 인증·보증의 종류이다. (   )안에 들어갈 해당 규정에 기재된 용어를 한글로 작성하시오.

(※ 본 규정은 2024.07.09. 폐지 고시됨으로 인해 본 문제를 무시해도 됨)

> 〈보기〉
> (   )·코셔(Kosher)·비건(Vegan) 및 천연·유기농 등 국제적으로 통용되거나 그 밖에 신뢰성을 확인할 수 있는 기관에서 받은 화장품 인증·보증

097

다음은 기능성화장품에 별도로 표시 기재해야 되는 사항이다. (   )에 해당 법령에 기재된 용어를 순서대로 작성하시오.

> 〈사용 시 주의사항〉
> "(㉠)의 예방 및 (㉡)를 위한 (㉢)이 아님"

098

다음은 알파-하이드록시애씨드(AHA)가 함유된 각질제거를 위한 화장품의 사용 시 주의사항 이다. (　　)안에 들어갈 용어를 순서대로 작성하시오. (㉠은 숫자로, ㉡, ㉢은 순서 관련 없이 <보기>에서 고르시오)

〈사용 시 주의사항〉

1. 햇빛에 대한 피부의 감수성을 증가시킬 수 있으므로 자외선차단제를 함께 사용하여 주십시오. (씻어내는 제품 및 두발용 제품은 제외)
2. 피부 자극 등이 있을 수 있으니 일부에 시험 사용하여 피부 이상을 확인하여 주십시오.
3. 고농도의 AHA 성분이 들어 있어 부작용이 발생할 우려가 있으므로 전문의 등에게 상담 후 사용하여 주십시오.

〈문제〉

AHA성분이 10퍼센트를 초과하여 함유되어 있거나 산도가 (　㉠　) 미만인 제품만 별도의 사용시 주의사항을 표시한다. AHA의 종류에는 (　㉡　), (　㉢　)등의 성분이 있다.

〈보기〉

팔미틱애씨드, 미리스틱애씨드, 라우릭애씨드, 벤조익애씨드, 하이드록시애씨드, 살리실릭애씨드, 소르빅애씨드, 락틱애씨드, 글라이콜릭애씨드

099

(　　)안에 알맞은 용어를 한글로 기입하시오.

〈보기〉

자연보습인자(NMF)를 구성하는 수용성의 아미노산(Amino acid)은 (　　)이 상층으로 이동함에 따라서 각질층 내의 단백분해효소 [아미노펩티데이스(aminopeptidase), 카복시펩티데이스(carboxy-peptidase)] 에 의해 분해된 것이다.

100

다음은 맞춤형화장품조제관리사 B가 고객 A에게 적합한 맞춤형화장품을 상담하는 내용이다. ( ) 에 들어갈 말을 순서대로 기입하시오.(㉠은 숫자로, ㉡, ㉢은 순서 관계없이 한글로 기입)

〈대화〉

A : 저는 평소 골프를 좋아합니다. 본래 피부가 건조하고 예민한 편인데. 요즘은 밖에 10분만 있어도 피부가 금방 빨개지고 트러블이 생겨요.

B : 피부 상태를 먼저 측정해 보겠습니다.

(피부 상태 측정 후)

B : 고객님은 피부가 흰 편이고, 피부 민감도가 높은 편이며 피부가 많이 건조합니다. 또한 피부장벽이 무너져 민감성이 높아지고, 광과민성도 있어서 햇볕을 조금만 쬐어도 피부에 트러블이 생길 수 있는 상태입니다.

A : 네, 맞아요. 며칠 뒤 야외에서 4시간 정도 활동이 있습니다. 적합한 자외선차단제를 추천해 주세요.

B : 민감성피부 라서 자극성이 우려되므로 그에 적합한 SPF 수치의 자외선 차단 제품이 필요해보입니다. 고객님의 피부 상태와 야외활동 시간을 고려할 때, SPF (㉠) 이상의 제품을 추천 드리며, 자외선 차단성분 중 (㉡), (㉢) 성분이 들어간 제품을 추천합니다. 백탁현상이 있지만, 민감한 피부에 추천드리는 성분입니다.

A : 감사합니다.

맞춤형화장품 실전고사

4회

실전고사 4회

001

「화장품법」제5조「화장품법 시행규칙」제12조, 13조에 따른 화장품 책임판매업자의 의무사항으로 옳은 것을 고르시오.

ㄱ. 화장품책임판매업자는 지난해의 생산실적 또는 수입실적을 다음해 2월 말까지 식품의약품안전처장이 정하여 고시하는 바에 따라 식품의약품안전처장에게 보고하여야 한다.
ㄴ. 화장품책임판매업자는 화장품의 안전성 확보 및 품질관리에 관한 교육을 매년 1회 받아야 한다.
ㄷ. 수입대행형 거래(「전자상거래 등에서의 소비자보호에 관한 법률」제2조제1호에 따른 전자상거래만 해당한다)를 목적으로 화장품을 알선·수여(授與)하는 영업으로 화장품책임판매업을 등록한 자가 수입화장품에 대한 품질검사를 하지 아니하려는 경우에는 식품의약품안전처장이 정하는 바에 따라 식품의약품안전처장에게 수입화장품의 제조업자에 대한 현지실사를 신청하여야 한다.
ㄹ. 과산화화합물을 0.5퍼센트 이상 함유하는 제품의 경우에는 해당 품목의 안정성시험 자료를 최종 제조된 제품의 제조년월일부터 1년간 보존한다.
ㅁ. 화장품책임판매업자는 화장품의 제조과정에 사용된 원료의 목록을 화장품의 유통·판매 전까지 보고해야 한다.

① ㄱ, ㄴ
② ㄴ, ㅁ
③ ㄹ, ㅁ
④ ㄷ, ㄹ
⑤ ㄱ, ㅁ

002

「개인정보보호법」제17조에 따라 정보주체의 개인정보를 제3자에게 제공하기 위해 정보주체의 동의를 받을 때 정보주체에게 알려야 하는 사항을 〈보기〉에서 모두 고르시오.

ㄱ. 개인정보를 제공받는 자의 이용목적
ㄴ. 개인정보를 제공받는 자
ㄷ. 제공받는 개인정보의 보관방법
ㄹ. 개인정보 제공 동의 일자
ㅁ. 제공하는 개인정보의 항목

① ㄱ, ㄴ, ㄷ
② ㄱ, ㄴ, ㅁ
③ ㄴ, ㄷ, ㄹ
④ ㄴ, ㄷ, ㅁ
⑤ ㄷ, ㄹ, ㅁ

003

「화장품법 시행규칙」[별표3]에 따라 인체세정용 제품만으로 묶인 것을 고르시오.

① 물티슈, 클렌징 워터
② 클렌징 크림, 바디클렌저
③ 외음부세정제, 셰이빙 폼
④ 폼클렌저, 액체 비누
⑤ 샴푸, 버블 배스

004

다음은 「개인정보보호법」에 따라 맞춤형화장품판매업자 "뷰티풀스킨"이 작성한 개인정보 수집·활용 동의서이다. 빈칸 (가), (나)에 들어갈 것으로 알맞은 것을 고르시오.

〈개인정보 수집·활용 동의서〉

「개인정보보호법」등 관련 법규에 의거하여 맞춤형 화장품판매업자 "뷰티풀스킨"은 고객님의 개인정보 수집 및 활용에 대해 개인정보 수집·활용 동의서를 받고 있습니다.

개인정보 제공자가 동의한 내용 외의 다른 목적으로 활용하지 않으며, 제공된 개인정보의 이용을 거부하고자 할 때에는 개인정보 관리책임자를 통해 열람, 정정, 삭제를 요구할 수 있습니다.

제공된 개인정보는 아래의 항목의 제한된 범위에서만 활용 됩니다.

보유기간	이용목적	수집항목
6개월~12개월	맞춤형화장품 광고 맞춤형화장품 이벤트 알림	(가)

보유기간	이용목적	수집항목
6개월~12개월	맞춤형화장품 조제 맞춤형 정보 제공	(나)

※「개인정보보호법 제15조 제2항 제4호」에 의거 위 사항에 대한 개인정보 제공을 거부할 권리가 있으며, 거부에 따른 불이익이 발생할 수 있음을 알려드립니다.

「개인정보보호법」등 관련 법규에 의거하여 상기 본인은 위와 같이 개인정보 수집 및 활용에 동의합니다.

2021 년 00 월 00 일

고객명 : (인)

	(가)	(나)
①	주민등록번호	인종이나 민족에 관한 정보
②	외국인등록번호	범죄경력자료에 해당하는 정보
③	이름, 연락처, 생년월일	피부의 상태
④	정당의 가입·탈퇴	정치적 견해
⑤	유전정보	주소

005

「화장품법 시행규칙」제14조의2 등에 따라 다음 중 옳은 설명을 고르시오.

① 회수대상화장품이라는 사실을 안 날부터 5일 이내에 회수계획서에 회수확인서, 제조기록서, 판매량의 기록을 첨부하여 지방식품의약품안전청장에게 제출해야 한다.

② 병원미생물에 오염된 화장품은 위해성 등급 나 등급에 해당한다.

③ 책임판매관리자를 두지 않고 판매한 화장품은 위해성 등급 다등급에 해당된다.

④ 회수계획량의 4분의 1 이상 3분의 1 미만을 회수했을 때, 행정처분이 업무정지 또는 품목의 제조·수입·판매 업무정지인 경우에는 정지처분기간의 3분의 1 이하의 범위에서 경감한다.

⑤ 위해화장품의 공표를 한 영업자는 공표일, 공표매체, 공표횟수, 공표문 사본 또는 내용이 포함된 공표결과를 지방식품의약품안전청장에게 통보하여야 한다.

006

「화장품법 시행규칙」제6조에 따라 제조업자가 반드시 갖추어야 할 것이 아닌 것은?

① 원료·자재 및 제품의 품질검사를 위하여 필요한 시험실
② 제조 작업을 하는 작업소
③ 원료·자재 및 제품을 보관하는 보관소
④ 품질검사에 필요한 시설 및 기구
⑤ 원료 폐기시설

007

화장품법 제13조 및 「화장품 표시·광고 실증에 관한 규정」에 따라 밑줄 친 것 중 법규정을 위반한 금지표현과 실증자료가 필요한 표현의 개수를 고르시오.

- A병원 홍길동 원장이 추천하는 안전한 항염증 에센스
- B피부과에서 테스트 완료한 제품으로 여드름성 피부에 사용 적합한 폼클렌저
- 식품의약품안전처로부터 인증받은 안전한 코스메슈티컬 기능성화장품
- 4無(메틸, 에틸, 프로필, 부틸 파라벤) 영유아용 로션

	㉠금지표현	㉡실증자료 필요
①	4	2
②	4	3
③	3	2
④	3	3
⑤	5	4

008

「화장품법 시행규칙」[별표3]에 따라 "고압가스를 사용하는 에어로졸 형태의 쉐이빙 폼"에 기재해야 하는 사용 할 때의 주의사항을 모두 고르시오.

ㄱ. 화장품 사용 시 또는 사용 후 직사광선에 의하여 사용 부위가 붉은 반점, 부어오름 또는 가려움증 등의 이상증상이나 부작용이 있는 경우 전문의 등과 상담할 것
ㄴ. 같은 부위에 연속해서 3초 이상 분사하지 말 것
ㄷ. 섭씨 40도 이상의 장소 또는 밀폐된 장소에 보관하지 말 것
ㄹ. 얼굴에 직접 분사하지 말고 퍼프에 덜어서 바를 것
ㅁ. 가능하면 인체에서 10센티미터 이상 떨어져서 사용할 것

① ㄱ, ㄷ ② ㄴ, ㄷ
③ ㄴ, ㅁ ④ ㄷ, ㄹ
⑤ ㄹ, ㅁ

009

화장품에 사용되는 원료의 종류에 대한 설명으로 옳은 것을 〈보기〉에서 모두 고르시오.

〈보기〉

ㄱ. 비타민 A는 레티노이드(retinoid)로 알려진 지용성 물질 군으로 레티놀(retinol), 레틴알데하이드(retinaldehyde) 및 레티노익애씨드(retinoic acid)의 3가지 형태가 있으미 이들은 서로 상호 전환 된다.

ㄴ. pH조절제는 감도조절제의 중화과정 및 최종 제품의 pH를 조절하는 데 사용되며 화장품에 사용되는 대표적인 중화제로는 트라이에탄올아민, 시트릭애씨드, 알지닌, 포타슘하이드록사이드 등이 있다.

ㄷ. 레티놀은 산화가 잘되므로 유도체 형태인 토코페릴아세테이트로 만들어 사용한다.

ㄹ. 비타민 C는 강력한 항산화 기능을 가지나, 상대적으로 일반적인 저장 및 가공 과정하에서 불안정하며 열, 산화, 전이금속에 의해 구조가 파괴될 수 있다.

ㅁ. 비타민(vitamin)이란 생체의 정상적인 발육과 영양을 유지하는 데 미량으로 필수적인 무기화합물을 총칭하며 지용성 비타민에는 비타민 A, 비타민 E, 비타민 F 등이 있다.

① ㄱ, ㄴ
② ㄴ, ㄹ
③ ㄴ, ㅁ
④ ㄷ, ㄹ
⑤ ㄹ, ㅁ

010

｢우수화장품 제조 및 품질관리기준[CGMP]｣ 4대 기준서 중 제조관리기준서에 포함되지 않는 것을 고르시오.

① 원자재관리에 관한 사항
② 완제품관리에 관한 사항
③ 제조지시관리에 관한 사항
④ 시설 및 기구 관리에 관한 사항
⑤ 제조공정관리에 관한 사항

011

식품의약품안전처고시 ｢기능성화장품 기준 및 시험방법｣에 따라 알부틴 로션제 제형의 기능성화장품을 제조 후 1ppm 이하로 검출되어야 하는 성분은 무엇인가?

① 감광소
② 히드로퀴논
③ 페닐파라벤
④ 메틸이소치아졸리논
⑤ 아스코빅애씨드

012

다음은 영·유아용 샴푸 300mL의 품질시험 성적서이다. 「화장품 안전관리기준 등에 관한 규정」에 따라 적합하지 않은 항목의 개수를 고르시오.(단 자체 시험기준은 비중 : 1.20 ~ 1.30, 점도 : 7000 ~ 8000cP, pH : 8 ~ 9.5이다.)

〈시험성적서〉

시험항목	시험결과
pH	6.5
성상	액상
비중(25℃)	1.25~1.26
점도(25℃)	4840cP
납	38㎍/g
비소	7ppm
수은	2㎍/g
디옥산	13㎍/g
세균수	100개/g(mL)
진균수	150개/g(mL)

① 0개
② 1개
③ 2개
④ 3개
⑤ 4개

013

다음 〈보기〉는 화장품 제조업자 뷰티풀코스메틱이 제조한 아이크림 100g의 제품표준서이다. 다음 중 옳은 것을 고르시오.

〈보기〉

<table>
<tr><td rowspan="4">뷰티풀
코스메틱</td><td rowspan="2">제품표준서</td><td>문서번호</td><td>A0001</td></tr>
<tr><td>개정일자</td><td>2021.00.00</td></tr>
<tr><td rowspan="2">제품명
:촉촉 수분크림</td><td>개정번호</td><td>1</td></tr>
<tr><td>페이지</td><td>1/31</td></tr>
</table>

〈성분 및 분량〉

원료명	기준량(%)
정제수	63%
세라마이드	10%
감초뿌리추출물	5% (감초뿌리추출물89%, 부틸렌글라이콜10.8%, 벤조익애씨드 0.2%)
스쿠알란	5%
카프릴릭/카프릭트라이글리세라이드	3%
소듐하이알루로네이트	3%
베타인	3%
아보카도오일	2.5%
비즈왁스	2.5%
세틸알코올	1%
피이지-8스테아레이트	0.45%
카보머	0.35%
페녹시에탄올	0.2%
향료	0.1% (리날룰:2%, 신남알1%)

① 비즈왁스는 산패나 변질이 잘되는 문제점이 있다.
② 피이지 - 8스테아레이트의 함량은 450ppm이다.
③ 감초뿌리추출물에 존재하는 보존제가 원료 자체에 들어 있는 부수 성분으로서 그 효과가 나타나게 하는 양보다 적은 양이 들어 있는 성분이므로 전성분에 표시하지 않아도 된다.
④ 페녹시에탄올은 보존제로써 사용한도가 0.1%이므로 위 제품은 출시할 수 없다.
⑤ 해당 제품의 전성분에 알레르기 유발성분인 리날룰, 신남알은 반드시 표기해야 한다.

014

다음 중 화장품의 포장에 표시를 생략할 수 없는 경우를 고르시오.

① 내용량이 12mL인 제품에 바코드 표기.
② 내용량이 10mL인 핸드크림에 말릭애씨드를 포함한 전성분 표기.
③ 내용량이 50mL인 아이크림에 착향제 구성성분 중 알레르기 유발성분 표기.
④ 내용량이 100mL인 "산뜻한 프리지아 향수"에 프리지아 향료의 성분명과 함량.
⑤ 내용량이 52mL인 영유아용 로션에 보존제의 함량.

015

맞춤형화장품판매업자가 화장품을 판매할 때 한 행동으로 옳은 것은?

① 안전용기·포장은 식품의약품안전처장이 고시한 기준에 따른다.
② 바디오일의 pH 측정치가 9.2가 나와 폐기처분하였다.
③ 향수에 함유된 메탄올이 에탄올의 변성제로서 알콜 성분 중 2% 함유되어 폐기처분 하였다.
④ 영유아용 샴푸의 내용량을 250mL로 표기하고 실제 충진량을 240mL으로 한다.
⑤ 표기량이 200mL인 크림 제품 3개의 평균 내용량이 192mL이어서 6개를 더 취하여 시험한 결과 9개의 평균 내용량이 194mL이므로 해당 제품을 판매하였다.

016

〈보기〉에서 체질안료를 모두 고르시오.

〈보기〉
ㄱ. 탄산칼슘
ㄴ. 황색 산화철
ㄷ. 탤크
ㄹ. 옥시염화비스머스
ㅁ. 티타늄다이옥사이드

① ㄱ, ㄷ　　② ㄷ
③ ㄴ, ㄹ　　④ ㄷ, ㄹ
⑤ ㅁ

017

화장품 용기 및 포장에 대한 법적인 기준에 대한 설명으로 옳은 것을 고르시오.

① 안전용기·포장은 성인이 개봉하기는 어렵지 아니하나 13세 미만의 어린이가 개봉하기는 어렵게 된 것이어야 한다.
② 개별포장당 메틸살리실레이트를 5% 함유하는 일회용 마스크팩에는 안전용기·포장을 해야 한다.
③ 대규모점포 및 면적이 33제곱미터 이상인 매장에서 포장된 제품을 판매하는 자는 포장 되어 생산된 제품을 재포장하여 제조·수입·판매해서는 안 된다.
④ 폐기물의 재활용을 촉진하기 위하여 분리수거 표시를 하는 것이 필요한 제품·포장재로서 대통령령으로 정하는 제품·포장재의 제조자 등은 산업통상부장관이 정하여 고시하는 지침(분리배출에 관한 지침)에 따라 그 제품·포장재에 분리배출 표시를 하여야 한다.
⑤ 외포장된 상태로 수입되는 화장품의 경우 용기 등의 기재사항과 함께 분리배출 표시를 할 수 없다.

018

맞춤형화장품조제관리사 A씨는 맞춤형화장품판매업소에 찾아온 손님에게 폼 클렌저를 조제해주었다. A씨가 손님에게 해야할 설명으로 옳지 않은 것은? 다음 〈보기〉는 해당 폼 클렌저의 전성분이다 (단, 사용상의 제한이 필요한 원료가 최대 사용한도로 사용되었으며, 모든 성분의 함량이 높은 순서대로 전성분 표기되었다.)

〈보기〉

전성분 : 정제수, 글리세린, 미리스틱애씨드, 소듐하이드록사이드, 글리세릴스테아레이트에스이, 코카마이드디이에이, 프로필렌글라이콜, 윗점오일, 비즈왁스, 코카미도프로필베타인, 피이지-60하이드로제네이티드캐스터오일, 페녹시에탄올, 라놀린, 소듐클로라이드, 클로페네신, 토코페릴아세테이트, 에탄올, 다이소듐이디티에이, 미네랄오일

① 해당 제품에 소듐클로라이드가 0.3~1.0% 포함되어있으며, 해당 제품의 pH는 11이하여야 한다.
② 윗점오일은 식물성오일로 밀의 배아에서 추출했으며 비타민 E와 필수지방산이 풍부하다.
③ 미네랄오일은 광물성 오일로 유동파라핀으로도 불리며 쉽게 산화되지 않고 무색, 무취로 유화되기 쉬운 오일이다.
④ 해당 제품에는 양쪽성계면활성제가 비이온계면활성제보다 더 많이 들어있다.
⑤ 라놀린은 왁스류이고 천연 원료에서 석유화학 용제를 이용하여 추출할 경우 천연화장품에 사용할 수 있는 원료이다.

019

식품의약품안전처 고시「화장품 안전기준 등에 관한 규정」[별표2]에 따라 핸드크림엔 첨가할 수 없지만 샴푸에는 첨가할 수 있는 보존제를 〈보기〉에서 모두 고르시오.

〈보기〉

ㄱ. 메칠이소치아졸리논
ㄴ. 살리실릭애씨드
ㄷ. 징크피리치온
ㄹ. 벤제토늄클로라이드
ㅁ. 트리클로카반

① ㄱ, ㄴ
② ㄱ, ㄷ
③ ㄴ, ㄹ
④ ㄷ, ㅁ
⑤ ㄹ, ㅁ

020

다음 화장품원료의 그 특성과 성분이 옳게 짝지어지지 않은 것은?

	주요 성분	특성	대표적 성분
①	살균제	• 미생물 살균 • 양이온성 계면활성제	4급암모늄 화합물, 알코올류, 알데히드류, 세테아디모늄클로라이드
②	점증제	• 에멀젼의 안정성 강화 • 액제의 점증을 높임	소듐카복시메틸셀룰로오스, 폴리비닐알코올, 카보머, 잔탄검, 셀룰로오즈 유도체 등
③	계면 활성제	• 세정제의 주요성분 • 이물제거의 기능	소듐라우릴설페이트, 암모늄라우릴설페이트, 칼슘카보네이트, 비누
④	용제	• 물질을 용해시킨다.	알코올, 글리콜, 벤질알코올

⑤	금속 이온 봉쇄제	금속이온의 작용을 억제, 세정제의 기포를 안정화시킴	소듐트리포스페이트, 소듐사이트레이트, EDTA

021

다음은 미백, 주름, 자외선차단으로 자료제출하여 인증받은 3중 기능성 화장품 '트리플A 페이셜 크림'의 제조시 사용 가능한 각 기능성 원료의 함량이다. 출하 가능한 함량으로 묶인 것은?(식품의약품안전처로부터 인증 받은 함량 : ㄱ.나이아신아마이드 : 2%. ㄴ.아데노신 : 0.04%. ㄷ.에칠헥실살리실레이트 : 4.9%)

	㉠	㉡	㉢
①	1.78%	0.032%	4.24%
②	1.80%	0.033%	4.32%
③	1.82%	0.036%	4.35%
④	2.00%	0.038%	4.40%
⑤	2.05%	0.039%	4.42%

022

〈보기〉는 자외선차단 핸드크림의 전성분을 나열한 것이다. 사용상의 제한이 필요한 원료를 최대 사용한도를 사용하고 자료제출이 생략되는 기능성화장품 성분을 최대함량으로 사용하여 제조하였을 때, 로즈힙꽃오일 함량의 범위를 구하시오.

〈보기〉

전성분 : 정제수, 글리세린, 옥토크릴렌, 글리세릴스테아레이트, 스위트아몬드열매추출물, 시녹세이트, 세틸알코올, 디메치콘 글리세릴스테아레이트, 로즈힙꽃오일, 스테아릭애씨드, 프로필렌글라이콜이소스테아레이트, 벤질알코올, 포타슘세틸포스페이트, 메칠파라벤, 카보머, 소듐이소스테아로일락틸레이트, 트로메타민, 디소듐이디티에이

① 0.1 ~ 5.0%
② 0.1 ~ 10.0%
③ 1.0 ~ 5.0%
④ 1.0 ~ 10.0%
⑤ 5.0 ~ 10.0%

023

다음 중 색소에 대한 설명으로 옳은 것을 고르시오.

① "타르색소"라 함은 화장품에 사용할 수 있는 색소 중 콜타르, 그 중간생성물에서 유래되었거나 무기합성하여 얻은 색소 및 그 레이크, 염, 희석제와의 혼합물을 말한다.
② "희석제"라 함은 레이크 제조 시 순색소를 확산시키는 목적으로 사용되는 물질을 말한다.
③ 착색 안료는 색이 선명하지는 않으나 빛과 열에 강하여 변색이 잘되지 않은 특성을 가짐
④ 염료는 구조 내에서 가용기가 없고 물, 오일에 용해하지 않는 유색 분말이다.
⑤ 일반적으로 레이크는 안료보다 착색력, 내광성이 높아 립스틱, 브러쉬 등의 메이크업 제품에 널리 사용된다.

024

식품의약품안전처고시「천연화장품 및 유기농화장품의 기준에 관한 규정」에 따라 천연, 유기농화장품에 사용 가능한 미네랄 유래원료가 아닌 것을 모두 고르시오.

ㄱ. 벤토나이트
ㄴ. 카올린
ㄷ. 미네랄오일
ㄹ. 소듐설페이트
ㅁ. 마그네슘스테아레이트
ㅂ. 비스머스옥시클로라이드

① ㄱ, ㄴ
② ㄴ, ㅂ
③ ㄷ, ㅁ
④ ㄷ, ㄹ
⑤ ㅁ, ㅂ

025

다음 그림은 위해평가 모식도이다. 빈칸에 들어갈 알맞은 말을 고르시오.

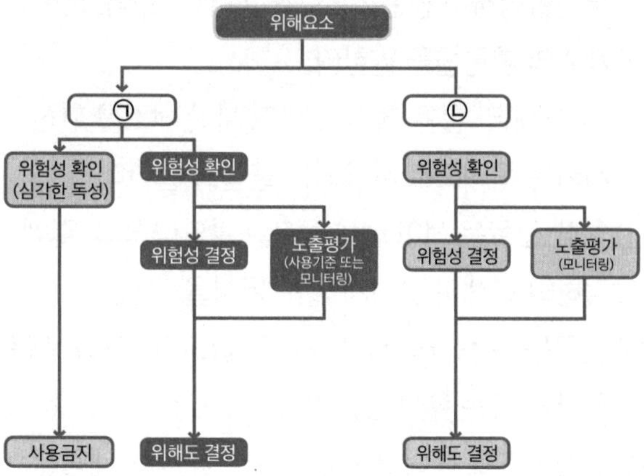

	㉠	㉡
①	천연물질	화학물질
②	위해사례가 보고된 물질	위해사례가 보고되지 않은 물질
③	의도적 사용물질	비의도적 오염물질
④	의도적 천연물질	비의도적 천연물질
⑤	의도적 화학물질	비의도적 화학물질

026

다음 중 위해 평가 및 화장품 안전의 일반사항에 대한 설명으로 옳은 것을 모두 고르시오.

ㄱ. 개인별 화장품 사용에 관한 편차를 고려하여 일반 사용환경에서 화장품 성분을 위해평가한다.
ㄴ. 화장품 성분의 안정성은 노출조건에 따라 달라질 수 있다. 노출조건은 화장품의 형태, 접촉 빈도 및 기간, 관련 체표면적 등에 따라 달라질 수 있다.
ㄷ. 제품에 대한 위해평가는 개개 제품에 따라 다를 수 있으나 일반적으로 화장품의 위험성은 각 원료성분의 독성자료에 기초하며, 모든 원료성분에 대해 독성자료가 필요하다.
ㄹ. 화장품의 사용방법에 따라 피부 흡수 또는 예측 가능한 경구섭취, 흡입독성에 의한 전신 독성이 고려될 수 있다.
ㅁ. 화장품 성분의 화학구조에 따라 물리·화학적 반응 및 생물학적 반응이 결정되며 화학적 순도, 조성 내의 다른 성분들과의 상호작용 및 피부 투과 등은 효능과 안전성 및 안정성에 영향을 미칠 수 있다.

① ㄱ, ㄴ　② ㄴ, ㄷ
③ ㄷ, ㄹ　④ ㄷ, ㅁ
⑤ ㄹ, ㅁ

027

세정력과 거품 형성이 우수하여 화장품에서 인체세정용 제품으로 활용되는 계면활성제를 고르시오.

① 소듐라우릴설페이트
② 코카마이드MEA
③ 알킬디메틸암모늄클로라이드
④ 베헨트라이모늄클로라이드
⑤ 폴리솔베이트60

028

「우수화장품 제조 및 품질관리기준[CGMP]」제19조, 20조, 21조에 따른 설명으로 옳은 것을 고르시오.

① 완제품 보관용 검체는 일반적으로 개별 화장품의 취약성, 예상되는 운반, 보관, 진열 및 사용 과정에서 뜻하지 않게 일어나는 가능성 있는 가혹한 조건에서 품질 변화를 검토하기 위해 사용하는 것으로 가혹한 환경 및 조건에서 보관한다.

② 품질부서 검체 채취 담당자가 제품 시험용 및 보관용 검체를 채취하며 제조책임자가 제품 시험을 책임지고 실시한다.

③ 시험용 검체는 사용기한까지 보관한다. 다만 개봉 후 사용기간을 정하는 경우 제조일로부터 3년간 보관한다.

④ 보관용 검체를 보관하는 목적은 제품의 사용기한 중에 발생할지도 모르는 재검토작업에 대비하기 위함이며, 시판 제품의 포장형태와 동일하여야 한다.

⑤ 보관용 검체의 용기에는 명칭 또는 확인코드, 제조번호, 검체채취 일자를 기재하여야 한다.

029

식품의약품안전처 고시「화장품 안전기준 등에 관한 규정」에 따라 옳은 설명을 〈보기〉에서 모두 고르시오.

〈보기〉

ㄱ. 로션 제품을 10배 희석한 것에 0.2ml를 채취하여 두 배지에 도말하여 검사한 결과 평균 세균수 10개/mL, 진균수 6개/mL가 검출되어 적합 판정하였다.

ㄴ. 바디오일 제품 2개를 혼합한 것이 포름알데하이드가 60㎍/g 검출되어 "이 성분에 과민한 사람은 주의해 주십시오"라는 문구를 사용시 주의사항에 표기해야 한다.

ㄷ. 폼 클렌저의 pH가 2.4, 안티몬이 6ppm, 디옥산 0.01mg 검출되어 부적합 판정을 내렸다.

ㄹ. 탤크를 함유한 파우더 제품에 납 35ppm, 비소 0.0012%, 검출되어 부적합 판정을 내렸다.

ㅁ. 토너에 메탄올이 1000㎕/L 검출되어 부적합 판정을 내렸다.

① ㄱ, ㄷ   ② ㄱ, ㄹ

③ ㄴ, ㅁ   ④ ㄴ, ㄹ

⑤ ㄷ, ㅁ

030

「우수화장품 제조 및 품질관리기준[CGMP]」에 따른 설비에 대한 설명으로 옳은 것을 고르시오.

① 게이지와 미터는 온도, 압력, 흐름, pH, 점도, 속도, 부피 등을 측정 및 또는 기록하기 위해 사용되는 기구이며 설계 고려 대상은 설비의 작업부분과 제품이 접촉하는 것을 최대화하여 설비가 제대로 움직이지 않게 해야한다.

② 탱크의 구성 재질은 구리, 알루미늄 등으로 한다.

③ 이송파이프는 메인 파이프에서 두 번째 라인으로 흘러가도록 밸브를 사용할 때 밸브는 데드렉(dead leg)을 방지하기 위해 주 흐름에 가능한 한 가깝게 위치해야하며, 이송파이프는 이음새로 연결되어서는 안 된다.

④ 펌프는 제품을 혼합하기 위해 사용되며, 기어는 점성이 있는 액체에 사용된다.

⑤ 믹서를 고르는 방법 중 일반적인 접근은 실제 생산 크기의 뱃치 생산 전에 시험적인 정률감소(scale-down) 기준을 사용하는, 뱃치들을 제조하는 것이다.

031

우수화장품 제조 및 품질관리기준(CGMP) 제24조에 따른 중대하지 않은 일탈인 것을 고르시오.

① 작업 환경이 생산 환경 관리에 관련된 문서에 제시하는 기준치를 벗어났을 경우

② 생산 시의 관리 대상 파라미터의 설정치 등에 있어서 설정된 기준치로부터 벗어난 정도가 15%이고 품질에 영향을 미치지 않는 것이 확인되어 있을 경우

③ 관리 규정에 의한 관리 항목(생산 시의 관리 대상 파라미터의 설정치 등)보다도 하위 설정(범위를 넓힌)의 관리 기준에 의거하여 작업이 이루어진 경우

④ 제조 공정에 있어서의 원료 투입에 있어서 동일 온도 설정 하에서의 투입 순서에서 벗어났을 경우

⑤ 생산 작업 중에 설비·기기의 고장, 정전 등의 이상이 발생하였을 경우

032

「우수화장품 제조 및 품질관리기준(CGMP)」제2조, 제11조에 따른 포장재 및 입고관리에 대한 설명으로 보기 중 틀린 것을 고르시오.

〈보기〉

ㄱ. "포장재"란 운송을 위해 사용되는 외부 포장재를 비롯한 화장품의 포장에 사용되는 모든 재료를 말한다. 제품과 직접적으로 접촉하는지 여부에 따라 1차 또는 2차 포장재라고 말한다.

ㄴ. 2차 포장이란 1차 포장을 수용하는 1개 또는 그 이상의 포장과 보호재 및 표시의 목적으로 한 포장을 지칭하며 첨부문서를 포함한다.

ㄷ. 입고된 포장재는 보류, 적합, 부적합에 따라 각각의 구분된 공간에 별도로 보관되어야 하며 다만, 동일 수준의 보증이 가능한 다른 시스템이 있다면 대체할 수 있다. 필요한 경우 부적합된 포장재를 보관하는 공간은 잠금장치를 추가한다.

ㄹ. 원자재의 입고 시 구매 요구서, 원자재 공급업체 성적서 및 현품이 서로 일치하여야 하며, 필요한 경우 운송 관련 자료를 추가적으로 확인할 수 있다. 포장재 선적용기에 대해 확실한 표기오류, 용기손상, 봉인파손, 오염 등에 대해 육안으로 검사한다.

ㅁ. 외부로부터 반입되는 모든 포장재는 관리를 위해 표시해야 하며 필요한 경우 포장외부를 깨끗이 청소한다. 적합판정이 내려지면, 포장재는 생산 장소로 이송되며 품질이 부적합 되지 않도록 하기 위해 수취와 이송 중 관리 등 사전 관리가 필요하다.

① ㄱ, ㄴ
② ㄱ, ㄷ
③ ㄴ, ㄷ
④ ㄷ, ㄹ
⑤ ㄹ, ㅁ

033

「우수화장품 제조 및 품질관리기준[CGMP]」제22조에 따른 기준일탈 제품의 처리 순서를 고르시오.

ㄱ. "시험, 검사, 측정이 틀림없음"을 확인
ㄴ. 기준일탈의 처리
ㄷ. 시험, 검사, 측정에서 기준일탈 결과 나옴
ㄹ. 격리보관
ㅁ. 기준일탈 제품에 불합격라벨 첨부
ㅂ. 기준일탈의 조사

① ㄷ-ㄱ-ㅂ-ㄹ-ㄴ-ㅁ
② ㄷ-ㄱ-ㅂ-ㄴ-ㄹ-ㅁ
③ ㄷ-ㅂ-ㄱ-ㄴ-ㅁ-ㄹ
④ ㄷ-ㅂ-ㄱ-ㄴ-ㄹ-ㅁ
⑤ ㄷ-ㅂ-ㄱ-ㄹ-ㄴ-ㅁ

034

입고된 원료 및 내용물의 관리 기준으로 옳은 것을 고르시오.

① 원료가 재포장될 때, 새로운 용기에는 원래의 것과 다른 라벨링이 있어야 한다.
② 원료의 용기는 밀폐되어, 바닥에 적재하여 보관되어야한다.
③ 원료의 샘플링은 조도가 밝은 별도 공간에서 실시한다.
④ 보관기한이 규정되어 있지 않은 원료는 품질부문에서 적절한 보관기한을 정할 수 있으며 물질의 정해진 보관 기한이 지나면, 해당 물질을 무조건 폐기해야 한다.
⑤ 원칙적으로 원료공급처의 사용기한을 준수하여 원료의 보관기한을 설정하여야 하며, 사용기한 내에서 자체적인 재시험 기간과 최소 보관기한을 설정·준수해야 한다.

035

「우수화장품 제조 및 품질관리기준(CGMP)」제8조에 따른 작업실 시설기준으로 옳은 것을 고르시오.

	청정도 등급	해당 작업실	청정공기 순환	관리기준
①	1	Clean bench	20 회/hr 이상 또는 차압 관리	부유균:10개/㎥ 또는 낙하균:20개/hr
②	2	일반 실험실	10 회/hr 이상 또는 차압 관리	부유균:200개/㎥ 또는 낙하균:30개/hr
③	2	내용물 보관소	10 회/hr 이상 또는 차압 관리	부유균:200개/㎥ 또는 낙하균:30개/hr
④	3	원료 보관소	차압 관리	갱의, 포장재의 외부 청소 후 반입
⑤	4	갱의실	차압 관리	-

036

「우수화장품 제조 및 품질관리기준[CGMP]」에 따른 설비세척, 소독 및 판정에 대한 설명으로 틀린 것을 〈보기〉에서 모두 고르시오.

〈보기〉

ㄱ. 물 또는 증기만으로 설비를 세척할 수 있으면 가장 좋으며, 브러시 등의 세척 기구를 적절히 사용해서 세척한다.

ㄴ. 설비 소독 시 직열의 방법은 다루기 어려운 설비나 파이프에 효과적이며 일반적으로 많이 사용되는 방법이다 또한 습기가 다량발생되고 고에너지가 소비된다.

ㄷ. 닦아내기 판정 시 설비 별로 닦아내는 천의 색상을 미리 정해 놓고 정해놓은 색상만 써야한다.

ㄹ. 린스 정량법은 상대적으로 복잡한 방법이지만, 수치로서 결과를 확인할 수 있다. 단, 잔존하는 불용물은 정량할 수 없다.

ㅁ. 린스 액의 최적정량방법으로서 박층 크로마토그래프법(TLC)을 사용하고 HPLC법은 사용하지 않는다.

① ㄱ, ㄴ　　② ㄴ, ㄷ

③ ㄴ, ㄷ, ㅁ　　④ ㄴ, ㄷ, ㄹ

⑤ ㄴ, ㄷ, ㄹ, ㅁ

037

「우수화장품 제조 및 품질관리기준[CGMP]」제8조, 제10조에 따른 시설, 설비 및 기구 관리에 대한 설명으로 옳은 것을 고르시오.

ㄱ. 물 또는 증기만으로 설비를 세척할 수 있으면 가장 좋으며, 브러시 등의 세척 기구를 적절히 사용해서 세척한다.
ㄴ. 설비 소독 시 직열의 방법은 다루기 어려운 설비나 파이프에 효과적이며 일반적으로 많이 사용되는 방법이다. 또한 습기가 다량발생되고 고에너지가 소비된다.
ㄷ. 닦아내기 판정 시 설비 별로 닦아내는 천의 색상을 미리 정해 놓고 정해놓은 색상만 써야한다.
ㄹ. 린스 정량법은 상대적으로 복잡한 방법이지만, 수치로서 결과를 확인할 수 있다. 단, 잔존하는 불용물은 정량할 수 없다.
ㅁ. 린스 액의 최적정량방법으로서 박층 크로마토그래프법(TLC)을 사용하고 HPLC법은 사용하지 않는다.

① ㄱ, ㄴ
② ㄱ, ㄷ
③ ㄴ, ㄷ
④ ㄷ, ㄹ
⑤ ㄹ, ㅁ

038

고객이 구입한 맞춤형화장품 내용물에 검은 물질이 검출되어 항의하기 위해 판매업소에 해당 맞춤형화장품을 가지고 왔다. 〈보기〉는 해당 맞춤형화장품의 전성분이다. 재발방지를 위해 맞춤형화장품조제업자가 해야 할 행동은?

〈보기〉

전성분 : 정제수, 부틸렌글라이콜, 글리세린, 트라이에탄올아민, 글리세릴스테아레이트, 참마뿌리추출물, 판테놀, 베타인, 피이지-100스테아레이트, 소듐하이알루로네이트, 세테아릴알코올, 벤질알코올, 스쿠알란, 비즈왁스, 디메치콘, 카보머, 미네랄오일

① 에멀전이 분리되어서 발생했으므로 유화제를 더 첨가하여 제형을 안정화시킨다.
② 보존제인 페녹시에탄올 1%를 추가한다.
③ 도구 및 기기 세척 및 70% 에탄올 소독하여 위생관리를 한다.
④ 징크옥사이드를 넣어 제품을 하얗게 보이게 한다.
⑤ 시트릭애씨드를 첨가하여 pH를 낮춘다.

039

〈보기〉는 「화장품 안전기준 등에 관한 규정」[별표 4] 유통화장품 안전관리 시험방법에 따라 황색포도상구균을 검출하는 시험방법이다. 빈칸에 들어갈 알맞은 말을 고르시오.

〈검액의 조제 및 조작〉

검체 1 g 또는 1 mL를 달아 카제인대두소화액체배지를 사용하여 10 mL로 하고 30 ~ 35 ℃에서 24 ~ 48시간 증균 배양한다. 증균배양액을 (㉠)이식하여 30 ~ 35 ℃에서 24시간 배양하여 균의 집락이 검정색이고 집락주위에 황색투명대가 형성되며 그람염색법에 따라 염색하여 검경한 결과 그람 양성균으로 나타나면 (㉡)을 실시한다. (㉡) 음성인 경우 황색포도상구균 음성으로 판정하고, 양성인 경우에는 황색포도상구균 양성으로 의심하고 동정시험으로 확인한다.

	㉠	㉡
①	보겔존슨한천배지	응고효소시험
②	맥콘키한천배지	응고효소시험
③	카제인대두소화액체배지	응고효소시험
④	베어드파카한천배지	옥시다제시험
⑤	세트리미드한천배지	옥시다제시험

040

「화장품법 시행규칙」제14조의2, 제14조의3, 제14조의4 에 따른 설명으로 옳은 것을 〈보기〉에서 모두 고르시오.

ㄱ. 회수계획량의 3분의 1 이상을 회수한 경우 행정처분 기준이 업무정지라면 정지처분 기간의 3분의 1이하의 범위에서 경감한다.

ㄴ. 디페닐아민이 들어간 화장품은 회수를 시작한 날부터 15일 이내 회수를 종료해야 한다.

ㄷ. 데오도란트의 내용량 표기를 120mL로 했으나 실제 내용량이 114mL인 경우 일반일간신문의 게재가 생략되고 해당 영업자의 인터넷 홈페이지와 식품의약품안전처의 인터넷 홈페이지에 게재된다.

ㄹ. 탄저균에 오염된 화장품은 위해성등급 다등급에 해당된다.

ㅁ. 아이 섀도의 니켈 잔류 함량이 0.032mg인 경우 회수를 시작한 날부터 30일 이내 회수를 종료해야 한다.

① ㄱ, ㄷ　② ㄱ, ㄹ
③ ㄴ, ㅁ　④ ㄴ, ㄹ
⑤ ㄷ, ㅁ

041

「화장품 위해평가 가이드라인」에 따른 화장품 위해 평가에 대한 설명으로 옳은 것을 모두 고르시오.

ㄱ. 위험성 확인은 위해요소에 노출됨에 따라 발생할 수 있는 독성의 정도와 영향의 종류 등을 파악하는 과정이다.
ㄴ. 위험성 결정은 위해요소 및 이를 함유한 화장품의 사용에 따른 건강상 영향을 인체노출허용량(독성기준값) 및 노출수준을 고려하여 사람에게 미칠 수 있는 위해의 정도와 발생빈도 등을 정량적으로 예측하는 과정이다.
ㄷ. 노출평가는 화장품 사용량, 피부흡수율 등의 관련 자료를 토대로 가상의 시나리오를 설정하여 이에 따른 인체 노출량을 정량적으로 산출하는 과정이다.
ㄹ. 위험에 대한 충분한 정보가 부족한 경우 위해평가 필요하다.
ㅁ. 피부로 노출된 경우의 전신노출량(SED) 산출시 피부흡수율은 문헌에 보고된 값이나 실험값 중 신뢰성 있는 값을 선택하여 적용한다. 다만, 자료가 없는 경우 보수적으로 45%로 적용할 수 있다.

① ㄱ, ㄴ ② ㄱ, ㄷ
③ ㄴ, ㅁ ④ ㄷ, ㄹ
⑤ ㄹ, ㅁ

042

다음은 포장재 소재별 특성을 나타낸 것이다. (가), (나)에 들어갈 소재의 종류를 고르시오.

(가) 반투명, 광택, 내약품성 우수, 내충격성 우수, 잘 부러지지 않음, 원터치 캡에 사용
(나) 내충격성 양호, 금속 느낌을 주기 위한 도금 소재로 사용, 향료, 알코올에 약함

	(가)	(나)
①	PP	ABS 수지
②	AS 수지	PS
③	PET	HDPE
④	PVC	PP
⑤	HDPE	PVC

043

2021년 09월 04일 기준으로 사용기한이 가까운 순으로 나열한 것을 고르시오.

	제조 연월일	사용기한 또는 개봉 후 사용기간	개봉일
㉠	2021.08.07	제조연월일로부터 18개월	2021.08.15
㉡	2020.10.12	제조연월일로부터 29개월	2021.01.12
㉢	2021.03.23	제조연월일로부터 17개월	2021.04.18
㉣	2021.07.18	제조연월일로부터 24개월 (개봉 후 11개월)	2021.08.11
㉤	2021.05.30	제조연월일로부터 12개월 (개봉 후 5개월)	2022.02.24

① ㉣-㉤-㉠-㉡-㉢
② ㉣-㉤-㉢-㉠-㉡
③ ㉤-㉣-㉠-㉡-㉢
④ ㉤-㉣-㉢-㉠-㉡
⑤ ㉤-㉣-㉢-㉡-㉠

044

「우수화장품 제조 및 품질관리기준(CGMP)」제15조에 따라 품질관리기준서에 포함되어야 하는 사항인 것을 〈보기〉에서 모두 고르시오.

〈보기〉

ㄱ. 원자재·벌크·완제품의 기준 및 시험방법
ㄴ. 완제품 등 보관용 검체의 관리
ㄷ. 시험결과 부적합품에 대한 처리방법
ㄹ. 공정검사의 방법
ㅁ. 취급 시의 혼동 및 오염 방지대책
ㅂ. 안정성 시험

① ㄱ, ㄷ ② ㄴ, ㄹ
③ ㄴ, ㅂ ④ ㄷ, ㅁ
⑤ ㄹ, ㅂ

045

「화장품법」제3조의5에 따라 맞춤형화장품 판매업소에 근무하는 맞춤형화장품조제관리사의 결격사유가 아닌 것은?

ㄱ. 「정신건강증진 및 정신질환자 복지서비스 지원에 관한 법률」제3조제1호에 따른 정신질환자
ㄴ. 「마약류 관리에 관한 법률」제2조제1호에 따른 마약류의 중독자
ㄷ. 피성년후견인 또는 파산선고를 받고 복권되지 아니한 자
ㄹ. 「화장품법」또는「보건범죄 단속에 관한 특별조치법」을 위반하여 금고 이상의 형을 선고받고 그 집행이 끝나지 아니하거나 그 집행을 받지 아니하기로 확정되지 아니한 자
ㅁ. 「화장품법」제24조에 따라 등록이 취소되거나 영업소가 폐쇄된 날부터 1년이 지나지 아니한 자

① ㄱ, ㄴ ② ㄱ, ㅁ
③ ㄴ, ㄷ ④ ㄷ, ㅁ
⑤ ㄹ, ㅁ

046

제조시설 설비의 소독제의 조건 및 선택 시 고려할 사항으로 옳지 않은 것의 개수를 고르시오.

ㄱ. 항균 스펙트럼의 범위를 고려해야 한다.
ㄴ. 내성균의 출현 빈도를 고려해야 한다.
ㄷ. 물에 대한 용해성을 고려해야 한다.
ㄹ. 에탄올은 높은 농도일수록 소독이 잘 된다.
ㅁ. 대상 미생물의 종류와 수를 고려해야 한다.
ㅂ. 법 규제 및 소요비용를 고려해야 한다.
ㅅ. 소독 전에 존재하던 미생물을 최소한 95% 이상 사멸시켜야 한다.

① 0 ② 1
③ 2 ④ 3
⑤ 4

047

다음 〈보기〉는 「우수화장품 제조 및 품질관리기준(CGMP)」 적합판정을 받은 제조업소의 직원A와 신입사원B의 대화이다. 밑줄 친 대화 내용 중 틀린 것을 고르시오.

〈보기〉

A: B님, 저희 회사에 입사하기 전에도 다른 화장품 제조업소에서 일하셨다고 하셨죠?
B: 네, ① 현행법상 모든 화장품 제조업소 뿐만 아니라 제가 다니던 제조업소도 식품의약품안전처장으로부터 우수화장품 제조 및 품질관리기준 적합판정을 받아 CGMP 인증을 의무적으로 취득했습니다.
A: 그렇다면 우수화장품 제조 및 품질관리기준에 대하여 잘 아시겠군요. 하지만 저희 교육규정에 따라 B님은 CGMP 교육을 정기적으로 받으셔야 합니다.
B: 네, 알겠습니다.
A: 혹시 현재 피부에 외상이 있거나 질병에 걸리셨습니까? ② 피부에 외상이 있거나 질병에 걸렸다면 1차포장 업무뿐만 아니라 2차포장 업무도 불가능합니다.

B : 아니요, 저는 현재 피부에 외상도 없고 건강한 상태입니다.

A : 그렇다면 오늘 충진 업무를 하실 수 있겠군요. ③ 작업장에 입실하기에 앞서 손세정을 해야합니다. 손을 대상으로 하는 세정제품으로는 고형 타입의 비누와 액상타입의 핸드 워시로 준비되어 있습니다. 각 화장실 및 수세실에 배치하였으로 참고하세요.

B : 비누를 손에 충분히 묻히고 흐르는 물에 손을 구석구석 깨끗이 닦았습니다. 이제 입실하면 되죠?

A : 아니요, ④ 손세정 후 반드시 손을 건조시켜야 합니다. 작업모, 작업복, 작업화를 제대로 착용하셨는지 점검하겠습니다. ⑤ 2급지 작업실의 작업자는 반드시 방진복을 착용하고 작업장을 입실하여야 합니다.

048

「우수화장품 제조 및 품질관리기준[CGMP]」제8조에 따라 작업소 시설에 관한 설명으로 틀린 것은?

① 공기 조절이란 "공기의 온도, 습도, 공중미립자, 풍량, 풍향, 기류의 전부 또는 일부를 자동적으로 제어하는 일"이며 공기 조절 4대요소는 실내온도, 청정도, 습도, 기류이다.

② HEPA-filter를 설치한 작업장에서 일반적인 작업을 실시하면 필터가 막혀버려서 오히려 작업장소의 환경이 나빠진다.

③ "팬코일+에어컨 방식" 보다 센트럴방식과 환기만 하는 방식으로 각각 설치하는 것이 비용적으로 더 바람직하다.

④ 공기 조절시 에어 필터를 통하여 외기를 도입하거나, 순환시킬 필요가 있다.

⑤ 청정 등급의 경우 각 등급 간의 공기의 품질이 다르므로 등급이 낮은 작업실의 공기가 높은 등급으로 흐르지 못하도록 어느 정도의 공기압차가 있어야 한다. 일반적으로는 2급지 >3급지> 4급지 순으로 실압을 높이고 외부의 먼지가 작업장으로 유입되지 않도록 설계한다.

049

「우수화장품 제조 및 품질관리기준[CGMP]」제13조에 따라 보관관리에 대한 설명으로 옳지 않은 것은?

① 보관 조건은 각각의 원료와 포장재에 적합하여야 하고, 과도한 열기, 추위, 햇빛 또는 습기에 노출되어 변질되는 것을 방지할 수 있어야 한다.

② 원칙적으로 원료공급처의 사용기한을 준수하여 보관기한을 설정하여야 하며, 사용기한내에서 자체적인 재시험 기간과 최대 보관기한을 설정·준수해야 한다.

③ 원료와 포장재의 용기는 통풍이 잘 되도록 개방해 보관하며, 청소와 검사가 용이하도록 충분한 간격으로, 바닥과 떨어진 곳에 보관되어야 한다.

④ 원료와 포장재가 재포장될 경우, 원래의 용기와 동일하게 표시되어야 한다.

⑤ 재고의 회전을 보증하기 위한 방법이 확립되어 있어야 한다. 따라서 특별한 경우를 제외하고, 가장 오래된 재고가 제일 먼저 불출되도록 선입선출 한다.

050

「천연화장품 및 유기농화장품의 기준에 관한 규정」에 따라 천연화장품 및 유기농화장품의 용기와 포장에 사용할 수 없는 포장재를 고르시오.

ㄱ. 폴리에틸렌 테레프탈레이트
ㄴ. 폴리에틸렌
ㄷ. 폴리프로필렌
ㄹ. 폴리스티렌폼
ㅁ. 폴리염화비닐

① ㄱ, ㄴ ② ㄴ, ㄹ
③ ㄷ, ㅁ ④ ㄷ, ㄹ
⑤ ㄹ, ㅁ

051

「화장품법」제26조의2. 식품의약품안전처고시「소비자화장품안전관리감시원 운영 규정」에 따라 옳지 않은 것을 고르시오.

① 지방식약청장은 소비자화장품감시원의 활동실적 등을 고려하여 본인 및 소속단체장(제3조제2항에 따라 추천을 받은 경우)의 동의를 얻어 2년 단위로 그 임기를 연장할 수 있다.
② 소비자화장품감시원으로 위촉받고자 하는 자는 소비자화장품감시원을 대상으로 한 교육과정을 최소 8시간 이상 이수하여야 한다.
③ 식품의약품안전처장 또는 지방식품의약품안전청장은 소비자화장품감시원에 대하여 반기마다 화장품 관계법령 및 위해화장품 식별 등에 관한 교육을 실시하고, 소비자화장품감시원이 직무를 수행하기 전에 그 직무에 관한 교육을 실시하여야 한다.
④ 소비자화장품감시원은 해당 소비자화장품감시원을 위촉한 지방식약청의 관할 구역 내에서 직무수행을 하는 것을 원칙으로 한다. 다만 식품의약품안전처장이 계통조사를 명하면 소비자화장품감시원은 관할 구역 밖에서 직무를 수행할 수 있다.
⑤ 식품의약품안전처장이 정하여 고시하는 교육과정을 마친 사람은 소비자화장품안전관리감시원으로 위촉될 수 있다.

052

「우수화장품 제조 및 품질관리기준[CGMP]」22조에 따른 재작업에 대한 설명으로 틀린 것을 고르시오.

① 뱃치 전체 또는 일부에 추가 처리를 하여 부적합품을 적합품으로 다시 가공하여 사용할 수 있다.
② 재입고할 수 없는 제품의 폐기처리규정을 작성하여야 하며 폐기 대상은 따로 보관하고 규정에 따라 신속하게 폐기하여야 함.
③ 재작업은 그 대상이 변질·변패 또는 병원미생물에 오염되지 아니하거나 사용기한이 1년 이상 남아있는 경우에 가능하다.
④ 기준일탈이 된 완제품 또는 벌크제품은 재작업할 수 있다. 하지만 폐기하는 것이 가장 바람직하며 재작업 여부는 품질 책임자에 의해 승인되어 진행된다.
⑤ 부적합 제품의 권한소유자는 제조책임자이며 재작업하기에 앞서 먼저 권한 소유자에 의한 원인조사가 필요하다.

053

「화장품법」제10조에 따라 10ml 이하 또는 10g 이하인 맞춤형화장품의 1,2차 포장에 반드시 들어가야 하는 것을 〈보기〉에서 모두 고르시오.

〈보기〉

ㄱ. 화장품의 명칭
ㄴ. 사용기한 또는 개봉 후 사용기간
ㄷ. 바코드
ㄹ. 가격[견본품, 비매품]
ㅁ. 내용물의 용량 또는 중량
ㅂ. 기능성화장품의 경우 '기능성화장품'이라는 글자 또는 기능성화장품을 나타내는 도안

① ㄱ, ㄴ　　② ㄱ, ㄴ, ㄹ
③ ㄱ, ㄴ, ㄷ, ㄹ　　④ ㄱ, ㄴ, ㄹ, ㅁ
⑤ ㄱ, ㄴ, ㄹ, ㅂ

054

「화장품법」제4조,「화장품법 시행규칙」제9조,「기능성화장품 심사에 관한 규정」제6조에 따라 옳은 설명을 고르시오.

① 기능성화장품으로 인정받아 판매 등을 하려는 화장품제조업자, 화장품책임판매업자, 맞춤형화장품판매업자 또는 총리령으로 정하는 대학·연구소 등은 품목별로 안전성 및 유효성에 관하여 식품의약품안전처장의 심사를 받거나 식품의약품안전처장에게 보고서를 제출하여야 한다.
② 심사를 받은 기능성화장품에 대한 권리를 양도·양수할 수 없다.
③ 안전성에 관한 자료는「비임상시험관리기준」(식품의약품안전처 고시)에 따라 시험한 자료여야 한다. 다만, 인체첩포시험 및 인체누적첩포시험은 국내·외 대학 또는 전문 연구기관에서 실시하여야 하며, 관련분야 전문의사, 연구소 또는 병원 기타 관련기관에서 10년 이상 해당 시험 경력을 가진 자의 지도 및 감독 하에 수행·평가되어야 한다.
④ 유효성 또는 기능에 관한 자료 중 인체적용시험자료를 제출하여 효력시험자료 제출을 면제 받은 경우 해당 유효성분의 효능·효과를 기재·표시할 수 있다.
⑤ 자외선차단지수(SPF)가 10인 제품의 경우 자외선차단지수(SPF), 내수성자외선차단지수(SPF, 내수성 또는 지속내수성) 및 자외선A차단등급(PA) 설정의 근거자료의 자료 제출을 면제한다.

055

다음 <보기>에서 맞춤형화장품조제관리사만이 할 수 있는 일의 개수를 고르시오.

ㄱ. 라벤더꽃오일 50%, 에탄올 50%을 혼합하여 향수를 조제한다.
ㄴ. 화장품책임판매업자가 내용물과 원료의 최종 혼합 제품을 기능성화장품으로 기 심사(또는 보고) 받은 나이아신아마이드 베이스에 벤질알코올을 혼합한다.
ㄷ. 손님이 가져온 로션 제품에 로션 내용물을 섞는다.
ㄹ. 미리 소분해둔 100kg의 화장비누를 판매한다.
ㅁ. 토너에 자연적인 느낌을 주기 위해 에이치시 녹색1호를 첨가한다.
ㅂ. 화장품책임판매업자로부터 받은 로션베이스에 징크옥사이드 원료를 화장품책임판매업자가 기능성화장품 보고서 제출한 조합·함량의 범위 내에서 혼합한다.
ㅅ. 맞춤형화장품조제관리사가 수입한 크림베이스와 녹차추출물을 혼합한다.

① 0
② 1
③ 2
④ 3
⑤ 4

056

혼합시 제형의 안정성을 감소시키는 요인에 대한 설명으로 틀린 것을 고르시오.

① 원료 투입 순서가 달라지면 용해 상태 불량, 침전, 부유물 등이 발생할 수 있으며, 제품의 물성 및 안정성에 심각한 영향을 미치는 경우도 있다.
② 휘발성 원료의 경우 유화 공정 시 혼합 직전에 투입하고, 고온에서 안정성이 떨어지는 원료의 경우 냉각 공정 중에 별도 투입하여야 한다.
③ W/O(water in oil) 형태의 유화 제품 제조 시 수상의 투입 속도를 느리게 할 경우 제품의 제조가 어렵거나 안정성이 극히 나빠질 가능성이 있다.
④ 제조 온도가 설정된 온도보다 지나치게 높을 경우 가용화제의 친수성과 친유성의 정도를 나타내는 HLB(Hydrophilic-lipophilic balance)가 바뀌면서 운점(cloud point) 이상의 온도에서는 가용화가 깨져 제품의 안정성에 문제가 생길 수 있다.
⑤ 믹서의 회전속도가 느린 경우 유화 입자가 커져서 성상 또는 점도가 달라지거나 안정성에 영향을 미칠 수 있다.

057

화장품법 제13조 및「화장품 표시·광고 가이드라인」에 따라 의약품으로 잘못 인식할 우려가 있는 표시 또는 광고인 것을 모두 고르시오.

ㄱ. 인체세포·조직배양액을 사용해 세포성장을 촉진.
ㄴ. 붓기, 다크서클 완화.
ㄷ. 피부노화 완화, 안티에이징, 피부노화 징후 감소.
ㄹ. 얼굴윤곽개선, V라인 형성에 도움.
ㅁ. 빠지는 모발을 감소시킴.

① ㄱ, ㄴ　② ㄱ, ㄹ
③ ㄴ, ㄷ　④ ㄷ, ㅁ
⑤ ㄹ, ㅁ

058

다음 〈보기〉를 읽고 맞춤형화장품 판매업자 A씨가 할 일로 옳지 못한 것을 모두 고르시오.

"뷰티풀플레이스"이라는 맞춤형화장품 판매업소를 운영하고 있는 맞춤형화장품 판매업자 A씨의 영업 계획은 2021년 9월 31일에 부산에서 서울로 업소를 이전하고 상호를 "원더풀플레이스"로 바꾸는 것이다. A씨는 사업확장을 하여 서울에 총 3개의 맞춤형화장품 판매업소를 차릴 계획이다. 또한 고용되었던 맞춤형화장품조제관리사 B씨는 2021년 10월 15일에 그만 두기로 하였고 2021년 10월 3일에 새로운 맞춤형화장품조제관리사 C를 고용할 계획이다.

〈보기〉

ㄱ. 맞춤형화장품조제관리사 자격을 취득한 A씨가 맞춤형화장품조제관리사를 겸직하여 하나의 지점에서 근무할 수 있으며 지점별 맞춤형화장품 조제관리사 3명을 각각 신고한다.
ㄴ. 맞춤형화장품조제관리사의 변경 신고를 해야 한다.
ㄷ. 맞춤형화장품판매업소의 소재지 변경신고를 부산지방식품의약품안전청에 한다.
ㄹ. A씨는 소재지 및 상호 변경을 인터넷으로 접수한 후 맞춤형화장품판매업 신고필증의 뒷면에 변경사항을 적어야 한다.
ㅁ. A씨가 신고필증 원본을 식품의약품안전처장에게 우편으로 보낸다.

① ㄱ, ㄴ　② ㄱ, ㅁ
③ ㄴ, ㄷ　④ ㄷ, ㄹ
⑤ ㄹ, ㅁ

059

다음 <대화>를 읽고 맞춤형화장품조제관리사 A가 고객 B와의 상담 내용을 참고하여 <보기>에서 옳게 처방한 성분의 개수를 고르시오(다만, 책임판매업자로부터 받은 기능성 성분은 기능성 허가를 받은 성분이며, 기능성 성분의 사용 함량(%)은 기능성화장품 심사시 자료제출이 생략되는 범위 내이다).

> <대화>
>
> A : 야외활동을 많이 해서 피부가 많이 그을렸어요. 그리고 요새 주름도 생긴 것 같아요. 제가 저번에 처방받은 전성분에 필요한 성분을 추가해주셨으면 좋겠어요.
>
> B : 네, 우선 피부 측정부터 해봅시다.
>
> (피부 측정 후)
>
> B : 측정 결과를 확인해보니 고객님의 피부 수분도는 정상인데 고객님의 피부에 기미와 주름이 증가했네요. 미백 관련 기능성 성분과 주름 관련 기능성 성분을 기존제품에 추가해드리겠습니다.
>
> A : 네, 그런데 조제관리사님 지용성인 미백 기능성 성분과 지용성인 주름 기능성 성분으로 부탁드립니다.

> <보기>
>
> ㄱ. 아데노신 0.03%
> ㄴ. 아스코빌테트라이소팔미테이트 3.0%
> ㄷ. 티타늄디옥사이드 15%
> ㄹ. 소듐하이알루로네이트 1.0%
> ㅁ. 레티닐팔미테이트 5000IU/g%

① 0　② 1　③ 2　④ 3　⑤ 4

060

「화장품법 시행규칙」제12조에 따라 화장품책임판매업자가 준수하여야 할 사항으로 알맞지 않은 것을 고르시오.

① 다음 각 목의 어느 하나에 해당하는 성분을 0.5퍼센트 이상 함유하는 제품의 경우에는 해당 품목의 안정성시험 자료를 최종 제조된 제품의 사용기한이 만료되는 날부터 1년간 보존할 것. 가. 레티놀(비타민A) 및 그 유도체, 나. 아스코빅애시드(비타민C) 및 그 유도체, 다. 토코페롤(비타민E), 라. 과산화수소수, 마. 효소

② 제조업자로부터 받은 제품표준서 및 품질관리기록서(전자문서 형식을 포함한다)를 보관할 것.

③ 화장품의 제조를 위탁하거나 원료·자재 및 제품의 품질검사를 위하여 필요한 시험실을 갖춘 제조업자에게 품질검사를 위탁하는 경우 제조 또는 품질검사가 적절하게 이루어지고 있는지 수탁자에 대한 관리·감독을 철저히 하여야 하며, 제조 및 품질관리에 관한 기록을 받아 유지·관리하고, 그 최종 제품의 품질관리를 철저히 할 것.

④ 수입된 화장품을 유통·판매하는 영업으로 화장품책임판매업을 등록한 자는 제조국 제조회사의 품질관리기준이 국가 간 상호 인증되었거나, 제11조제2항에 따라 식품의약품안전처장이 고시하는 우수화장품 제조관리기준과 같은 수준 이상이라고 인정되는 경우에는 국내에서의 품질검사를 하지 아니할 수 있다. 이 경우 제조국 제조회사의 품질검사 시험성적서는 품질관리기록서를 갈음한다.

⑤ 수입된 화장품을 유통·판매하는 영업으로 화장품책임판매업을 등록한 자의 경우 대외무역법에 따른 수출·수입요령을 준수 및 전자무역 촉진에 관한 법률에 따른 전자무역문서로 표준통관예정보고를 할 것.

061

맞춤형화장품의 제조에 사용되는 원료 및 내용물의 규격에 대한 설명이다. 옳지 않은 것을 고르시오.

① 표준온도는 20℃, 상온은 15~25℃, 실온은 1~30℃, 미온은 30~40℃로 한다. 냉소는 따로 규정이 없는 한 15℃ 이하의 곳을 뜻한다.

② 액체가 일정방향으로 운동할 때 그 흐름에 평행한 평면의 양측에 내부마찰력이 일어나는데 이 성질을 점성이라고 한다. 점성은 면의 넓이 및 그 면에 대하여 수직방향의 속도구배에 비례하며 그 비례정수를 절대점도라 하고 일정온도에 대하여 그 액체의 고유한 정수이다. 그 단위로서는 포아스 또는 센티포아스를 쓴다. 같은 온도의 액체의 밀도를 절대점도로 나눈 값을 운동점도라고 말하고 그 단위로는 스톡스 또는 센티스톡스를 쓴다.

③ 용액의 농도를 (1→5), (1→10), (1→100) 등으로 기재한 것은 고체물질 1 g 또는 액상물질 1 mL을 용제에 녹여 전체량을 각각 5 mL, 10mL, 100mL 등으로 하는 비율을 나타낸 것이다. 또 혼합액을 (1:10) 또는 (5:3:1) 등으로 나타낸 것은 액상물질의 1용량과 10용량과의 혼합액, 5용량과 3용량과 1용량과의 혼합액을 나타낸다.

④ 향취는 따로 규정이 없는 한 1g을 100mL 비커에 취하여 시험한다.

⑤ 화장품원료의 시험은 따로 규정이 없는 한 실온에서 실시하고 조작 직후 그 결과를 관찰하는 것으로 한다.

062

다음 중 안정성 및 유효성에 대한 설명으로 틀린 것을 고르시오.

① 원료에 함유된 화학적으로 규명된 성분 중 품질관리 목적으로 정한 성분을 지표성분이라 한다.

② 안정성이란 다양한 물리·화학적 조건에서 화장품 성분이 일정한 상태를 유지하는 성질로 화학적 변화에는 변색, 변취, 오염, 결정 석출 등이 있고 물리적 변화에는 분리, 침전, 응집, 겔화, 휘발, 고화, 연화, 균열 등이 있다.

③ 다양한 물리·화학적 조건에서 화장품 성분의 변색, 변취, 상태변화 및 지표성분의 함량변화를 통해 화장품 성분의 변화정도를 평가하는 것을 성분 안정성평가라 한다.

④ 미백에 도움을 주는 효능을 가지는 나이아신아마이드는 화학적 유효성의 예이다.

⑤ 자외선 차단 효능을 가지는 징크옥사이드는 물리적 유효성의 예이다.

063

다음 표는 외음부 세정제 100g의 시험성적서이다. 〈보기〉에서 옳은 설명을 모두 고르시오.

〈시험성적서〉

시험항목	시험결과
폴리에톡실레이티드레틴아마이드	0.1g
알부틴	1g
비중(25°C)	0.8(g/mL)
납	28㎍/g
비소	7ppm
수은	0.8㎍/g
세균수	460개/g(mL)
진균수	585개/g(mL)

ㄱ. "3세 이하의 영유아에게는 사용하지 말 것"이라는 사용시 주의사항을 제품에 표기해야 한다.
ㄴ. "폴리에톡실레이티드레틴아마이드는 「인체적용시험자료」에서 경미한 발적, 피부건조, 화끈감, 가려움, 구진이 보고된 예가 있음"이라는 사용 시의 주의사항을 제품에 표시해야 한다.
ㄷ. "알부틴은 「인체적용시험자료」에서 구진과 경미한 가려움이 보고된 예가 있음"이라는 사용 시의 주의사항을 제품에 표시해야 한다.
ㄹ. 해당 제품 내용물의 부피는 125mL이다.
ㅁ. 해당 제품은 위해화장품으로서 공표 시 일반일간신문의 게재 생략이 가능하다.

① ㄱ, ㄴ
② ㄱ, ㄷ
③ ㄱ, ㄹ
④ ㄷ, ㅁ
⑤ ㄹ, ㅁ

064

「화장품법 시행규칙」제19조6항 [별표4]에 따른 화장품 포장의 표시기준 및 표시방법으로 옳지 않은 것은?

① 혼합원료는 개별 성분의 명칭 표시를 생략 할 수 있다.
② 공정별로 2개 이상의 제조소에서 생산된 화장품의 경우에는 일부 공정을 수탁한 화장품제조업자의 상호 및 주소의 기재·표시를 생략할 수 있다.
③ 착향제는 "향료"로 표시할 수 있다. 다만, 착향제의 구성 성분 중 식품의약품안전처장이 정하여 고시한 알레르기 유발성분이 있는 경우에는 향료로 표시할 수 없고, 해당 성분의 명칭을 기재·표시해야 한다.
④ 산성도(pH) 조절 목적으로 사용되는 성분은 그 성분을 표시하는 대신 중화반응에 따른 생성물로 기재·표시할 수 있고, 비누화반응을 거치는 성분은 비누화반응에 따른 생성물로 기재·표시할 수 있다.
⑤ 법 제10조제1항제3호에 따른 성분을 기재·표시할 경우 영업자의 정당한 이익을 현저히 침해할 우려가 있을 때에는 영업자는 식품의약품안전처장에게 그 근거자료를 제출해야 하고, 식품의약품안전처장이 정당한 이익을 침해할 우려가 있다고 인정하는 경우에는 "기타 성분"으로 기재·표시할 수 있다.

065

「화장품법 시행규칙」제18조에 따른 안전용기·포장 대상이 아닌 것을 고르시오.

① 개별포장당 메틸살리실레이트를 7% 함유하는 비분무용 에센셜오일 제품
② 개별포장당 메틸살리실레이트를 15% 함유하는 액체상태의 향수
③ 개별포장당 미네랄오일을 12% 이상 함유하고 운동점도가 21센티스톡스(섭씨 40도 기준)이며 에멀젼이 아닌 액체상태의 비분무용 제품
④ 개별포장당 스쿠알란을 14% 함유한 로션
⑤ 아세톤을 함유하는 네일 에나멜 리무버 비분무용 제품

066

맞춤형화장품에 대한 설명으로 틀린 것을 고르시오.

① 맞춤형화장품은 반드시 맞춤형화장품조제관리사가 조제해야 한다.
② 맞춤형화장품의 제조번호는 혼합·소분일을 의미한다.
③ 맞춤형화장품에 혼합할 수 있는 원료는 식품의약품안전처장이 고시한 화장품에 사용할 수 없는 원료, 화장품에 사용상의 제한이 필요한 원료, 기능성화장품의 효능·효과를 나타내는 원료를 제외한 나머지 원료를 혼합할 수 있다.
④ 맞춤형화장품판매업자는 원료와 내용물을 반드시 품질성적서와 함께 공급받아야한다.
⑤ 판매한 맞춤형화장품이 유해사례가 발생한 경우 즉시 회수하여 폐기처분한다.

067

맞춤형화장품의 혼합 및 소분에 사용되는 장비 및 도구에 대한 설명으로 옳은 것을 고르시오.

① 핫플레이트는 내용물 및 원료 소분 시 무게를 측정할 때 사용한다.
② 스파츌라란 립스틱 및 선스틱 등 스틱 타입 내용물을 성형할 때 사용한다.
③ 가용화제품을 생산하기 위한 제조공정설비에는 아지믹서, 여과장치 등이 있고 , 유화제품의 경우에는 호모믹서, 진공 유화 장치 등이 있다.
④ 오버헤드스터러는 터빈형의 회전 날개가 원통으로 둘러싸인 형태로 내용물에 내용물을 또는 내용물에 특정성분을 혼합 및 분산 시 사용한다.
⑤ 광학현미경은 액체 및 반고형제품의 유동성을 측정할 때 사용한다.

068

화장품에 사용되는 원료관리 방법과 표준작업절차서에 대한 내용으로 틀린 것을 모두 고르시오.

ㄱ. 모든 기록문서는 적절한 보존기간이 규정되어야 한다. ㄴ. 표준작업절차서의 유효기간이 만료된 경우, 작업 구역으로부터 회수하여 폐기되어야 하며, 관련 직원이 확인할 수 없도록 한다. ㄷ. 표준작업절차서는 정기적으로 재검토하고 최신 절차서 원본을 작업 현장에 비치해야한다. ㄹ. 원료의 수급기간을 고려하여 최대발주량을 선정해 구매요청서로 발주하며, 원료 선적 용기에 대하여 확실한 표기 오류, 용기 손상, 봉인 파손, 오염 등에 대해 육안으로 검사 한다. ㅁ. 화장품의 원료를 거래처로부터 받아서 원료의 구매 요청서와 성적서, 현품이 일치하는가를 살핀 후에 원료 입출고 관리장에 기록해야 하며, 필요한 경우 운송 관련 자료를 추가적으로 확인할 수 있다.

① ㄱ, ㄹ ② ㄱ, ㄷ
③ ㄴ. ㅁ ④ ㄷ, ㄹ
⑤ ㄷ, ㅁ

069

다음 중 맞춤형화장품조제관리사가 조제할 수 없는 화장품을 고르시오.

① 크림 내용물에 소합향나무추출물을 0.3% 혼합한 화장품
② 크림 벌크에 히알루론산 60%을 혼합한 화장품
③ 화장품의 로션벌크와 에센스벌크를 혼합한 화장품
④ 10kg 액체비누를 소분한 화장품
⑤ 화장품의 로션 내용물에 색소를 혼합한 화장품

070

다음 〈보기〉는 화장품 안전기준 등에 관한 규정 [별표 4] 유통화장품 안전관리 시험방법의 일부이다. 빈칸에 들어갈 알맞은 숫자를 고르시오.

〈보기〉

검체 약 (㉠) g 또는 (㉠)mL를 취하여 100 mL 비이커에 넣고 물 (㉡)mL를 넣어 수욕상에서 가온하여 지방분을 녹이고 흔들어 섞은 다음 냉장고에서 지방분을 응결시켜 여과한다. 이때 지방층과 물층이 분리되지 않을 때는 그대로 사용한다. 여액을 가지고 「기능성화장품 기준 및 시험방법」(식품의약품안전처 고시) 일반시험법 1. 원료의 "47. pH측정법"에 따라 시험한다. 다만, 성상에 따라 투명한 액상인 경우에는 그대로 측정한다.

	㉠	㉡
①	1	10
②	1	20
③	1	30
④	2	20
⑤	2	30

071

「화장품 안전기준 등에 관한 규정」의 [별표3] 인체 세포·조직 배양액 안전기준에 따라 세포·조직 채취 및 검사기록서에 포함되어야 할 항목으로 옳은 것을 〈보기〉에서 모두 고르시오.

〈보기〉

ㄱ. 채취연월일
ㄴ. 검사자의 나이 및 혈액형
ㄷ. 공여자 적격성 평가 결과
ㄹ. 시험기관의 등급
ㅁ. 세포 또는 조직의 종류
ㅂ. 세포 또는 조직의 채취방법, 채취량

① ㄱ, ㅁ, ㅂ
② ㄱ, ㄴ, ㅁ, ㅂ
③ ㄱ, ㄷ, ㅁ, ㅂ
④ ㄱ, ㄹ, ㅁ, ㅂ
⑤ ㄱ, ㄷ, ㄹ, ㅁ, ㅂ

072

「화장품법 시행규칙」 제19조(화장품 포장의 기재·표시 등)에 따라 「화장품법 시행규칙」 제2조(기능성 화장품의 범위)에 해당하는 제품에는 "질병의 예방 및 치료를 위한 의약품이 아님"이라는 문구를 반드시 표시해야 한다. 다음 기능성 화장품 중 이에 해당하는 제품이 아닌 것은?

① 탈모에 도움을 주는 탈모샴푸
② 기미·주근깨 등의 생성을 억제함으로써 피부의 미백에 도움을 주는 크림
② 여드름성 피부를 완화하는데 도움을 주는 폼클렌저
③ 피부장벽의 기능을 회복하여 가려움 등의 개선에 도움을 주는 크림
⑤ 튼살로 인한 붉은 선을 엷게 하는데 도움을 주는 마사지크림

073

모발의 생리구조에 대한 설명으로 옳은 것을 고르시오.

① 모표피는 물고기의 비늘처럼 사이사이 겹쳐 놓은 것과 같은 구조로 친수성의 성격이 강하고 모피질을 보호하는 화학적 저항성이 강한 큐티클층이다. 모소피는 단단한 케라틴으로 만들어져 마찰에 약하고 자극에 의해 쉽게 부러지는 성질이 있다.

② 모발의 생성 주기 중 휴지기 단계는 2~3주 기간이며 휴지기 단계에서 모모세포가 활동을 시작하면 새로운 모발로 대체된다.

③ 엔도큐티클(endoicuticle)은 시스틴이 많이 포함되어 있고, 시스틴 결합을 절단하는 퍼머넌트 웨이브의 작용을 받기 쉬운 층이다.

④ 모모세포는 모유두 조직 내에서 모낭 밑에 있는 모세 혈관으로부터 영양분을 공급받아 분열·증식하여 두발을 형성한다.

⑤ 엑소큐티클에는 모소피의 가장 안쪽에 있는 친수성의 내표피는 시스틴 함량이 적고 알칼리성에 약하다.

074

〈보기〉는 피부에 관련된 내용이다. 틀린 것을 모두 고르시오.

〈보기〉

ㄱ. 자연보습인자(nmf)를 구성하는 수용성의 아미노산은 필라그린이 각질층세포의 하층으로부터 표층으로 이동함에 따라서 각질층 내의 단백분해효소인 아미노펩티데이스, 카복시펩티데이스 등에 의해 분해된 것이다.

ㄴ. 에크린선에는 피지가 분비되지 않지만 아포크린선에서는 피지가 분비된다.

ㄷ. 각질형성세포는 점점 각질층으로 이동되며 최종적으로 각질층에서 탈락되어 떨어져 나간다. 각질층의 pH는 4.5~5.5 정도로 약산성이며 각질층의 죽은 각질형성세포 안에는 핵이 없다.

ㄹ. 천연보습인자에는 세포간지질이 포함되어 있으며, 세포간지질에는 세라마이드(50%), 포화지방산(30%), 콜레스테롤(15%), 콜레스테릴 에스테르 등이 있다.

ㅁ. 멜라닌형성세포(melanocyte)는 표피에 존재하는 세포의 약 5%를 차지하고 있으며 대부분 기저층에 위치한다. 각질형성세포로 전달된 멜라닌이 가득 차 있는 멜라노좀은 표피의 기저층 위 부분으로 확산되어 자외선에 의해 기저층의 세포가 손상되는 것을 막아준다.

① ㄱ, ㅁ　② ㄱ, ㄷ
③ ㄴ, ㄷ　④ ㄴ, ㄹ
⑤ ㄹ, ㅁ

075

맞춤형화장품 판매 시 준수사항으로 옳지 못한 것은?

① 원료 입고 시 품질관리 여부를 확인하고 품질성적서를 구비한다.
② 원료는 직사광선을 피하고 품질에 영향을 미치지 않는 장소에 보관한다.
③ 원료는 사용기한을 확인하고 관련 기록을 해야 한다.
④ 맞춤형화장품 판매 시 소비자에게 사용 시 주의사항과 내용물 및 원료에 대한 자료를 문서로 제공해야 한다.
⑤ 맞춤형화장품 판매 시 소비자에게 설명하지 않으면 1차위반 시 200만원 이하의 벌금과 시정명령에 처해진다.

076

다음 <보기>를 보고 맞춤형화장품조제관리사가 조제할 수 있으며 동시에 고객에게 추천할 수 있는 제품의 개수를 고르시오.

〈보기〉

ㄱ. 화장품책임판매업자로부터 받은 항균 작용이 있는 로션 내용물에 티트리잎오일을 혼합해 만드는 항균 티트리 바디로션
ㄴ. 화장품책임판매업자가 기능성화장품 심사를 받은 알부틴 2% 크림베이스에 무화과나무잎엡솔루트를 혼합해 만드는 제품
ㄷ. 화장품책임판매업자가 기능성화장품 심사를 받은 티타늄디옥사이드 25% 로션베이스에 락토바실러스용해물을 혼합해 만드는 제품
ㄹ. 메탄올이 0.03%(v/v) 함유된 물휴지 내용물에 소듐라우릴설페이트를 혼합해 만드는 클렌징티슈

① 0개　② 1개
③ 2개　④ 3개
⑤ 4개

077

다음 〈보기〉는 맞춤형화장품조제관리사 A와 손님 B와의 대화이다. 빈칸에 들어갈 알맞은 말을 고르시오.

> 〈보기〉
>
> B : 요즘 피부상태가 좋지 않아서 찾아왔어요.
>
> A : 아이고, 그렇군요. 우선 피부측정 후 상담해드릴게요.
>
> (피부 측정 후)
>
> A : 피부진단 데이터를 확인해보니 고객님의 피부는 다른 건 괜찮은데 유·수분이 모두 부족한 것으로 나타나네요. 아무래도 피부장벽이 손상된 것 같습니다.
>
> B : 피부장벽이 손상되면 피부가 푸석해지나요?
>
> A : 네, 맞습니다. 피부장벽은 이는 외부 유해 물질로부터 피부를 보호하고 피부의 수분 손실을 방지합니다. 피부장벽에는 세포간지질이 존재하는데 구성 성분 중 가장 비중이 큰 (㉠)가 부족해지면 피부 장벽이 무너지기 쉽습니다. 피부 장벽이 약해지면 피부가 외부 자극에 민감해지고 피부의 수분 손실을 유발합니다.
>
> B : 그래서 제 피부가 건조한거군요. 피부보습도는 어떻게 측정하나요?
>
> A : (㉡)을 통해 알 수 있습니다. 측정결과에 참고하여 (㉢)를 첨가한 화장품을 처방해드리겠습니다.

① 세라마이드 - Replica 분석법 - 밀폐제
② 세라마이드 - 경피수분손실량 - 피부장벽대체제
③ 세라마이드 - 경피수분손실량 - 밀폐제
④ 지방산 - 경피수분손실량 - 피부장벽대체제
⑤ 지방산 - Replica 분석법 - 밀폐제

078

제품의 포장재질·포장방법에 관한 기준 등에 관한 규칙에 대한 내용으로 알맞지 않은 것은?

① "단위제품"이란 1회 이상 포장한 최소 판매단위의 제품을 말하고, "종합제품"이란 같은 종류 또는 다른 종류의 최소 판매단위의 제품을 2개 이상 함께 포장한 제품을 말한다. 다만, 주 제품을 위한 전용 계량 도구나 그 구성품, 소량(30g 또는 30ml 이하)의 비매품(증정품) 및 설명서, 규격서, 메모카드와 같은 참조용 물품은 종합제품을 구성하는 제품으로 보지 않는다.
② 제품의 특성상 1개씩 낱개로 포장한 후 여러 개를 함께 포장하는 단위제품의 경우 낱개의 제품 포장은 포장공간비율 및 포장횟수의 적용대상인 포장으로 보지 않는다.
③ 종합제품의 경우 종합제품을 구성하는 각각의 단위제품은 제품별 포장공간비율 및 포장횟수기준에 적합하여야 하며, 단위제품의 포장공간비율 및 포장횟수는 종합제품의 포장공간비율 및 포장횟수에 산입(算入)하지 않는다.
④ 종합제품으로서 복합합성수지재질·폴리비닐클로라이드재질 또는 합성섬유재질로 제조된 받침접시 또는 포장용 완충재를 사용한 제품의 포장공간비율은 25% 이하로 한다.
⑤ 단위제품인 화장품의 내용물 보호 및 훼손 방지를 위해 2차 포장 외부에 덧붙인 필름(투명 필름류만 해당한다.)은 포장횟수의 적용대상인 포장으로 보지 않는다.

079

다음은 화장품제조업자 뷰티풀코스메틱이 아이섀도를 출시하기 전이며 해당 제품을 관능평가를 할 제품평가단을 모집하기 위해 〈보기〉와 같이 공고를 내었다. 뷰티풀코스메틱이 진행하고자 하는 관능평가의 종류를 고르시오.

〈뷰티풀코스메틱 아이섀도 평가단 모집〉

- 기간 및 일정
  - 21. 04. 26.~ 21. 05. 09
- 지원자격
  - 서울/경기지역에 거주하시는 20-40대(성별무관)
  - 메이크업아티스트 우대
- 모집인원
  - 30명

① 소비자에 의한 평가, 비맹검 사용시험, 기호형
② 전문가 패널에 의한 평가, 비맹검 사용시험, 기호형
③ 전문가 패널에 의한 평가, 맹검 사용시험, 분석형
④ 전문가평가, 맹검 사용시험, 분석형
⑤ 소비자에 의한 평가, 맹검, 기호형

080

다음 〈보기〉는 맞춤형화장품판매업자 유진, 맞춤형화장품판매업소에 근무하는 맞춤형화장품조제관리사 나연, 신입으로 들어올 맞춤형화장품조제관리사 미영의 대화이다. 〈보기〉에서 밑줄친 내용 중 옳지 않은 내용을 고르시오.

〈보기〉

유진 : 미영씨 2021년 2월 1일부터 저희 매장에 출근하시면 됩니다. 이날부터 저희 매장에 맞춤형화장품조제관리사로 등록되실겁니다. 언제 맞춤형화장품조제관리사 자격증을 취득하셨죠?
미영 : 2020년 11월 6일에 자격증을 취득했습니다.
유진 : ① 그렇다면 올해 반드시 의무교육을 받을 필요가 없습니다.
미영 : 네, 알겠습니다. 궁금한게 있습니다. 맞춤형화장품에는 어떻게 가격표시를 하나요?
유진 : ② 맞춤형화장품의 가격표시는 개별 제품에 판매가격을 표시하거나, 소비자가 가장 쉽게 알아볼 수 있도록 제품명, 가격이 포함된 정보를 제시하는 방법으로 표시할 수 있습니다.
미영 : 네 알겠습니다. 제가 근무하기 전에 준비해야 할 사항이 있나요?
유진 : 네 있습니다. 저희 매장에서 주로 사용하는 맞춤형화장품에 사용되는 내용물 및 원료에 대한 설명과 사용시 주의사항에 대한 내용을 적어놓은 자료를 드리겠습니다. ③ 손님에게 맞춤형화장품에 사용되는 내용물 및 원료에 대한 설명은 안해도 되지만 사용시주의사항은 반드시 설명해야 합니다.
미영 : 네 알겠습니다. 그럼 다음에 뵙겠습니다.
유진 : 나연씨, ④ 맞춤형화장품에 사용된 모든 원료 목록을 식품의약품안전처장에게 보고해야하는데 하셨나요?
나연 : 네, 오늘 완료했습니다. 그리고 유진씨 저희 원료 보관소에 있는 원료를 체크해보니 병풀추출물을 다 써가네요. 새로 발주해야 될 것 같습니다.
유진 : ⑤ 네, 원료의 수급 기간을 고려하여 최소 발주량을 선정해 구매 요청서로 발주해야합니다.

081

다음 〈보기〉는 「화장품법」 제5조의 일부이다. 빈칸에 공통으로 들어갈 말을 쓰시오.

〈보기〉

화장품책임판매업자는 총리령으로 정하는 바에 따라 화장품의 생산실적 또는 수입실적, 화장품의 제조과정에 사용된 (　　) 등을 식품의약품안전처장에게 보고하여야 한다. 이 경우 (　　)에 관한 보고는 화장품의 유통·판매 전에 하여야 한다.

082

다음 〈보기〉는 식품의약품안전처 고시 「천연화장품 및 유기농화장품의 기준에 관한 규정」의 일부이다. 빈칸에 들어갈 숫자를 차례대로 쓰시오.

〈보기〉

합성원료는 천연화장품 및 유기농화장품의 제조에 사용할 수 없다. 다만, 천연화장품 또는 유기농화장품의 품질 또는 안전을 위해 필요하나 따로 자연에서 대체하기 곤란한 제1항 제4호의 원료는 (㉠)% 이내에서 사용할 수 있다. 이 경우에도 석유화학 부분(petrochemical moiety의 합)은 (㉡)%를 초과할 수 없다.

083

다음 〈보기〉는 「화장품법」 제22조의 내용이다. 빈칸에 공통으로 들어갈 단어를 쓰시오.

〈보기〉

식품의약품안전처장은 화장품제조업자가 갖추고 있는 시설이 제3조제2항에 따른 시설기준에 적합하지 아니하거나 노후 또는 오손되어 있어 그 시설로 화장품을 제조하면 화장품의 안전과 품질에 문제의 우려가 있다고 인정되는 경우에는 화장품제조업자에게 그 시설의 (　　)를 명하거나 그 (　　)가 끝날 때까지 해당 시설의 전부 또는 일부의 사용금지를 명할 수 있다.

해당 품목의 제조 또는 품질검사에 필요한 시설 및 기구 중 일부가 없는 경우 이를 1차위반할 때 (　)명령을 내린다.

084

〈보기〉의 빈칸에 공통으로 들어갈 단어를 쓰시오.

〈보기〉

- 광 (　　　): 햇빛, 자외선, 형광등 불빛 등 다양한 광 조건에서 화장품 성분이 일정한 상태를 유지하는 성질
- 열 (　　　): 유통 과정상 발생할 수 있는 조건의 다양한 온도 변화 조건에도 화장품 성분이 일정한 상태를 유지하는 성질
- 미생물 (　　　): 미생물이 증식하여 화장품 성분이 변화되지 않고 일정한 상태를 유지하는 성질
- 산화 (　　　): 산소 및 화학성분과의 산화 반응이 발생되지 않고 화장품 성분이 일정한 상태를 유지하는 성질

085

다음 〈보기1〉이 설명하는 원료의 명칭을 〈보기2〉에서 찾아쓰시오.

〈보기1〉

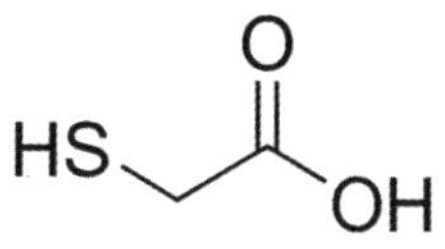

분자식 : $C_2H_4O_2S$

분자량 : 92.12

CAS No. : 68-11-1

- 환원제로써 펌제 1제에서 많이 쓰는 원료
- 특이한 냄새가 있는 무색 투명한 유동성 액제인 유기산

〈보기2〉

시스테인
시스틴
과산화수소
브론산나트륨
몰식자산
치오글라이콜릭애씨드
살리실릭애씨드

086

다음 그림을 참고하여 〈보기〉의 빈칸에 들어갈 숫자를 차례대로 쓰시오.

〈보기〉

위 제품의 포장공간 비율은 (㉠)이하이고 포장 횟수는 (㉡)차포장까지 가능하다.

087

〈보기〉의 빈칸에 공통으로 들어갈 알맞은 용어를 쓰시오.

〈보기〉

- 화장품에 사용되는 유성원료 중 자연계 액상 오일은 그 유래에 따라 식물성오일, 동물성오일, ( )오일로 나뉜다.
- 비극성인 특성을 기반으로 피부 표면에서 수분 증발 억제 목적(밀폐제)으로 사용된다.
- 화장품의 사용감 향상의 목적으로 사용한다.
- 피부연화제 효과가 우수하여, 피부 및 모발에 대한 유연성을 부여하기 위해 사용한다.
- ( ) 오일은 잘 산화되지 않아 변질되지 않는 특성이 있지만, 유성감이 강해 피부의 호흡을 막고 폐색막을 형성하므로 다른 오일과 혼합하여 사용한다.

088

다음 〈보기〉는「우수화장품 제조 및 품질관리기준」제2조, 제10조의 일부분이다. 괄호에 공통으로 들어갈 알맞은 용어를 적으시오.

〈보기〉

- “(　　)”이란 규정된 조건 하에서 측정기기나 측정 시스템에 의해 표시되는 값과 표준기기의 참값을 비교하여 이들의 오차가 허용범위 내에 있음을 확인하고, 허용범위를 벗어나는 경우 허용범위 내에 들도록 조정하는 것을 말한다.
- 제품의 품질에 영향을 줄 수 있는 검사·측정·시험장비 및 자동화장치는 계획을 수립하여 정기적으로 (　　) 및 성능점검을 하고 기록해야 한다.

089

「화장품법 시행규칙」제12조의2에 따라 〈보기〉의 빈칸에 들어갈 용어를 쓰시오.

〈보기〉

다음 각 목의 사항이 포함된 맞춤형화장품 판매내역서(전자문서로 된 판매내역서를 포함한다)를 작성·보관할 것

가. 제조번호(맞춤형화장품의 경우 식별번호를 제조번호로 함)

나. 사용기한 또는 개봉 후 사용기간

다. (㉠) 및 (㉡)

090

〈보기〉의 빈칸에 들어갈 알맞은 용어를 차례대로 쓰시오.

〈보기〉

(㉠)은 모발의 주요 성분이며 거친 섬유성 단백질이다. 손발톱에는 주로 이 성분이 포함되어 있다. (㉡)는 피부에 분비되는 기름기 있는 액체로, 피부를 유연하게 해주고 방수 기능을 한다. 우리가 목욕을 할 때 스펀지처럼 물을 흡수하지 않는 이유는 피부의 방수 효과 때문이다. 또한 (㉡)는 수분 증발과 세균의 감염으로부터 막아 준다.

091

다음 〈보기〉가 설명하는 피부 구조의 명칭을 쓰시오.

〈보기〉

- 표피와 피하지방층 사이에 위치하며 피부의 90% 이상을 차지하며 표피두께의 10 ~ 40배 정도임
- 점탄성을 갖는 탄력적인 조직으로 무정형의 기질(ground substance)과 교원섬유(collagen fiber), 탄력섬유(elastic fiber)등의 섬유성 단백질로 구성됨
- 혈관계나 림프계 등이 복잡하게 얽혀 있는 형태를 띄며 표피에 영양분을 공급하여 표피를 지지하고 강인성에 의해 피부의 다른 조직들을 유지하고 보호해 주는 역할을 함

092

〈보기〉는「화장품법」제8조 본문의 일부이다. 빈칸에 공통으로 들어갈 알맞은 말을 쓰시오.

〈보기〉

식품의약품안전처장은 보존제, (　　　), 자외선차단제 등과 같이 특별히 사용상의 제한이 필요한 원료에 대하여는 그 사용기준을 지정하여 고시하여야 하며, 사용기준이 지정·고시된 원료 외의 보존제, (　　　), 자외선차단제 등은 사용할 수 없다.

093

〈보기〉는「화장품법 시행규칙」제19조의 일부로서 1차 포장 또는 2차 포장에 기재·표시하여야 하는 사항에 대한 내용이다. ㉠, ㉡에 들어갈 단어를 법에 기재된 용어 그대로 쓰시오.

〈보기〉

법 제10조제1항제10호에 따라 화장품의 포장에 기재·표시하여야 하는 사항은 다음 각 호와 같다. 다만, 맞춤형화장품의 경우에는 제1호 및 제6호를 제외한다.

1. 식품의약품안전처장이 정하는 바코드
2. 기능성화장품의 경우 심사받거나 보고한 효능·효과, 용법·용량
3. 성분명을 제품 명칭의 일부로 사용한 경우 그 성분명과 (㉠)((㉡)용 제품은 제외한다)
4. 인체 세포·조직 배양액이 들어있는 경우 그 (㉠)
5. 화장품에 천연 또는 유기농으로 표시·광고하려는 경우에는 원료의 (㉠)
6. 수입화장품인 경우에는 제조국의 명칭(「대외무역법」에 따른 원산지를 표시한 경우에는 제조국의 명칭을 생략할 수 있다), 제조회사명 및 그 소재지
7. 제2조제8호부터 제11호까지에 해당하는 기능성화장품의 경우에는 "질병의 예방 및 치료를 위한 의약품이 아님"이라는 문구
8. 다음 각 목의 어느 하나에 해당하는 경우 법 제8조 제2항에 따라 사용기준이 지정·고시된 원료 중 보존제의 (㉠)

가. 별표 3 제1호가목에 따른 3세 이하의 영유아용 제품류인 경우

나. 4세 이상부터 13세 이하까지의 어린이가 사용할 수 있는 제품임을 특정하여 표시·광고하려는 경우

094

다음 〈보기〉는 화장품법 시행규칙 [별표 3]의 일부이다. 빈칸에 들어갈 숫자를 차례대로 쓰시오.

〈보기〉

알파-하이드록시애시드(-hydroxyacid, AHA)(이하 "AHA"라 한다) 함유제품((㉠)퍼센트 이하의 AHA가 함유된 제품은 제외한다)

가) 햇빛에 대한 피부의 감수성을 증가시킬 수 있으므로 자외선 차단제를 함께 사용할 것(씻어내는 제품 및 두발용 제품은 제외한다)

나) 일부에 시험 사용하여 피부 이상을 확인할 것

다) 고농도의 AHA 성분이 들어 있어 부작용이 발생할 우려가 있으므로 전문의 등에게 상담할 것(AHA 성분이 (㉡)퍼센트를 초과하여 함유되어 있거나 산도가 3.5 미만인 제품만 표시한다)

095

다음 〈보기〉가 설명하는 것의 용어를 쓰시오.

〈보기〉

용제에 약간의 난용성 물질인 향 등을 용해 시키기 위한 목적으로 사용되는 계면활성제가 물에 용해될 때 일정 농도 이상에서 생성되는 마이셀(Micelle)을 이용하여 용해도 이상으로 용해시키는 기술을 이용하여 투명한 형상을 갖는 상태를 의미한다. 이러한 작용을 이용한 화장품은 화장수(토너), 미스트, 향수 등이 있다.

096

다음 〈보기〉가 설명하는 것의 용어를 쓰시오.

〈보기〉

- 뱃치 전체 또는 일부에 추가 처리(한 공정 이상의 작업을 추가하는 일)를 하여 부적합품을 적합품으로 다시 가공하는 일
- 적합판정기준을 벗어난 완제품 또는 벌크제품을 재처리하여 품질이 적합한 범위에 들어오도록 하는 작업

097

다음 〈보기〉는 식품의약품안전처고시「기능성화장품 기준 및 시험」[별표1]에의 일부이다. 빈칸에 들어갈 말을 차례대로 쓰시오.

〈사용 시 주의사항〉

- 제제를 만들 경우에는 따로 규정이 없는 한 그 보존 중 성상 및 품질의 기준을 확보하고 그 유용성을 높이기 위하여 부형제, 안정제, 보존제, 완충제 등 적당한 (㉠)를 넣을 수 있다.
- 검체의 채취량에 있어서「약」이라고 붙인 것은 기재된 양의 ±(㉡)%의 범위를 뜻한다.

098

화장품제조업자 A씨는 로션을 제조할 계획인데 어떤 성분을 첨가하여야 할지 고민 중이다. 제품에 첨가시 "3세 이하 영유아에게는 사용하지 말 것"이라는 사용 시의 주의사항 표시 문구를 적어야하는 성분을 <보기>에서 모두 찾아 쓰시오.

<보기>

폴리에톡실레이티드레틴아마이드
아이오도프로피닐부틸카바메이트(IPBC)
과산화수소
살리실릭애씨드
부틸파라벤
스테아린산아연
알루미늄

099

<보기>의 빈칸에 들어갈 숫자를 순서대로 쓰시오.

<보기>

맞춤형화장품조제관리사 수연은 바디크림 400g에 제라니올 0.02g을 첨가하였다. 따라서 제라니올의 함량은 (㉠)%이다. 해당 바디크림은「화장품 사용 시의 주의사항 및 알레르기 유발성분 표시에 관한 규정」에 따라 제라니올을 (㉡)% 초과 함유하면 해당 성분의 명칭을 기재·표시하여야 한다.

100

다음 <보기> A, B, C의 대화를 읽고 빈칸에 들어갈 모발의 구조를 차례대로 쓰시오.

<대화>

A : 어서오세요, 손님 어제 오셨는데 오늘 또 뵙네요.

B : 안녕하세요, 오늘 머리를 감아봤는데 펌이 제대로 안 나왔어요. 왜 그런건가요?

A : 손님 모발에 (㉠)이 적어서 펌이 잘 안나온 것 같습니다.(㉠)이 많은 두발은 웨이브 펌이 잘되고, (㉠)이 적은 두발은 웨이브 형성이 잘 안 되는 경향이 있습니다.

C : 미용사님, 저는 염색한지 얼마 안됐는데 웨이브 펌을 해도 될까요?

A : 웨이브펌을 하시지 않는 것이 좋겠습니다. 먼저 염색의 원리를 설명해드릴게요. 염색제에 들어있는 암모니아는 (㉡)를 손상시켜 염료와 과산화수소가 속으로 잘 스며들 수 있도록 하는 역할을 합니다. 과산화수소는 색소를 파괴하는데, 머리카락 속의 멜라닌 색소를 파괴하여 두발 원래의 색을 지워주는 역할을 합니다. 염모제는 머리카락의 본연의 보호하는 층을 뚫고 들어가 멜라닌 색소를 파괴하고 다른 염료의 색상을 넣는 과정을 거칩니다. 그런데 염색을 하고 나서 펌을 또 하시면 (㉡)가 다시 열리면서 염료 성분이 빠져나갑니다.

맞춤형화장품

실전고사

5회

실전고사 5회

001

다음 〈보기〉에서 나열된 화장품유형 중 두발용 제품으로 짝지어진 것이 아닌 것은?

〈보기〉
헤어틴트, 무스, 헤어컬러스프레이, 샴푸, 염모제, 헤어스트레이트너, 탈염제, 탈색제, 헤어스프레이, 헤어퍼머넌트웨이브, 흑채

① 헤어틴트, 헤어컬러스프레이
② 헤어스프레이, 흑채
③ 헤어퍼머넌트웨이브, 흑채
④ 샴푸, 무스
⑤ 샴푸, 헤어스트레이트너

002

다음 〈보기〉에서 화장품이 아닌 것으로 짝지어진 것은?

〈보기〉
치약미백제, 손소독제, 핸드크림, 구강청결제, 식염수, 흑채, 액취방지용 데오도런트

① 손소독제, 핸드크림
② 치약미백제, 손소독제
③ 흑채, 액취방지용 데오도런트
④ 핸드크림, 식염수
⑤ 구강청결제, 흑채

003

개인정보의 처리 업무 위탁 시 조치로서 옳지 않은 것은?

① 개인정보 위탁에 대한 내용을 일반일간신문, 일반주간신문 또는 인터넷신문에 싣는다.
② 개인정보 위탁에 대한 내용을 같은 제목으로 연 2회 이상 발행하여 정보주체에게 배포하는 간행물·소식지·홍보지 또는 청구서 등에 지속적으로 싣는다.
③ 위탁자가 재화 또는 서비스를 홍보하거나 판매를 권유하는 업무를 위탁하는 경우에는 대통령령으로 정하는 방법에 따라 위탁하는 업무의 내용과 수탁자를 정보주체에게 알려야 한다. 위탁하는 업무의 내용이나 수탁자가 변경된 경우에도 또한 같다.
④ 개인정보 위탁에 대한 내용을 위탁자의 사업장 등의 보기 쉬운 장소에 지속적으로 게시한다.
⑤ 맞춤형판매업자가 마케팅업무를 외부에 위탁했을 때 수탁업체에서 정보주체의 개인정보를 분실·도난·유출·위조·변조 또는 훼손 등의 문제가 생겼을 경우 맞춤형화장품판매업자는 잘못이 없다.

004

화장품의 포장에 기재·표시하여야 하는 기타 사항으로 옳지 않은 것은?

① 식품의약품안전처장이 정하는 바코드
② 인체세포·조직 배양액이 들어있는 경우 그 함량
③ 화장품에 천연 또는 유기농으로 표시·광고하려는 경우 원료의 함량
④ 화장품의 효능·효과, 용법·용량
⑤ 어린이용으로 광고하려는 경우 보존제의 함량

005

맞춤형화장품 판매업 신고에 대한 설명으로 틀린 것은?

① 의약품 안전나라시스템에서 전자민원, 방문 또는 우편 신청을 통하여 신고한다.
② 행정개편으로 인한 소재지 변경의 경우 60일 이내 변경신고를 한다.
③ 맞춤형화장품 판매업소별로 소재지에 있는 지방식품의약품안전청에 신고한다.
④ 1개월 이내 맞춤형화장품 판매업을 하려는 경우에도 관할지역의 지방식품의약품안전청에 신고하여야 한다.
⑤ 맞춤형화장품업소가 이전한 경우 이전한 새로운 관할지의 지방식품의약품안전청에 가서 신고하여야 한다.

006

식품의약품안전처장(제14조에 따라 식품의약품안전처장의 권한을 위임받은 자 또는 법 제3조의4제3항에 따라 자격시험 관리 및 자격증 발급 등에 관한 업무를 위탁받은 자를 포함한다)이 다음 각 호의 사무를 수행하기 위하여 불가피한 경우 「개인정보 보호법」 제23조에 따른 건강에 관한 정보, 같은 법 시행령 제18조제2호에 따른 범죄경력자료에 해당하는 정보, 같은 영 제19조제1호 또는 제4호에 따른 주민등록번호 또는 외국인등록번호가 포함된 자료를 처리할 수 없는 사무는?

① 맞춤형화장품판매업의 신고 및 변경신고에 관한 사무
② 폐업등의 신고에 관한 사무
③ 천연화장품, 유기농화장품의 인증에 관한 사무
④ 기능성화장품의 심사 등에 관한 사무
⑤ 청문에 관한 사무

007

화장품 책임판매업자의 의무와 준수사항에 대한 설명으로 틀린 것은?

① 원료목록보고는 연 2회 반기별로 보고하여야 한다.
② 제조업자로부터 받은 제품표준서 및 품질관리기록서를 보관해야 한다.
③ 생산·수입에 관한 실적은 매년 2월 말까지 보고한다.
④ 제조번호별로 품질검사를 철저히 한 후 유통시킨다.
⑤ 화장품제조업자와 화장품책임판매업자가 같은 경우 책임판매업자는 품질검사를 생략할 수 있다.

008

다음 〈보기〉의 무기안료 중 피부의 커버력을 조절할 수 있는 것으로 짝지어진 것은?

〈보기〉

㉠ 징크옥사이트	㉣ 티타늄디옥사이드
㉡ 카올린	㉤ 진주광택원료
㉢ 황색산화철	㉥ 마이카

① ㉡, ㉢
② ㉠, ㉣
③ ㉡, ㉥
④ ㉤, ㉥
⑤ ㉢, ㉤

009

다음 중 점도조절제에 해당하는 화장품 성분이 아닌 것은?

① 카복시메틸셀룰로오스
② 잔탄검
③ 카라기난
④ 소듐아크릴레이트폴리머
⑤ 라우릴글루코사이드

010

맞춤형화장품의 pH검사 결과 4.5로 나와 5.5로 조절 하려는 경우에 맞춤형화장품조제관리사가 사용할 수 있는 원료로 알맞은 것은?

① 글리세린
② 시트릭애씨드
③ 아세틱애씨드
④ 트라이에탄올아민
⑤ 다이소듐디디티에이

011

두발용 제품류 중 정발효과 및 두피와 두발에 영양을 주는 제품으로 사용방법에 따라 사용 후 씻어내는 제품과 사용 후 씻어내지 않는 제품으로 구별할 수 있는 제품은 무엇인가?

① 포마드
② 헤어토닉
③ 린스
④ 헤어컨디셔너
⑤ 헤어그루밍에이드

012

다음 중 기능성화장품이 아닌 것을 고르시오.

① 튼살로 인한 붉은선을 제거하는데 도움을 주는 크림
② 피부장벽의 기능을 회복하여 가려움 등의 개선에 도움을 주는 로션
③ 자외선을 차단 또는 산란시켜 자외선으로부터 피부를 보호해주는 썬크림
④ 탈모증상 완화에 도움을 주는 샴푸
⑤ 피부에 탄력을 주어 피부의 주름을 개선하는데 도움을 주는 토너

013

다음 〈보기〉의 보존제 중 하나를 사용하여 바디크림을 만들려고 할 때 화장품법에서 고시한 사용한도 함량이 큰 것부터 나열한 것으로 알맞은 것은?

〈보기〉

㉠ 벤조익애씨드
㉡ 벤질알코올
㉢ 벤잘코늄클로라이드

① ㉡, ㉠, ㉢
② ㉡, ㉢, ㉠
③ ㉠, ㉡, ㉢
④ ㉠, ㉢, ㉡
⑤ ㉢, ㉡, ㉠

014

다음 중 사용 후 씻어내지 않는 화장품에도 사용가능한 성분은?

① 메칠클로로이소치아졸리논과 메칠이소치아졸리논의 혼합물
② 부틸파라벤
③ 헥세티딘
④ 소듐라우로일사코시네이트
⑤ 징크피리치온

015

화장품의 원료와 사용할 때 주의사항으로 바르게 이어진 것은?

① 천수국꽃추출물 추출물 - 자외선을 이용한 태닝을 목적으로 하는 제품에는 사용금지
② 트리클로카반 - 손발톱용 제품에 25% 제한
③ 만수국 꽃추출물 - 사용 후 씻어내지 않는 제품에 사용금지
④ 꽃송이이끼추출물 - 알레르기 유발 성분
⑤ 벤잘코늄클로라이드 - 분사형 제품에 사용금지

016

맞춤형화장품조제관리사가 맞춤형화장품 조제를 위해 사용 가능한 원료로 짝지어진 것은?

① 나이아신아마이드, 금가루
② MCT, 토코페릴아세테이트
③ 판테놀, 페녹시에탄올
④ 카민류, 토코페롤
⑤ 알파-하이드록시애씨드, 벤질알코올

017

화장품의 위해성 등급이 다른 것을 고르시오.

① 전부 또는 일부가 변패된 화장품
② 이물질이 혼입되어 있는 화장품
③ 맞춤형화장품조제관리사를 두지 않고 판매한 맞춤형화장품
④ 페닐파라벤이 함유된 화장품
⑤ 병원미생물에 오염된 화장품

018

화장품의 위해성 등급이 다른 것을 고르시오.

① 수은이 10㎍/g 검출된 화장품
② 대장균이 검출된 화장품
③ 의약품으로 잘못 인식할 우려가 있도록 기재·표시된 화장품
④ 사용기한을 위조한 화장품
⑤ 화장품의 포장 및 기재·표시 사항을 훼손한 화장품

019

화장품 성분에 대한 특성과 종류에 대한 설명으로 옳은 것은?

① 음이온계면활성제는 세균에 흡착하는 성질을 가지고 있어 살균제로도 사용되며 종류에는 소듐라우릴설페이트, 소듐라우레스설페이트 등이 있다.
② 점도조절제는 액제의 점도를 높이거나 유화제품의 점증을 높여주어 안정성을 좋게 해주는 성분으로 종류에는 구아검, 아라비아검, 카라기난 등이 있다.
③ 금속이온봉쇄제는 수용액에 함유된 금속이온의 작용을 억제하여 세정제의 기포를 안정화하고 물 때의 형성을 막으며 에멀젼 제품의 안정성을 높여준다. 종류에는 트라이에탄올아민, 알지닌 등이 있다.
④ 양이온계면활성제는 세정력과 거품 형성이 우수하여 화장품에서 인체세정용 제품으로 활용된다. 바디 클렌저, 샴푸, 폼클렌저 등에 사용 된다. 종류에는 세테아디모늄클로라이드, 다이스테아릴다이모늄클로라이드, 베헨트라이모늄클로라이드 등이 있다.
⑤ 피부컨디셔닝제는 피부에 변화를 주는 보습제 성분으로 종류에는 메틸셀룰로오스, 에틸셀룰로오스, 카복시 메틸셀룰로오스 등이 있다.

020

다음 보기에서 위해평가 절차를 순서대로 나열한 것은?

〈보기〉

㉠ 노출평가과정
㉡ 위험성 확인
㉢ 위해도 결정과정
㉣ 위험성 결정

① ㉠, ㉡, ㉣, ㉢
② ㉠, ㉢, ㉡, ㉣
③ ㉡, ㉣, ㉠, ㉢
④ ㉢, ㉡, ㉠, ㉣
⑤ ㉣, ㉡, ㉠, ㉣

021

식품의약품안전처장이 고시한 자료제출이 생략되는 기능성화장품의 미백 성분과 그 성분의 고시된 최대함량으로 옳게 짝지어진 것은?

① 아데노신 0.04%
② 알부틴 2%
③ 알파-비사보롤 0.05%
④ 나이아신아마이드 5%
⑤ 유용성감초추출물 0.5%

022

다음 〈보기〉의 화장품 성분 중 함량을 반드시 기재하여야 하는 성분을 모두 고른 것은?

〈보기〉

제품명	시어버터&비타민E 베이비크림
광고 내용	아이들에게 안전한 시어버터와 비티민E를 사용한 베이비 크림으로 피부의 보습에 좋은 유기농 올리브오일과 유기농 참깨오일을 함유하여 더욱 촉촉하고 부드럽게 사용가능합니다.
제품 전성분	정제수, 시어버터, 참깨오일, 올리브오일, 비타민E, 세틸알코올, 글리세릴스테아레이트, 감초뿌리추출물, 글리세린, 페녹시에탄올, 만델릭산, 향료, 리날룰, 제라니올, 알파-아이소메틸아이오논, 아니스알코올

① 시아버터, 올리브오일, 아니스알코올
② 시어버터, 올리브오일, 참깨오일
③ 비타민E, 리날룰, 제라니올, 알파-아이소메틸아이오논, 아니스알코올
④ 시어버터, 비타민E, 리날룰, 제라니올, 알파-아이소메틸아이오논, 아니스알코올
⑤ 시어버터, 비타민E, 페녹시에탄올, 올리브오일, 참깨오일

023

다음 〈보기〉와 같이 광고하였을 때 위반 사항과 1차 행정처분이 바르게 짝지어진 것은?

〈보기〉

○○샴푸는 사용 시 모발 성장에 도움을 주어 모발이 굵기가 증가하며, 찰랑 찰랑 윤기가 날 수 있게 도와주는 코스메슈티컬스(Cosmeceuticals) 제품입니다.

① 위반사항 : 기능성화장품 오인
행정처분 : 해당품목 광고업무 정지 1개월
② 위반사항 : 기능성화장품 오인
행정처분 : 해당품목 판매업무 정지 3개월
③ 위반사항 : 기능성화장품 오인
행정처분 : 시정명령
④ 위반사항 : 의약품 오인
행정처분 : 해당품목 광고업무 정지 3개월
⑤ 위반사항 : 의약품 오인
행정처분 : 해당품목 판매업무 정지 2개월

024

다음은 손님A와 맞춤형화장품조제관리사B의 대화이다. 손님A의 질문에 대한 맞춤형화장품조제관리사 B의 답으로 옳은 것으로만 짝지어진 것은?

> A : 안녕하세요. 4세 아이가 사용할 샴푸를 구매하려고 합니다. 추천해주실 제품이 있으신가요?
> B : 이 ○○샴푸는 어떠신가요?
> A : 이 ○○샴푸에 들어있는 소듐라우릴설페이트이라는 성분은 어떤 성분인가요?
> B : ㉠ 소듐라우릴설페이트 성분은 음이온성 계면활성제로 다른 이온 계면활성제보다 피부자극이 적어 영유아 및 어린이용 제품에 많이 사용되는 성분입니다.
> A : 그럼 세트인 00린스 상품에 들어있는 계면활성제도 위와 같은 종류의 계면활성제가 들어있나요?
> B : ㉡ 린스에 들어있는 계면활성제는 양이온성 계면활성제로 대표적으로 세테아디모늄클로라이드, 다이스테아릴다이모늄클로라이드 등이 있습니다.
> A : 그렇군요. 기존에 사용하던 샴푸에는 아이오도프로피닐부틸카바메이트(IPBC)라는 성분이 들어 있었는데 이 성분은 어떤가요?
> B : ㉢ 아이오도프로피닐부틸카바메이트(IPBC)라는 성분은 만 13세 이하 어린이에게는 사용할 수 없는 성분으로 당장 사용을 중지하시는 게 좋을 것 같습니다.
> A : 오늘부터 사용을 하지 않아야겠군요. 샴푸 외에 ○○녹색비누를 사용 중인데 이 제품은 괜찮겠죠?
> B : 비누의 경우 ㉣ 예전에는 비누가 공산품이었지만 이제는 화장품으로 바뀌면서 ㉤ 피그먼트 녹색 7호 색소는 사용할 수가 없으니 성분을 한번 확인해 보시는 게 좋겠네요.

① ㉠, ㉡
② ㉠, ㉢
③ ㉡, ㉢
④ ㉡, ㉣
⑤ ㉣, ㉤

025

세균과 진균에 대한 설명 중 옳은 것은?

① 진균은 대두카제인소화한천배지를 주로 사용하며 배양온도는 25~30℃이다.
② 세균은 사부로포도당한천배지를 주로 사용하며 배양온도는 25~30℃이다.
③ 진균의 대표적인 예로 푸른곰팡이가 있다.
④ 물휴지의 경우 검출된 세균 및 진균의 합이 100개/g(mL) 이하여야 한다.
⑤ 세균의 경우 식물성 성분이 필수 영양소이다.

026

식품의약품안전처장이 고시한 「화장품 안전기준 등에 관한 규정」[별표2]는 사용상의 제한이 필요한 원료를 고시하고 있다. 다음의 성분과 그 사용한도의 연결로 옳지 않은 것은?

① 메칠이소치아졸리논 : 사용 후 씻어내는 제품 0.0015%
② 벤조익애씨드, 그 염류 및 에스텔류 : 산으로서 0.5%
③ 쿼터늄-15 : 2%
④ 트리클로카반 : 0.2%
⑤ 이미다졸리디닐우레아 : 0.6%

027

다음은 「화장품 안전 기준 등에 관한 규정」에서 고시하고 있는 사용상의 제한이 필요한 원료인 살리실릭애씨드에 대한 설명으로 옳지 않은 것은?

① 영유아용 제품류 또는 13세 이하 어린이가 사 용할 수 있음을 특정하여 표시한 샴푸에는 살리실릭애씨드를 사용할 수 없다.
② 인체세정용 제품류에 살리실릭애씨드로서 2%까지 사용 가능하다.
③ 보존제로 사용 시 살리실릭애씨드 및 그 염류는 0.5%까지 사용 가능하다.
④ 기타성분으로 살리실릭애씨드 및 그 염류로 두발용제품류에는 3%까지 사용 가능하다.
⑤ 기능성화장품의 유효성분으로 사용하는 경우에 한하며 기타 제품에는 사용금지한다.

028

화장품 보습제의 종류 및 기능에 대한 설명으로 옳지 못한 것은?

① 에몰리언트 기능으로 미네랄오일, 에스터오일, 실리콘오일 등을 사용한다.
② 피부 외층의 수분보유를 증대시키기 위한 습윤제로 피부 도포 시 주변의 수분을 흡수하여 보습을 유지하는 물질인 글리세린, 히아루론산 등이 있다.
③ 피부표면으로부터 수분의 증발을 지연시키는 수분차단제의 기능으로 사용되며 폐색막형성 시킨다. 오일, 지방산, 페트롤라툼 등이 있다.
④ 피부에 특별한 효과를 주기 위한 성분으로 건조하거나 손상된 피부를 개선, 피부탈락 감소, 유연성 회복을 위하여 피부컨디셔닝제로 사용한다. 시어버터, 실크아미노산, 세라마이드, 각종추출물들이 있다.
⑤ 세라마이드는 피부장벽 대체재로서 피부보습제의 종류로 사용되지 않는다.

029

화장품 작업장의 낙하균 측정방법에 대한 설명으로 틀린 것은?

① 일반적으로 작은 방을 측정하는 경우에는 약 2개소를 측정한다.
② 방 이외의 격벽구획이 명확하지 않은 장소(복도, 통로 등)에서는 공기의 진입, 유통, 정체 등의 상태를 고려하여 전체 환경을 대표한다고 생각되는 장소를 선택 한다.
③ 바닥에서 측정하는 것이 원칙이다.
④ 측정 위치마다 세균용배지 1개, 진균용배지 1개를 둔다.
⑤ 노출 시간이 1시간 이상이 되면 배지의 성능이 떨어지므로 예비시험으로 적절한 노출시간을 결정한다.

030

화장품 제조 관련 설비의 유지관리에 대한 설명 중 옳지 않은 것은?

① 건물, 시설 및 주요 설비는 정기적으로 점검해야 한다.
② 결함 발생 및 정비 중인 설비는 적절한 방법으로 표시하고 고장 등 사용이 불가할 경우 표시하여야 한다.
③ 품질에 영향을 줄 수 있는 장치는 연간 계획을 세워서 매년 1회 이상 관리한다.
④ 모든 제조관련 설비는 승인된 자만이 접근·사용하여야 한다.
⑤ 유지관리 작업이 제품의 품질에 영향을 주어서는 안 된다.

031

다음 중 위해화장품에 대한 내용으로 옳은 것은?

① 아이크림의 납 잔류함량이 30㎍/g인 경우 합격 제품으로 회수대상이 아니다.

② 변성알코올에 메탄올이 2% 함유된 원료로 향수를 제작한 경우 회수대상에 해당된다.

③ 물휴지에 메탄올의 잔류함량이 0.001%이고 세균수는 90개, 진균수는 101개가 검출된 경우에는 회수대상에 해당되지 않는다.

④ 화장비누의 수분 포함 중량이 100g이고 건조 중량이 85g인 경우 2차포장지에 중량표기는 85g이라고 표기하고 유리알칼리 잔류성분이 0.1% 이하면 합격이므로 회수대상에 해당되지 않는다.

⑤ 바디오일, 폼클렌저, 바디클렌저, 샴푸 등은 ph기준이 25℃에서 3.0 ~ 9.0이다.

032

화장품 설비 세척 소독을 위해 사용되는 화학적 소독제로 알맞은 것은?

① 염소계 소독제, 페놀, 과산화수소

② 4급암모늄화합물200ppm, 차아염소산나트륨, 스팀

③ 스팀, 온수, 직열

④ 스팀, 직열, 에탄올

⑤ 스팀, 에탄올, 아이소프로판올

033

화장품 제조설비별 재질 및 특성에 대한 설명으로 맞는 것은?

	시설	재질	특성
①	탱크	스테인리스 #304, #316	표면은 매끈하고 부식성이 없는 재질을 사용하여야 하기 때문에 스테인리스를 주로 사용하지만 구리를 사용하기도 한다.
②	호스	고무, 유리, 나일론	높은 열과 압력에 대하여 문제가 없게 설계되어야 한다.
③	혼합과 교반	알류미늄, 구리	전기 구성 품들은 설비 지역에 있을 수 있는 폭발위험물로부터 안전한 곳에 보관한다.
④	이송 파이프	스테인리스 #304, #316, 알류미늄	생성되는 최고의 압력을 고려해야 하고, 사용 전 시스템은 정수압적으로 시험되어야 한다.
⑤	필터	반응성 섬유	모든 여과 조건하에서 생기는 최고 압력들을 고려해야 한다.

034

화장품 혼합 시 제형의 안정성을 감소시키는 요인에 대한 설명으로 틀린 것은?

① 원료투입순서 : 원료투입 순서가 바뀌면 불안정한 미셀이 형성되어 제품의 냄새, 색상 등이 달라질 수 있다.
② 유화공정 : 제조 온도가 설정된 온도보다 지나치게 높을 경우 유화제의 HLB가 바뀌면서 전상 온도 이상의 온도에서는 상이 서로 바뀌어 유화 안정성에 문제가 생길 수 있다.
③ 가용화공정 : 제조 온도가 설정된 온도보다 지나치게 높을 경우 가용화제의 친수성과 친유성의 정도를 나타내는 HLB가 바뀌면서 운점(cloud point) 이상의 온도에서는 가용화가 깨져 제품의 안정성에 문제가 생길 수 있다.
④ 진공세기 : 제조 시 생기는 미세한 기포를 압력을 가해 제거 하지 않으면 제품의 점도, 비중, 안정성 등에 영향을 미친다.
⑤ 회전속도 : 교반기의 RPM 속도가 느린 경우 유화입자가 커서 성상 및 점도가 달라지고 안정성에 문제가 발생하고 점증제 및 분산제의 분산이 어려워 덩어리가 생길 수 있다.

035

다음 중 폐기 처분해야 하는 화장품은?

① 소합향나무 추출물 0.4% 함유
② 풍나무 추출물 0.3% 함유
③ 천수국 꽃 추출물 0.01% 함유
④ 로즈케톤-3 0.015% 함유
⑤ 암모니아 0.6% 함유

036

화학적 소독제의 장단점이 바르게 설명된 것은?

	유형	장점	단점
①	염소 유도체	우수한 효과, 부식이 없음	물로 씻어야 함
②	알코올	세척불필요, 빠른 건조	알칼리성 조건하에서 효과가 적음
③	인산	우수한 효과, 탈취작용	찬물에 녹지 않아 고온에 사용
④	페놀	빠른 건조	고농도시 폭발성 있음
⑤	과산화수소	유기물에 효과적	피부에 좋지 않아 직원의 손 보호가 필요함

037

아이크림의 유통화장품 안전관리기준으로 옳지 않은 것은?

① 납 20㎍/g 이하
② 니켈 35㎍/g 이하
③ 총호기성생균수 1000개/g(mL) 이하
④ 포름알데하이드 2000㎍/g 이하
⑤ 디옥산 100㎍/g

038

다음은 바디크림 100g 중 비의도 유래물질의 검출량이다. 유통화장품 안전관리 기준에 적합하지 않은 것은?

① 납 23㎍/g 검출
② 니켈 9㎍/g 검출
③ 총호기성생균수 76,200개 검출
④ 비소 8㎍/g 검출
⑤ 수은 1㎍/g 검출

039

품질관리 시설에서 사용되는 기기명과 그 용도가 바르게 짝지어진 것은?

① 회화로 - 시료용해
② 전열기 - 강열잔분시험
③ 데시게이터 - 건조
④ 속실렛추출장치 - 유독가스배출
⑤ Homomixer - 질소정량

040

작업실의 청정도 기준에 대한 내용으로 바르게 짝지어진 것은?

	등급	해당작업실	청정공기순환	관리기준
①	1	클린벤치	10회/hr 이상 또는 차압관리	낙하균:10개/hr 또는 부유균: 20개/㎥
②	1	제조소	20회/hr 이상 또는 차압관리	낙하균:10개/hr 또는 부유균: 20개/㎥
③	2	원료보관소	20회/hr 이상 또는 차압관리	낙하균:30개/hr 또는 부유균: 200개/㎥
④	2	원료칭량실	10회/hr 이상 또는 차압관리	낙하균:30개/hr 또는 부유균: 200개/㎥
⑤	3	포장실	환기장치	없음

041

자외선 차단제품의 포장에 대한 설명으로 옳은 것은?

	포장공간비율	포장횟수
①	10% 이하	1차
②	10% 이하	2차
③	15% 이하	1차
④	15% 이하	2차
⑤	20% 이하	2차

042

다음 〈보기〉에 있는 포장재의 재평가에 대한 설명으로 옳은 것은?

〈보기〉

〈품질성적서〉

• 생산연월일 : 2019.03.04
• 사용기한 : 2022.03.03
• 판정일 : 2019.03.08

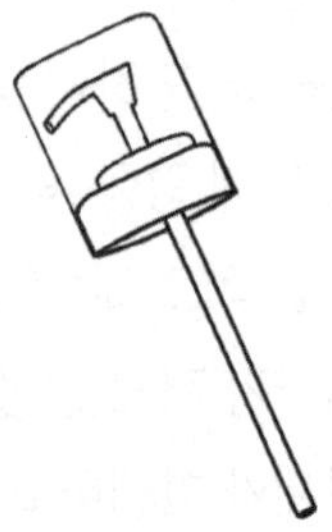

〈조건〉

• 입고일자는 2019.03.07.이다.
• 검수일자는 2019.03.08.이다.
• 검수는 다른 제품으로하여 본 제품은 미개봉 제품이다.

① 이 제품을 2022.03.02.에 개봉했을 경우 용기의 사용기한은 2025.03.01.이다.
② 재평가 시 첫 입고 때 시험한 시험항목으로 다시 시험한다.
③ 아직 사용기간 전이기 때문에 별도의 재시험 없이 용기를 사용할 수 있다.
④ 별도의 재평가 없이 원래 사용기한을 3년 늘릴 수 있다.
⑤ 사용기간이 지나도 재평가 방법을 확립해 두었다면 재평가하여 사용할 수 있다.

043

시설기구 소독에 대한 설명으로 옳지 않은 것은?

① UV살균은 자외선이 잘 조사되도록 장비 및 기구들이 겹치지 않게 한 층으로 보관 후 사용한다.
② 소독제의 잔여물이 조금 남아도 사용 가능하다.
③ 5분 이내 살균이 되어야 한다.
④ 99.9% 이상 살균되어야 한다.
⑤ 에탄올 70%를 사용한다.

044

필터의 종류와 특징에 대한 설명으로 알맞은 것은?

① HEPA필터는 사용온도 최고 100℃에서 0.3㎍ 입자들 99.97% 이상 제거가 가능하다.
② MEDIUM필터는 미립자 0.5㎍를 제거 할 수 있다.
③ PRE필터는 HEPA, MEDIUM 등의 전처리용으로 사용된다.
④ PRE BAG 필터는 미립자 5~10㎍를 제거할 수 있다.
⑤ MEDIUM BAG 필터는 먼지보유량이 적은 대신 수명이 길다.

045

작업장 내 직원들이 사용하기에 적합한 소독제로 짝지어진 것은?

① 아이오다인, 아이오도퍼
② 4급 암모늄 화합물, 포타슘하이드록사이드
③ 클로록시레놀, 소듐카보네이트
④ 일반 비누, 과산화수소
⑤ 헥사클로로펜, 락틱애씨드

046

다음은 ○○원료의 시험 성적서이다. 빈칸에 들어갈 단어로 알맞게 짝지어진 것은?

품질 성적서(Certificate of Analysis)
제품코드 :
제품명 : ○○
제조일자 : 2021.03.05
사용기한 : 2023.03.04
제조업체명 : ○○○○

시험항목	시험기준	시험결과
성상	미색 투명한 액상	연갈색 투명한 액상
냄새	약간의 특이취	약간의 특이취
pH	5.5~7.5	6.25
(㉠)d	0.980~1.040	0.976
(㉡)n	1.370~1.410	1.384
비소	≤ 10ppm	적합
(㉢)		
Total bacteria count	≤100 cfu/mL	적합
Total yeast & mold count	≤100 cfu/mL	적합

제조업체주소
제조업체명
품질관리 일자
품질관리 책임자 이름 및 확인

	㉠	㉡	㉢
①	비중	굴절률	총호기성생균수
②	굴절률	점도	총호기성생균수
③	질량	점도	대장균
④	비중	점도	총호기성생균수
⑤	굴절률	부피	대장균

047

치오글라이콜릭애씨드 또는 그염류를 주성분으로 한 냉2욕식 헤어퍼머넌트웨이브용 제품, 치오글라이콜릭애씨드 또는 그 염류를 주성분으로 하는 냉2욕식 헤어스트레이트너용 제품 제1제의 유통화장품안전관리 기준에 적합하지 않은 것은?

① pH : 4.5 ~ 9.6이며 알칼리성분 중 0.1N염산의 소비량은 검체 1mL에 대하여 7.0mL 이하

② 산성에서 끓인 후의 환원성 물질의 함량(치오글라이콜릭애씨드로서)이 2.0 ~ 11.0%

③ 산성에서 끓인 후의 환원성 물질 이외의 환원성 물질(아황산염, 황화물 등) : 검체 1mL 중의 산성에서 끓인 후의 환원성 물질 이외의 환원성 물질에 대한 0.1N 요오드액의 소비량이 0.6mL 이하

④ 환원후의 환원성 물질(디치오디글라이콜릭애씨드) : 환원후의 환원성 물질의 함량은 4.0% 이하

⑤ 중금속 : 10㎍/g 이하, 비소 : 10㎍/g 이하, 철 : 2㎍/g 이하

048

인체적용시험자료 제출 시 사용할 수 있는 광고에 대한 설명으로 옳은 것은?

① 인체에 대한 자외선 내수성 검사 자료 제출 시 워터프루프 기능이 있다고 광고할 수 있다.

② 멜라닌 색소의 침착을 방지하여 기미, 주근깨 완화에 도움을 준다.

③ 피부혈행개선에 도움을 준다.

④ 인체적용시험자료를 제출하여도 일시적으로 붉은기를 가려준다는 표현은 사용할 수 없다.

⑤ 세포성장을 증가 시켜 피부 탄력에 도움을 준다.

049

시스테인, 시스테인염류 또는 아세틸시스테인을 주성분으로 하는 냉2욕식 헤어퍼머넌트웨이브용 제품에 대한 설명으로 옳지 않은 것은?

① 이 제품은 사용 시 약 60℃ 이하로 가온조작하여 사용하는 것으로서 시스테인, 시스테인염류, 또는 아세틸시 스테인을 주성분으로 하는 제1제 및 산화제를 함유하는 제2제로 구성된다.

② 제1제 : 이 제품은 시스테인, 시스테인염류 또는 아세틸시스테인을 주성분으로 하고 불휘발성 무기알칼리를 함유하지 않은 액제이다. 이 제품에는 품질을 유지하거나 유용성을 높이기 위하여 적당한 알칼리제, 침 투제, 습윤제, 착색제, 유화제, 향료 등을 첨가할 수 있다.

③ 유통화장품 안전관리기준은 아래와 같다.
  1) pH : 8.0 ~ 9.5
  2) 알칼리 : 0.1N 염산의 소비량은 검체 1mL에 대하여 12mL 이하
  3) 시스테인 : 3.0 ~ 7.5%
  4) 환원후의 환원성물질(시스틴) : 0.65% 이하
  5) 중금속 : 20㎍/g 이하
  6) 비소 : 5㎍/g 이하
  7) 철 : 2㎍/g 이하

④ 제2제 브롬산나트륨 함유제제의 경우 브롬산나트륨에 그 품질을 유지하거나 유용성을 높이기 위하여 적당한 용해제, 침투제, 습윤제, 착색제, 유화제, 향료 등을 첨가한 것이다. 용해상태는 명확한 불용성이물이 없어야 하고, pH : 4.0 ~ 10.5, 중금속 : 20㎍/g 이하 함유, 1인 1회 분량의 산화력이 3.5 이상이어야 한다.

⑤ 제2제 과산화수소수 함유제제는 과산화수소수 또는 과산화수소수에 그 품질을 유지하거나 유용성을 높이기 위하여 적당한 침투제, 안정제, 습윤제, 착색제, 유화제, 향료 등을 첨가한 것이다. pH : 2.5 ~ 4.5, 중금속 : 20㎍/g 이하, 1인 1회 분량의 산화력이 0.8 ~ 3.0이어야 한다.

050

생략 가능한 표시사항에 대한 설명으로 옳은 것은?

① 내용물이 30mL 이하인 경우 화장품바코드 표시가 생략 가능하다.
② 10mL 이하의 소용량 제품의 경우 가격표시가 생략 가능하다.
③ 수입화장품 중 「대외무역법」에 따른 원산지를 표시한 경우 제조국의 명칭을 생략할 수있다.
④ 기능성화장품의 경우 50ml 이하의 제품의 경우 그 효능·효과를 나타나게 하는 원료의 표시를 생략할 수 있다.
⑤ 30ml 이하의 제품의 경우 식품의약품안전처장이 사용기준을 고시한 화장품의 원료의 표시를 생략할 수 있다.

051

포장재의 입고 시 주의사항으로 틀린 것은?

① 포장재의 크기와 용량이 정확한지 확인을 해야 한다.
② 구매요구서, 인도문서, 인도물이 서로 일치하는지 확인해야 한다.
③ 검사중, 적합, 부적합에 따라 각각의 구분된 공간에 별도로 보관되어야 한다.
④ 선적 용기에 대하여 표기 오류, 용기 손상, 봉인 파손, 오염 등에 대해 육안으로 검사한다.
⑤ 부적합 포장재로 최종 판결된 포장재의 경우 혼동을 방지하기 위해 자동화시스템 보관공간에서도 장금장치를 필수로 장착하여야 한다.

052

화장품 포장의 표시기준 및 표시방법에 대한 설명으로 틀린 것은?

① 제조에 사용된 성분 기재·표시를 할 때는 글자의 크기를 9포인트 이상으로 한다.
② 영업자의 주소는 등록필증 또는 신고필증에 적힌 소재지 또는 반품·교환 업무를 대표하는 소재지를 기재·표시한다.
③ 색조 화장용 제품류, 눈 화장용 제품류, 두발염색용 제품류 또는 손발톱용 제품류에서 호수별로 착색제가 다르게 사용된 경우 '± 또는 +/-'의 표시 다음에 사용된 모든 착색제 성분을 함께 기재·표시할 수 있다.
④ 제19조제4항제7호에 따른 문구는 법 제10조제1항제8호에 따라 기재·표시된 "기능성화장품" 글자 바로 아래에 "기능성화장품" 글자와 동일한 글자 크기 이상으로 기재·표시해야 한다.
⑤ 화장품의 1차 포장 또는 2차 포장의 무게가 포함되지 않은 용량 또는 중량을 기재·표시해야 한다.

053

식품의약품안전처장이 고시한 치오글라이콜릭애씨드의 용도별 사용한도로 옳지 않은 것은?

① 헤어 퍼머넌트 웨이브용 및 헤어 스트레이트너 11%
② 제모용 5%
③ 염모제 2%
④ 샴푸 2%
⑤ 가온2온식 헤어스트레이트너 제품 5%

054

화장품 제조과정 중 발생하는 일탈 중 중대한 일탈이 아닌 것은?

① 제품표준서, 제조작업절차서 및 포장작업절차서의 기재내용과 다른 방법으로 작업이 실시되었을 경우
② 제조 공정에 있어서의 원료 투입에 있어서 동일 온도 설정 하에서의 투입 순서에서 벗어났을 경우
③ 생산 작업 중에 설비·기기의 고장, 정전 등의 이상이 발생하였을 경우
④ 벌크제품과 제품의 이동·보관에 있어서 보관 상태에 이상이 발생하고 품질에 영향을 미친다고 판단될 경우
⑤ 관리 규정에 의한 관리 항목에 있어서 두드러지게 설정치를 벗어났을 경우

055

화장품 검체에 관련된 내용으로 옳지 않은 것은?

① 제품 검체채취는 품질관리부서가 실시하는 것이 일반적이며, 제품 시험 및 그 결과 판정은 품질관리부서의 업무다.
② 원재료의 입고 시 검체 채취는 다른 부서에 검체 채취를 위탁할 수 있으나 화장품 검체채취는 품질관리부서 검체채취 담당자가 실시한다.
③ 검체 채취량에 있어서 "약"이라고 붙인 것은 기재된 양의 ±10%의 범위를 뜻한다.
④ 원료의 '표준품'이란 적정 조건에서 제작, 수입 및 생산되고 해당 품질 규격을 만족하여 시험검사 시 비교 시험용으로 사용되는 원료를 말한다.
⑤ 벌크 검체를 보관하는 목적은 제품의 사용 중에 발생할지도 모르는 "재검토작업"에 대비하기 위해서다.

056

품질이 보장된 우수한 화장품을 제조·공급하기 위한 제조 및 품질관리에 관한 기준에서 사용되는 용어의 정의로 옳지 않은 것은?

① "오염"이란 제품에서 화학적, 물리적, 미생물학적 문제 또는 이들이 조합되어 나타내는 바람직하지 않은 문제의 발생을 말한다.
② "회수"란 판매한 제품 가운데 품질 결함이나 안전성 문제 등으로 나타난 제조번호의 제품(필요시 여타 제조번호 포함)을 제조소로 거두어들이는 활동을 말한다.
③ "유지관리"란 적절한 작업 환경에서 건물과 설비가 유지되도록 정기적·비정기적인 지원 및 검증 작업을 말한다.
④ "검교정"이란 규정된 조건 하에서 측정기기나 측정 시스템에 의해 표시되는 값과 표준기기의 참값을 비교하여 이들의 오차가 허용범위 내에 있음을 확인하고, 허용범위를 벗어나는 경우 허용범위 내에 들도록 조정하는 것을 말한다.
⑤ "제조번호" 또는 "뱃치번호"란 하나의 공정이나 일련의 공정으로 제조되어 균질성을 갖는 화장품의 일정한 분량을 말한다.

057

다음 〈보기〉에서 대부분 진피에 존재하는 세포들로 모두 고른 것은?

〈보기〉
㉠ 대식세포
㉡ 섬유아세포
㉢ 비만세포
㉣ 머켈세포
㉤ 랑게르한스세포

① ㉠, ㉡, ㉢　② ㉠, ㉢, ㉣
③ ㉡, ㉢, ㉤　④ ㉡, ㉣, ㉤
⑤ ㉢, ㉣, ㉤

058

맞춤형화장품 조제관리사가 판매내역서에 필수로 기입해야 하는 항목이 아닌 것은?

① 제조업체의 명칭
② 제조번호
③ 판매일자
④ 판매량
⑤ 사용기한 또는 개봉 후 사용기간

059

각질형성세포의 각화과정 순서로 알맞은 것은?

〈보기〉

㉠ 기저세포의 분열
㉡ 각질세포의 재구축
㉢ 과립세포의 자기분해
㉣ 유극세포의 합성

① ㉠, ㉡, ㉢, ㉣
② ㉠, ㉣, ㉢, ㉡
③ ㉢, ㉣, ㉠, ㉡
④ ㉢, ㉡, ㉠, ㉣
⑤ ㉣, ㉡, ㉢, ㉠

060

모발 성장주기에 대한 설명으로 옳은?

① 모발의 성장주기의 순서는 성장기, 휴지기, 퇴행기, 탈모 순이다.
② 성장기의 기간은 약 6~8년이며, 전체 모발 주기의 60~70%가 이시기에 속한다. 성장기의 모발은 한달에 약 1~1.5cm 자라지만 영양상태, 호르몬분비, 계절, 연령, 유전인자 등 개인에 따라서 달라질 수 있다.
③ 휴지기에는 모낭과 모유두가 완전히 분리되고 모낭도 더욱더 위축되어 모근은 위쪽으로 더 밀려 올라가 모발이 빠지게 된다. 이 기간에 모유두는 쉬게 된다.
④ 퇴행기에는 모유두와 모구부가 멀리 떨어져 있어 더 이상 모발이 자라지 않으며 퇴행기의 기간은 약 2~3개월 정도이다.
⑤ 탈모기에는 모모세포의 생장 활동이 중지되고 휴지기가 점점 짧아진다. 자연탈모의 경우 하루에 50~100개의 모발이 빠진다.

061

맞춤형화장품 판매업자의 준수사항이 아닌 것은?

① 혼합·소분 전에 혼합·소분에 사용되는 내용물 또는 원료에 대한 품질성적서를 확인할 것
② 소비자용으로 판매되는 화장품을 소분 또는 혼합하여 판매하지 않는다.
③ 중대한 유해사례 발생시 15일 이내 식품의약품안전처장에게 보고한다.
④ 소비자의 피부유형이나 선호도를 확인하지 않고 미리 혼합 한 후 판매 하지 않는다.
⑤ 책임판매업자가 품질성적서를 구비한 경우 맞춤형화장품조제관리사는 품질검사를 별도로 실시하지 않아도 된다.

062

모발의 모간부 구조에 대한 설명으로 옳은 것은?

① 엑소큐티클은 가장 바깥층에 위치하며 단백질 용해성 물질에 대한 저항성이 가장 강하다.

② 엔도큐티클은 단백질 용해성의 물질에 대한 용해성 물질에 대한 저항성을 강하지만 시스틴 결합을 절단하는 물질에는 약하다.

③ 에피큐티클은 모소피 가장 안쪽에 있는 물질로 친수성의 성격을 가지며, 시스틴 함량이 적고 알칼리성에 약하다.

④ 모피질은 물고기 비늘처럼 사이사이 겹쳐 놓은 것과 같은 구조로 친유성의 성격이 강하다.

⑤ 모수질의 경우 0.09mm 이상의 굵은 모발에서 주로 발견 되며 일반적으로 모수질이 많은 굵은 모발은 웨이브 펌이 잘된다.

063

유두층 위층에 존재하는 피부층으로 유두층에서 영양소, 산소 등을 공급 받는 층은?

① 기저층 ② 망상층

③ 각질층 ④ 유극층

⑤ 과립층

064

화장품 제품평가 중 관능평가의 설명으로 틀린 것은?

① 맹검 사용시험은 소비자의 판단에 영향을 미칠 수 있는 제품의 정보를 제공하지 않는 사용시험이다.

② 비맹검 사용시험은 제품의 정보를 제공하고 제품에 대한 인식 및 효능이 일치하는지를 조사하는 시험이다.

③ 관능평가란 여러 가지 품질을 인간의 오감에 의하여 평가하는 제품검사이다.

④ 향취의 경우 비커에 내용물을 담고 코를 비커에 대고 향취를 맡거나 손등에 내용물을 바르고 향취를 맡아 평가한다.

⑤ 관능평가의 경우 일반인이 아닌 전문가들의 참여로만 이루어져야 한다.

065

다음 중 맞춤형화장품판매업자의 준수사항으로 옳은것은?

① 백화점에서 구매한 대용량 제품을 소분하여 판매한다.

② 책임판매업자가 수입한 내용물과 원료를 혼합하여 판매한다.

③ 책임판매업자가 기능성 심사 중인 원료를 받아 내용물에 혼합한다.

④ 맞춤형화장품조제관리사가 알부틴 2%를 넣고 직접 기능성 심사를 받은 화장품을 판매한다.

⑤ 6세 미만 어린이가 사용하는 제품은 안전용기 포장을 하여야 한다.

066

제품검사를 위한 관능평가에 사용되는 표준품이 아닌 것은?

① 제품 표준견본
② 용기·포장재 한도견본
③ 충진 위치견본
④ 내용물 표준견본
⑤ 벌크제품 표준견본

067

다음 〈보기〉에서 설명하는 화장품의 용기를 고르시오.

〈보기〉
일상의 취급 또는 보통 보존 상태에서 액상 또는 고형의 이물 또는 수분이 침입하지 않고 내용물을 손실, 풍화, 조해 또는 증발로부터 보호할 수 있는 용기를 말한다.

① 밀봉용기 ② 밀폐용기
③ 기밀용기 ④ 차광용기
⑤ 멸균용기

068

「화장품 안전 기준 등에 관한 규정」[별표1]은 화장품 제조에 사용할 수 없는 원료를 고시하고 있다. 다음 중 화장품에 사용할 수 있는 원료로 짝지어진 것은?

① 벤조페논-3, 니트로메탄
② 히드로퀴논, 글리사이클아미드
③ 엠디엠하이단토인, 클로로펜
④ 천수국꽃 추출물 또는 오일, 무기 나이트라이트
⑤ 목향뿌리오일, 디클로로펜

069

다음 중 맞춤형화장품의 포장에 관한 설명으로 옳은 것은?

① 2차포장재는 내용물을 보호하고 품질을 유지하는 기능을 가지고 있으므로 항상 청결하게 유지하여야 한다.
② 1차포장재에 반드시 화장품의 용량을 표시하여야 한다.
③ 맞춤형화장품판매업자는 수입한 화장품인 경우 제조국의 명칭, 회사명, 소재지를 반드시 기재표시한다.
④ 제품명칭 일부에 성분명이 있을 경우 그 성분명과 함량을 표시한다.
⑤ 샴푸, 린스 등은 카톤 충진기를 이용해서 충진한다.

070

맞춤형화장품을 혼합 또는 소분 시 안전관리기준에 해당되지 않는 것은?

① 혼합·소분 전에는 손을 소독할 것.
② 혼합·소분에 사용되는 장비 또는 기구는 사용 후에 세척할 것.
③ 혼합·소분에 사용되는 내용물 또는 원료에 대한 품질성적서를 확인할 것.
④ 혼합·소분 전 일회용 장갑 착용 시 손소독은 생략할 수 있다.
⑤ 맞춤형화장품조제관리사의 관리 하에 직원들이 화장품을 혼합·소분할 것.

071

다음 상담 내용에 따라 고객이 원하는 맞춤형화장품을 조제 시 첨가되는 원료로 옳은 것은?

- 맞춤형조제관리사 : 특별히 원하시는 사항이 있으신가요?
- 고객 : 저번에 사용한 자외선차단제품은 백탁현상이 생겨 마음에 들지 않았습니다. 백탁이 생기지 않고, 피부 미백에 도움이 되는 자외선차단제품을 원합니다.

① 드로메트리졸트리실록산 - 알부틴
② 티타늄디옥사이드 - 나이아신아마이드
③ 징크옥사이드 - 아데노신
④ 디갈로일트리올리에이트 - 레티놀
⑤ 징크옥사이드 - 알파비사보롤

072

혼합·소분 활동 시 작업장 및 시설 기구에 관한 설명으로 옳지 않은 것은?

① 사용기한이 경과한 원료 및 내용물은 조제에 사용하지 않도록 관리한다.
② 작업장과 시설 기구를 화장품제조허가와 달리 정기적으로 점검하지 않고 위생적으로 유지관리만 하면 된다.
③ 혼합·소분에 사용되는 시설, 기구 등은 사용 후에 세척한다.
④ 세제, 세척제는 잔류하거나 표면에 이상을 초래하지 않는 것을 사용한다.
⑤ 세척한 시설 기구는 잘 건조하여 다음 사용 시까지 오염을 방지한다.

073

피부 표피의 기저층에 대한 설명으로 틀린 것은?

① 촉각상피세포인 머켈 세포가 존재한다.
② 엘라이딘 때문에 투명하게 보인다.
③ 멜라노사이트에서 멜라닌을 생성한다.
④ 활발한 세포분열을 통해 표피세포를 생성한다.
⑤ 대부분의 각질형성세포가 존재한다.

074

다음 중 진피에 대한 설명으로 옳지 않은 것은?

① 유두층은 진피가 표피 방향으로 둥글게 물결모양으로 돌출되어 있는 부분이다.
② 유두층에는 모세혈관이 분포하여 표피에 영양을 공급한다.
③ 유두층에는 교원섬유, 탄력섬유를 생산하는 섬유아세포가 존재한다.
④ 교원섬유는 진피 성분의 90%를 차지하고 있는 단백질이다.
⑤ 망상층에는 혈관, 땀샘, 피지선이 존재한다.

075

피부의 구조에 관한 설명으로 옳지 않은 것은?

① 피부의 pH는 약 4~6이며 수용성 산인 젖산, 피롤리돈산, 요산이 원인이다.
② 약산성 피부는 피부를 미생물로부터 보호하는 보호막 역할을 한다.
③ 피부는 표피, 내피, 진피로 구성되어있다.
④ 진피에는 혈관, 피지선, 탄력섬유 등이 존재한다.
⑤ 표피에는 색소세포, 랑게르한스셀 등이 존재한다.

076

맞춤형화장품 판매 시 소비자에게 설명해야 하는 사항이 아닌 것은?

① 혼합 소분에 사용된 내용물 및 원료의 내용
② 혼합 소분에 사용된 내용물 및 원료의 내용 중 알러지 성분
③ 혼합 소분에 사용된 내용물의 특성
④ 혼합 소분에 사용된 내용물 및 원료의 품질성적서 내용
⑤ 맞춤형화장품 사용시 주의사항

077

다음 보기에서 판매한 맞춤형화장품에 대한 판매내역서 작성 중 옳지 못한 것은?

〈보기〉
2021.10.5.일 맞춤형화장품을 조제하여 크림 50g을 판매하였다. 사용기한은 1년이며 개봉 후 사용기간은 3개월이다. 내용물의 제조번호는 A0021이고 소분 판매하려는 맞춤형화장품의 제조번호는 B211이다.

① 맞춤형화장품의 제조번호인 B211만 기재한다.
② 전성분은 기재하지 않아도 된다.
③ 판매일자에 2021.10.5. 일을 기재한다.
④ 판매량인 50g을 기재한다.
⑤ 사용기한을 2022.10.4.까지로 표시한다.

078

맞춤형화장품 혼합 및 소분 시 사용되는 장비와 그 용도가 옳지 못한 것은?

① 내용물 및 원료를 혼합할 때 유리비커를 사용한다.
② 액체 및 반고형제품의 유동성을 측정할 때는 경도계를 사용한다.
③ 유화입자를 관찰할 때는 돋보기를 사용한다.
④ 에멀젼의 유화는 호모믹서를 사용한다.
⑤ 내용물과 내용물을 혼합할 때는 아지믹서를 사용한다.

079

다음은 피부에 대한 설명이다. 옳지 못한 것을 고르시오.

① 각질형성세포는 기저층에서 형성되어 28일 주기로 각질층에서 탈락한다.
② 각질층에는 케라틴 성분이 50% 이상 함유되어 있으며 천연보습인자 NMF가 있어 수분을 함유하고 있다.
③ 투명층은 피부가 흰 사람일수록 발달되어 있으며 흰 피부의 사람에게 많이 분포한다.
④ 유극층은 살아있는 세포가 존재하며 랑게르한스 세포가 있다.
⑤ 과립층은 케라토히알린으로 이루어져 있으며 물의 침투와 방어막 역할을 하고 피부가 퇴화하기 시작하는 층이다.

080

맞춤형화장품 혼합 소분에 관한 설명으로 옳은 것은?

① 책임판매업자가 발행한 품질성적서가 있으면 품질관리를 하지 않아도 된다.

② 혼합·소분한 화장품은 유통화장품 안전관리 기준에 적합하여야 한다.

③ 책임판매업자에게 받은 코코넛오일과 수입한 병풀오일을 혼합하여 피부관리실에 납품한다.

④ 소비자의 기호에 맞게 미리 혼합 소분하여 판매하여도 된다.

⑤ 화장품책임판매업자가 정한 범위를 벗어나 혼합 소분하여도 상관없다.

081

법 제15조의2(동물실험을 실시한 화장품 등의 유통판매 금지) ① 화장품책임판매업자 및 맞춤형화장품판매업자는 「실험동물에 관한 법률」 제2조제1호에 따른 동물실험(이하 이 조에서 "동물실험"이라 한다)을 실시한 화장품 또는 동물실험을 실시한 화장품 원료를 사용하여 제조(위탁제조를 포함한다) 또는 수입한 화장품을 유통·판매하여서는 아니 된다. 다만, 다음 각 호의 어느 하나에 해당하는 경우는 그러하지 아니하다. 다음 빈칸에 해당하는 용어를 법령에 나와 있는 그대로 작성하시오.

> 제8조제2항의 보존제, 색소, 자외선차단제 등 특별히 사용상의 제한이 필요한 원료에 대하여 그 사용기준을 지정하거나 같은 조 제3항에 따라 국민보건상 (　　) 우려가 제기되는 화장품 원료 등에 대한 (　　)평가를 하기 위하여 필요한 경우

082

다음 빈칸에 들어 갈 용어를 법률용어 그대로 작성하시오.

> ① 영업자 및 판매자는 자기가 행한 표시·광고 중 사실과 관련한 사항에 대하여는 이를 (　　)할 수 있어야 한다.
>
> ② 식품의약품안전처장은 영업자 또는 판매자가 행한 표시·광고가 제13조제1항제4호에 해당하는지를 판단하기 위하여 제1항에 따른 (　　)이 필요하다고 인정하는 경우에는 그 내용을 구체적으로 명시하여 해당 영업자 또는 판매자에게 관련 자료의 제출을 요청할 수 있다.
>
> ③ 제2항에 따라 (　　)자료의 제출을 요청받은 영업자 또는 판매자는 요청받은 날부터 15일 이내에 그 (　　)자료를 식품의약품안전처장에게 제출하여야 한다. 다만, 식품의약품안전처장은 정당한 사유가 있다고 인정하는 경우에는 그 제출기간을 연장할 수 있다.
>
> ④ 식품의약품안전처장은 영업자 또는 판매자가 제2항에 따라 (　　)자료의 제출을 요청받고도 제3항에 따른 제출기간 내에 이를 제출하지 아니한 채 계속하여 표시·광고를 하는 때에는 (　　)자료를 제출할 때까지 그 표시·광고 행위의 중지를 명하여야 한다.

083

자외선 차단 효과가 있는 기능성화장품의 실험결과 평균 자외선 차단 지수 33.7이 나왔을 때 기재할 수 있는 자외선 차단지수의 최솟값을 적으시오.(정수로 쓰시오)

084

다음 빈칸에 들어갈 용어를 적으시오.

(　　) 화장품의 사용 중 발생한 바람직하지 않고 의도되지 아니한 징후, 증상 또는 질병을 말하며, 당해 화장품과 반드시 인과관계를 가져야 하는 것은 아니다.

085

CGMP 4대 기준서 중 다음 내용이 들어간 기준서의 정확한 명칭을 적으시오.

- 공정별 상세 작업내용 및 제조공정흐름도
- 공정별 이론 생산량 및 수율관리기준
- 제조지시서
- 작업 중 주의사항
- 원자재·벌크·완제품의 기준 및 시험방법
- 제조 및 품질관리에 필요한 시설 및 기기

086

다음은 AHA 함유제품의 주의사항 표기법이다. 다음 빈칸에 들어갈 숫자를 적으시오.

- 햇빛에 대한 피부의 감수성을 증가시킬 수 있으므로 자외선차단제를 함께 사용할 것(씻어내는 제품 및 두발용 제품은 제외)
- 일부에 시험 사용하여 피부의 이상을 확인 할 것
- 고농도의 AHA성분이 들어있어 부작용이 발생할 우려가 있으므로 전문의 등에게 상담할 것(AHA 성분이 ㉠ (　　)%를 초과하거나 산도가 ㉡ (　　) 미만인 제품만 표시한다.)

087

다음 빈칸에 들어갈 용어를 적으시오

피부색을 결정하는 색소 중 멜라닌은 멜라노좀에서 합성되어 티로신이라는 아미노산이 티로시나아제 효소 작용에 의해 변화하면서 흑갈색을 띠는 ㉠ (　　) 과, 붉은색을 띠거나 황색을 띠는 ㉡ (　　)이 생성된다.

088

다음 빈칸에 공통으로 들어갈 용어를 적으시오.

산성도 PH 조절 목적으로 사용되는 성분은 그 성분을 표시하는 대신 중화반응에 따른 생성물로 기재 표시 할 수 있고, (　　) 반응을 거치는 성분은 (　　) 반응에 따른 생성물로 기재 표시 할 수 있다.

089

법 제15조 (영업의 금지) 누구든지 다음 각 호의 어느 하나에 해당하는 화장품을 판매(수입대행형 거래를 목적으로 하는 알선·수여를 포함한다)하거나 판매할 목적으로 제조·수입·보관 또는 진열하여서는 아니 된다. 다음 빈칸에 들어갈 법률용어를 작성하시오.

(　　)의 형태·냄새 색깔·크기·용기 및 포장 등을 모방하여 섭취 등 식품으로 오용될 우려가 있는 화장품

090

다음 빈칸에 공동으로 들어갈 용어를 적으시오.

모발의 모근부의 내모근초는 모발을 표피까지 운송하는 역할을 다 한 후 쌀겨 모양의 표피 탈락물인 (　　)이 된다. (　　)은 두피 피지선의 피지마다 분비, 호르몬의 불균형, 두피 세포의 과다 증식, 스트레스, 다이어트, 염색약 등으로 인한 두피손상 등으로 인해 발생이 증가하거나 말라쎄지아라는 진균류의 분비물이 표피증을 자극하여 발생하기도 한다. 또한 탈모의 원인이 되기도 하므로 관리가 필요하다.

091

(제품별 안전성 자료의 작성·보관) ① 법 제4조의2 제1항 및 이 규칙 제10조의2제2항에 따라 화장품의 표시·광고를 하려는 화장품책임판매업자는 법 제4조의2제1항제1호부터 제3호까지의 규정에 따른 제품별 안전성 자료 모두를 미리 작성해야 한다. 다음 빈칸에 들어갈 숫자를 적으시오.

1. 화장품의 1차 포장에 사용기한을 표시하는 경우 : 영유아 또는 어린이가 사용할 수 있는 화장품임을 표시·광고한 날부터 마지막으로 제조·수입된 제품의 사용기한 만료일 이후 ㉠ (   )년까지의 기간. 이 경우 제조는 화장품의 제조번호에 따른 제조일자를 기준으로 하며, 수입은 통관일자를 기준으로 한다.
2. 화장품의 1차 포장에 개봉 후 사용기간을 표시하는 경우 : 영유아 또는 어린이가 사용할 수 있는 화장품임을 표시·광고한 날부터 마지막으로 제조·수입된 제품의 제조연월일 이후 ㉡ (   )년까지의 기간. 이 경우 제조는 화장품의 제조번호에 따른 제조일자를 기준으로 하며, 수입은 통관일자를 기준으로 한다.

092

다음 빈칸에 들어갈 용어를 적으시오.

㉠ (   ) : 액체를 침투시킨 분자량이 큰 유기분자로 이루어진 반고형상의 제형

㉡ (   ) : 일상의 취급 또는 보통의 보존상태에서 기체 또는 미생물이 침입할 염려가 없는 용기

093

다음 빈칸에 들어갈 용어를 〈보기〉에서 찾아 쓰시오.

화장품의 성분 중 비타민은 주름개선, 미백, 항산화 기능 등 다양한 기능으로 사용되지만 안정성이 낮아 변질의 우려가 있으므로 그 유도체를 주로 이용한다. 주름의 도움을 주는 비타민A는 그 유도체인 ㉠ (   ), 항산화 작용이 뛰어난 비타민E는 그 유도체 ㉡ (   )을 사용한다.

〈보기〉

닥나무추출물, 에칠헥실드리아존, 옥토크릴렌, 아데노신, 레티놀, 에칠아스코빌에텔, 아스코빌글루코사이드, 아스코빌테트라이소팔미테이트, 토코페릴아세테이트, 에칠헥실메톡시신나메이트, 에칠헥실살리실레이트, 레티닐팔미테이트, 징크옥사이드

094

다음 빈칸에 들어갈 용어를 적으시오.

> ㉠ (　　　) : 고체가 액체 속에 균질하게 퍼져있는 현상으로, 파운데이션, 마스카라, 아이라이너, 네일에나멜이 해당된다.
> ㉡ (　　　) : 용제에 약간의 난용성물질인 향 등을 용해 시키기 위한 목적으로 사용되는 계면활성제를 사용하여 투명한 현상을 갖게 한다.

095

화장품의 포장의 표시기준 및 표시방법 중 화장품 제조에 사용된 성분에 관한 내용이다. 빈칸에 들어갈 용어를 적으시오.

> 글자의 크기는 5포인트로 한다.
> 화장품 제조에 사용된 함량이 많은 것부터 기재·표시한다. 다만 ㉠ (　　　)% 이하로 사용된 성분, 착향제, 착색제는 순서에 상관없이 기재·표시한다.
> 착향제는 ㉡ (　　　)로 표시할 수 있다. 다만, 착향제의 구성성분 중 식품의약품안전처장이 고시한 알레르기 유발성분이 있는 경우에는 ㉡ (　　　)로 표시할 수 없고 해당 성분의 명칭을 기재·표시해야 한다.

096

다음 빈칸에 들어갈 용어를 적으시오.

> ㉠ (　　　)는 일정한 제조단위분에 대하여 제조관리 및 출하에 관한 모든 상황을 확인할 수 있도록 표시된 숫자·문자·기호 또는 이들의 특징적인 조합이다. 맞춤형화장품조제관리사는 ㉡ (　　　)를 ㉠(　　　)라 한다.
> ㉡ (　　　)는 맞춤형화장품의 혼합·소분에 사용되는 내용물 또는 원료의 제조번호와 혼합·소분기록을 추적할 수 있도록 맞춤형화장품판매업자가 숫자·문자·기호 또는 이들의 특징적인 조합으로 부여한 번호이다.

097

화장품의 함유 성분별 사용할 때의 주의사항 표시 문구에 대한 설명이다. 다음 빈칸에 들어갈 숫자를 적으시오.

> - 포름알데하이드 ㉠ (　　　)% 이상 검출된 제품 : 포름알데하이드 성분에 과민한 사람은 신중히 사용할 것
> - 폴리에톡실레이티드레틴아마이드 ㉡ (　　　)% 이상 함유 제품 : 폴롤리에톡실레이티드레틴아마이드는 인체적용시험자료에서 경미한 발적, 피부건조, 화끈삼, 가려움, 구진이 보고된 예가 있음.

098

다음의 사용할 때의 주의사항을 가지고 있는 화장품 유형을 보기에서 찾아 쓰시오.

가) 다음 분들은 사용하지 마십시오. 사용 후 피부나 신체가 과민상태로 되거나 피부이상반응을 보이거나, 현재의 증상이 악화될 가능성이 있습니다.
(1) 두피, 얼굴, 목덜미에 부스럼, 상처, 피부병이 있는 분
(2) 생리 중, 임신 중 또는 임신할 가능성이 있는 분
(3) 출산 후, 병중이거나 또는 회복 중에 있는 분, 그 밖에 신체에 이상이 있는 분
나) 다음 분들은 신중히 사용하십시오.
(1) 특이체질, 신장질환, 혈액질환 등의 병력이 있는 분은 피부과 전문의와 상의하여 사용하십시오.
(2) 이 제품에 첨가제로 함유된 프로필렌글리콜에 의하여 알레르기를 일으킬 수 있으므로 이 성분에 과민하거나 알레르기 반응을 보였던 적이 있는 분은 사용 전에 의사 또는 약사와 상의하여 주십시오.

〈보기〉

헤어메니큐어, 탈염·탈색제, 헤어토닉, 샴푸, 외음부세정제, 손·발의 피부연화제품, 퍼머넌트웨이브, 제모제, 자외선차단제, 흑채, 헤어틴트, 헤어스트레이트너, 페이스페이팅

099

다음 제시된 제품의 전성분 중 함량을 반드시 표시해야 하는 성분을 찾아 적으시오.

전성분 : 정제수, 코코-베타인, 소듐라우릴설페이트, 코코글루코사이드, 베타인, 알로에추출물, 글리세린, 1,2-헥산다이올, 판테놀, 포타슘소르베이트, 토코페릴아세테이트, 소듐클로라이드, 시트릭애씨드, 라벤더꽃오일, 리날룰

100

식품의약품안전처장이 고시한 기능성 성분 중 그 기능성화장품의 효능·효과를 나타내기 위한 성분 이외의 용도로 사용할 수 없는 성분 두 가지를 보기에서 골라 쓰시오.

〈보기〉

에칠아스코빌에텔, 레티닐팔미테이트, 마그네슘아스코빌포스페이트, 피크라민산, 닥나무추출물, 징크피리치온, 살리실릭애씨드, 옥토크릴렌, 에칠 헥실트리아존, 징크옥사이드, 호모살레이트, 피로갈롤

맞춤형화장품 실전고사

6회

실전고사 6회

001

「화장품법」 제13조제2항, 「화장품법 시행규칙」 제22조 및 [별표 5] 제2호(화장품 표시·광고 시 준수사항)에 따라 광고업무 정지처분의 행정처분을 받을 수 있는 부당한 표시·광고에 해당하는 것을 모두 고른 것은?

㉠ 기능성화장품 인증을 받지 않은 남성 토너를 화이트닝 효과로 인해 자외선으로부터 보호를 받을 수 있다고 광고한 경우 ㉡ 광고업무 정지기간에 화장품광고 내용이 적혀있는 일회용 비매품 화장품을 무료로 나눠준 경우 ㉢ 식약처장이 고시한 사용한도가 있는 원료의 사용기준을 위반한 화장품을 판매의 목적으로 진열한 경우 ㉣ 국제적 멸종위기 종의 가공품이 함유된 화장품임을 표현하거나 암시하는 내용으로 광고한 경우 ㉤ 별도의 실험 없이 수분 퐁당크림을 24시간 이상 수분감 지속이 가능하다고 광고한 경우

① ㉠, ㉡, ㉢
② ㉠, ㉣, ㉤
③ ㉢, ㉣, ㉤
④ ㉡, ㉢, ㉣
⑤ ㉡, ㉣, ㉤

002

천연화장품 및 유기농화장품 인증 신청 시 제출해야 하는 자료가 아닌 것은?

① 인증신청 대상 제품의 규격서 또는 제품표준서
② 인증신청 대상 제품의 제조 공정도
③ 공정, 세척제 체크리스트
④ 제품의 용기, 포장 재질 확인을 위한 자료
⑤ 작업장 및 기구 상세사진

003

화장품영업 등록 및 폐업 신고 시 식품의약품안전처장이 「화장품법」에 따라 불가피하게 처리할 수 있는 개인정보에 해당하지 않는 것은?

① 주민등록번호
② 운전면허번호
③ 건강관련정보
④ 외국인등록번호
⑤ 범죄경력에 대한 정보

004

다음 대화 중 영유아 또는 어린이 화장품으로 광고를 하는 경우 해야 할 행동으로 옳지 않은 것을 모두 고른 것은?

〈보기〉

A : ○○바디오일의 경우 올리브오일로 만든 영유아 및 어린이가 사용할 수 있는 화장품으로 출시할 예정이기 때문에 ㉠ 만 5세 미만의 어린이가 개봉하기 어려운 안전용기포장으로 준비했어요.

B : 그렇다면 ㉡ 제품별 안전성자료를 출시 전에 미리 준비해야겠네요.

A : 네, 미리 준비해주세요. 참고로 ㉢ 안전성 자료는 1차포장에 사용기한을 표시하는 경우, 마지막으로 생산된 제품의 사용기한 만료일로부터 1년간 보관해야 합니다.

B : 그럼 ㉣ 제조방법에 대한 설명자료, 화장품의 안전성평가자료, 제품의 효능·효과에 대한 증명자료를 준비하겠습니다.

A : ㉤ 안전성 자료를 작성 또는 보관하지 않으면 1차 위반 시 판매 또는 해당품목 판매업무 정지 3개월의 행정처분이 있으니 잘 준비해주세요.

① ㉠, ㉡
② ㉡, ㉢
③ ㉠, ㉤
④ ㉢, ㉤
⑤ ㉣, ㉤

005

책임판매관리자의 업무에 대한 내용으로 옳지 못한 것은?

① 품질관리 업무 수행에 필요한 내용은 화장품책임판매업자에게 문서로 보고한다.
② 품질관리 업무 시 화장품제조업자, 맞춤형화장품판매업자, 그 밖의 관계자에게 문서로 연락 또는 지시한다.
③ 품질관리에 관한 기록 및 화장품제조업자의 관리에 관한 기록을 작성하고 이를 해당 제품의 제조일(수입의 경우 수입통관일)로부터 3년간 보관한다.
④ 안전확보 업무의 원활한 수행에 대해 확인하여 기록 및 보관한다.
⑤ 품질관련 모든 문서와 절차를 검토, 승인하고 품질검사가 규정대로 진행되는지 확인한다.

006

다음 중 화장품 표시·광고 실증대상에 대한 설명으로 옳은 것은?

① 제약회사와 제휴를 맺은 화장품책임판매업자만 코스메슈티컬화장품이라는 광고 표현이 가능하다.
② '무(無) ○○' 표현은 인체외시험자료로 입증 할 수 있다.
③ 인체적용시험자료를 제출해도 '빠지는 모발감소'라는 광고표현을 할 수 없다.
④ 기능성화장품심사를 받지 않아도 인체적용시험자료를 제출하면 기미, 주근깨 완화라는 표시가 가능하다.
⑤ 인체적용시험자료를 제출하더라도 일시적인 셀룰라이트 감소, 피부혈행 개선과 같은 광고표현은 할 수 없다.

007

다음 중 개인정보처리자에 관한 설명으로 옳지 않은 것은?

① 개인정보처리자는 개인정보처리방침에 대해 개인에게 통보하거나 인터넷 홈페이지 등에 게시해야 한다.
② 개인정보 처리자는 개인정보의 처리에 관한 업무를 총괄해서 책임질 개인정보 보호책임자를 지정해야 한다.
③ 개인정보처리자는 만 14세 미만 아동의 개인정보를 처리하기 위하여 그 법정대리인의 동의를 받기 위해 법정대리인의 성명, 연락처를 법정대리인의 동의 없이 해당 아동으로부터 직접 수집할 수 있다.
④ 소상공인의 경우 사업주 또는 대표자가 개인정보처리자에 해당하므로 따로 지정할 필요가 없다.
⑤ 개인정보처리자는 100명 이상의 개인정보가 유출되었을 경우에는 전문기관(행정안전부, 한국인터넷진흥원)에 5일 이내 신고를 하고 서면 등의 방법과 함께 인터넷 홈페이지에 정보주체가 알아보기 쉽도록 7일 이상 게시하여 통지한다.

008

표면장력은 서로 같은 물질끼리 잡아당기는 힘으로 화장품에서 안정성에 문제가 발생하면 표면장력이 높은 물질들은 빠르게 분리가 일어난다. 20℃에서 물에 대한 표면장력은 72.8dynes/cm이다. 물의 표면장력과 가장 가까운 물질은 무엇인지 고르시오.

① 에탄올
② 피마자오일
③ 호호바오일
④ 글리세린
⑤ 계면활성제

009

다음 화장품 유효성을 설명한 것 중 옳지 않은 것을 고르시오.

① 나이아신아마이드, 알부틴은 화학적 작용을 통해 미백효과를 나타낸다.
② 티타늄디옥사이드와 징크옥사이드는 물리적 작용을 통해 자외선을 차단한다.
③ 계면활성제는 화학적 특성을 기반으로 한 효과를 나타내는 특징을 가진다.
④ 염색제는 화학적 유효성을 기반으로 효과를 나타낸다.
⑤ 향은 심리적 유효성을 기반으로 한다.

010

화장품에 사용하는 비타민에 대한 설명으로 옳은 것은?

① 비타민A의 유도체 중 레티놀, 레틴알데하이드, 레티노익애씨드는 수용성 유도체 물질이다.
② 레티놀, 레틴알데하이드 및 레티노익애씨드는 상호전환될 수 있으나, 레티노익애씨드로 전환되는 과정은 비가역적이다.
③ 비타민C 성분은 열에 강하고 쉽게 산화되지 않는 높은 안정성을 가진다.
④ 아스코빌스테아레이트는 수용성화 한 비타민C 유도체이다.
⑤ 비타민E의 8가지 이성체 중 생물학적으로 가장 활동적인 성분은 베타-토코페롤이다.

011

비이온 계면활성제의 특징에 대한 설명으로 틀린 것은?

① 에틸렌옥사이드(ethylene oxide)에 의한 물과의 수소결합으로 친수성을 가진다.
② 물과의 수소결합으로 전하를 갖고 있는 계면활성제이다.
③ 피부에 대하여 이온 계면활성제보다 안전성이 높아 피부의 자극도가 낮다.
④ 에멀젼 제품 및 스킨케어 제품에 주로 사용된다.
⑤ 솔비탄라우레이트, 솔비탄팔미테이트, 솔비탄세스퀴올리에이트, 폴리솔베이트20 등이 있다.

012

화장수에 대한 설명으로 옳지 않은 것을 고르시오.

① 유연화장수는 피부 각질층에 수분과 보습 성분을 공급할 뿐 아니라 피지나 발한을 억제하는 기능을 가지고 있다.
② 세정용 화장수는 가벼운 색조 화장을 지우는 데 사용하여 피부를 청결하게 하거나 오염을 제거하는 데 사용된다.
③ 다층화장수는 2층 이상의 층을 이루는 화장수로 사용 시 흔들어 사용하며 수분과 유분에 의한 보습감을 동시에 느낄 수 있다.
④ 화장수는 가용화 공정을 통한 투명한 성상이 일반적이나, 최근에는 일정량의 오일 성분을 o/w형으로 유화하여 불투명한 성상을 갖기도 한다.
⑤ 수렴화장수는 약산성으로 피부 pH를 조절하며, 세균으로부터 피부를 보호하고 소독해주는 작용을 한다.

013

「화장품 안전기준 등에 관한 규정」에서 화장품에 사용 시 사용한도가 있는 원료로만 짝지어진 것은?

① 징크피리치온, 나이아신아마이드
② 살리실릭애씨드, 알부틴
③ 부틸메톡시디벤조일메탄, 메칠이소치아졸리논
④ 히드로퀴논, 벤잘코늄클로라이드
⑤ 트리클로산, 붕산

014

착향제 성분 중 알레르기 유발 물질에 해당하는 것은?

① 헥사하이드로쿠마린
② 디하이드로쿠마린
③ 헥사하이드로쿠마린
④ 쿠마린
⑤ 7 -에톡시-4 -메칠쿠마린

015

다음 보기의 전성분 중 알레르기 유발 물질을 모두 고른 것은?

〈보기〉
전선분 : 정제수, 글리세린, 부틸렌글라이콜, 카프릴릴글라이콜, ㉠ 벤질살리실레이트, 티타늄디옥사이드, ㉡ 1,2-헥산다이올, ㉢ 메틸2-옥티노에이트, ㉣ 알파-아이소메틸아이오논, ㉤ 소듐하이알루로네이트, ㉥ 폴리소르베이트-60, 향료

① ㉠, ㉡, ㉢　　② ㉠, ㉣, ㉥
③ ㉢, ㉣, ㉤　　④ ㉣, ㉤, ㉥
⑤ ㉠, ㉢, ㉣

016

다음 중 원료의 품질성적서로서 인정 받을 수 없는 것을 고르시오.

① 책임판매업자의 원료에 대한 자가품질검사 성적서
② 맞춤형화장품판매업자의 원료에 대한 자가품질검사 성적서
③ 원료업체의 원료에 대한 공인검사기관 성적서
④ 책임판매업자의 원료에 대한 공인검사기관 성적서
⑤ 대한화장품협회의 '원료공급자의 검사결과 신뢰기준 자율규약' 기준에 적합한 원료업체의 자가품질검사 성적서

017

다음 중 저장 및 시험 온도가 옳은 것으로 짝지어진 것은??

① 실온 10~20℃
② 상온 20~30℃
③ 냉소 1~10℃ 이하
④ 미온탕 30~40℃의 물
⑤ 온탕 100℃의 물

018

위해화장품의 회수절차에 대한 설명으로 옳지 않은 것은?

① 회수의무자는 폐기신청서에 회수계획서사본, 회수확인서사본을 첨부하여 지방식품의약품안전처장에게 제출한다.
② 회수의무자는 폐기확인서를 작성하여 2년간 보관하여야 한다.
③ 회수의무자는 관계 공무원의 참관하에, 환경 관련 법령에서 정하는 바에 따라 폐기한다.
④ 회수계획을 통보받은 자는 회수대상화장품을 회수의무자에게 반품하고, 회수확인서를 작성하여 회수의무자에게 송부한다.
⑤ 회수 종료 후 회수종료신고서에는 폐기계획서를 첨부하여 지방식품의약품안전청장에게 제출하여야 한다.

019

다음 보기의 원료에 대한 설명으로 옳지 않은 것은?

〈보기〉
글리세린, 폴리에틸렌글라이콜, 하이알루로닉애씨드, 판테놀, 프로필렌글라이콜

① 보기에 있는 원료들은 보습제에 속하는 원료들로 피부를 촉촉하고 부드럽게 한다.
② 글리세린은 하이드록시기 3개를 갖는 다가알코올로 폴리올류이다.
③ 하이알루로닉애씨드는 분자가 큰 고분자화합물에 속하며 점성이 있다.
④ 판테놀은 비타민B5 성분으로 보습, 진정, 육모제 등에 사용된다.
⑤ 프로필렌글라이콜은 보습제 중 밀폐제에 해당한다.

020

다음 원료 중 금속이온봉쇄제를 고르시오.

① 티이에이
② 알지닌
③ 비에이치티
④ 다이소듐이디티에이
⑤ 살리실릭애씨드

021

맞춤형화장품의 혼합 및 소분에 사용되는 내용물 및 원료를 사용하여 만든 맞춤형화장품을 고르시오.

① 로션 내용물에 보존제로서 살리실릭애씨드 0.5%를 넣었다.
② 다마스크장미꽃수와 정제수를 혼합하여 토너를 만들었다.
③ 에탄올에 라벤더 향료를 넣어 향수로 만들었다.
④ 로션 내용물에 적색2호를 넣어 핑크색 로션을 만들었다.
⑤ 대용량 구강청결제를 소용량으로 소분하였다.

022

〈보기1〉의 품질성적서에 대한 〈보기2〉 설명 중 내용이 옳은 것의 개수를 고르시오.

〈보기 1〉

원료명 : 아보카도 혼합오일
입고일자 : 2020.11.15
시험일자 : 2020.11.15
판정일자 : 2020.11.15
성분 : 아보카도오일 97%, 로즈힙씨오일 2%, 풍나무발삼오일 0.6%, 토코페롤 0.4%

〈품질 성적서〉

시험항목	시험기준	결과
성상	투명한 연노랑 액제	투명한 연노랑 액제
향취	약간의 특이취	약간의 특이취
비중	0.900~0.920	0.921
굴절률	1.465~1.470	1.467
납	20㎍/g 이하	10㎍/g
수은	1㎍/g 이하	2㎍/g
비소	10㎍/g 이하	8㎍/g
총호기성 생균수	1000개/mL 이하	147개/mL

〈보기 2〉

㉠ 수은 외 다른 중금속들은 유통화장품 안전관리기준에 부합한다.
㉡ 화장품 제조 시 위 원료의 함량을 35%까지 늘려 사용할 수 있다.
㉢ 비중이 기준치를 0.001 초과하므로 재작업을 실시해야 한다.
㉣ 시험일자와 판정일자간의 문제가 있어 입고처에 문의를 해봐야 한다.
㉤ 사용제한원료가 2가지 이상 혼합된 복합성분이다.

① 1개
② 2개
③ 3개
④ 4개
⑤ 5개

023

유기농 화장품에 사용할 수 없는 원료로 짝지어진 것은?

① 베타인, 잔탄검, 이소프로필알코올
② 테트라소듐글루타메이트이아세테이트, 디알킬카보네이트, 이소프로필알코올
③ 디알킬디모늄클로라이드, 소듐벤조에이트, 살리실릭애씨드
④ 앱솔루트, 콘크리트, 레지노이드
⑤ 안나토, 라놀린, 피토스테롤

024

화장품의 안정성시험에 대한 설명으로 옳지 않은 것은?

① 가속시험은 온도 40±2℃/상대습도 75±5% 조건하에서 시행된다.
② 장기보존시험은 6개월 이상 시험을 진행한다.
③ 가혹시험은 검체의 특성 및 시험 조건에 따라 시험할 롯트를 적절히 정한다.
④ 개봉 후 안정성 시험은 계절별 연평균 온도, 습도의 조건하에서 시행된다.
⑤ 가혹시험은 온도 25±2℃/상대습도 60±5% 조건하에서 시행된다.

025

다음 중 위해등급이 바르게 이어진 것을 모두 고른 것은?

〈보기〉

㉠ 일반용기에 담긴 네일 리무버는 나등급이다.
㉡ 메탄올이 3% 함유된 향수는 가등급이다.
㉢ 대장균 100개/g(mL)가 검출된 로션은 가등급이다.
㉣ 식품형태의 화장비누는 나등급이다.
㉤ 1mm 크기의 미세플라스틱이 들어있는 폼클렌저는 나등급이다.

① ㉠, ㉡ ② ㉠, ㉢
③ ㉠, ㉣ ④ ㉡, ㉢
⑤ ㉠, ㉤

026

다음 중 위해화장품의 위해 등급이 전혀 다른 것은?

① 안전용기·포장 등에 위반되는 화장품
② 기능성을 나타나게 하는 주원료의 함량이 기준치에 부적합한 화장품
③ 병원미생물에 오염된 화장품
④ 전부 또는 일부가 변패 된 화장품
⑤ 의약품으로 잘못 인식할 우려가 있게 기재 표시한 화장품

027

다음은 계면활성제의 HLB값을 나타낸 것이다. 그 설명으로 옳지 못한 것은?

〈보기〉

계면활성화	HLB값
A	2.1
B	5.7
C	12.6
D	17.8

① A는 C보다 친유성 성질을 가지고 있다.
② A는 기포는 제거하는 소포제로 사용된다.
③ w/o 유화에 B보다 C가 적합하다.
④ D는 가용화제로 적합하다.
⑤ w/o 유화제는 o/w 유화제보다 끈적이거나 고형이다.

028

낙하균 검사에 관한 설명으로 틀린 것은?

① Koch법이라고도 하며, 실내외를 불문하고, 대상 작업장에서 평판배지 위에 일정 시간 자연 낙하시켜 측정하는 방법이다.
② 작은방의 경우 5개소를 측정한다.
③ 측정 높이는 바닥에서 측정하는 것이 원칙이지만 부득이한 경우 바닥으로부터 20~30cm 높은 위치에서 측정할 수 있다.
④ 복도 등 칸막이 등으로 구분만 된 곳은 공기의 진입, 유통, 정체 등의 상태를 고려하여 전체 환경을 대표한다고 생각되는 장소를 선택한다.
⑤ 깨끗한 청정구역의 경우 30분 이하로 노출하여 측정한다.

029

작업장의 차압관리에 대한 설명으로 옳지 못한 것은?

① 공기 조절기를 설치하면 작업장의 실압을 관리하고, 외부와의 차압을 일정하게 유지하도록 한다.
② 낮은 작업실의 공기가 높은 등급으로 흐리지 못하도록 어느 정도의 공기압차가 있어야 한다.
③ 2급지보다 4급지의 실압을 높여 외부의 먼지가 작업장으로 유입되지 않도록 설계한다.
④ 온습도에 민감한 제품의 경우에는 온습도를 유지할 수 있도록 관리하는 체계를 갖추도록 한다.
⑤ 온도는 1~30℃, 습도는 80% 이하로 관리한다.

030

다음 중 화장품 바코드에 대한 설명으로 옳은 것은?

① 화장품 바코드 표시는 국내에서 화장품을 제조하는 화장품제조업자가 한다.
② 화장품 바코드는 반드시 백과 흑의 평형 막대의 조합으로 표시한다.
③ 내용량이 15g 이하인 제품의 용기에는 생략가능하나 견본품 등 비매품에는 바코드를 생략할 수 없다.
④ 화장품 판매업소를 통하지 않고 폐쇄된 유통경로를 이용하는 경우에는 자체바코드를 사용 가능하다.
⑤ 표준바코드 표시는 유통비용이 다소 증가시킬 수 있지만 거래의 투명성을 확보하기 위한 목적으로 사용되고 있다.

031

화장품을 제작하는 작업소의 기준으로 옳은 것은?

① 제조하는 화장품의 종류·제형에 따라 반드시 구획되어 있어 교차오염의 우려를 없애야 한다.
② 외부와 연결된 창문은 반드시 열려 환기가 가능하도록 설치한다.
③ 수세실은 생산구역 내에 화장실은 생산구역 밖에 설치한다.
④ 바닥, 벽, 천장은 가능한 매끄러운 표면을 지닐 수 있도록 한다.
⑤ 작업소 중 생산라인 위주로 조명을 설치하도록 한다.

032

화장품에 사용되는 보존제를 선택할 때에 고려해야 할 사항이 아닌 것은?

① 넓은 pH의 범주에서 효과를 발휘해야 한다.
② 낮은 농도에서의 광범위한 효과 발휘해야 한다.
③ 다양한 저항성균에 대한 항균 및 생성억제, 사멸시키는 효과가 있다.
④ 미생물이 존재하는 물 파트에서 충분한 농도를 유지할 수 있는 적절한 오일/물 분배계수를 가져야 한다.
⑤ 균에 대한 작용 효과가 짧은 시간 작용해야 한다.

033

다음 보기에서 설명하는 소독제의 종류는 무엇인지 고르시오.

> 〈보기〉
> • 사용법 : 200ppm, 30분
> • 특징 및 장단점 :
>   - 찬물에 쉽게 용해된다.
>   - 단독으로 사용해야 한다.
>   - 금속을 부식시킨다.
>   - pH가 산성에서 알카리로 증가시 효과가 감소한다.

① 가성가리 ② 가성소다
③ 페놀 ④ 염소계 소독제
⑤ 과산화수소

034

미생물 한도 기준에서 영유아 제품류의 총호기성생균수 검출 기준은?

① 10개/g(mL) 이하
② 100개/g(mL) 이하
③ 500개/g(mL) 이하
④ 1000개/g(mL) 이하
⑤ 5000개/g(mL) 이하

035

화장품 원료의 품질관리와 보관에 대한 설명으로 옳지 않은 것은?

① 품질 확인 후 바로 생산실에 입고하여 사용한다.
② 설정된 보관기한이 지나면 재평가시스템을 통해 사용할 수 있다.
③ 원료보관실에 입고 전 검체를 체취하여 품질검사를 실시한다.
④ 원료와 포장재가 재포장될 경우, 원래의 용기와 동일하게 표시되어야 한다.
⑤ 제조번호가 없는 경우에는 관리번호를 부여하여 보관하여야 한다.

036

보기 중 맞춤형화장품조제관리사가 한 행동 중 옳은 것을 모두 고른 것은?

〈보기〉

㉠ 내용물 기준 500g 제품의 내용량을 시험하여 각각 495g, 498g, 490g이 측정되어 화장품을 판매하였다.
㉡ 같은 책임판매업자에게 받은 다른 두 종류의 내용물을 혼합하여 조제하였다.
㉢ 고객에게 받은 내용물에 몇 가지 원료를 혼합하여 조제하였다.
㉣ A책임판매업자에게 공급 받은 내용물과 B책임판매업자에게 공급 받은 원료를 혼합하여 조제하였다.
㉤ 고객에게 립스틱 베이스에 원하는 색소를 넣어 립스틱을 조제하도록 하고 옆에서 관리감독하였다.

① ㉠, ㉡, ㉢
② ㉠, ㉡, ㉣
③ ㉠, ㉢, ㉤
④ ㉡, ㉢, ㉤
⑤ ㉡, ㉣, ㉤

037

다음 방충의 대책 중에서 적절하지 않은 대책은?

① 실내압을 외부보다 높게 한다.
② 배기구, 흡기구에 필터를 단다.
③ 개방할 수 있는 창문을 만들지 않는다.
④ 벽, 천장, 창문, 파이프 구멍을 골판지로 틈이 없도록 막는다.
⑤ 창문은 차광하고 야간에 빛이 밖으로 새어나가지 않게 한다.

038

화장품 제조업자 〈보기〉의 원료를 보관·관리하는 방법을 바르게 설명한 것은?

〈보기〉

보관온도 : 1~4℃
보관조건 : 직사광선을 피하여 서늘한 공간에 보관한다.
제조일자 : 2022년 01월 13일
사용기한 : 2024년 01월 12일

① 보관온도 이하로 보관하는 것은 상관없다.
② 별도의 정해진 습도 조건이 없으므로 높은 습도의 공간에서 보관이 가능하다.
③ 냉장고에 보관한 원료의 경우 유통기한과 상관없이 사용가능하다.
④ 원료의 사용기한이 지나면 보관하지 않고 곧바로 폐기한다.
⑤ 원료를 보관하는 냉장고는 문제가 발생하지 않게 정기적으로 점검하여야 한다.

039

다음 〈보기〉를 우수화장품 제조 및 품질관리기준(CGMP)에 따른 기준일탈제품의 처리방법을 순서대로 나열한 것은?

〈보기〉

㉠ 시험, 검사 측정에서 불합격 결과 나옴
㉡ 측정이 틀림없음을 확인
㉢ 기준일탈의 처리
㉣ 격리보관
㉤ 기준일탈의 조사
㉥ 재작업 및 폐기처분, 반품
㉦ 기준일탈제품에 불합격 라벨 첨부
㉧ 품질책임자의 승인

① ㉠-㉡-㉢-㉣-㉤-㉥-㉦-㉧
② ㉠-㉡-㉤-㉢-㉣-㉦-㉧-㉥
③ ㉠-㉤-㉡-㉢-㉦-㉣-㉧-㉥
④ ㉡-㉠-㉧-㉢-㉤-㉣-㉦-㉥
⑤ ㉡-㉠-㉢-㉧-㉣-㉤-㉥-㉦

040

포장재의 입출고 관리 및 품질 관리기준으로 옳지 못한 것은?

① 사용기한 및 보관기간을 결정하기 위한 문서화된 시스템을 확립하고 사용기한을 준수하는 보관기간을 설정한다.
② 포장재 입고절차 중 육안확인 시 물품에 결함이 있을 경우 입고를 보류하고 격리보관 및 폐기하거나 포장재 공급업자에게 반송하여야 한다.
③ 입고 시 구매 요구서, 자재 공급업체 성적서 및 현품이 서로 일치하여야 한다. 필요한 경우 운송 관련 자료를 추가적으로 확인할 수 있다.
④ 사용기한 내에서 자체적인 재시험 기간 설정 및 준수를 하고 보관기간 경과 시 자체적인 재평가 시스템으로 평가한다.
⑤ 시험 중인 제품 및 부적합품은 각각 '시험중', '부적합'을 표시하여 같은 구역에 보관한다.

041

CGMP 포장지시서에 들어갈 항목으로 틀린 것은?

① 포장 설비명
② 포장재 리스트
③ 포장공정
④ 포장 생산수량
⑤ 파렛트 포장단위

042

CGMP 작업장 청정도 등급에 따른 낙하균, 부유균의 관리 기준으로 옳은 것은?

① 2등급은 낙하균 : 30개/hr 또는 부유균 : 20개/㎥ 이하로 관리한다.
② 2등급은 낙하균 : 10개/hr 또는 부유균 : 20개/㎥ 이하로 관리한다.
③ 3등급은 낙하균 : 30개/hr 또는 부유균 : 200개/㎥ 이하로 관리한다.
④ 1등급은 낙하균 : 30개/hr 또는 부유균 : 20개/㎥ 이하로 관리한다.
⑤ 1등급은 낙하균 : 10개/hr 또는 부유균 : 20개/㎥ 이하로 관리한다.

043

작업장 세정제 종류별 특성과 성분이 바르게 이어진 것은?

	세정제 종류	특성	종류
①	연마제	살균작용, 색상개선	소듐트리포스페이트
②	용제	에멀젼의 안정성 강화	점토, 석영
③	금속이온 봉쇄제	세정제의 기포를 안정화시킴	칼슘카보네이트, 클레이

④	유기폴리머	세정효과를 강화	셀룰로오스 유도체
⑤	계면활성제	세정제의 주요성분	알데하이드류, 페놀유도체

044

작업장 소독제의 요구조건으로 옳지 못한 것은?

① 5분 이내의 짧은 처리에도 효과를 보여야 한다.
② 소독 전에 존재하던 미생물을 최소한 99.9% 이상 사멸시켜야 한다.
③ 불쾌한 냄새가 남더라도 사용 농도에서 독성이 없어야 한다.
④ 경제적이어야 한다.
⑤ 광범위한 항균 스펙트럼을 가져야 한다.

045

다음 중 산성에 녹는 물질 및 금속산화물 제거를 위한 화학적 세척제인 무기산과 약산성 세척제를 모두 고른 것은?

〈보기〉
㉠ 염산
㉡ 황산
㉢ 탄산나트륨
㉣ 수산화칼륨
㉤ 구연산

① ㉠, ㉡　② ㉠, ㉡, ㉤
③ ㉡, ㉢, ㉣　④ ㉢, ㉣, ㉤
⑤ ㉣, ㉤

046

제조 탱크의 세척 및 소독 방법으로 옳은 것은?

① 세척제 없이 스펀지로 내용물을 닦아 없애고 상수로 씻어낸다.
② 상수를 탱크의 90%까지 채우고 100℃로 가온한다.
③ 뚜껑은 70% 알코올로 소독한 후 UV 소독한 수건으로 닦아 준다.
④ 70% 알코올을 부어 소독 한 후 알코올이 마르도록 뚜껑을 열어 말린다.
⑤ 정제수로 2차 세척 후 UV 소독한 수건으로 두 번 닦아 물기를 완전히 제거한다.

047

설비 세척제의 유형별로 제거 물질과 종류가 옳게 짝지어진 것은?

	유형	제거물질 (오염물질)	종류
①	약산성 세척제	수용성금속	구연산
②	중성 세척제	기름, 지방	인산나트륨
③	약알칼리, 알칼리세척제	기름, 지방	초산
④	부식성 알칼리세척제	찌든 기름의 가수분해시 효과	약한 계면 활성제용액
⑤	무기산	찌든 기름	탄산나트륨

048

보관용 검체채취에 대한 설명으로 옳지 못한 것은?

① 제품의 검체채취란 제품 시험용 및 보관용 검체를 채취하는 일이며, 제품규격에 따라 충분한 수량이어야 한다.

② 검체채취란 원료, 포장재, 벌크제품, 완제품 등의 시험용 검체를 채취하는 것이다.

③ 완제품의 보관용 검체는 적절한 보관조건 하에 지정된 구역 내에서 제조단위별로 제조일로부터 3년간 보관하여야 한다.

④ 검체채취는 자격을 갖춘 담당자(품질관리부서)에 의해 특별한 장비를 사용하는 입증된 방법에 따라 수행되어야 한다.

⑤ 보관용 검체를 보관하는 목적은 제품의 사용 중에 발생할지도 모르는 "재검토작업"에 대비하기 위해서다. 재검토작업은 품질상에 문제가 발생하여 재시험이 필요할 때 또는 발생한 불만에 대처하기 위하여 품질 이외의 사항에 대한 검토가 필요하게 될 때이다. 보관용 검체는 재시험이나 불만 사항의 해결을 위하여 사용한다.

049

포장재의 소재별 분류와 특징이 옳게 짝지어진 것은?

① 금속은 얇아도 충분한 강도가 있으며 충격에 강하고, 가스 등을 투과시키지 않는다.

② 유리는 표면에 흠집이 잘 생기고 오염되기 쉬우며, 강도가 금속에 비해 약하고 가스나 수증기 등의 투과성이 있어 용제에 약한 단점이 있다.

③ 플라스틱은 유지, 유화제 등 화장품 원료에 대해 내성이 크고, 수분, 향료, 에탄올, 기체 등이 투과되지 않는다.

④ 플라스틱은 세정, 건조, 멸균의 조건에서도 잘 견딘다.

⑤ 유리는 가공이 용이, 자유로운 착색이 가능하고 투명성이 좋고 가볍고 튼튼하다.

050

다음 설비를 이용하여 만드는 제품으로 바르게 짝지어진 것은?

〈보기〉
리본믹서, 헨셀믹서, 아토마이저, 3단롤밀

① 아이라이너, 아이크림

② 선크림, 아이크림

③ 로션, 파운데이션

④ 립글로스, 립스틱

⑤ 아이섀도우, 파우더팩트

051

포장재의 보관관리기준에 대한 설명으로 적절하지 않은 것은?

① 포장재가 재포장될 때 새로운 용기에는 동일한 라벨링이 있어야 한다.
② 포장재는 밀폐되어 있어야 하고 바닥에 구분하여 보관되어야 한다.
③ 포장재는 정기점검을 하지 않아도 되나, 선입선출을 해야 한다.
④ 도난, 분실, 변질 등의 문제가 발생하지 않도록 작업자 외에 보관소의 출입을 제한한다.
⑤ 재평가시스템을 통해 보관기한이 경과한 경우 사용하지 않도록 규정한다.

052

다음 〈보기〉의 ○○○아이크림의 품질성적서에 대한 설명으로 옳은 것은?

〈보기〉

제품명 : ○○○아이크림
제조번호 : 221005
제조날짜 : 2022.08.15
유통기한 : 2024.08.14

〈품질 성적서〉

시험항목	결과
성상	백색 크림제
향취	무향
비중	1.05
pH	6.15
납	23㎍/g
수은	0.7㎍/g
비소	7㎍/g
포름알데하이드	1020㎍/g
총호기성생균수	127개/mL

① 납 함량은 유통화장품 안전관리기준 등에 관한 규정에 적합하다.
② 총호기성생균수 기준인 500개/g(mL) 이하이므로 기준에 적합하다.
③ 포름알데하이드가 기준 내 합격이지만 해당 제품에서 방출될 수 있는지 확인해야 한다.
④ 해당 제품의 니켈 함량 기준은 35㎍/g 이하이다.
⑤ 수은은 유통화장품 안전관리기준 등에 관한 규정에 적합하다.

053

맞춤형화장품판매업자의 결격사유에 해당되는 것은?

① 정신질환자(「정신건강증진 및 정신질환자 복지서비스 지원에 관한 법률」 제3조제1호) 다만, 전문의가 화장품제조업자로서 적합하다고 인정하는 사람은 제외
② 마약류의 중독자(「마약류 관리에 관한 법률」 제2조제1호)
③ 피성년후견인 또는 파산선고를 받고 3년이 지나 복권된 자
④ 화장품법 또는 「보건범죄 단속에 관한 특별조치법」을 위반하여 금고 이상의 형을 선고받고 그 집행이 끝나지 아니하거나 그 집행을 받지 아니하기로 확정되지 아니한 자
⑤ 법 제24조에 따라 영업등록이 취소되거나 영업소가 폐쇄된 날부터 3년이 지난 자

054

맞춤형화장품조제관리사가 할 수 있는 업무에 해당되는 것은?

① 직접 수입한 화장품 내용물에 원료 2가지 이상을 혼합하였다.
② 백화점에서 구매한 대용량제품을 소분하였다.
③ 백화점에서 구매한 수입화장품을 소분하였다.
④ 책임판매업자에게 납품받은 내용물과 내용물을 혼합하였다.
⑤ 대용량 손소독제를 소분하였다.

055

인체 세포·조직배양액의 안전성 확보를 위하여 반드시 작성 보존하여야 하는 자료가 아닌 것은?

① 안점막자극 시험자료
② 피부감작성 시험자료
③ 2차피부자극 시험자료
④ 인체첩포 시험자료
⑤ 피부광감작성 시험자료

056

분말이나 과립제품의 혼합상태가 분리될 때에 수행하는 시험과 시험방법이 옳게 짝지어진 것은?

① 가속시험 - 진동시험
② 가혹시험 - 진동시험
③ 장기보존시험 - 기계 - 물리적 충격시험
④ 개봉 후 안정성 시험 - 온도 사이클링 시험
⑤ 장기보존시험 - 기계 - 물리적 충격시험

057

맞춤형화장품판매업의 신고에 대한 사항 중 옳은 것을 모두 고른 것은?

〈보기〉

㉠ 신고 시 맞춤형화장품조제관리사의 자격증 사본과 세부평면도, 시설 명세서가 필요하다.
㉡ 영업지가 아닌 곳에서 영업 시 별도의 신청 없이 한 달 범위 내에서 영업을 할 수 있다.
㉢ 건축물관리대장의 건축물 용도는 1종, 2종 근린생활시설, 판매시설, 업무시설에 해당해야 한다.
㉣ 맞춤형화장품 신고서에는 맞춤형화장품조제관리사 정보가 들어가지 않는다.
㉤ 맞춤형화장품 판매업 신고시 맞춤형화장품조제관리사는 2인 이상도 신고가 가능하다.

① ㉠, ㉡, ㉢　② ㉠, ㉢, ㉣
③ ㉠, ㉢, ㉤　④ ㉡, ㉢, ㉤
⑤ ㉢, ㉣, ㉤

058

멜라닌 색소의 침착을 방지하기 위한 화장품 사용방법으로 옳지 못한 것은?

① 멜라노좀을 분해시켜 사멸시키는 히드로퀴논이 첨가된 화장품을 사용한다.
② 자외선차단 기능이 있는 자외선 차단제품을 사용한다.
③ 각질 탈락속도가 빨라지면 각질형성세포의 분열주기가 빨라져 멜라닌 과립의 전달이 충분히 이뤄지지 않은 상태에서 각질형성세포가 위로 올라가므로 AHA성분이 함유된 화장품을 사용한다.
④ 멜라닌의 이동을 억제하는 나이아신아마이드가 함유된 화장품을 사용한다.
⑤ 티로신 효소작용 억제 및 도파의 산화를 억제하는 비타민C 유도체가 들어간 화장품을 사용한다.

059

피부의 진피에 대한 설명으로 옳은 것은?

① 진피는 표피 두께의 4~5배 정도이고 표피와 피하지방 사이에 존재하며, 전체의 50%를 차지한다.
② 콜라겐과 엘라스틴이 존재한다.
③ 진피의 기질에는 세라마이드, 포화지방산, 콜라겐이 많이 함유되어 있다.
④ 멜라닌형성세포가 멜라닌을 합성하는 층이다.
⑤ 진피의 망상층에는 촉각세포인 머켈세포가 있다.

060

화장품의 안전성 평가자료에 포함되어야 할 자료로 옳지 못한 것은?

① 제조과정 중에 제거되어 최종제품에 남아있지 않은 성분을 포함한 제품에 사용되는 각각의 원료에 대한 검토 자료
② 완제품에 대하여 「화장품 안전기준 등에 관한 규정」 제6조에 따른 유통화장품의 안전관리 기준에 적합함을 검토한 자료
③ 「화장품 안전성 정보관리 규정」에 따른 신속·정기 보고, 안전성 정보의 검토 및 평가자료
④ 후속조치한 내용을 포함한 사용 후 이상사례 정보의 수집·검토·평가 및 조치 관련 자료
⑤ 원료 및 완제품, 이상사례 등에 대한 자료를 바탕으로 해당 제품의 안전성에 대한 평가자료

061

개발한 새로운 원료 X을 넣어 제조한 화장품으로 기능성 화장품 심사를 받으려고 준비해야 하는 행동으로 옳지 못한 것은?

제출서류	내용
기원 및 개발 경위에 관한 자료	지난 3월 산하에 있는 ○○연구소에서 ○○으로부터 미백에 도움을 줄 수 있는 새로운 원료x를 추출하는데 성공하여…(이하생략)
안전성에 관한 자료	단회투여독성시험자료…(이하생략)
유효성 또는 기능에 관한 자료	효력시험자료, 인체적용시험자료
기준 및 시험방법에 관한 자료	KFCC 방법

① 인체첩포시험은 국내·외 대학 또는 전문 연구기관에서 실시하였다.
② 안점막자극시험은 동물대체시험법으로 대체하여 실험을 실시하였다.
③ 인체적용시험을 의뢰하기 전에 원료X에 대한 안전성을 확보하였다.
④ X원료는 직접적인 검출이 쉽지 않아 원료X의 구성 성분인 A를 기준으로 실험하였다.
⑤ 효력 시험 자료는 국내·외 대학 또는 전문 연구기관에서 시험한 것으로서 당해 기관의 장이 발급한 자료로 준비하였다.

062

화장품 제조를 위한 작업자의 위생관리에 대한 내용으로 옳은 것은?

① 작업모는 공기 유통을 차단하며, 기타 이물이 나오지 않아야 한다.
② 제조실에 입실 후 준비된 사물함에서 작업복을 착용한다.
③ 작업복은 1인 1벌을 기준으로 지급한다.
④ 작업복은 주2회 세탁을 원칙으로 한다.
⑤ 작업장 입실시 전용 실내화를 착용하지 않아도 된다.

063

다음 중 콜로이드 상태에 대한 설명으로 옳은 것은?

① 거품은 고체가 액체 속에 퍼져있는 것
② 유화는 액체가 액체 속에 미세한 입자로 퍼져있는 것
③ 분산은 기체가 액체 속에 퍼져있는 경우
④ 가용화는 기체에 분산된 액체
⑤ 에어로졸은 액체에 분산된 기체

064

「우수화장품 제조 및 품질관리기준(CGMP)」에서 자재의 재포장 관리 준수사항으로 옳은 것은?

① 포장재가 재포장될 경우 원래의 용기와 동일하게 표시하지 않아도 된다.
② 사용기한을 공급처에서 받지 못하면 직접 보관기한 설정이 가능하다.
③ 포장재의 보관기한이 지나면 무조건 폐기처분해야 한다.
④ 가장 최근에 들어온 포장재가 먼저 출고되어야 한다.
⑤ 시험 중인 자재와 불합격품은 함께 보관해도 무방하다.

065

다음은 「우수화장품 제조 및 품질관리기준(CGMP)」 제2조에 따른 용어의 정의이다. 옳지 않은 것을 고르시오.

① "검교정"이란 규정된 조건하에서 측정기기나 측정시스템에 의해 표시되는 값과 표준기기의 참값 을 비교하여 이들의 오차가 허용범위 내에 있음을 확인하고, 허용범위를 벗어나는 경우 허용범위 내에 들도록 조정하는 것을 말한다.
② "공정관리"란 제조공정 중 적합판정기준의 충족을 보증하기 위하여 공정을 모니터링하거나 조정하는 모든 작업을 말한다.
③ "감사"는 직원, 회사 또는 조직을 대신하여 작업을 수행하는 사람, 회사 또는 외부 조직을 말한다.
④ "재작업"이란 적합 판정기준을 벗어난 완제품, 벌크제품을 재처리하여 품질이 적합한 범위에 들어오도록 하는 작업을 말한다.
⑤ "제조단위" 또는 "뱃치"란 하나의 공정이나 일련의 공정으로 제조되어 균질성을 갖는 화장품의 일정한 분량을 말한다.

066

맞춤형화장품의 내용물 및 원료보관 방법으로 옳지 않은 것은?

① 원료보관소는 내용물이 완전 폐색된 구역으로 청정도 등급이 4등급으로 관리한다.
② 원료보관실은 품질 저하를 방지하기 위하여 적절한 실내 온도를 유지해야 한다.
③ 원료보관소는 환기장치를 설치한다.
④ 내용물 및 원료가 입고되면 품질성적서를 작성하여 보관한다.
⑤ 사용기한을 확인한 후 관련 기록을 보관하고, 사용기한이 지난 내용물 및 원료는 폐기한다.

067

맞춤형화장품의 특성을 분석하기 위해 사용하는 도구들로 짝지어진 것은?

① 디지털발란스, 광학현미경, 점도계
② pH미터, 경도계, 광학현미경
③ 광학현미경, 오버헤드스터러, 온도계
④ 핫플레이트, 호모믹서, 오버헤드스터러
⑤ 광학현미경, 디지털발란스, 호모믹서

068

A, B, C의 대화를 보고 B와 C의 화장품 영업의 종류를 각각 바르게 연결한 것은?

> A : 요즘 K-Beauty에 대한 관심이 높아지면서 한국 화장품의 수출액 규모가 계속 증가하고 있고, 많은 전문가들이 한국의 화장품에 대한 미래가 좋다고 평가를 하고 있대! 그래서 나도 한번 화장품 사업에 도전을 해볼까 고민을 하고 있어.
> B : 전문가들이 화장품 시장이 좋다고 평가를 하고 있다고? 그 사람들은 아마 수치로만 판단을 해서 그런 결과가 나왔을 수도 있어. 하지만 내가 요즘 화장품을 소분해서 판매를 하고 있는 입장에서는 코로나 때문에 다들 마스크를 써서 화장품에 대한 수요가 많이 줄었어. 그래서 그런지 고객도 많이 줄어서 너무 힘들어. 전문가의 말이라고 믿고 무작정 시작하지 말고 시작하려면 잘 알아보고 해!!
> C : 나는 한국의 화장품에 대한 해외 관심이 높아졌다고 해서 이 기회를 이용해 화장품 원료를 수출해볼까 해서 지금 열심히 연구중이야! 지금은 다양한 지역의 특산물들을 토대로 독자적인 화장품 원료에 대한 개발을 마무리하고 있어.
> B : 직접 원료를 개발하고 수출을 준비중이라니! 멋지구나! 개발하는 원료 중에 좋은 게 있으면 우리 매장에도 납품을 부탁해!
> C : 그래. 원료 개발이 완료되면 말해줄게. 힘들지만 우리 모두 화이팅하자!

	B	C
①	화장품제조업	화장품제조업
②	화장품제조업	화장품책임판매업
③	화장품책임판매업	맞춤형화장품판매업
④	맞춤형화장품판매업	화장품제조업
⑤	맞춤형화장품판매업	화장품책임판매업

069

피부 표피에 대한 설명으로 옳은 것은?

① 인종별로 멜라닌 양의 차이는 없다.
② 표피의 세포간지질 주성분은 세라마이드, 콜라겐, 포화지방산이다.
③ 랑게르한스 세포와 머켈 세포는 표피의 기저층에 있다.
④ 멜라닌색소는 자외선으로부터 피부를 보호한다.
⑤ 멜레닌형성세포 돌기를 통해 멜라닌은 표피 상층으로 올라간다.

070

진피층에 대한 설명으로 틀린 것은?

① 멜라닌세포가 합성하여 멜라닌을 생성한다.
② 결합섬유인 교원섬유(Collagen fiber)와 탄력섬유(Elastin fiber)가 그물모양으로 잘 짜여져 있고 그 결합섬유 사이의 기질인 무코다당체가 수분 보유력이 좋아야 한다.
③ 섬유아세포에서 교원섬유와 탄력섬유를 합성하여 생성한다.
④ 진피에는 대식세포와 비만세포가 있다.
⑤ 진피층에는 모세혈관이 많이 분포되어있다.

071

모발의 성장주기에 대한 설명으로 옳지 못한 것은?

① 성장기에 모모세포는 모유두에서 영양공급을 받아 세포분열을 한다.

② 퇴행기에 모유두에서 밀려 올라가기 시작하여 분리가 시작된다.

③ 퇴행기의 기간은 3~6년이며 이 기간 동안 모유두는 쉬게 된다.

④ 휴지기에는 모낭과 모유두가 완전히 분리되고 모낭도 더욱더 위축되어 모근은 위쪽으로 더 밀려 올라가 모발이 빠지게 된다.

⑤ 휴지기에 해당하는 모발의 수는 전체 모발의 약 10%에 해당되며 휴지기에 들어선 후 약 3~4개월은 두피에 머무르다가 차츰 자연스럽게 빠지게 된다.

072

시행규칙 [별표4] 화장품 포장의 표시기준 및 표시방법에서 화장품 제조에 사용된 성분에 대한 설명으로 옳지 못한 것을 고르시오.

① 글자의 크기는 6포인트 이상으로 한다.

② 화장품 제조에 사용된 함량이 많은 것부터 기재·표시한다. 다만, 1퍼센트 이하로 사용된 성분, 착향제 또는 착색제는 순서에 상관없이 기재·표시할 수 있다.

③ 혼합원료는 혼합된 개별 성분의 명칭을 기재·표시한다.

④ 색조 화장용 제품류, 눈 화장용 제품류, 두발염색용 제품류 또는 손발톱용 제품류에서 호수별로 착색제가 다르게 사용된 경우 '± 또는 +/-'의 표시 다음에 사용된 모든 착색제 성분을 함께 기재·표시할 수 있다.

⑤ 산성도(pH) 조절 목적으로 사용되는 성분은 그 성분을 표시하는 대신 중화반응에 따른 생성물로 기재·표시할 수 있고, 비누화반응을 거치는 성분은 비누화반응에 따른 생성물로 기재·표시할 수 있다.

073

화장품의 함유 성분별 사용할 때의 주의사항 표시 문구가 올바르게 짝지어진 것은?

① 스테아린산아연이 함유된 파우더 - 신장질환이 있는 사람은 사용 전에 의사, 약사, 한의사와 상의 할 것.

② IPBC가 함유된 바디클렌저 - 만 3세 이하 영유아에게는 사용하지 말 것.

③ 살리실릭애씨드가 함유된 샴푸 - 만 3세 이하 영유아에게는 사용하지 말 것.

④ 알루미늄이 함유된 데오도란트 - 사용 시 흡입되지 않도록 주의할 것.

⑤ 벤잘코늄클로라이드가 함유된 폼 클렌저 - 눈에 접촉을 피하고 눈에 들어갔을 때는 즉시 씻어낼 것.

074

관능평가에 사용되는 표준품에 해당하지 않는 것은?

① 제품 표준견본

② 벌크제품 표준견본

③ 라벨 부착 위치견본

④ 용기 포장재 표준견본

⑤ 반제품 표준견본

075

화장품 혼합 시 안정성을 감소시키는 요인이 아닌 것은?

① 유화 공정시 온도가 너무 낮으면 O/W 상이 바뀌어 미셀의 형상이 불안정해진다.
② 가용화 또는 유화 공정 시 투입되는 온도가 지나치게 높을 경우 유화제의 HLB가 바뀌면서 상이 바뀌어 불안정한 상이 형성되어 안정성에 문제가 생길 수 있다.
③ 교반기의 RPM 속도가 느린 경우 유화 입자가 커서 성상 및 점도가 달라지고 안정성에 문제가 발생하고 점증제 및 분산제의 분산이 어려워 덩어리가 생길 수 있다.
④ 유화 제품의 경우 기포가 다량 발생하므로 진공 상태에서 기포를 제거하지 않으면 제품의 점도, 비중에 영향을 미치며 산패의 원인이 되기도 하여 안정성에 문제가 발생할 수도 있다.
⑤ 휘발성 원료의 경우 유화 공정 시 혼합 직전에 투입하고, 고온에서 안정성이 떨어지는 원료의 경우 냉각 공정 중에 별도 투입하여야 한다.

076

두피의 구조에 대한 설명으로 옳지 않은 것은?

① 두피의 외피에는 동맥, 정맥, 신경들이 분포되어 있다.
② 두피의 피하조직은 얇은 지방층을 가지고 있다.
③ 두개골을 둘러싼 근육과 연결된 신경조직을 두개피라고 한다.
④ 두피는 피부의 일부분이며 혈관, 모낭, 피지선이 많이 분포되어 있다.
⑤ 진피층에는 머리카락을 통해 감각을 느낄 수 있도록 조밀하게 신경이 분포되어 있다.

077

피부 구조에 대한 설명으로 옳은 것은?

① 피부 표면의 얇은 줄 사이의 움푹한 곳을 피부결이라고 부른다.
② 모공은 피부 소릉의 구멍이다.
③ 한공은 땀구멍이 아니다.
④ 소구와 소릉의 높이가 차이 날수록 피부가 거친 편이다.
⑤ 상피조직은 표피와 진피가 있다.

078

맞춤형화장품 표시기재 사항 중 생략이 가능한 표시 내용을 〈보기〉에서 고른 것은?

〈보기〉

㉠ 바코드
㉡ 3세 이하의 영유아용 제품의 보존제 함량
㉢ 화장품에 천연 또는 유기농으로 표시·광고하려는 경우에는 원료의 함량
㉣ 내용물이 수입화장품인 경우에는 제조국의 명칭, 제조회사명 및 그 소재지
㉤ 인체 세포·조직 배양액이 들어있는 경우 그 함량

① ㉠, ㉣　　② ㉠, ㉢
③ ㉡, ㉣　　④ ㉡, ㉢
⑤ ㉢, ㉣

079

150g 나이트크림에 대한 품질성적서이다. 성적서에 대한 설명으로 옳은 것은?

〈보기〉

제품명 : 나이트크림

제조번호 : 221009

제조날짜 : 2022.05.14

유통기한 : 2024.05.13

〈품질 성적서〉

시험항목	결과
성상	백색 크림제
향취	없음
내용량	140g
비중	1.02
pH	6.07
납	7㎍/g
수은	6㎍/g
비소	17㎍/g
진균	324개/mL
세균	564개/mL

① 내용량의 경우 유통화장품안전관리 기준을 충족한다.
② 납의 함량의 경우 유통화장품안전관리 기준에 적합하지 않다.
③ 미생물한도 기준에 적합하지 않은 제품이다.
④ 나이트크림의 경우 위해화장품이다.
⑤ 수은의 함량의 경우 유통화장품안전관리 기준을 충족한다.

080

다음 〈보기〉의 내용은 모간부의 구조에 대한 내용이다. 각 구조에 해당되는 내용으로 알맞게 짝지은 것은?

〈보기〉

㉠ 물고기의 비늘처럼 사이사이 겹쳐 놓은 것과 같은 구조로 친유성의 성격이 강하다.
㉡ 모발의 굵기에 따라 있는 것도 있고 없는 것도 있다.
㉢ 육각형 모양의 죽은 세포가 밀려 올라가 판상으로 둘러쌓인 형태의 세포이다.
㉣ 모발의 85%~90% 차지한다.
㉤ 한랭지 서식의 동물에는 털의 약 50%를 차지하여 보온의 역할을 한다.
㉥ 친수성의 성격이 강하며 퍼머와 염색제가 작용하는 부분이다.
㉦ 멜라닌 색소를 함유하고 있다.
㉧ 핵이 없는 편평세포로 모발 전체의 10~15%를 차지한다.

	모수질	모피질	모표피
①	㉠, ㉡, ㉤	㉢, ㉥, ㉦	㉣, ㉧
②	㉠, ㉥, ㉧	㉡, ㉤	㉢, ㉣, ㉦
③	㉡, ㉤	㉣, ㉥, ㉦	㉠, ㉢, ㉧
④	㉡, ㉢, ㉣	㉤, ㉥	㉠, ㉦, ㉧
⑤	㉣, ㉤	㉠, ㉢, ㉦	㉡, ㉥

081

다음은 화장품법 제14조의3(인증의 유효기간)에 관한 내용이다. 빈칸에 들어갈 내용을 순서대로 적으시오.

> 제14조의2(천연화장품 및 유기농화장품에 대한 인증)제1항에 따른 인증의 유효기간은 인증을 받은 날부터 (㉠)년으로 한다.
> 인증의 유효기간을 연장 받으려는 자는 유효기간 만료 (㉡)일 전에 총리령으로 정하는 바에 따라 연장신청을 하여야 한다.

082

다음 <보기>에서 화장품에 속하지 않는 제품 2가지를 찾아 적으시오.

> 〈보기〉
> 구중청량제, 아이섀도, 페이스 파우더, 에센스, 에프터셰이브 로션, 헤어오일 베이스코트, 클렌징 워터, 마사지 크림, 영유아용 샴푸, 버블배스, 액체비누, 향수, 치아미백제, 탈염·탈색제, 바디페인팅 제품, 마스카라, 목욕용 소금류, 염모제, 헤어토닉

083

다음은 법 제10조(화장품의 기재사항)에 대한 내용이다. 빈칸에 들어갈 내용을 적으시오.

> 화장품의 1차 포장 또는 2차 포장에는 총리령으로 정하는 바에 따라 다음 각 호의 사항을 기재·표시하여야 한다. 다만, 내용량이 소량인 화장품의 포장 등 총리령으로 정하는 포장에는 (㉠), 화장품책임판매업자 및 맞춤형화장품판매업자의 상호, 가격, (㉡)와 사용기한 또는 개봉 후 사용기간을 기재할 경우에는 제조연월일을 병행 표기하여야 한다.

084

다음 네모칸에서 설명하고 있는 색소의 종류를 적으시오.

> 타르색소의 나트륨, 칼륨, 알루미늄, 바륨, 칼슘, 스트론튬 또는 지르코늄염을 기질에 흡착, 공침 또는 단순한 혼합이 아닌 화학적 결합에 의하여 확산시킨 색소를 말한다.

085

CGMP 4대 기준서 중 다음 각 호의 사항이 포함되어야 하는 기준서를 적으시오.

ㄱ. 작업원의 건강관리 및 건강상태의 파악 · 조치방법
ㄴ. 작업원의 수세, 소독방법 등 위생에 관한 사항
ㄷ. 작업복장의 규격, 세탁방법 및 착용규정
ㄹ. 작업실 등의 청소방법 및 청소주기
ㅁ. 청소상태의 평가방법
ㅂ. 제조시설의 세척 및 평가
ㅅ. 곤충, 해충이나 쥐를 막는 방법 및 점검주기

086

다음 빈칸에 들어갈 공통된 단어를 영어로 적으시오.

- 최소지속형즉시흑화량은 (   )를 사람의 피부에 조사한 후 2~24시간의 범위 내에, 조사영역의 전 영역에 희미한 흑화가 인식되는 최소 자외선 조사량을 말한다.
- (   )은 진피까지 도달하여 색소침작 및 콜라겐을 손상시키는 자외선으로, 320~400㎚의 장파장을 가지고 있다.

087

다음 빈칸에 들어갈 용어를 적으시오.

천연보습인자를 구성하는 수용성의 아미노산은 (   )이 상층으로 이동함에 따라서 각질층 내의 단백분해효소에 의해 분해된 것이다.

088

다음 ○○화장품의 전성분 중 자외선차단을 목적으로 사용된 성분과 그 성분의 최대 사용함량(%)을 적으시오.

정제수, 에칠헥실메톡시신나메이트, 글리세린, 부틸렌글라이콜, 세테아릴알코올, 카프릴/카프릴릭트라이글리세라이드, 비즈왁스, 나이아신아마이드, 1,2-헥산다이올, 살리실릭애씨드, 토코페릴아세테이트, 실리카, 폴리솔베이트80, 다이소듐이디티에이, 아데노신, 알란토인, 향료, 황색산화철

089

다음은 화장품 사용할 때의 주의사항이다. 빈칸에 들어갈 용어를 순서대로 적으시오.

• 샴푸
ㄱ. 눈에 들어갔을 때에는 즉시 씻어낼 것
ㄴ. 사용 후 물로 씻어내지 않으면 탈모 또는 (㉠)의 원인이 될 수 있으므로 주의할 것

• (㉡)를 사용하는 에어로졸 제품[무스의 경우 ㄱ - ㄹ의 사항은 제외한다]
ㄱ. 같은 부위에 연속해서 3초 이상 분사하지 말 것
ㄴ. 가능하면 인체에서 20센티미터 이상 떨어져 사용할 것
ㄷ. 눈 주위 또는 점막 등에 분사하지 말 것. 다만, 자외선 차단제의 경우 얼굴에 직접 분사하지 말고 손에 덜어 얼굴에 바를 것
ㄹ. 분사가스는 직접 흡입하지 않도록 주의할 것

090

다음 빈칸에 들어갈 용어를 적으시오.

중대한 ( )
- 사망을 초래하거나 생명을 위협하는 경우
- 입원 또는 입원기간의 연장이 필요한 경우
- 지속적 또는 중대한 불구나 기능저하를 초래하는 경우
- 선천적 기형 또는 이상을 초래하는 경우
- 기타 의학적으로 중요한 상황

091

다음 빈칸에 들어갈 용어를 한글로 적으시오.

남성형 탈모는 모낭에 존재하는 효소와 반응해 전환된 안드로겐 그룹 호르몬인 ( )물질이 원인으로 이는 모발의 뿌리인 모낭에 작용해 모발의 성장을 억제하여 모발이 점점 얇아지고 빠지는 대머리증상을 유발한다.

092

다음은 빈칸에 들어갈 용어를 한글로 적으시오.

> 손·발의 피부를 연화하기 위하여 사용되는 것을 목적으로 하는 (   )제제의 핸드크림 및 풋크림
> ㄱ. 눈, 코 또는 입 등에 닿지 않도록 주의하여 사용할 것
> ㄴ. 프로필렌 글라이콜(Propylene Glycol)을 함유하고 있으므로 이 성분에 과민하거나 알레르기 병력이 있는 사람은 신중히 사용할 것(프로필렌 글라이콜 함유제품만 표시한다.)

093

다음 빈칸에 들어갈 용어들을 〈보기〉에서 찾아 순서대로 적으시오.

> 크로스컷트 : 화장품 용기 소재인 유리, 금속, 플라스틱의 유기 또는 무기 코팅막 또는 도금층의 (㉠) 측정
> 감압누설 : 액상 내용물을 담는 용기의 마개, 펌프, 패킹 등의 (㉡) 측정

> 〈보기〉
> 안전성, 안정성, 밀폐성, 기밀성, 밀착성, 접착성, 광택성, 적합성, 탄력성, 유효성, 변화성, 기능성, 위해성, 유해성, 정확성, 완전성, 위험성, 사용성, 심미성, 친유성, 가용성, 부착성, 취약성, 균등성, 내열성, 저항성, 흡착성, 보온성, 부식성, 감작성

094

사용할 때의 주의사항으로 다음 내용을 추가하여 개별 기재 표시해야 하는 성분과 제품유형을 순서대로 적으시오.

> 가. 다음과 같은 사람(부위)에는 사용하지 마십시오.
> (1) 생리 전후, 산전, 산후, 병후의 환자
> (2) 얼굴, 상처, 부스럼, 습진, 짓무름, 기타의 염증, 반점 또는 자극이 있는 피부
> (3) 유사 제품에 부작용이 나타난 적이 있는 피부
> (4) 약한 피부 또는 남성의 수염부위
>
> 나. 이 제품을 사용하는 동안 다음의 약이나 화장품을 사용하지 마십시오.
> (1) 땀발생억제제(Antiperspirant), 향수, 수렴로션(Astringent Lotion)은 이 제품 사용 후 24시간 후에 사용하십시오.

095

화장품 사용할 때의 주의사항에서 아래 〈보기〉의 사항의 개별 기재 주의사항을 추가해야 하는 화장품의 제품 유형을 법령용어로 적으시오.

> 〈보기〉
> 털을 제거한 직후에는 사용하지 말 것

096

다음사항을 포함하는 기준서를 보기에서 찾아 적으시오.

항목	상세내용
제조공정	작업소의 출입제한, 공정검사의 방법
시설 및 기구	시설 및 주요설비의 정기적인 점검방법
원자재	시험결과 부적합품에 대한 처리방법
완제품	입·출하 시 승인판정의 확인방법
위탁제조	원자재의 공급, 벌크 등의 운송방법

〈보기〉

제품표준서, 제조기록서, 제조관리기준서, 제품절차서, 제조위생관리기준서, 포장지시서, 생산계획서, 품질관리서, 제조세부내역서, 제조계획서, 제품관리기준서, 시험표준서, 제조공정서

097

다음 화장품법 제8조(화장품 안전기준 등)에 관한 내용 중 빈칸에 들어갈 용어를 보기에서 모두 찾아 적으시오.

식품의약품안전처장은 (　　) 등과 같이 특별히 사용상의 제한이 필요한 원료에 대하여는 그 사용기준을 지정하여 고시하여야 하며, 사용기준이 지정·고시된 원료 외의 (　　) 등은 사용할 수 없다.

〈보기〉

자외선차단제, 기능성원료, 색소, 가용화제, 향료, 알칼리제, 산화방지제, 계면활성제, 비타민, 천연원료, 석유화학원료, 변성제, 허용기타원료

098

다음 내용 중 빈칸에 공동으로 들어갈 용어를 적으시오.

- 광고 내용과 관련이 있고 과학적이고 객관적인 방법에 의한 자료로서 (　　　)과 재현성이 확보되어야 한다.
- 국내외 대학 또는 화장품 관련 전문 연구기관(제조 및 영업부서 등 다른 부서와 독립적인 업무를 수행하는 기업 부설 연구소 포함)에서 시험한 것으로서 기관의 장이 발급한 자료이어야 한다.
- 시험기관에서 마련한 절차에 따라 시험을 실시했다는 것을 증명하기 위해 문서화된 (　　　) 보증 업무를 수행한 자료이어야 한다.

099

다음 빈칸에 들어갈 용어를 순서대로 적으시오.

왁스는 고급지방산에 (㉠)이 결합된 에스테르 화합물이다. 크림의 사용감을 높여주거나 립스틱의 (㉡)를 높이기 위해 사용된다.

100

다음 네모칸에서 설명하는 성분을 보기에서 2가지를 찾아 적으시오.

피부 자극이 적고 피부 안전성이 높아 유화제, 가용화제, 분산제, 습윤제 등의 용도로 대부분의 기초화장용 제품류에서 사용된다.

〈보기〉

소듐라우레스-3카복실레이트, 소듐라우릴설페이트, 폴리솔베이트20, 세테아디모늄클로라이드, 코카미도프로필베타인, 암모늄라우릴설페이트, 베헨트라이모늄클로라이드, 소듐코코암포아세테이트, 솔비탄팔미테이트, 다이스테아릴다이모늄클로라이드

맞춤형화장품 실전고사

7회

실전고사 7회

001

다음 중 화장품에 해당하는 제품으로 옳은 것은?

① 칼라민이 함유된 땀띠 완화 로션
② 성 윤활을 목적으로 하는 질 보습 윤활제
③ 입안의 청량감을 주는 마우스 워시
④ 머리카락을 풍성하게 보이게 하는 흑채
⑤ 주름 개선을 목적으로 하는 윤활 광택 주사

002

화장품법에서 규정하는 화장품영업자와 그 업무가 바르게 연결된 것은?

① 화장품 제조업 - 화장품 원료 제조
② 화장품 제조업 - 화장품 2차포장을 하는 영업
③ 화장품 책임판매업 - 수입대행형 거래로 화장품을 알선, 수여 하는 영업
④ 맞춤형화장품 판매업 - 일반화장품 완제품 판매
⑤ 맞춤형화장품 판매업 - 고형비누 단순 소분

003

[개인정보보호법]에서 규정하는 개인정보로 옳지 않은 것은?

① 생년월일
② 맞춤형화장품조제관리사의 자격증 번호
③ 개인정보 일부를 삭제하여 추가 정보 없이는 특정 개인을 알아볼 수 없는 정보
④ 사망자, 단체, 기업의 정보 또는 공익적 기록 보존을 위한 가명 정보
⑤ A씨의 부친 B씨가 사망했다는 부고 기사

004

동물실험을 실시한 화장품 등으로 유통 판매를 할 수 없는 경우는?

① 새로운 보습제의 보습 실험
② 중국에 수출하기 위한 중국법령에 따라 실험한 제품
③ 약사법에 따라 동물실험을 실시하여 제조된 원료를 사용한 화장품
④ 새로운 보존제의 사용 기준을 지정하기 위한 경우
⑤ 동물대체시험 방법이 없는 경우

005

화장품에 사용할 수 없는 원료가 아닌 것은?

① 니트로스 아민류
② 미녹시딜 유도체
③ 벤조일퍼옥사이드
④ 비타민 K1
⑤ 피리딘-2-올1-옥사이드

006

다음 중 판매 업무 정지에 해당하는 위해 등급이 다른 하나는?

① 병원 미생물에 오염된 맞춤형화장품
② 맞춤형화장품조제관리사가 그만두어 새로운 직원 맞춤형화장품조제관리사를 뽑기 전
③ 사용할 수 없는 원료를 사용한 화장품
④ 사용기한이 지워져 새로운 사용기한을 판매자가 기입한 제품
⑤ 영업 신고를 하기 직전 시장의 반응을 알아보기 위해 판매한 맞춤형화장품

007

개인정보 보호법에 따른 개인정보 관리법으로 옳은 것은?

① 소비자가 본인의 개인정보 열람을 요청했지만 중요한 사항이 있어서 이를 거절하였다.
② 고객의 성명, 전화번호 등이 저장된 컴퓨터 백신 프로그램의 사용기한이 만료되어 이를 연장하지 않았다.
③ 탈퇴한 고객의 개인정보 동의서를 찢어서 종량제봉투에 넣어 폐기하였다.
④ 3가지 제품을 추천하여 그중 원하는 제품을 제공하는 서비스를 영업 중, 고객이 추천 서비스 메일 수신을 거부하는 경우 서비스 이용 계약 해지 여부와 상관없이 더 이상 제품을 추천할 수 없다.
⑤ 클라우드에 저장된 개인정보를 파기할 때 클라우드에 접속한 컴퓨터, 노트북, 휴대기기 등에 저장되었는지 확인하고 정보를 모두 삭제함.

008

다음 원료 중 친수성 크기의 부등호 표시가 "잘못" 된 것은?

① 1-부탄올 > 부틸렌글라이콜
② 글리세린 > 1-프로판올
③ 비타민 C > 비타민 E
④ 아세틱애씨드 > 팔미틱애씨드
⑤ 에탄올 > 세틸알코올

009

다음 중 화장품 원료와 배합목적으로 옳은 것은?

① 다이소듐이디티에이 - 세정제
② 레시틴 - 비이온계면활성제
③ 벤토나이트 - 밀폐제
④ 트라이에탄올아민 - 가용화제
⑤ 카보머 - 점증제

010

화장품 보존제에 대한 설명으로 옳지 않은 것은?

① 보존제는 주로 2가지 이상 혼합하여 사용한다.
② 메틸파라벤의 화학명은 메틸파라하이드록시벤조익애씨드이다.
③ 살리실릭애씨드는 영유아용 제품 중 샴푸를 제외하고 보존제로 사용할 수 없다.
④ 1,2-헥산다이올은 보습력이 있는 보존제이다.
⑤ 페녹시에탄올은 보존제로서 최대 사용 함량은 1.0%이다.

011

다음 <보기>의 괄호 안에 공통으로 들어갈 원료와 그 예시가 바르게 짝지어진 것은?

〈보기〉

화장품법 제8조 2항

식품의약품안전처장은 (   ) 등과 같이 특별히 사용상의 제한이 필요한 원료에 대하여는 그 사용기준을 지정하여 고시하여야 하며, 사용기준이 지정·고시된 원료 외의 (   ) 등은 사용할 수 없다.

① 보존제 - 메칠이소치아졸리논
색소 - 녹색204호
자외선차단제 - 벤조페논-4
② 보존제 -1,2-헥산다이올
색소 - 녹색401호
자외선차단제 - 에칠헥실메톡시신나메이트
③ 보존제 - 페녹시에탄올
색소 - 적색102호
자외선차단제 - 마그네슘아스코빌포스페이트
④ 보존제 -벤질알코올
색소 - 피그먼트 자색23호
향료 - 아밀신남알
⑤ 보존제 -살리실릭애씨드
색소 - 적색2호
염모제 - 몰식자산

012

다음 <보기>는 화장품 표시 기재 사항이다. 내용 중 화장품법에 따른 위반 사항 및 1차위반에 대한 행정처분으로 옳게 짝지어진 것은?

〈보기〉

전성분: 정제수, 에탄올, 향료, 아이소유제놀, 리모넨, 글리세린, 레시틴, 토코페릴아세테이트, 프로필렌글라이콜, 녹색201호, 청색1호
용량: 150mL
제조번호 : 220304ABC
해외제조원: 스테이션비
화장품책임판매업자: 미시우먼코스메틱
사용법 : 목 뒤나 손목에 적당량을 분사하여 사용합니다.

① 제조 번호에서 제조일을 알 수 없어서 판매업무정지에 해당한다.
② 사용법은 금지표현이라 판매업무정지에 해당한다.
③ 사용금지원료인 프로필렌글라이콜을 사용하여 판매업무정지에 해당한다.
④ 배합금지원료인 녹색201호를 사용하여 판매업무정지에 해당한다.
⑤ 알레르기 유발성분인 아이소유제놀을 사용하여 판매업무정지에 해당한다.

013

착향제의 구성성분 중 알레르기 유발성분의 함량 산출 방법 중 (　　)에 들어갈 말로 옳은 것은?

알레르기 유발성분이 제품의 (　　)에서 차지 하는 함량의 비율로 계산하여 전성분명에 표시한다.

① 착향제의 양
② 정제수양
③ 정제수를 제외한 내용량
④ 기능성 성분의 양
⑤ 내용량

014

기초화장용 제품류 중 크림에 대한 설명으로 옳지 못한 것은?

① 유형으로 O/W형 크림, W/O형 크림, 다중유화 크림 등이 있다.
② 다중유화는 O/W형을 내상으로 수성 성분의 외상에 존재하는 W/O/W형, W/O형의 내상이 유성 성분의 외상에 존재하는 O/W/O형이 대표적이며 안정성이 높다.
③ 사용 목적은 피부에 수분을 공급하여 피부의 보습 효과를 준다. 단, 유연 효과는 없다.
④ O/W형 크림은 유화 타입의 크림으로 유성 성분이 내상(외상인 수성 성분 내에 유화)인 산뜻한 사용감을 느끼는 친유성 크림이다.
⑤ 마사지크림 및 클렌징크림은 W/O형 크림이 대부분이다.

015

화장품법에서 규정되어 있는 기능성 화장품으로 옳은 것은?

① 모발의 색상을 일시적으로 변화시키는 헤어스프레이
② 여드름 피부에 사용할 수 있는 에센스
③ 튼살로 인해 붉은 선을 엷게 하는 데 도움을 주는 바디크림
④ 물리적으로 제모를 제거하는 제모스트립
⑤ 아토피성 피부의 가려움 증상을 완화 시켜주는 로션

016

다음 중 화장품의 기능에 대한 설명으로 옳지 않은 것은?

① 피부 거침을 개선하고 피부결을 좋게 한다.
② 피부의 결점을 감추어준다.
③ 두피 및 두발을 깨끗하게 세정하여 비듬과 가려움에 도움이 된다.
④ 물리적, 화학적인 방법으로 체모를 제거한다.
⑤ 땀을 억제하여 액취를 방지한다.

017

헤어퍼머넌트 웨이브 제품 및 헤어스트레이트너 제품의 사용할 때의 주의 사항 중 옳은 것은?

① 사용후 물로 씻어 내지 않으면 탈모 또는 탈색의 원인이 될 수 있으므로 주의할 것
② 땀발생억제제(Antiperspirant), 향수, 수렴로션(Astringent Lotion)은 이 제품 사용 후 24시간 후에 사용하십시오.
③ 부종, 홍반, 가려움, 피부염(발진, 알레르기), 광과민반응, 중증의 화상 및 수포 등의 증상이 나타날 수 있으므로 이러한 경우 이 제품의 사용을 즉각 중지하고 의사 또는 약사와 상의하십시오.
④ 개봉한 제품은 7일 이내에 사용해야 하고, 섭씨 15도 이하의 어두운 장소에 보존하고, 색이 변하거나 침전된 경우에는 사용하지 말 것
⑤ 제2단계 퍼머액 중 그 주성분이 과산화수소인 제품은 검은 머리카락이 회색으로 변할 수 있으므로 유의하여 사용할 것

018

다음 내용은 위해화장품의 회수계획 및 절차에 관한 내용이다. (　　)안에 들어갈 숫자가 올바른 것은?

〈보기〉

■ 회수계획서 : 회수대상화장품이라는 사실을 안 날부터 (ㄱ)일 이내에 회수계획서에 다음 각 호의 서류를 첨부하여 지방식품의약품안전청장에게 제출하여야 한다.

□ 회수계획서 첨부서류
- 해당 품목의 제조·수입기록서 사본
- 판매처별 판매량·판매일 등의 기록(맞춤형화장품의 경우 판매내역서)
- 회수 사유를 적은 서류

■ 공표 및 회수통보 : 회수의무자는 판매자, 그밖에 해당 화장품을 업무상 취급하는 자에게 방문, 우편, 전화, 전보, 전자우편, 팩스 또는 언론매체를 통한 공고 등을 통하여 회수계획을 통보하여야 하며, 통보 사실을 입증할 수 있는 자료를 회수종료일부터 (ㄴ)년간 보관하여야 한다.

① 5 - 2　　② 5 - 5
③ 7 - 2　　④ 7 - 3
⑤ 10 - 1

019

화장품 원료 중 왁스에 대한 설명으로 옳은 것은?

① 비즈왁스(Bees Wax)는 융점이 100℃ 이상으로 부드러운 감촉이 있다.
② 천연 유래 왁스로 파라핀왁스, 마이크로크리스탈린왁스가 있다.
③ 친수성 제품의 보조유화제와 수분증발억제제로 사용된다.
④ 규소와 산소의 결합인 실록산 결합(-Si-O-Si-)을 가지는 유기 규소 화합물이다.
⑤ 고급지방산과 고급알코올이 결합된 에스터 화합물이다.

020

사용상 사용 한도가 있는 원료가 아닌 것을 보기에서 모두 고른 것은?

〈보기〉
㉠ 나이아신아마이드
㉡ 우레아
㉢ 제라니올
㉣ 토코페롤
㉤ 베타인살리실레이트

① ㉠, ㉢　② ㉠, ㉤
③ ㉡, ㉤　④ ㉡, ㉣
⑤ ㉢, ㉤

021

맞춤형화장품조제관리사가 조제하여 소비자에게 판매할 수 있는 맞춤형화장품을 <보기>에서 모두 고른 것은?

〈보기〉
㉠ 화장품책임판매업자가 공급한 원료에 맞춤형화장품조제관리사가 혼합한 원료를 서로 혼합한 제품
㉡ 화장품책임판매업자가 공급한 벌크제품에 보존제가 함유된 원료를 혼합한 제품
㉢ 수입된 벌크제품의 내용물을 단순 소분한 화장품
㉣ 수입된 벌크제품에 기능성 고시 원료를 혼합하여 기능성 심사를 받은 맞춤형화장품
㉤ 수입된 향료와 국내 식물 추출물을 혼합하여 만든 제품
㉥ 홍보, 판매촉진을 위하여 소비자가 시험 사용하도록 제조한 화장품을 소분한 화장품

① ㉠㉡㉢　② ㉠㉢㉣
③ ㉡㉢㉣　④ ㉣㉤㉥
⑤ ㉡㉣㉤

022

「화장품 안전기준 등에 관한 규정」에 의거 유통화장품 안전관리 시험방법에 따라 시험할 때 화장비누의 내용량에 대한 설명으로 옳은 것을 고르시오.

① 수분 함량이 포함된 화장비누의 중량을 내용량으로 한다.
② 1차 포장이 포함된 화장비누의 중량을 내용량으로 한다.
③ 평균 내용량이 표기량에 대해 95% 이상이어야 한다.
④ 포장지의 무게가 포함되지 않은 화장비누의 건조중량을 내용량으로 한다.
⑤ 1차 포장 상태에서 건조중량을 내용량으로 한다.

023

다음은 화장품의 원료에 대한 설명이다. 각 원료와 설명이 잘못 짝지어진 것은?

① 산화방지제 - 유지성분의 산화를 방지하며 천연원료로 토코페롤이 있다.
② 보존제-화장품 품질을 일정하게 유지하기 위해 사용하며 종류로 BHT, BHA 등이 있다.
③ 보습제 - 피부를 부드럽고 촉촉하게 유지해 주며 보존제의 보조역할도 한다.
④ 금속이온봉쇄제 - 킬레이트제라고도 부르며 종류는 다이소듐이디티에이가 있다.
⑤ 고분자화합물 - 주로 수용성 물질로 미생물에 대한 오염도가 높으며 유화 제품의 안정성을 높인다.

024

사용상 제한이 있는 성분과 그 용도가 옳게 짝지어진 것이 아닌 것은?

① 보존제 - 트리클로산, 에칠렌옥사이드
② 보존제 - 징크피리치온, 살리실릭애씨드
③ 염모제 - 피크라민산, 레조시놀
④ 자외선차단제 - 에칠헥실메톡시신나메이트, 에칠헥실살리실레이트
⑤ 자외선차단제 - 티타늄디옥사이드, 징크옥사이드

025

화장품 용기의 적합성 시험법 중 그 적용 범위가 잘못 짝지어진 것은?

① 감압누설 - 액상 내용물을 담는 용기의 마개, 펌프, 패킹 등의 밀폐성 측정
② 내용물감량 - 충전된 내용물의 건조감량을 측정
③ 유리병의 내부압력 - 유리 소재의 화장품 용기의 내압 강도를 측정
④ 크로스컷트 - 용기에 인쇄된 문자, 코팅막, 라미네이팅의 밀착성을 측정
⑤ 라벨접착력 - 포장의 라벨, 스티커 또는 수지 지 자체의 접착력 측정

026

화장품의 안정성시험 항목 중 장기보존시험 및 가속시험 방법으로 바르게 연결된 것은?

① 화학적 시험 - 비중, 융점, 경도
② 화학적 시험 - pH, 유화상태, 점도 등
③ 물리적 시험 - 시험물 가용성 성분, 에테르불용 및 에탄올 가용성성분
④ 미생물학적 시험 - 제품 속의 증식 가능한 미생물을 평가
⑤ 용기적합성 시험 - 용기의 제품 흡수, 부식, 화학적 반응 등에 대한 적합성을 평가

027

폼클렌저 검화 실험 시 사용한 지방산을 80% 중화한 경우, 중화제인 수산화칼륨이 내용물 전체에서 차지하는 비율로 옳은 것은?

폼클렌저 실험 시 사용한 지방산 종류,
산가 및 함량(%)

지방산 종류	산가(KOH 양)	지방산 함량(%)
A	300	5%
B	250	6%
C	200	10%

① 1%
② 2%
③ 3%
④ 4%
⑤ 5%

028

원자재 용기 및 시험기록서의 필수 기재 사항이 아닌 것은?

① 원자재 공급자가 정한 제품명
② 원자재 공급자명
③ 수령 일자
④ 공급자가 부여한 제조번호 또는 관리번호
⑤ 원자재 제조국

029

화장품 원료의 입고를 위한 관리 절차로 옳지 못한 것은?

① 입고된 원료의 배치가 기존 적합 판정받은 배치와 같아 입고 시험이 면제되었다.
② 공급업체의 원료 성적서 결과가 모두 "적합"으로 확인되어 원료 시험을 면제하였다.
③ "시험 중" 라벨이 붙어있는 원료의 시험 결과가 "적합" 판정되어 "시험 중" 라벨표시 위에 "적합" 표시 라벨을 부착하였다.
④ 입고된 원료의 시험용 검체를 원료 공급자로부터 직접 전달받아 시험을 실시했다.
⑤ "적합" 판정받은 원료는 원료보관소로 이동하여 보관하였다.

030

작업장 내의 위생을 위한 세정제와 소독제에 대한 설명으로 옳은 것은?

〈보기〉
㉠ 손소독제는 물 없이 손 소독이 가능하고 손소독제는 의약외품이다.
㉡ 알코올 70%의 손 세정제가 좋다.
㉢ 글리세린 성분이 들어간 직접 만든 손소독제를 사용해도 된다.
㉣ 작업자의 손을 소독하기 위한 비누는 고형비누보다 액체비누를 권장한다.
㉤ 작업복은 목적과 오염도에 따라 세탁을 하고, 필요에 따라 소독한다.

① ㉠, ㉡
② ㉡, ㉢
③ ㉢, ㉣
④ ㉣, ㉤
⑤ ㉠, ㉤

031

화장품 원료 및 부자재 등의 폐기 기준 절차에 대한 내용 중 옳은 것을 모두 고른 것은?

〈보기〉
㉠ 원료와 포장재, 벌크제품과 완제품이 미리 설정된 기준을 벗어나면 기준일탈 제품으로 지정한다.
㉡ 기준일탈 제품이 발생했을 때는 미리 정한 절차에 따라 처리하고 실시한 기록은 모두 삭제한다.
㉢ 기준일탈 제품이 발생하면 제조책임자가 원인 조사에 대한 권한이 있다.
㉣ 기준일탈 제품은 폐기하는 것이 바람직하지만 재작업을 고려할 수 있다.
㉤ 충전량의 기준 일탈로 인해 부적합 판정이 된 경우 재작업을 실시할 수 없다.
㉥ "부적합" 판정을 받은 제품은 다시 재작업을 실시하여 "적합" 판정을 받은 경우 "부적합" 라벨 위에 "적합" 라벨을 붙일 수 있다.

① ㉠, ㉡, ㉢
② ㉡, ㉢, ㉣
③ ㉢, ㉣, ㉤
④ ㉣, ㉤, ㉥
⑤ ㉠, ㉣, ㉥

032

화장품 제조 설비기구의 위생 기준으로 옳은 것은?

① 설비는 사용 목적보다 설비 세척 및 위생관리의 용이성을 고려해야 한다.
② 사용하지 않는 설비는 건조한 상태로 유지하며 오염으로부터 보호해야 한다.
③ 설비의 위치는 제품의 품질에 대한 영향보다 작업자의 동선을 우선으로 고려해야 한다.
④ 청소의 용이성을 위해 노출된 배관은 벽에 붙여서 설치한다.
⑤ 세척제는 청소, 위생 또는 유지작업 동안에 사용되는 소모품에 포함하지 않는다.

033

화장품 제조 시 사용되는 설비, 도구 등의 오염 물질을 제거, 소독하는 방법으로 옳은 것은?

① 설비 세척의 유효기간은 설비와 도구 등에 모두 동일하게 적용한다.

② 위험성이 다소 있더라도 화장품 잔여물과 세척제가 설비에 남아 있지 않도록 강한 유기용제로 세척한다.

③ 증기세척은 설비장치의 부식을 초래할 수 있으므로 적절한 세척방법이 아니다.

④ 세척 후 육안으로만 판정하고 오염을 제거한다.

⑤ 설치세척은 유효기간을 설정하고 세척 후 반드시 "판정" 한다.

034

작업장 내 직원의 소독을 위한 소독제에 대한 설명으로 옳지 못한 것은?

① 소독제는 병원미생물을 사멸시키기 위해 피부, 점막의 표면, 기구 등의 소독을 목적으로 사용하는 화학물질의 총칭이다.

② 알코올은 피부의 세포막을 파괴함으로써 소독효과가 나타난다.

③ 흐르는 깨끗한 물에 손을 적신 후 비누를 충분히 사용해야 하며, 뜨거운 물은 피부염을 발생시킬 수 있으므로 미지근한 물을 사용해야 한다.

④ 소독제를 선택할 때는 잔류성, 부식성, 경제성, 안전성 등을 고려해야 한다.

⑤ 일회용 장갑을 착용해서 손 소독을 하지 않아도 된다.

035

화장품 포장재를 보관할 때 고려해야 할 사항으로 옳은 것을 <보기>에서 모두 고른 것은?

〈보기〉

㉠ 물건의 특징 및 특성에 맞게 보관하며 특별한 보관 조건은 적절하게 준수하여 모니터링한다.

㉡ 포장재의 용기는 밀폐되어 청소가 용이하도록 보관 장소의 바닥에 제품끼리 충분한 간격의 거리를 두고 보관한다.

㉢ 포장재가 재포장될 경우 신규 표시 방법을 도입하여 표시한다.

㉣ 불합격 판정을 받은 포장재는 사용하지 않도록 별도로 관리한다.

㉤ 포장재의 용기는 재질과 뱃치 정보를 확인할 수 있는 표시를 반드시 부착해야 한다.

① ㉠, ㉡, ㉢
② ㉠, ㉡, ㉣
③ ㉠, ㉢, ㉣
④ ㉠, ㉣, ㉤
⑤ ㉠, ㉡, ㉤

036

다음은 화장품 설비 소독에 사용되는 화학적 소독제에 대한 내용이다. 괄호 안에 들어갈 내용으로 옳은 것은?

성분	• (㉠) 암모늄 화합물
사용 농도	• 200ppm
장점	• (㉡)이 없다. • 안정성이 높다. • 세정작용이 우수하다. • (㉢)에 용해되어 단독 사용 가능
단점	• (㉣)에는 효과 없다. • 경수, (㉤) 계면활성제에 의해 불활성화된다.

	㉠	㉡	㉢	㉣	㉤
①	3급	잔류성	물	포자	양이온
②	3급	부식성	물	포자	음이온
③	3급	잔류성	에탄올	포자	양이온
④	4급	잔류성	물	포자	양이온
⑤	4급	부식성	물	포자	음이온

037

화장품 제조소의 청정도 기준이 아닌 것은?

① 청정도 2등급은 차압으로 공기 순환을 관리한다.
② 청정도 3등급은 차압으로 공기 순환을 관리한다.
③ 클린벤치는 헤파필터가 설치되어 있다.
④ 화장품 내용물이 노출되는 작업실은 청정도 3등급으로 관리한다.
⑤ 완제품 보관소 및 원자재보관소는 환기장치로 공기를 순환하고 청정도 4등급으로 관리한다.

038

화장품 원료 및 내용물의 변질 방지를 위한 방법으로 옳지 않은 것은?

① 벌크는 품질이 변하지 않도록 밀폐된 용기에 넣어 지정된 장소에서 보관해야 하며 명칭.제조번호, 보관 조건 등을 표시해야 한다.
② 벌크의 최대 보관 기한을 설정해야 하며, 보관 기한이 가까워진 제품은 완제품으로 제조하기 전에 품질 이상, 변질 여부 등을 반드시 확인해야 한다.
③ 원료의 시험용 검체는 오염되지 않도록 채취하고, 남은 원료는 원상태에 준하는 포장을 해야 하며, 검체가 채취되었음을 표시한다.
④ 벌크제품을 재사용하기 위해서는 반드시 차광용기를 이용하며 기존의 보관 환경과 동일한 조건에서 보관하고, 제조지시서에 따라 재사용한다.
⑤ 개봉할 때마다 오염이 발생할 가능성이 있으므로 여러 번 재사용 후 재보관하는 벌크제품은 조금씩 나누어서 보관한다.

039

다음 중 위해화장품의 분류별 등급이 다른 하나는?

① 기능성화장품의 기능성을 나타나게 하는 주원료 함량이 기준치에 부적합한 화장품
② 안전용기·포장 등에 위반되는 화장품
③ 사용기한 또는 개봉 후 사용기간을 위조·변조한 화장품
④ 병원미생물에 오염된 화장품
⑤ 맞춤형화장품조제관리사를 두지 아니하고 판매한 맞춤형화장품

040

다음 중 원료의 품질성적서로서 인정받을 수 없는 것을 고르시오.

① 책임판매업자의 원료에 대한 자가품질검사 성적서
② 맞춤형화장품판매업자의 원료에 대한 자가 품질 검사 성적서
③ 원료업체의 원료에 대한 공인검사기관 성적서
④ 책임판매업자의 원료에 대한 공인검사기관 성적서
⑤ 대한화장품협회의 '원료공급자의 검사결과 신뢰 기준 자율규약' 기준에 적합한 원료업체의 자가 품질검사 성적서

041

「우수화장품 제조 및 품질관리기준(CGMP)」 제12조에 따른 출고 관리에 관한 설명으로 옳은 것을 고르시오.

① 출고 관리는 모든 직원이 원료 및 포장재의 불출 절차를 수행할 수 있다.
② 배치에서 취한 검체가 일부 합격 기준에 부합할 때 배치가 분출될 수 있다.
③ 원료와 포장재는 분출되기 전까지 사용을 금지하는 격리를 위해 특별한 절차가 이행되어야 한다.
④ 재고품은 최신의 것이 먼저 사용되도록 보증해야 한다.
⑤ 사용기한이 긴 경우 먼저 입고된 물품보다 먼저 출고할 수 있다.

042

「화장품법 시행규칙」 제19조, 제20조, 제21조에 따른 화장품의 표시·기재 사항에 대한 설명으로 틀린 것은?

① 15mL 이하의 제품, 견본품, 비매품에는 화장품 바코드 표시를 생략할 수 있다.
② 한글, 한자와 함께 기재 표시할 수 있다.
③ 50ml 이하의 화장품은 전성분 표시를 생략할 수 있다. 다만 속눈썹용 퍼머넌트웨이브 제품과 외음부세정제는 그러하지 아니한다.
④ 견본품은 전성분 표시를 생략할 수 있다.
⑤ 온라인에 판매 시 제품의 전성분은 표시하지 않아도 된다.

043

설비의 세척 소독 및 판정 방법으로 옳지 못한 것은?

① 잔류물 확인 시 육안 판정 후 무진포 천으로 잔류물을 확인한다.
② 세척 소독 완료 후 잔류물이 남지 않도록 유기용제를 사용한다.
③ 설비는 되도록 분해하지 않고 세척한다.
④ 세척 후에는 반드시 "판정"한다.
⑤ 세척의 유효기간을 설정한다.

044

작업장 내 직원의 소독을 위한 손 소독제의 종류로 옳은 것은?

① 알코올 70%, 클로르헥시딘디글루코네이트, 차아염소산나트륨
② 아이오다인과 아이오도퍼, 클로록시레놀, 4급암모늄화합물
③ 클로르헥시딘디글루코네이트, 페녹시에탄올
④ 클로록시레놀, 일반비누, 차아염소산나트륨
⑤ 헥사클로로펜, 트리클로산, 페녹시에탄올

045

다음은 화장품의 제조 설비, 기구의 세척 및 소독관리기준서의 일부이다 (　　) 안의 숫자의 합은?

〈보기〉

설비 종류	제조탱크, 저장탱크	필터, 여과기, 체
세척 및 소독방법	상수를 탱크의 (㉠)%까지 채우고, (㉡)℃로 가온한다.	(㉢)% 의 에탄올을 분사하고 필터를 통과한 깨끗한 공기로 건조하거나 UV로 멸균시킨 마른 수건으로 닦는다.

① 200　② 210
③ 220　④ 230
⑤ 240

046

화장품의 작업소의 기준이 아닌 것은?

① 청소가 용이하도록 바닥, 벽, 천장은 매끄러운 표면이어야 한다.
② 외부와 연결된 창문은 가능한 한 열리지 않도록 한다.
③ 파이프, 덕트 등 노출된 부분은 벽에 붙여서 고정한다.
④ 곤충, 해충 등이 들어오지 않게 적절히 조치한다.
⑤ 수세실과 화장실은 접근이 쉬워야 하나 생산 구역과 분리되어 있어야 한다.

047

위해화장품은 (　　)일 이내에 회수계획서를 제출하고, 회수 의무자는 회수 통보 사실을 입증할 수 있는 자료를 회수종료일부터 (　　)년간 보관한다.

① 5일, 1년　② 5일, 2년
③ 10일, 1년　④ 10일, 3년
⑤ 15일, 1년

048

제조설비 중 탱크설비에 관한 설명으로 옳지 못한 것은?

① 탱크는 공정 단계 및 완성된 포뮬레이션 과정에서 공정 중인 또는 보관용 원료를 저장하기 위해 사용되는 용기이다.
② 미생물학적으로 민감하지 않은 물질 또는 제품에는 유리로 안을 덧댄 강화유리섬유 폴리에스터와 플라스틱으로 안을 덧댄 탱크를 사용할 수 있다.
③ 주형 물질(Cast material)로 탱크를 제작할 수 있다.
④ 외부표면의 코팅은 제품에 대해 저항력(Product-resistant)이 있도록 코팅한다.
⑤ 용접, 결합은 가능한 한 매끄러운 평면이어야 한다.

049

원자재 입·출고 관리에 대한 사항으로 옳지 못한 것은?

① 원자재 입고 시 구매요구서, 원자재 공급업체 성적서, 현품이 일치하여야 한다.
② 원자재 공급업자의 문서에 표기에 제조번호와 제품의 제조번호가 달라 CAS 번호를 제조번호로 사용했다.
③ 시험결과 "적합"으로 판정되고 품질부서 책임자가 승인한 것부터 선입선출하였다.
④ "적합" 판정을 받은 후 원자재, 부적합품, 반품된 제품을 구획된 장소에 따라 각각 보관하였다.
⑤ 검체를 채취한 원료에 "시험 중"라벨을 부착하고 원료보관소에 보관하였다.

050

모든 완제품은 포장 및 유통을 위해 불출되기 전, 해당 제품이 규격서를 준수하고, 지정된 권한을 가진 자에 의해 승인된 것임을 확인하는 규격서가 수립되어야 한다. 보관, 출하, 회수 시, 완제품의 품질을 유지할 수 있도록 보장하는 내용이 수립되어야 한다. 여기에서 "권한을 가진 자"란 누구를 의미하는 가?

① 제조 책임자
② 품질책임자
③ 책임판매 관리자
④ 책임판매업자
⑤ 대표자

051

외부업체에 위수탁하여 업무를 맡기는 경우 옳지 못한 것은?

① 외부업체 선정 시 수탁업체의 계약 수행 능력을 평가하고 그 업체가 계약을 수행하는 데 필요한 시설 등을 갖추고 있는지 확인해야 한다.
② 방충, 방서에 대한 관리를 외부업체에 위탁하는 경우 모니터링 보고서를 수령하여 검토, 판정한다.
③ 공정 또는 시험 일부를 위탁하고자 할 때는 문서화된 절차를 수립·유지하여야 한다.
④ 위탁업체는 수탁업체에 대해 계약에서 규정한 감사를 시행해야 하며 수탁업체는 이를 수용하여야 한다.
⑤ 제조소의 방충 방서관리는 위탁업체에 맡겼으니 관리, 점검에 대해 신경 쓰지 않아도 된다.

052

「우수화장품 제조 및 품질관리기준(CGMP)」 제20조에 따른 시험관리에 관한 설명으로 옳지 않은 것은?

① 품질관리를 위한 시험업무에 대해 문서화된 절차를 수립하고 유지하여야 한다.
② 원자재, 벌크 및 완제품에 대한 적합 기준을 마련하고 제조번호별로 시험 기록을 작성·유지하여야 한다.
③ 시험결과 "적합" 또는 "부적합"인지 분명히 기록하여야 한다.
④ 원자재, 벌크 및 완제품은 "적합" 판정이 된 것만을 사용하거나 출고하여야 한다.
⑤ 정해진 보관 기간이 지난 원자재 및 벌크는 무조건 폐기해야 한다.

053

맞춤형화장품 판매업소에서 조제 판매가 가능한 경우로 옳은 것은?

① 스킨로션 내용물에 여드름 피부를 위한 아젤라산 0.1% 혼합
② 바디로션 내용물에 착향제인 시스-로즈케톤-1을 0.02% 혼합
③ 헤어샴푸 내용물에 구매한 혼합원료(알로에베라잎추출물 99.9% + 인디고페라 엽가루 0.1%)를 혼합
④ 헤어샴푸 내용물에 구매한 혼합원료(하이알루로닉애씨드 1.0% + 징크피리치온 0.4% + 정제수 98.6%)를 혼합
⑤ 크림 내용물에 토코페롤 2.0% 혼합하여 사용감이 우수하도록 혼합

054

맞춤형화장품판매업의 변경 신고에 관한 내용 중 틀린 것은?

① 맞춤형화장품판매업자를 변경하는 경우 변경신고를 해야 한다.
② 맞춤형화장품판매업소의 상호 또는 소재지를 변경하는 경우 변경 신고를 해야 한다.
③ 맞춤형화장품조제관리사를 변경하는 경우 변경 신고를 해야 한다.
④ 맞춤형화장품판매업 변경 신고서는 맞춤형화장품판매업소의 소재지를 관할하는 지방식품의약품안전청장에게 제출해야 한다.
⑤ 맞춤형화장품판매업자는 변경 신고 후 맞춤형화장품판매업 신고대상과 신고필증의 뒷면에 각각의 변경사항을 적어야 한다.

055

다음은 혼합원료에 대한 설명이다. 아래 <보기>의 품질성적서에 해당되는 원료를 각각 a, b, c 원료에 혼합비율만큼 혼합하여 맞춤형화장품에 사용한 설명으로 옳은 것은? (단, 원료의 비검출허용량의 적합여부는 무시하고 완료된 맞춤형화장품의 비검출허용량을 기준으로 한다.)

〈보기〉

성상	백색의 액제
향취	특이취
pH	6.8
굴절률	1.320~1.380
니켈	100㎍/g
비소	40㎍/g
총호기성생균수	세균: 600개/g(mL)/ 진균 0개/g(mL)
보관조건	20~25℃/ 광차단
사용기한	제조일로부터 12개월
포장단위	20kg

혼합비율: a 원료 70% ,b 원료 20% ,c 원료 10%씩 넣어 각각 혼합하여 원료로 사용

① 토너 내용물에 원료 a를 15% 혼합하여 고객에게 제공하였다.
② 물휴지의 내용물에 원료 a를 10% 혼합하여 고객에게 제공하였다.
③ 크림 내용물 40%에 b 원료 60%를 혼합하여 고객에게 제공하였다.
④ c 원료는 조제실 선반에 두고 15개월간 사용할 예정이다.
⑤ 한 달간 사용할 원료를 투명유리 용기에 소분하여 조제실 선반에 보관하며 사용한다.

056

맞춤형화장품 판매 시 준수사항으로 옳지 못한 것은?

① 원료 입고 시 품질관리 여부를 확인하고 품질성적서를 구비한다.
② 원료는 직사광선을 피하고 품질에 영향을 미치지 않는 장소에 보관한다.
③ 원료는 사용기한을 확인하고 관련 기록을 해야 한다.
④ 맞춤형화장품 판매 시 소비자에게 내용물 및 원료에 대한 품질성적서를 문서로 제공해야 한다.
⑤ 맞춤형화장품 판매 시 소비자에게 설명하지 않으면 1차 위반 시 200만원 이하의 벌금과 시정명령에 처해진다.

057

맞춤형화장품판매업자가 지켜야 할 준수사항이 옳은 것으로 짝지어진 것은?

〈보기〉

ㄱ. 혼합·소분 전에 손을 소독하거나 세정할 것. 다만, 혼합·소분 시 일회용 장갑을 착용할 수 없다.
ㄴ. 혼합·소분에 사용되는 내용물의 사용기한 또는 개봉 후 사용기간을 초과하여 맞춤형화장 품의 사용기한 또는 개봉 후 사용기간을 정하지 말 것.
ㄷ. 소분하는 맞춤형화장품은 미리 소분하여 보관하거나 판매할 수 있다.
ㄹ. 맞춤형화장품 판매내역서와 원료 및 내용물의 입고, 사용, 폐기 내역 등에 대하여 기록 관리해야 한다.
ㅁ. 혼합·소분 전에 내용물 및 원료의 사용기한 또는 개봉 후 사용기간을 확인하고, 사용기한 또는 개봉 후 사용기간이 지난 것은 자체평가를 통해 재사용할 수 있다.

① ㄱ, ㄷ ② ㄱ, ㅁ
③ ㄴ, ㄷ ④ ㄴ, ㄹ
⑤ ㄹ, ㅁ

058

기능성화장품 심사에 관한 규정에서 독성시험법 중 보기에서 설명 중인 시험법은?

가. 일반적으로 Maximization Test 을 사용하지만 적절하다고 판단되는 다른 시험법을 사용할 수 있다.
나. 시험 동물 : 기니픽
다. 동물 수 : 원칙적으로 1군당 5마리 이상
라. 시험군 : 시험물질감작군, 양성대조감작군, 대조군을 둔다.
마. Adjuvant를 사용하는 시험법 중 Freund's Complete Adjuvant Test 사용

① 안점막자극 또는 기타점막자극시험
② 피부 감작성 시험법
③ 유전독성시험
④ 단회투여독성시험
⑤ 광독성시험

059

닥나무 추출물의 기준 및 시험방법에서 기능성 시험을 실시할 때 산화작용 억제율을 측정해야 하는 산화효소는?

① 엘라스타아제
② 콜라게나아제
③ 타이로시네이즈
④ 카복시펩티데이스
⑤ 폴리펩타이드

060

관능평가를 위해 사용되는 표준품에 대한 설명으로 옳은 것을 <보기>에서 모두 고른 것은?

〈보기〉
㉠ 제품표준견본 : 성상, 냄새, 사용감에 관한 표준
㉡ 충진 위치견본 : 내용물을 제품용기에 충진할 때의 액면위치에 관한 표준
㉢ 라벨 부착 위치견본 : 완제품의 라벨 부착위치에 관한 표준
㉣ 벌크제품 표준견본 : 색소의 색조에 관한 표준
㉤ 용기·포장재 표준견본 : 용기·포장재 외관검사에 사용하는 합격품 한도를 나타내는 표준

① ㉠, ㉡　② ㉠, ㉢
③ ㉡, ㉢　④ ㉢, ㉣
⑤ ㉣, ㉤

061

맞춤형화장품 조제 시 혼합하는 원료 및 내용물로 옳지 못한 것은?

① 다마스크장미꽃수에 소듐벤조에이트 0.7%를 보존제로 함유한 원료(사용 후 씻어내는 제품에 3.0% 배합)
②다마스크장미꽃오일 과 소합향나무발삼오일 50% 혼합된 원료 (사용 후 씻어내는 제품에 0.4% 배합)
③ 에탄올에 벤잘코늄클로라이드 1.0% 혼합된 원료(사용 후 씻어내는 제품에 10% 배합)
④청량감을 주기 위해 정제수에 청색1호 0.1%가 용해된 원료(사용 후 씻어내지 않는 제품에 0.2%배합)
⑤ 보존제로서 벤질알코올 100% (사용 후 씻어내지 않는 제품에 0.9% 배합)

062

맞춤형화장품조제관리사가 혼합 및 소분할 수 있는 화장품으로 알맞은 것은?

① 책임판매업자가 소비자에게 그대로 판매하기 위해 수입한 화장품을 소분한 화장품
② 판매의 목적이 아닌 제품의 홍보, 판매 촉진들을 위해 제조 또는 수입된 화장품
③ 품질의 유지를 위해 맞춤형화장품조제관리사가 내용물에 보존제를 혼합한 화장품
④ 개인이 선호하는 향의 화장품을 만들기 위해 내용물에 향료를 혼합한 화장품
⑤ 기능성 고시원료를 별도로 구매하여 내용물에 혼합한 화장품

063

맞춤형화장품판매업의 영업신고를 할 수 없는 자로 옳은 것은?

① 파산선고를 받고 복권된 자
② 광고 업무 정지 처분을 받은 날로부터 1년이 지난 자
③ 난치병으로 인해 맞춤형화장품판매업을 하기 곤란한 자
④ 허위로 맞춤형화장품판매업을 신고한 사실이 적발되어 영업소가 폐쇄된 날로부터 6개월이 지난 자
⑤ 맞춤형화장품판매업을 등록하지 아니하고 해당 영업을 영위하였다는 이유로 징역 1년 형이 확정된 뒤, 복역을 마치고 출소한 자

064

메이크업파우더의 내용물 규격서에서 확인 할 수 없는 것은?

① 성상 ② 색상
③ 총호기성생균수 ④ pH
⑤ 향취

065

2차 포장을 포함한 화장품의 1차 포장에 반드시 기재해야 하는 표시 사항으로 옳은 것은?

① 영업자의 상호
② 제조국의 명칭
③ 내용물의 용량 또는 중량
④ 식품의약품안전처장이 규정한 사용 한도를 고시한 화장품원료
⑤ 기능성화장품의 경우 "기능성화장품"이라는 글자 또는 도안

066

화장품 원료 및 내용물의 재고관리를 위한 설명으로 옳지 않은 것은?

① 수기는 쉽게 수정할 수 있어 반드시 전자 문서로 관리한다.
② 재고 관리 방침, 재고 품목, 재고품의 구분, 재고 수량, 재고 통제, 재고 기간, 재고 방법을 관리한다.
③ 폐기된 문서가 사용되지 않도록 근거를 마련해야 한다.
④ 유효기간이 만료된 경우 폐기한다.
⑤ 사용 전 승인된 자에 의해 승인되어야 하고, 서명과 개봉날짜를 기재한다.

067

인체첩포시험에 대한 설명으로 옳은 것은?

① 아무것도 안 한 깨끗한 피부의 부위에 첩포한다.
② 24시간 개방 혹은 폐쇄첩포를 실시한다.
③ 피부과 전문의 또는 연구소 및 병원, 기타 관련 기관에서 3년 이상 해당 시험 경력을 가진 자의 지도하에 수행되어야 한다.
④ 인체첩포 시험 시 10명 이상 시행해야 한다.
⑤ 시험 결과 및 평가 시 홍반, 부종 등의 정도를 첩포를 행한 연구원이 판정하고 평가한다.

068

기능성화장품이 아닌 일반 화장품의 효능으로 옳은 것은?

① 주름 개선에 도움을 준다
② 화학적 체모 제거
③ 탈모 증상의 완화
④ 일시적 모공수축
⑤ 피부 장벽의 기능을 회복하여 피부 가려움 등의 개선

069

다음은 위해성 평가 과정이다. 빈칸에 들어갈 용어로 바르게 짝지어진 것은?

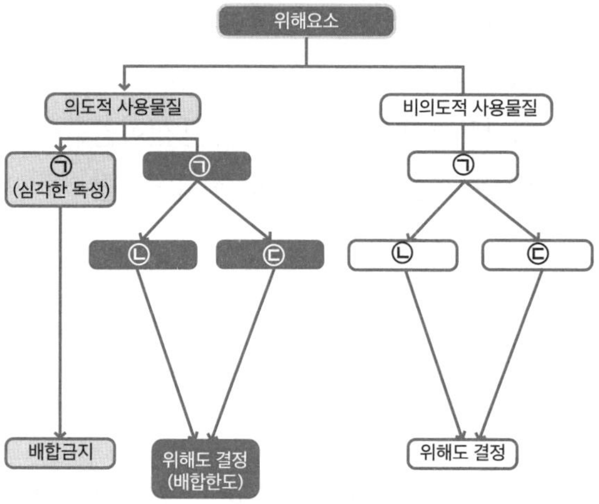

	㉠	㉡	㉢
①	위험성확인	위험성인지	노출평가
②	위험성확인	노출평가	위험성 결정
③	위험성결정	노출평가	위험성확인
④	위험성결정	위험성확인	노출평가
⑤	위험성확인	위험성결정	노출평가

070

기능성화장품 심사에 관한 규정에서 독성시험법 중 1차피부자극시험에 대한 설명으로 옳은 것은?

① 피부 : 아무런 처치를 하지 않은 원래의 피부
② 투여 농도 및 용량 : 단일농도 투여 시에는 1ml(액체) 또는 1g(고체)를 투여량으로 한다.
③ 투여 방법 : 24시간 개방 또는 폐쇄첩포
④ 투여경로 : 경구 또는 비경구 투여
⑤ 관찰 : 투여 후 6, 12, 24시간의 투여부위의 육안 관찰을 한다.

071

피부, 모발을 위한 기능성화장품의 기능으로 옳지 못한 것은?

① 건조함　② 갈라짐
③ 감염　④ 각질화
⑤ 빠짐

072

[화장품 안전기준 등에 관한 규정]에 의해 제조가 가능한 화장품을 <보기>에서 모두 고른 것은?

〈보기〉
ㄱ. 헥사메칠렌테트라아민이 0.1% 함유된 샴푸
ㄴ. 2.4-디클로로벤질알코올이 0.1% 함유된 샴푸
ㄷ. 글루타랄이 0.1% 함유된 에어로졸 스프레이 제품
ㄹ. 소듐라우로일사코시네이트가 0.1% 함유된 크림
ㅁ. 아이오도프로피닐부틸카바메이트가 0.01% 함유된 데오도란트

① ㄱ, ㄴ　② ㄱ, ㄹ
③ ㄱ, ㅁ　④ ㄴ, ㅁ
⑤ ㄷ, ㄹ

073

맞춤형화장품조제관리사가 맞춤형화장품에 대한 표시 사항과 행동으로 옳은 것은?

① "기능성화장품" 표시를 2차 포장에만 표시하였다.
② 1차포장이 유리로 된 재질이므로 제품명을 생략하였다.
③ 맞춤형화장품에 화장품명칭, 조제일, 사용기한을 적어서 소비자 테스트 제품으로 사용하였다.
④ 조제일자를 2차포장에만 기재하였다.
⑤ 알로에추출물을 사용한 제품명을 "알로에크림"으로 표시하고 전성분에 알로에 함량을 표시하지 않았다.

074

화장품 제형의 안정성을 감소시키는 요인에 해당되지 않는 것은?

① 온도에 안정성이 낮은 원료를 공정 초기에 투입했다.
② 유화과정에서 생긴 기포
③ 교반기의 RPM 속도를 느리게 하여 유화 시간을 증가시켰다.
④ 제조 온도가 설정된 온도보다 지나치게 높으면 유화제의 HLB가 바뀌면서 전상 온도 이상의 온도에서는 상이 서로 바뀌어 유화 안정성에 문제가 생길 수 있다.
⑤ 휘발성이 있는 유용성원료를 유화 공정 시 냉각 후에 투입했다.

075

기능성화장품 기준 및 시험방법에 대한 설명으로 옳은 것은?

① 비타민 A 정량법은 원자흡광광도법에 따라 정량하는 방법이다.
② 액상 원료의 형광을 관찰할 때에는 백색 배경을 사용한다.
③ 향취에 대한 시험 규정이 따로 없는 한 10g을 100mL 비커에 취하여 시험한다.
④ 액성의 산성, 알칼리성 측정은 따로 규정이 없는 한 리트머스지를 사용해서 시험한다.
⑤ 화장품 원료의 시험은 따로 규정이 없는 한 실온에서 실시한다.

076

화장품 안전기준 등에 관한 규정에 의해 판매할 수 있는 화장품은?

① 벤질알코올 2% 넣은 로션
② 만수국아재비꽃추출물을 0.02% 넣은 에센스
③ 징크피리치온이 0.5% 함유된 크림
④ 6-히이드록시인돌이 1% 함유된 산화염모제
⑤ 벤조페논-4를 5% 넣은 자외선차단크림

077

다음 보기에서 예시한 제품이 1차 포장 또는 2차 포장에 기재 표시하지 않아도 되는 내용은?

〈보기〉

제품명: 장미꽃오일 코롱
내용량: 100mL
제조국: 프랑스
전성분: 에탄올,정제수,장미꽃오일,토코페릴아세테이트,리날룰

① 바코드
② 장미꽃오일 함량
③ 용량
④ 제조국
⑤ 주의 사항

078

크림타입의 폼클렌저 포장 용기로 광택이 없고, 수분 투과 및 유분에 강한 포장 재질로 적합한 것은?

① 고밀도 폴리에틸렌 (HDPE)
② 저밀도 폴리에틸렌 (LDPE)
③ 폴리스티렌 (PS)
④ 폴리염화비닐(PVC)
⑤ 폴리프로필렌(PP)

079

맞춤형화장품에 사용되는 내용물 및 취급에 대한 설명으로 옳은 것은?

① 화장품책임판매업자로부터 로션 내용물을 10kg 납품받아 사용하였다.
② 인터넷 쇼핑몰에서 판매하는 제품을 구매하여 소분 판매하였다.
③ 내용물에 대한 성적서는 맞춤형화장품조제관리사가 작성하여 보관하였다.
④ 화장품책임판매업자에게 판매내역서를 보고했다.
⑤ 소비자를 위해 미리 깨끗한 용기에 소분하고 라벨링 하였다.

080

자외선차단지수에 대한 내용으로 옳은 것은?

① UVB를 사람의 피부에 조사한 후 16 ~ 24시간의 범위에 조사영역의 전 영역에 홍반을 나타낼 수 있는 최소한의 자외선 조사량을 최소홍반량이라고 한다.
② UVA차단지수 측정 시 290㎚ 이하의 파장은 적절한 필터를 이용하여 제거한 태양광과 유사한 인공태양광조사기(solar simulator) 또는 이와 유사한 광원을 사용한다.
③ 자외선A차단지수가 8~16 미만인 경우 PA++로 등급을 표시한다.
④ 자외선차단지수의 95% 신뢰구간은 자외선차단지수(SPF)의 ±25% 이내이어야 한다. 다만 이 조건에 적합하지 않으면 표본 수를 늘리거나 시험조건을 재설정하여 다시 시험한다.
⑤자외선차단화장품의 자외선차단지수(SPF)는 자외선차단지수 계산 방법에 따라 얻어진 자외선차단지수(SPF) 값의 소수점까지 표시한다.

081

괄호 안에 들어갈 법령 용어를 작성하시오.

> 화장품법은 화장품의 제조 · 수입 · (　　) 및 (　　) 등에 관한 사항을 규정함으로써 국민 보건 향상과 화장품 산업의 발전에 기여함을 목적으로 한다.

082

괄호 안에 들어갈 법령 용어를 작성하시오.

> 천연화장품 및 유기농화장품에 사용할 수 있는 원료 중 자연에서 대체하기 곤란한 허용기타원료, 허용 (　　)는 5% 이내에서 사용할 수 있으며, (　　) 부분은 2%를 초과할 수 없다.

083

영유아용 화장품 표시 광고에 대한 안전성 자료의 보관 기간에 관한 내용이다. 괄호에 들어갈 법령 용어를 순서대로 작성하시오.

영유아용 화장품의 (ㄱ)에 사용기한을 표시하는 경우 영유아 또는 어린이가 사용할 수 있는 화장품임을 표시·광고한 날부터 마지막으로 제조·수입된 제품의 사용기한 만료일 이후 (ㄴ)까지의 기간. 이 경우 제조는 화장품의 제조 번호에 따른 제조 일자를 기준으로 하며, 수입은 통관 일자를 기준으로 한다.

084

괄호에 들어갈 내용을 한글로 적으시오.

세포간 지질을 구성하는 주성분의 대표적 3가지는 세라마이드, (ㄱ), 자유지방산이다.

085

다음에서 말하는 얼굴 부위를 한글로 쓰시오.

- 피지 분비량이 적어 피부가 쉽게 거칠어지고 다른 피부와 달리 각질층이 얇다.
- 이 부위에 사용되는 화장품은 윤기, 색조, 광택, 윤곽 장조 등 사용 목적에 따라 여러 가지 제형의 제품이 있다.
- 아이오도프로피닐부틸카바메이트는 (ㄱ)에 사용되는 제품, 에어로졸 제품, 바디로션 및 바디크림에는 사용금지다.

086

화장품 안전기준 등에 관한 규정 중 유통화장품안전관리 기준에서 미생물 한도에 대한 내용이다. 법령에서 규정하는 숫자를 순서대로 적으시오.

영유아용 제품류의 총호기성 생균수는 (ㄱ)개/g(mL)이하, 물휴지의 세균수 (ㄴ)개/g(mL) 이하, 진균수 (ㄴ)개/g(mL) 이하이다.

087

(   )안에 들어갈 용어를 순서대로 작성하시오.

- 유화는 서로 혼합되지 않는 성격이 다른 두 물질이 계면활성제에 의해 (ㄱ)이 낮아져서 균일하게 분산되도록 하여 용질인 오일이 용매인 물에 골고루 분산되어 있는 상태이다.
- 서로 성격이 다른 둘 이상의 액체가 단일상으로 있는 것으로 크기가 1~1000nm(1nm~1μm)인 불용성 물질이 분산된 상태로 (ㄴ)은/는 다른 물질 속에 분산된 상태의 총칭이다.

088

다음은 자외선차단제 기능성화장품의 시험 성적서이다. 기준에 맞지 않는 시험 항목 2개를 고르시오.

〈보기〉

시험항목	시험기준	시험결과
pH	유통화장품안전관리기준	9
점도	2500~3000	2800
내용량	표시량 150mL	144g
비중	0.980~1.0	1.001
총호기성 생균수	유통화장품안전관리기준	$1.01+10^3$개/g(mL)
납	유통화장품안전관리기준	1㎍/g
수은	유통화장품안전관리기준	0.1㎍/g
에칠헥실메톡시신나메이트	함량 7.0%	6.5%

089

다음은 자료 제출이 생략되는 기능성화장품 중 자외선차단성분의 최대 사용 함량을 나타낸 것이다. 괄호 안에 들어갈 숫자를 순서대로 작성하시오.

디에칠아미노하이드록시벤조일헥실 벤조에이트 : 10%
벤조페논-8 : 3%
시녹세이트 : 5%
벤조페논-3 :(ㄱ)%
비스-에칠헥실옥시페놀메톡시 페닐트리아진 : (ㄴ)%

090

다음은 화장품법 시행규칙에서 규정하는 기능성화장품의 범위에 대한 일부 내용이다. 괄호 안에 들어갈 내용을 해당 법령에 기재된 용어 그대로 작성하시오.

> 피부장벽(피부의 가장 바깥쪽에 존재하는 (ㄱ)의 표피)의 기능을 회복하여 가려움 등의 개선에 도움을 주는 화장품

091

화장품법 시행규칙 중 기능성화장품의 심사 규정에서 안전성에 관한 자료에 대한 내용이다. 괄호 안에 들어갈 용어를 법령 그대로 작성하시오.

> (   )은/는 접촉 피부염의 원인을 파악하기 위해 원인 추정 물질을 몸에 붙여 반응을 조사 하는 시험을 말한다.

092

괄호 안에 들어갈 내용을 해당 법령에 기재된 용어 그대로 작성하시오.

> 화장품책임판매업자 및 맞춤형화장품판매업자는 화장품을 판매할 때에는 어린이가 화장품을 잘못 사용하여 인체에 위해를 끼치는 사고가 발생하지 아니하도록 (   )을/를 사용하여야 한다.

093

다음은 바디크림 75g에 사용된 원료와 향료 함량이다. 알레르기 표시를 해야 하는 성분을 모두 고르시오.

〈보기〉

원료	함량(g)
에칠트라이실록세인	5
사이클로메치콘	2
리날룰	0.005
쿠마린	0.0005
하이드록시시트로넬알	0.005

094

다음은 화장품에 공통으로 표시해야 하는 기재 사항이다. 법령에 기재된 용어를 그대로 작성하시오.

> 1) 화장품 사용 시 또는 사용 후 (㉠)에 의하여 사용 부위가 붉은 반점, 부어오름 또는 가려움증 등의 이상 증상이나 부작용이 있는 경우 전문의 등과 상담할 것
> 2) 상처가 있는 부위 등에는 사용을 자제할 것
> 3) 보관 및 취급 시의 주의 사항
>   가) (㉡)이/가 닿지 않는 곳에 보관할 것
>   나) (㉠)을/를 피해서 보관할 것

095

립스틱의 단단함(hardness)을 측정하려고 할 때 사용하는 장비명을 작성하시오.

096

화장품 표시 광고 범위 및 준수사항에 관한 내용이다. 괄호에 들어갈 법률 용어를 그대로 작성하시오.

> (ㄱ)의 가공품이 함유된 화장품임을 표현하거나 암시하는 표시 광고를 하지 말 것

097

염모제 성분으로 산화염모제에 사용할 때 농도상한을 순서대로 작성하시오.

> - P-니트로-O-페닐렌디아민 : 1.5%
> - 니트로-P-페닐렌디아민 : 3.0%
> - 톨루엔-2,5-디아민 : (ㄱ)%
> - 2-아미노-4-니트로페놀 : 2.5%
> - 5-아미노-O-크레솔 : (ㄴ)%
> - 5-아미노-6-클로로-O-크레솔 : 1.0%

098

괄호 안에 들어갈 숫자를 순서대로 작성하시오.

부틸메톡시디벤조일메탄은 자외선 흡수제 성분으로 최대 함량은 (ㄱ)% 이고, 변색방지제로 사용될 때의 배합 한도는 (ㄴ)% 이다.

099

다음은 화장품법 시행규칙 제7조 책임판매 후 안전관리 기준이다. 괄호에 들어갈 내용을 법령에 기재된 용어 그대로 작성하시오.

① "안전관리 정보"란 화장품의 품질, 안전성·유효성, 그밖에 적정 사용을 위한 정보를 말한다.

② (㉠)란 화장품책임판매 후 안전관리 업무 중 정보 수집, 검토 및 그 결과에 따른 필요한 조치(이하 "안전확보 조치"라 한다)에 관한 업무를 말한다.

③ (㉠) 업무에 관련된 조직 및 인원 : 화장품책임판매업자는 (㉡)를 두어야 하며, (㉠) 업무를 적정하고 원활하게 수행할 능력을 갖추는 인원을 충분히 갖추어야 한다.

100

다음에서 설명하는 특징을 가진 원료 2가지를 한글로 작성하시오.

〈보기〉

1. 고급지방산과 결합하여 비누화 반응을 하여 비누를 형성한다.
2. 천연화장품, 유기농화장품에서 정하는 미네랄 유래 원료이다.
3. 천연화장품 및 유기농화장품을 제조하는 작업장에서 세척제로 사용할 수 있다.

맞춤형화장품 해설집

1회

실전고사 1회

001

「화장품법」 제2조에 따른 화장품의 정의에 해당되지 않는 것은?

① 화장품은 인체를 청결·미화하여 매력을 더하고 용모를 밝게 변화시키기 위하여 사용되는 물품이다.
② 약사법 제2조제4호의 의약품에 해당하는 물품은 제외한다.
③ 화장품은 인체에 대한 작용이 경미한 것이다.
④ 화장품은 피부·모발·구강의 건강을 유지 또는 증진시킨다.
⑤ 인체에 바르고 문지르거나 뿌리는 등 이와 유사한 방법으로 사용한다.

답 ④

해 화장품은 인체를 청결·미화하여 매력을 더하고 용모를 밝게 변화시키거나 피부·모발의 건강을 유지 또는 증진하기 위하여 인체에 바르고 문지르거나 뿌리는 등 이와 유사한 방법으로 사용되는 물품으로서 인체에 대한 작용이 경미한 것을 말한다. 다만, 약사법 제2조 제4호의 의약품에 해당하는 물품은 제외한다.

002

화장품영업의 등록이 아닌 신고가 필요한 것으로 옳은 것은?

① 화장품 제조업
② 화장품 수입업
③ 화장품 책임판매업
④ 화장품 수입대행업
⑤ 맞춤형화장품 판매업

답 ⑤

해 맞춤형화장품판매업은 신고에 의한 신고필증, 제조업과 책임판매업은 등록에 의한 등록필증을 교부받는다.

화장품 영업의 세부 종류와 그 범위

1. 화장품제조업
가. 화장품을 직접 제조하는 영업
나. 화장품 제조를 위탁받아 제조하는 영업
다. 화장품의 포장(1차 포장만 해당한다)을 하는 영업

2. 화장품책임판매업: 다음 각 목의 구분에 따른 영업
가. 화장품제조업자가 화장품을 직접 제조하여 유통·판매하는 영업
나. 화장품제조업자에게 위탁하여 제조된 화장품을 유통·판매하는 영업
다. 수입된 화장품을 유통·판매하는 영업
라. 수입대행형 거래(「전자상거래 등에서의 소비자보호에 관한 법률」 제2조제1호에 따른 전자상거래만 해당한다)를 목적으로 화장품을 알선·수여(授與)하는 영업

3. 맞춤형화장품판매업: 다음 각 목의 구분에 따른 영업
가. 제조 또는 수입된 화장품의 내용물에 다른 화장품의 내용물이나 식품의약품안전처장이 정하여 고시하는 원료를 추가하여 혼합한 화장품을 판매하는 영업
나. 제조 또는 수입된 화장품의 내용물을 소분(小分)한 화장품을 판매하는 영업

003

「화장품 유해사례 등 안전성 정보보고 해설서」에서는 판매한 화장품으로 인해 화장품 사용자가 입원이 필요한 경우에는 이 정보를 안 날로부터 (㉠)일 이내에 식품의약품안전처장에게 신속보고 하도록 규정하고 있다. ㉠에 들어갈 알맞은 날짜는?

① 5 ② 10
③ 15 ④ 20
⑤ 25

답 ③

해 화장품 제조판매업자는 다음 각 호의 화장품 안전성 정보를 알게 된 날로부터 15일 이내에 식품의약품안전처장에게 신속보고 하여야 한다.
㉠ 중대한 유해사례 또는 이와 관련하여 식품의약품안전처장이 보고를 지시한 경우
㉡ 판매중지나 회수에 준하는 외국정부의 조치 또는 이와 관련하여 식품의약품안전처장이 보고를 지시한 경우

004

「화장품법 시행규칙」[별표 2]에 따라 화장품책임판매 후 안전관리 업무 중 정보 수집, 검토 및 그 결과에 따른 필요한 조치에 관한 업무를 ( )(라)고 한다. 괄호에 적합한 용어는?

① 안전확보 업무
② 안전관리 업무
③ 안전대책 업무
④ 안전보증 업무
⑤ 안전조치 업무

답 ①

해 안전확보 업무는 화장품책임판매 후 안전관리 업무 중 정보 수집, 검토 및 그 결과에 따른 필요한 조치(이하 "안전확보 조치"라 한다)에 관한 업무이다.

005

「화장품법 시행규칙」제7조의 품질관리기준에 따라 화장품책임판매업에서 안전관리 업무를 총괄하는 자로 적합한 자는?

① 화장품책임판매업자
② 책임판매관리자
③ 화장품제조업자
④ 품질부서책임자
⑤ 안전관리책임자

답 ②

해 **책임판매관리자의 업무**
화장품책임판매업자는 품질관리 업무 절차서에 따라 다음 각 목의 업무를 책임판매관리자에게 수행하도록 해야 한다.
가. 품질관리 업무를 총괄할 것
나. 품질관리 업무가 적정하고 원활하게 수행되는 것을 확인할 것
다. 품질관리 업무의 수행을 위하여 필요하다고 인정할 때에는 화장품책임판매업자에게 문서로 보고할 것
라. 품질관리 업무 시 필요에 따라 화장품제조업자, 맞춤형화장품판매업자 등 그 밖의 관계자에게 문서로 연락하거나 지시할 것
마. 품질관리에 관한 기록 및 화장품제조업자의 관리에 관한 기록을 작성하고 이를 해당 제품의 제조일(수입의 경우 수입일을 말한다)부터 3년간 보관할 것

006

「화장품법 시행규칙」제7조의 책임판매 후 안전관리기준에 따라 수집한 안전관리 정보의 검토 결과 조치가 필요하다고 판단될 경우, 화장품책임판매업자가 조치해야 하는 사항으로 적절하지 않은 것은?

① 회수
② 폐기
③ 판매정지
④ 품질기록문서의 개정
⑤ 식품의약품안전처장에게 보고

답 ④

해 화장품책임판매업자는 수집한 안전관리 정보의 검토 결과 조치가 필요하다고 판단될 경우 회수, 폐기, 판매정지 또는 첨부문서의 개정, 식품의약품안전처장에게 보고 등 안전확보 조치를 해야 한다.

007

「화장품법 시행규칙」에 따라 화장품의 유형 중 기초화장용 제품류에 속하지 않는 제품은?

① 파우더
② 수렴화장수
③ 손·발의 피부연화제품
④ 클렌징 티슈
⑤ 물휴지

답 ⑤

해 물휴지는 인체 세정용 제품류에 속한다.

008

식품의약품안전처장이 고시한 「천연화장품 및 유기농화장품의 기준에 관한 규정」에 따라 천연화장품과 유기농화장품에 사용할 수 없는 보존제는?

① 벤조익애씨드 및 그 염류(Benzoic Acid and its salts)
② 벤질알코올(Benzyl Alcohol)
③ 소르빅애씨드 및 그 염류(Sorbic Acid and its salts)
④ 살리실릭애씨드 및 그 염류(Salicylic Acid and its salts)
⑤ 페녹시에탄올(Phenoxyethanol)

답 ⑤

해 페녹시에탄올(Phenoxyethanol)은 천연화장품 및 유기농화장품에 사용할 수 없는 보존제이다.
[허용 합성원료-합성 보존제 및 변성제]

원료	제한
벤조익애씨드 및 그 염류 (Benzoic Acid and its salts)	0.5%(씻어내는 제품 2.5%)
벤질알코올(Benzyl Alcohol)	1%(염모제 10%)
살리실릭애씨드 및 그 염류 (Salicylic Acid and its salts)	보존제 0.5%
소르빅애씨드 및 그 염류 (Sorbic Acid and its salts)	0.6%
데하이드로아세틱애씨드 및 그 염류 (Dehydroacetic Acid and its salts)	
데나토늄벤조에이트, 3급부틸알코올, 기타 변성제(프탈레이트류 제외) Denatonium Benzoate and Tertiary Butyl Alcohol and other denaturing agents for alcohol (excluding phthalates)	(관련 법령에 따라) 에탄올에 변성제로 사용된 경우에 한함
이소프로필알코올(Isopropylalcohol)	
테트라소듐글루타메이트디아세테이트 (Tetrasodium Glutamate Diacetate)	

009

식품의약품안전처장 고시 「천연화장품 및 유기농화장품의 기준에 관한 규정」에 따라 천연화장품과 유기농화장품에 대한 설명으로 옳은 것은?

① 천연화장품 및 유기농화장품의 용기와 포장에 폴리스티렌폼을 사용할 수 있다.
② 유기농화장품은 유기농함량이 전체 제품에서 10%이상 함유하며 유기농함량을 포함한 천연함량이 전체 제품의 함량에서 95%이상으로 석유화학성분을 사용할 수 없다.
③ 유기농화장품에 사용할 수 있는 허용된 합성원료 함량은 3%이다.
④ 유기농원료는 원료보관실에서 다른 원료와 함께 안전하게 보관한다.
⑤ 물, 미네랄, 미네랄유래원료는 유기농화장품의 함량비율계산에 포함하지 않는다.

답 ⑤

해 ① 천연화장품 및 유기농화장품의 용기와 포장에 폴리염화비닐(Polyvinyl chloride(PVC)), 폴리스티렌폼(Polystyrene foam)을 사용할 수 없다.
② 중량 기준으로 유기농 함량이 전체 제품에서 10% 이상이어야 하며, 유기농 함량을 포함한 천연 함량이 전체 제품에서 95% 이상으로 구성되어야 한다. 또한 합성원료는 천연화장품 및 유기농화장품의 제조에 사용할 수 없다. 다만, 천연화장품 또는 유기농화장품의 품질 또는 안전을 위해 필요하나 따로 자연에서 대체하기 곤란한 허용 기타원료와 허용 합성원료 원료는 5% 이내에서 사용할 수 있다. 이 경우에도 석유화학 부분(petrochemical moiety의 합)은 2%를 초과할 수 없다.
③ 유기농화장품에 사용할수 있는 허용된 합성원료 함량은 5%이다.
④ 표시 및 포장 전 상태의 유기농화장품은 다른 화장품과 구분하여 보관하여야 한다.

010

화장품 원료에 대한 성상을 설명한 것 중에서 옳지 않은 것은?

① 살리실릭애씨드(salicylic acid) : 백색의 결정성 가루로 냄새는 없다.
② 나이아신아마이드(niacinamide) : 백색의 결정 또는 결정성 가루로 냄새는 없다.
③ 알부틴(arbutin) : 미황색~황색의 가루로 약간의 특이한 냄새가 있다.
④ 징크피리치온(zinc pyrithione) : 적색을 띤 회백색의 가루로 냄새는 없다.
⑤ 징크피리치온 액(50 %)(zinc pyrithione solution(50 %)) : 흰색의 수성현탁제로 약간 특이한 냄새가 있다.

답 ④

해 징크피리치온은 황색을 띤 회백색의 가루로 냄새는 없다.

011

식품의약품안전처장 고시 「화장품 안전기준 등에 관한 규정」에 따라 화장품에 사용할 수 없는 배합금지 원료인 것은?

① 프로필파라벤
② 메틸파라벤
③ 페닐트리메치콘
④ 페녹시에탄올
⑤ 페닐파라벤

답 ⑤

해 페닐파라벤(phenyl paraben)은 화장품에 배합금지 원료이다.

012

화장품 원료 명칭과 비타민 명칭이 옳지 않게 짝지어진 것은?

① 토코페롤(tocopherol) - 비타민 E
② 아스코르빅애씨드(ascorbic acid) - 비타민 C
③ 판테놀(panthenol) - 비타민 B5
④ 피리독신에이치씨엘(pyridoxine HCL) - 비타민 B6
⑤ 레티놀(retinol) - 비타민 D

답 ⑤

해 레티놀은 비타민 A이다.

013

우수화장품 제조 및 품질관리기준(CGMP) 해설서에서 설명하고 있는 완제품 보관검체에 대한 설명으로 옳지 않은 것은?

① 품질 상에 문제가 발생하여 재시험이 필요할 때 보관검체를 사용한다.
② 각 뱃치를 대표하는 검체를 보관한다.
③ 일반적으로는 각 뱃치별로 제품 시험을 2번 실시할 수 있는 양을 보관한다.
④ 제품이 가장 안정한 조건에서 보관한다.
⑤ 제품의 사용기한이 경과 후 3년까지 보관한다.

답 ⑤

해 완제품보관검체는 사용기한까지 또는 개봉 후 사용기간을 기재하는 경우에는 제조일로부터 3년간 보관한다.

014

표시량이 300mL인 샴푸의 충진량(g)으로 적당한 것은?(단, 샴푸의 비중은 0.8)

① 240그램　　② 300그램
③ 330그램　　④ 360그램
⑤ 400그램

답 ①

해 부피로 표시된 제품의 충진을 중량으로 할 때는 비중을 이용하여 부피를 중량으로 환산한다(비중 = 중량 ÷ 부피, 비중 × 부피 = 중량).

015

우수화장품 제조 및 품질관리기준 (CGMP)에 따라 화장품을 제조하는 작업실에 대한 관리기준으로 적당하지 않은 것은?

① 제조실-낙하균 30개/hr 이하 또는 부유균 : 200개/㎥ 이하
② 칭량실-낙하균 30개/hr 이하 또는 부유균 : 200개/㎥ 이하
③ 충전실-낙하균 30개/hr 이하 또는 부유균 : 200개/㎥ 이하
④ 내용물보관소-낙하균 30개/hr 이하 또는 부유균 : 200개/㎥ 이하
⑤ 완제품보관소-낙하균 30개/hr 이하 또는 부유균 : 200개/㎥ 이하

답 ⑤

해 내용물 혹은 원료가 노출되는 지역은 청정도 2등급 지역으로 낙하균 30개/hr 이하 또는 부유균 : 200개/㎥ 이하로 관리한다. 완제품보관소는 청정도 4등급 지역으로 내용물 혹은 원료가 외부환경으로 노출되지 않으며. 제시된 관리기준이 없다.

청정도 등급	1	2	3	4
대상시설	청정도 엄격관리	화장품 내용물이 노출되는 작업실	화장품 내용물이 노출 안 되는 곳	일반 작업실 (내용물 완전폐색)
해당작업실	Clean bench	제조실, 성형실, 충전실, 내용물보관소, 원료 칭량실 미생물시험실	포장실	포장재보관소, 완제품보관소, 관리품보관소, 원료보관소 갱의실, 일반시험실
청정공기순환	20회/hr 이상 또는 차압 관리	10회/hr 이상 또는 차압 관리	차압관리	환기장치
구조조건	Pre-filter, Med-filter, HEPA-filter, Clean bench/booth, 온도 조절	Pre-filter, Med-filter, (필요시 HEPA-filter), 분진발생실 주변 양압, 제진 시설	Pre-filter 온도조절	환기 (온도조절)
관리기준	낙하균 : 10개/hr 또는 부유균 : 20개/㎥	낙하균 : 30개/hr 또는 부유균 : 200개/㎥	갱의, 포장재의 외부 청소 후 반입	
작업복장	작업복, 작업모, 작업화	작업복, 작업모, 작업화	작업복, 작업모, 작업화	

016

식품의약품안전처고시 「화장품 바코드 표시 및 관리요령」에 따라 다음 중 화장품 중에서 화장품 바코드 표시를 생략할 수 없는 것은?

① 내용량 15그램 아이크림
② 내용량 15그램 영양크림
③ 내용량 30그램 아이크림 견본품
④ 내용량 30그램 영양크림 견본품
⑤ 내용량 30그램 아이라이너

답 ⑤

해 용량이 15밀리리터 이하 또는 15그램 이하인 제품의 용기 또는 포장이나 견본품, 시공품 등 비매품에 대하여는 화장품바코드 표시를 생략할 수 있다.

017

자외선 차단 기능성화장품과 관련된 설명 중 옳은 것은?

① 최소홍반량은 UVA를 사람의 피부에 조사 후 일정시간 범위 내에 조사영역의 전 영역에 홍반을 나타낼 수 있는 최소한의 자외선 조사량이다.
② 최소지속형즉시흑화량은 UVB를 피부에 조사한 후 2~24시간 내 희미한 흑화가 인식되는 최소 자외선 조사량을 말한다.
③ 자외선차단지수(SPF)는 UVB를 차단하는 제품의 차단지수를 나타내는 지수이다.
④ 자외선차단지수는(SPF)는 자외선차단제품을 도포하지 않고 얻은 최소홍반량을 자외선차단제품을 도포하여 얻은 최소홍반량으로 나눈 값이다.
⑤ 자외선A 차단지수(PA)가 8이상이면 PA++++로 표시한다.

답 ③

해 **최소홍반량 : UVB**
최소지속형즉시흑화량 : UVA
① 최소홍반량은 UVB를 사람의 피부에 조사한 후 16~24시간의 범위내에 조사영역의 전 영역에 홍반을 나타낼 수 있는 최소한의 자외선 조사량을 말한다.
② 최소지속형즉시흑화량은 UVA를 사람의 피부에 조사한 후 2~24시간의 범위내에, 조사영역의 전 영역에 희미한 흑화가 인식되는 최소 자외선 조사량을 말한다.
④ 자외선차단지수(SPF)는 자외선차단제품을 도포하여 얻은 최소홍반량을 자외선차단제품을 도포하지 않고 얻은 최소홍반량으로 나눈 값이다.
⑤ 자외선A 차단지수(PA)가 16이상이면 PA++++로 표시한다.

018

「화장품법 시행규칙」제10조의2에 따라 영유아 또는 어린이가 사용할 수 있는 화장품임을 표시·광고하려는 경우에는 제품별로 안전과 품질을 입증할 수 있는 자료를 작성 및 보관하여야 한다. 이때 영유아 및 어린이의 연령기준으로 옳은 것은?

① 영유아 : 3세 이하, 어린이 : 4세 이상부터 14세 이하까지
② 영유아 : 3세 이하, 어린이 : 4세 이상부터 13세 이하까지
③ 영유아 : 3세 이하, 어린이 : 4세 이상부터 12세 이하까지
④ 영유아 : 4세 이하, 어린이 : 5세 이상부터 13세 이하까지
⑤ 영유아 : 4세 이하, 어린이 : 5세 이상부터 12세 이하까지

답 ②

해 **영유아 또는 어린이의 연령 기준 - 영유아** : 3세 이하
어린이 : 4세 이상부터 13세 이하까지

019

식품의약품안전처장이 고시한 「화장품 안전기준 등에 관한 규정」에 따른 자외선 차단성분의 사용한도로 옳은 것은?

① 에칠헥실메톡시신나메이트 7%
② 벤조페논-3(옥시벤존) 7%.
③ 옥토크릴렌 10%
④ 티타늄디옥사이드 20%
⑤ 호모살레이트 5%

답 ③

해 에칠헥실메톡시신나메이트 7.5%, 벤조페논-3 5%, 티타늄디옥사이드 25%, 호모살레이트 10%

020

「개인정보보호법」에 따라 고객 상담 시 개인정보 중 민감 정보에 해당 되는 것으로 옳은 것은?

① 여권법에 따른 여권번호
② 주민등록법에 따른 주민등록번호
③ 출입국관리법에 따른 외국인등록번호
④ 도로교통법에 따른 운전면허의 면허번호
⑤ 유전자검사 등의 결과로 얻어진 유전 정보

답 ⑤

해 **고유식별정보** : 여권번호, 주민등록번호, 외국인등록번호, 운전면허번호
민감정보 :
① 사상·신념, 노동조합·정당의 가입·탈퇴, 정치적 견해, 건강, 성생활 등에 관한 정보, 그 밖에 정보주체의 사생활을 현저히 침해할 우려가 있는 개인정보.
② 유전자검사 등의 결과로 얻어진 유전정보
③ 「형의 실효 등에 관한 법률」 제2조제5호에 따른 범죄경력자료에 해당하는 정보
④ 개인의 신체적, 생리적, 행동적 특징에 관한 정보로서 특정 개인을 알아볼 목적으로 일정한 기술적 수단을 통해 생성한 정보
⑤ 인종이나 민족에 관한 정보

021

우수화장품 제조 및 품질관리기준 (CGMP)에 따라 원료 및 포장재가 입고될 때 확인해야 할 정보로 적당하지 않은 것은?

① 인도문서와 포장에 표시된 품목·제품명

② 공급자명

③ 공급자가 부여한 뱃치 정보(batch reference)

④ 납품차량

⑤ 수령 일자

답 ④

해 **원료와 포장재가 입고 시 확인해야할 사항**

- 인도문서와 포장에 표시된 품목·제품명
- 만약 공급자가 명명한 제품명과 다르다면, 제조 절차에 따른 품목·제품명 그리고/또는 해당 코드번호
- CAS번호(적용 가능한 경우)
- 적절한 경우, 수령 일자와 수령확인번호
- 공급자명
- 공급자가 부여한 뱃치 정보(batch reference), 만약 다르다면 수령 시 주어진 뱃치 정보
- 기록된 양

022

「화장품법」제3조의3에 따라 맞춤형화장품판매업자로 신고할 수 있는 자는?

① 피성년후견인 또는 파산선고를 받고 복권되지 아니한 자

② 「화장품법」을 위반하여 금고 이상의 형을 선고받고 그 집행이 끝나지 아니하거나 그 집행을 받지 아니하기로 확정되지 아니한 자

③ 「화장품법」 제24조에 따라 등록이 취소되거나 영업소가 폐쇄된 날부터 1년이 지나지 아니한 자

④ 「정신건강증진 및 정신질환자 복지서비스 지원에 관한 법률」 제3조제1호에 따른 정신질환자.

⑤ 보건범죄 단속에 관한 특별조치법을 위반하여 금고 이상의 형을 선고받고 그 집행이 끝나지 아니하거나 그 집행을 받지 아니하기로 확정되지 아니한 자

답 ④

해 마약류의 중독자, 정신질환자는 화장품 제조업자만을 등록할 수 없고 화장품 책임판매업의 등록과 맞춤형화장품판매업의 신고는 할 수 있다.

023

다음 중 회수 대상에 해당되는 위해 화장품은?

① 화장품의 안전용기 및 포장을 위반한 화장품

② 화장품 책임판매관리자를 두지 않고 판매한 화장품

③ 화장품책임판매업자가 판매한 화장품

④ 맞춤형화장품판매업 신고를 한 자가 판매한 맞춤형화장품

⑤ 혼합·소분을 위하여 포장 및 기재사항을 훼손한 맞춤형화장품

답 ①

해 화장품의 안전용기 및 포장을 위반한 화장품은 위해 화장품 나등급에 해당한다.

024

식품의약품안전처장이 고시한 「천연화장품 및 유기농화장품의 기준에 관한 규정」에 따라 천연화장품 및 유기농화장품의 제조에 사용할 수 있는 보존제로 옳은 것은?

① 포믹애씨드

② 이미다졸리디닐우레아

③ 징크피리치온

④ 포타슘소르베이트

⑤ 디엠디엠하이단토인

답 ④

해 포타슘소르베이트는 소르빅애씨드의 염류이다.

허용 합성원료 – 합성 보존제 및 변성제	
원료	제한
벤조익애씨드 및 그 염류 (Benzoic Acid and its salts)	
벤질알코올(Benzyl Alcohol)	
살리실릭애씨드 및 그 염류 (Salicylic Acid and its salts)	
소르빅애씨드 및 그 염류 (Sorbic Acid and its salts)	
데하이드로아세틱애씨드 및 그 염류 (Dehydroacetic Acid and its salts)	

데나토늄벤조에이트, 3급부틸알코올, 기타 변성제(프탈레이트류 제외) Denatonium Benzoate and Tertiary Butyl Alcohol and other denaturing agents for alcohol(excluding phthalates)	(관련 법령에 따라) 에탄올에 변성제로 사용된 경우에 한함
이소프로필알코올(Isopropylalcohol)	
테트라소듐글루타메이트디아세테이트(Tetrasodium Glutamate Diacetate)	

025

〈보기〉는 염모제에 대한 사용 시의 주의사항이다. ㉠에 공통으로 적합한 단어는?

〈보기〉

염색 전 2일전(48시간 전)에는 다음의 순서에 따라 매회 반드시 (㉠)를(을) 실시하여 주십시오.

(㉠)의 결과, 이상이 발생한 경험이 있는 분들은 사용하지 마십시오. 사용 후 피부나 신체가 과민상태로 되거나 피부이상반응(부종, 염증 등)이 일어나거나, 현재의 증상이 악화될 가능성이 있습니다.

① 안전성 테스트
② 안정성 테스트
③ 패치 테스트
④ 누적첩포 테스트
⑤ 사용 테스트

답 ③

해 염모제는 염색 전 매회 반드시 패치테스트(patch test)를 실시하도록 사용시의 주의사항에서 설명하고 있다.

026

최소홍반량(Minimum Erythema Dose, MED)에 대한 설명으로 적절하지 않은 것은?

① 최소홍반량은 UVB를 사람의 피부에 조사한 후 16~24시간에서 조사영역의 거의 대부분에 홍반을 나타낼 수 있는 최소한의 자외선량이다.
② MED 값이 작을수록 UVB에 의한 홍반이 잘 생기는 피부이다.
③ 자외선차단제를 피부에 도포하면 MED 값이 증가한다.
④ 일반적으로 피부색이 흰색에 가까울수록 MED 값이 증가한다.
⑤ 자외선차단제 도포 후의 MED 값이 도포 전의 MED 값보다 크다.

답 ④

해 피부색이 황색, 검정색에 가까울수록 MED 값이 증가한다. 즉, 피부색이 어두울수록 UVB을 많이 조사해야 홍반이 나타난다.

027

식품의약품안전처고시「화장품 안전기준 등에 관한 규정」에 따라 다음의 화장품 원료 중 사용상의 제한이 필요한 원료는?

① 토코페롤
② 토코페릴아세테이트
③ 아스코르빅애씨드
④ 레티놀
⑤ 레티닐팔미테이트

답 ①

해 비타민 E(토코페롤)의 사용한도는 20%이다.

028

「화장품법 시행규칙」 제18조에 따라 안전용기·포장 대상에서 제외되는 용기가 아닌 것은?

① 일회용 제품
② 용기 입구 부분이 뚜껑을 돌려서 여는 제품
③ 용기 입구 부분이 펌프로 작동되는 분무용기 제품
④ 용기 입구 부분이 방아쇠로 작동되는 분무용기 제품
⑤ 압축 분무 용기제품

답 ②

해 일회용 제품, 용기 입구 부분이 펌프 또는 방아쇠로 작동되는 분무용기 제품, 압축 분무용기 제품(에어로졸 제품 등)은 안전용기·포장대상에서 제외한다.

029

「화장품법 시행규칙」 별표 3(화장품의 유형)에 따라 화장품을 분류할 때 기초화장품 제품류에 속하는 것은?

① 애프터셰이브 로션(aftershave lotions)
② 프리셰이브 로션(preshave lotions)
③ 손·발의 피부연화 제품
④ 헤어 크림·로션
⑤ 페이스 파우더(face powder)

답 ③

해
- **애프터셰이브 로션, 프리셰이브 로션**: 면도용 제품류
- **헤어 크림·로션**: 두발용 제품류
- **페이스 파우더**: 색조 화장용 제품류

030

식품의약품안전처장이 고시한 「화장품 안전기준 등에 관한 규정」에서는 화장품의 비의도적 유래물질의 검출 허용 한도를 정하고 있다. 이 규정에 따라 화장품의 비의도적 유래물질의 양을 시험하고자 할 때 유도결합플라즈마-질량분석기를 이용한 방법(ICP-MS)으로 분석할 수 없는 성분은?

① 납 ② 니켈
③ 비소 ④ 안티몬
⑤ 수은

답 ⑤

해 수은은 수은분해장치를 이용한 방법과 수은분석기를 이용한 방법으로만 시험할 수 있다.

031

「화장품 안전기준 등에 관한 규정」의 유통화장품 안전관리 기준에서 규정하는 비의도적으로 유래된 물질의 검출 허용한도가 옳지 않은 것은?

① 비소 : 10㎍/g이하
② 메탄올 : 0.2(v/v)%이하 단, 물휴지는 0.002%(v/v) 이하
③ 포름알데하이드 : 3000㎍/g이하
④ 수은 : 1㎍/g이하
⑤ 디옥산 : 100㎍/g이하

답 ③

해 **포름알데하이드** : 2000㎍/g(ppm)이하 단, 물휴지는 20㎍/g(ppm)이하

032

「화장품 안전기준 등에 관한 규정」의 유통화장품 안전관리 기준에 따라 치오글라이콜릭애씨드 또는 그 염류가 주성분인 냉2욕식 헤어퍼머넌트웨이브용 제품 1제의 시험기준으로 적합하지 않은 것은?

① pH : 4.5~9.6

② 알칼리 : 0.1N염산의 소비량은 검체 1mL에 대하여 7.0mL이하

③ 중금속 : 20㎍/g이하

④ 비소 : 5㎍/g이하

⑤ 철 : 10㎍/g이하

답 ⑤

해 철 : 2㎍/g이하

033

「화장품 안전기준 등에 관한 규정」의 유통화장품 안전관리 기준에서 규정하는 비의도적 유래 물질인 납의 검출 허용한도가 옳은 것은?

① 점토를 원료로 사용한 분말제품은 50㎍/g(ppm) 이하, 그 밖의 제품은 20㎍/g이하

② 점토를 원료로 사용한 분말제품은 40㎍/g(ppm) 이하, 그 밖의 제품은 10㎍/g이하

③ 점토를 원료로 사용한 분말제품은 30㎍/g(ppm) 이하, 그 밖의 제품은 10㎍/g이하

④ 눈 화장용 제품은 35㎍/g 이하, 그밖의 제품은 10㎍/g 이하

⑤ 색조 화장용 제품은 30㎍/g이하, 그밖의 제품은 10㎍/g 이하

답 ①

해 **납의 검출허용한도** : 점토를 원료로 사용한 분말제품은 50㎍/g(ppm)이하, 그 밖의 제품은 20㎍/g이하

034

「개인정보보호법」에서 정하고 있는 개인정보보호의 원칙에 대한 설명 중 틀린 것은?

① 개인정보처리자는 개인정보의 처리 목적을 명확하게 하여야 한다.

② 개인정보처리자는 개인정보의 처리 목적에 필요한 범위에서 적합하게 개인정보를 처리하여야 하며, 그 목적 외의 용도로 활용하여서는 아니 된다.

③ 개인정보처리자는 개인정보를 반드시 익명 처리해야 한다.

④ 개인정보처리자는 개인정보 처리방침 등 개인정보의 처리에 관한 사항을 공개하여야 하며, 열람청구권 등 정보주체의 권리를 보장하여야 한다.

⑤ 목적에 필요한 범위에서 최소한의 개인정보만을 적법하고 정당하게 수집하여야 한다

답 ③

해 개인정보보호의 원칙은 가능한 경우 익명 처리, 처리목적의 명확화, 목적 내에서 적법하게 정당하게 최소수집, 처리 목적 내에서 처리, 목적 외 활용금지, 처리목적 내에서 정확성, 완전성, 최신성 보장, 정보주체의 권리침해 위험성 등을 고려하여 안전하게 관리, 개인정보처리사항 공개, 정보주체의 권리보장, 사생활침해 최소화 방법으로 처리, 개인정보처리자의 책임준수, 정보주체의 신뢰성 확보이다.

035

원료나 내용물의 피부에 대한 알레르기, 부작용 등을 확인하기 위하여 일정량의 원료나 내용물을 피부에 도포 후, 일정 시간 경과 후에 피부의 반응을 보는 시험은 무엇인가?

① 피부감작성시험
② 피부첩포시험(패치테스트, patch test)
③ 1차피부자극시험
④ 유전독성시험
⑤ 광독성시험

답 ②

해 **패치테스트(첩포시험, patch test)**: 원료나 내용물의 피부에 대한 알레르기, 부작용 등을 확인하기 위하여 일정량의 원료나 내용물을 피부(예 전완, forearm)에 도포 후, 일정 시간(예 48시간) 경과 후에 피부의 반응을 보는 시험

036

「우수화장품 제조 및 품질관리기준(CGMP)」제8조에 따른 화장품 작업장에 관한 기준으로 옳은 것은?

① 화장품 작업장은 환기가 잘 되도록 외부와 연결된 창문이 가능한 잘 열리도록 해야 한다.
② 화장품 작업장은 제조하는 화장품의 종류와 제형에 관계없이 필요에 따라 구획하면 된다.
③ 작업장의 공간상 불가피한 경우 수세실과 화장실은 생산구역과 분리되지 않아도 된다.
④ 사용하지 않는 연결 호스와 부속품은 위생관리를 하지 않아도 무관하다.
⑤ 화장품 작업장 내 조명이 파손될 경우를 대비하여 제품을 보호할 수 있는 처리 절차를 마련하여야 한다.

답 ②

해 **작업소의 기준**

① 제조하는 화장품의 종류·제형에 따라 적절히 구획·구분되어 있어 교차오염 우려가 없을 것
② 바닥, 벽, 천장은 가능한 청소 또는 위생관리를 하기 쉽게 매끄러운 표면을 지니고 청결하게 유지되어야 하며 소독제 등의 부식성에 저항력이 있을 것
③ 환기가 잘 되고 청결할 것
④ 외부와 연결된 창문은 가능한 열리지 않도록 할 것, 창문이 외부 환경으로 열리는 경우, 제품의 오염을 방지하도록 적절히 차단할 것
⑤ 작업소 내의 외관 표면은 가능한 매끄럽게 설계하고, 청소, 소독제의 부식성에 저항력이 있을 것
⑥ 적절하고 깨끗한 수세실과 화장실을 마련하고 수세실과 화장실은 접근이 쉬워야 하나 생산구역과 분리 되어 있을 것
⑦ 작업소 전체에 적절한 조명을 설치하고, 조명이 파손될 경우를 대비한 제품을 보호할 수 있는 처리 절차를 마련할 것
⑧ 제품의 오염을 방지하고 적절한 온도 및 습도를 유지할 수 있는 적절한 환기시설을 갖출 것
⑨ 각 제조 구역별 청소 및 위생관리 절차에 따라 효능이 입증된 세척제 및 소독제를 사용할 것
⑩ 제품의 품질에 영향을 주지 않는 소모품을 사용할 것

037

「우수화장품 제조 및 품질관리기준(CGMP)」에 따라 품질관리 시, 원자재 용기 및 시험기록서에 필수적으로 기재해야하는 사항이 아닌 것은?

① 원자재 공급자가 정한 제품명

② 원자재 공급자명

③ 발주일자

④ 공급자가 부여한 제조번호 또는 관리번호

⑤ 수령일자

답 ③

해 발주일자는 필수적인 기재사항은 아니다(우수화장품 제조 및 품질관리기준 제11조 입고관리).

038

물에 녹기 쉬운 염료를 알루미늄 등의 염이나 황산 알루미늄, 황산 지르코늄 등을 가해 물에 녹지 않도록 불용화시킨 유기안료를 (㉠)이라 한다. ㉠에 적당한 단어는?

① 타르색소　② 안료

③ 레이크　④ 염료

⑤ 피그먼트

답 ③

해 레이크(lake)는 물에 녹기 쉬운 염료를 알루미늄 등의 염이나 황산 알루미늄, 황산 지르코늄 등을 가해 물에 녹지 않도록 불용화시킨 유기안료로 색상과 안정성이 안료와 염료의 중간 정도이다.

039

우수화장품 제조 및 품질관리기준(CGMP) 적합업소 지정을 받기 위해서는 청정도 기준에 제시된 청정도 등급 이상으로 설정하여야 하며 청정도 등급을 설정한 구역은 설정 등급의 유지여부를 정기적으로 모니터링 하여 설정 등급을 벗어나지 않도록 관리해야 한다. 다음 중 청정도 2등급 작업실에 해당되지 않는 곳은?

① 제조실

② 벌크보관실

③ 충진실(충전실)

④ 원료칭량실

⑤ 원료보관소

답 ⑤

해 화장품 내용물과 원료가 노출되는 작업실을 청정도 2등급으로 관리하며, 노출되지 않는 보관소는 청정도 4등급으로 관리한다.

040

에멀젼(emulsion)의 물리적 불안정성에 해당되지 않는 것은?

① 유상과 수상의 분리

② 비중 차에 의한 침전

③ 합일

④ 응집

⑤ 변취

답 ⑤

해 에멀젼의 물리적 불안정성은 응집, 합일, 침전, 분리이며, 변취, 변색은 에멀젼의 미생물학적, 화학적 불안정성에 해당된다.

- 원료 및 제형의 물리적 특성 유액(에멀젼)자체는 열역학적으로 불안정한계이며 이러한 불안정한 입자는 분리,응집,합일, 이라는 형상이 시간의 경과에 따라 발생할 수 있다.
- **응집(floculation)** : 입자간의 부착으로 집합체가 형성됨
- **합일(coalescense)** : 두개의 입자가 하나로 뭉쳐짐

041

「화장품 안전기준 등에 관한 규정」의 유통화장품 안전관리 기준에 따라 화장품의 pH가 3.0~9.0이어야 하는 화장품에 해당되지 않는 것은?
① 유연 화장수
② 바디로션
③ 수분 크림
④ 클렌징 오일
⑤ 마스크 팩

답 ④

해 수분을 포함한 화장품은 화장품의 pH가 3.0~9.0이어야 한다. 하지만 물을 포함하지 않는 클렌징 오일은 pH기준이 적용되지 않는다.

042

「기능성화장품 기준 및 시험방법」에 고시된 탈모증상의 완화에 도움을 주는 기능성 성분이 아닌 것은?
① 덱스판테놀
② 비오틴
③ 엘-멘톨
④ 징크피리치온
⑤ 캠퍼

답 ⑤

해 기능성화장품 기준 및 시험방법(KFCC)에서 고시한 탈모증상의 완화에 도움을 주는 성분은 덱스판테놀, 비오틴, 엘-멘톨, 징크피리치온, 징크피리치온액(50%)이다.

043

화장품의 품질요소에 해당되지 않는 것은?
① 안전성(safety)
② 안정성(stability)
③ 사용성(usability)
④ 유효성(efficacy)
⑤ 작용성(functionality)

답 ⑤

해 화장품의 품질요소는 안전성, 안정성, 사용성, 유효성이다.

044

식품의약품안전처장이 고시한 「화장품 사용 시의 주의사항 및 알레르기 유발성분 표시에 관한 규정」에서는 착향제(향료)에 포함된 알레르기 유발물질을 전성분에 표시하도록 정하고 있다. 다만 사용 후 씻어내는 제품에는 0.01% 초과, 사용 후 씻어내지 않는 제품에는 (㉠)초과 함유하는 경우에만 알레르기 유발성분을 표시한다. ㉠에 적합한 단어는?
① 0.001%
② 0.010%
③ 0.020%
④ 0.100%
⑤ 1.000%

답 ①

해 사용 후 씻어내는 제품(rinse off)에는 0.01% 초과, 사용 후 씻어내지 않는 제품(leave on)에는 0.001% 초과 함유하는 경우에만 알레르기 유발성분을 표시한다.

045

「화장품법 시행규칙」에서 정하고 있는 화장품에 공통적으로 표시해야 하는 사용 시의 주의사항으로 적당하지 않은 것은?
① 상처가 있는 부위 등에는 사용을 자제할 것.
② 어린이의 손이 닿지 않는 곳에 보관할 것.
③ 눈 주위를 피하여 사용할 것.
④ 직사광선을 피해서 보관할 것.
⑤ 화장품 사용 시 또는 사용 후 직사광선에 의하여 사용부위가 붉은 반점, 부어오름 또는 가려움증 등의 이상 증상이나 부작용이 있는 경우 전문의 등과 상담할 것.

답 ③

해 "눈 부위를 피하여 사용할 것"이라는 문구는 팩에만 표시되는 사용 시의 주의사항이다.

046

「화장품법」제40조에 따라 100만원의 과태료가 부과되는 자는?

① 화장품 생산실적을 보고하지 아니한 자
② 동물실험을 실시한 화장품을 유통·판매한 자
③ 의무교육을 이수하지 않은 맞춤형화장품조제관리사
④ 폐업 신고를 하지 않는 자
⑤ 화장품 판매가격을 표시하지 아니한 자

답 ②

해 100만원 이하의 과태료

위반행위	과태료 금액 (단위:만원)
가. 기능성화장품의 안전성 및 유효성에 관하여 제출한 보고서나 심사받은 사항을 변경할 때 변경심사를 받지 않은 경우	100
나. 화장품의 생산실적 또는 수입실적 또는 화장품 원료의 목록 등을 보고하지 않은 경우	50
다. 책임판매관리자 및 맞춤형화장품조제관리사는 화장품의 안전성 확보 및 품질관리에 관한 교육을 매년을 매년 받지 않은 경우	50
라. 폐업 등의 신고를 하지 않은 경우	50
마. 화장품의 판매 가격을 표시하지 않은 경우	50
바. 동물실험을 실시한 화장품 또는 동물실험을 실시한 화장품 원료를 사용하여 제조(위탁제조를 포함한다) 또는 수입한 화장품을 유통·판매한 경우	100
사. 법 제18조(보고와 검사 등)에 따른 명령을 위반하여 보고를 하지 않은 경우	100

047

「화장품법」에 따라 맞춤형화장품조제관리사가 의무교육을 이수하지 않았을 때의 처벌은?

① 과징금 100만원
② 과태료 50만원
③ 과징금 50만원
④ 판매정지 15일
⑤ 업무정지 30일

답 ②

해 의무교육을 이수하지 아니한 맞춤형화장품조제관리사, 책임판매관리자에게는 과태료 50만원이 부과된다.

048

「화장품법 시행규칙」에서 규정한 안전용기·포장대상 품목이 아닌 것은?

① 아세톤을 함유하는 네일 에나멜 리무버
② 미네랄 오일을 10% 함유하고 운동점도가 21센티스톡스(cst)(섭씨 40도 기준) 이하인 비에멀젼 타입의 액체상태의 어린이용 오일
③ 개별포장당 메틸살리실레이트를 3% 함유하는 액체상태의 제품
④ 미네랄 오일을 10% 함유하는 운동점도가 21센티스톡스(cst)(섭씨 40도 기준) 이하인 비에멀젼 타입의 액체상태의 클렌징 오일
⑤ 아세톤을 함유하는 네일 폴리시 리무버

답 ③

해 개별포장당 메틸살리실레이트를 5% 이상 함유하는 액체상태의 제품은 안전용기·포장대상 품목이다.

049

「화장품법 시행규칙」제14조의2에 의거, 회수대상화장품에 대한 위해성등급 분류기준에 따라 위해화장품을 분류할 때, 다등급에 해당되는 위해화장품이 아닌 것은?

① 사용기한 또는 개봉 후 사용기간(병행 표기된 제조연월일을 포함한다)을 위조·변조한 화장품
② 영업신고를 하지 아니한 자가 판매한 맞춤형화장품
③ 맞춤형화장품조제관리사를 두지 아니하고 판매한 맞춤형화장품
④ 화장품에 사용할 수 없는 원료를 사용한 화장품
⑤ 화장품책임판매업자 스스로 국민보건에 위해를 끼칠 우려가 있어 회수가 필요하다고 판단한 화장품

답 ④

해 화장품에 사용할 수 없는 원료를 사용한 화장품, 사용기준이 지정·고시된 원료 외의 보존제, 색소, 자외선 차단제 등을 사용한 화장품, 사용한도가 정해진 원료를 사용한도 이상으로 포함한 화장품은 가등급 위해성 화장품이다.

050

식품의약품안전처장이 고시한 「화장품의 색소 종류와 기준 및 시험방법」에 따라 영유아용 제품류 또는 13세 이하 어린이가 사용할 수 있음을 특정하여 표시하는 제품에 사용할 수 없는 색소는?

① 적색 2호 ② 적색 40호
③ 적색 201호 ④ 적색 202호
⑤ 적색 220호

답 ①

해 적색2호, 적색102호는 영유아용 제품류 또는 13세 이하 어린이가 사용할 수 있음을 특정하여 표시하는 제품에 사용할 수 없다.

051

식품의약품안전처장이 고시한「화장품 안전기준 등에 관한 규정」에 따라, 다음 중 사용한도가 정해진 원료가 아닌 것은?

① 만수국꽃 추출물
② 만수국아재비꽃 추출물
③ 클로로아트라놀
④ 하이드롤라이즈드밀단백질
⑤ 땅콩오일, 추출물 및 유도체

답 ③

해 ①, ②만수국꽃추출물 및 만수국아재비꽃추출물은 사용후 씻어내는제품은 0.1%, 사용후 씻어내지 않는제품은 0.01%를 초과하지 않아야 한다.
③ 클로로아트라놀은 배합금지 원료이다.
④ 하이드롤라이즈드밀단백질은 펩타이드의 최대 평균분자량 3.5kDa 이하
⑤ 땅콩오일 및 추출물은 원료 중 땅콩단백질 최대 농도 0.5ppm을 초과하지 않아야 한다.

052

식품의약품안전처장이 고시한「화장품 안전기준 등에 관한 규정」에 따라, 다음 중 배합금지 원료가 아닌 것은?

① 벤조일퍼옥사이드
② 백색 페트롤라툼을 제외한 페트롤라툼
③ 아트라놀
④ 하이드록시아이소헥실 3-사이클로헥센 카보스알데히드(HICC)
⑤ 레조시놀

답 ⑤

해 레조시놀은 산화 염모제에 주로 사용되는 원료로 2.0%사용한도가 정해져 있다.

053

「화장품법 시행규칙」제12조에 따라 화장품책임판매업자는 〈보기〉성분이 0.5% 이상 함유하는 제품의 경우에는 해당품목의 안정성시험자료를 최종 제조된 제품의 사용기한이 만료된 날로부터 (　　)간 보존해야 한다.

〈보기〉
레티놀 및 그 유도체, 아스코빅애씨드 및 그 유도체,토코페롤,과산화화합물,효소

① 6개월
② 1년
③ 2년
④ 3년
⑤ 4년

답 ②

054

미립자 분말 원료의 취급에 대한 설명으로 적절하지 않은 것은?

① 칭량 시에 집진기를 사용한다.
② 저습조건에서 보관하는 것이 권장된다.
③ 우기(雨期)에는 원료 보관소에 제습기 설치가 권장된다.
④ 원료별 보관온도에 맞게 보관한다.
⑤ 칭량 후, 원료분말에 의해 원료용기 표면이 오염되면 원료를 비닐용기로 옮겨 담아서 보관한다.

답 ⑤

해 원료는 납품 시 사용된 용기에 보관되어 있을 때 가장 안정하며 다른 용기에 옮겨서 보관할 때는 다른 용기 중에서 보관할 때 원료의 안정성에 대하여 먼저 검토하여야 한다.

055

우수화장품 제조 및 품질관리기준 (CGMP)에 따라 화장품을 제조하는 시설에 대한 사항으로 적절하지 않은 것은?

① 환기가 잘 되고 청결할 것.
② 수세실과 화장실은 접근이 쉬워야 하며 생산구역 내에 설치할 것.
③ 외부와 연결된 창문은 가능한 열리지 않도록 할 것.
④ 바닥, 벽, 천장은 가능한 청소하기 쉽게 매끄러운 표면을 지닐 것.
⑤ 바닥, 벽, 천장은 소독제 등의 부식성에 저항력이 있을 것.

답 ②

해 화장실은 생산구역 밖에 설치해야 한다.

056

「화장품법 시행규칙」에 따라 화장품 광고의 매체 또는 수단 중에서 어린이가 사용할 수 있는 화장품이라고 광고 하는 경우 안전성자료를 작성하지 않아도 되는 광고 매체는?

① 신문·방송 또는 잡지s
② 전단·팸플릿·견본 또는 입장권
③ 인터넷 또는 컴퓨터통신
④ 방문광고 또는 실연(實演)에 의한 광고
⑤ 비디오물·음반·서적·간행물·영화 또는 연극

답 ④

해
- **영유아 및 어린이 화장품임을 포장에 표시하는 경우**: 무조건 안전성자료 작성
- **영유아가 사용할 수 있는 화장품임을 광고하는 경우**: 방문광고 및 실연의 경우 안전성자료 작성
- **어린이가 사용할 수 있는 화장품임을 광고하는 경우**: 방문광고 및 실연의 경우 안전성자료 작성하지 않아도 된다.

057

우수화장품 제조 및 품질관리 기준에 설명하고 있는 일탈의 처리순서로 적당한 것은?

㉠ 일탈의 발견 및 초기평가
㉡ 즉각적인 수정조치
㉢ SOP(표준작업지침서)에 따른 조사, 원인분석 및 예방조치
㉣ 후속조치/종결
㉤ 문서작성/문서추적 및 경향분석

① ㉠-㉡-㉢-㉣-㉤
② ㉠-㉡-㉢-㉤-㉣
③ ㉠-㉢-㉡-㉣-㉤
④ ㉠-㉢-㉡-㉤-㉣
⑤ ㉠-㉣-㉢-㉡-㉤

답 ①

해 일탈의 발견 및 초기평가→즉각적인 수정조치→SOP(표준작업지침서)에 따른 조사, 원인분석 및 예방조치→후속조치/종결→문서작성/문서추적 및 경향분석

058

기능성화장품의 심사를 위해 제출해야 하는 안전성, 유효성 또는 기능을 입증하는 자료가 아닌 것은?

① 기원 및 개발경위에 관한 자료
② 안전성에 관한 자료
③ 유효성 또는 기능에 관한 자료
④ 자외선차단지수(SPF) 설정의 근거자료(자외선차단제품에 한함)
⑤ 안정성에 관한 자료

답 ⑤

해 **안전성, 유효성 또는 기능을 입증하는 자료(심사를 위해 제출하는 자료)**
가. 기원 및 개발경위에 관한 자료
나. 안전성에 관한 자료
다. 유효성 또는 기능에 관한 자료
라. 자외선차단지수(SPF), 내수성자외선차단지수(SPF, 내수성 또는 지속내수성) 및 자외선A차단등급(PA) 설정의 근거자료(자외선차단제품에 한함)

059

기능성화장품 심사를 위해 안전성에 관한 자료를 제출해야 한다. 안전성에 관한 자료에 해당되지 않는 것은?

① 안점막자극시험자료
② 피부감작성시험자료
③ 광독성 및 광감작성 시험자료
④ 인체첩포시험자료
⑤ 유전독성시험자료

답 ⑤

해 안전성에 관한 자료는 단회투여독성시험자료, 1차피부자극시험자료, 안점막자극 또는 기타점막자극시험자료, 피부감작성시험자료, 광독성 및 광감작성 시험자료, 인체첩포시험자료, 인체누적첩포시험자료이다.

060

화장품 원료 명칭과 비타민 명칭이 옳게 짝지어진 것은?

① 토코페롤(tocopherol) - 비타민 C
② 아스코르빅애씨드(ascorbic acid) - 비타민 E
③ 판테놀(panthenol) - 비타민 B5
④ 피리독신에이치씨엘(pyridoxine HCL) - 비타민 A
⑤ 레티놀(retinol) - 비타민 D

답 ③

해
- **토코페롤** : 비타민 E
- **레티놀** : 비타민 A
- **아스코르빅애씨드** : 비타민 C
- **피리독신에이치씨엘** : 비타민 B6

061

식품의약품안전처고시 「화장품 안전기준 등에 관한 규정」에 따라 맞춤형화장품에 혼합할 수 있는 원료로 옳은 것은?

① 우레아
② 아스코르빅애씨드
③ 트리클로산
④ 징크피리치온
⑤ 토코페롤

답 ②

해 사용한도가 정해진 우레아(10%), 트리클로산(0.3%), 징크피리치온(0.5%), 토코페롤(20%)은 맞춤형화장품에 사용할 수 없다.

062

균일하고 미세한 유화입자를 만들어서 크림이나 로션과 같은 유화제품의 제조에 사용되는 화장품 제조 설비는?

① 균질기(Homogenizer)
② 헨셀(Henschel)
③ 아토마이저(Atomizer)
④ 3단롤러(3 Roller)
⑤ 디스퍼(Disper)

답 ①

해 유화제형인 크림과 로션은 에멀젼을 균일한 입자로 작게 만들어주는 균질기(호모게나이저, homogenizer)가 필요하다.

063

화장품에 사용되는 원료의 특성을 설명한 것으로 옳은 것은?

① 금속이온봉쇄제는 주로 점도증가, 피막형성 등의 목적으로 사용된다.
② 계면활성제는 계면에 흡착하여 계면의 성질을 현저히 변화시키는 물질이다.
③ 고분자화합물은 원료 중에 혼입되어 있는 이온을 제거할 목적으로 사용된다.
④ 산화방지제는 수분의 증발을 억제하고 사용감촉을 향상시키는 등의 목적으로 사용된다.
⑤ 유성원료는 산화되기 쉬운 성분을 함유한 물질에 첨가하여 산패를 막을 목적으로 사용된다.

답 ②

해 금속이온봉쇄제는 수상에 존재하는 금속이온을 봉쇄하며, 고분자화합물은 점증제, 피막형성제, 사용감 개선에 사용된다. 또한 산화방지제는 화장품의 산화를 막는 역할을 하며, 유성원료는 피부에 유연효과를 주는데 사용한다.

064

사용한도 혹은 사용할 때 농도상한이 있는 화장품 원료가 아닌 것은?

① p-니트로-o-페닐렌디아민
② 4-메칠벤질리덴캠퍼
③ 멘톨
④ 레조시놀
⑤ 쿼터늄-15

답 ③

해 사용한도 혹은 사용할 때 농도상한이 있는 화장품 원료는 보존제(쿼터늄-15) 0.2%, 자외선 차단성분(4-메칠벤질리덴캠퍼) 4%, 염모제 성분(p-니트로-o-페닐렌디아민, 레조시놀) 1.5%, 기타성분(레조시놀-산화염모제로 2.0%)이다.

065

동일한 기능을 가진 화장품 성분으로만 이루어진 것은?

① 토코페릴아세테이트, 비에이치티, 프로필갈레이트
② 소듐벤조에이트, 베타인, 살리실릭애씨드
③ 벤조페논-4, 호모살레이트, m-아미노페놀
④ 글리세린, 다이프로필렌글라이콜, 디에칠렌글라이콜
⑤ 치오글라이콜릭애씨드, 시트릭애씨드, 글라이콜릭애씨드

답 ①

해
- **산화방지제**: 토코페릴아세테이트, 비에이치티, 프로필갈레이트
- **보존제**: 소듐벤조에이트, 살리실릭애씨드
- **보습제**: 베타인, 글리세린, 다이프로필렌글라이콜
- **자외선차단제**: 벤조페논-4, 호모살레이트
- **AHA(알파-하이드록시 애씨드)**: 시트릭애씨드, 글라이콜릭애씨드
- **제모제, 펌제의 주성분**: 치오글라이콜릭애씨드
- **배합금지원료**: 디에칠렌글라이콜

066

기능성효능과 그 원료의 최대 사용함량이 바르게 짝지어진 것은?

① 미백-닥나무추출물 2%
② 주름-레틴산 2500IU
③ 여드름-살리실릭애씨드0.5%
④ 주름개선-아데노신0.4%
⑤ 탈모-징크피리치온 0.5%

답 ①

해 레티놀 2500IU , 살리실릭애씨드(인체세정용 2%)(두발용 3%), 아데노신0.04%, 징크피리치온1%

067

식품의약품안전처고시「천연화장품 및 유기농화장품의 기준에 관한 규정」에 따라 천연화장품 및 유기농화장품의 제조에 사용할 수 있는 허용기타원료가 아닌 것은?

① 키토산 ② 베타인
③ 카라기난 ④ 레시틴
⑤ 잔탄검

답 ①

해 허용기타원료는 천연원료에서 석유화학 용제를 이용해서 추출한 원료로서 베타인, 카라기난, 레시틴, 토코페롤, 오리자놀, 안나토, 카로티노이드/잔토필, 라놀린, 피토스테롤, 스핑고리피드, 잔탄검, 알킬베타인, 앱솔루트, 콘크리트, 레지노이드가 해당된다.

068

광노화(photo-aging)의 원인이 되는 빛의 파장은?
✔ 200~400nm
② 400~750nm
③ 800~1000nm
④ 1200~3000nm
⑤ 3500~10000nm

답 ①

해 자외선(200~400nm), 가시광선(400~700nm), 적외선(약 700nm~1000㎛) 중에서 광노화에 원인이 되는 것은 자외선이다.

자외선의 분류

분류	파장
UVA	320~400nm의 장파장, 진피까지 도달하여 색소침착 및 콜라겐손상. 유리, 구름 등으로 차단이 안됨
UVB	290~320nm의 중파장, 표피 및 진피의 상부까지 침투 색소침착, 일광화상 및 홍반발생, 피부암 유발 가능성
UVC	200~290nm의 단파장, 대기에서 대부분 차단되며 피부암을 유발시킴

069

다음의 화장품 원료의 성상에 대한 설명이 적당하지 않은 것은?
① 소듐하이알루로네이트 : 백색~담황색의 분말
② 소듐클로라이드 : 무색 또는 백색의 입방형의 결정 또는 결정성 가루
③ 다이소듐이디티에이 : 백색의 결정 또는 결정성 가루
✔ 소듐라우릴설페이트 : 무색~엷은 황색의 액
⑤ 소듐벤조에이트 : 흰색의 알갱이, 결정 또는 결정성 가루

답 ④

해 **소듐라우릴설페이트** : 백색~엷은 황색의 결정 또는 가루(출처 : 화장품 원료규격 가이드라인)

070

피부에 색소침착이 있는 고객에게 맞춤형화장품조제관리사가 추천할 수 있는 제품으로 가장 적당한 것은?
✔ 알파-비사보롤이 주성분인 기능성화장품
② 아데노신이 주성분인 기능성화장품
③ 레티닐팔미테이트가 주성분인 기능성화장품
④ 아데노신액(2%)이 주성분인 기능성화장품
⑤ 에칠헥실메톡시신나메이트가 주성분인 기능성화장품

답 ①

해 색소침착이 있는 피부에는 미백에 도움을 주는 성분인 닥나무추출물, 알부틴, 에칠아스코빌에텔, 유용성감초추출물, 아스코빌글루코사이드, 마그네슘아스코빌포스페이트, 나이아신아마이드, 알파-비사보롤, 아스코빌테트라이소팔미테이트가 주성분인 기능성화장품이 권장된다.

071

「화장품법 시행규칙」제2조에 따라 다음 중 기능성화장품이 아닌 것을 고르시오.
✔ 모발의 색상을 일시적으로 변화시키는 스프레이 제품
② 피부에 침착된 멜라닌색소의 색을 엷게하여 피부의 미백에 도움을 주는 화장품
③ 피부의 탄력을 주어 피부주름을 완화시키거나 개선시키는 기능을 가진 화장품
④ 강한 햇볕을 방지하여 피부를 곱게 태워주는 기능을 가진 화장품
⑤ 자외선을 차단 또는 산란시켜 자외선으로부터 피부를 보호하는 기능을 가진 화장품

답 ①

해 일시적으로 모발의 색상을 변화시키는 제품은 기능성화장품의 범위에 속하지 않는다.

072

맞춤형화장품의 내용물 및 원료에 대한 품질검사결과를 확인할 수 있는 서류로 옳은 것은?

① 품질규격서 ② 품질성적서
③ 제조공정도 ④ 포장지시서
⑤ 칭량지시서

답 ②

해 책임판매업자가 내용물과 원료를 품질성적서와 함께 맞춤형화장품판매업자에게 공급한다. 맞춤형화장품판매업자는 품질성적서에서 내용물과 원료의 품질검사결과를 확인할 수 있다.

073

맞춤형화장품 매장에 근무하는 조제관리사에게 향료 알레르기가 있는 고객이 제품에 대해 문의를 해왔다. 조제관리사가 설명문안을 참조하여 고객에게 안내해야 할 말로 가장 적절한 것은?

〈설명문안〉

- 제품명 : 허브 유기농 로션
- 제품의 유형 : 액상 에멀젼류
- 내용량 : 210mL
- 전성분 : 정제수, 1,3-부틸렌글리콜, 글리세린, 스쿠알란, 호호바유, 모노스테아린산글리세린, 피이지 소르비탄지방산에스터, 1,2-헥산디올, 녹차추출물, 황금추출물, 참나무이끼추출물, 토코페롤, 잔탄검, 구연산나트륨, 벤질알코올, 유제놀, 리모넨

① 이 제품은 유기농 화장품으로 알레르기 반응을 일으키지 않습니다.
② 이 제품은 알레르기는 면역성이 있어 반복해서 사용하면 완화될 수 있습니다.
③ 이 제품은 조제관리사가 조제한 제품이어서 알레르기 반응을 일으키지 않습니다.
④ 이 제품은 알레르기 완화 물질이 첨가되어 있어 알레르기 체질 개선에 효과가 있습니다.
⑤ 이 제품은 알레르기를 유발할 수 있는 성분이 포함되어 있어 사용 시 주의해야 합니다.

답 ⑤

해 알레르기 유발물질인 참나무이끼추출물, 벤질알코올, 유제놀, 리모넨이 포함되어 있어 사용 시의 주의사항에 대하여 설명하여야 한다.

074

다음 〈보기〉중 맞춤형화장품조제관리사의 업무가 적절한 것은?

〈보기〉

ㄱ. 조제관리사가 맞춤형화장품을 매장 조제실에서 직접 조제하여 고객에게 전달하였다.
ㄴ. 조제관리사는 썬크림을 조제하기 위하여 에틸헥실메톡시신나메이트를 10%로 배합, 조제하여 판매하였다.
ㄷ. 책임판매업자가 기능성화장품으로 심사 또는 보고를 완료한 제품을 맞춤형화장품조제관리사가 소분하여 판매하였다.
ㄹ. 맞춤형화장품 구매를 위하여 인터넷 주문을 진행한 고객에게 조제관리사는 전자상거래 담당자에게 직접 조제하여 제품 배송까지 진행하도록 지시하였다.

① ㄱ, ㄴ ② ㄱ, ㄹ
③ ㄱ, ㄷ ④ ㄴ, ㄹ
⑤ ㄷ, ㄹ

답 ③

해 ㄴ. 맞춤형화장품에는 식품의약품안전처장이 고시한 기능성화장품의 효능·효과를 나타내는 원료인 자외선차단성분(예 에틸헥실메톡시신나메이트)을 사용할 수 없다.
ㄹ. 혼합·소분과 같은 조제는 맞춤형화장품조제관리사가 반드시 해야 한다.

075

다음 <보기>에서 맞춤형화장품 조제에 필요한 원료 및 내용물 관리로 적절한 것은?

<보기>

ㄱ. 내용물 및 원료의 제조번호를 확인한다.
ㄴ. 내용물 및 원료의 입고 시 품질관리 여부를 확인한다.
ㄷ. 내용물 및 원료의 사용기한 또는 개봉 후 사용기간을 확인한다.
ㄹ. 내용물 및 원료 정보는 기밀이므로 소비자에게 설명하지 않을 수 있다.
ㅁ. 책임판매업자와 계약한 사항과 별도로 내용물 및 원료의 비율을 다르게 할 수 있다.

① ㄱ, ㄴ, ㄷ ② ㄱ, ㄴ, ㄹ
③ ㄱ, ㄷ, ㅁ ④ ㄴ, ㅁ, ㄹ
⑤ ㄷ, ㅁ, ㄹ

답 ①

해 ㄱ,ㄴ,ㄷ. 내용물과 원료가 입고될 때 제조번호, 사용기한(또는 개봉 후 사용기간), 품질관리 여부를 확인한다.
ㄹ. 내용물과 원료에 대한 정보는 고객에게 전달해야 부작용, 안전사고 등을 막을 수 있다.
ㅁ. 내용물 및 원료를 공급하는 화장품책임판매업자가 혼합 또는 소분의 범위를 검토하여 정하고 있는 경우 그 범위 내에서 혼합 또는 소분 해야 한다.

076

맞춤형화장품으로 판매할 수 있는 경우로 적합한 것은?

① 보존제를 직접 첨가한 제품
② 자외선차단제를 직접 첨가한 제품
③ 화장품에 사용할 수 없는 원료를 첨가한 제품
④ 식품의약품안전처장이 고시하는 기능성화장품의 효능·효과를 나타내는 원료를 첨가한 제품
⑤ 해당 화장품책임판매업자가 식품의약품안전처장이 고시하는 기능성화장품의 효능·효과를 나타내는 원료를 포함하여 식약처로부터 심사를 받거나 보고서를 제출한 경우에 해당하는 제품

답 ⑤

해 「화장품 안전기준 등에 관한 규정」별표 1의 화장품에 사용할 수 없는 원료(배합금지 원료), 「화장품 안전기준 등에 관한 규정」별표 2의 화장품에 사용상의 제한이 필요한 원료(보존제, 염모제, 자외선차단성분, 기타성분), 식품의약품안전처장이 고시한 기능성화장품의 효능·효과를 나타내는 원료(기능성화장품 주성분)은 맞춤형화장품에 사용할 수 없다. 다만, 맞춤형화장품판매업자에게 원료를 공급하는 화장품책임판매업자가 「화장품법」 제4조에 따라 해당 원료를 포함하여 기능성화장품에 대한 심사를 받거나 보고서를 제출한 경우에는 기능성화장품으로 맞춤형화장품판매업자가 판매할 수 있다.

077

다음 〈보기〉의 우수화장품 품질관리기준에서 기준 일탈 제품의 폐기처리 순서를 나열한 것으로 옳은 것은?

〈보기〉

ㄱ. 격리 보관
ㄴ. 기준 일탈 조사
ㄷ. 기준일탈의 처리
ㄹ. 폐기처분 또는 재작업 또는 반품
ㅁ. 기준일탈 제품에 불합격라벨 첨부
ㅂ. 시험, 검사, 측정이 틀림없음 확인
ㅅ. 시험, 검사, 측정에서 기준 일탈 결과 나옴

① ㄷ→ㄴ→ㅂ→ㅅ→ㄹ→ㄱ→ㅁ
② ㅁ→ㄴ→ㅂ→ㄷ→ㅅ→ㄱ→ㄹ
③ ㅅ→ㄴ→ㄹ→ㄷ→ㅁ→ㅂ→ㄱ
④ ㅅ→ㄴ→ㅂ→ㄷ→ㅁ→ㄱ→ㄹ
⑤ ㅅ→ㄴ→ㅂ→ㄷ→ㅁ→ㄹ→ㄱ

답 ④

해 기준일탈→기준일탈 조사→시험, 검사, 측정 재실시 및 그 결과 확인→기준일탈 처리→불합격라벨 부착→격리 보관→폐기 또는 재작업(벌크제품), 반품(원료, 포장재)

078

맞춤형화장품에 혼합 가능한 화장품 원료로 옳은 것은?

① 아데노신
② 라벤더오일
③ 징크피리치온
④ 페녹시에탄올
⑤ 메칠이소치아졸리논

답 ②

해 사용한도가 정해진 원료(보존제, 자외선 차단성분 등)와 기능성화장품 주성분은 맞춤형화장품에 혼합할 수 없다.

079

피부의 표피를 구성하고 있는 층으로 옳은 것은?

① 기저층, 유극층, 과립층, 각질층
② 기저층, 유두층, 망상층, 각질층
③ 유두층, 망상층, 과립층, 각질층
④ 기저층, 유극층, 망상층, 각질층
⑤ 과립층, 유두층, 유극층, 각질층

답 ①

해 유두층, 망상층은 진피에 존재한다.

080

맞춤형화장품조제관리사인 연주는 매장을 방문한 고객과 다음과 같은 〈대화〉를 나누었다. 연주가 고객에게 혼합하여 추천할 제품으로 다음 〈보기〉중 옳은 것은?

〈대화〉

- 고객:최근에 야외활동을 많이 해서 그런지 얼굴 피부가 검어지고 칙칙해졌어요. 건조하기도 하구요.
- 연주:아. 그러신가요? 그럼 고객님 피부 상태를 측정해 보도록 할까요?
- 고객:그럴까요? 지난번 방문 시와 비교해 주시면 좋겠네요.
- 연주:네. 이쪽에 앉으시면 저희 측정기로 측정을 해드리겠습니다.

피부측정 후

- 연주:고객님은 한 달 전 측정 시보다 얼굴에 색소 침착도가 30% 가량 증가했고, 피부 보습도가 약 35% 감소하셨습니다.
- 고객:음. 걱정이네요. 그럼 어떤 제품을 쓰는 것이 좋을지 추천 부탁드려요.

<보기>

ㄱ. 티타늄디옥사이드(titanium dioxide) 함유 제품
ㄴ. 나이아신아마이드(niacinamide) 함유 제품
ㄷ. 카페인(caffeine) 함유 제품
ㄹ. 소듐하이알루로네이트(sodium hyaluronate)함유제품
ㅁ. 아데노신(adenosine)함유제품

① ㄱ, ㄷ
② ㄱ, ㅁ
③ ㄴ, ㄹ
④ ㄴ, ㅁ
⑤ ㄷ, ㄹ

답 ③

해 색소침착을 완화하기 위하여 미백에 도움을 주는 화장품 성분(나이아신아마이드)이 포함된 제품과 피부 보습을 강화하기 위하여 보습제(소듐하이알루로네이트)가 포함된 화장품을 추천한다.

081

화장품 안전기준 등에 관한 규정 별표2에서는(㉠)는 "양이온염으로 소듐, 포타슘, 칼슘, 마그네슘, 암모늄 및 에탄올아민, 음이온염으로 클로라이드, 브로마이드, 설페이트, 아세테이트"로 규정하고 있으며 에스텔(ester)류는 메칠(methyl), 에칠(ethyl), 프로필(propyl), 이소프로필(isopropyl), 부틸(butyl), 이소부틸(isobutyl), 페닐(phenyl)로 정하고 있다. ㉠에 적합한 단어를 적으시오.

답 염류

해 염류는 "양이온염으로 소듐, 포타슘, 칼슘, 마그네슘, 암모늄 및 에탄올아민, 음이온염으로 클로라이드, 브로마이드, 설페이트, 아세테이트"로 규정하고 있다.

082

영유아 또는 어린이가 사용할 수 있는 화장품임을 표시·광고하려는 경우에는 제품별로 제품 및 제조방법에 대한 설명자료, 화장품의 (㉠) 평가 자료, 제품의 효능·효과에 대한 증명 자료를 작성하여 보관하여야 한다. ㉠에 적합한 단어를 적으시오.

답 안전성

해 영유아 또는 어린이가 사용할 수 있는 화장품임을 표시·광고하려는 경우에는 제품별로 안전과 품질을 입증할 수 있는 자료(제품별 안전성 자료)를 작성 및 보관하여야 한다: 제품 및 제조방법에 대한 설명자료, 화장품의 안전성 평가 자료, 제품의 효능·효과에 대한 증명 자료

083

화장품의 위해평가는 인체가 화장품에 존재하는 위해요소에 노출되었을 때 발생할 수 있는 유해영향과 발생확률을 과학적으로 예측하는 일련의 과정으로 위험성 확인, 위험성 결정, (㉠), (㉡) 등 일련의 단계를 말한다. ㉠, ㉡에 적합한 단어를 적으시오.

답 ㉠ 노출평가, ㉡ 위해도 결정

해 **위해평가 단계**: 위험성 확인-위험성 결정-노출평가-위해도 결정

084

<보기>의 ㉠, ㉡에 적합한 단어를 적으시오.

<보기>

(㉠)은(는) (㉡)(를)을 수용하는 1개 또는 그 이상의 포장과 보호재 및 표시의 목적으로 한 포장이다. (㉡)은(는) 화장품 제조 시 내용물과 직접 접촉하는 포장용기이다.

답 ㉠ 2차포장, ㉡ 1차포장

해
- **1차 포장**: 화장품 제조 시 내용물과 직접 접촉하는 포장용기(1차 포장용기: 병, 펌프캡, 디스크, 튜브, 립스틱용기, 퍼프, 브러쉬, 디스크(바킹) 등)
- **2차 포장**: 1차 포장을 수용하는 1개 또는 그 이상의 포장과 보호재 및 표시의 목적으로 한 포장(첨부문서 등을 포함)(2차 포장용기: 단상자(카톤), 중케이스, 외박스, 첨부문서, 라벨)

085

<보기>의 ㉠에 공통으로 적합한 단어를 적으시오.

> 〈보기〉
>
> (㉠) 제품이란 충진(1차포장) 이전의 제조 단계까지 끝낸 제품을 말한다.
>
> 출처 : 우수화장품 제조 및 품질관리기준 제2조(용어의 정의)

답 벌크

086

「화장품법 시행규칙」별표3에 따라 <보기>의 사용상의 주의사항을 1차 혹은 2차 포장에 표기해야 하는 화장품 성분은?

> 〈보기〉
>
> 가) 햇빛에 대한 피부의 감수성을 증가시킬 수 있으므로 자외선 차단제를 함께 사용할 것(씻어내는 제품 및 두발용 제품은 제외한다).
>
> 나) 일부에 시험 사용하여 피부 이상을 확인할 것.
>
> 다) 부작용이 발생할 우려가 있으므로 전문의 등에게 상담할 것(이 성분이 10퍼센트를 초과하여 함유되어 있거나 산도가 3.5 미만인 제품만 표시한다).

답 알파-하이드록시애시드(α-hydroxyacid, AHA)

해 알파-하이드록시애시드(α-hydroxyacid, AHA)를 포함한 제품은 각질용해(peeling, 필링) 작용이 있어 피부의 감수성 확인, 시험 사용 후 피부이상 확인, 전문의 등과 상담(고농도 함유, 저산도)에 대한 주의문구를 삽입해야 한다.

087

화장품의 색소 종류와 기준 및 시험방법에서 색소는 화장품이나 피부에 색을 띄게 하는 것을 주요 목적으로 하는 성분이며, (㉠)는 색소 중 콜타르, 그 중간생성물에서 유래되었거나 유기합성하여 얻은 색소 및 그 레이크, 염, 희석제와의 혼합물로 정의하고 있다. ㉠에 적합한 단어를 적으시오.

답 타르색소

해 타르색소는 색소 중 콜타르, 그 중간생성물에서 유래되었거나 유기합성하여 얻은 색소 및 그 레이크, 염, 희석제와의 혼합물을 말한다.

088

기능성화장품 심사에 관한 규정에 따르면 유효성 또는 기능에 관한 자료 중 인체적용시험자료를 제출하는 경우 (㉠) 제출을 면제할 수 있다. 다만, 이 경우에는 해당 효능·효과를 나타내는 성분을 제품 명칭의 일부로 사용하거나 해당 성분에 대해 효능·효과를 기재·표시할 수 없다. ㉠에 적합한 단어를 적으시오.

답 효력시험자료

해 기능성 성분에 대한 효력시험자료를 제출하지 않는 경우에는 그 성분을 제품 명칭의 일부로 사용하거나 해당 성분에 대해 효능·효과를 기재·표시할 수 없다.

089

화장품 안전기준 등에 관한 규정에 따라 화장비누에 포함된 유리알칼리는 (㉠)이하 이어야 한다. ㉠에 적합한 단어를 적으시오.?

답 0.1%

해 화장비누에 포함된 유리알칼리는 0.1%이하이어야 한다.

090

〈보기〉의 ㉠에 공통으로 적합한 단어를 적으시오.

〈보기〉

카민 또는 코치닐추출물 함유 제품에는 "카민 또는 코치닐추출물을 함유하고 있으므로 이 성분에 과민하거나 (㉠)가 있는 사람은 신중히 사용할 것"이라는 주의사항을 표시해야 한다.

착향제(향료)에 포함된 (㉠)유발 물질이 사용 후 씻어내는 제품(rinse off)에는 0.01% 초과, 사용 후 씻어내지 않는 제품(leave on)에는 0.001% 초과 함유하는 경우에는 전성분에 표시해야 한다.

답 알레르기

해 착향제(향료)에 포함된 알레르기 유발 물질이 사용 후 씻어내는 제품(rinse off)에는 0.01% 초과, 사용 후 씻어내지 않는 제품(leave on)에는 0.001% 초과 함유하는 경우에는 전성분에 표시해야 한다. 또한 알레르기를 유발할 수 있는 카민 또는 코치닐추출물 함유 제품은 주의사항을 표시해야 한다.

091

화장품의 전성분 표시는 화장품에 사용된 함량순으로 많은 것부터 기재한다. 다만, 혼합원료는 개개의 성분으로서 표시하고, (㉠)(으)로 사용된 성분, 착향제 및 착색제에 대해서는 순서에 상관없이 기재할 수 있다. ㉠에 적합한 단어를 작성하시오.

답 1% 이하

해 1% 이하로 사용된 성분, 착향제 및 착색제에 대해서는 순서에 상관없이 기재할 수 있다.

092

화장품 1차 포장에 반드시 기재해야 하는 표시사항은 화장품의 명칭, 영업자의 상호, (㉠), 사용기한 또는 개봉 후 사용기간(제조연월일 함께 기재)이다. ㉠에 적합한 단어를 작성하시오.

답 제조번호

해 명칭, 상호, 제조번호, 사용기한 또는 개봉 후 사용기간은 반드시 1차 포장에 표시해야 한다.

093

(㉠)은(는) 실험실의 배양접시 등 인위적 환경에서 시험물질과 대조물질을 처리한 다음 그 결과를 측정하는 시험이다. (㉠)은(는) 일반적으로 이런 방식으로 가장 잘 입증될 수 있는 성분이나 완제품에 의해 나타날 수 있는 효능을 강조하기 위해 실시된다. 이 시험은 비교가 가능하며, 그 결과는 정량화할 수 있다. (㉠)은(는) 제품 개발 중의 스크리닝 방법으로, 또는 성분의 작용기전을 설명하는데 사용될 수 있다. ㉠안에 적합한 용어를 작성하시오.

답 생체외시험

해 실험실의 배양접시 등 인위적 환경에서 시험물질과 대조물질을 처리한 다음 그 결과를 측정하는 시험은 생체외시험(in vitro시험)이다.

094

(㉠)(은)는 각질층에 존재하는 지질(intercellular lipids)로서 그 양이 지질 중에서 가장 많고 피부 표면에 라멜라 상태로 존재하여 피부의 수분을 유지시켜 준다. ㉠에 적합한 용어를 작성하시오.

답 세라마이드

해 지질은 세라마이드 약 40%, 콜레스테롤 약 25%, 유리지방산 약 25%, 콜레스테롤 설페이트 약 10%, 소량의 트리글리세라이드 등으로 구성되어 있다.

095

〈보기〉의 화장품 성분 중에서 피부미백에 도움을 주는 성분을 고르시오.

〈보기〉

- 아데노신
- 비오틴
- 덱스판테놀
- 알파-비사보롤
- 토코페릴아세테이트

답 알파-비사보롤

해 미백기능성 원료는 나이아신아마이드, 알부틴, 유용성감초추출물, 닥나무추출물, 에칠아스코빌에텔, 아스코빌글루코사이드, 마그네슘아스코빌포스페이트, 아스코빌테트라이소팔미테이트, 알파-비사보롤이다.

096

광선의 투과를 방지하는 용기 또는 투과를 방지하는 포장을 한 용기를 (㉠)용기라 한다. ㉠에 적합한 용어를 작성하시오.

답 차광

해 차광용기는 광선의 투과를 방지하는 용기 또는 투과를 방지하는 포장을 한 용기를 말한다.

097

화장품 안전성 정보관리 규정(식품의약품안전처 고시)에서는 (㉠)은(는) 유해사례와 화장품 간의 인과관계 가능성이 있다고 보고된 정보로서 그 인과관계가 알려지지 아니하거나 입증자료가 불충분한 것을 정의하고 있다. ㉠에 적합한 용어를 작성하시오.

답 실마리 정보(Signal)

해 실마리 정보(Signal)는 유해사례와 화장품 간의 인과관계 가능성이 있다고 보고된 정보로서 그 인과관계가 알려지지 아니하거나 입증자료가 불충분한 것을 말한다.

098

〈보기〉의 ㉠에 공통으로 적합한 단어는?

〈보기〉

모발의 안쪽에는 모발 무게에 대부분을 차지하는 (㉠)와(과) 모수질이 있으며 (㉠)(에)는 피질세포(cortical cell), 케라틴(keratin), 멜라닌(melanin)이 존재한다.

모발은 모근과 모간으로 분리되며 모근에는 모유두(papilla), 모모세포(毛母細胞), 색소세포(멜라닌), 모세혈관이 있는 모구(hair bulb)가 위치하고 있다. 모간은 모수질과 (㉠)(으)로 구성된다.

답 모피질

해 모발의 안쪽에는 모발 무게에 대부분을 차지하는 모피질과 모수질이 있으며 모피질에는 피질세포(cortical cell), 케라틴(keratin), 멜라닌(melanin)이 존재한다.

099

다음은 〈보기〉는 고객 상담 후 맞춤형화장품조제관리사가 처방한 맞춤형화장품의 최종 성분 비율이다. 다음 〈대화〉에서 ( )안에 들어갈 말을 순서대로 쓰시오.

〈보기〉

- 정제수 82.95%
- 부틸렌글라이콜 5.00%
- 1,2-헥산다이올 2.00%
- 트라이에탄올아민 0.50%
- 벤질알코올 0.30%
- 카보머 0.50%
- 세토스테아릴알코올 2.50%
- 아르간커넬오일 6.00%
- 토코페릴아세테이트 0.20%
- 다이소듐이디티에이 0.05%

〈대화〉

- A:요즘 화장품에 쓰이는 보존제에 대해 관심이 많은데요. 처방된 화장품의 성분 중에 사용된 보존제는 어떤 성분인가요? 문제없는 성분 맞죠?
- B:제가 처방한 보존제 성분은 (㉠) 입니다. 이 보존제 성분은 식품의약품안전처고시 「화장품 안전기준 등에 관한 규정」에 따라 보존제로 사용될 경우 사용한도가 (㉡)%입니다. 사용한도 내로 처방하였으므로 문제가 없습니다.

답 ㉠ 벤질알코올, ㉡ 1.0

해 유상 보존제로 벤질알코올(사용한도 1.0%), 페녹시에탄올(사용한도 1.0%)이 사용된다.

100

기저층에 존재하는 (㉠)는 멜라닌을 생성하고 납작한 원모양 또는 둥근 막대형 모양의 특수한 세포소기관인 (㉡)안에 저장되어 각질층으로 전달된다. ㉠, ㉡에 적합한 단어는?

답 ㉠ 멜라닌 형성세포(멜라노사이트), ㉡ 멜라노좀

해 멜라닌 형성세포(멜라노사이트)에서 형성된 멜라닌은 멜라노좀 안에 저장되어 각질층으로 전달된다.

맞춤형화장품 해설집

1-2회

실전고사 1-2회 특별

001

다음 〈보기〉에서 설명하는 설비의 종류는 무엇인지 고르시오.

〈보기〉

유상성분과 수상성분을 균질하고 미세한 유화 입자를 만드는 도구이다. 크림이나 로션 타입의 제조에 주로 사용되며 안쪽에 터번형의 회전날개를 원통으로 둘러싼 구조이다. 고정된 고정자(Stator)와 고속 회전이 가능한 운동자(Rotor) 사이의 간격(Clearance)으로 내용물이 대류 현상으로 통과되며 강한 전단력을 받아 균일하고 미세한 유화 입자를 만들어낸다.

① 헨셀믹서(henschel mixer)
② 프로펠러믹서(Propeller mixer)
③ 호모게나이져(Homogenizer)
④ 호모믹서(Homo-mixer)
⑤ 디스퍼(Disper)

답 ④

해 혼합 소분에 사용되는 기기

1) **혼합 교반기**: 유화분산 또는 가용화, 내용물 혼합 등을 위한 교반을 위해 사용되는 기구이다.
예 균질기(호모게나이저), 아지믹서, 디스퍼, 호모믹서
2) **색소분산**: 오일과 왁스에 안료를 분산시키는 기구로 썬크림, 립스틱 등에 많이 사용된다.
예 아지믹서, 3단롤러
3) **파우더 혼합기**: 파우더 제품을 혼합하는 기기로 페이스파우더, 투웨이케익 등에 사용된다.
예 아토마이저, 헨셀믹서
4) **충진기**: 용기에 내용물을 채우는 작업을 말한다.
예 피스톤방식충진기, 파우치방식충진기. 파우더충진기, 액체충진기, 튜브충진기 등이 있다.
5) **그 외 사용되는 기기**: 스파츌라, 시약스푼, 저울 등

002

화장품 제조에 사용되는 물의 품질에 대한 설명으로 적절하지 않은 것은?

① 청결과 위생관리가 이루어지는 시스템을 통해 물이 공급되어야 한다.
② 물의 품질은 필요 시 검사해야 하고, 미생물학적 검사도 실시할 수 있다.
③ 물 공급 설비는 물의 정체와 오염을 피할 수 있도록 설치되어야 한다.
④ 물 공급 설비는 물의 품질에 영향이 없어야 한다.
⑤ 물 공급 설비는 살균처리가 가능해야 한다.

답 ②

해 물의 품질은 정기적으로 검사해야 하고 필요시 미생물학적 검사를 실시하여야 한다(우수화장품제조 및 품질관리기준, 제14조 물의 품질).

003

식품의약품안전처고시「화장품 안전기준 등에 관한 규정」에 의해 다음 중 화장품에 사용할 수 없는 원료는?

① 천수국꽃오일 및 추출물
② 만수국꽃오일 및 추출물
③ 벤질알코올
④ 세테아릴알코올
⑤ 디프로필렌글라이콜

답 ①

해 천수국꽃 추출물 또는 오일은 화장품에 사용할 수 없는 배합금지 원료이다.

004

우수화장품 제조 및 품질관리기준(CGMP)에서 요구하는 공기 조절의 4대 요소가 아닌 것은?

① 청정도 ② 실내온도
③ 습도 ④ 압력
⑤ 기류

답 ④

해 공기 조절의 4대요소는 청정도, 실내온도, 습도, 기류이다.

005

<보기>의 안료 중에서 체질안료만으로 이루어진 것을 고르시오.

<보기>
- 탤크
- 카올린
- 칼슘카보네이트
- 흑색산화철
- 울트라마린블루

① 탤크, 카올린, 칼슘카보네이트
② 탤크, 카올린, 흑색산화철
③ 탤크, 카올린, 울트라마린블루
④ 탤크, 칼슘카보네이트, 흑색산화철
⑤ 탤크, 칼슘카보네이트, 울트라마린블루

답 ①

해 체질안료는 탤크, 카올린, 칼슘카보네이트, 실리카, 세리사이트 등 사용감과 관련이 있는 안료이며, 착색안료는 산화철, 울트라마린블루, 카민 등과 같이 색상과 관련이 있는 안료이다.

006

매끄러운 사용감과 흡수력이 좋아 베이비파우더, 투웨이 케익에 많이 사용되며 활석이라고도 하는 체질안료는?

① 마이카 ② 탈크
③ 카올린 ④ 이산화티타늄
⑤ 산화아연

답 ②

해

체질안료	특성
마이카(운모)	피부에 대한 부착성이 우수하여 뭉침 현상(Caking)을 일으키지 않고, 피부에 광택을 주어 파우더 제품에 주로 사용된다(예 백운모).
탈크(활석)	매끄러운 사용감과 흡수력이 좋아 베이비파우더, 투웨이 케익 등 메이크업 제품에 많이 사용된다.
카올린(고령토)	땀이나 피지의 흡수력이 좋아 피부 부착성은 좋지만 매끄러운 사용감은 탈크에 비해 떨어진다. 주로 머드팩에 많이 사용된다.

007

식품의약품안전처장 고시 「화장품 사용 시의 주의사항 및 알레르기 유발성분 표시에 관한 규정」에 따라 화장품의 포장에 추가로 기재·표시하여야 하는 화장품의 함유 성분별 사용 시의 주의사항 표시 문구로 옳지 못한 것은?

① 스테아린산아연 함유제품-사용시 흡입되지 않도록 주의할 것.
② 알부틴2%이상 함유제품-알부틴은 「인체적용시험자료」에서 구진과 경미한 가려움이 보고된 예가 있음.
③ 포름알데하이드 0.02%이상 검출된 제품-이 성분에 과민한 사람은 신중히 사용할 것.
④ 폴리에톡실레이티드레틴아마이드 0.2% 이상 함유 제품-폴리에톡실레이티드레틴아마이드는 「인체적용시험자료」에서 경미한 발적, 피부건조, 화끈감, 가려움, 구진이 보고된 예가 있음.
⑤ 부틸파라벤, 프로필파라벤, 이소부틸파라벤 또는 이소프로필파라벤 함유 제품(영·유아용 제품류 및 기초화장용 제품류 중 사용 후 씻어내지 않는 제품-3세 이하 영유아의 기저귀가 닿는 부위에는 사용하지 말 것.

답 ③

해 포름알데하이드 0.05%이상 검출된 제품-포름알데하이드를 함유하고 있으므로 이 성분에 과민한 사람은 신중히 사용할 것

008

머리카락의 주성분인 케라틴 단백질에는 약 16%정도의 시스틴(cystin) 이 함유되어 있으며, 단백질을 구성하는 2개의 폴리펩티드사슬을 연결하는 기능을 갖는다. 그래서 단백질 사이의 가교 역할로 인해 머리카락을 더욱 단단하고 질긴 특성을 가지도록 하는 역할을 한다. 헤어퍼머넌트 웨이브로션은 1제의 환원제와 2제의 중화제로 구성되어있다. 1제의 환원제는 (㉠)결합으로 연결된 2분자의 (㉡)이 산화되어 모발의 시스틴 결합을 절단하여 웨이브(wave)를 형성 하는 것으로 각종 환원시약에 의해 쉽게 환원한다. ㉠, ㉡에 적합한 것은?

	㉠	㉡
✓①	이황화	시스테인
②	이산화	시스테인
③	펩티드	시스테인
④	펩티드	케라틴
⑤	펩티드	엘라스틴

답 ①

해 시스테인(cysteine) 2분자가 결합하여 시스틴(cystine)이 되며 이 결합을 이황화(디설파이드, disulfide bond, S-S)결합이라 한다.

009

소듐벤조에이트 성분을 사용 후 씻어내지 않는 제품에 사용시 최대 사용 한도(산으로서)와 같은 양을 최대 사용한도로 가진 성분은?

① 벤질알코올-보존제로 사용시
② 징크피리치온-샴푸에 사용시
③ 소르빅애씨드-보존제로 사용시
✓④ 클로로부탄올-보존제로 사용시
⑤ 페녹시에탄올-보존제로 사용시

답 ④

해 소듐벤조에이트는 벤조익애씨드의 소듐염에 해당되며 사용 후 씻어내는 제품엔 2.5%, 그외 제품에는 산으로서 0.5% 의 사용한도가 있다.

① **벤질알코올**: 1.0%(두발 염색용 제품류에 용제로 사용할 경우 10%)

② **징크피리치온**
- 보존제로 사용시 사용 후 씻어내는 제품에 0.5%(기타제품에 사용금지)
- 비듬 및 가려움을 덜어주고 씻어내는 제품(샴푸, 린스) 및 탈모증상의 완화에 도움을 주는 화장품에 총 징크피리치온으로서 1.0%(기타 제품에는 사용금지)

③ **소르빅애씨드 및 그 염류**: 소르빅애씨드로서 0.6%
④ 클로로부탄올 0.5%(스프레이형 에어로졸 사용금지)
⑤ 페녹시에탄올 1.0%

010

다음 보기에서 제시하는 변경신고를 하지 않은 경우 처해지는 1차 행정처분을 순서대로 나열한 것은?

〈보기〉
① 맞춤형화장품판매업자의 변경 미신고시
② 맞춤형화장품판매업소의 상호변경 미신고시
③ 맞춤형화장품판매업소의 소재지 변경 미신고시
④ 맞춤형화장품조제관리사 변경 미신고시

✓① 시정명령-시정명령-판매업무정지1개월-시정명령
② 판매업무정지1개월-시정명령-시정명령-시정명령
③ 판매업무정지1개월-시정명령-판매업무정지1개월-시정명령
④ 판매업무정지1개월-판매업무정지1개월-시정명령-시정명령
⑤ 시정명령-판매업무정지1개월-시정명령-시정명령

답 ①

해 **맞춤형화장품판매업자의 변경 또는 상호 변경 미신고시 행정처분**
1차 위반: 시정명령
2차 위반: 판매업무정지 5일
3차 위반: 판매업무정지 15일
4차 이상위반: 판매업무정지 1개월

맞춤형화장품 판매업소 소재지 변경 미신고시 행정처분
1차 위반: 판매업무정지 1개월
2차 위반: 판매업무정지 2개월
3차 위반: 판매업무정지 3개월
4차 이상위반: 판매업무정지 4개월
맞춤형화장품조제관리사 변경 미신고시 행정처분
1차 위반: 시정명령
2차 위반: 판매업무정지 5일
3차 위반: 판매업무정지 15일
4차 이상위반: 판매업무정지 1개월

011

다음 〈보기〉의 대화에 따라 고객이 요구하는 내용을 추가하여 맞춤형화장품을 처방할 경우 다음 중 성격이 다른 원료는?

〈보기〉
- A:지난번에 만들어 드린 바디오일은 마음에 드셨나요?
- B:지난번 바디오일은 사용감이 너무 무거웠어요. 사용감이 가벼운 오일이었으면 좋겠습니다.
- A:그렇군요. 참고하겠습니다. 또 원하시는 사항 있으신가요?
- B:그리고 저번에 구입한 오일은 피부에 흡수가 잘 안됐어요. 이번에는 흡수력이 좋은 천연오일을 쓰고 싶어요.
- A:알겠습니다. 참고하여 바디오일을 처방해 드릴게요.

① 마유
② 밍크오일
③ 에뮤오일
④ 무코르키르키넬로이데스오일
⑤ 난황유

답 ④

해 동물성과 식물성 유지의 구분으로 무코르키르키넬로이데스오일은 식물성오일이다.

012

영유아용 및 13세 이하 어린이가 사용할 수 있는 화장품 중 씻어내지 않는 제품에 사용하면 안되는 보존제와 착향제의 알레르기 성분 중 0.001% 초과 시 표기해야 하는 성분으로 옳게 짝지어진 것은?

① 페녹시에탄올-리모넨
② 살리실릭애씨드-나무이끼 추출물
③ 벤조익애씨드-시트로넬올
④ 소르빅애씨드-헥실신남알
⑤ 벤질알코올-유제놀

답 ②

해 살리실릭애씨드는 3세이하 영유아 및 13세이하 어린이의 제품에는 사용할 수 없으나 샴푸는 제외된다.

013

식품의약품안전처장 고시「화장품 안전기준 등에 관한 규정」[별표 3]에서 설명하는 인체 세포·조직 배양액 안전기준으로 옳지 않은 것은?

① 누구든지 세포나 조직을 주고받으면서 금전 또는 재산상의 이익을 취할 수 없다.
② 누구든지 공여자에 관한 정보를 제공하거나 광고 등을 통해 특정인의 세포 또는 조직을 사용하였다는 내용의 광고를 할 수 없다.
③ 인체 세포·조직 배양액을 제조하는데 필요한 세포·조직은 채취 혹은 보존에 필요한 위생상의 관리가 가능한 의료기관에서 채취된 것만을 사용한다.
④ 세포·조직을 채취하는 의료기관 및 인체 세포·조직 배양액을 제조하는 자는 업무수행에 필요한 문서화된 절차를 수립하고 유지하여야 하며 그에 따른 기록을 보존하여야 한다.
⑤ 화장품 제조업자는 세포·조직의 채취, 검사, 배양액 제조 등을 실시한 기관에 대하여 안전하고 품질이 균일한 인체 세포·조직 배양액이 제조될 수 있도록 관리·감독을 철저히 하여야 한다.

답 ⑤

해 화장품 책임판매업자는 세포·조직의 채취, 검사, 배양액 제조 등을 실시한 기관에 대하여 안전하고 품질이 균일한 인체 세포·조직 배양액이 제조될 수 있도록 관리·감독을 철저히 하여야 한다.

014

「화장품법 시행규칙」 28조, 29조 위반 시 발생하는 행정처분 중 틀린 것은?

① 안전용기포장을 위반하여 회수대상화장품을 회수하지 않거나 조치를 취하지 않은 경우 1차 위반시 판매 또는 제조업무정지 1개월

② 코뿔소 뿔을 사용한 제품을 판매하여 회수에 따른 조치를 취하지 않은 경우 1차 위반시 판매 또는 제조업무정지 1개월

③ 회수계획을 보고하지 않거나 거짓으로 보고한 경우 1차 위반시 판매 또는 제조업무정지 1개월

④ 화장품안전용기·포장에 관한 기준을 위반한 경우 1차 위반시 판매 또는 제조업무정지 1개월

⑤ 화장품제조등록을 하지 않은 자가 만든 화장품을 판매하여 회수조치를 취하지 않은 경우 1차 위반시 판매 또는 제조업무정지 1개월

답 ④

해 화장품안전용기·포장에 관한 기준을 1차 위반한 경우 해당품목 판매업무정지 3개월

015

식품의약품안전처장 고시 「천연화장품 및 유기농화장품의 기준에 관한 규정」에 따라 유기농화장품 및 천연화장품의 포장으로 사용하면 안되는 재질은?

① 폴리염화비닐(PVC)

② 폴리에틸렌(PE)

③ 폴리에틸렌 테레프타레이트(PET)

④ 저밀도 폴리에틸렌(LDPE)

⑤ 폴리에틸렌테레프탈레이트(PETE)

답 ①

해 천연화장품 및 유기농화장품의 용기와 포장에 폴리염화비닐(Polyvinyl chloride(PVC)), 폴리스티렌폼(Polystyrene foam)을 사용할 수 없다.

016

다음 〈보기〉는 미백 기능성화장품의 전성분 표시이다. 기능성화장품 미백 고시 성분과 사용상의의 제한이 필요한 원료를 최대 사용한도로 사용하여 제조하였다. 이를 통해 추측할 수 있는 녹차추출물의 함량의 범위는 얼마인가?

〈보기〉

정제수, 프로판다이올, 펜틸렌글라이콜, 호호바오일, 해바라기오일, 닥나무추출물, 에틸헥실글리세린, 녹차추출물, 카보머, 하이드로제네이티드레시틴, 옥틸도데세스-16 부틸렌글라이콜, 페녹시에탄올, 잔탄검, 덱스트린, 향료

① 2~3%
② 0.5~4%
③ 1~4%
④ 1~2%
⑤ 3~4%

답 ④

해 닥나무추출물의 최대함량은 2%이고 페녹시에탄올의 최대 사용한도는 1%이다.

017

식품의약품안전처장 고시「화장품 안전기준 등에 관한 규정」에 따라 미생물의 한도 기준에 대한 설명으로 옳은 것은?

① 총호기성생균수는 영·유아용 제품류의 경우 100개/g(mL) 이하

② 총호기성생균수는 눈 화장용 제품류의 경우 500개/g(mL) 이하

③ 물휴지의 경우 세균 및 진균수는 합하여 100개/g(mL) 이하

④ 기타 화장품의 경우 2,000개/g(mL) 이하

⑤ 대장균(Escherichia Coli), 녹농균(Pseudomonas aeruginosa), 황색포도상구균(Staphylococcus aureus)은 100개/g(mL) 이하

답 ②

해 ① 총호기성생균수는 영·유아용 제품류의 경우 500개/g(mL) 이하
③ 물휴지의 경우 세균 및 진균수는 각각 100개/g(mL) 이하
④ 기타 화장품의 경우 1,000개/g(mL) 이하
⑤ 대장균(Escherichia Coli), 녹농균(Pseudomonas aeruginosa), 황색포도상구균(Staphylococcus aureus)은 불검출)

018

다음은 손님과 맞춤형화장품조제관리사의 대화이다. 대화를 통해 맞춤형화장품을 옳게 처방한 경우를 고르시오.

① A : 오늘 산에 갔다 왔는데 피부가 많이 당겨요.
B : 그럼 나이아신아마이드를 함유한 크림을 처방하겠습니다.

② A : 골프를 치고 왔더니 피부가 햇빛에 많이 그을리고 피부가 거칠고 당깁니다.
B : 나이아신아마이드 크림제에 히알루론산을 넣어 처방하겠습니다.

③ A : 우리 아이가 13세인데 여드름이 심하고 피지가 많고 부분적으로 칙칙합니다.
B : 살리실릭애씨드가 함유된 내용물에 아데노신을 넣어 처방하겠습니다.

④ A : 등산을 자주해서 피부가 당기고 주름이 많이 생겼어요.
B : 닥나무추출물이 함유된 내용물에 알파-비사보롤을 넣어 처방하겠습니다.

⑤ A : 날씨가 건조해서 피부가 당기고 민감합니다.
B : 나이아신아마이드 성분의 크림제에 글리세린을 넣어 처방하겠습니다.

답 ②

해 ① 피부가 당기는 것은 건조하기 때문이다. 따라서 보습성분을 처방해야한다.
③ 13세 이하의 어린이 제품에는 살리실릭애씨드를 함유할 수 없으며, 아데노신은 주름개선 기능성 성분이다.
④ 닥나무추출물과 알파-비사보롤은 미백기능성 성분이다.
⑤ 나이아신아마이드는 미백기능성 성분이다.

019

다음은 손님과 맞춤형화장품조제관리사의 대화이다. 대화를 통해 맞춤형화장품을 옳게 처방한 경우를 고르시오.

① A : 입술이 건조합니다. 촉촉한 제품으로 립스틱을 만들어주세요.
B : 히알루론산을 넣고 자색401호와 적색2호를 넣어 붉은색으로 처방하겠습니다.

② A : 등산을 갔다 와서 피부가 당기고 기미가 올라오네요.
B : 나이아신아마이드와 살리실릭애씨드로 처방하겠습니다.

③ A : 우리 아이가 12살인데 여드름이 나고 유분기가 없는 크림으로 처방해주세요.
B : 로즈향을 넣고 적색102호를 넣어 핑크색의 로션을 처방하겠습니다.

④ A : 스트레스를 많이 받아 머리카락이 많이 빠지고 두피가 가려워요.
B : 징크옥사이드가 들어있는 샴푸베이스에 글리세린를 넣어 처방하겠습니다.

⑤ A : 수용성 주름개선성분과 지용성 미백성분으로 크림을 만들어주세요.
B : 아데노신과 알파-비사보롤을 처방하겠습니다.

답 ⑤

해 ① 자색401호는 눈 주위 및 입술에 사용할 수 없는 색소이다.
② 나이아신아마이드는 미백 기능성성분이며 살리실릭애씨드는 여드름 기능성 성분이다.
③ 13세 이하 어린이 제품에는 적색 102호를 사용할 수 없다.
④ 징크옥사이드는 자외선차단 원료이며 징크피리치온이 적당하다.

020

다음 〈보기〉에서 설명하는 화장품 유형은?

〈보기〉

㉠ 정해진 용법과 용량을 잘 지켜 사용할 것.
㉡ 3세 이하 어린이에게는 사용하지 말 것.
㉢ 임신 중에는 사용하지 않는 것이 바람직하며, 분만 직전의 외음부 주위에는 사용하지 말 것.
㉣ 프로필렌 글리콜(Propylene glycol)을 함유하고 있으므로 이 성분에 과민하거나 알레르기 병력이 있는 사람은 신중히 사용할 것(프로필렌 글리콜 함유제품만 표시한다).

① 외음부세정제 ② 손·발의 피부연화 제품
③ 염모제 ④ 탈염제
⑤ 체취방지용제품

답 ①

021

다음은 「화장품 안전기준 등에 관한 규정」의 유통화장품의 안전관리 기준에 관한 내용이다. 괄호 안에 들어갈 단어를 순서대로 바르게 기재한 것은?

화장품의 내용량 기준 시험은 제품 (㉠)개를 가지고 시험할 때 그 평균 내용량이 표기량에 대하여 (㉡)% 이상이여야한다.
pH 시험은 유통되고 있는 제품의 품질변화, 안전성 등 화장품의 품질을 확인하기 위함이다. 물을 포함하지 않는 제품과 사용한 후 곧바로 물로 씻어내는 제품을 제외한 영·유아용 제품류, 눈화장용 제품류, 색조화장용 제품류, 두발용 제품류, 면도용 제품류, 기초화장용 제품류 중 액, 로션, 크림 및 이와 유사한 제형의 제품은 pH 기준이 (㉢)이어야 한다.

	㉠	㉡	㉢
①	3	97	4.5~7.0
②	3	95	3.0~9.0
③	3	97	3.0~9.0
④	2	97	4.5~7.0
⑤	2	95	3.0~9.0

답 ③

022

다음 설명 중 옳지 않은 것은?

① 제품 3개를 가지고 시험할 때 그 평균 내용량이 표기량에 대하여 97% 이상이어야 한다.

② 화장비누는 수분포함중량과 건조중량을 모두 표기해야 하며 수분포함중량을 내용량으로 한다.

③ 유기농화장품은 중량 기준으로 유기농 함량이 전체 제품에서 10% 이상이어야 하며, 유기농 함량을 포함한 천연 함량이 전체 제품에서 95% 이상으로 구성되어야 한다.

④ 천연화장품과 유기농 화장품은 천연화장품 또는 유기농화장품의 품질 또는 안전을 위해 필요하나 따로 자연에서 대체하기 곤란한 허용기타원료, 허용합성원료의 원료를 총중량기준 5% 이내에서 사용할 수 있다.

⑤ 천연화장품 및 유기농화장품의 석유화학부분(petrochemical moiety의 합)은 2%를 초과 할 수 없다.

답 ②

해 화장비누는 건조중량을 내용량으로 한다.

023

다음은 고객과 맞춤형화장품조제관리사가 대화하는 내용이다. 맞춤형화장품조제관리사가 처방해야 하는 성분으로 알맞은 것은?

〈보기〉

- 고객:골프를 자주 치다 보니 피부가 거칠어지고 기미가 올라오고 많이 당깁니다.
- 맞춤형화장품조제관리사:지용성의 (㉠) 미백제와 (㉡) 보습제를 넣어서 알맞은 화장품을 처방하겠습니다.

	㉠	㉡
①	닥나무추출물	비오틴
②	알파비사보롤	히아루론산
③	유용성감초추출물	멘톨
④	나이아신아마이드	레티놀
⑤	알부틴	아데노신

답 ②

해
- **지용성 미백성분**: 유용성감초추출물, 알파비사보롤, 아스코빌테트라이소팔미테이트
- **지용성 주름성분**: 레티놀, 레티닐팔미테이트, 폴리에톡실레이티드레틴아마이드
- **수용성 주름성분**: 아데노신
- **수용성 미백성분**: 닥나무추출물, 알부틴, 에칠아스코빌에텔, 아스코빌글루코사이드, 마그네슘아스코빌포스페이트, 나이아신아마이드

024

다음은 고객과 맞춤형화장품조제관리사가 대화하는 내용이다. 맞춤형화장품조제관리사가 고객과 상담 후 처방해야 하는 성분으로 알맞은 것은?

- 맞춤형화장품조제관리사:피부상태는 어떠신가요?
- 손님:잦은 운동으로 인해 햇빛에 타서 기미가 올라오고 주름이 생겼어요.
- 맞춤형화장품조제관리사:그렇다면 미백 기능성 성분과 주름 개선 기능성 성분이 들어있는 화장품을 처방하겠습니다. 특별히 원하시는 사항이 있으신가요?
- 손님:수용성인 미백 기능성 성분과 지용성인 주름개선 기능성 성분으로 처방해 주세요.

① 알부틴 - 아데노신

② 유용성감초추출물 - 레티닐팔미테이트

③ 아스코빌글루코사이드 - 아데노신

④ 알파비사보롤 - 폴리에톡실레이티드레틴아마이드

⑤ 나이아신아마이드 - 레티놀

답 ⑤

해
- **지용성 주름개선 성분**: 레티놀, 레티닐팔미테이트, 폴리에톡실레이티드레틴아마이드
- **수용성 주름개선 성분**: 아데노신
- **지용성 미백성분**: 유용성감초추출물, 알파-비사보롤, 아스코빌테트라이소팔미테이트
- **수용성 미백성분**: 닥나무추출물, 알부틴, 에칠아스코빌에텔, 아스코빌글루코사이드, 마그네슘아스코빌포스페이트, 나이아신아마이드

025

다음은 화장품 유통에 관련된 설명이다. 틀린 것은?

① 화장품책임판매업자가 화장품을 수입하여 지정된 마트에 독점으로 공급 판매한다.
② 화장품책임판매업자가 수입화장품을 백화점에 독점으로 판매한다.
③ 제조된 화장품의 내용물에 다른 화장품 내용물을 섞어서 만든 화장품을 맞춤형화장품판매업자가 판매한다.
④ 책임판매업자가 제조 및 수입한 내용물을 맞춤형화장품조제관리사가 소분하여 판매한다.
⑤ 맞춤형화장품조제관리사가 1제 염모제와 2제 염모제를 혼합하여 판매한다.

답 ⑤

해 염모제는 혼합 후 바로 사용하는 제품으로 혼합하여 판매가 불가능하다.

026

다음은 「화장품안정성시험가이드라인」에 따른 안정성시험 종류에 대한 설명이다. 괄호 안에 들어갈 용어로 알맞은 것은?

(　　)은 화장품을 사용하는 동안의 오염을 고려해 사용기한을 설정하기 위하여 장기간에 걸쳐 물리화학적, 미생물학적 안정성 및 용기적합성을 확인하는 시험을 말한다. 시험조건은 적절한 온도나 계절별 평균 온도, 습도 등의 조건을 설정할 수 있으며 시험기간은 6개월 이상 시험, 시험개시 때와 첫 1년간은 3개월 마다, 그 후 2년까지는 6개월 마다, 2년 이후부터 1년에 1회 시험한다.

① 개봉 후 안정성시험
② 사용기간 시험
③ 사용기한 시험
④ 가혹시험
⑤ 가속시험

답 ①

해 개봉 후 안정성시험은 화장품 사용 시에 일어날 수 있는 오염 등을 고려한 사용기한을 설정하기 위하여 장기간에 걸쳐 물리·화학적, 미생물학적 안정성 및 용기 적합성을 확인하는 시험이다. 개봉 전 시험항목과 미생물한도시험, 살균보존제, 유효성성분시험을 수행한다. 다만, 개봉할 수 없는 용기로 되어 있는 제품(스프레이 등), 일회용제품등은 개봉 후 안정성시험을 수행할 필요가 없다.

027

아래에 설명하는 의무는 누구의 의무인가?

- A. 품질관리기준에 따른 품질관리 업무 총괄
- B. 책임판매 후 안전관리기준에 따른 안전확보 업무 총괄
- C. 원료 및 자재의 입고(入庫)부터 완제품의 출고에 이르기까지 필요한 시험·검사 또는 검정에 대하여 제조업자를 관리·감독하는 업무
- D. 매년 4시간이상 8시간이하 교육을 받아야 할 의무

① 화장품책임판매관리자
② 맞춤형화장품조제관리사
③ 화장품제조업자
④ 맞춤형화장품판매업자
⑤ 화장품책임판매업자

답 ①

028

다음 설명 중 옳지 않은 것은?

① 식품의약품안전처장은 국민 건강상 위해를 방지하기 위하여 필요하다고 인정하면 맞춤형화장품 판매업자에게 화장품 관련 법령 및 제도(화장품의 안전성 확보 및 품질관리에 관한 내용 포함)에 관한 교육을 받을 것을 명할 수 있다.

② 둘 이상의 장소에서 화장품책임판매업을 하는 경우에는 종업원 중에서 총리령으로 정하는 자를 책임자로 지정하여 교육을 받게 할 수 있다.

③ 지방식품의약품안전청에 맞춤형화장품판매장의 맞춤형화장품조제관리사로 신고한 자는 매년 4시간 이상, 8시간 이하의 집합교육 또는 온라인 교육을 식약처에서 정한 교육실시기관에서 이수해야 한다.

④ 맞춤형화장품 판매업소가 둘 이상일 경우 각 매장마다 맞춤형화장품조제관리사를 두어야 하며 대표이사가 겸직할 수 있다.

⑤ 맞춤형화장품조제관리사는 매장당 한명만 등록 가능하다.

답 ⑤

해 맞춤형화장품조제관리사는 2인 이상 등록이 가능하다.

029

다음은「화장품법 시행규칙」제5조에 따른 변경등록에 관한 설명이다. 옳지 않은 것은?

① 화장품제조업자 또는 화장품책임판매업자가 변경등록을 하는 경우에는 변경 사유가 발생한 날부터 30일 이내에 변경 신청해야 한다.

② 화장품제조업자 또는 화장품책임판매업자는 행정구역 개편에 따른 소재지 변경 시 90일 이내 변경 신청해야 한다.

③ 책임판매 유형변경의 경우 수입대행형거래를 목적으로 화장품을 알선·수여하는 영업의 화장품 책임판매 유형으로 등록한 자가 '화장품을 직접 제조하여 유통·판매하는 영업, 위탁하여 제조된 화장품을 유통·판매하는 영업, 수입된 화장품을 유통·판매하는 영업'의 책임판매 유형으로 변경하거나 추가하는 경우 : 화장품의 품질관리기준 매뉴얼, 책임판매 후 안전관리기준 매뉴얼, 책임판매관리자의 자격을 확인할 수 있는 서류를 제출해야 한다.

④ 화장품의 1차포장만을 화장품제조 유형으로 등록한 자가 화장품을 직접 제조 또는 위탁받아 제조하는 영업의 화장품제조 유형으로 변경하거나 제조 유형을 추가하는 경우에 시설의 명세서를 제출해야한다.

⑤ 맞춤형화장품판매업자의 변경 시 대표자의 의사진단서(다음과 같은 문구가 들어간 의사 진단서 "「정신보건법」 제3조제1호에 따른 정신질환자 및 마약이나 그 밖의 유독물질의 중독자가 아님을 증명함")가 필요하다.

답 ⑤

해 화장품제조업자의 경우에만 마약류의 중독자 및 정신질환자가 아님에 대한 의사 진단서가 필요하다.

030

다음은 우수화장품 제조 및 품질관리기준(CGMP)에 따른 기준일탈 제품의 처리에 관한 내용이다. 순서대로 나열한 것은?

㉠ 시험, 검사 측정에서 불합격 결과 나옴
㉡ 기준일탈의 조사
㉢ 측정이 틀림없음을 확인
㉣ 기준일탈의 처리
㉤ 기준일탈제품에 불합격라벨 첨부
㉥ 격리보관
㉦ 품질 책임자의 승인
㉧ 재작업 및 폐기처분,반품

① ㉠-㉡-㉢-㉣-㉤-㉥-㉦-㉧
② ㉠-㉢-㉡-㉣-㉤-㉥-㉦-㉧
③ ㉠-㉡-㉢-㉤-㉣-㉥-㉦-㉧
④ ㉠-㉡-㉢-㉣-㉤-㉦-㉥-㉧
⑤ ㉠-㉡-㉢-㉤-㉥-㉦-㉧-㉣

답 ①

해 기준일탈은 품질관리에서의 기준이 미달인 경우에 해당되므로 정말 기준일탈이 맞는지 한번더 확인을 거친 후 품질 책임자의 승인이 나면 처리를 해야 한다.

031

「우수화장품 제조 및 품질관리기준(CGMP)」에 따라 다음의 직무를 수행해야 하는 자는 누구인가?

㉠ 품질에 관련된 모든 문서와 절차의 검토 및 승인
㉡ 품질 검사가 규정된 절차에 따라 진행되는지의 확인
㉢ 일탈이 있는 경우 이의 조사 및 기록
㉣ 적합 판정한 원자재 및 제품의 출고 여부 결정
㉤ 부적합 품이 규정된 절차대로 처리되고 있는지의 확인
㉥ 불만처리와 제품회수에 관한 사항의 주관

① 화장품책임판매관리자
② 맞춤형화장품조제관리사
③ 품질 책임자
④ 품질관리책임자
⑤ 제조책임자

답 ③

032

「화장품법」에 따라 10mL(g) 이하의 화장품 1차 포장에 반드시 기재해야 하는 사항이 아닌 것은?

① 화장품의 명칭
② 영업자의 상호
③ 사용기한 또는 개봉 후 사용기간
④ 제조번호
⑤ 내용량

답 ⑤

해 다음 각 호의 사항은 1차 포장에 표시하여야 한다.
1. 화장품의 명칭
2. 영업자의 상호
3. 제조번호
4. 사용기한 또는 개봉 후 사용기간

033

「화장품법 시행규칙」[별표 4] 화장품 포장의 표시기준 및 표시방법에 따른 설명으로 옳지 않은 것은?

① 전성분 표기 시 글자의 크기는 5포인트 이상으로 하며 화장품 제조에 사용된 함량이 많은 것부터 기재·표시한다. 다만, 1퍼센트 이하로 사용된 성분, 착향제 또는 착색제는 순서에 상관없이 기재·표시할 수 있다.

② 전성분 표기 시 혼합원료는 혼합된 개별 성분의 명칭을 기재·표시하며, 색조 화장용 제품류, 눈 화장용 제품류, 두발염색용 제품류 또는 손발톱용 제품류에서 호수별로 착색제가 다르게 사용된 경우 '±또는+/-'의 표시 다음에 사용된 모든 착색제 성분을 함께 기재·표시할 수 있다.

③ "화장품제조업자", "화장품책임판매업자" 또는 "맞춤형화장품판매업자"는 각각 구분하여 기재·표시해야 한다. 다만, 화장품제조업자, 화장품책임판매업자 또는 맞춤형화장품판매업자가 다른 영업을 함께 영위하고 있는 경우에는 한꺼번에 기재·표시할 수 있다.

④ 수입화장품의 경우에는 추가로 기재·표시하는 제조국의 명칭, 제조회사명 및 그 소재지를 국내 "화장품제조업자"와 구분하여 기재·표시해야 한다.

⑤ 내용량이 10밀리리터 이하 또는 10그램 이하인 화장품의 포장 및 비매품의 전성분은 생략되며 화장품의 명칭, 영업자의 상호, 가격, 제조번호만 표기 하면 된다.

답 ⑤

해 사용기한 또는 개봉후 사용기간, 화장품의 명칭, 영업자의 상호, 제조번호, 가격

034

맞춤형화장품조제관리사인 수연씨는 고객과 다음과 같은 대화를 나눈 후 이를 참고하여 맞춤형화장품을 〈보기〉와 같이 처방하였다. 고객에게 설명하여야 하는 내용으로 옳은 것은?

〈대화〉

- 수연:요즘 피부 상태는 어떠세요?
- 고객:최근에 야외활동을 많이 해서 그런지 피부가 햇빛에 그을려 기미가 생겼어요.
- 수연:기미가 육안으로도 확인 가능하네요. 우선 피부측정부터 해보겠습니다.

피부측정 후

- 수연:고객님 피부는 색소침착도가 전보다 약 20%이상 증가하셨고, 피부보습도가 전보다 약 30% 감소하셨네요. 피부 보습에도 신경쓰셔야 겠어요.
- 고객:맞아요, 요즘 피부가 민감하고 많이 건조해요.

〈보기〉

전성분:장미꽃수, 해바라기씨오일, 아보카도오일, 세틸알콜, 벤질알코올, 히알루론산, 글리세린, 나이아신아마이드, 리날룰, 나무이끼추출물, 리모넨, 향료

① 보습 성분과 미백성분이 함유되어있으며 알러지 유발성분이 있으니 주의하세요.

② 오일이 함유된 제품으로 13세 이하의 어린이가 아니면 알러지가 유발되지 않습니다.

③ 자외선 차단성분이 함유되어있으므로 햇빛 알러지에 주의하세요.

④ 3세 이하 영유아 및 13세 이하 어린이는 사용할 수 없습니다.

⑤ 나이아신아마이드 성분이 함유되어있으므로 햇빛에 노출되지 않도록 주의하세요.

답 ①

해 ① 처방된 알레르기 유발성분은 벤질알코올, 리날룰, 나무이끼추출물, 리모넨이다.
③ 처방된 전성분에는 자외선 차단성분이 없다.
④ 3세 이하 영유아 및 13세 이하 어린이가 사용할 수 없는 보존제에는 살리실릭애씨드, 아이오도프로피닐부틸카바메이트(IPBC)가 있다.

035

「화장품법 시행규칙」[별표 3]에 따라, 화장품의 포장에 기재·표시하여야 하는 헤어퍼머넌트 웨이브 제품 및 헤어스트레이트너 제품의 사용 시 주의사항으로 틀린 것은?

ㄱ. 두피·얼굴·눈·목·손 등에 약액이 묻지 않도록 유의하고, 얼굴 등에 약액이 묻었을 때에는 즉시 물로 씻어낼 것.
ㄴ. 특이체질, 생리 또는 출산 전후이거나 질환이 있는 사람 등은 사용을 피할 것.
ㄷ. 머리카락의 손상 등을 피하기 위하여 용법·용량을 지켜야 하며, 가능하면 일부에 시험적으로 사용하여 볼 것.
ㄹ. 섭씨 15도 이하의 어두운 장소에 보존하고, 색이 변하거나 침전된 경우에는 사용하지 말 것.
ㅁ. 개봉한 제품은 30일 이내에 사용할 것.
ㅂ. 제2단계 퍼머액 중 그 주성분이 브롬산나트룸인 제품은 검은 머리카락이 갈색으로 변할 수 있으므로 유의하여 사용할 것.

① ㄱ, ㄷ, ㅂ
② ㄴ, ㅁ
③ ㄷ, ㄹ
④ ㄹ, ㅁ, ㅂ
⑤ ㅁ, ㅂ

답 ⑤

해 ㅁ. 개봉한 제품은 7일 이내에 사용할 것
ㅂ. 제2단계 퍼머액 중 그 주성분이 과산화수소인 제품은 검은 머리카락이 갈색으로 변할 수 있으므로 유의하여 사용할 것

036

「개인정보보호법」에 대한 설명으로 틀린 것은?

① 프로그램은 정보 유출 방지를 위해 해킹방어시스템이 있어야 한다.
② 고객정보입력 및 고객관리는 개인정보보호법의 규정사항에 따라야 한다.
③ 데이터는 손상에 대비하여 물리적 및 전자적 수단을 이용하여 보호되어야 하며 저장된 데이터는 접근성, 가독성, 정확성이 요구된다.
④ 데이터는 주기적으로 백업이 되어야 하며 데이터 폐기 시에는 개인정보 보호법에 의해 복구, 재생되지 않아야 한다.
⑤ 처리 목적을 명확하게 하여야 하고 목적 내에서 적법하고 정당하게 최대 수집한다.

답 ⑤

해 개인정보는 목적이 명확해야 하며 목적내에서 정당하게 최소 수집을 해야 한다.

037

「개인정보보호법」에 따라, 정보주체의 동의를 받지 않고 개인정보의 수집·이용이 가능한 경우가 아닌 것은?

① 법률에 특별한 규정이 있거나 법령상 의무를 준수하기 위하여 불가피한 경우
② 공공기관이 법령 등에서 정하는 소관 업무의 수행을 위하여 불가피한 경우
③ 정보주체와의 계약의 체결 및 이행을 위하여 불가피하게 필요한 경우
④ 정보주체 또는 그 법정대리인이 의사표시를 할 수 없는 상태에 있거나 주소불명 등으로 사전 동의를 받을 수 없는 경우로서 명백히 정보주체 또는 제3자의 급박한 생명, 신체, 재산의 이익을 위하여 필요하다고 인정되는 경우
⑤ 개인정보주체자의 이익을 달성하기 위하여 필요한 경우로서 명백하게 정보주체의 권리가 우선하는 경우

답 ⑤

해 개인정보처리자의 정당한 이익을 달성하기 위하여 필요한 경우로서 명백하게 정보주체의 권리보다 우선하는 경우

038

「개인정보보호법」에 따라, 개인정보 수집 목적 범위 내에서 제3자에게 개인정보의 제공이 가능하며 이를 위해 정보주체의 동의를 받아야 한다. 동의 받을 때 의무 고지사항으로 적당하지 않은 것은?

① 개인정보를 제공받는 자
② 제공받는 자의 개인정보이용 목적
③ 제공하는 개인정보의 항목
④ 동의를 거부할 권리가 있다는 사실 및 동의 거부에 따른 불이익이 있는 경우에는 그 불이익의 내용
⑤ 제공받는 자의 개인정보파기 기한

답 ⑤

해 **정보주체의 동의를 받을 때 의무 고지사항**: 개인정보를 제공받는 자, 제공받는 자의 개인정보이용 목적, 제공하는 개인정보의 항목, 제공받는 자의 개인정보 보유·이용기간, 동의거부 권리 및 동의 거부 시 불이익 내용

039

다음 내용 중 1차위반 행정처분에 관한 내용으로 옳은 것은?

① 품질관리업무 절차서를 작성하지 않은 경우와 책임판매 후 안전관리기준을 준수하지 않은 경우가 동시에 적발되면 판매업무정지 3개월에 처해진다.
② 화장품 가격을 표시하지 않고 판매한 경우와 기능성화장품 변경심사를 하지 않아 적발된 경우에는 과태료 150만원에 처해진다.
③ 화장품용기에 일부 기재사항을 기재하지 않은 경우와 화장품 광고 중지 명령을 위반하여 광고한 경우 해당품목 판매업무정지 4개월.
④ 화장품 원료 목록을 선보고 하지 않아 100만원의 과태료 부과.
⑤ 맞춤형화장품조제관리사가 매년 받아야 하는 정기 교육을 받지 않은 경우 과태료 100만원 부과.

답 ①

해 ① **품질관리업무 절차서를 작성하지 않은 경우**: 판매업무정지 3개월
책임판매 후 안전관리기준을 준수하지 않은 경우: 경고
② **화장품 가격을 표시하지 않은 경우**: 50만원
기능성화장품변경심사를 하지 않은 경우: 100만원 - 과태료 100만원을 초과 할 수 없다.
③ **화장품용기에 일부 기재사항을 기재하지 않은 경우**: 해당품목 판매업무 정지 15일
화장품 광고 중지 명령을 위반하여 광고한 경우: 시정명령
④ **화장품 원료목록 보고를 하지 않은 경우**: 50만원의 과태료
⑤ **맞춤형화장품조제관리사가 매년 받아야 하는 정기 교육을 받지 않은 경우**: 과태료 50만원 부과.

040

천연화장품과 유기농화장품에 대한 설명으로 틀린 것은?

① 화장품의 책임판매업자는 천연화장품에 적합함을 입증하는 자료를 구비하고, 제조일(수입일 경우 통관일)로부터 3년 또는 사용기한 경과 후 1년 중 긴 기간 동안 보존하여야 한다.
② 천연화장품은 중량 기준으로 천연 함량이 전체 제품에서 95% 이상으로 구성되어야 한다.
③ 유기농화장품은 중량 기준으로 유기농 함량이 전체 제품에서 10% 이상이어야 하며, 유기농 함량을 포함한 천연 함량이 전체 제품에서 95% 이상으로 구성되어야 한다.
④ 인증의 유효기간은 인증을 받은 날부터 3년으로 한다.
⑤ 인증의 유효기간을 연장 받으려는 경우에는 유효기간 만료 30일 전까지 그 인증을 한 인증기관에 식품의약품안전처장이 정하여 고시하는 서류를 갖추어 제출해야 한다. 다만, 그 인증을 한 인증기관이 폐업, 업무정지 또는 그 밖의 부득이한 사유로 연장신청이 불가능한 경우에는 다른 인증기관에 신청할 수 있다. 유효기간이 경과한 화장품에 인증을 표시하면 200만원 이하의 벌금형에 처해진다.

답 ⑤

해 인증의 유효기간을 연장 받으려는 경우에는 유효기간 만료 90일 전까지 인증 연장을 신청해야 한다.

041

자외선에 대한 설명으로 맞는 것은?

① UVA는 320~400㎚의 장파장, 진피까지 도달하여 색소침착 및 콜라겐손상을 유발시킨다.

② UVB는 200~290㎚의 단파장, 표피 및 진피의 상부까지 침투하여 색소침착, 일광화상 및 피부홍반 그리고 피부암 유발 가능성이 있다.

③ UVC는 290~320㎚의 중파장, 대기에서 대부분 차단되며 피부암을 유발시킨다.

④ UVA는 290~320㎚의 파장으로 표피 및 진피의 상부까지 침투하여 색소침착, 일광화상 및 피부홍반을 발생시킨다.

⑤ UVB는 320~400㎚의 장파장, 진피까지 도달하여 색소침착 및 콜라겐손상을 유발시킨다.

답 ①

해 자외선의 분류

분류	파장
UVA	320~400㎚의 장파장, 진피까지 도달하여 콜라겐손상을 유발시키고 유리, 구름 등으로 차단되지 않는다.
UVB	290~320nm의 중파장, 표피 및 진피의 상부까지 침투 색소침착, 일광화상 및 홍반발생, 피부암 유발 가능성
UVC	200~290nm의 단파장, 대기에서 대부분 차단되며 피부암을 유발시킨다.

042

"최소지속형즉시흑화량(Minimal Persistent Pigment darkening Dose, MPPD)"은 (　　)를 사람의 피부에 조사한 후 2~24시간의 범위 내에, 조사영역의 전 영역에 희미한 흑화가 인식되는 최소 자외선 조사량을 말한다. 괄호안에 알맞은 용어는?

① UVA　② UVB
③ UVC　④ 태양
⑤ 빛

답 ①

043

식품의약품안전처장이 고시한 자외선 차단 성분과 최대 사용함량이 틀리게 짝지어진 것은?

① 벤조페논-3:3%

② 벤조페논-4:5%

③ 벤조페논-8:3%

④ 옥토크릴렌:10%

⑤ 호모살레이트:10%

답 ①

해 벤조페논3-5%

044

식품의약품안전처장이 고시한 성분과 함량 중 지용성 미백성분과 수용성 주름개선 성분과 그 함량이 옳게 짝지어진 것은?

① 닥나무추출물 2%-레티놀 2,500IU/g

② 알파-비사보롤 0.5%-아데노신 0.04%

③ 나이아신아마이드 2%-아데노신 0.04%

④ 알파-비사보롤 0.5%-레티닐팔미테이트 10,000IU/g

⑤ 유용성감초추출물 0.05%-레티놀 2,500IU/g

답 ②

해
- 지용성 미백성분: 유용성감초추출물, 알파-비사보롤, 아스코빌테트라이소팔미테이트
- 지용성 주름성분: 레티놀, 레티닐팔미테이트, 폴리에톡실레이티드레틴아마이드
- 수용성 주름성분: 아데노신
- 수용성 미백성분: 닥나무추출물, 알부틴, 에칠아스코빌에텔, 아스코빌글루코사이드, 마그네슘아스코빌포스페이트, 나이아신아마이드

045

우수화장품 제조 및 품질관리기준(CGMP)에 따라 위해화장품의 폐기처리 등에 관한 설명으로 옳지 못한 것은?

① 품질에 문제가 있거나 회수·반품된 제품의 폐기 여부는 품질 책임자에 의해 승인되어야 한다.
② 변질·변패 또는 병원미생물에 오염되지 아니한 경우 재작업을 할 수 있다.
③ 제조일로부터 2년이 경과하지 않았거나 사용기한이 1년 이상 남아있는 경우 재작업을 할 수 있다.
④ 재입고 할 수 없는 제품의 폐기처리규정을 작성하여야 하며 폐기 대상은 따로 보관하고 규정에 따라 신속하게 폐기하여야 한다.
⑤ 재작업 처리 실시의 결정은 품질 책임자가 실시하고, 승인이 끝난 재작업 절차서 및 기록서에 따라 실시한다.

답 ③

해 제조일로부터 1년이 경과하지 않았거나 사용기한이 1년 이상 남아있는 경우 재작업을 할수 있다.

046

다음 〈품질성적서〉는 맞춤형화장품조제관리사가 화장품책임판매업자로부터 받은 것이고, 〈보기〉는 2중 기능성 화장품인 로션의 전성분을 표시한 것이다. 다음 〈대화〉중 맞춤형조제관리사 A가 손님 B의 질문에 옳게 대답한 것을 고르시오.

〈품질성적서〉

시험 항목	시험 결과
아스코빌글루코사이드	98%
레티닐팔미테이트	109%
카드뮴	3㎍
안티몬	불검출
니켈	불검출
메탄올	불검출

〈보기〉

전성분:정제수, 하이드로제네이티드폴리데센, 글리세린, 병풀추출물, 디프로필렌글라이콜, 글리세릴스테아레이트, 소듐하이알루로네이트, 하이드로제네이티드레시틴, 레티닐팔미테이트, 동백나무씨오일, 아스코빌글루코사이드, 식물성스쿠알란, 페녹시에탄올, 알란토인

〈대화〉

- B:이 로션은 여드름 피부 완화에 도움을 주는 제품인가요?
- ① A:네, 이 제품은 이중기능성 화장품으로 여드름성 피부완화에 도움을 주는 기능성화장품입니다.
- B:전성분표시를 보니 이 제품은 보존제가 들어가지 않은 제품이군요?
- ② A:아니요, 전성분 표시를 보시면 페녹시에탄올이 있습니다. 이 성분은 사용한도가 2%인 보존제 입니다.
- B:요즘 기미가 생겨서 고민입니다. 이 제품은 피부 미백에 도움이 될까요?
- ③ A:네 이 제품은 피부 미백 뿐만 아니라 주름 개선에도 도움을 주는 제품입니다.
- B:레티닐팔미테이트가 109%를 함유하고 있네요? 괜찮은건가요?
- ④ A:네 괜찮습니다, 레티닐팔미테이트가 100% 넘게 함유 되었으므로 주름개선에 효과를 주는 제품입니다.
- B:품질성적서를 보니 카드뮴이 검출되었는데 판매 가능한건가요?
- ⑤ A:이를 확인하지 못했네요. 죄송합니다. 판매중지 시킨 후 회수조치 하겠습니다.

답 ③

해 ① 이 제품에는 여드름 기능성 원료인 살리실릭애씨드가 없다.
② 페녹시에탄올의 사용한도는 1%이다.
⑤ 카드뮴은 비의도적으로 유래된 물질로 검출 허용한도는 5㎍/g이하이다.

047

다음 중 원료에 대한 설명으로 옳지 못한 것은?

① 영유아 및 13세이하 어린이가 사용하는 샴푸에 살리실릭애씨드를 함유해도 된다.

② 징크피리치온은 사용 후 씻어내는 제품에 보존제로 0.5%, 비듬 및 가려움을 덜어주는 샴푸 및 린스 그리고 탈모증상을 완화하는데 도움을 주는 화장품에 총 징크피리치온으로서 1.0%의 사용한도가 있다.

③ 호모살레이트는 10%의 사용한도가 있다.

④ 페녹시에탄올은 1.0%의 사용한도가 있다.

⑤ 소르빅애씨드 및 그 염류는 1.0%의 사용한도가 있다

답 ⑤

해 소르빅애씨드 및 그 염류는 0.6%의 사용한도가 있다.

048

「기능성화장품심사에 관한규정」제6조 (별표4) 「자료제출이 생략되는 기능성화장품의 종류」에서 효능·효과를 나타내는 성분 · 함량이 고시된 경우 기능성화장품심사 또는 보고 시 어떤 자료가 생략되는지 모두 고르시오.

〈보기〉

㉠ 기원 및 개발 경위에 관한 자료
㉡ 안전성에 관한자료
㉢ 유효성 또는 기능에 관한자료
㉣ 자외선차단지수(SPF), 내수성자외선차단지수 및 자외선A차단등급(PA) 설정의 근거자료
㉤ 기준 및 시험방법에 관한자료

① ㉠, ㉢, ㉣
② ㉠, ㉡, ㉢
③ ㉡, ㉣, ㉤
④ ㉡, ㉢, ㉤
⑤ ㉢, ㉣, ㉤

답 ②

해

고시 사항	생략되는 서류
효능·효과를 나타내는 성분·함량 고시(별표 4 자료제출이 생략되는 기능성화장품의 종류)	1. 기원 및 개발경위에 관한 자료 2. 안전성에 관한자료 3. 유효성 또는 기능에 관한 자료
기준 및 시험방법을 고시(기능성 화장품의 기준 및 시험방법)	2. 안전성에 관한 자료

049

화장품 액성의 성질을 구체적으로 표시하는 pH값과 저장온도 및 시험온도의 정의가 옳게 짝지어진 것은?

① 미산성 pH 약 5~약6.5 , 실온 15~25℃

② 약산성 pH 약 3~약 5 , 실온 1~30℃

③ 약산성 pH 약 3~약 5, 냉침10~20℃

④ 약알칼리성 pH 약 7.5~약 9, 온침 15~25℃

⑤ 미알칼리성 pH 약 9~약 11, 미온탕 35~45℃

답 ②

해

pH	범위
미산성	약 5~약 6.5
약산성	약 3~약 5
강산성	약 3 이하
미알칼리성	약 7.5~약 9
약알칼리성	약 9~약 11
강알칼리성	약 11 이상

온도	정의
표준온도	20℃
상온	15~25℃
실온	1~30℃
미온	30~40℃
냉소	1~15℃ 이하의 곳
냉수	10℃ 이하의 물
미온탕	30~40℃의 물
온탕	60~70℃의 물
열탕	약 100℃ 의 물
가열한용매(열용매)	그 용매의 비점 부근의 온도로 가열한 것
가온한용매(온용매)	60~70℃로 가온한 것
수욕상 또는 수욕중에서 가열	끓인 수욕 또는 100℃의 증기욕을 써서 가열하는 것
냉침	15~25℃
온침	35~45℃

050

다음 중 맞춤형화장품에 해당되는 것은?

① 염색제 1제와 2제를 혼합한 것.
② 나이아신아마이드가 함유된 크림베이스에 히알루론산을 혼합한 것.
③ 화장비누를 소분한 것.
④ 소비자에게 판매하기 위해 생산된 화장품 완제품을 소분한 것.
⑤ 화장품의 내용물에 보존제를 혼합한 화장품

답 ②

해 맞춤형화장품에 사용할 수 없는 원료, 사용상의 제한이 필요한 원료(보존제, 자외선차단성분, 염모제, 기타성분), 기능성원료는 사용할 수 없다.

051

다음 상담 내용을 파악하고 고객이 원하는 맞춤형화장품 조제 시 첨가되는 원료로 옳은 것은?

〈보기〉

자외선으로 인해 피부가 많이 노출되어 기미가 생겼습니다. 백탁이 생기지 않고 발림성이 좋으며 미백에 도움이 되는 자외선차단제품으로 원합니다.

① 에칠헥실살리실레이트 - 알부틴
② 티타늄디옥사이드 - 나이아신아마이드
③ 징크옥사이드 - 나이아신아마이드
④ 에틸헥실메톡시신나메이트 - 시녹세이트
⑤ 징크옥사이드 - 알파비사보롤

답 ①

해 백탁현상이 생기는 자외선차단성분은 무기물질인 티타늄디옥사이드,징크옥사이드(산화아연)이며 그 외 제품들은 유기물질로 백탁현상이 없다.

052

다음 상담 내용을 파악하고 고객이 원하는 맞춤형화장품을 처방할 때 사용할 오일과 유화제로 알맞은 것을 고르시오.

〈보기〉

피부가 많이 건조하고 당깁니다. 번들거리거나 무거운 느낌이 들지 않고 가벼운 느낌의 크림을 원합니다.

① 이소프로필미리스테이트(IPM)과 폴리소르베이트80을 넣어 조제한다.
② MCT오일과 세틸알콜을 넣어 조제한다.
③ 해바라기오일과 폴리소르베이트 80을 넣어 조제한다.
④ 라놀린오일과 폴리소르베이트 80을 넣어 조제한다.
⑤ 에뮤오일과 세틸알콜을 넣어 조제한다.

답 ②

해
- **IPM(Iso Propyl Myristate)** : 무취,투명한 지용성액상, 피부컨디셔닝제, 착향제, 결합제
- **폴리소르베이트80** : 가용화제로서 향료를 수상에 녹일 때 사용
- **MCT** : 표준명칭은 카프릴릭/카프릭트라이글리세라이드이다. 이 원료는 카프릴릭과 카프릭애씨드 및 글리세린의 혼합 트라이에스터이며, 착향제, 용제, 피부컨디셔닝제(수분차단제)로 사용되는 오일이다.

053

유통화장품 안전관리 시험방법에서 규정하고 있는 납에 대한 원자흡광광도법(AAS)에 대한 설명으로 적당하지 않은 것은?

① 검체 약 0.5g을 정밀하게 달아 석영 또는 테트라플루오로메탄제의 극초단파분해용 용기의 기벽에 닿지 않도록 조심하여 넣는다.

② 검체를 분해하기 위하여 질산 7mL, 염산 2mL 및 황산 1mL을 넣고 뚜껑을 닫은 다음 용기를 극초단파분해 장치에 장착하여 분해한다. 상온으로 식힌 다음 조심하여 뚜껑을 열고 분해물을 25mL 용량플라스크에 옮기고 물 적당량으로 용기 및 뚜껑을 씻어 넣고 물을 넣어 전체량을 25mL로 하여 검액으로 한다. 침전물이 있을 경우 여과하여 사용한다. 따로 질산 7mL, 염산 2mL 및 황산 1mL를 가지고 검액과 동일하게 조작하여 공시험액으로 한다. 뚜껑을 닫은 다음 용기를 극초단파분해 장치에 장착하여 무색~엷은 황색이 될 때까지 검체를 분해한다.

③ 표준액(10μg/mL) 0.5mL, 1.0mL 및 2.0mL를 각각 취하여 구연산암모늄용액(1→4) 10mL 및 브롬치몰블루시액 2방울을 넣고 이하 검액과 같이 조작하여 검량선용 표준액으로 한다.

④ 조작조건으로 가연성가스는 공기를 사용하고 지연성 가스는 아세칠렌 또는 수소를 사용한다.

⑤ 납중공음극램프를 사용하여 283.3nm에서 흡광도를 측정한다.

답 ④

해 **가연성 가스**: 아세칠렌 또는 수소, 지연성 가스: 공기(화장품 안전기준 등에 관한 규정, 별표4 유통화장품 안전관리 시험방법)

원자흡광광도법

① **검액의 조제**: 검체 약 0.5g을 정밀하게 달아 석영 또는 테트라플루오로메탄제의 극초단파분해용 용기의 기벽에 닿지 않도록 조심하여 넣는다. 검체를 분해하기 위하여 질산 7mL, 염산 2mL 및 황산 1mL을 넣고 뚜껑을 닫은 다음 용기를 극초단파분해 장치에 장착하고 다음 조작조건에 따라 무색~엷은 황색이 될 때까지 분해한다. 상온으로 식힌 다음 조심하여 뚜껑을 열고 분해물을 25mL 용량플라스크에 옮기고 물 적당량으로 용기 및 뚜껑을 씻어 넣고 물을 넣어 전체량을 25mL로 하여 검액으로 한다. 침전물이 있을 경우 여과하여 사용한다. 따로 질산 7mL, 염산 2mL 및 황산 1mL를 가지고 검액과 동일하게 조작하여 공시험액으로 한다. 다만, 필요에 따라 검체를 분해하기 위하여 사용되는 산의 종류 및 양과 극초단파분해 조건을 바꿀 수 있다.

조작조건

최대파워: 1000W, **최고온도**: 200℃, **분해시간**: 약 35분

위 검액 및 공시험액 또는 디티존법의 검액의 조제와 같은 방법으로 만든 검액 및 공시험액 각 25mL를 취하여 각각에 구연산암모늄용액(1→4) 10mL 및 브롬치몰블루시액 2방울을 넣어 액의 색이 황색에서 녹색이 될 때까지 암모니아시액을 넣는다. 여기에 황산암모늄용액(2→5) 10mL 및 물을 넣어 100mL로 하고 디에칠디치오카르바민산나트륨용액(1→20) 10mL를 넣어 섞고 몇 분간 방치한 다음 메칠이소부틸케톤 20.0mL를 넣어 세게 흔들어 섞어 조용히 둔다. 메칠이소부틸케톤층을 여취하고 필요하면 여과하여 검액으로 한다. 따로 납표준액(10μg/mL) 0.5mL, 1.0mL 및 2.0mL를 각각 취하여 구연산암모늄용액(1→4) 10mL 및 브롬치몰블루시액 2방울을 넣고 이하 위의 검액과 같이 조작하여 검량선용 표준액으로 한다.

③ **조작**: 각각의 표준액을 다음의 조작조건에 따라 원자흡광도기에 주입하여 얻은 납의 검량선을 가지고 검액 중 납의 양을 측정한다.

054

다음 맞춤형화장품을 소비자에게 조제 처방할 때 소비자에게 설명해야 하는 주의사항으로 알맞은 것은?

> 천연아로마에센셜오일을 바디워시 내용물에 넣어 혼합한 맞춤형화장품
> 전성분:정제수, 소듐라우릴설페이트, 코코베타인, 녹차추출물, 감초추출물, 글리세린, 디소듐EDTA, 벤질알코올, 향료, 쿠마린, 리모넨

① 알레르기 유발물질이 있으니 테스트 후 사용하세요.

② 광감성이 있으니 자외선 차단제와 함께 사용하세요.

③ 13세 이하 어린이는 사용할 수 없으므로 주의하세요.

④ 건성용 피부를 위한 제품이므로 지성용 피부에는 사용을 자제해 주세요.

⑤ 주의 사항이 없는 천연 제품이므로 누구든 사용이 가능합니다.

답 ①

해 벤질알코올, 쿠마린, 리모넨은 알레르기 유발성분이다.

055

다음은 「화장품법 시행규칙」 [별표 3]에 따라 화장품 사용 할 때의 주의사항 중 개별기재 사항에 대한 내용이다. 다음 중 옳은 것은?

① 미세한 알갱이가 함유되어 있는 스크럽-세안제 알갱이가 눈에 들어갔을 때에는 물로 씻어내고 이상이 있는 경우에는 전문의와 상담할 것.
② 팩-입 주위를 피하여 사용할 것.
③ 두발용, 두발염색용 및 눈 화장용 제품류-눈, 코 또는 입 등에 닿지 않도록 주의하여 사용할 것.
④ 천연 핸드크림-눈, 코 또는 입 등에 닿지 않도록 주의하여 사용할 것.
⑤ 체취 방지용 제품-털을 제거한 직후에 사용할 것.

답 ①

해 ② **팩**: 눈 주위를 피하여 사용할 것.
③ **두발용, 두발염색용 및 눈 화장용 제품류**: 눈에 들어갔을 때에는 즉시 씻어낼 것.
④ **손·발의 피부연화 제품(요소제제의 핸드크림 및 풋크림)**: 눈, 코 또는 입 등에 닿지 않도록 주의하여 사용할 것.
⑤ **체취 방지용 제품**: 털을 제거한 직후에는 사용하지 말 것.

화장품의 함유 성분별 사용 시의 주의사항 표시 문구(제2조 관련)

No	대상 제품	표시 문구
1	과산화수소 및 과산화수소 생성물질 함유 제품	눈에 접촉을 피하고 눈에 들어갔을 때는 즉시 씻어낼 것
2	벤잘코늄클로라이드, 벤잘코늄브로마이드 및 벤잘코늄사카리네이트 함유 제품	눈에 접촉을 피하고 눈에 들어갔을 때는 즉시 씻어낼 것
3	스테아린산아연 함유 제품(기초화장용 제품류 중 파우더 제품에 한함)	사용 시 흡입되지 않도록 주의할 것
4	살리실릭애씨드 및 그 염류 함유 제품(샴푸 등 사용 후 바로 씻어내는 제품 제외)	3세 이하 영유아에게는 사용하지 말 것
5	실버나이트레이트 함유 제품	눈에 접촉을 피하고 눈에 들어갔을 때는 즉시 씻어낼 것
6	아이오도프로피닐부틸카바메이트(IPBC) 함유 제품(목욕용제품, 샴푸류 및 바디클렌저 제외)	3세 이하 영유아에게는 사용하지 말 것
7	알루미늄 및 그 염류 함유 제품(체취방지용 제품류에 한함)	신장 질환이 있는 사람은 사용 전에 의사, 약사, 한의사와 상의할 것
8	알부틴 2% 이상 함유 제품	알부틴은 「인체적용시험자료」에서 구진과 경미한 가려움이 보고된 예가 있음
9	알파-하이드록시애시드(α-hydroxyacid, AHA)(이하 "AHA"라 한다.) 함유제품(0.5퍼센트 이하의 AHA가 함유된 제품은 제외한다.)	가) 햇빛에 대한 피부의 감수성을 증가시킬 수 있으므로 자외선 차단제를 함께 사용할 것(씻어내는 제품 및 두발용 제품은 제외한다.) 나) 일부에 시험 사용하여 피부 이상을 확인할 것 다) 고농도의 AHA 성분이 들어 있어 부작용이 발생할 우려가 있으므로 전문의 등에게 상담할 것(AHA 성분이 10퍼센트를 초과하여 함유되어 있거나 산도가 3.5 미만인 제품만 표시한다.)
10	카민 함유 제품	카민 성분에 과민하거나 알레르기가 있는 사람은 신중히 사용할 것
11	코치닐추출물 함유 제품	코치닐추출물 성분에 과민하거나 알레르기가 있는 사람은 신중히 사용할 것
12	포름알데하이드 0.05% 이상 검출된 제품	포름알데하이드 성분에 과민한 사람은 신중히 사용할 것
13	폴리에톡실레이티드레틴아마이드 0.2% 이상 함유 제품	폴리에톡실레이티드레틴아마이드는 「인체적용시험자료」에서 경미한 발적, 피부건조, 화끈감, 가려움, 구진이 보고된 예가 있음
14	부틸파라벤, 프로필파라벤, 이소부틸파라벤 또는 이소프로필파라벤 함유 제품(영·유아용 제품류 및 기초화장용 제품류(3세 이하 어린이가 사용하는 제품) 중 사용 후 씻어내지 않는 제품에 한함)	3세 이하 영유아의 기저귀가 닿는 부위에는 사용하지 말 것

056

화장품의 위해평가는 인체가 화장품에 존재하는 위해요소에 노출되었을 때 발생할 수 있는 유해영향과 발생확률을 과학적으로 예측하는 일련의 과정으로 위험성 확인, 위험성 결정, 노출평가, (㉠) 등 일련의 단계를 말한다. ㉠에 적합한 단어는?

① 유해성 결정 ② 유해도 평가
③ 유해도 결정 ④ 위해도 평가
⑤ 위해도 결정

답 ⑤

해 **인체적용제품의 위해성평가등에 관한 규정**

1. 위해성평가 과정은 위해요소의 인체 내 독성 등을 확인하는 위험성확인과정
2. 인체가 위해요소에 노출되었을 경우 유해한 영향이 나타나지 않는 것으로 판단되는 인체노출 안전기준을 설정하는 위험성결정과정
3. 인체가 위해요소에 노출되어 있는 정도를 산출하는 노출평가과정
4. 위해요소가 인체에 미치는 위해성을 종합적으로 판단하는 위해도결정과정이 있다.

057

위해화장품의 등급이 옳게 짝지어진 것은?

① 인체에 심각한 위해가 있는 바이러스균이 로션에서 발견된 경우는 가등급이다.
② 영유아용 화장품의 포장지에 전성분 사항이 훼손 또는 위변조 된 경우는 나등급이다.
③ 영업신고를 하지 않은 자가 제조한 화장품을 유통 판매한 경우는 나등급이다.
④ 비매품을 소비자에게 판매한 화장품은 나등급이다.
⑤ 안전용기 포장 등에 위반되는 화장품은 다등급이다.

답 ①

해 **위해성등급 평가 기준**

위해성 등급	등급 평가
가등급	화장품의 사용으로 인하여 인체건강에 미치는 위해영향이 크거나 중대한 경우
나등급	가. 화장품 사용으로 인하여 인체건강에 미치는 위해영향이 크지 않거나 일시적인 경우
다등급	가. 화장품 사용으로 인하여 인체건강에 미치는 위해영향은 없으나 유효성이 입증되지 않은 경우 나. 화장품 사용으로 인하여 인체건강에 미치는 위해영향은 없으나 제품의 변질, 용기·포장의 훼손 등으로 유효성에 문제가 있는 경우

위해화장품의 분류별 등급

위해성 등급	분류기준
가등급	1. 식품의약품안전처장이 화장품의 제조 등에 사용할 수 없는 원료를 지정하여 고시한 원료를 사용한 화장품 (법 제8조 제1항) 2. 식품의약품 안전처에서 사용기준이 지정·고시된 원료 (보존제, 색소, 자외선차단제 등)이외의 원료를 사용한 화장품(법 제8조 제2항) 3. 사용한도가 정해진 원료를 사용한도 이상으로 사용한 화장품
나등급	1. 안전용기·포장등에 위반되는 화장품(제1항제1호) 2. 유통화장품 안전관리 기준(내용량의 기준에 관한 부분은 제외한다.)에 적합하지 아니한 화장품 : 지정·고시된 원료의 사용기준의 안전성을 정기적 검토 및 그 결과에 따라 사용기준 변경 할 수 있다(기능성화장품의 기능성을 나타나게 하는 주원료 함량이 기준치에 부적합한 경우는 제외한다.). 3. 식품의 형태·냄새·색깔·크기·용기 및 포장 등을 모방하여 섭취 등 식품으로 오용될 우려가 있는 화장품 (법 제15조제10호)
다등급	1. 전부 또는 일부가 변패된 화장품(법15조2호) 2. 병원미생물에 오염된 화장품(법15조3호) 3. 이물이 혼입되었거나 부착된 화장품(법 제15조4호) 중 보건위생상 위해를 발생할 우려가 있는 화장품 4. 유통화장품 안전관리 기준(내용량의 기준에 관한 부분은 제외, 기능성화장품의 기능성을 나타나게 하는 주원료 함량이 기준치에 부적합한 경우)에 적합하지 아니한 화장품 5. 사용기한 또는 개봉 후 사용기간(병행 표기된 제조연월일을 포함한다)을 위조·변조한 화장품(법제15조제9호) 6. 화장품제조업자 또는 화장품책임판매업자 스스로 국민보건에 위해를 끼칠 우려가 있어 회수가 필요하다고 판단한 화장품(법제14조의2마목) 7. 영업등록을 하지 아니한 자가 제조한 화장품 또는 제조·수입하여 유통·판매한 화장품(무허가)법제16조제1항 8. 영업신고를 하지 아니한 자가 판매한 맞춤형화장품(무허가) 9. 맞춤형화장품조제관리사를 두지 아니하고 판매한 맞춤형화장품

위해성 등급	분류기준
다등급	10. 1차포장, 2차포장 기재표시 사항 위반되는 화장품(법제10조) 11. 소비자에게 판매시 가격을 표시하지 않은 화장품(법제11조) 12. 기재·표시는 다른 문자 또는 문장보다 쉽게 볼 수 있는 곳에 한글로 기재·표시하여야 하며, 한자 또는 외국어를 함께 기재할 수 있음을 위반한 화장품 (법제12조) 13. 의약품으로 잘못 인식할 우려가 있게 기재·표시된 화장품 14. 판매의 목적이 아닌 제품의 홍보·판매촉진 등을 위하여 미리 소비자가 시험·사용하도록 제조 또는 수입된 화장품을 판매를 목적으로 보관,진열 하거나 소비자에게 판매한 화장품 15. 화장품의 포장 및 기재·표시 사항을 훼손(맞춤형화장품 판매를 위하여 필요한 경우는 제외한다.) 또는 위조·변조한 화장품

058

우수화장품 제조 및 품질관리기준(CGMP)에 따라 일탈의 처리 순서로 옳은 것은?

㉠ 일탈의 발견 및 초기평가
㉡ 즉각적인 수정조치
㉢ SOP에 따른 조사, 원인분석 및 예방조치
㉣ 후속조치/종결
㉤ 문서작성/문서추적 및 경향분석

① ㉠, ㉡, ㉢, ㉣, ㉤
② ㉠, ㉢, ㉡, ㉣, ㉤
③ ㉠, ㉡, ㉣, ㉤, ㉢
④ ㉠, ㉣, ㉢, ㉡, ㉤
⑤ ㉡, ㉠, ㉢, ㉣, ㉤

답 ①

해 일탈의 발견 및 초기평가→즉각적인 수정조치→SOP에 따른 조사, 원인분석 및 예방조치→후속조치/종결→문서작성/문서추적 및 경향분석

059

「화장품법 시행규칙」제18조에 따라 다음 중 안전용기·포장대상 품목이 아닌 것은?

① 아세톤을 함유하는 네일 에나멜 리무버
② 아세톤을 함유하는 네일 폴리시 리무버
③ 미네랄 오일 20퍼센트 함유한 어린이용 오일
④ 메틸살리실레이트 5퍼센트 함유한 액체
⑤ 미네랄 오일 10% 함유한 클렌징 오일

답 ⑤

해 **안전용기·포장대상 품목**

아세톤을 함유하는 네일 에나멜 리무버 및 네일 폴리시 리무버

어린이용 오일 등(예 어린이용 오일, 영유아용 오일, 클렌징 오일) 개별포장 당 탄화수소류(hydrocarbon, 예 미네랄오일)를 10퍼센트 이상 함유하고 운동점도가 21센티스톡스(cst)(섭씨 40도 기준) 이하인 비에멀젼 타입의 액체상태의 제품

개별포장 당 메틸살리실레이트를 5퍼센트 이상 함유하는 액체상태의 제품.

060

알파-하이드록시 애씨드(alpha-hydroxy acid, AHA)에 설명으로 적당하지 않은 것은?

① 시트릭애씨드는 카르복시기(-COOH)가 3개 붙어있는 AHA이다.
② 살리실릭애씨드는 AHA성분으로 수용성이다.
③ 말릭애씨드는 사과에서 발견되는 AHA이다.
④ 락틱애씨드는 쉰우유에서 생성되는 AHA이다.
⑤ 시트릭애씨드는 감귤류에서 발견되는 AHA이다.

답 ②

해
- **AHA(알파-하이드록시 애씨드)**: 시트릭애씨드(감귤류), 글라이콜릭애씨드(사탕수수), 말릭애씨드(사과), 타타릭애씨드(적포도주), 락틱애씨드(쉰우유)
- **BHA(베타-하이드록시 애씨드)**: 살리실릭애씨드
- 카르복시기(-COOH)로부터 첫 번째 탄소에 하이드록시기(-OH)가 결합되어 있으면 알파, 두 번째 탄소에 결합되어 있으면 베타, 세 번째 탄소에 결합되어 있으면 감마 하이드록시 애씨드이다.
- 살리실릭애씨드는 BHA성분으로 지용성이다.

061

우수화장품 제조 및 품질관리기준(CGMP)에 따라 화장품 작업소의 시설기준으로 옳지 못한 것은?

① 제조하는 화장품의 종류·제형에 따라 적절히 구획·구분되어 있어 교차오염 우려가 없어야 하고 바닥, 벽, 천장은 가능한 청소하기 쉽게 매끄러운 표면을 지니고 소독제 등의 부식성에 저항력이 있어야 한다.

② 환기가 잘 되고 청결해야 하고 외부와 연결된 창문은 즉시 열어 환기를 빠르게 시킬 수 있어야 한다.

③ 수세실과 화장실은 접근이 쉬워야 하나 생산구역과 분리되어 있어야 하고 작업소 전체에 적절한 조명을 설치하고, 조명이 파손될 경우를 대비한 제품을 보호할 수 있는 처리절차를 마련해야 한다.

④ 제품의 오염을 방지하고 적절한 온도 및 습도를 유지할 수 있는 공기조화시설 등 적절한 환기시설을 갖추어야 한다.

⑤ 각 제조구역별 청소 및 위생관리 절차에 따라 효능이 입증된 알칼리 세척제 및 소독제를 사용하고 제품의 품질에 영향을 주지 않는 소모품을 사용해야 한다.

답 ②

해 창문은 가능한 열리지 않아야 한다.

062

우수화장품 제조 및 품질관리기준(CGMP)에 따라 설비세척의 원칙으로 옳지 못한 것은?

① 세정력과 안전성이 우수한 알칼리성 지용성 세제를 사용한다.

② 위험성이 없는 용제로 세척한다.

③ 브러시 등으로 문질러 지우는 것을 고려한다.

④ 가능한 한 세제를 사용하지 않는다.

⑤ 분해할 수 있는 설비는 분해해서 세척한다.

답 ①

해 세정력과 안전성이 우수한 알칼리성 수용성 세제를 사용한다.

063

우수화장품 제조 및 품질관리기준(CGMP)에 따라 원자재 입출고에 대한 설명으로 옳지 못한 것은?

① 제조업자는 원자재 공급자에 대한 관리감독을 적절히 수행하여 입고관리가 철저히 이루어지도록 하여야 한다.

② 원자재의 입고 시 구매 요구서, 원자재 공급업체 성적서 및 현품이 서로 일치하여야 한다. 필요한 경우 운송 관련 자료를 추가적으로 확인할 수 있다.

③ 원자재 용기에 제조번호가 없는 경우에는 관리번호를 부여하여 보관하여야 한다.

④ 원자재 입고절차 중 육안확인 시 물품에 결함이 있을 경우 입고를 보류하고 격리보관 및 폐기하거나 원자재 공급업자에게 반송하여야 한다.

⑤ 입고된 원자재는 "적합", "부적합", "검사 중"등으로 상태를 표시하여야 하며 동일 수준의 보증이 가능한 다른 시스템이 있어도 대처하면 안된다.

답 ⑤

해 입고된 원자재는 "적합", "부적합", "검사 중" 등으로 상태를 표시하여야 한다. 다만, 동일 수준의 보증이 가능한 다른 시스템이 있다면 대체할 수 있다.

064

화장품 포장재의 공간비율에 대한 설명으로 옳지 못한 것은?

① 향수는 완충제 사용시 포장공간비율의 제약은 없으나 2차포장이내로 포장해야 한다.
② "단위제품"이란 1회 이상 포장한 최소 판매단위의 제품을 말하고, "종합제품"이란 같은 종류 또는 다른 종류의 최소 판매단위의 제품을 2개 이상 함께 포장한 제품을 말한다. 다만, 주 제품을 위한 전용 계량 도구나 그 구성품, 소량(30g 또는 30ml 이하)의 비매품(증정품) 및 설명서, 규격서, 메모카드와 같은 참조용 물품은 종합제품을 구성하는 제품으로 보지 않는다.
③ 제품의 특성상 1개씩 낱개로 포장한 후 여러 개를 함께 포장하는 단위제품의 경우 낱개의 제품포장은 포장공간비율 및 포장횟수의 적용대상인 포장으로 보지 않는다.
④ (✔) 제품의 제조·수입 또는 판매 과정에서의 부스러짐 방지 및 자동화를 위하여 받침접시를 사용하는 경우에는 이를 포장횟수로 정해야 한다. 종합제품의 경우 종합제품을 구성하는 각각의 단위제품은 제품별 포장공간비율 및 포장횟수기준에 적합하여야 하며, 단위제품의 포장공간비율 및 포장횟수는 종합제품의 포장공간비율 및 포장횟수에 산입(算入)해야 한다.
⑤ 종합제품으로서 복합합성수지재질·폴리비닐클로라이드재질 또는 합성섬유재질로 제조된 받침접시 또는 포장용 완충재를 사용한 제품의 포장공간비율은 20% 이하로 한다.

답 ④

해 제품의 제조·수입 또는 판매 과정에서의 부스러짐 방지 및 자동화를 위하여 받침접시를 사용하는 경우에는 이를 포장횟수에서 제외한다. 종합제품의 경우 종합제품을 구성하는 각각의 단위제품은 제품별 포장공간비율 및 포장횟수기준에 적합하여야 하며, 단위제품의 포장공간비율 및 포장횟수는 종합제품의 포장공간비율 및 포장횟수에 산입(算入)하지 않는다.

065

맞춤형화장품판매업소의 판매내역서 작성 시 필수로 기재하는 내용이 아닌 것은?

① 제조번호
② 사용기한 도는 개봉 후 사용기간
③ 판매일자
④ 판매량
⑤ (✔) 구매자명

답 ⑤

해 **판매내역서**
ⓐ 제조번호(맞춤형화장품의 경우 식별번호를 제조번호로 함)
ⓑ 사용기한 또는 개봉 후 사용기간
ⓒ 판매일자 및 판매량

066

(㉠)증상은 대부분의 사람은 특별한 문제가 되지 않는 물질에 대하여 특정인들은 면역계의 과민반응에 의해서 나타나는 여러 가지 증상들을 의미한다. 아토피성 피부염, 천식, 그 외의 과민증상, 안구충혈, 가려움을 동반한 피부 발진, 콧물, 호흡곤란, 부종 등의 증세를 나타낸다. 또한 화장품 착향제의 구성성분으로 인해 이 증상이 발생 된다. ㉠에 적합한 단어는?

① 발적
② 홍조
③ 광감성
④ 증후군
⑤ (✔) 알레르기

답 ⑤

067

피부에 대한 설명으로 옳지 못한 것은?

① 피부는 겉에서부터 표피, 피하지방, 진피로 구성되어있다.

② 진피의 기질이 만들어낸 수분은 마르거나 얼지 않는 성질을 가지고 있으며 이를 결합수(Bound water) 라고 한다.

③ 천연 보습인자는 피부 내에 존재하는 피지의 친수성 부분을 의미하며 피부의 수분량을 조절하여 피부건조를 방지하는 역할을 하며 표피의 각질층에 존재한다.

④ 표피 지질은 각질 세포의 사이사이를 메워주는 역할을 하는 성분으로서 가장 많은 구성성분은 세라마이드이다. 이러한 지질성분의 함량 변화는 피부를 건조하게 하는 원인 중 하나이다.

⑤ 진피의 노화는 한선의 수가 감소하여 열에 대한 방어기능이 저하된다

답 ①

해 피부는 겉에서부터 표피, 진피, 피하지방으로 구성되어있다.

068

유통화장품 안전관리 시험방법에서 규정하고 있는 시험방법 중 안티몬과 니켈을 동시에 분석할 수 있는 시험방법만을 짝지어 놓은 것은?

① ICP-MS, AAS, ICP

② ICP-MS, AAS, 비색법

③ 푹신아황산법, AAS, ICP

④ ICP-MS, 액체크로마토그래프법, ICP

⑤ ICP-MS, AAS, 디티존법

답 ①

해 니켈, 안티몬, 카드뮴, 비소는 동시분석이 가능하며 이 때 사용하는 시험밥법은 ICP-MS(유도결합플라즈마-질량분석기를 이용한 방법), AAS(원자흡광광도법), ICP(유도결합플라즈마분광기를 이용하는 방법)이다.

069

다음 제시하는 두 가지의 품질성적서를 비교한 설명으로 옳지 못한 것은?

1. 베이비 크림 COA	2. 영양 크림 COA
점도:12,000CPS	점도:20,000CPS
pH:6.5	pH:6.0
총호기성생균수:합격	총호기성생균수:합격
납:합격	납:합격
수은:합격	수은:합격

① 입구가 좁은 1차포장의 경우 영양크림이 베이비크림보다 넣기 힘들다.

② 베이비크림이 일반크림보다 미생물관리가 까다롭다.

③ 베이비크림은 일반화장품과 달리 pH는 자극이 적은 중성에 가까운 6.5~7.0 사이여야 한다.

④ 비의도 유래물질의 납함량은 점토를 원료로 사용한 분말제품은 50㎍/g 이하, 그 밖의 제품은 20㎍/g 이하이며 베이비크림과 영양크림 둘 다 같은 적용을 한다.

⑤ 비의도 유래물질인 수은 함량은 1㎍/g 이하 이며, 베이비크림과 영양크림 둘 다 같은 적용을 한다.

답 ③

해 **PH 3~9**: 물을 포함하지 않는 제품과 사용한 후 곧바로 물로 씻어 내는 제품은 제외한다.

1) 비의도적으로 유래된 물질의 검출허용한도

① **납**: 점토를 원료로 사용한 분말제품은 50㎍/g 이하, 그 밖의 제품은 20㎍/g 이하

② **니켈**: 눈 화장용 제품은 35㎍/g 이하, 색조 화장용 제품은 30㎍/g 이하, 그 밖의 제품은 10㎍/g 이하

③ **비소**: 10㎍/g 이하

④ **수은**: 1㎍/g 이하

⑤ **안티몬**: 10㎍/g 이하

⑥ **카드뮴**: 5㎍/g 이하

⑦ **디옥산**: 100㎍/g 이하

⑧ **메탄올**: 0.2(v/v)% 이하, 물휴지는 0.002%(v/v) 이하

⑨ **포름알데하이드**: 2000㎍/g 이하, 물휴지는 20㎍/g 이하

⑩ **프탈레이트류(디부틸프탈레이트, 부틸벤질프탈레이트 및 디에칠헥실프탈레이트에 한함)**: 총 합으로서 100㎍/g 이하

2) 미생물한도 기준
① 총호기성생균수는 영·유아용 제품류 및 눈화장용 제품류의 경우 500개/g(mL) 이하
② 물휴지의 경우 세균 및 진균수는 각각 100개/g(mL) 이하
③ 기타 화장품의 경우 1,000개/g(mL) 이하
④ 대장균(Escherichia Coli), 녹농균(Pseudomonas aeruginosa), 황색포도상구균(Staphylococcus aureus)은 불검출

070

영유아용과 어린이용 화장품은 제품별 안전성 자료를 보관해야 한다. 개봉 후 사용기간을 표시하는 경우에 안전성 자료는 영유아 또는 어린이가 사용할 수 있는 화장품임을 표시·광고한 날부터 마지막으로 제조한 제품의 (㉠) 혹은 마지막으로 수입한 제품의 (㉡) 이후 3년간 보관한다. ㉠, ㉡에 적합한 단어는?

	㉠	㉡
①	제조일자	통관일자
②	칭량일자	통관일자
③	제조일자	수입일자
④	생산일자	통관일자
⑤	포장일자	합격일자

답 ①

해 • **화장품의 1차 포장에 사용기한을 표시하는 경우**: 영유아 또는 어린이가 사용할 수 있는 화장품임을 표시·광고한 날부터 마지막으로 제조·수입된 제품의 사용기한 만료일 이후 1년까지의 기간. 이 경우 제조는 화장품의 제조번호에 따른 제조일자를 기준으로 하며, 수입은 통관일자를 기준으로 한다.
• **화장품의 1차 포장에 개봉 후 사용기간을 표시하는 경우**: 영유아 또는 어린이가 사용할 수 있는 화장품임을 표시·광고한 날부터 마지막으로 제조·수입된 제품의 제조연월일 이후 3년까지의 기간. 이 경우 제조는 화장품의 제조번호에 따른 제조일자를 기준으로 하며, 수입은 통관일자를 기준으로 한다.

071

기능성화장품을 올바르게 설명한 것은?
① 모발 - 일시적으로 모발의 색상을 변화시키는 제품
② 체모 - 물리적으로 체모를 제거하는 제품(제모왁스, 제모테이프)은 제외
③ 주름 - 주름을 없애주는 치료효과가 있다.
④ 여드름 - 기초화장용 제품류, 인체세정용제품류
⑤ 미백 - 기미를 없애 준다.

답 ②

해 없애준다, 치료효과가 있다 등의 표시는 의약품법 위반에 해당된다.

072

에센스 100ml 판매 시 1차 포장에 반드시 기재할 사항을 모두 고르시오.

㉠ 화장품의 명칭
㉡ 영업자(화장품제조업자, 화장품책임판매업자, 맞춤형화장품판매업자)의 상호
㉢ 해당 화장품 제조에 사용된 모든 성분(인체에 무해한 소량 함유 성분 등 총리령으로 정하는 성분은 제외)
㉣ 내용물의 용량 또는 중량
㉤ 제조번호
㉥ 사용기한 또는 개봉 후 사용기간(개봉 후 사용기간의 경우 제조연월일 병기)
㉦ 가격
㉧ 기능성화장품의 경우 "기능성화장품"이라는 글자 또는 기능성화장품을 나타내는 도안으로서 식품의약품안전처장이 정하는 도안
㉨ 사용할 때의 주의사항
㉩ 기능성화장품의 경우 심사받거나 보고한 효능·효과, 용법·용량
㉪ 인체 세포·조직 배양액이 들어있는 경우 그 함량

① ㉠, ㉡, ㉢, ㉣
② ㉠, ㉡, ㉢, ㉤
③ ㉡, ㉢, ㉣, ㉥
④ ㉠, ㉡, ㉤, ㉥
⑤ ㉠, ㉢, ㉥, ㉦

답 ④

해 **1차 포장 표시 사항**

1. 화장품의 명칭
2. 영업자(화장품제조업자, 화장품책임판매업자, 맞춤형화장품판매업자)의 상호
3. 제조번호
4. 사용기한 또는 개봉 후 사용기간(개봉 후 사용기간의 경우 제조연월일 병기)

073

맞춤형화장품 립밤 벌크제품 제조 시 사용할 수 있는 색소는?

① 자색 201호
② 자색 401호
③ 적색 205호
④ 적색 206호
⑤ 적색 207호

답 ①

해
- 자색401호 - 눈주위 및 입술에 사용할 수 없음
- 적색 205호, 적색206호, 적색,207호, 적색208호 - 눈주위 및 입술에 사용할 수 없음

074

식품의약품안전처 고시 「화장품 사용 시의 주의사항 및 알레르기 유발성분 표시 등에 관한 규정」에서는 착향제 성분 중 알레르기 유발물질을 정하고 있다. 다음 착향제 성분 중 테르펜(terpene) 계열의 알레르기 유발물질이 아닌 것은?

① 리날룰
② 시트랄
③ 제라니올
④ 신남알
⑤ 리모넨

답 ④

해 모노테르펜은 소나무 오일(pine oil), 시트러스 오일(citrus oil) 등에서 방출되는 향에 포함된 화합물로 리날룰, 시트랄, 시트로넬롤, 리모넨, 제라니올 등이 테르펜으로 분류된다.

075

우수화장품 제조 및 품질관리기준(CGMP)에 따른 화장품 작업소의 위생기준으로 옳지 않은 것은?

㉠ 제조하는 화장품의 종류·제형에 따라 적절히 구획·구분되어 있어 교차오염 우려가 없을 것.
㉡ 바닥, 벽, 천장은 가능한 청소하기 쉽게 매끄러운 표면을 지니고 소독제 등의 부식성에 저항력이 있을 것.
㉢ 환기가 잘 되고 청결할 것.
㉣ 외부와 연결된 창문은 잘 열려 환기가 잘 되도록 할 것.
㉤ 작업소 내의 외관 표면은 가능한 매끄럽게 설계하고, 청소, 소독제의 부식성에 저항력이 있을 것.
㉥ 수세실과 화장실은 다른 층에 있어야한다.
㉦ 작업소 전체에 적절한 조명을 설치하고, 조명이 파손될 경우를 대비한 제품을 보호할 수 있는 처리절차를 마련할 것.
㉧ 제품의 오염을 방지하고 적절한 온도 및 습도를 유지할 수 있도록 적절한 환기시설을 갖출 것.
㉨ 각 제조구역별 청소 및 위생관리 절차에 따라 효능이 입증된 세척제 및 소독제를 사용할 것.
㉩ 제품의 품질에 영향을 주지 않는 소모품을 사용할 것.

① ㉥, ㉨ ② ㉣, ㉥
③ ㉤, ㉨ ④ ㉣, ㉤
⑤ ㉨, ㉩

답 ②

해 1. 제조하는 화장품의 종류·제형에 따라 적절히 구획·구분되어 있어 교차오염 우려가 없을 것
2. 바닥, 벽, 천장은 가능한 청소 또는 위생관리를 하기 쉽게 매끄러운 표면을 지니고 청결하게 유지되어야 하며 소독제 등의 부식성에 저항력이 있을 것
3. 환기가 잘 되고 청결할 것.
4. 외부와 연결된 창문은 가능한 열리지 않도록 할 것, 창문이 외부 환경으로 열리는 경우, 제품의 오염을 방지하도록 적절히 차단할 것
5. 작업소 내의 외관 표면은 가능한 매끄럽게 설계하고, 청소, 소독제의 부식성에 저항력이 있을 것
6. 적절하고 깨끗한 수세실과 화장실을 마련하고 수세실과 화장실은 접근이 쉬워야 하나 생산구역과 분리되어 있을 것
7. 작업소 전체에 적절한 조명을 설치하고, 조명이 파손될 경우를 대비한 제품을 보호할 수 있는 처리절차를 마련할 것
8. 제품의 오염을 방지하고 적절한 온도 및 습도를 유지할 수 있는 적절한 환기시설을 갖출 것
9. 각 제조구역별 청소 및 위생관리 절차에 따라 효능이 입증된 세척제 및 소독제를 사용할 것
10. 제품의 품질에 영향을 주지 않는 소모품을 사용할 것

076

탄화수소와 알파-하이드록시애씨드의 성분이 바르게 짝지어진 것은?

① 스쿠알란-락틱애씨드
② 히아루론산-시트릭애씨드
③ 세라마이드-말릭애씨드
④ 솔비톨-락틱애씨드
⑤ 해바라기오일-타타릭애씨드

답 ①

해 • **탄화수소**: 스쿠알란, 미네랄오일, 스쿠알렌, 페트롤라툼
• **AHA**: 시트릭애씨드(감귤류, 구연산), 글라이콜릭애씨드(사탕수수), 말릭애씨드(사과산), 타타릭애씨드(적포도주), 락틱애씨드(쉰우유, 젖산)

077

소독제에 대한 것으로 알맞지 않은 것은?

① 5분 이내 미생물 사멸효과를 가져야한다.
② 병원균을 죽이고 사용 기간 동안 활성을 유지해야 한다.
③ 에탄올 원액을 사용한다.
④ 제품이나 설비와 반응하지 않아야 한다.
⑤ 부식성이 없어야 한다.

답 ③

해 에탄올을 사용하여 소독 시 살균력은 60%~70% 수용액을 사용한다. 60% 이하 및 80% 이상에서는 소독·살균력이 거의 없어 추천하지 않는다.

078

포름알데하이드가 몇% 이상 검출된 제품에 〈보기〉와 같은 문구를 기재·표시하여야 하는가?

〈보기〉

포름알데하이드를 함유하고 있으므로 이 성분에 과민한 사람은 신중히 사용할 것

① 0.001% ② 0.01%
③ 0.2% ④ 0.05%
⑤ 0.5%

답 ④

해 포름알데하이드 및 p-포름알데하이드는 사용할 수 없는 원료이나 화장품에 사용되는 일부 보존제(디아졸리디닐우레아, 디엠디엠하이단토인, 2-브로모-2-나이트로프로판-1,3-디올, 벤질헤미포름알, 소듐하이드록시메칠아미노아세테이트, 이미다졸리디닐우레아, 쿼터늄-15 등)가 수용성 상태에서 분해되어 일부 생성될 수 있다.

079

다음은「화장품법 시행규칙」[별표 3]에 따른 영유아용 제품류에 대한 내용이다. 빈칸에 알맞은 유형을 쓰시오.

① 영유아용 샴푸, 린스
② 영유아용 로션, 크림
③ 영유아용 오일
④ 영유아 (　　) 제품
⑤ 영유아 목욕용 제품

① 기초화장용 ② 인체세정용
③ 모발용 ④ 얼굴용
⑤ 위생용

답 ②

080

식품의약품안전처장 고시「화장품 안전기준 등에 관한 규정」에서는 특정세균은 불검출되어야 하는 것으로 정하고 있으며 특정세균은 대장균, 녹농균, (㉠)이다. ㉠에 적합한 단어는?

① 칸디다균 ② 아크네균
③ 황색포도상구균 ④ 폐렴균
⑤ 미생물

답 ③

해 불검출되어야 하는 특정세균은 대장균, 녹농균, 황색포도상구균이다.

081

「화장품법 시행규칙」에 따르면 보기의 어느 하나에 해당하는 성분을 0.5퍼센트 이상 함유하는 제품의 경우에는 해당 품목의 안정성시험 자료를 최종 제조된 제품의 사용기한이 만료되는 날부터 1년간 보존해야 한다. ㉠, ㉡에 적합한 단어는?

가. 레티놀(비타민A) 및 그 유도체
나. 아스코빅애시드(비타민C) 및 그 유도체
다. (㉠)
라. 과산화화합물
마. (㉡)

답 ㉠ 토코페롤, ㉡ 효소

해 「화장품법 시행규칙」제12조, 레티놀(비타민A) 및 그 유도체, 아스코빅애시드(비타민C) 및 그 유도체, 토코페롤(비타민E), 과산화화합물, 효소

082

표시량이 50mL인 로션의 충진량으로 몇 그램인가?(단, 로션의 비중은 0.9)

답 45g

해 부피로 표시된 제품의 충진을 질량으로 할 때는 비중을 이용하여 부피를 질량으로 환산한다(비중×부피=질량, 0.9×50mL=45그램).

083

우수화장품 제조 및 품질관리(CGMP)에서 (㉠)은(는) 주문 준비와 관련된 일련의 작업과 운송 수단에 적재하는 활동으로 제조소 외로 제품을 운반하는 것이라 정의하고 있으며,「화장품법 시행규칙」별표 1(품질관리기준)에서는 화장품책임판매업자가 그 제조 등(타인에게 위탁 제조 또는 검사하는 경우를 포함하고 타인으로부터 수탁 제조 또는 검사하는 경우는 포함하지 않는다.)을 하거나 수입한 화장품의 판매를 위해 출하하는 것을 (㉡)(이)라 정의하고 있다. ㉠, ㉡에 적합한 단어는?

답 ㉠ 출하, ㉡ 시장출하

해 화장품 제조업자가 제조소(예 공장)외로 완제품을 운반(운송)하면 출하, 화장품 책임판매업자가 판매를 위해 완제품을 운반(운송)하면 시장출하이다.

084

점도측정법:액체가 일정방향으로 운동할 때 그 흐름에 평행한 평면의 양측에 내부마찰력이 일어난다. 이 성질을 (㉠)이라고 한다. (㉠)은 면의 넓이 및 그 면에 대하여 수직방향의 속도구배에 비례한다. 그 비례정수를 절대점도라 하고 일정온도에 대하여 그 액체의 고유한 정수이다. 그 단위로서는 포아스 또는 센티포아스를 쓴다. ㉠에 적합한 단어는?

답 점성(점도)

해 액체가 일정방향으로 운동할 때 그 흐름에 평행한 평면의 양측에 내부마찰력이 일어난다. 이 성질을 점성이라고 한다. 점성은 면의 넓이 및 그 면에 대하여 수직방향의 속도구배에 비례한다. 그 비례정수를 절대점도라 하고 일정온도에 대하여 그 액체의 고유한 정수이다. 그 단위로서는 포아스 또는 센티포아스를 쓴다(기능성화장품 기준 및 시험방법(KFCC, Korean Functional Cosmetics Codex) 별표10 일반시험법)

085

우수화장품 제조 및 품질관리기준(CGMP) 제15조에서는 제조 및 품질관리의 적합성을 보장하는 기본 요건들을 충족하고 있음을 보증하기 위하여 (㉠), 제조관리기준서, (㉡), 품질관리기준서를 작성하고 보관하여야 한다. ㉠, ㉡에 적합한 단어는?

답 ㉠ 제품표준서, ㉡ 제조위생관리기준서

해 **CGMP 4대기준서**:제품표준서, 제조관리기준서, 제조위생관리기준서, 품질관리기준서

086

모발의 성장구조 중 빈칸에 알맞은 용어는?

- 성장기:성장기는 모유두의 세포분열이 매우 왕성하게 진행되어 모발이 빠르게 성장하는 시기이다 성장기의 기간은 약 3~6년이며, 전체 모발주기의 80~90%가 이 시기에 속한다. 성장기의 모발은 한 달에 약 1~1.5cm 자라지만 영양상태, 호르몬분비, 계절, 연령, 유전인자 등 개인에 따라서 달라질 수 있다.
- 퇴행기:성장기를 거친 모발이 차츰 퇴화기를 맞아 성장이 느려져 결국 더 이상 모발이 자라지 않는다. 퇴화기는 약 1~2개월이며, 전체 모발주기의 약 1%에 해당된다. 퇴화기에는 모유두와 모구부가 분리되기 시작하고 모낭이 위축되어 모근은 위쪽으로 밀려 올라가게 되고 결국 세포 분열을 멈추게 된다.
- (   ):모낭과 모유두가 완전히 분리되고 모낭도 더욱더 위축되어 모근은 위쪽으로 더 밀려 올라가 모발이 빠지게 된다. 휴지기의 기간은 약 4~5개월이며, 이 기간 동안 모유두는 쉬게 된다. 이 휴지기에 해당하는 모발의 수는 전체 모발의 약 10%에 해당되며 휴지기에 들어선 후 약 3~4개월은 두피에 머무르다가 차츰 자연스럽게 빠지게 된다.

  휴지기 상태의 모발이 약 20% 이상이 되어 탈모되는 수가 많아질때는 그 원인을 파악해서 더 이상 탈모가 진행되지 않도록 두피 및 모발관리를 해야 한다.

- 탈모기 : 탈모는 새로 성장하는 모발의 수 보다 빠지는 모발의 수가 더 많아지는 현상으로 모발의 수가 점점 줄어드는 것을 말한다. 정상적인 자연탈모의 경우 하루에 약 50~100개의 모발이 빠지지만 그 이상의 숫자가 빠지는 경우에는 이상탈모 증상으로 보아야 한다. 이 경우 모모세포의 생장활동이 중지 되고 성장기는 짧아지고 휴지기가 길어진다. 남성호르몬의 이상, 스트레스, 피지분지, 염증, 잦은 퍼머 또는 염색으로 인해 탈모가 발생하기도 한다. 탈모에 도움이 되는 기능성 성분은 덱스판테놀, 비오틴, L-멘톨, 징크피리치온 등이 있다.

답 휴지기

해 모발성장주기는 초기성장기, 성장기(anagen), 퇴행기(catagen), 휴지기(telogen)로 구성된다. 성장기는 모발을 구성하는 세포의 성장이 빠르게 이루어지고 퇴행기에는 성장이 감소하고 모구(hair bulb) 주위에 상피세포(epithelial cell)가 죽게 되며(아포토시스 apoptosis, 세포자연사) 휴지기에는 모낭이 위축되고 성장이 멈춘다.

087

「화장품법 시행규칙」[별표4]의 화장품의 유형과 사용 시의 주의사항에서는 포장의 표시기준 및 표시방법에 대하여 규정하고 있으며 영업자의 상호 및 주소는 등록필증 또는 신고필증에 적힌 소재지(맞춤형화장품판매업자의 주소는 맞춤형화장품판매업신고필증에 적힌 소재지) 또는 (㉠), (㉡)업무를 대표하는 소재지를 기재·표시해야 한다. ㉠, ㉡에 적합한 단어는?

답 ㉠ 반품, ㉡ 교환

해 화장품제조업자 또는 화장품책임판매업자의 주소는 등록필증 또는 신고필증에 적힌 소재지(맞춤형화장품판매업자의 주소는 맞춤형화장품판매업신고필증에 적힌 소재지) 또는 반품·교환 업무를 대표하는 소재지(예 물류센터)를 기재·표시해야 한다.

088

식품의약품안전처장이 고시한「기능성화장품 심사에 관한 규정」에서는 기능성화장품의 심사를 위해 제출해야 하는 자료를 정하고 있으며 제출해야 하는 안전성에 관한 자료는 단회 투여 독성시험 자료, 1차 피부자극시험 자료, 안(眼)점막 자극 또는 그 밖의 점막 자극시험 자료, (㉠), 광독성(光毒性) 및 광감작성시험 자료, 인체첩포시험(貼布試驗) 자료, 인체누적첩포시험 자료이다. ㉠에 적합한 단어는?

답 피부감작성시험 자료

089

표피 중 가장 깊은 곳에 위치하고 단일층으로 구성된 타원형의 핵을 가진 살아있는 세포로서 활발한 세포분열을 가장 왕성하게 하여 새로운 세포를 생성하는 곳은?

답 기저층

090

다음 표기된 "사용할 때의 주의사항"을 사용하는 화장품의 종류를 「화장품법」에 사용된 용어로 쓰시오.

- 화장품 사용 시 또는 사용 후 직사광선에 의하여 사용부위가 붉은 반점, 부어오름 또는 가려움증 등의 이상 증상이나 부작용이 있는 경우 전문의 등과 상담할 것.
- 상처가 있는 부위 등에는 사용을 자제할 것.
- 보관 및 취급 시의 주의사항
  가) 어린이의 손이 닿지 않는 곳에 보관할 것.
  나) 직사광선을 피해서 보관할 것.
- 눈에 들어갔을 때에는 즉시 씻어낼 것.
- 사용 후 물로 씻어내지 않으면 탈모 또는 탈색의 원인이 될 수 있으므로 주의할 것.

답 샴푸

해 샴푸는 화장품 사용 시의 주의사항으로 화장품 공통사항에 개별사항으로 "눈에 들어갔을 때에는 즉시 씻어낼 것", "사용 후 물로 씻어내지 않으면 탈모 또는 탈색의 원인이 될 수 있으므로 주의할 것" 추가해서 표시해야 한다.

091

화장품제조업을 등록하려는 자는 총리령으로 정하는 시설기준을 갖추어야 한다. 다만, 화장품의 일부 공정만을 제조하는 등 총리령으로 정하는 경우에 해당하는 때에는 시설의 일부를 갖추지 아니할 수 있다. 화장품책임판매업을 등록하려는 자는 총리령으로 정하는 화장품의 품질관리 및 책임판매 후 안전관리에 관한 기준을 갖추어야 하며, 이를 관리할 수 있는 (　　)를 두어야 한다.

답 책임판매관리자

해 화장품 책임판매업자는 책임판매관리자를 두어야 하며 책임판매관리자는 품질관리 업무 총괄, 품질관리 업무가 적정하고 원활하게 수행되는 것을 확인 등의 업무를 수행해야 한다.

092

계면활성제는 분자 내에 친수기(Hydrophilic group)와 소수기(Lipophilic group)를 동시에 갖는 물질로 이러한 계면에 흡착하여 계면장력을 낮추어 두 액체를 섞이도록 한다. 이러한 계면 중 기체-액체, 액체-액체상의 액체계면(liquid interface)과 기체-고체, 고체-액체상의 고체계면(solid interface)으로 나눌 수 있다.

(㉠)계면활성제 : 모발에 흡착하여 유연효과나 대전방지 효과, 모발의 정전기 방지 효과를 준다.
(㉡)계면활성제 : 물 속에서 친수부가 대전되지 않으며 자극이 적어서 기초화장품류 제품에서 유화제, 가용화제 등으로 사용된다.

답 ㉠ 양이온, ㉡ 비이온

해 양이온 계면활성제는 모발의 대전방지 효과 및 컨디셔닝 효과, 살균효과 등이 있어서 린스, 컨디셔너, 손소독제에 주로 사용되며 비이온 계면활성제는 자극이 적어 기초화장품류에서 사용된다.

093

〈보기〉의 ㉠, ㉡에 적합한 단어를 작성하시오

〈보기〉

「화장품법」에서는 맞춤형화장품판매업자는 맞춤형화장품판매장에서 국가자격시험에 합격한 자인 (㉠)를 두어 맞춤형화장품의 (㉡) 업무를 하여야 한다.

답 ㉠ 맞춤형화장품조제관리사, ㉡ 혼합 소분

해 맞춤형화장품판매업자는 맞춤형화장품조제관리사(맞춤형화장품의 혼합·소분업무에 종사하는 자)를 두어야 한다(「화장품법」제3조의2).

094

모발은 크게 모근부와 모간부로 구분되며, 모근부는 피부 속에 박혀 있는 부분으로 모낭으로 둘러싸여 있다. 기저층의 (㉠)세포는 모발의 기원이 되는 세포로 세포분열에 의해 증식되고, 증식된 세포는 서서히 각화 되면서 위쪽 모공 부위로 올라간 후 모발 세포층만 남게 된다. 모유두에 접하고 있는 세포인 (㉠)세포는 세포의 분열과 증식에 관여하여 새로운 모발 세포를 만드는 작용을 한다. 모소피는 모피질을 보호하고 있으며 큐티클층이라 불리우며, 각질형성세포(keratinocyte)에서 만들어진 경단백질의 (㉡)으로 만들어져 마찰에 약하고 자극에 의해 쉽게 부러지는 성질이 있다. ㉠, ㉡에 적합한 단어를 작성하시오.

답 ㉠ 모모, ㉡ 케라틴

095

화장품 내용량이 10밀리리터 초과 50밀리리터 이하 또는 중량이 10그램 초과 50그램 이하 화장품의 포장인 경우에는 아래의 성분을 생략하지 않고 표기해야 한다. 빈 괄호에 적합한 단어는?

- 타르색소
- (　　)
- 샴푸와 린스에 들어 있는 인산염의 종류
- 과일산(AHA)
- 기능성화장품의 경우 그 효능·효과가 나타나게 하는 원료
- 식품의약품안전처장이 사용한도를 고시한 화장품의 원료

답 금박(금가루)

096

진피에 있는 망상층에서는 교원섬유(collagen)가 합성되어 형성되며, 세포 기질 성분 중 기질금속단백질분해효소(MMP, matrix metalloprotease)는 금속이온인 (　　)과 결합하여 교원섬유를 분해 파괴한다. 콜라겐 합성보다 분해하는 효소가 더욱 많은 경우 노화가 촉진된다. 괄호에 적합한 용어는?

답 아연이온(Zn2+)

097

연한 갈색, 암갈색, 흑색 등의 색과 다양한 크기의 과색소 침착성 질환으로서 주로 30대 이후 중년여성에게서 많이 발생되며, 임신이나 폐경기 및 내분비질환으로 인해 발생되기도 한다. 일반적으로 운전, 운동 등으로 인해 지속적으로 햇빛에 노출 시, 스트레스 및 화장품 등의 부작용으로 인해 발생되는 침착 색소를 무엇이라고 하는가?

답 기미

해 기미는 흔한 질환으로 남자보다 여자에게서 훨씬 흔하게 발생한다. 임신 혹은 경구 피임약의 복용, 자외선 노출, 내분비 이상, 영양 부족 등으로 인해 발생한다.

098

과도한 자외선 노출은 피부보호막을 파괴하고 멜라닌 색소 생성을 촉진시키며, 피부 탄력 섬유를 파괴할 뿐만 아니라 얼굴의 모세혈관을 확장시켜 안면홍조를 유발한다. 멜라닌 세포는 표피에서 적황색 또는 흑갈색의 멜라닌을 생성하여 각질형성세포로 공급하는 수지상 세포이며 자외선에 의해 기저층의 세포가 손상되는 것을 방어한다. (㉠)은 카로티노이드 색소의 일종으로 피부의 황색은 이 물질에서 유래 하며 여성보다 남성에게 많으며 주로 피하조직에 존재하며 비타민A의 전구물질로 작용한다. (㉡)는 적혈구 속에서만 존재하며 산소를 세포와 조직에 운반하는 역할을 한다. 산소와 충분히 결합한 경우에는 붉은색을 띄어 건강한 사람의 피부가 붉게 보이도록 하고, 산소와 결합하지 못한 경우에는 푸른색을 띄어 건강하지 못한 사람의 피부는 산소가 부족하여 푸른빛을 띄어 창백하게 보이게 한다. 피부표면 가까이 모세혈관이 분포되어 있는 안면, 목부위 등의 붉은색은 피부색에 크게 영향을 준다. ㉠, ㉡에 적합한 단어는?

답 ㉠ 카로틴(Carotene, 카로티노이드, 베타카로틴),
㉡ 헤모글로빈(Hemoglobin)

해
- 헤모글로빈(hemoglobin)
- 노란 기 : 카로틴(carotene, 카로티노이드, 베타카로틴)
- 검은 기 : 멜라닌(melanin)

099

<보기>는 화장품 시험법에 대한 설명으로 ㉠, ㉡에 적합한 단어를 작성하시오.

> <보기>
>
> 100mL 비이커에 검체 약 (㉠)g 또는 (㉠) mL를 취하여 넣고 물 (㉡)mL를 넣어 수욕상에서 가온하여 지방분을 녹이고 흔들어 섞은 다음 냉장고에서 지방분을 응결시켜 여과한다. 이때 지방층과 물층이 분리되지 않을 때는 그대로 사용한다. 이 여과액에 대하여 시험한다.

답 ㉠ 2, ㉡ 30

해 **pH시험법** : 따로 규정이 없는 한 검체 약 2g 또는 2mL를 취하여 100mL 비이커에 넣고 물 30mL를 넣어 수욕상에서 가온하여 지방분을 녹이고 흔들어 섞은 다음 냉장고에서 지방분을 응결시켜 여과한다. 이때 지방층과 물층이 분리되지 않을 때는 그대로 사용한다(기능성 화장품 기준 및 시험방법 별표10 일반시험법).

100

기능성화장품 기준 및 시험방법(KFCC)에서 고시한 탈모 증상의 완화에 도움을 주는 성분으로 박하(Mentha arvensis Linné var. piperascens Holmes(Labiatae))를 수증기 증류하여 얻은 정유를 냉각시켜 만든 고형물이다. 화학식은 C10H20O, 분자량 156.27, 녹는점 42~44℃, 비중 0.890(15℃)이며 무색의 기둥상 또는 침상의 결정 및 백색의 작은 박편 또는 결정성 가루로 특이하고 상쾌한 방향이 있고 맛은 처음에는 뜨끔한 것 같으며 나중에는 청량한 맛이 있다. 물에는 거의 녹지 않으나, 에탄올·에테르·클로로폼에는 잘 녹는다. 이 화장품 성분은 무엇인가?

답 엘-멘톨(L-menthol)

해 바늘모양으로 상쾌감을 주는 탈모 증상의 완화에 도움을 주는 성분은 엘-멘톨이다.

맞춤형화장품 해설집

2회

실전고사 2회

001

맞춤형화장품조제관리사인 사람이 퇴사해서 일반 직원이 대신 일을 수행하여 맞춤형화장품을 조제·판매할 경우 행정처분으로 알맞은 것은?

① 5년 이하 징역 또는 5천만원 이하 벌금
② 3년 이하 징역 또는 3천만원 이하 벌금
③ 1년 이하 징역 또는 1천만원 이하 벌금
④ 과태료 200만원 또는 200만원 이상 벌금
⑤ 시정명령

답 ②

해 3년 이하의 징역 또는 3천만원 이하의 벌금

1. 등록을 하지 않고 화장품제조업 또는 화장품책임판매업을 한 자
2. 신고를 하지 않고 맞춤형화장품판매업을 한 자
3. 맞춤형화장품조제관리사를 두지 않고 영업한 자
4. 안전성 및 유효성에 관하여 심사를 받거나 보고서를 제출하지 않은 기능성화장품을 판매한 자
5. 거짓이나 부정한 방법으로 천연화장품 및 유기농화장품의 인증을 받은 자
6. 불법으로 인증표시 및 유사표시를 를 한 자
7. 제15조 영업의 금지를 위반한 자

> 제15조(영업의 금지) 누구든지 다음 각 호의 어느 하나에 해당하는 화장품을 판매(수입대행형 거래를 목적으로 하는 알선·수여를 포함한다)하거나 판매할 목적으로 제조·수입·보관 또는 진열하여서는 아니 된다.
> 1. 제4조에 따른 심사를 받지 아니하거나 보고서를 제출하지 아니한 기능성화장품
> 2. 전부 또는 일부가 변패(變敗)된 화장품
> 3. 병원미생물에 오염된 화장품
> 4. 이물이 혼입되었거나 부착된 것
> 5. 제8조제1항 또는 제2항에 따른 화장품에 사용할 수 없는 원료를 사용하였거나 같은 조 제8항에 따른 유통화장품 안전관리 기준에 적합하지 아니한 화장품
> 6. 코뿔소 뿔 또는 호랑이 뼈와 그 추출물을 사용한 화장품
> 7. 보건위생상 위해가 발생할 우려가 있는 비위생적인 조건에서 제조되었거나 제3조제2항에 따른 시설기준에 적합하지 아니한 시설에서 제조된 것
> 8. 용기나 포장이 불량하여 해당 화장품이 보건위생상 위해를 발생할 우려가 있는 것
> 9. 제10조제1항제6호에 따른 사용기한 또는 개봉 후 사용기간(병행 표기된 제조연월일을 포함한다)을 위조·변조한 화장품

8. 등록을 하지 않고 화장품을 제조 또는 제조·수입하여 유통·판매한 자
9. 화장품의 포장 및 기재·표시 사항을 훼손 또는 위조·변조한 경우(맞춤형화장품 판매를 위하여 필요한 경우는 제외)

002

다음 대화 내용을 보고 맞춤형화장품조제관리사가 혼합·소분할 수 있는 화장품 유형이 아닌 것을 고르시오.

〈대화〉

- 손님:저번에 추천 주신 제품 너무 좋았어요.
- 직원:그럼 기존에 사용하시던 보습크림으로 조제 해드릴까요?
- 손님:아니요, 이번에는 동일 성분으로 (　　)를 조제해 주시고, 10mL씩 5개로 소용량으로 나눠주세요.

① 흑채
② 제모왁스
③ 손소독제
④ 데오도란트
⑤ 외음부세정제

답 ③

해 손소독제는 의약외품으로 소분이 불가능하다.

003

다음 중 맞춤형화장품판매업자의 영업등록의 결격 사유에 대한 설명으로 옳지 않은 것은?

① 피성년 후견인 또는 파산선고를 받고 복권되지 않으면 영업신고를 할 수 없다.

②「보건범죄 단속에 관한 특별조치법」을 위반하여 금고 이상의 형을 선고받고 그 집행이 끝나면 영업신고를 할 수 있다.

③「마약류 관리에 관한 법률」제2조제1호에 따라 마약중독자로 진단받으면 맞춤형화장품판매업의 신고를 할 수 없다.

④ 국민보건에 위해를 끼쳤거나 끼칠 우려가 있는 화장품을 제조·수입하여 등록이 취소된지 1년이 지나지 않은 경우 맞춤형화장품판매업의 신고를 할 수 없다.

⑤ 법 제24조에 따라 영업 등록이 취소되거나 영업소가 폐쇄된 지 1년이 지나면 영업신고를 할 수 있다.

답 ③

해 영업등록의 결격사유 중 마약류의 중독자 및 정신질환자는 제조업 등록에만 해당되며, 화장품영업 등록 및 신고 중 결격사유의 어느 하나에 해당되면 영업이 취소된다.

구분	정신 질환	마약류 중독	피성년 후견인 및 파산	금고형	영업취소 1년 미만
화장품 제조업	0	0	0	0	0
화장품책임 판매업	x	x	0	0	0
맞춤형화장 품판매업	x	x	0	0	0

004

맞춤형화장품 판매업소 소재지 변경 미신고시 1차 적발된 경우 알맞은 행정처분을 고르시오.

① 시정명령

② 판매업무정지 1개월

③ 판매업무정지 3개월

④ 판매업무정지 6개월

⑤ 판매업무정지 12개월

답 ②

해 맞춤형화장품 판매업소 소재지 변경 미신고시 행정처분

- **1차 위반**: 판매업무정지 1개월
- **2차 위반**: 판매업무정지 2개월
- **3차 위반**: 판매업무정지 3개월
- **4차 이상위반**: 판매업무정지 4개월

005

다음은 맞춤형화장품조제관리사 '신비'와 '고객' 간의 대화이다. 아래의 내용을 보고 맞춤형화장품조제관리사가 설명해야 하는 내용으로 옳은 것은?

Base 종류	사용기한	사용된 보존제
건성피부용 Base	2020.03.24.생산 (제조일로부터 3년)	페녹시에탄올
지성피부용 Base	2020.03.24.생산 (제조일로부터 3년)	벤잘코늄 클로라이드

유효성분	사용기한	-
베이비파우더향	2020.10.13.생산(제조일로부터 2년)	-
라벤더 오일	2020.10.13.생산(제조일로부터 2년)	-

기능성 성분	사용기한	비고
아데노신	2020.03.24.생산 (제조일로부터 3년)	책판업자가 기능성 성분으로 식약처에 심사, 등록을 마침
나이아신 아마이드	2020.03.24.생산 (제조일로부터 3년)	

• 신비:안녕하세요. 잘 지내셨어요? 오랜만에 방문하셨네요.
• 고객:네. 오랜만에 왔네요. 요즘 날씨가 바뀌어서 그런지 피부가 많이 건조해진 것 같아요. 제 피부에 맞는 화장품으로 조제해 주세요
• 신비:네 그렇게 해드릴게요.우선 피부측정부터 해볼게요.

〈피부측정결과〉

	지난번	이번
수분량(%)	60	40
색소침착(%)	6	16
주름(%)	5	6
탄력도(%)	56	57

• 신비:지난번 오셨을 때보다 수분도가 20% 줄었고, 색소침착도가 약 10% 증가했네요. 지난번 조제해 드린 크림은 어떠셨나요?
• 고객:네. 좋은 것 같아요
• 신비:그러면 지난번 크림과 같게 조제해드릴까요?
• 고객:네. 그런데 지난번엔 베이스 향이 진해서 조금 불편했어요. 이번에는 가능하면 베이비파우더 향을 넣고 싶은데 될까요?
• 신비:그러면 베이스의 향을 조절할 수 있도록 베이비파우더 향을 좀 더 첨가해 드릴게요.
• 고객:네. 그렇게 해주세요.
• 신비:다른 원하시는 사항이 있나요?
• 고객:보습이 더 되면 좋겠고요. 여름에 바깥 활동을 많이 해서 그런지 피부가 칙칙해서 미백 기능이 있으면 좋겠어요.

처방성분:나이아신아미드, 아데노신, 라벤더오일, 베이비파우더향, 소듐하이알루로네이트

① 건성 Base를 사용할 시 눈에 접촉을 피하고 눈에 들어갔을 때는 즉시 씻어내도록 해야 한다.
② 이 제품은 아데노신이 첨가되어 미백에 도움이 된다.
③ 이 제품은 베이스의 사용기한이 3년이므로 사용기한은 2023년 3월 24일까지이다.
④ 지성 Base 성분에는 사용 한도가 있는 원료가 있다.
⑤ 신비가 이 기능성 원료를 화장품에 첨가하여 혼합·소분할 수 없다.

답 ④

해

원료명	사용한도	비고
벤잘코늄클로라이드, 브로마이드 및 사카리네이트	사용 후 씻어내는 제품에 벤잘코늄클로라이드로서 0.1% 기타 제품에 벤잘코늄클로라이드로서 0.05%	살균 보존제

006

다음은 주름개선크림을 광고하는 내용이다. 광고할 수 있는 내용으로 바르지 못한 것을 모두 고르시오.

ㄱ. 화장품의 주름 개선 효과는 최고이다.
ㄴ. 피부에 탄력을 주어 주름 개선에 효과가 있다.
ㄷ. 이 제품은 홍길동 피부과 의사가 추천한 제품이다.
ㄹ. 포름알데하이드 불검출 제품이다.
ㅁ. 폴리에톡실레이티드레틴아마이드가 0.2% 함유되어 있다.

① ㄱ, ㄴ, ㄷ
② ㄱ, ㄷ, ㄹ
③ ㄱ, ㄹ, ㅁ
④ ㄴ, ㄷ, ㄹ
⑤ ㄴ, ㄹ, ㅁ

답 ①

해 ㄱ. 경쟁상품과 비교하는 표시·광고는 비교 대상 및 기준을 분명히 밝히고 객관적으로 확인될 수 있는 사항만을 표시·광고하여야 하며, 배타성을 띤 "최고" 또는 "최상" 등의 절대적 표현의 표시·광고를 하지 말 것

ㄴ. 의약품으로 잘못 인식할 우려가 있는 내용, 제품의 명칭 및 효능·효과 등에 대한 표시·광고를 하지 말 것

ㄷ. 의사 · 치과의사 · 한의사 · 약사 · 의료기관 또는 그 밖의 의 · 약 분야의 전문가가 해당 화장품을 지정 · 공인 · 추천 · 지도 · 연구 · 개발 또는 사용하고 있다는 내용이나 이를 암시하는 등의 표시 · 광고를 하지 말 것. 다만, 법 제2조제1호부터 제3호까지의 정의(화장품, 기능성화장품, 천연화장품, 유기농화장품의 정의)에 부합되는 인체 적용 시험 결과가 관련 학회 발표 등을 통하여 공인된 경우에는 그 범위에서 관련 문헌을 인용할 수 있으며, 이 경우 인용한 문헌의 본래 뜻을 정확히 전달하여야 하고, 연구자 성명 · 문헌명과 발표 연월일을 분명히 밝혀야 한다.

007

다음은 화장품의 1차 포장과 2차 포장이 같은 제품이다. 포장에 기재표시 된 사항 중 추가해야 하는 사항을 고르시오.

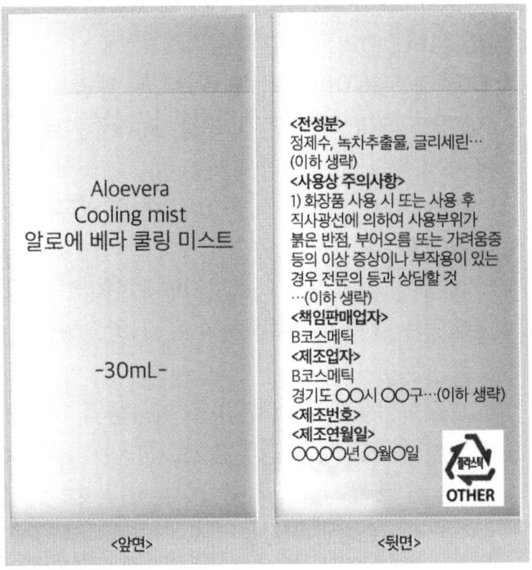

ㄱ. 제품의 효능·효과
ㄴ. 바코드
ㄷ. 사용 방법
ㄹ. 제품명에 기재된 원료의 성분명과 함량
ㅁ. 사용기한 및 개봉 후 사용 기간

① ㄱ, ㄴ, ㄷ
② ㄱ, ㄷ, ㅁ
③ ㄱ, ㄹ, ㅁ
④ ㄴ, ㄷ, ㅁ
⑤ ㄴ, ㄹ, ㅁ

답 ⑤

해 ㄴ. 내용량이 15밀리리터 이하 또는 15그램 이하인 제품의 용기 또는 포장이나 견본품, 시공품 등 비매품에 대하여는 화장품바코드 표시를 생략할 수 있다.

ㄹ. 법 제10조제1항제10호에 따라 화장품의 포장에 기재·표시하여야 하는 사항은 다음 각 호와 같다. 다만, 맞춤형화장품의 경우에는 제1호 및 제6호를 제외한다.

1. 식품의약품안전처장이 정하는 바코드
2. 기능성화장품의 경우 심사받거나 보고한 효능·효과, 용법·용량
3. 성분명을 제품 명칭의 일부로 사용한 경우 그 성분명과 함량(방향용 제품은 제외한다)
4. 인체 세포·조직 배양액이 들어있는 경우 그 함량
5. 화장품에 천연 또는 유기농으로 표시·광고하려는

경우에는 원료의 함량
6. 수입화장품인 경우에는 제조국의 명칭(「대외무역법」에 따른 원산지를 표시한 경우에는 제조국의 명칭을 생략할 수 있다), 제조회사명 및 그 소재지
7. 제2조제8호부터 제11호까지에 해당하는 기능성화장품의 경우에는 "질병의 예방 및 치료를 위한 의약품이 아님"이라는 문구
8. 다음 각 목의 어느 하나에 해당하는 경우 법 제8조 제2항에 따라 사용기준이 지정·고시된 원료 중 보존제의 함량
가. 별표 3 제1호가목에 따른 3세 이하의 영유아용 제품류인 경우
나. 4세 이상부터 13세 이하까지의 어린이가 사용할 수 있는 제품임을 특정하여 표시·광고하려는 경우
ㅁ. 10조(화장품의 기재사항) ① 화장품의 1차 포장 또는 2차 포장에는 총리령으로 정하는 바에 따라 다음 각 호의 사항을 기재·표시하여야 한다. 다만, 내용량이 소량인 화장품의 포장 등 총리령으로 정하는 포장에는 화장품의 명칭, 화장품책임판매업자 및 맞춤형화장품판매업자의 상호, 가격, 제조번호와 사용기한 또는 개봉 후 사용기간(개봉 후 사용기간을 기재할 경우에는 제조연월일을 병행 표기하여야 한다. 이하 이 조에서 같다)만을 기재·표시할 수 있다.
1. 화장품의 명칭
2. 영업자의 상호 및 주소
3. 해당 화장품 제조에 사용된 모든 성분(인체에 무해한 소량 함유 성분 등 총리령으로 정하는 성분은 제외한다.)
4. 내용물의 용량 또는 중량
5. 제조번호
6. 사용기한 또는 개봉 후 사용기간
7. 가격
8. 기능성화장품의 경우 "기능성화장품"이라는 글자 또는 기능성화장품을 나타내는 도안으로서 식품의약품안전처장이 정하는 도안
9. 사용할 때의 주의사항
10. 그 밖에 총리령으로 정하는 사항
② 제1항 각 호 외의 부분 본문에도 불구하고 다음 각 호의 사항은 1차 포장에 표시하여야 한다.
1. 화장품의 명칭
2. 영업자의 상호
3. 제조번호
4. 사용기한 또는 개봉 후 사용기간

008

맞춤형화장품조제관리사가 보습에센스 100g을 만들었다. 여기에 향료를 0.2% 배합하였다.
다음은 그 향료의 조성목록이다. 향료로 표기하지 않고 따로 알레르기 유발물질로서 기재해야 하는 것을 모두 고른 것은?

• 에탄올-10%	• 리모넨-10%
• 1, 2-헥산다이올-5%	• 리날룰-5%
• 시트랄-1%	• 벤질알코올 0.1%

① 에탄올, 리모넨, 1, 2-헥산다이올
② 에탄올, 1, 2-헥산다이올, 리날룰
③ 리모넨, 리날룰, 시트랄
④ 리모넨, 리날룰, 벤질알코올
⑤ 1, 2-헥산다이올, 리날룰, 벤질알코올

답 ③

해 **향료의양** : 100g x (0.2/100) = 0.2g

알러지 성분	함량	계산식
리모넨	10%	0.2x(10/100) = 0.02g(향료에 대한 리모넨 양g) 0.02 ÷ 100x100 = 0.02%(에센스전체양에 대한 리모넨 백분율함량
리날룰	5%	0.2x(5/100) = 0.01g(향료에 대한 리날룰 양g) 0.01 ÷ 100x100 = 0.01%
시트랄	1%	0.2x(1/100) = 0.002g(향료에 대한 시트랄 양g) 0.002 ÷ 100x100 = 0.002%
벤질알코올	0.1%	0.2x(0.1/100) = 0.0002g(향료에 대한 벤질알코올 양g) 0.0002 ÷ 100x100 = 0.0002%

사용 후 씻어내는 제품(샴푸, 린스, 바디클렌저 등)에는 0.01% 초과, 사용 후 씻어내지 않는 제품(토너, 로션, 크림 등)에는 0.001% 초과 함유하는 경우에 알레르기 성분명을 전성분명에 표시해야 한다.

009

다음 중 「화장품법」 제10조에 따라 화장품의 1차 포장에 반드시 표기해야 할 사항이 아닌 것은?

① 화장품의 명칭
② 영업자의 상호
③ 내용량
④ 제조번호
⑤ 사용기한 또는 개봉 후 사용 기간

답 ③

해 제1항 각 호 외의 부분 본문에도 불구하고 다음 각 호의 사항은 1차 포장에 표시하여야 한다.
1. 화장품의 명칭
2. 영업자의 상호
3. 제조번호
4. 사용기한 또는 개봉 후 사용기간

010

맞춤형화장품을 사용한 고객의 얼굴과 손에 흰 반점이 생기는 백반증과 비슷한 유해사례가 지속해서 발생할시 맞춤형화장품판매업자가 취해야 할 조치로 알맞은 것은?

ㄱ. 지체 없이 부작용 발생사례를 식품의약품안전처장에게 보고한다.
ㄴ. 품질성적서를 수정·보완한다.
ㄷ. 회수대상화장품이라는 사실을 안 날부터 6일 이내로 지방식품의약품안전청장에게 회수 계획서를 제출한다.
ㄹ. 지체 없이 해당 화장품을 회수하거나 회수하는 데에 필요한 조치를 한다.
ㅁ. 회수를 시작한 날부터 30일 이내 회수 종료한다.

① ㄱ, ㄴ
② ㄱ, ㄹ
③ ㄴ, ㄷ
④ ㄴ, ㄹ
⑤ ㄹ, ㅁ

답 ②

해 ㄷ. 회수대상화장품이라는 사실을 안 날부터 5일 이내에 회수계획서에 다음 각 호의 서류를 첨부하여 지방식품의약품안전청장에게 제출하여야 한다.
1. 해당 품목의 제조·수입기록서 사본
2. 판매처별 판매량·판매일 등의 기록
3. 회수 사유를 적은 서류
ㅁ. 화장품의 사용으로 인하여 인체 건강에 미치는 위해영향이 크거나 중대한 경우는 가등급에 해당되므로 15일 이내 회수종료를 해야한다.

011

다음 중 위해화장품 등급이 다른 하나를 고르시오.

① 식품의약품안전처장이 화장품의 제조 등에 사용할 수 없는 원료를 지정하여 고시한 원료를 사용한 화장품
② 영업등록을 하지 아니한 화장품책임판매업자가 수입하여 유통·판매한 화장품
③ 제형 일부의 성상이 분리된 화장품
④ 화장품책임판매업자 스스로 위해를 끼칠 우려가 있어 회수가 필요하다고 판단한 화장품
⑤ 화장품의 개봉 후 사용기한을 위조한 화장품

답 ①

해 ① 식품의약품안전처장이 화장품의 제조 등에 사용할 수 없는 원료를 지정하여 고시한 원료를 사용한 화장품 - 가등급
② 영업등록을 하지 아니한 자가 제조한 화장품 또는 제조·수입하여 유통·판매한 화장품 - 다등급
③ 전부 또는 일부가 변패된 화장품 - 다등급
④ 화장품제조업자 또는 화장품책임판매업자 스스로 국민보건에 위해를 끼칠 우려가 있어 회수가 필요하다고 판단한 화장품 - 다등급
⑤ 사용기한 또는 개봉 후 사용기간(병행 표기된 제조연월일을 포함한다)을 위조·변조한 화장품 - 다등급

012

다음 중 빈칸에 들어갈 것은?

ㄱ. 헤어린스, 헤어 트리트먼트, 섬유유연제 및 대전방지제로 사용된 계면활성제로, 모발의 유연효과 및 정전지 방지효과를 지니는 것은 (㉠)이다.
ㄴ. 계면활성제가 수용액에 있을 때 친수기는 바깥의 수용액과 닿고, 소수기는 안에서 핵을 형성하여 만들어지는 구형의 집합체로서, 수용액 내에 계면활성제의 농도가 증가하면 분자 간 집합체인 (㉡)을 형성한다.

	㉠	㉡
①	양쪽성 계면활성제	미셀
②✓	양이온 계면활성제	미셀
③	음이온 계면활성제	미셀
④	양이온 계면활성제	리포좀
⑤	비이온 계면활성제	리포좀

답 ②

해

분류	특징	종류
양이온 계면활성제	양이온은 음이온성격인 세균에 흡착하는 성질로 인해 살균제로도 사용된다. 알킬기의 분자량이 큰 경우에 흡착성이 커서 헤어 린스 등의 유연제 및 대전 방지제로 사용된다.	세테아디모늄클로라이드(C16) 다이스테아릴다이모늄클로라이드(C18) 베헨트라이모늄클로라이드(C22)

013

식품의약품안전처장이 고시한 「화장품 안전기준 등에 관한 규정」에 따라 다음 중 화장품에 사용할 수 없는 알코올류는?

① 벤질알코올
② 클로로부탄올
③✓ 2,2-디브로모-2-니트로에탄올
④ 이소프로필메칠페놀
⑤ 2,4-디클로로벤질알코올

답 ③

해
- **벤질알코올**: 1%의 사용한도가 있는 보존제
- **클로로부탄올**: 0.5%사용한도가 있는 보존제
- **2,2-디브로모-2-니트로에탄올**: 사용금지 원료
- **이소프로필메칠페놀**: 0.1% 의 사용한도가 있는 보존제
- **2,4-디클로로벤질알코올**: 0.15% 의 사용한도가 있는 보존제

014

폐업 신고한 맞춤형화장품판매업자가 고객들의 개인정보를 파기하려 한다. 다음 중 옳지 않은 것은?

① 영구적으로 폐기하였다.
② 식약처에 관련 신고서를 제출 후 폐기 처리하였다.
③ 1년간의 보관기한이 남아있었지만, 기한이 남은 개인정보 서류들을 파기하였다.
④ 다른 서류들과 분리하여 파기하였다.
⑤✓ 전화번호 및 개인정보가 적힌 것을 다른 서류와 분리 배출하였다.

답 ⑤

해 개인정보처리자는 보유기간의 경과, 개인정보의 처리 목적 달성 등 그 개인정보가 불필요하게 되었을 때에는 지체 없이 그 개인정보를 파기하여야 한다.

015

<보기>의 빈칸에 들어갈 알맞은 말로 짝지은 것은?

<보기>

(㉠)라 함은 일상의 취급 또는 보통 보존상태에서 외부로부터 고형의 이물이 들어가는 것을 방지하고 고형의 내용물이 손실되지 않도록 보호할 수 있는 용기를 말한다.

(㉡)라 함은 일상의 취급 또는 보통 보존상태에서 액상 또는 고형의 이물 또는 수분이 침입하지 않고 내용물을 손실, 풍화, 조해 또는 증발로부터 보호할 수 있는 용기를 말한다.

	㉠	㉡
①	밀폐용기	기밀용기
②	밀폐용기	밀봉용기
③	밀봉용기	밀폐용기
④	밀봉용기	기밀용기
⑤	기밀용기	밀폐용기

답 ①

016

천연화장품과 유기농화장품에 대한 설명 중 옳은 것을 모두 고르시오.

ㄱ. 동물성 원료로 만든 화장품은 천연화장품에 해당한다.
ㄴ. 천연화장품과 유기농화장품은 인증을 받은 판매자만 판매할 수 있다.
ㄷ. 인증의 유효기간을 연장 받으려는 자는 유효기간 만료 60일 전에 총리령으로 정하는 바에 따라 연장신청을 하여야 한다.
ㄹ. 인증의 유효기간은 인증을 받은 날부터 3년이다.
ㅁ. 천연화장품 유기농 화장품 인증은 식품의약품안전처장이 지정한 인증기관에서 인증받아야 하며 알킬베타인과 소듐벤조에이트는 5% 이내에서 사용해야 한다.

① ㄱ, ㄴ, ㄹ
② ㄱ, ㄹ, ㅁ
③ ㄴ, ㄷ, ㄹ
④ ㄴ, ㄹ, ㅁ
⑤ ㄷ, ㄹ, ㅁ

답 ②

해 ㄱ. 천연화장품은 동식물 및 그 유래 원료 등을 함유한 화장품으로서 식품의약품안전처장이 정하는 기준에 맞는 화장품을 말하며, 중량 기준으로 천연 함량이 전체 제품에서 95% 이상으로 구성되어야 한다.
ㄴ. 천연화장품과 유기농화장품을 판매하는 경우에는 별다른 인증이 필요 없다.
ㄷ. 인증의 유효기간을 연장 받으려는 경우에는 유효기간 만료 90일 전까지 그 인증을 한 인증기관에 식품의약품안전처장이 정하여 고시하는 서류를 갖추어 제출해야 한다.
ㄹ. 인증의 유효기간은 인증을 받은 날부터 3년으로 한다.
ㅁ. 식품의약품안전처장은 인증업무를 효과적으로 수행하기 위하여 필요한 전문 인력과 시설을 갖춘 기관 또는 단체를 인증기관으로 지정하여 인증업무를 위탁할 수 있다.허용기타원료+합성보존제 및 변성제=5%

017

다음 중 「화장품 안전기준 등에 관한 규정」에 따라 맞춤형화장품조제관리사 미영씨는 영유아 로션을 조제하고자 한다. 다음 〈보기〉 중 사용할 수 있는 성분을 모두 고르시오.

〈보기〉

ㄱ. 페녹시에탄올
ㄴ. 살리실릭애씨드
ㄷ. 메틸파라벤
ㄹ. 아이오도프로피닐부틸카바메이트(IPBC)
ㅁ. 1,2-헥산다이올

① ㄱ
② ㄱ, ㄴ
③ ㄷ
④ ㄷ, ㄹ
⑤ ㅁ

답 ⑤

해 ㄱ. **페녹시에탄올**: 사용상의 제한이 필요한 원료이므로 맞춤형화장품에 사용할 수 없다.
ㄴ. **살리실릭애씨드**: 영유아용 제품류 또는 13세 이하 어린이가 사용할 수 있음을 특정하여 표시하는 제품에는 사용금지(다만, 샴푸는 제외)
ㄷ. **메틸파라벤**: p-하이드록시벤조익애씨드, 그 염류에 해당되는 사용한도가 있는 보존제
ㄹ. **IPBC**: 영유아용 제품류 또는 13세 이하 어린이가 사용할 수 있음을 특정하여 표시하는 제품에는 사용금지(목욕용제품, 샤워젤류 및 샴푸류는 제외)

018

식품의약품안전처고시 「화장품 사용 시의 주의사항 및 알레르기 유발성분 표시에 관한 규정」에 따라, 신남알 계열로서 알레르기 유발 성분이 아닌 것은?

① 신남알
② 헥실신남알
③ 신나밀 알코올
④ 아밀신나밀 알코올
⑤ 브로모신남알

답 ⑤

해

No	성분명	No	성분명
1	아밀신남알	14	벤질신나메이트
2	벤질알코올	15	파네솔
3	신나밀알코올	16	부틸페닐메틸프로피오날
4	시트랄	17	리날룰
5	유제놀	18	벤질벤조에이트
6	하이드록시시트로넬알	19	시트로넬올
7	아이소유제놀	20	헥실신남알
8	아밀신나밀알코올	21	리모넨
9	벤질살리실레이트	22	메틸 2-옥티노에이트
10	신남알	23	알파-아이소메틸아이오논
11	쿠마린	24	참나무이끼추출물
12	제라니올	25	나무이끼추출물
13	아니스알코올		

019

다음 중 천연화장품 및 유기농화장품 제조 시 허용되는 공정이 아닌 것은?

① 알킬화(Alkylation)
② 에스텔화(Esterification)
③ 비누화(Saponification)
④ 설폰화(Sulphonation)
⑤ 오존분해(Ozonolysis)

답 ④

해 **천연화장품 및 유기농화장품의 제조에 금지되는 공정**

구분	공정명	비고
금지되는 제조공정	탈색, 탈취 (Bleaching-Deodorisation)	동물 유래
	방사선 조사(Irradiation)	알파선, 감마선
	설폰화(Sulphonation)	
	에칠렌 옥사이드, 프로필렌 옥사이드 또는 다른 알켄 옥사이드 사용 (Use of ethylene oxide, propylene oxide or other alkylene oxides)	
	수은화합물을 사용한 처리 (Treatments using mercury)	
	포름알데하이드 사용 (Use of formaldehyde)	

020

A회사는 눈화장용 제품류인 화장품 B를 출시할 예정이다. 다음 품질 성적서는 출시 전의 화장품의 성분을 검사한 결과이다. 다음 중 결과에 대한 해석으로 옳은 것은?

〈품질성적서〉

시험 항목	시험 결과
디옥산	86㎍/g
카드뮴	10㎍/g
니켈	25㎍/g
메탄올	불검출
포름알데하이드	100㎍/g

① B화장품의 디옥산 함량은 비의도적으로 유래된 물질의 검출허용한도를 초과하였다.
② B화장품의 카드뮴 함량은 비의도적으로 유래된 물질의 검출허용한도를 초과하지 않았다.
③ B화장품의 니켈 함량은 비의도적으로 유래된 물질의 검출허용한도를 초과했다.
④ 메탄올은 0.02%(v/v) 이하로 관리되어야 한다.
⑤ 포름알데하이드는 2000㎍/g 이하로 관리되어야 한다.

답 ⑤

해 비의도적으로 유래된 물질의 검출허용한도
① **납**: 점토를 원료로 사용한 분말제품은 50㎍/g 이하, 그 밖의 제품은 20㎍/g 이하
② **니켈**: 눈 화장용 제품은 35㎍/g 이하, 색조 화장용 제품은 30㎍/g 이하, 그 밖의 제품은 10㎍/g 이하
③ **비소**: 10㎍/g 이하
④ **수은**: 1㎍/g 이하
⑤ **안티몬**: 10㎍/g 이하
⑥ **카드뮴**: 5㎍/g 이하
⑦ **디옥산**: 100㎍/g 이하
⑧ **메탄올**: 0.2(v/v)% 이하, 물휴지는 0.002%(v/v) 이하
⑨ **포름알데하이드**: 2000㎍/g 이하, 물휴지는 20㎍/g 이하
⑩ **프탈레이트류(디부틸프탈레이트, 부틸벤질프탈레이트 및 디에칠헥실프탈레이트에 한함)**: 총 합으로서 100㎍/g 이하

021

다음 중 피부를 곱게 태워주거나 자외선으로부터 피부를 보호하는 데 도움을 주는 제품의 성분 및 사용한도를 바르게 연결된 것은?

① 드로메트리졸 2.0%-에칠헥실메톡시신나메이트 7.5%
② 4-메칠벤질리덴캠퍼 4.0%-페닐벤즈이미다졸설포닉애씨드 10%
③ 에칠헥실메톡시신나메이트 7.5%-시녹세이트 4%
④ 벤조페논-3 5%-옥토크릴렌 8%
⑤ 옥토크릴렌 10%-4-메칠벤질리덴캠퍼 4%

답 ⑤

원료명	사용한도	비고
드로메트리졸트리실록산	15%	
드로메트리졸	1.0%	
디갈로일트리올리에이트	5%	
디소듐페닐디벤즈이미다졸테트라설포네이트	산으로서 10%	
디에칠헥실부타미도트리아존	10%	
디에칠아미노하이드록시벤조일헥실벤조에이트	10%	
로우손과 디하이드록시아세톤의 혼합물	로우손 0.25%, 디하이드록시아세톤 3%	
메칠렌비스-벤조트리아졸릴테트라메칠부틸페놀	10%	
4-메칠벤질리덴캠퍼	4%	
멘틸안트라닐레이트	5%	
벤조페논-3(옥시벤존)	5%	
벤조페논-4	5%	
벤조페논-8(디옥시벤존)	3%	
부틸메톡시디벤조일메탄	5%	
비스에칠헥실옥시페놀메톡시페닐트리아진	10%	
시녹세이트	5%	
에칠디하이드록시프로필파바	5%	
옥토크릴렌	10%	
에칠헥실디메칠파바	8%	
에칠헥실메톡시신나메이트	7.5%	

원료명	사용한도	비고
에칠헥실살리실레이트	5%	
에칠헥실트리아존	5%	
이소아밀-p-메톡시신나메이트	10%	
폴리실리콘-15(디메치코디에칠벤잘말로네이트)	10%	
징크옥사이드	25%	자외선산란제,백탁현상,백색제
테레프탈릴리덴디캠퍼설포닉애씨드 및 그 염류	산으로서 10%	
티이에이-살리실레이트	12%	
티타늄디옥사이드	25%	자외선산란제,백탁현상,백색제
페닐벤즈이미다졸설포닉애씨드	4%	
호모살레이트	10%	

022

다음 〈보기〉는「화장품법」제2조2항에 명시된 기능성화장품에 대한 정의이다. 다음 설명 중 옳은 것을 고르시오.

〈보기〉

가. 피부의 (ㄱ)미백에 도움을 주는 제품

나. 피부의 (ㄴ)주름개선에 도움을 주는 제품

다. 피부를 곱게 태워주거나 자외선으로부터 피부를 보호하는 데에 도움을 주는 제품

라. 모발의 색상·변화·제거 또는 영양공급에 도움을 주는 제품

마. 피부나 모발의 기능 약화로 인한 건조함, 갈라짐, 빠짐, 각질화 등을 방지하거나 개선하는 데에 도움을 주는 제품

① 기능성 화장품의 세부범위는「화장품법 시행규칙」제2조에 고시되어 있다.

② (ㄱ)에서 아스코빅애씨드는 미백 고시 성분이다.

③ (ㄴ)에서 레티노익애씨드는 주름개선 고시 성분이다.

④ 자외선의 파장은 200~400㎚로, 가시광선보다 파장이 길다.

⑤「화장품법 시행규칙」제2조에 따르면 일시적으로 모발의 색상을 변화시키는 제품은 기능성화장품이다.

답 ①

해 ② 아스코빅애씨드는 미백 기능성고시 성분이 아니며 비타민C를 의미한다.그 유도체들은 기능성고시성분들이다(에칠아스코빌에텔, 아스코빌글루코사이드, 마그네슘아스코빌포스페이트, 아스코빌테트라이소팔미테이트).

③ 레티노익애씨드(트레티노인)는 주름개선 고시 성분이 아닌 배합금지 물질에 해당된다 비타민A의 대사산물에 해당되며 여드름치료,주름개선등에 이용되는 의약품 성분이다.

④ 자외선의 파장 범위는 약 200~400㎚이고 가시광선의 파장 범위는 약 380~780㎚이다. 즉, 자외선은 가시광선보다 파장이 짧다.

⑤「화장품법 시행규칙」제2조에 따르면 기능성화장품의 범위에는 모발의 색상을 변화[탈염(脫染)·탈색(脫色)을 포함한다]시키는 기능을 가진 화장품이 포함된다. 다만, 일시적으로 모발의 색상을 변화시키는 제품은 제외한다.

023

다음 중 여드름 기능성 화장품의 표시·광고에 대한 내용으로 옳은 것은?

① 여드름 기능성 화장품은 로션제, 액제, 크림제, 침적 마스크제로 기능성 심사받은 내용을 광고할 수 있다.

② 여드름 치료 효과가 있다고 표시·광고 할 수 있다.

③ 여드름 개선 효과를 표방하는 표시·광고에 대한 실증자료로 여드름 피부 개선용 화장료 조성물 특허자료를 제시해도 된다.

④ 여드름 기능성 화장품을 얼굴에 흡수시켜 피부에 존재하는 여드름균 성장을 억제한다는 내용을 표시·광고할 수 있다.

⑤ 기능성 화장품 인증을 받지 않아도, 실증을 통해 여드름성 피부에 적합한 화장품이라 표시·광고 할 수 있다.

답 ⑤

해 ① 여드름성 피부를 완화하는데 도움을 주는 화장품의 제형은 액제, 로션제, 크림제에 한한다(부직포 등에 침적된 상태는 제외함).

② 탈모, 여드름, 피부장벽, 튼살에 해당하는 기능성화장품의 경우에는 질병의 예방 및 치료를 위한 의약품이 아니다(화장품은 "치료"라는 단어를 사용할 수 없다).

③ 실증자료의 내용은 광고에서 주장하는 내용과 직접적인 관계가 있어야 한다.

④ 여드름성 피부를 완화하는데 도움을 주는 화장품은 인체세정용 제품류로 한정한다.

024

다음 대화를 읽고, A, B, C의 행동 중 알맞은 것을 고르시오.

A. 2020.4월에 입사하여 5월에 맞춤형화장품조제관리사 시험에 합격한 맞춤형화장품조제관리사

B. A를 도와서 매장에서 판매·홍보 업무를 하는 직원으로 10월에 맞춤형화장품조제관리사 자격증 시험을 볼 예정.

C. 고객

〈대화〉

- A:어서오세요, 손님
- C:네, 안녕하세요
- A:제가 지난 4월에 조제해드린 맞춤형화장품은 어떠셨나요?
- C:제 피부에 맞는 것 같아요.
- A:네, 우선 피부측정부터 하겠습니다.

〈피부측정결과〉

	지난번	이번
수분량(%)	57	62
색소침착(%)	5	5
주름(%)	7	7
탄력도(%)	50	55

- A:전반적으로 피부상태가 좋으시네요. 4월달에 조제해드린 화장품이 고객님의 피부에 잘 맞나 봅니다. 4월에 조제 해놓은 동일 제품이 있는데 서비스로 드릴게요. B님, 해당 제품 가지고 와서 C님께 드리세요.
- B:네 알겠습니다.
- A:고객님 이번에 조제할 화장품에 대해 특별히 원하시는 사항이 있으신가요?

- C:아니요, 지난번에 만들어주신 제품과 같은 걸로 다시 조제해 주세요. 다만 좀 더 작은 용기들로 소분해서 조제 부탁드립니다.
- A:네 알겠습니다. B님 지난 4월에 제가 조제했던 맞춤형화장품과 동일하게 조제해주시고, 200ml를 4통으로 소분하세요.
- B:네 알겠습니다.

B가 조제실로 이동

- A:C님 혹시 직접 쓰실 맞춤형화장품을 조제하는 체험 해보고 싶으세요?
- C:네, 체험해보고 싶어요.
- A:그럼 조제실로 따라오세요.

C가 혼합 및 소분을 하는 중

① A가 4월에 맞춤형화장품을 조제해 C에게 판매했다.

② A가 4월에 조제한 동일 맞춤형화장품을 C에게 선물했다.

③ A가 상담을 끝낸 후 B에게 지난 4월에 조제한 제품과 동일하게 혼합 및 이를 소분하도록 지시했다.

④ B가 서비스로 제공할 제품의 사용기한 및 주의사항을 확인하였다.

⑤ A가 C에게 직접 내용물을 혼합, 소분하는 체험을 지시했다.

답 ④

해 ①, ②맞춤형화장품조제관리사 자격을 갖춘 자 만이 맞춤형화장품을 조제할 수 있다. A는 4월에 맞춤형화장품조제관리사 자격을 갖추지 않은 상태에서 맞춤형화장품을 조제했다.

③ 맞춤형화장품조제관리사 자격을 갖춘 자 만이 맞춤형화장품을 조제할 수 있다. B는 맞춤형화장품 조제관리사 자격증을 취득하지 않았다.

⑤ 맞춤형화장품조제관리사 자격을 갖춘 자 만이 맞춤형화장품을 조제할 수 있다. C는 맞춤형화장품 조제관리사 자격증을 취득하지 않았다.

025

다음 중 기능성화장품의 사용 목적과 처방으로 옳은 것은?

① 홍반 감소 - 알부틴 2%

② 미백 - 레티닐팔미테이트 8000 IU/g

③ 자외선 차단 - 에칠헥실살리실레이트 5%

④ 여드름성 피부 완화 - 치오글리콜산 80% 산으로서 4%

⑤ 주름 개선-아스코빌글루코사이드 1.0%

답 ③

해 ① 알부틴은 피부의 미백에 도움을 주는 성분이다.

② 레티닐팔미테이트는 피부의 주름개선에 도움을 주는 성분이다.

③ 에칠헥실살리실레이트는 자외선을 차단 또는 산란시켜 자외선으로부터 피부를 보호하는 기능을 가진 성분이다.

④ 치오글리콜산 80%은 체모를 제거하는 기능을 가진 성분이다.

⑤ 아스코빌글루코사이드는 피부의 미백에 도움을 주는 성분이다.

026

다음 중 〈보기〉에서 수용성 성질보다 지용성 성질이 더 강한 성분을 고르시오.

〈보기〉

ㄱ. 토코페롤-아스코빅애씨드

ㄴ. 글리세린-세틸알코올

ㄷ. 스테아릭애씨드-시트릭애씨드

	ㄱ	ㄴ	ㄷ
①	토코페롤	글리세린	스테아릭애씨드
②	토코페롤	세틸알코올	시트릭애씨드
③	토코페롤	세틸알코올	스테아릭애씨드
④	아스코빅애씨드	글리세린	스테아릭애씨드
⑤	아스코빅애씨드	세틸알코올	시트릭애씨드

답 ③

해 ㄱ. 토코페롤(비타민E)은 지용성인 반면, 아스코빅애씨드(비타민C)는 수용성이다.

ㄴ. 글리세린은 수용성인 반면, 세틸알코올은 탄소수가 16개인 고급알코올로 지용성 성질이 더 강하다(알코올은 탄소수가 많을수록 수용성이 감소하고, 지용성이 증가한다).

ㄷ. 스테아릭애씨드는 탄소수가 18개인 고급지방산으로서 지용성인 반면, 시트릭애씨드는 수용성이다.

027

다음 중 〈보기〉에서 염모제로 사용되지 않는 성분을 모두 고르시오

〈보기〉

ㄱ. 퀴닌 ㄴ. 과산화수소수

ㄷ. 2-메칠레조시놀 ㄹ. 브롬산나트륨

ㅁ. 니트로-p-페닐렌디아민

① ㄱ, ㄴ ② ㄱ, ㄷ

③ ㄱ, ㄹ ④ ㄴ, ㄹ

⑤ ㄴ, ㅁ

답 ③

해 퀴닌 및 그 염류는 염모제 성분이 아닌 사용상의 제한이 필요한 원료(기타성분)으로 샴푸에 퀴닌염으로서 0.5%, 헤어로션에 퀴닌염로서 0.2% 의 사용한도가 있다.

- 과산화수소수, 2-메칠레조시놀, 니트로-p-페닐렌디아민은 염모제 성분이다.
- 브롬산 나트륨은 헤어 퍼머넌트 웨이브 성분이다.

헤어 퍼머넌트 웨이브 성분

- **1제 환원제**: 치오글라이콜릭애씨드, 시스테인 등
- **2제 산화제**: 과산화수소, 브롬산나트륨 등

028

다음 중 맞춤형화장품조제관리사의 업무로 옳지 않은 것은?

① 맞춤형화장품 조제 전에 제조번호 또는 식별번호를 확인하고, 혼합하는 원료의 종류로는 개인 맞춤형으로 추가되는 색소, 향, 기능성 원료 등이 해당된다.

② 책임판매업자가 소비자에게 유통·판매할 목적으로 하거나 제품의 홍보 판매촉진 등을 위해 제조 또는 수입한 화장품은 혼합·소분할 수 없다.

③ 원료와 원료를 혼합하기 전 손을 소독·세정하거나 일회용 장갑을 착용한.

④ 혼합 소분 전 용기 오염의 확인에 대한 책임은 공급자에게 있으나 필요시 맞춤형화장품판매업자가 확인할 수 있다.

⑤ 맞춤형화장품조제관리사는 자격유지를 위해 주기적으로 연1회 교육을 받아야 한다.

답 ③

해 원료와 원료를 혼합하는 것은 맞춤형화장품의 조제가 아닌 '화장품 제조'에 해당한다.

029

다음 〈보기〉는 기능성화장품의 전성분 표시이다. 식품의약품안전처고시「기능성화장품 심사에 관한 규정」제6조 3항 (별표 4)에 따라 식품의약품안전처에 자료제출이 생략되는 기능성화장품 성분을 모두 고른 것은?

〈보기〉

정제수, 글리세린, 소듐하이알루로네이트. 유용성감초추출물, 식물성스쿠알란, 하이드로제네이티드레시틴, 판테놀, 알란토인, 베타인, 폴리에톡실레이티트레틴아마이드, 토코페릴아세테이트, 페녹시에탄올

① 유용성감초추출물, 하이드로제네이티드레시틴

② 하이드로제네이티드레시틴, 판테놀

③ 토코페릴아세테이트, 알란토인

④ 유용성감초추출물, 판테놀

⑤ 유용성감초추출물, 폴리에톡실레이티드레틴아마이드

답 ⑤

해 유용성감초추출물, 폴리에톡실레이티드레틴아마이드는 식품의약품안전처고시「기능성화장품 심사에 관한 규정」제6조 3항(별표 4)에 고시된 원료이다.

030

다음 중 해당 물질을 제조시 부산물로 디옥산이 검출될 수 있는 것으로 알맞은 것은?

① 폴리비닐알코올

② 폴리아크릴릭애씨드

③ 폴리에틸렌글리콜

④ 폴리소르베이트

⑤ 폴리아크릴아마이드

답 ③

해 폴리에틸렌글리콜 제조 시 에톡실화의 부산물로 소량의 1,4-디옥산(1,4-dioxane)이 생성될 수 있다.

031

다음 중 우수화장품 제조 및 품질관리기준(CGMP)에 따라 설비 세척에 관하여 옳게 설명한 것은?

① 가능한 세정력이 좋은 중성 세제를 항상 사용한다.

② 증기세척은 가장 권장하는 좋은 방법이다.

③ 세척과정에서 브러쉬 사용은 하면 안된다.

④ 설비는 분해해서 세척하지 않는다.

⑤ 판정 후의 설비는 다음 사용 시까지 자연건조를 위해 밀폐하지 않고 보관한다.

답 ②

해 **설비 세척의 원칙**

- 위험성이 없는 용제(물이 최적)로 세척한다.
- 가능한 한 세제를 사용하지 않는다.
- 증기 세척은 좋은 방법
- 브러시 등으로 문질러 지우는 것을 고려한다.
- 분해할 수 있는 설비는 분해해서 세척한다.
- 세척 후는 반드시 "판정"한다.
- 판정 후의 설비는 건조·밀폐해서 보존한다.
- 세척의 유효기간을 설정한다.

032

〈보기〉는「우수화장품 제조 및 품질관리기준(CGMP)」제21조, 제22조에 관한 내용이다. 검체의 채취 및 보관, 폐기처리 또는 재작업에 대한 설명으로 옳은 것은 고르시오

〈보기〉

ㄱ. 시험용 검체는 오염되거나 변질되지 아니하도록 채취하고, 채취한 후에는 원상태에 준하는 포장을 해야 하며, 검체가 채취되었음을 표시하여야 한다.

ㄴ. 시험용 검체의 용기에는 다음 사항을 기재하여야 한다. 1. 명칭 또는 확인코드, 2. 제조번호, 3. 사용기한

ㄷ. 재작업은 제조책임자의 지시에 따라 작업한다.

ㄹ. 원료와 포장재, 벌크제품과 완제품이 적합판정기준을 만족시키지 못 할 경우 "기준일탈 제품"으로 지칭한다. 기준일탈 제품이 발생했을 때는 미리 정한 절차를 따라 확실한 처리를 하고 실시한 내용을 모두 문서에 남긴다.

ㅁ. 품질에 문제가 있거나 회수·반품된 제품의 폐기 또는 재작업 여부는 화장품책임판매업자에 의해 승인되어야 한다.

① ㄱ, ㄴ
② ㄱ, ㄹ
③ ㄴ, ㄷ
④ ㄴ, ㄹ
⑤ ㄷ, ㅁ

답 ②

해 ㄴ. 시험용 검체의 용기에는 다음 사항을 기재하여야 한다. 1. 명칭 또는 확인코드, 2. 제조번호, 3. 검체 채취 일자.

ㄷ. 품질책임자에 의해 승인된 재작업을 하는 경우에는 재작업 절차를 따라야 한다.

ㅁ. 품질에 문제가 있거나 회수·반품된 제품의 폐기 또는 재작업 여부는 품질 책임자에 의해 승인되어야 한다.

033

우수화장품 제조 및 품질관리기준(CGMP)에 명시된 청정도 등급에 관한 다음의 설명으로 옳지 않은 것은?

① 1등급 대상시설에는 Clean Bench가 필요하며, 낙하균 10개/hr의 관리기준을 가지고 있다.

② 1등급 대상시설의 청정공기순환 기준은 20회/hr 이상 또는 차압관리이다.

③ 2등급 대상시설은 제조실, 충전실, 내용물 보관소 등이 있으며, 낙하균 30개/hr이 관리 기준이다.

④ 2등급 대상시설의 관리 기준은 부유균 20개/m³이 관리 기준이다.

⑤ 완제품보관소 또는 원료보관소는 관리기준이 없다.

답 ④

해

청정도 등급	1	2	3	4
대상 시설	청정도 엄격 관리	화장품 내용물이 노출되는 작업실	화장품 내용물이 노출 안 되는 곳	일반 작업실 (내용물 완전폐색)
해당 작업실	Clean bench	제조실, 성형실, 충전실, 내용물보관소, 원료 칭량실 미생물시험실	포장실	포장재보관소, 완제품보관소, 관리품보관소, 원료보관소, 갱의실, 일반시험실
청정 공기 순환	20회/hr 이상 또는 차압 관리	10회/hr 이상 또는 차압 관리	차압 관리	환기장치
구조 조건	Pre-filter, Med-filter, HEPA-filter, Clean bench/booth, 온도 조절	Pre-filter, Med-filter, (필요시 HEPA-filter), 분진발생실 주변 양압, 제진 시설	Pre-filter 온도조절	환기 (온도조절)
관리 기준	낙하균 : 10개/hr 또는 부유균 : 20개/m³	낙하균 : 30개/hr 또는 부유균 : 200개/m³	갱의, 포장재의 외부 청소 후 반입	
작업 복장	작업복, 작업모, 작업화	작업복, 작업모, 작업화	작업복, 작업모, 작업화	

034

다음 중 「화장품법 시행규칙」제18조에 따라 안전용기・포장을 사용하여야 하는 품목에 해당되는 것은?

① 에탄올을 함유하는 네일 에나멜 리무버 및 네일 폴리시 리무버

② 개별 포장당 탄화수소류를 5퍼센트 함유하고 운동점도가 21센티스톡스(섭씨 40도 기준) 이하인 베이비오일

③ 개별포장당 메틸 살리실레이트를 5퍼센트 함유하는 바디오일

④ 개별 포장당 탄화수소류를 10퍼센트 함유하고 운동점도가 21cst 이하인 유액로션

⑤ 용기 입구 부분이 펌프 또는 방아쇠로 작동되는 분무용기 제품

답 ③

해 안전용기·포장 대상 품목의 기준

- 일회용 제품, 용기 입구 부분이 펌프 또는 방아쇠로 작동되는 분무용기 제품, 압축 분무용기 제품(에어로졸 제품 등)은 제외
- 안전용기·포장은 성인이 개봉하기는 어렵지 아니하나 5세 미만의 어린이가 개봉하기는 어렵게 된 것이어야 한다.

1. 아세톤을 함유하는 네일 에나멜 리무버 및 네일 폴리시 리무버
2. 어린이용 오일 등 개별포장 당 탄화수소류를 10퍼센트 이상 함유하고 운동점도가 21센티스톡스(섭씨 40도 기준) 이하인 에멀전 형태가 아닌 액체상태의 제품
3. 개별포장당 메틸 살리실레이트를 5퍼센트 이상 함유하는 액체상태의 제품

035

다음 〈보기〉는 「화장품법 시행규칙」 제10조의3에 대한 내용이다. 괄호 안에 들어갈 내용으로 알맞은 것을 고르시오.

〈보기〉

화장품의 1차 포장에 사용기한을 표시하는 경우:영유아 또는 어린이가 사용할 수 있는 화장품임을 표시,광고한 날부터 마지막으로 제조,수입된 제품의 사용기한 만료일 이후 (㉠)년까지의 기간, 이 경우 제조는 화장품의 (㉡)에 따른 제조일자를 기준으로 하며, 수입은 통관일자를 기준으로 한다.

	㉠	㉡
①	2	관리번호
②	1	관리번호
③	1	제조번호
④	3	관리번호
⑤	3	제조번호

답 ③

해 **화장품의 1차 포장에 사용기한을 표시하는 경우**: 영유아 또는 어린이가 사용할 수 있는 화장품임을 표시·광고한 날부터 마지막으로 제조·수입된 제품의 사용기한 만료일 이후 1년까지의 기간. 이 경우 제조는 화장품의 제조번호에 따른 제조일자를 기준으로 하며, 수입은 통관일자를 기준으로 한다.

036

다음 〈보기〉는 식품의약품안전처고시「화장품 안전기준 등에 관한 규정」[별표4] 유통화장품 안전관리 시험방법(제6조 관련)에 따른 치오글라이콜릭애씨드 또는 그 염류를 주성분으로 하는 냉2욕식 헤어퍼머넌트웨이브용 제품 제1제 시험방법에 관한 내용이다. 괄호 안에 들어갈 지시약의 명칭을 고르시오.

〈보기〉

가. 제1제 시험방법

① pH:검체를 가지고 기능성화장품 기준 및 시험방법 (식품의약품안전처 고시) Ⅵ. 일반시험법 Ⅵ-1. 원료의 "47. pH측정법"에 따라 시험한다.

② 알칼리:검체 10mL를 정확하게 취하여 100mL 용량플라스크에 넣고 물을 넣어 100mL로 하여 검액으로 한다. 이 액 20mL를 정확하게 취하여 250mL 삼각플라스크에 넣고 0.1N염산으로 적정한다(지시약: (㉠) 2방울).

③ 산성에서 끓인 후의 환원성 물질(치오글라이콜릭애씨드):②항의 검액 20mL를 취하여 삼각플라스크에 고 물 50mL 및 30% 황산 5mL를 넣어 가만히 가열하여 5분간 끓인다. 식힌 다음 0.1N 요오드액으로 적정한다. (지시약:(㉡) 3mL) 이때의 소비량을 AmL로 한다(이하 생략).

	㉠	㉡
①	메칠레드시액	전분시액
②	과산화수소시액	수산화칼륨시액
③	브롬시액	메칠레드시액
④	요오드화칼륨시액	전분시액
⑤	암모니아시액	요오드화칼륨시액

답 ①

037

다음 〈보기〉는 식품의약품안전처고시「화장품 안전기준 등에 관한 규정」[별표4] 유통화장품 안전관리 시험방법(제6조 관련)에 따른 세균 및 진균수 시험방법에 대한 내용이다. 빈칸에 들어갈 내용이 차례대로 바르게 연결된 것을 고르시오.

〈보기〉

(1) 세균수 시험

㉮ **한천평판도말법** : 직경 9~10 cm 페트리 접시 내에 미리 굳힌 세균시험용 배지 표면에 전처리 검액 0.1 mL이상 도말한다.

㉯ **한천평판희석법** : 검액 1 mL를 같은 크기의 페트리접시 내에 넣고 그 위에 멸균 후 45 ℃로 식힌 15 mL의 세균시험용 배지를 넣어 잘 혼합한다.

검체당 최소 2개의 평판을 준비하고 (㉠)℃에서 적어도 (㉡)시간 배양하는데 이때 최대 균집락수를 갖는 평판을 사용하되 평판당 300개 이하의 균집락을 최대치로 하여 총 세균수를 측정한다.

(2) 진균수 시험

'(1) 세균수 시험'에 따라 시험을 실시하되 배지는 진균수시험용 배지를 사용하여 배양온도 (㉢)℃ 에서 적어도 (㉣)일간 배양한 후 100 개 이하의 균집락이 나타나는 평판을 세어 총 진균수를 측정한다.

	㉠	㉡	㉢	㉣
①	30~35	48	20~25	5
②	20~25	48	30~35	7
③	35~40	36	25~30	7
④	20~25	36	30~35	5
⑤	30~35	36	20~25	7

답 ①

해 세균은 30~35 ℃에서 적어도 48시간 배양하며, 진균은 20~25 ℃에서 적어도 5일간 배양한다.

038

다음 중 인체세포·조직의 채취 및 검사 기록서에 포함되지 않는 것은?

① 공여자의 적격성 평가 결과
② 배지의 조성
③ 세포 또는 조직의 종류, 채취방법, 채취량
④ 채취한 의료기관 명칭
⑤ 채취 연월일

답 ②

해 세포 또는 조직에 대한 품질 및 안전성 확보에 필요한 정보를 확인할 수 있도록 다음의 내용을 포함한 세포·조직 채취 및 검사기록서를 작성·보존하여야 한다.

(1) 채취한 의료기관 명칭
(2) 채취 연월일
(3) 공여자 식별 번호
(4) 공여자의 적격성 평가 결과
(5) 동의서
(6) 세포 또는 조직의 종류, 채취방법, 채취량, 사용한 재료 등의 정보

039

식품의약품안전처고시 「화장품 안전기준 등에 관한 규정」의 유통화장품 안전관리 시험방법에 따라 다음은 무슨 시험법인가?

> 시판 배지는 배치마다 시험하며, 조제한 배지는 조제한 배치마다 시험한다. 검체의 유·무하에서 총 호기성 생균수시험법에 따라 제조된 검액·대조액에 시험균주를 각각 100cfu 이하가 되도록 접종하여 규정된 총호기성생균수시험법에 따라 배양할 때 검액에서 회수한 균수가 대조액에서 회수한 균수의 1/2 이상이어야 한다. 검체 중 보존제 등의 항균활성으로 인해 증식이 저해되는 경우(검액에서 회수한 균수가 대조액에서 회수한 균수의 1/2 미만인 경우)에는 결과의 유효성을 확보하기 위하여 총 호기성 생균수 시험법을 변경해야 한다. 항균활성을 중화하기 위하여 희석 및 중화제를 사용할 수 있다. 또한, 시험에 사용된 배지 및 희석액 또는 시험 조작상의 무균상태를 확인하기 위하여 완충식염펩톤수(pH 7.0)를 대조로 하여 총호기성 생균수시험을 실시할 때 미생물의 성장이 나타나서는 안 된다.

① 대장균 검출 시험법
② 녹농균 검출 시험법
③ 황색포도상구균 검출 시험법
④ 세균 및 진균 수
⑤ 배지성능 및 시험법 적합성 시험

답 ⑤

040

우수화장품 제조 및 품질관리기준(CGMP)에 명시된 청정도 등급에 대한 설명이다. 옳지 않은 것은?

① Clean bench : 20회/hr 이상 또는 차압관리, 낙하균 10개/hr 또는 부유균 20개/hr
② 칭량실 : 10회/hr 이상 또는 차압관리, 낙하균 30개/hr 또는 부유균 200개
③ 충진실 : 10회/hr 이상 또는 차압관리, 낙하균 30개/hr 또는 부유균 200개
④ 포장실 : 10회/hr 이상 또는 차압관리, 낙하균 30개/hr, 또는 부유균 200개
⑤ 원료보관실 : 환기장치

답 ④

해

청정도 등급	1	2	3	4
대상 시설	청정도 엄격 관리	화장품 내용물이 노출되는 작업실	화장품 내용물이 노출 안 되는 곳	일반 작업실 (내용물 완전 폐색)
해당 작업실	Clean bench	제조실, 성형실, 충전실, 내용물보관소, 원료 칭량실 미생물시험실	포장실	포장재보관소, 완제품보관소, 관리품보관소, 원료보관소, 갱의실, 일반시험실
청정 공기 순환	20회/hr 이상 또는 차압 관리	10회/hr 이상 또는 차압 관리	차압 관리	환기장치
구조 조건	Pre-filter, Med-filter, HEPA-filter, Clean bench/booth, 온도 조절	Pre-filter, Med-filter, (필요시 HEPA-filter), 분진발생실 주변 양압, 제진 시설	Pre-filter 온도조절	환기 (온도조절)
관리 기준	낙하균 : 10개/hr 또는 부유균 : 20개/㎥	낙하균 : 30개/hr 또는 부유균 : 200개/㎥	갱의, 포장재의 외부 청소 후 반입	
작업 복장	작업복, 작업모, 작업화	작업복, 작업모, 작업화	작업복, 작업모, 작업화	

041

식품의약품안전처고시「화장품 안전기준 등에 관한 규정」에 따라 비의도적 유래된 물질의 검출 허용 한도를 위반한 것은?

① 납 35㎍/g 함유한 점토를 원료로 사용한 파우더 제품
② 포름알데하이드 1900㎍/g 함유한 액제와 포름알데하이드 18㎍/g을 함유한 물휴지를 섞은 제품
③ 니켈 32㎍/g 함유한 아이섀도와 메탄올 0.1㎍/g 함유한 크림제를 섞은 제품
④ 비소 6㎍/g 함유한 크림제A와 비소 13㎍/g 함유한 크림제B를 반반씩 섞은 제품
⑤ 카드뮴 2㎍/g 함유한 메이크업 베이스 제품

답 ④

해 비의도적 유래 비소 함량은 10㎍/g이하 이므로 크림제B는 사용 불가능하다.

042

「화장품법 시행규칙」제19조에 따른 화장품 포장의 표시기준 및 표시방법에 대한 설명으로 옳은 것은?

① 화장품의 1차 포장 또는 2차 포장의 무게가 포함되지 않은 용량 또는 중량을 기재·표시해야 한다. 이 경우 화장 비누(고체 형태의 세안용 비누를 말한다)의 경우에는 건조중량만을 기재·표시해야 한다.
② 화장품 제조에 사용된 성분을 표시할 시 글자의 크기는 9포인트 이상으로 한다.
③ 화장품 제조에 사용된 함량이 많은 것부터 기재·표시한다. 다만, 2퍼센트 이하로 사용된 성분, 착향제 또는 착색제는 순서에 상관없이 기재·표시할 수 있다.
④ 50ml 또는 50g을 초과하는 화장품은 전성분 표기를 해야한다.
⑤ 안정화제, 보존제 등 원료 자체에 들어 있는 부수성분으로서 그 효과가 나타나게 하는 양보다 적은 양이 들어 있는 성분이라도 반드시 기재·표시해야 한다.

답 ④

해 ① 화장 비누(고체 형태의 세안용 비누를 말한다.)의 경우에는 수분을 포함한 중량과 건조중량을 함께 기재·표시해야 한다.
② 전성분을 표시하는 글자의 크기는 5포인트 이상으로 한다.
③ 화장품 제조에 사용된 함량이 많은 것부터 기재·표시한다. 다만, 1퍼센트 이하로 사용된 성분, 착향제 또는 착색제는 순서에 상관없이 기재·표시할 수 있다.
⑤ 안정화제, 보존제 등 원료 자체에 들어 있는 부수성분으로서 그 효과가 나타나게 하는 양보다 적은 양이 들어 있는 성분은 기재·표시를 생략할 수 있다.

043

다음 중 「우수화장품 제조 및 품질관리기준(CGMP)」 제2조(용어의 정의)에 대한 내용으로 옳은 것은?

① "일탈"이란 규정된 합격 판정 기준에 일치하지 않는 검사, 측정 또는 시험결과를 말한다.
② "출하"란 주문 준비와 관련된 일련의 작업과 운송수단에 적재하는 활동으로 판매소 외로 제품을 운반하는 것을 말한다.
③ "제조"란 원료 물질의 칭량부터 혼합 및 충전까지의 일련의 작업을 말한다.
④ "공정관리"란 제조공정 중 적합판정기준의 충족을 보증하기 위하여 공정을 모니터링하거나 조정하는 모든 작업을 말한다.
⑤ "회수"란 판매한 제품 가운데 품질 결함이나 안전성 문제 등으로 나타난 제조번호의 제품을 판매소로 거두어 들이는 활동을 말한다.

답 ④

해
- **일탈**: 제조 또는 품질관리 활동 등의 미리 정하여진 기준을 벗어나 이루어진 행위를 말한다.
- **출하**: 주문 준비와 관련된 일련의 작업과 운송 수단에 적재하는 활동으로 제조소 외로 제품을 운반하는 것을 말한다.
- **제조**: 원료 물질의 칭량부터 혼합, 충전(1차포장), 2차포장 및 표시 등의 일련의 작업을 말한다.
- **회수**: 판매한 제품 가운데 품질 결함이나 안전성 문제 등으로 나타난 제조번호의 제품(필요시 여타 제조번호 포함)을 제조소로 거두어들이는 활동을 말한다.

044

다음은 식품의약품안전처고시「인체적용제품의 위해성평가 등에 관한 규정」제13조(독성시험의 실시)에 관한 내용이다. 다음 중 옳은 것을 고르시오.

① 식품의약품안전처장은 위해성평가에 필요한 자료를 확보하기 위하여 독성의 정도를 동물실험 등을 통하여 과학적으로 평가하는 독성시험을 실시할 수 없다.

② 독성시험은 「의약품등 독성시험기준」 또는 WTO에서 정하고 있는 독성시험방법에 따라 다음 각 호와 같이 실시한다. 다만, 필요한 경우 위원회의 자문을 거쳐 독성시험의 절차·방법을 다르게 정할 수 있다.

③ 독성시험 대상물질의 특성, 노출경로 등을 고려하여 독성시험항목 및 방법 등을 선정한다.

④ 독성시험 절차는 「임상시험관리기준」에 따라 수행한다.

⑤ 독성시험결과에 대한 임상병리학 전문의의 검증을 수행한다.

답 ③

해 ① 식품의약품안전처장은 위해성평가에 필요한 자료를 확보하기 위하여 독성의 정도를 동물실험 등을 통하여 과학적으로 평가하는 독성시험을 실시할 수 있다.

② 독성시험은 「의약품등 독성시험기준」 또는 경제협력개발기구(OECD)에서 정하고 있는 독성시험방법에 따라 다음 각 호와 같이 실시한다.

④ 독성시험 절차는 「비임상시험관리기준」에 따라 수행한다.

⑤ 독성시험결과에 대한 독성병리 전문가 등의 검증을 수행한다.

045

「화장품법 시행규칙」제19조에 따라 내용량이 50ml 또는 50g초과인 제품의 경우, 제품의 포장에 반드시 표기해야하는 내용 중 올바르지 않은 것을 고르시오.

① 인체세포조직 배양액의 함량

② 기능성화장품의 경우 심사 받거나 보고한 효능·효과, 용법·용량

③ 성분명을 제품의 명칭의 일부로 사용한 경우 그 성분명과 함량

④ 사용기준이 지정 고시된 원료 중 보존제의 함량

⑤ 수입화장품인 경우 제조국의 명칭, 제조회사명, 소재지

답 ④

해 법 제10조제1항제10호에 따라 화장품의 포장에 기재·표시하여야 하는 사항은 다음 각 호와 같다. 다만, 맞춤형화장품의 경우에는 제1호 및 제6호를 제외한다.

1. 식품의약품안전처장이 정하는 바코드
2. 기능성화장품의 경우 심사받거나 보고한 효능·효과, 용법·용량
3. 성분명을 제품 명칭의 일부로 사용한 경우 그 성분명과 함량(방향용 제품은 제외한다)
4. 인체 세포·조직 배양액이 들어있는 경우 그 함량
5. 화장품에 천연 또는 유기농으로 표시·광고하려는 경우에는 원료의 함량
6. 수입화장품인 경우에는 제조국의 명칭(「대외무역법」에 따른 원산지를 표시한 경우에는 제조국의 명칭을 생략할 수 있다), 제조회사명 및 그 소재지
7. 제2조제8호부터 제11호까지에 해당하는 기능성화장품의 경우에는 "질병의 예방 및 치료를 위한 의약품이 아님"이라는 문구
8. 다음 각 목의 어느 하나에 해당하는 경우 법 제8조제2항에 따라 사용기준이 지정·고시된 원료 중 보존제의 함량
   가. 별표 3 제1호가목에 따른 3세 이하의 영유아용 제품류인 경우
   나. 4세 이상부터 13세 이하까지의 어린이가 사용할 수 있는 제품임을 특정하여 표시·광고 하려는 경우

046

다음은 시스테인, 시스테인염류 또는 아세틸시스테인을 주성분으로 하는 가온2욕식 1제 헤어퍼머넌트 웨이브용 제품에 대한 것이다. 다음 중 틀린 것은?

① pH : 4.0~9.5
② 알칼리 : 0.1N염산의 소비량은 검체 1mL에 대하여 9mL이하
③ 시스테인 : 1.5~6.5%
④ 중금속 : 20㎍/g이하
⑤ 철 : 2㎍/g이하

답 ③

해 **1) pH** : 4.0~9.5
2) 알칼리 : 0.1N염산의 소비량은 검체 1mL에 대하여 9mL이하
3) 시스테인 : 1.5~5.5%
4) 환원후의 환원성물질(시스틴) : 0.65%이하
5) 중금속 : 20㎍/g이하
6) 비소 : 5㎍/g이하
7) 철 : 2㎍/g이하

047

다음 〈보기〉는 식품의약품안전처고시「기능성화장품 심사에 관한 규정」에 따른 인체첩포시험에 대한 내용이다. 옳은 것을 모두 고르시오.

〈보기〉

ㄱ. 시험대상은 10명 이상으로 수행한다.
ㄴ. 피부과 전문의 또는 연구소 및 병원, 기타 관련기관에서 5년 이상 해당시험 경력을 가진 자의 지도하에 수행되어야 한다.
ㄷ. 사람의 상등부 또는 및 수완부 등에 인체첩포시험을 실시한다.
ㄹ. 인체사용시험을 평가하기에 적정한 부위를 폐쇄첩포한다.
ㅁ. 원칙적으로 첩포 48시간후에 패치를 제거하고 제거에 의한 일과성의 홍반의 소실을 기다려 관찰한다.

① ㄱ, ㄴ　② ㄱ, ㄷ
③ ㄱ, ㄹ　④ ㄴ, ㄹ
⑤ ㄴ, ㅁ

답 ④

해 ㄱ. 시험대상은 30명 이상으로 수행한다.
ㄷ. 사람의 상등부(정중선의 부분은 제외)또는 전완부 등 인체사용시험을 평가하기에 적정한 부위를 폐쇄첩포한다.
ㅁ. 원칙적으로 첩포 24시간후에 patch를 제거하고 제거에 의한 일과성의 홍반의 소실을 기다려 관찰·판정한다.

048

다음 중 식품의약품안전처고시「기능성화장품 심사에 관한 규정」에 따른 독성시험법과 그 시험방법이 바르게 연결된 것은?

① 1차피부자극시험 - Ison 법
② 피부감작성시험 - Draize Test 법
③ 유전독성시험 - Maximization Test 법
④ 안점막자극시험 - Adjuvant and strip 법
⑤ 광독성시험 - Oral Mucosal Irritation test 법

답 ②

해 1차피부자극시험
*Draize방법을 원칙으로 한다.
피부감작성시험
일반적으로 Maximization Test을 사용하지만 적절하다고 판단되는 다른 시험법을 사용할 수 있다.
(1) Adjuvant를 사용하는 시험법
(가) Adjuvant and Patch Test
(나) Freund's Complete Adjuvant Test
(다) Maximization Test
(라) Optimization Test
(마) Split Adjuvant Test
(2) Adjuvant를 사용하지 않는 시험법
(바) Buehler Test
(사) Draize Test
(아) Open Epicutaneous Test
유전독성시험
(1) 박테리아를 이용한 복귀돌연변이시험
(2) 포유류 배양세포를 이용한 체외 염색체이상시험
(3) 설치류 조혈세포를 이용한 체내 소핵 시험

광독성시험
(1) Ison법
(2) Ljunggren법
(3) Morikawa법
(4) Sams법
(5) Stott법
광감작성시험
(1) Adjuvant and Strip 법
(2) Harber 법
(3) Horio 법
(4) Jordan 법
(5) Kochever 법
(6) Maurer 법
(7) Morikawa 법
(8) Vinson법

049

「화장품 안전기준 등에 관한 규정」에 따른 인체 세포·조직 배양액 제조 배양시설 및 환경의 관리에 관한 사항으로 옳은 것은?

✔① Temperature range : 74±8° F(18.8~27.7 ℃)
② Pre-fillter
③ 기압 20pa
④ 시간 당 환기횟수 30~40
⑤ 인체 세포 조직 배양액을 제조하는 배양시설은 청정등급 1A 이상의 구역에 설치하여야 한다.

답 ①

해 인체 세포 조직 배양액 제조 배양시설(청정등급 1B(-Class 10,000) 이상)
① **Filter required** : HEPA
② **Temperature range** : 74±8°F(18.8~27.7℃)
③ **Humidity range** : 55±20 %
④ **Pressure(inches of water)** : 0.05(=1.27mmHO, 12Pa)
⑤ **Air changes per hour** : 20~30
(**출처** : 화장품 안전기준 등에 관한 규정 해설서(별표3))

050

다음 〈보기〉는 화장품 안정성 시험의 경시변화시험에 관한 내용이다. 틀린 것을 모두 고르시오.

〈보기〉

ㄱ. 경시변화시험은 시중에 유통할 제품과 동일한 처방, 제형 및 포장용기를 사용한다.
ㄴ. 가속시험은 일반적으로 장기보존시험의 지정저장온도보다 15℃ 이상 높은 온도에서 시험한 경시적 시험이다.
ㄷ. 경시변화시험 중 화학적 시험에는 비중, 융점, 경도, pH, 유화상태, 점도 등의 평가항목이 있다.
ㄹ. 가혹시험은 시험개시 때와 첫 1년간은 3개월마다, 그 후 2년까지는 6개월마다, 2년 이후부터는 1년에 1회 시험결과를 측정한다.
ㅁ. 가속시험은 화장품의 운반, 보관, 진열 및 사용 과정에서 뜻하지 않게 일어나는 가능성 있는 가혹한 환경 조건에서 경시적인 품질변화를 검토하기 위해 시험을 수행한다.

① ㄱ, ㄴ, ㄷ
② ㄱ, ㄹ, ㅁ
③ ㄴ, ㄷ, ㄹ
④ ㄴ, ㄷ, ㅁ
✔⑤ ㄷ, ㄹ, ㅁ

답 ⑤

해 ㄷ. 경시변화시험 중 화학적 시험에는 시험물가용성 성분, 에테르불용 및 에탄올가용성성분, 에테르 및 에탄올 가용성 불검화물, 에테르 및 에탄올 가용성 검화물, 에테르 가용 및 에탄올 불용성 불검화물, 에테르 가용 및 에탄올 불용성 검화물, 증발잔류물, 에탄올 등의 평가항목이 있다.
ㄹ. 가속시험은 시험개시 때를 포함하여 최소 3번을 측정하는 반면, 장기보존 시험과 개봉후 안정성시험은 시험개시 때와 첫 1년간은 3개월마다, 그 후 2년까지는 6개월마다, 2년 이후부터는 1년에 1회 시험결과를 측정한다.
ㅁ. 가혹시험은 화장품의 운반, 보관, 진열 및 사용 과정에서 뜻하지 않게 일어나는 가능성 있는 가혹한 환경 조건에서 품질변화를 검토하기 위해 시험을 수행한다.
(**출처** : 화장품안정성시험가이드라인/ 이론교재 장기보존시험 및 가속시험 참조)

051

다음 〈보기〉는 A사의 기초화장용 제품류인 (가), (나), (다) 화장품을 검사하여 검출된 성분을 나타낸 결과이다. 식품의약품안전처고시「화장품 안전기준 등에 관한 규정」 제6조에 따른 기준을 위반한 화장품은 무엇인가?

〈보기〉

	(가)화장품	(나)화장품	(다)화장품
검출성분	납:16㎍/g	수은:0.3㎍/g	디옥산:80㎍/g
	니켈:6㎍/g	안티몬:8㎍/g	메탄올:0.003%(v/v)
	포르알데하이드: 130㎍/g	카드뮴:7㎍/g	부틸벤질프탈레이트: 12㎍/g

① (가)화장품
② (가)화장품, (나)화장품
③ (나)화장품
④ (나)화장품, (다)화장품
⑤ (가)화장품, (나)화장품, (다)화장품

답 ③

해 비의도적으로 유래된 물질의 검출허용한도

① **납**: 점토를 원료로 사용한 분말제품은 50㎍/g 이하, 그 밖의 제품은 20㎍/g 이하
② **니켈**: 눈 화장용 제품은 35㎍/g 이하, 색조 화장용 제품은 30㎍/g 이하, 그 밖의 제품은 10㎍/g 이하
③ **비소**: 10㎍/g 이하
④ **수은**: 1㎍/g 이하
⑤ **안티몬**: 10㎍/g 이하
⑥ **카드뮴**: 5㎍/g 이하
⑦ **디옥산**: 100㎍/g 이하
⑧ **메탄올**: 0.2(v/v)% 이하, 물휴지는 0.002%(v/v) 이하
⑨ **포름알데하이드**: 2000㎍/g 이하, 물휴지는 20㎍/g 이하
⑩ **프탈레이트류(디부틸프탈레이트, 부틸벤질프탈레이트 및 디에칠헥실프탈레이트에 한함)**: 총 합으로서 100㎍/g 이하

052

맞춤형조제관리사 미영씨는 맞춤형화장품을 조제하고자 한다. 식품의약품안전처장이 고시한「화장품 안전기준 등에 관한 규정」에 따라 올바른 행위를 한 경우를 모두 고르시오.

ㄱ. 총호기성생균수가 100개/g(mL)가 측정된 물휴지를 판매하였다.
ㄴ, 세이빙폼의 pH를 측정한 수치가 9.5이 나와 해당 제품을 판매하지 않았다.
ㄷ. 포름알데하이드 성분이 30㎍/g 검출된 물휴지를 판매하였다.
ㄹ. 총호기성생균수가 800개/g(mL)인 페이스파우더를 판매하였다.
ㅁ. 카드뮴 성분이 3㎍/g이 검출된 로션제A와 카드뮴 성분이 5㎍/g 검출된 로션제B를 절반씩 섞은 화장품을 판매하였다.

① ㄱ, ㄴ　② ㄱ, ㄴ, ㄹ
③ ㄱ, ㄹ, ㅁ　④ ㄹ, ㅁ
⑤ ㄴ, ㄷ, ㅁ

답 ③

해 ㄱ. 물휴지의 세균 및 진균수 각각 100개/g(mL)이하이다.
ㄴ. 영·유아용 제품류(영·유아용 샴푸, 영·유아용 린스, 영·유아 인체 세정용 제품, 영·유아 목욕용 제품 제외), 눈 화장용 제품류, 색조 화장용 제품류, 두발용 제품류(샴푸, 린스 제외), 면도용 제품류(세이빙 크림, 세이빙 폼 제외), 기초화장용 제품류(클렌징 워터, 클렌징 오일, 클렌징 로션, 클렌징 크림 등 메이크업 리무버 제품 제외) 중 액, 로션, 크림 및 이와 유사한 제형의 액상제품은 pH 기준이 3.0~9.0 이어야 한다. 다만, 물을 포함하지 않는 제품과 사용한 후 곧바로 물로 씻어 내는 제품은 제외한다.
ㄷ. 포름알데하이드의 비의도적으로 유래된 물질의 허용 검출한도는 2000㎍/g이하, 물휴지는 20㎍/g 이하이다.
ㄹ. 1. 총호기성생균수는 영·유아용 제품류 및 눈화장용 제품류의 경우 500개/g(mL)이하
2. 기타 화장품의 경우 1,000개/g(mL)이하
3. 대장균(Escherichia Coli), 녹농균(Pseudomonas aeruginosa), 황색포도상구균(Staphylococcus aureus)은 불검출

ㅁ. 비의도적 유래 물질인 카드뮴의 함량은 5㎍/g 이하이므로 로션제A, 로션제B는 사용가능하며, 로션제A, 로션제B를 절반씩 섞은 화장품의 카드뮴의 함량은 4㎍/g이므로 옳은 보기이다.

053

다음 중 염모제 성분으로 옳지 않은 것은?

① 몰식자산
② p-페닐렌디아민
③ 피크라민산
④ 6-아미노-o-크레솔
⑤ 황산 o-클로로-p-페닐렌디아민

답 ④

해 6-아미노-o-크레솔은 사용할 수 없는 원료이다. 5-아미노-o-크레솔은 염모제 성분이다.

054

식품의약품안전처고시 「인체적용제품의 위해성평가 등에 관한 규정」에 따라 옳지 않은 것을 고르시오.

① 위해요소의 인체 내 독성 등 확인과 인체노출 안전기준 설정을 위하여 국제기구 및 신뢰성 있는 국내·외 위해성평가기관 등에서 평가한 결과를 준용하거나 인용할 수 있다.
② 인체노출 안전기준의 설정이 어려울 경우 위해요소의 인체 내 독성 등 확인과 인체의 위해요소 노출 정도만으로 위해성을 예측할 수 있다.
③ 어린이 및 임산부 등 민감집단 및 고위험집단을 대상으로 위해성평가를 실시할 수 없다.
④ 인체적용제품의 섭취, 사용 등에 따라 사망 등의 위해가 발생하였을 경우 위해요소의 인체 내 독성 등의 확인만으로 위해성을 예측할 수 있다.
⑤ 인체의 위해요소 노출 정도를 산출하기 위한 자료가 불충분하거나 없는 경우 활용 가능한 과학적 모델을 토대로 노출 정도를 산출할 수 있다.

답 ③

해 특정집단에 노출 가능성이 클 경우 어린이 및 임산부 등 민감집단 및 고위험집단을 대상으로 위해성평가를 실시할 수 있다.

055

다음 중 맞춤형화장품에 사용할 수 있는 원료로 배합 가능한 것은?

① 에칠헥실디메칠파바
② 살리실릭애씨드
③ 소듐나이트라이트
④ 벤질알코올
⑤ 소듐바이카보네이트

답 ⑤

해 ① 에칠헥실디메칠파바는 식품의약품안전처장이 고시한 기능성화장품의 효능·효과를 나타내는 원료이므로 맞춤형화장품에 사용할 수 없는 원료이다(다만, 맞춤형화장품판매업자에게 원료를 공급하는 화장품책임판매업자가 해당 원료를 포함하여 기능성화장품에 대한 심사를 받거나 보고서를 제출한 경우는 제외한다).
②, ③, ④살리실릭애씨드, 소듐나이트라이트, 벤질알코올은 화장품에 사용상의 제한이 필요한 원료이므로 맞춤형화장품에 사용할 수 없는 원료이다.

056

다음은 맞춤형화장품판매업으로 신고한 매장에서 일하는 맞춤형화장품조제관리사 A와 맞춤형화장품조제관리사 B가 대화하는 내용이다. 〈보기〉의 밑줄 친 내용 중 올바른 것을 모두 고르시오.

〈보기〉

- A : 그거 알아? 셀뷰티라는 브랜드에서 새로 출시한 에센스 참 좋더라. 맞춤형화장품이랑 같이 팔면 매출에 도움이 될 텐데. 같이 팔아도 되겠지?
- B : 오, 그거 좋은 생각이다. 맞아, ㉠ 우리가 일반화장품을 팔아도 괜찮아.
- A : 또 궁금한게 있는데, 어제 한 손님이 우리가 파는 코롱의 양이 너무 많다고 20ml로 소분해서 팔면 안되냐고 물으시더라. 그래도 될까?

- B : 안돼, ㉡ 법적으로 코롱은 우리가 소분할 수 없어.
- A : 그럼 미생물에 오염을 방지하기 위해서 코롱에 벤질알코올을 추가해도 될까?
- B : 안돼, ㉢ 벤질알코올은 맞춤형화장품에 사용할 수 없어. 아, 그런데 조금 전에 나 없을 때 뭐 조제해서 팔았어?
- A : 예전에 ㉣ 메틸살리실레이트(Methyl Salicylate)를 5% 함유하는 액체 상태의 맞춤형 화장품을 일반용기에 충전·포장하여 고객에게 판매했었거든? 방금 전에 그 고객님이 재방문하셔서 피부측정을 했더니 주름이 증가했더라고, 그래서 ㉤ 화장품책임판매업자가 사전에 레티놀 원료를 포함하여 기능성화장품 심사를 받은 내용물을 기 심사 받은 조합·함량의 범위 내에서 혼합해서 조제했어.

① ㄱ, ㄴ, ㄹ ② ㄱ, ㄷ, ㄹ
③ ㄱ, ㄷ, ㅁ ④ ㄴ, ㄷ, ㅁ
⑤ ㄴ, ㄹ, ㅁ

답 ③

해 ㄱ. 맞춤형화장품조제관리사는 일반화장품을 팔 수 있다.
ㄴ. 화장품법 시행규칙 [별표 3]에 따라 코롱은 화장품 유형 '방향용 제품류'에 속한다.
ㄷ. 벤질알코올은 사용상 제한이 있는 보존제이므로 맞춤형화장품에 사용할 수 없다.
ㄹ. 개별 포장당 메틸살리실레이트를 5.0%이상 함유하는 액체상태의 제품은 일반용기가 아닌 안전용기 포장을 사용해야한다.
ㅁ. 맞춤형화장품판매업자에게 내용물 등을 공급하는 화장품책임판매업자가 사전에 해당 원료를 포함하여 기능성화장품 심사를 받거나 보고서를 제출한 경우에는 맞춤형화장품조제관리사가 기 심사 받거나 보고서를 제출한 조합·함량의 범위 내에서 해당 원료를 혼합할 수 있다.

057

식품의약품안전처고시 「화장품 표시·광고 실증에 관한 규정」에 따른 내용으로 알맞지 않은 것은?

① "실증자료"라 함은 표시·광고에서 주장한 내용 중에서 사실과 관련한 사항이 진실임을 증명하기 위하여 작성된 자료를 말한다.
② "실증방법"이라 함은 표시·광고에서 주장한 내용 중 사실과 관련한 사항이 진실임을 증명하기 위해 사용되는 방법을 말한다.
③ "인체 적용시험"은 화장품의 표시·광고 내용을 증명할 목적으로 해당 화장품의 효과 및 안전성을 확인하기 위하여 사람을 대상으로 실시하는 시험 또는 연구를 말한다.
④ "인체 외 시험"은 실험실의 배양접시, 인체로부터 분리한 모발 및 피부, 인공피부 등 인위적 환경에서 시험물질과 대조물질 처리 후 결과를 측정하는 것을 말한다.
⑤ "시험계"는 시험을 실시하는데 필요한 사람, 건물, 시설 및 운영단위를 말한다.

답 ⑤

해 "시험계"는 시험에 이용되는 미생물과 생물학적 매체 또는 이들의 구성성분으로 이루어지는 것을 말한다.

058

다음 중 피부 각질층의 수분 상태를 평가하는데 이용되는 방법으로 적절하지 않은 것은?

① 피부 전기전도도 측정
② 피부 정전용량 측정
③ 근적외분광분석법
④ 경피수분손실량(TEWL) 측정
⑤ 생체 전기저항 분석법(BIA)

답 ⑤

해 ①, ②피부의 전기적 성질(전기전도도, 정전용량)을 이용하여 각질층 수화를 평가한다.
③ 근적외 분광분석법은 근적외 분광분석기를 사용하여 근적외선을 피부에 조사하였을 때 나타나는 확산반사를 이용하여 측정하는 방법으로, 피부의 수분측정에 쓰인다.

④ 경피수분손실량(Transepidermal Water Loss:TEWL) 각질층을 통해서 대기 중으로 빠져나가는 수분의 양을 의미한다. 즉 피부로부터 증발 및 발산하는 수분량을 측정함으로써 피부 수분 상태를 평가한다.
⑤ 생체 전기저항 분석법은 미세한 교류 전류를 흘려보냈을 때, 체내에 지방이 많을수록 전기 저항이 크다는 원리에 기초한 신체 구성 측정법이다(체성분분석을 위해 쓰임).

059

인체 내 활성을 띄기 위해 구리이온을 필요로 하는 효소는 무엇인가?

① 티로시나아제
② mmp-1
③ ACAT
④ NADPH
⑤ 엘라스타아제

답 ①

해 티로시나아제는 티로신으로부터 멜라닌으로 전환시키는데 중요한 효소이다. 티로시나아제는 구리 이온과 결합하지 않으면 활성화되지 않는다. 구리를 함유한 티로시나아제는 티로신을 도파(DOPA)로 수산화시키고, 도파(DOPA)를 도파퀴논(DO피브릴린PAquinone) 으로 산화시킨다. 도파퀴논은 여러과정을 거쳐 멜라닌이 된다.

060

다음 중 섬유아세포에 의해 생성되지 않는 물질은?

① 콜라겐(collagen)
② 엘라스틴(elastin)
③ 피브릴린(fibrillin)
④ 싸이토카인(Cytokine)
⑤ GAG

답 ④

해 콜라겐, 엘라스틴, 피브로넥틴, 피브릴린, proteoglycans(PG). glycosaminoglycan(GAG) 등은 섬유아 세포에 의해 생성된다.

061

다음은 식품의약품안전처고시「화장품 법령·제도 등 교육실시기관 지정 및 교육에 관한 규정」에 내한 내용이다. 옳지 않은 것을 고르시오.

① 교육실시기관은 교육시설을 소유하고 있거나 교육이 진행되는 기간 동안 계속하여 임차하여야 한다.
② 강의실은 바닥 면적이 150㎡ 이상인 것(예상 교육인원이 100명을 초과 하는 경우 초과 1명당 1.5㎡씩 추가 확보)으로서 1개 이상이어야 한다.
③ 교육실시기관은 1명 이상의 교육관리자를 지정하여 운영 전반을 감독하도록 하여야 한다.
④ 「고등교육법」에 따른 전문대학 이상의 대학에서 교육과정과 관련된 학과(「화장품법 시행규칙」 제8조제1항제1호부터 제3호의2까지에 따른 책임판매관리자 자격기준 인정학과)를 졸업하고 관련 분야 실무경력 3년 이상인 자는 교육강사의 자격요건으로 부합하다.
⑤ 교육실시기관은 화장품제조업자, 화장품책임판매업자, 맞춤형화장품판매업자, 책임판매관리자 및 맞춤형화장품조제관리사의 교육 수요 분야별로 특성에 맞는 교육과정을 마련하고 교육을 실시하여야 한다.

답 ④

해 「고등교육법」에 따른 전문대학 이상의 대학에서 교육과정과 관련된 학과(「화장품법 시행규칙」 제8조제1항제1호부터 제3호의2까지에 따른 책임판매관리자 자격기준 인정 학과)를 졸업하고 관련분야 실무경력 5년 이상인 자는 교육강사의 자격요건으로 부합하다.

062

식품의약품안전처고시 「화장품 안전기준 등에 관한 규정」에 첨부된 [별표 3] 인체 세포·조직 배양액 안전기준에 의거, 인체 세포·조직 배양액의 품질을 확보하기 위한 인체 세포·조직 배양액 품질관리 기준서에 들어가지 않는 항목은?

① 마이코플라스마 부정시험
② 세포독성 시험
③ 순도 시험
④ 외래성 바이러스 부정시험
⑤ 성상

답 ②

해 인체 세포·조직 배양액의 품질을 확보하기 위하여 다음의 항목을 포함한 인체세포·조직 배양액 품질관리 기준서를 작성하고 이에 따라 품질검사를 하여야 한다.

(1) 성상
(2) 무균시험
(3) 마이코플라스마 부정시험
(4) 외래성 바이러스 부정시험
(5) 확인시험
(6) 순도시험(기원 세포 및 조직 부재시험 등)

063

「화장품법」제14조,「화장품법 시행규칙」제10조의2에 따른 화장품 표시·광고 및 실증에 관한 내용으로 설명이 알맞은 것을 〈보기〉에서 모두 고르시오.

〈보기〉

ㄱ. 어린이 사용 화장품의 경우 방문광고 또는 실연(實演)에 의한 광고를 하기 위해서는 실증에 관한 자료가 있으면 가능하다.
ㄴ. 영업자 및 판매자는 자기가 행한 표시·광고 중 사실과 관련한 사항에 대하여는 이를 실증할 수 있어야 한다.
ㄷ. 식품의약품안전처장에 의해 실증자료의 제출을 요청받은 영업자 또는 판매자는 요청받은 날부터 30일 이내에 그 실증자료를 식품의약품안전처장에게 제출하여야 한다.
ㄹ. 식품의약품안전처장은 영업자 또는 판매자가 제2항에 따라 실증자료의 제출을 요청받고도 제3항에 따른 제출기간 내에 이를 제출하지 아니한 채 계속하여 표시·광고를 하는 때에는 실증자료를 제출할 때까지 그 표시·광고 행위의 중지를 명하여야 한다.
ㅁ. 식품의약품안전처장으로부터 실증자료의 제출을 요청받아 제출한 경우에는 「표시·광고의 공정화에 관한 법률」 등 다른 법률에 따라 다른 기관이 요구하는 자료제출을 거부할 수 있다.

① ㄱ, ㄴ, ㄷ　② ㄱ, ㄴ, ㄹ
③ ㄴ, ㄷ, ㅁ　④ ㄴ, ㄹ, ㅁ
⑤ ㄷ, ㄹ, ㅁ

답 ④

해 ㄱ. 어린이가 사용가능하다고 광고하는 경우 방문광고는 실증에 관한 자료가 필요없다.
ㄷ. 제2항에 따라 실증자료의 제출을 요청받은 영업자 또는 판매자는 요청받은 날부터 15일 이내에 그 실증자료를 식품의약품안전처장에게 제출하여야 한다. 다만, 식품의약품안전처장은 정당한 사유가 있다고 인정하는 경우에는 그 제출기간을 연장할 수 있다.

ㅁ. 제2항 및 제3항에 따라 식품의약품안전처장으로부터 실증자료의 제출을 요청받아 제출한 경우에는 「표시·광고의 공정화에 관한 법률」 등 다른 법률에 따라 다른 기관이 요구하는 자료제출을 거부할 수 있다.

064

화장품 표시·광고 시 준수사항으로 옳지 않은 것은?

① 국제적 멸종위기종의 가공품이 함유된 화장품임을 표현하거나 암시하는 표시 · 광고를 하지 말 것

② "최고" 또는 "최상" 등의 절대적 표현의 표시·광고를 하지 말 것.

③ 사실 유무와 관계없이 다른 제품을 비방하거나 비방한다고 의심이 되는 표시·광고를 하지 말 것.

④ 비교 대상 및 기준을 분명히 밝혀서 경쟁상품과 비교하는 객관적인 내용을 표시·광고하지 말 것.

⑤ 사실과 다르거나 부분적으로 사실이라고 하더라도 전체적으로 보아 소비자가 잘못 인식할 우려가 있는 표시·광고 또는 소비자를 속이거나 소비자가 속을 우려가 있는 표시·광고를 하지 말 것.

답 ④

해 경쟁상품과 비교하는 표시·광고는 비교 대상 및 기준을 분명히 밝히고 객관적으로 확인될 수 있는 사항만을 표시·광고하여야 하며, 배타성을 띤 "최고" 또는 "최상" 등의 절대적 표현의 표시·광고를 하지 말 것.

065

다음 인체 적용시험의 최종시험결과보고서에 반드시 포함되어야 하는 것은?

㉠ 시험책임자 및 시험자의 성명
㉡ 시험의뢰자의 명칭과 주소
㉢ 시험 의뢰자의 연락처
㉣ 시험 의뢰자의 체중
㉤ 연구자의 이력

① ㄱ, ㄴ　　② ㄱ, ㄷ
③ ㄱ, ㄷ, ㄹ　　④ ㄴ, ㄷ
⑤ ㄷ, ㄹ, ㅁ

답 ①

해 인체 적용시험의 최종시험결과보고서는 다음의 사항을 포함하여야 한다.

1) 시험의 종류(시험 제목)
2) 코드 또는 명칭에 의한 시험물질의 식별
3) 화학물질명 등에 의한 대조물질의 식별(대조물질이 있는 경우에 한함)
4) 시험의뢰자 및 시험기관 관련 정보
가) 시험의뢰자의 명칭과 주소
나) 관련된 모든 시험시설 및 시험지점의 명칭과 소재지, 연락처
다) 시험책임자 및 시험자의 성명
5) 날짜
시험개시 및 종료일
6) 신뢰성보증확인서
시험점검의 종류, 점검날짜, 점검시험단계, 점검결과 등이 기록된 것
7) 피험자
가) 선정 및 제외 기준
나) 피험자 수 및 이에 대한 근거
8) 시험방법
가) 시험 및 대조물질 적용방법(대조물질이 있는 경우에 한함)
나) 적용량 또는 농도, 적용 횟수, 시간 및 범위, 사용제한
다) 사용장비 및 시약
라) 시험의 순서, 모든 방법, 검사 및 관찰, 사용된 통계학적 방법
마) 평가방법과 시험목적 사이 연관성, 새로운 방법일 경우 이 연관성을 확인할 수 있는 근거자료
9) 시험결과
가) 시험결과의 요약

나) 시험계획서에 제시된 관련 정보 및 자료
다) 통계학적 유의성 결정 및 계산과정을 포함한 결과
라) 결과의 평가와 고찰, 결론
10) 부작용 발생 및 조치내역
가) 부작용 등 발생사례
나) 부작용 발생에 따른 치료 및 보상 등 조치내역

066

피부 각질 때문에 고민하는 고객에게 락틱애씨드를 2.0 % 첨가한 수분크림을 맞춤형화장품으로 추천하였다. 〈보기1〉은 맞춤형화장품의 전성분이다. 고객에게 설명해야 할 주의사항을 〈보기2〉에서 모두 고른 것은?

〈보기1〉

정제수, 프로판디올, 부틸렌글라이콜, 판테놀, 쉐어버터, 락틱애씨드, 글리세릴카프릴레이트, 하이드로제네이티드폴리데센, 1,2-헥산다이올, 라벤더오일, 메도우폼씨오일, 토코페릴아세테이트, 부틸파라벤, 디소듐이디티에이, 에칠헥실글리세린

〈보기2〉

ㄱ. 상처가 있는 부위 등에는 사용을 자제할 것.
ㄴ. 눈에 접촉을 피하고 눈에 들어갔을 때에는 즉시 씻어낼 것.
ㄷ. 3세 이하 영유아의 기저귀가 닿는 부위에는 사용하지 말 것.
ㄹ. 사용 시 흡입되지 않도록 주의할 것.
ㅁ. 햇빛에 대한 피부의 감수성을 증가시킬 수 있으므로 자외선차단제를 함께 사용할 것.
ㅂ. 털을 제거한 직후에는 사용하지 말 것.

① ㄱ, ㄷ, ㅁ　② ㄱ, ㄹ, ㅁ
③ ㄴ, ㄷ, ㄹ　④ ㄴ, ㄹ, ㅁ
⑤ ㄴ, ㄹ, ㅂ

답 ①

해 ㄱ. '화장품 사용 시의 주의사항'의 공통사항이다.
ㄴ. 과산화수소 및 과산화수소 생성물질 함유 제품, 벤잘코늄클로라이드/브로마이드/사카리네이트, 실버나이트레이트 함유 제품에 대한 주의사항 표시 문구이다.
ㄷ. 부틸파라벤, 프로필파라벤, 이소부틸파라벤 또는 이소프로필파라벤 함유 제품(영·유아용 제품류 및 기초화장용 제품류(3세 이하 영유아가 사용하는 제품) 중 사용 후 씻어내지 않는 제품에 한함)에 대한 주의사항 표시 문구이다.
ㄹ. 스테아린산아연 함유 제품(기초화장용 제품류 중 파우더 제품에 한함)에 대한 주의사항 표시 문구이다.
ㅁ. AHA에는 타타릭애씨드, 시트릭애씨드, 글라이콜릭애씨드, 락틱애씨드, 말릭애씨드가 있다. 전성분에는 락틱애시드가 있으므로 AHA(알파-하이드록시애시드)에 대한 주의사항 표시 문구를 표시해야 한다.
ㅂ. 체취 방지용 제품에 대한 주의사항 표시 문구이다.

067

「화장품법」제15조의2에 따라 동물실험을 실시한 화장품 또는 동물실험을 실시한 화장품 원료를 사용하여 제조 또는 수입한 화장품을 유통·판매할 수 있는 경우를 모두 고르시오.

ㄱ. 병원미생물에 오염된 화장품 원료에 대한 사용기준을 정하기 위해.
ㄴ. 동물대체시험법이 존재하지만 그 동물이 보호동물로 지정된 경우.
ㄷ. 화장품 수출을 위하여 수출 상대국의 법령에 따라 동물실험이 필요한 경우.
ㄹ. 수입하려는 상대국의 법령에 따라 제품 개발에 동물실험이 필요한 경우.
ㅁ. 다른 법령에 따라 동물실험을 실시하여 개발된 원료를 화장품의 제조 등에 사용하는 경우.

① ㄱ, ㄴ, ㄷ　② ㄱ, ㄷ, ㄹ
③ ㄴ, ㄷ, ㄹ　④ ㄴ, ㄷ, ㅁ
⑤ ㄷ, ㄹ, ㅁ

답 ⑤

해 ㄱ. 보존제, 색소, 자외선차단제 등 특별히 사용상의 제한이 필요한 원료에 대하여 그 사용기준을 지정하거나 같은 조 제3항에 따라 국민보건상 위해 우려가 제기되는 화장품 원료 등에 대한 위해평가를 하기 위하여 필요한 경우

ㄴ. 동물대체시험법(동물을 사용하지 아니하는 실험방법 및 부득이하게 동물을 사용하더라도 그 사용되는 동물의 개체 수를 감소하거나 고통을 경감시킬 수 있는 실험방법으로서 식품의약품안전처장이 인정하는 것을 말한다. 이하 이 조에서 같다)이 존재하지 아니하여 동물실험이 필요한 경우

068

다음 중 표피에서 세포의 분열이 가장 더딘 세포는?

① 각질(화)세포(Corneocyte)
② 과립층 세포
③ 멜라닌 세포(Melanocyte)
④ 기저세포(Basal cell)
⑤ 랑게르한스세포(Langerhans cell)

답 ①

해 표피에서 세포분열이 가장 왕성한 곳은 기저층이며, 각질층으로 갈수록 세포분열이 더디다.

069

피부조직에 대한 설명 중 옳은 것은?

① 멜라노사이트는 기저층에서 각질층으로 이동한다.
② 케라티노사이트 : 기저층에 존재한다.
③ 마스트세포 : 분해돼서 지방세포로 변한다.
④ 모세혈관 : 표피에서 진피까지 모세혈관이 분포한다.
⑤ 대식세포 : 기저층에 위치하고 있으며 신경섬유의 말단과 연결되어 피부에서 촉각을 감지하는 역할을 하여 촉각세포라고 한다.

답 ②

해 ① 멜라노사이트(멜라닌형성세포)가 아닌 멜라닌이 축적된 멜라노좀이 기저층에서 각질층으로 이동한다.
② 케라티노사이트(각질형성세포)는 기저층에 존재한다.
③ 마스트세포(비만세포)는 진피에 존재하여 염증반응에 중요한 역할을 하며, 히스타민과 세로토닌을 생성한다.
④ 모세혈관은 표피가 아닌 진피에 분포한다.
⑤ 대식세포는 백혈구의 한 유형으로 세포 찌꺼기, 이물질, 미생물, 암세포, 비정상적인 단백질 등을 집어삼켜 분해하는 식작용(phagocytosis) 기능이 있으며, 비특이적 방어기전(선천 면역)뿐만 아니라 림프구와 같은 다른 면역 세포와 상호작용을 통해서 특이적 방어기전(적응 면역)을 시작하는데도 중요한 역할을 한다.

070

다음은 피부의 표피에서 일어나는 면역반응에 대한 설명이다. 빈 칸에 들어갈 말로 알맞은 것을 고르시오.

> 피부 염증의 국소 증상은 염증 부위의 혈관이 이완(확장)되고, 모세혈관들의 투과성이 증가하며, 혈류가 증가하는 과정에서 생기게 된다. 혈액의 흐름이 염증 부위 쪽으로 증가되어 (㉠)과 (㉡)을 일으킨다.

	㉠	㉡
①	종양	부종
②	염증	발열
③	홍반	부종
④	통증	부종
⑤	발열	홍반

답 ⑤

해 통증, 홍반, 부종, 발열을 염증의 4요소라 한다.
국소 증상은 염증 부위의 혈관이 이완되고, 모세혈관들의 투과성이 증가하며, 혈류가 증가하는 과정에서 생기게 된다. 홍반과 발열은 혈액의 흐름이 염증 부위 쪽으로 증가되기 때문에 생기며, 혈관 투과성이 증가하여 조직에 체액이 축적되고 부종이 생긴다. 신경 말단을 자극하는 히스타민과 브래디키닌이 방출되어 통증을 느끼게 된다. 이러한 복합적인 요인이 모여 염증 부위의 기능 상실을 일으킬 수 있다. 염증이 발생한 부위에 따라 다양한 기능 상실이 나타날 수 있다.

071

다음은 피부구조를 나타낸 그림이다. 각각에 대한 설명으로 옳은 것을 모두 고르시오.

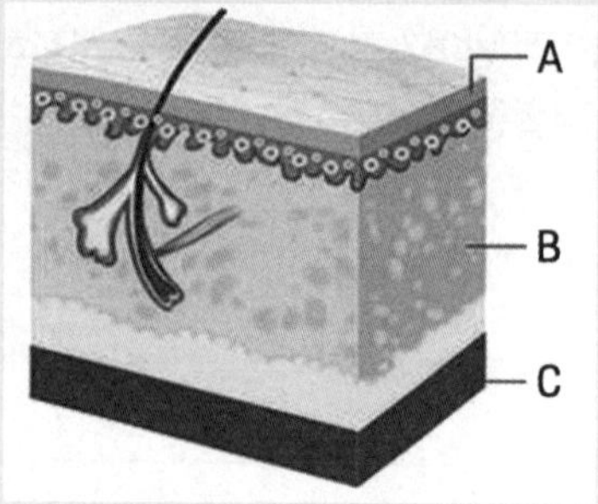

ㄱ. B에는 메르켈세포가 존재한다.
ㄴ. A에는 투명층이 존재한다.
ㄷ. B에는 지방세포가 많이 분포되어 있다.
ㄹ. B에는 망상층이 있으며 섬유아세포가 콜라겐을 생성한다.
ㅁ. 모세혈관은 A, B, C 모두에 분포한다.

① ㄱ, ㄴ ② ㄱ, ㅁ
③ ㄱ, ㄹ ④ ㄴ, ㄹ
⑤ ㄴ, ㅁ

답 ④

해 *A는 표피, B는 진피, C는 피하조직이다.
ㄱ. 메르켈세포는 A(표피)의 기저층에 존재한다.
ㄷ. 지방세포는 C(피하조직)에 많이 존재한다.
ㅁ. 모세혈관은 B(진피)에 존재한다.

072

다음은 피부의 자연노화에 따른 피부변화에 설명이다. 틀린 것을 고르시오.

① 진피 두께가 두꺼워지고 조직이 조밀해진다.
② 표피와 진피가 접한 기저막의 굴곡이 편평해진다.
③ 각질층 세포의 크기가 커지고 얇아진다.
④ 콜라겐 손상으로 탄력이 감소된다.
⑤ 멜라닌 세포수가 감소하며, 색소침착이 증가한다.

답 ①

해 ① 표피의 두께는 나이가 들어도 별로 감소하지 않지만 노인의 진피는 두께는 10~20% 정도 줄어들며, 이때 진피의 세포 수나 혈관 수도 전반적으로 감소한다. 진피두께는 광노화의 경우에는 진피두께, 진피기질, 혈관확장이 증가한다.
⑤ 피부 색소를 담당하는 멜라닌 세포의 수가 매 10년마다 10-20%씩 감소한다. 따라서 피부색이 전체적으로 옅어지고, 자외선에 대한 보호능력도 감소된다. 이에 따라 햇볕에 의하여 피부가 일광화상을 입을 위험성이 높아진다.

073

남성형 탈모증은 남성호르몬인 디히드로테스토스테론(DHT)호르몬의 영향으로 모발이 점점 얇아지면서 빠지는 증상을 말한다. 테스토스테론에서 디히드로테스토스테론(DHT)으로 변환시 필요한 효소는?

① 티아미나아제(Thiaminase)
② 알돌전이효소(Transaldolase)
③ β-갈락토시다아제(Beta-galactosidase)
④ 포스파타아제(Phosphatase)
⑤ 5-알파-환원효소(5-alpha-reductase)

답 ⑤

해 남성 호르몬인 테스토스테론은 모낭에 존재하는 5-alpha-reductase(5-알파환원효소)라는 효소가 작용하여, 디하이드로테스토스테론(DHT)으로 전환된다.

074

다음은 피부를 곱게 태워주거나 자외선으로부터 피부를 보호하는 데 도움을 주는 자외선 관련제품에 관한 설명이다. 다음의 설명에 해당되는 성분을 고르시오.

> 해당 자외선 차단제의 성분은 자외선을 흡수하여 무해한 적외선으로 변환시킨 후에, 열로 바꾸어 발산하는 방식으로 자외선을 차단한다.

① 징크옥사이드 - 벤조페논 - 3
② 징크옥사이드 - 부틸메톡시디벤조일메탄
③ 4 - 메칠벤질리덴캠퍼 - 티타늄디옥사이드
④ 징크옥사이드 - 디갈로일트리올리에이트
⑤ 옥토크릴렌 - 에칠헥실트리아존

답 ⑤

해 징크옥사이트, 티타늄디옥사이드는 물리적 자외선 차단제의 성분이고 벤조페논 - 3,부틸메톡시디벤조일메탄, 4 - 메칠벤질리덴캠퍼, 옥토크릴렌, 디갈로일트리올리에이트는 화학적 자외선 흡수제의 성분이다.

075

다음 중 계면활성제 종류와 각각의 이름이 바르게 연결된 것은?
① 음이온계면활성제 - 코코베타인
② 양쪽성 계면활성제 - 글리세릴모노스테아레이트
③ 양이온 계면활성제 - 벤잘코늄클로라이드
④ 비이온 계면활성제 - 소듐코코암포아세테이트
⑤ 천연 계면활성제 - 소듐라우릴설페이트

답 ③

해 ① 코코베타인은 양쪽성계면활성제이다.
② 글리세릴모노스테아레이트는 비이온계면활성제이다.
③ 벤잘코늄클로라이드는 양이온계면활성제이다.
④ 소듐코코암포아세테이트는 양쪽성계면활성제이다.
⑤ 소듐라우릴설페이트는 음이온계면활성제이다.

076

다음 중 관능평가 용어에 따른 물리화학적 평가법이 잘못 연결된 것은?
① 부드러움, 매끄러움 - 점탄성 측정
② 피부 탄력이 있음 - 유연성 측정
③ 투명감이 있음 - 변색분광측정계
④ 균일하게 도포할 수 있음-확대 비디오 관찰
⑤ 화장 지속력이 좋음 - 광택계

답 ⑤

해 제품색, 지속력은 분광측색계 이용한다.

	관능용어	물리화학적평가법
물리적 요소	촉촉함 /보송보송함 뽀드득함/매끄러움 보들보들함 부드러움/딱딱함 빠르게 스며듬/느리게 스며듬 가볍게발림/빡빡하게 발림	마찰감 테스터 점탄성 측정(리오미터)
	피부가 탄력이있음 피부가 부드러워짐	유연성 측정
	끈적임/끈적이지 않음	핸디압축 시험법
광학적 요소	투명감이 있음/매트함 윤기가 있음/윤기가 없음	변색분광측정계(고니오스펙트럼포토미터) 클로스미
	화장 지속력이 좋음/화장이 지워짐 균일하게 도포할수있음/뭉침, 번짐	색체측정(분광측색계를 통한 명도측정) 확대비디오관찰(비디오마이크로스코프)
	번들거림/번들거리지 않음	광택제

077

과립층에 존재하는 지질 과립인 층판소체는 각질층으로 이동하여 세라마이드, 콜레스테롤, 지방산 등으로 이루어진 세포간지질이 된다. 또한 과립층에 존재하는 단백질과립인 케라토하이알린과립은 프로필라그린을 포함하고 있는데 프로필라그린은 과립층에서 단백질 과립 형태로 존재하다가 각질형성세포의 최종 분화 과정에서 필라그린으로 분해된다. 이때 각질형성세포가 각질층으로 이동하여 각질세포의 탈락에 중요한 가교 역할을 하는 총판소체의 내부물질은 무엇인가?

① 엑소좀(Exosome)

② 엔도좀(Endosome)

③ 데스모좀(desmosome)

④ 소포체(Endoplasmic reticulum)

⑤ 골지체(Golgi body)

답 ③

해 데스모좀(desmosome,교소체)는 각질형성세포 사이를 연결하는 단백질 구조로서 효소에 의해 분해되어 각질세포의 탈락에 중요한 역할을 한다. 교소체의 분해가 원활하지 못하면 각질세포의 탈락이 정상적이지 못하여 피부에 쌓이게 되고 수분이 소실되고 단단하고 두꺼운 각질층을 형성하게 된다.

078

표면장력(, 20°C)이 물과 가장 비슷한 물질을 고르시오.

① 헥센

② 에탄올

③ 글리세린

④ 디메치콘

⑤ 올레익애씨드

답 ③

해

	물 (20°C)	헥센 (20°C)	에탄올 (20°C)	글리세린 (20°C)	디메치콘 (20°C)	올레익애씨드 (20°C)
표면장력( )	72.8	18.4	22.3	63.4	26.6	32.5

079

다음은 맞춤형화장품 조제와 관련된 대화 내용이다. 〈보기〉중 옳은 것을 모두 고르시오.

- 고객:친구가 좋다고 해서 추천해준 주름개선 에센스를 사용했는데, 주름개선 효과는 없고, 피부가 붉어지고 가려움증이 생겼어요.
- 조제관리사:사용하시던 화장품은 가져오셨나요?
- 고객:네 여기 있습니다.
- 조제관리사:전성분을 확인해 보겠습니다.

〈전성분〉

정제수, 글리세린, 알부틴, 사이클로펜타실록세인, 부틸렌글라이콜, 1,2-헥산다이올, 히알루론산, 참깨오일, 리모넨

〈보기〉

㉠ 이 제품은 주름 기능성 성분이 없다.

㉡ 이 제품을 사용하면 구진과 가려움증이 있을 수 있다.

㉢ 이 제품은 보습성분을 포함하고 있지 않다.

㉣ 이 제품에는 알레르기 유발 성분이 포함되어 있다.

㉤ 참깨오일은 알레르기 유발물질이다.

① ㄱ, ㄴ, ㄷ
② ㄱ, ㄴ, ㄹ
③ ㄱ, ㄴ, ㅁ
④ ㄴ, ㄷ, ㄹ
⑤ ㄴ, ㄹ, ㅁ

답 ②

해 ㉡ 알부틴은 미백성분으로 구진과 가려움증이 있을 수 있다.
㉢ 부틸렌글라이콜, 히알루론산은 보습성분이다.
㉤ 참깨오일은 알레르기 유발 물질이 아니다.

080

멜라닌색소가 생성되어 멜라노사이트에서 각질형성세포로 이동하는 데 직접적으로 관여하는 단백질이 아닌 것은?

① 키네신

② PAR-3

③ 액틴

④ 리포폴리사카라이드

⑤ 디네인

답 ④

해 멜라닌형성세포 내의 멜라노좀이 멜라닌으로 가득차게 되면 멜라닌을 주변의 각질형성세포로 전달하기 위해서 멜라노좀은 표피층으로 길게 뻗어나간 수상돌기로 이동한다. 멜라노좀은 물질이동에 관여하는 세포골격단백질인 미세소관(microtubule)을 통해 멜라닌형성세포의 수상돌기 부분으로 이동하게 되며, 이 과정에는 키네신(kinesin)과 디네인(dynein) 단백질이 관여한다. 키네신은 멜라노좀을 수상돌기 방향으로 이동시키며, 디네인은 세포 안쪽으로 이동시키는 작용을 한다. 키네신에 의해 수상돌기 부분으로 이동한 멜라노좀은 연결단백질의 한 종류인 Rab27A와 결합한 후 액틴필라멘트(actin filament)에 부착된 미오신-Va (Myosin-Va)로 전달되어 세포 밖으로 배출되며, 배출된 멜라노좀은 각질형성세포로 전달된다. 나이아신아마이드는 이러한 멜라노좀 전달과정을 억제하는 효능을 가지고 있어 색소침착을 감소시키는 미백화장품 원료로 사용되고 있다.

(출처:윤영민, 배승희, 안성관, 최용범, 안규중, 안인숙. "자외선(Ultravilet)이 피부 및 피부세포 내 신호전달체계에 미치는 영향." 대한피부미용학회지 11.3 (2013):417-426.)

① 멜리닌을 함유한 멜라노솜은 멜라닌형성세포의 수상돌기 부분으로 이동하게 되며, 이 과정에 키네신(kinesin)과 디네인(dynein) 단백질이 관여한다.

② PAR-2는 멜라닌이 각질형성세포로 운반될 때 멜라닌을 합성하고 각질세포로 이동을 촉진하여 자외선에 노출된 부분을 검게 침착 시킨다. PAR-3가 없으면 멜라닌 생성을 이끌어낼 수 없다. Par-3은 멜라노사이트와 각질형성세포 사이에서 멜라닌 합성과 피부 색소 침착을 촉진하는데 관여한다.

③ 액틴은 근육의 가는 액틴필라멘트의 주요 구조단백질로 액틴은 거의 모든 세포에서 공존하여 세포골격을 형성하고 세포 내부 운동을 중재하는 역할을 한다.

④ 리포폴리사카라이드는 지방과 다당류의 복합체로서 세균 특히 그람음성균의 외막의 성분으로 잘 알려져 있다. 염증을 유발하여 독성을 나타내는 대표적인 원인물질이기도 하다.

⑤ 디네인은 세포내에서 미세소관 (microtubule)을 따라 움직이는 동력 (motor) 단백질의 일종이다.

081

「화장품법 시행규칙」제10조의2에 따라 다음의 빈 칸에 들어갈 알맞은 숫자를 순서대로 적으시오.

- 영유아:(㉠)세 이하
- 어린이:(㉡)세 이상부터 (㉢)세 이하까지

답 ㉠ 3, ㉡ 4, ㉢ 13

082

다음의 빈 칸에 들어갈 알맞은 숫자를 적으시오.

어린이용 오일 등 개별포장 당 탄화수소류를 ( )퍼센트 이상 함유하고 운동점도가 21센티스톡스(섭씨 40도 기준) 이하인 에멀젼 형태가 아닌 액체상태의 제품

답 10

083

「개인정보 보호법」 제25조에 따라 맞춤형화장품 판매업자가 CCTV를 설치하려고 한다. 아래 안내판의 빈칸에 들어갈 사항을 법 용어로 정확히 적으시오.

CCTV 설치안내

촬영목적	방범 및 화재예방, 시설물 관리
촬영시간	24시간 연속 촬영 및 녹화
설치장소	뷰티 아파트
( )	
책임자	홍길동(Tel:010-XXXX-XXXX)

답 촬영범위

084

다음은 베헨트리모늄 클로라이드의 사용한도를 나타낸 것이다. 빈칸에 알맞은 숫자를 쓰시오.

> (단일성분 또는 세트리모늄 클로라이드, 스테아트리모늄클로라이드와 혼합사용의 합으로서)
> - 사용 후 씻어내는 두발용 제품류 및 두발 염색용 제품류에 (㉠)%
> - 사용 후 씻어내지 않는 두발용 제품류 및 두발 염색용 제품류에 3.0%
>
> 세트리모늄 클로라이드 또는 스테아트리모늄 클로라이드와 혼합 사용하는 경우 세트리모늄 클로라이드 및 스테아트리모늄 클로라이드의 합은 '사용 후 씻어내지 않는 두발용 제품류'에 (㉡)% 이하, '사용 후 씻어내는 두발용 제품류 및 두발 염색용 제품류'에 2.5% 이하여야 함

답 ㉠ 5, ㉡ 1

085

다음은 기능성화장품 심사에 관한 규정의 일부이다. 빈칸에 들어갈 알맞은 용어를 규정에 고시된 정확한 단어로 기입하시오.

> 제4조제1호다목에서 정하는 유효성 또는 기능에 관한 자료 중 (㉠)시험자료를 제출하는 경우 효력시험자료 제출을 면제할 수 있다. 다만, 이 경우에는 해당 효능·효과를 나타내는 성분을 제품 명칭의 일부로 사용하거나 해당 성분에 대해 효능·효과를 기재·표시 할 수 없다.
> 자외선차단지수(SPF) (㉡)이하 제품의 경우에는 제4조제1호라목의 자료 제출을 면제한다.

답 ㉠ 인체적용, ㉡ 10

086

「화장품법」에 따라 빈칸에 들어갈 알맞은 용어를 정확한 단어로 기입하시오.

> 화장품이란 인체를 청결·미화하여 매력을 더하고 용모를 밝게 변화시키거나 피부·(㉠)의 건강을 유지 또는 증진하기 위하여 인체에 바르고 문지르거나 뿌리는 등 이와 유사한 방법으로 사용되는 물품으로서 인체에 대한 작용이 경미한 것을 말한다.
> (㉡)란 화장품의 용기·포장에 기재하는 문자·숫자·도형 또는 그림 등을 말한다.

답 ㉠ 모발, ㉡ 표시

087

다음 빈칸에 들어갈 알맞은 단어를〈보기〉에서 골라 쓰시오.

> 허브식물의 잎이나 꽃을 수증기 증류법 으로 증류하면 물과 함께 휘발성오일 성분이 증류되어 나온다. 이러한 오일성분은 주로 ( )계열 혼합물로서 고유의 향기를 지니며 화장품에서 천연향료로 많이 사용된다. 아로마테라피등에서 자주 사용되는 이러한 천연오일을 통칭하여 정유라고 한다.
>
> 〈보기〉
>
> 사포닌, 알킬, 플로라보노이드, 폴리페놀, 모노테르펜, 알콜, 알데하이드, 리모넨

답 모노테르펜

088

다음 빈칸에 들어갈 말을 정확한 단어로 기입하시오.

- 맞춤형화장품조제관리사는 혼합·소분 전에 혼합·소분된 제품을 담을 포장용기의 (㉠)여부를 확인할 것.
- 제조번호, 사용기한 또는 개봉 후 사용기간, 판매일자 및 판매량 등의 사항이 포함된 맞춤형화장품 (㉡)를 작성·보관할 것.

답 ㉠ 오염, ㉡ 판매내역서

089

다음은 식품의약품안전처고시 「화장품 바코드 표시 및 관리요령」에 대한 내용이다. 다음 빈칸에 들어갈 정확한 단어로 기입하시오.

제3조(표시대상)
① 화장품바코드 표시대상품목은 국내에서 제조되거나 수입되어 국내에 유통되는 모든 화장품(기능성화장품 포함)을 대상으로 한다.
② 제1항 규정에 불구하고 내용량이 15밀리리터 이하 또는 15그램 이하인 제품의 용기 또는 포장이나 견본품, 시공품 등 비매품에 대하여는 화장품바코드 표시를 생략할 수 있다.
제4조(표시의무자):화장품바코드 표시는 국내에서 화장품을 유통·판매하고자 하는 ( )가 표시 한다.

답 화장품책임판매업자

090

행정처분에 관해 묻는 문제이다. 빈 칸에 공통으로 들어갈 알맞은 숫자를 쓰시오(1차 처분 기준).

- A:우리 회사는 10년 전에 대전에 제조소를 처음으로 설립했어. 그러고 나서 3년 전에 김포로 이사를 왔는데 직원이 깜빡하고 소재지 변경 신고를 안했어. 큰일이네.
- B:우리 회사는 책임판매관리자가 예전에 퇴사했지 뭐야. 새로 직원을 뽑지 않고 1년 동안 책임판매관리자 없이 제품을 유통·판매 했는데 걱정이야.

- A→제조업무정지 ( )개월
- B→판매 또는 해당 품목 판매업무정지 ( )개월

답 1

091

다음은 화장품 향료 중 향료에 포함되어 있는 알레르기 유발성분의 표시의무화와 관련된 내용이다. 빈칸에 들어갈 알맞은 숫자를 순서대로 쓰시오.

착향제는 '향료'로 표시할 수 있으나 , 착향제 구성성분 중 식약처장이 고시한 알레르기 유발성분이 있는 경우에는 '향료'로만 표시할 수 없고, 추가로 해당 성분의 명칭을 기재하여야 한다.
이 때 「화장품 사용시의 주의사항 및 알레르기 유발성분 표시에 관한 규정」에서 정한 25종 성분 중 사용 후 씻어내는 제품에서 (㉠)퍼센트 초과, 사용후 씻어내지 않는 제품에서 (㉡)퍼센트를 초과하는 경우에만 표기한다.

답 ㉠ 0.01, ㉡ 0.001

092

빈 칸에 공통으로 들어갈 알맞은 용어를 쓰시오.

- 최종제품의 안전성 평가는 성분 평가가 원칙이지만, 제품의 제조, 유통 및 사용 시 발생할 수 있는 (　　)의 오염에 대해 고려할 필요가 있다.
- 맞춤형화장품판매업자는 주기적으로 (　　)오염 샘플링 검사를 실시해야 한다.

답 미생물

(출처: 화장품위해평가가이드라인, 맞춤형화장품판매업 가이드라인)

093

다음은 맞춤형화장품에 사용가능한 원료지정에 대한 설명이다. 빈칸에 들어갈 말을 쓰시오.

3종 원료 외에는 모두 맞춤형화장품에 사용가능하다. 이 3종 원료에는 사용금지원료, 사용제한원료, 사전심사 또는 보고를 하지 않은 (　　) 고시 원료가 있다.

답 기능성화장품

094

식품의약품안전처고시 「기능성화장품 심사에 관한 규정」에 따라 빈칸에 들어갈 말을 정확하게 쓰시오.

광독성 및 광감작성 시험자료는 자외선에서 흡수가 없음을 입증하는 (　　) 시험자료를 제출하는 경우에는 자료제출을 면제한다.

답 흡광도

해 인체세포조직배양액 안전기준(인체 세포 조직 배양액의 안전성평가)

095

빈칸에 들어갈 말을 쓰시오

치오글리콜산의 제형은 액제, 크림제, 로션제, 에어로졸제에 한하며, 제품의 효능·효과는 '(　　)'로, 용법·용량은 '사용 전 제모할 부위를 씻고 건조시킨 후 이 제품을 제모할 부위의 털이 완전히 덮이도록 충분히 바른다. 문지르지 말고 5~10분간 그대로 두었다가 일부분을 손가락으로 문질러 보아 털이 쉽게 제거되면 젖은 수건[(제품에 따라서는) 또는 동봉된 부직포 등]으로 닦아 내거나 물로 씻어낸다. 면도한 부위의 짧고 거친 털을 완전히 제거하기 위해서는 한 번 이상(수일 간격) 사용하는 것이 좋다.'로 제한한다.

답 제모(체모의 제거)

096

다음 중 피부 표피의 기저층에 위치하며, 촉각을 담당하는 세포를 보기에서 찾아 쓰시오.

변형세포, 보에트취세포, 황세포, 반세포, 통상수지상세포, 접합핵세포, 작동T세포, 아교모세포, 골지세포, 과립 세포, 섬유아세포, 혈구모세포, 메르켈세포, 활막 세포, 난포막 세포.

답 메르켈세포

097

다음 빈칸에 들어갈 알맞은 피부표피 부위를 쓰시오.

피부의 pH는 피부 (　　)에서 pH를 측정하여 판단할 수 있다. 피부의 pH는 피부의 상태에 따라 변할 수 있으나 가장 이상적인 피부의 pH 상태는 약산성이지만 아토피성 피부는 약알칼리이다.

답 각질층

098

다음의 빈 칸에 들어갈 알맞은 말을 한글로 작성하시오.

햇볕에 의한 파장 290~315㎚의 자외선 B를 피부에 쬐면, 칼슘과 인의 흡수를 도와 뼈를 튼튼하게 하게 하는 비타민인 (㉠)가 생성된다. 표피에 존재하는 세포간지질의 주성분인 (㉡)이 햇빛 속 자외선의 도움을 받아 프리비타민 D3(비타민 D3의 전구체)가 된다. 이 프리비타민 D3는 약 50%는 2시간 내에 온도에 의해 비타민 D3로 변한다. 이런 비타민D3가 간으로 가서 '25-(OH)비타민D' 형태로 바뀌어 체내 저장되고, 다시 25-(OH)비타민D는 신장으로 가서 비타민D의 활성 형태(1,25-(OH)비타민D)로 바뀐다. 바로 이 활성 형태가 된 비타민D가 우리 몸에 꼭 필요한 호르몬이다.

답 ㉠ 비타민D, ㉡ 콜레스테롤

099

다음 빈 칸에 들어갈 알맞은 말을 순서대로 쓰시오.

- 맞춤형화장품조제관리사는 화장품책임판매업자로부터 받은 내용물 및 원료의 혼합·소분 범위에 대해 사전에 (㉠) 및 (㉡)을/를 확보해야 한다.
- 인체적용시험용 화장품(또는 물질)은 (㉡)이 충분히 확보되어야 한다.
- 내용물 및 원료를 공급하는 화장품책임판매업자가 혼합 또는 소분의 (㉢)를 검토하여 정하고 있는 경우 그 (㉢) 내에서 혼합 또는 소분할 것.

답 ㉠ 품질, ㉡ 안전성, ㉢ 범위

100

평판도말법을 통해 총 호기성 생균수를 계수하고자 한다. 로션제 10배 희석 검액에서 0.1ml를 이용하여 2회 반복하여 실험하였을 때, 다음의 표를 보고 총호기성 생균수를 쓰고, 적합 여부를 판정하시오.

	각 배지에서 검출된 집락수		
	평판1	평판2	평균
세균용 배지	66	58	62
진균용 배지	28	24	26

답 8800, 부적합

해

	각 배지에서 검출된 집락수		
	평판1	평판2	평균
세균용 배지	66	58	62
진균용 배지	28	24	26
세균수 (CFU/g(ml))	{(66+58)÷2}×10÷0.1=6200		
진균수 (CFU/g(ml))	{(28+24)÷2}×10÷0.1=2600		
총 호기성 생균수 (CFU/g(ml))	6200+2600=8800		

MEMO

맞춤형화장품 해설집

3회

실전고사 3회

001

다음은 「천연화장품 및 유기농화장품의 기준에 관한 규정」에 대한 내용이다. 옳은 것으로 짝지어진 것은?

〈보기〉

ㄱ. "유기농원료"란 「친환경농어업 육성 및 유기식품 등의 관리·지원에 관한 법률」에 따른 유기농수산물 또는 이를 이 고시에서 허용하는 화학적 공정에 따라 가공한 것
외국 정부(미국, 유럽연합, 일본 등)에서 정한 기준에 따른 인증기관으로부터 유기농수산물로 인정받거나 이를 이 고시에서 허용하는 화학적 공정에 따라 가공한 것
국제유기농업운동연맹(IFOAM)에 등록된 인증기관으로부터 유기농 원료로 인증받거나 이를 이 고시에서 허용하는 화학적 공정에 따라 가공한 것

ㄴ. "식물 원료"란 식물(해조류와 같은 해양식물, 버섯과 같은 균사체 제외) 그 자체로서 가공하지 않거나, 이 식물을 가지고 이 고시에서 허용하는 물리적 공정에 따라 가공한 화장품 원료를 말한다.

ㄷ. "미네랄 원료"란 지질학적 작용에 의해 자연적으로 생성된 물질을 가지고 이 고시에서 허용하는 물리적 공정에 따라 가공한 화장품 원료를 말한다. 다만, 화석연료로부터 기원한 물질은 제외한다.

ㄹ. "동물에서 생산된 원료, 동물성원료"란 동물 그 자체(세포, 조직, 장기)는 제외하고 동물로부터 자연적으로 생산되는 것으로서 가공하지 않거나, 이 동물로부터 자연적으로 생산되는 것을 가지고 이 고시에서 허용하는 물리적 공정에 따라 가공한 화장품 원료를 말한다.

ㅁ. 천연화장품 또는 유기농화장품으로 표시·광고하여 제조, 수입 및 판매할 경우 이 고시에 적합함을 입증하는 자료를 구비하고, 제조일(수입일 경우 통관일)로부터 3년 또는 사용기한 경과 후 1년 중 긴 기간 동안 보존하여야 한다.

① ㄱ, ㄴ, ㄷ ② ㄱ, ㄴ, ㄹ
③ ㄴ, ㄷ, ㄹ ④ ㄷ, ㄹ, ㅁ
⑤ ㄱ, ㄹ, ㅁ

답 ④

해 1. "유기농원료"란 다음 각 목의 어느 하나에 해당하는 화장품원료를 말한다.
가. 「친환경농어업 육성 및 유기식품등의 관리·지원에 관한 법률」에 따른 유기농 수산물 또는 이를 이 고시에서 허용하는 물리적 공정에 따라 가공한 것
나. 외국 정부(미국, 유럽연합, 일본 등)에서 정한 기준에 따른 인증기관으로부터 유기농수산물로 인정받거나 이를 이 고시에서 허용하는 물리적 공정에 따라 가공한 것
다. 국제유기농업운동연맹(IFOAM)에 등록된 인증기관으로부터 유기농 원료로 인증받거나 이를 이 고시에서 허용하는 물리적 공정에 따라 가공한 것
2. "식물원료"란 식물(해조류와 같은 해양식물, 버섯과 같은 균사체를 포함한다) 그 자체로서 가공하지 않거나 이 식물을 가지고 이 고시에서 허용하는 물리적 공정에 따라 가공한 화장품 원료를 말한다.

002

다음은 맞춤형화장품판매업소에서 지켜야 하는 안전관리 기준에 대한 설명이다. 옳지 않은 것을 고르시오.

① 맞춤형화장품은 내용물에 원료 또는 내용물을 혼합·소분하여 만든다.

② 맞춤형화장품에 사용된 원료의 사용상주의사항과 사용된 원료는 반드시 설명하여야 한다.

③ 기능성화장품으로 등록 보고된 베이스는 혼합·소분이 불가능하다.

④사용 제한이 있는 원료와 보존제 등은 혼합이 불가능하다.

⑤ 화장품을 미리 혼합·소분한 후 판매하면 안된다.

답 ③

해 이미 심사 또는 보고서 제출이 완료된 기능성화장품 및 원료는 혼합·소분이 가능하다.

003

맞춤형화장품판매업자 A는 B에게 맞춤형화장품판매업소를 양도하려고 한다. 이때 관리하던 고객정보도 함께 이전하는 경우 개인정보보호법에 위반되는 것을 고르시오.

① A는 고객들에게 개인정보를 이전한다는 내용고지와 고객정보 이전을 원하지 않는 경우에 대한 방법을 고지하였다.

② A가 개인정보 이전 사실을 고객들에게 고지하였으므로 B는 고객들에게 개인정보를 이전받았다는 사실을 고지하지 않았다.

③ A는 개인정보를 이전한다는 내용을 고객들에게 우편으로 고지하였다.

④ A는 개인정보 이전 사실을 통지할 수 없는 고객들을 위해 10일 동안 인터넷 홈페이지와 매장 출입구에 게시하였다.

⑤ 개인정보가 이전되는 것을 원하지 않는 고객들의 정보는 B가 폐기 하였다.

답 ④

해 **개인정보보호법 시행령**

제29조(영업양도 등에 따른 개인정보 이전의 통지)

① 법 제27조제1항 각 호 외의 부분과 같은 조 제2항 본문에서 "대통령령으로 정하는 방법"이란 서면등의 방법을 말한다.

② 법 제27조제1항에 따라 개인정보를 이전하려는 자(이하 이 항에서 "영업양도자등"이라 한다)가 과실 없이 제1항에 따른 방법으로 법 제27조제1항 각 호의 사항을 정보주체에게 알릴 수 없는 경우에는 해당 사항을 인터넷 홈페이지에 30일 이상 게재하여야 한다. 다만, 인터넷 홈페이지에 게재할 수 없는 정당한 사유가 있는 경우에는 다음 각 호의 어느 하나의 방법으로 법 제27조제1항 각 호의 사항을 정보주체에게 알릴 수 있다.

1. 영업양도자등의 사업장등의 보기 쉬운 장소에 30일 이상 게시하는 방법
2. 영업양도자등의 사업장등이 있는 시·도 이상의 지역을 주된 보급지역으로 하는 「신문 등의 진흥에 관한 법률」 제2조제1호가목·다목 또는 같은 조 제2호에 따른 일반일간신문·일반주간신문 또는 인터넷 신문에 싣는 방법

004

다음 위해화장품 공표문 양식에 들어갈 내용으로 알맞은 것으로 짝지어진 것은?

〈공표문〉

위해화장품 회수

「화장품법」 제5조의2에 따라 아래의 화장품을 회수합니다.

1. 회수제품명:
2. ㉠
3. ㉡
4. ㉢
5. 회수방법: 구매한영업소 및 본사 택배배송
6. 회수 영업자: MW코스메틱
7. 영업자 주소: 경기도 성남시 중원구 갈마치로 302
8. 연락처: 031-736-2689
9. 그밖의 사항: 위해화장품 회수 관련 협조 요청
   ① 해당 회수화장품을 보관하고 있는 판매자는 판매를 중지하고 회수 영업자에게 반품하여 주시기 바랍니다.
   ② 해당 제품을 구입한 소비자께서는 그 구입한 업소에 되돌려 주시는 등 위해화장품 회수에 적극 협조하여 주시기 바랍니다.

	㉠	㉡	㉢
①	제조번호	사용기한	회수사유
②	회수기한	제조번호	회수사유
③	제조번호	배상방법	회수사유
④	제조번호	배상방법	회수기한
⑤	회수목적	사용기한	회수사유

답 ①

해 위해화장품 회수

가. 회수제품명:

나. 제조번호:

다. 사용기한 또는 개봉 후 사용기간(병행 표기된 제조연월일을 포함한다):

라. 회수 사유:

마. 회수 방법:

바. 회수 영업자:

사. 영업자 주소:

아. 연락처:

자. 그 밖의 사항: 위해화장품 회수 관련 협조 요청

1) 해당 회수화장품을 보관하고 있는 판매자는 판매를 중지하고 회수 영업자에게 반품하여 주시기 바랍니다.

2) 해당 제품을 구입한 소비자께서는 그 구입한 업소에 되돌려 주시는 등 위해화장품 회수에 적극 협조하여 주시기 바랍니다.

005

천연화장품 및 유기농화장품에 사용 가능한 보존제 및 변성제로 짝지어지지 않은 것은?

① 이소프로필알코올, 벤조익애씨드
② 벤질알코올, 데나토늄벤조에이트
③ 살리실릭애씨드, 테트라소듐글루타메이트디아세테이트
④ 3급부틸알코올, 데하이드로아세틱애씨드
⑤ p-하이드록시벤조익애씨드, 소듐벤조에이트

답 ⑤

해 p-하이드록시벤조익애씨드, 그 염류 및 에스텔류는 단일성분일 때 0.4% 혼합사용일 때 0.8%의 사용한도가 있는 보존제로 천연화장품과 유기농화장품에는 사용이 불가능하다.

006

다음은 위해화장품의 회수에 대한 설명으로 옳은 것으로 짝지어진 것은?

〈보기〉

ㄱ. 회수대상화장품이라는 사실을 안 날부터 15일 이내에 회수계획서를 지방식품의약품안전청장에게 제출하여야 한다.

ㄴ. 위해화장품 발생시 해당 화장품을 업무상 취급하는 자에게 방문, 우편, 전화, 전보, 전자우편, 팩스 또는 언론매체를 통한 공고 등을 통하여 회수계획을 통보하여야 하며, 통보 사실을 입증할 수 있는 자료를 회수종료일부터 3년간 보관하여야 한다.

ㄷ. 맞춤형화장품 사용과 관련된 중대한 유해사례 등 부작용 발생 시 그 정보를 알게 된 날로부터 15일 이내 식품의약품안전처 홈페이지를 통해 보고하거나 우편 팩스 정보통신망 등의 방법으로 보고해야 한다.

ㄹ. 맞춤형화장품판매업자는 회수대상화장품이라는 사실을 인지한 후 15일 이내에 회수계획서를 식품의약품안전처장에게 보고한다.

ㅁ. 회수계획량의 5분의 4 이상을 회수한 경우: 그 위반행위에 대한 행정처분을 면제한다.

ㅂ. 회수계획량의 3분의 1 이상을 회수한 경우 등록취소인 경우에는 업무정지 2개월 이상 6개월 이하의 범위에서 행정처분한다.

ㅅ. 병원미생물에 오염된 화장품은 위해등급 나등급이다.

① ㄱ, ㄴ, ㄹ　② ㄴ, ㄷ, ㅂ
③ ㄴ, ㄷ, ㅁ　④ ㄷ, ㅁ, ㅂ
⑤ ㄷ, ㅁ, ㅅ

답 ④

해 ㄱ. 회수대상화장품이라는 사실을 안 날부터 5일 이내에 회수계획서를 지방식품의약품안전청장에게 제출하여야 한다.

ㄴ. 해당 위해화장품을 업무상 취급하는 자에게 방문, 우편, 전화, 전보, 전자우편, 팩스 또는 언론매체를 통한 공고 등을 통하여 회수계획을 통보하여야 하며, 통보 사실을 입증할 수 있는 자료를 회수종료일부터 2년간 보관하여야 한다.

ㄹ. 맞춤형화장품판매업자는 회수대상화장품이라는 사실을 인지한 후 5일 이내에 해당 사항에 대하여 식품의약품안전처장에게 보고한다.

ㅅ. 병원미생물에 오염된 화장품은 위해등급 다등급이다.

007

개인정보처리자가 「개인정보보호법」에 근거하여 개인정보 처리를 할 때에 주의할 내용으로 옳은 것은?

✔ 개인정보를 익명 또는 가명으로 처리하여도 개인정보 수집목적을 달성할 수 있다면 익명처리가 가능한 경우에는 익명에 의하여, 익명처리로 목적을 달성할 수 없는 경우에는 가명에 의하여 처리한다.

② 개인정보가 1백 명 이상의 정보 유출 시에는 인터넷 홈페이지 7일 이상 게재(홈페이지가 없을 시 사업장 등의 보기 쉬운 장소로 대체)해야 한다.

③ 개인정보처리자는 개인정보의 처리에 대하여 정보주체의 동의를 서면으로 받을 때 글씨의 크기는 최소한 7포인트 이상으로 다른 내용보다 20% 이상 글씨를 크게 작성한다.

④ 관계법령에 따라 개인 정보를 보존해야 하는 경우, 개인정보를 전부 저장해도 무관하다.

⑤ 공공기관에서 법령 등에 의한 업무 수행을 위해서 정보 주체의 동의 없이 개인정보를 수집할 수 없다.

답 ①

해 ② 1천 명 이상의 정보주체에 관한 개인정보가 유출된 경우에는 전문기관(행정안전부, 한국인터넷진흥원)에 5일 이내 신고를 하고 서면 등의 방법과 함께 인터넷 홈페이지에 정보주체가 알아보기 쉽도록 7일 이상 게시하여야 한다. 다만, 인터넷 홈페이지를 운영하지 아니하는 개인정보처리자의 경우에는 서면 등의 방법과 함께 사업장 등의 보기 쉬운 장소에 법 제34조제1항 각 호의 사항을 7일 이상 게시하여야 한다.

③ 글씨의 크기는 최소한 9포인트 이상으로 다른 내용보다 20%이상 글씨를 크게 작성하여 알아보기 쉽게 한다.

④ 개인 정보를 보존해야 하는 경우, 해당 부분만 따로 보관하고 나머지는 파기한다.

⑤ 공공기관에서 법령 등에 의한 업무 수행을 위해서 정보 주체의 동의 없이 개인 정보 수집이 가능하다.

008

다음은 식품의약품안전처고시 「기능성화장품 심사에 관한 규정」[별표4]에서 고시하고 있는 기능성 성분들이다. 기능-성분명-최대사용함량을 짝지은 것 중 옳은 것은?

① 미백에 도움-아데노신-0.05%

② 모발 색상변화-톨루엔-2.5-디아민-3.8%

✔ 주름개선-폴리에톡실레이티드레틴아마이드-0.05~0.2%

④ 미백에 도움-아스코빌글루코사이드-2.0~5.0%

⑤ 여드름 피부 완화-치오글리콜산 80%-3.0~4.5%

답 ③

해 아데노신은 주름개선에 도움을 주는 성분이며 최대 함량은 0.04%. 톨루엔-2.5-디아민의 최대 함량은 2.0%, 아스코빌글루코사이드의 최대 함량은 2.0%, 치오글리콜산 80%는 체모를 제거하는 기능을 가진 성분이다.

009

다음 중 화장품색소에 대한 정의로 옳은 것은?

①"타르색소"라 함은 화장품에 사용할 수 있는 색소 중 콜타르, 그 중간생성물에서 유래되었거나 유기합성하여 얻은 색소로 그 레이크, 염, 희석제와의 혼합물은 제외한다.

✔"순색소"라 함은 중간체, 희석제, 기질 등을 포함하지아니한 순수한 색소를 말한다.

③"레이크"라 함은 타르색소의 나트륨, 칼륨, 알루미늄, 바륨, 칼슘, 스트론튬 또는 지르코늄염을 기질에 흡착, 공침 또는 단순한 혼합이 아닌 물리적 결합에 의하여 확산시킨 색소를 말한다.

④"희석제"라 함은 레이크 제조 시 순색소를 확산시키는 목적으로 사용되는 물질을 말하며 알루미나, 브랭크휙스, 크레이, 이산화티탄, 산화아연, 탤크, 로진, 벤조산알루미늄, 탄산칼슘 등의 단일 또는 혼합물을 사용한다.

⑤"기질"이라 함은 색소를 용이하게 사용하기 위하여 혼합되는 성분을 말한다.

답 ②

해 ① "타르색소"라 함은 화장품에 사용할 수 있는 색소 중 콜타르, 그 중간생성물에서 유래되었거나 유기 합성하여 얻은 색소 및 그 레이크, 염, 희석제와의 혼합물을 말한다.

③ "레이크"라 함은 타르색소의 나트륨, 칼륨, 알루미늄, 바륨, 칼슘, 스트론튬 또는 지르코늄염을 기질에 흡착, 공침 또는 단순한 혼합이 아닌 화학적 결합에 의하여 확산시킨 색소를 말한다.

④ "기질"이라 함은 레이크 제조 시 순색소를 확산시키는 목적으로 사용되는 물질을 말하며 알루미나, 브랭크휙스, 크레이, 이산화티탄, 산화아연, 탤크, 로진, 벤조산알루미늄, 탄산칼슘 등의 단일 또는 혼합물을 사용한다.

⑤ "희석제"라 함은 색소를 용이하게 사용하기 위하여 혼합되는 성분을 말하며, 「화장품 안전기준 등에 관한 규정」(식품의약품안전처 고시) 별표 1의 원료(화장품에 사용할 수 없는 원료)는 사용할 수 없다.

010

치오글라이콜릭애씨드 또는 그 염류를 주성분으로 하는 냉2욕식 퍼머넌트웨이브용 제품을 구성하는 제1제, 제2제 각각의 주성분으로 옳은 것은?

	제1제	제2제
①	치오글라이콜릭애씨드	트리클로산
②	치오글라이콜릭애씨드	브롬산나트륨
③	치오글라이콜릭애씨드	요오드액
④	과산화수소수	치오글라이콜릭애씨드
⑤	요오드액	브롬산나트륨

답 ②

해 1. 치오글라이콜릭애씨드 또는 그 염류를 주성분으로 하는 냉2욕식 헤어퍼머넌트웨이브용 제품
치오글라이콜릭애씨드 또는 그 염류를 주성분으로 하는 냉2욕식 헤어스트레이트너용 제품
: 이 제품은 실온에서 사용하는 것으로서 치오글라이콜릭애씨드 또는 그 염류를 주성분으로 하는 제1제 및 산화제를 함유하는 제2제로 구성된다.

가. 제1제: 이 제품은 치오글라이콜릭애씨드 또는 그 염류를 주성분으로 하고, 불휘발성 무기알칼리의 총량이 치오글라이콜릭애씨드의 대응량 이하인 액제이다. 단, 산성에서 끓인 후의 환원성물질의 함량이 7.0%를 초과하는 경우에는 초과분에 대하여 디치오디글라이콜릭애씨드 또는 그 염류를 디치오디글라이콜릭애씨드로서 같은량 이상 배합하여야 한다. 이 제품에는 품질을 유지하거나 유용성을 높이기 위하여 적당한 알칼리제, 침투제, 습윤제, 착색제, 유화제, 향료 등을 첨가할 수 있다.

1) **pH**: 4.5 ~ 9.6
2) **알칼리**: 0.1N염산의 소비량은 검체 1mL 에 대하여 7.0mL이하
3) **산성에서 끓인 후의 환원성 물질(치오글라이콜릭애씨드)**: 산성에서 끓인 후의 환원성 물질의 함량(치오글라이콜릭애씨드로서)이 2.0 ~ 11.0%
4) **산성에서 끓인 후의 환원성 물질이외의 환원성 물질(아황산염, 황화물 등)**: 검체 1mL 중의 산성에서 끓인 후의 환원성 물질이외의 환원성 물질에 대한 0.1N 요오드액의 소비량이 0.6mL이하
5) **환원후의 환원성 물질(디치오디글라이콜릭애씨드)**: 환원후의 환원성 물질의 함량은 4.0%이하
6) **중금속**: 20㎍/g이하
7) **비소**: 5㎍/g이하
8) **철**: 2㎍/g이하

나. 제2제 ♥

1) **브롬산나트륨 함유제제**: 브롬산나트륨에 그 품질을 유지하거나 유용성을 높이기 위하여 적당한 용해제, 침투제, 습윤제, 착색제, 유화제, 향료 등을 첨가한 것이다.
   가) **용해상태**: 명확한 불용성이물이 없을 것
   나) **pH**: 4.0 ~ 10.5
   다) **중금속**: 20㎍/g이하
   라) **산화력**: 1인 1회 분량의 산화력이 3.5이상
2) **과산화수소수 함유제제**: 과산화수소수 또는 과산화수소수에 그 품질을 유지하거나 유용성을 높이기 위하여 적당한 침투제, 안정제, 습윤제, 착색제, 유화제, 향료 등을 첨가한 것이다.
   가) **pH**: 2.5 ~ 4.5
   나) **중금속**: 20㎍/g이하
   다) **산화력**: 1인 1회 분량의 산화력이 0.8 ~ 3.0

011

우수화장품 제조 및 품질관리기준(CGMP)의 3대 요소에 해당하는 것은?

〈보기〉

㉠ 인위적인 과오의 최소화
㉡ 미생물오염 및 교차오염으로 인한 품질저하 방지
㉢ 고도의 기술확립
㉣ 고도의 품질관리체계 확립
㉤ 자동화시설 확립
㉥ 문서의 전산체계

① ㄱ, ㄴ, ㄹ ② ㄱ, ㄴ, ㄷ
③ ㄱ, ㄷ, ㅁ ④ ㄴ, ㄹ, ㅂ
⑤ ㄷ, ㅁ, ㅂ

답 ①

해 CGMP 3대 요소
- 인위적인 과오의 최소화
- 미생물오염 및 교차오염으로 인한 품질저하 방지
- 고도의 품질관리체계 확립

012

다음 중 화장품의 유형과 제품의 연결이 옳은 것은?
① 인체 세정용 제품류 - 외음부 세정제
② 목욕용 제품류 - 바디 클렌저
③ 두발용 제품류 - 헤어 틴트
④ 눈 화장용 제품류 - 아이 크림
⑤ 방향용 제품류 - 디퓨저

답 ①

해
- 바디 클렌저 - 인체세정용
- 헤어 틴트 - 두발염색용
- 아이 크림 - 기초화장용
- 디퓨저 - 화장품의 유형에 해당 안됨

013

다음 중 화장품 유형에 상관없이 보존제로서 0.7% 이상 사용 가능한 원료로 옳게 짝지어진 것은?
① 살리실릭애씨드, 트리클로산
② 살리실릭애씨드, 페녹시에탄올
③ 소르빅애씨드, 프로피오닉애씨드
④ 소르빅애씨드, 페녹시에탄올
⑤ 벤질알코올, 페녹시에탄올

답 ⑤

해
- 살리실릭애씨드 0.5%
- 소르빅애씨드 0.6%
- 벤질알코올 1.0%(두발염색용제품에 용제로 사용할 경우 10%)
- 트리클로산 0.3%
- 프로피오닉애씨드 및 그 염류 0.9%
- 페녹시에탄올 1.0%
- 글루타랄 0.1%

014

화장품 착향제 중 알레르기 유발물질 표시 사항 중 옳은 것은?

① 식물의 꽃·잎·줄기 등에서 추출한 에센셜오일이나 추출물이 착향의 목적으로 사용되었거나 또는 해당 성분이 착향제의 특성이 있는 경우에는 알레르기 유발성분을 표시·기재하지 않아도 된다.
② 사용 후 씻어내는 제품(샴푸, 린스, 바디클렌저 등)에는 0.1% 초과, 사용 후 씻어내지 않는 제품(토너, 로션, 크림 등)에는 0.01% 초과 함유하는 경우에 알레르기 성분명을 전성분명에 표시해야 한다.
③ 제품에 알레르기 성분을 표시 했다면 책임판매업자 홈페이지, 온라인 판매처 사이트에서는 알레르기 유발성분을 표시하지 않아도 된다.
④ 원료목록 보고 시 알레르기 유발성분은 포함하지 않아도 된다.
⑤ 내용량 10mL(g) 초과 50mL(g) 이하인 소용량 화장품의 경우 착향제 구성 성분 중 알레르기 유발성분의 표시는 생략이 가능하다. 단, 외음부세정제와 속눈썹용 퍼머넌트웨이브용 제품은 제외.

답 ⑤

해 ① 식물의 꽃·잎·줄기 등에서 추출한 에센셜오일이나 추출물이 착향의 목적으로 사용되었거나 또는 해당 성분이 착향제의 특성이 있는 경우에는 알레르기 유발성분을 표시·기재하여야 한다.
② 사용 후 씻어내는 제품(샴푸, 린스, 바디클렌저 등)에는 0.01% 초과, 사용 후 씻어내지 않는 제품(토너, 로션, 크림 등)에는 0.001% 초과 함유하는 경우에 알레르기 성분명을 전성분명에 표시해야 한다.
③ 책임판매업자 홈페이지, 온라인 판매처 사이트에서도 알레르기 유발성분을 표시해야 한다.
④ 해당 알레르기 유발성분을 제품에 표시하는 경우 원료목록 보고에도 포함하여야 한다.
⑤ 내용량 10mL(g) 초과 50mL(g) 이하인 소용량 화장품의 경우 착향제 구성 성분 중 알레르기 유발성분의 표시는 생략이 가능하나 해당 정보는 홈페이지 등에서 확인할 수 있도록 해야 한다. 단 소용량 화장품일 지라도 표시 면적이 확보되는 경우에는 해당 알레르기 유발 성분을 표시하는 걸 권장한다. 단, 외음부세정제와 속눈썹용 퍼머넌트웨이브용 제품은 용량과 상관없이 전성분을 반드시 표시해야 한다.

015

다음은 맞춤형화장품의 부작용에 관련된 대화 내용이다. 알레르기 유발성분은 무엇인가?

고객 : 친구가 좋다고 해서 추천해준 주름개선 에센스를 사용했는데, 피부가 붉어지고 가려움증이 생겼어요.
조제관리사 : 사용하시던 화장품은 가져오셨나요?
고객 : 네, 여기 있습니다.
조제관리사 : 전성분을 확인해 보겠습니다.

〈전성분〉

정제수, 글리세린, 사이클로펜타실록세인, 부틸렌글라이콜, 1,2-헥산다이올, 페녹시에탄올, 히알루론산, 아데노신, 벤질살리실레이트, 참깨오일, 향료, 벤질알코올, 제라니올

① 페녹시에탄올, 벤질살리실레이트
② 벤질살리실레이트, 벤질알코올, 제라니올
③ 사이클로펜타실록세인, 벤질알코올, 제라니올
④ 사이클로펜타실록세인, 벤질살리실레이트, 제라니올
⑤ 벤질알코올, 제라니올

답 ②

해 벤질살리실레이트, 벤질알코올, 제라니올은 알러지 유발성분이다.

016

화장품 제조에 사용된 성분을 표시하는 방법으로 틀린 것은?

① 글자의 크기는 15포인트 이상으로 한다.
② 화장품 제조에 사용된 함량이 많은 것부터 기재·표시한다. 다만, 1퍼센트 이하로 사용된 성분, 착향제 또는 착색제는 순서에 상관없이 기재·표시할 수 있다.
③ 혼합원료는 혼합된 개별 성분의 명칭을 기재·표시한다.
④ 색조 화장용 제품류, 눈 화장용 제품류, 두발염색용 제품류 또는 손발톱용 제품류에서 호수별로 착색제가 다르게 사용된 경우 '± 또는 +/-'의 표시 다음에 사용된 모든 착색제 성분을 함께 기재·표시할 수 있다.
⑤ 산성도(pH) 조절 목적으로 사용되는 성분은 그 성분을 표시하는 대신 중화반응에 따른 생성물로 기재·표시할 수 있고, 비누화반응을 거치는 성분은 비누화반응에 따른 생성물로 기재·표시할 수 있다.

답 ①

해 글자의 크기는 5포인트 이상으로 한다.

017

다음은 맞춤형화장품에 표시할 〈사용 시 주의사항〉 중 공통기재사항이다. 외음부세정제에 추가로 기재해야 하는 개별사항을 모두 고른 것은? (단, 프로필렌글라이콜은 함유하지 않음.)

〈사용 시 주의사항〉

1) 화장품 사용 시 또는 사용 후 직사광선에 의하여 사용부위가 붉은 반점, 부어오름 또는 가려움증 등의 이상 증상이나 부작용이 있는 경우 전문의 등과 상담할 것
2) 상처가 있는 부위 등에는 사용을 자제할 것
3) 보관 및 취급 시의 주의사항
가) 어린이의 손이 닿지 않는 곳에 보관할 것
나) 직사광선을 피해서 보관할 것

〈추가 기재사항〉

ㄱ. 눈, 코 또는 입 등에 닿지 않도록 주의하여 사용할 것
ㄴ. 정해진 용법과 용량을 잘 지켜 사용할 것
ㄷ. 특이체질, 생리 또는 출산 전후이거나 질환이 있는 사람 등은 사용을 피할 것
ㄹ. 3세 이하 영유아에게는 사용하지 말 것
ㅁ. 임신중에는 사용하지 않는 것이 바람직하며, 분만 직전의 외음부 주위에는 사용하지 말 것
ㅂ. 일부에 시험 사용하여 피부 이상을 확인할 것

① ㄱ, ㄴ, ㄹ, ㅁ
② ㄴ, ㄷ, ㄹ, ㅁ
③ ㄴ, ㄹ, ㅁ
④ ㄴ, ㄷ, ㄹ
⑤ ㄷ, ㄹ, ㅁ, ㅂ

답 ③

해 외음부 세정제
ㄱ. 정해진 용법과 용량을 잘 지켜 사용할 것
ㄴ. 3세 이하 영유아에게는 사용하지 말 것
ㄷ. 임신중에는 사용하지 않는 것이 바람직하며, 분만 직전의 외음부 주위에는 사용하지 말 것
ㄹ. 프로필렌 글리콜(Propylene glycol)을 함유하고 있으므로 이 성분에 과민하거나 알레르기 병력이 있는 사람은 신중히 사용할 것(프로필렌 글리콜 함유제품만 표시한다.)

018

「화장품 안전성 정보관리 규정」에 대한 내용으로 옳은 것은?

① "유해사례(Adverse Event/Adverse Experience, AE)"란 화장품의 사용 중 발생한 바람직하지 않고 의도되지 아니한 징후, 증상 또는 질병을 말하며, 당해 화장품과 반드시 인과관계를 가져야 한다.

② "실마리 정보(Signal)"란 유해사례와 화장품 간의 인과관계 가능성이 있다고 보고된 정보로서 그 인과관계가 알려지지 아니하거나 입증자료가 충분한 것을 말한다.

③ "안전성 정보"란 화장품과 관련하여 국민보건에 직접 영향을 미칠 수 있는 안전성·유효성에 관한 새로운 자료, 유해사례 정보 등을 말한다.

④ 화장품 책임판매업자는 중대한 유해사례의 화장품 안전성 정보를 알게 된 날로부터 10일 이내에 식품의약품안전처장에게 신속보고 하여야 한다.

⑤ 화장품 책임판매업자는 신속보고 되지 아니한 화장품의 안전성 정보를 매년 1회 식품의약품안전처장에게 정기보고 하여야 한다.

답 ③

해 ① "유해사례(Adverse Event/Adverse Experience, AE)"란 화장품의 사용 중 발생한 바람직하지 않고 의도되지 아니한 징후, 증상 또는 질병을 말하며, 당해 화장품과 반드시 인과관계를 가져야 하는 것은 아니다.

② "실마리 정보(Signal)"란 유해사례와 화장품 간의 인과관계 가능성이 있다고 보고된 정보로서 그 인과관계가 알려지지 아니하거나 입증자료가 불충분한 것을 말한다.

④ 화장품 책임판매업자는 중대한 유해사례의 화장품 안전성 정보를 알게 된 날로부터 15일 이내에 식품의약품안전처장에게 신속보고 하여야 한다.

⑤ 화장품 책임판매업자는 신속보고 되지 아니한 화장품의 안전성 정보를 매 반기 종료 후 1월 이내에 식품의약품안전처장에게 정기보고 하여야 한다.

019

다음 중 천연 유래 계면활성제가 아닌 것은?

① 레시틴

② 코카미도프로필베타인

③ 소듐코코일애플아미노산

④ 라우릴글루코사이드

⑤ 사포닌

답 ②

해 **천연유래계면활성제** : 라우릴글루코사이드, 코코글루코사이드, 소듐코코일애플아미노산, 레시틴, 사포닌 등

020

화장품법 제3조 별표1에 고시된 화장품 색소 성분이 아닌 것은?

① 울트라마린

② 파프리카추출물

③ 카라멜

④ 구아이아줄렌

⑤ 에이치시 녹색NO.1

답 ⑤

해 에이치시 녹색NO.1 은 사용할수 없는 원료이다.

021

화장품 제조시 「화장품 사용 시의 주의사항 및 알레르기 유발성분 표시에 관한 규정」에 따라 해당 성분을 표시해야한다. 다음 〈보기〉는 아로마 에센셜오일의 향료 성분이다. 알레르기 유발 성분을 모두 고르시오.

ㄱ. 시트릭애씨드
ㄴ. 벤질알코올
ㄷ. 아이소프로필알코올
ㄹ. 하이드록시시트로넬알
ㅁ. 벤질살리실레이트
ㅂ. 벤조익애씨드

답 ㄴ. 벤질알코올, ㄹ. 하이드록시시트로넬알, ㅁ. 벤질살리실레이트

022

화장품책임판매업자로부터 공급받은 베이비샴푸 내용물은 총 5개의 뱃치로 각각의 시험성적서와 함께 제공되었다. 맞춤형화장품조제관리사 A는 각각의 시험성적서를 확인하여 시험결과가 적합하지 않은 하나의 뱃치를 부적합으로 처리하고 반품요청을 하였다. 부적합 제품은 어느 것인가?

①

베이비샴푸	LOT.N : 210301-01
납	20㎍/g
비소	9㎍/g
디옥산	70㎍/g
포름알데하이드	2000㎍/g

②

베이비샴푸	LOT.N : 210301-02
납	20㎍/g
비소	8㎍/g
디옥산	60㎍/g
포름알데하이드	1900㎍/g

③

베이비샴푸	LOT.N : 210301-03
납	10㎍/g
비소	5㎍/g
디옥산	80㎍/g
포름알데하이드	2000㎍/g

④

베이비샴푸	LOT.N : 210301-04
납	18㎍/g
비소	10㎍/g
디옥산	100㎍/g
포름알데하이드	1800㎍/g

⑤

베이비샴푸	LOT.N : 210301-05
납	10㎍/g
비소	10㎍/g
디옥산	100㎍/g
포름알데하이드	2300㎍/g

답 ⑤

해

	비의도적 유래물질	검출허용한도(㎍/g)
1	수은	1㎍/g 이하
2	카드뮴	5㎍/g 이하
3	안티몬	10㎍/g 이하
4	비소	10㎍/g 이하
5	니켈	10㎍/g 이하 눈 화장용 제품은 35㎍/g 이하, 색조 화장용 제품은 30㎍/g 이하
6	납	20㎍/g 이하 점토를 원료로 사용한 분말제품은 50㎍/g 이하
7	디옥산	100㎍/g 이하
8	프탈레이트류 (디부틸프탈레이트, 부틸벤질프탈레이트 및 디에칠헥실프탈레이트에 한함)	총 합으로서 100㎍/g 이하
9	메탄올	0.2(v/v)% 이하, 물휴지는 0.002%(v/v) 이하
10	포름알데하이드	2000㎍/g 이하, 물휴지는 20㎍/g 이하

023

<보기>의 대화는 맞춤형화장품판매업소에서 근무하는 맞춤형화장품조제관리사 A와 맞춤형화장품 판매업소에 방문한 손님 B의 대화이다. 밑줄 친 내용 중 A가 B에게 옳게 설명한 것은 몇 개 인가?

<보기>

A : 어서오세요 손님, 현장에서 바로 만들어드리는 맞춤형화장품판매업소입니다.

B : 안녕하세요, 맞춤형화장품 제도가 도입되었다는 소식을 듣고 찾아왔습니다. 요즘 환절기라 피부가 많이 건조해요. 제 피부에 맞는 로션을 구입하고 싶습니다.

A : 네 손님, 우선 피부 측정부터 해보겠습니다.
(피부 측정 후)
손님의 피부는 연령대 평균에 비해 25% 정도 피부 보습도가 떨어지십니다. 피부 측정결과를 참고해서 로션을 만들어드리겠습니다.

B : 잠시만요. 제가 전에 쓰던 수분크림을 가지고 왔는데 이 제품은 제 피부와 잘 맞는 것 같아서 잘 쓰고 있습니다. 이 제품을 참고해서 처방해주세요.

A : 네 알겠습니다.
B : 조제하시기 전에 처방하신 전성분을 확인할 수 있을까요?
A : 여기 처방한 전성분을 인쇄해 드리겠습니다.

〈처방한 로션의 전성분〉
히알루론산, 세라마이드, 에틸파라벤, 적색 102호 (전성분 이하 동일)

〈손님이 가져온 로션의 전성분〉
쿠민열매추출물, 스쿠알란, 페루발삼 추출물, 벤질알코올 (전성분 이하 동일)

A : ㉠ 제가 처방한 로션의 전성분에는 보습력을 높이기 위해 히알루론산, 세라마이드를 혼합했습니다.
B : 조제관리사님이 처방해 주신 로션에는 스쿠알란, 쿠민열매추출물, 우레아, 벤질알코올이 빠져있는데 이 성분들을 추가해주시면 안될까요?
A : ㉡ 벤질알코올은 보존제로서 맞춤형조제관리사가 맞춤형화장품에 혼합할 수 없습니다. 하지만 걱정마세요. 제가 사용하는 맞춤형화장품 베이스에는 보존제인 에틸파라벤이 이미 함유되어 있으므로 보존제를 추가로 더 넣지 않아도 됩니다. 그리고 ㉢ 쿠민열매추출물은 알레르기 유발물질이므로 고객님의 피부에 자극이 될 수도 있습니다. 괜찮을까요?
B : 제가 알레르기 유발 성분에는 민감한 편이라 그 성분은 빼주세요. 그리고 제가 가져온 제품에 함유된 페루발삼 추출물이 더 증량되어 첨가되면 좋겠어요. 가능할까요?
A : ㉣ 제품 외관을 보니 페루발삼 추출물의 함량이 0.4%이라 표기되어있네요. 페루발삼 추출물의 사용한도는 0.4%입니다. 따라서 더 이상 증량할 수 없습니다.
(조제관리사가 로션을 조제 후 손님에게 전달)
B : 조제해주신 로션을 얼굴에 발라보니 촉촉하고 너무 마음에 듭니다. 유치원에 다니는 제 아들도 사용해도 될까요?
A : ㉤ 네. 아이부터 어른까지 가족분들 모두 다 같이 사용하셔도 됩니다.

① 1 ② 2
③ 3 ④ 4
⑤ 5

답 ③

해 ㉠ 히알루론산, 세라마이드는 피부 보습력 향상에 도움을 주는 성분이다.
㉡ 벤질알코올은 보존제로써 사용상 제한이 있는 성분이므로 맞춤형화장품에 배합할 수 없다.
㉢ 쿠민열매 추출물(열매오일)은 알레르기 유발물질이 아니며 사용후 씻어내지 않는 제품에 쿠민오일로서 0.4%이하의 사용제한이 있는 원료이다.
㉣ 페루발삼(Myroxylon pereirae의 수지)는 사용할 수 없는 원료이다. 다만, 추출물(extracts) 또는 증류물(distillates)로서 0.4% 이하인 경우는 사용할수 있다.
㉤ 적색102호는 영유아 및 어린이 사용금지 색소이다.

024

다음 화장품의 전성분 중 사용상 제한이 있는 성분으로 고시된 원료로 짝지어진 것은?

〈전성분〉
정제수, 스쿠알란, 부틸렌글라이콜, 글리세린, 해바라기씨오일, 소듐하이알루로네이트, PEG-40 스테아레이트, 세틸알코올, 카보머, 1,2-헥산다이올, 이디티에이, 페녹시에탄올, 쿼터늄-15, 향료, 시트릭애씨드, 리날룰, 리모넨

① 1,2-헥산다이올, 페녹시에탄올
② 세틸알코올, 페녹시에탄올
③ 페녹시에탄올, 쿼터늄-15
④ PEG-40스테아레이트, 페녹시에탄올
⑤ PEG-40스테아레이트, 쿼터늄-15

답 ③

해 사용상 제한이 있는 보존제에 해당된다.

025

「화장품 사용 시의 주의사항 및 알레르기 유발성분 표시에 관한 규정」에 따른 착향제의 알레르기 유발성분에 대한 설명으로 옳지 않은 것은?

① 사용 후 씻어내는 제품(샴푸, 린스, 바디 클렌저 등)에는 0.01% 초과, 사용 후 씻어내지 않는 제품(토너, 로션, 크림 등)에는 0.001% 초과 함유하는 경우에 알레르기 성분명을 전성분명에 표시해야 한다.

② 향료 뒤에 알레르기 유발 성분명을 표기하거나 또는 전성분 표시 방법과 동일한 성분 함량 순으로 표기 한다.

③ 내용량 10mL(g) 초과 50mL(g) 이하인 소용량 화장품의 경우 착향제 구성 성분 중 알레르기 유발 성분의 표시는 생략이 가능하나 해당 정보는 홈페이지 등에서 확인할 수 있도록 해야 한다. 단, 외음부세정제와 속눈썹용 퍼머넌트웨이브용 제품은 전성분표시.

④ 벤질살리실레이트, 아니스알코올, 알파 - 아이소메틸아이오논, 머스크케톤은 알레르기 유발성분이다.

⑤ 식물의 꽃·잎·줄기 등에서 추출한 에센셜오일이나 추출물이 착향의 목적으로 사용되었거나 또는 해당 성분이 착향제의 특성이 있는 경우에는 알레르기 유발성분을 표시·기재하여야 한다.

답 ④

해 머스크케톤은 알레르기 유발성분에 해당되지 않는다.

026

맞춤형 화장품 작업장 내 작업자의 위생관리에 관한 설명으로 옳지 않은 것은?

① 피부 외상을 입은 직원은 소독한 후 소분, 혼합이 가능하다.

② 소분, 혼합할 때는 위생복(방진복)과 위생 모자(방진 모자, 일회용 모자)를 착용하며 필요시에는 일회용 마스크를 착용한다.

③ 소분, 혼합 전에 손을 세척하고 필요 시 소독한다.

④ 소분, 혼합하는 직원은 이물이 발생할 수 있는 포인트 메이크업을 하지 않는 것이 권장된다.

⑤ 질병이 있는 직원은 소분, 혼합 작업을 하지 않는다.

답 ①

해 피부 외상 혹은 질병이 있는 직원은 소분, 혼합 작업을 하지 않아야 한다.

027

다음에서 제시하는 원료와 같은 성격인 대처 원료로 바르게 짝지어진 것은?

〈보기〉

㉠ 폴리소르베이트 80
㉡ 카라기난
㉢ 프로필렌글라이콜
㉣ 이미다졸리디닐우레아

	㉠	㉡	㉢	㉣
①	소듐라우릴설페이트	카보머	디프로필렌글라이콜	페녹시에탄올
②	라우릭산	잔탄검	부틸렌글라이콜	페녹시에탄올
③	세테아디모늄클로라이드	카보머	글리세린	폴리비닐알코올
④	코카미도프로필베타인	폴리비닐알코올	이소스테아릴알코올	벤질알코올
⑤	글리세릴모노스테아레이트	소듐카복시메틸셀룰로오스	글리세린	파라벤

답 ⑤

해 ㉠ 비이온계면활성제, ㉡ 점증제, ㉢ 폴리올류의 보습제, ㉣보존제

028

다음은 「우수화장품 제조 및 품질관리기준(CGMP)」 제13조에 따른 보관 관리 요건에 대한 내용이다. 괄호 안에 들어갈 알맞은 단어를 고르시오.

〈보기〉

원료의 사용기한은 사용 시 확인이 가능하도록 (㉠)에 표시되어야 한다. 원료와 포장재 및 벌크제품, 완제품, 부적합품 및 반품 등에 도난, 분실, 변질 등의 문제가 발생하지 않도록 작업자 외에 보관소의 출입을 (㉡)하고, 관리하여야 한다.

① ㉠ 문서, ㉡ 제한
② ㉠ 라벨, ㉡ 제한
③ ㉠ 라벨, ㉡ 개방
④ ㉠ 문서, ㉡ 개방
⑤ ㉠ 문서, ㉡ 폐쇄

답 ②

029

「우수화장품 제조 및 품질관리기준(CGMP)」제17조에 따른 내용물 공정 관리에 대한 설명으로 적절하지 않은 것은?

① 제조 공정 단계별로 적절한 관리기준이 규정되어야 하며 그에 미치지 못한 모든 결과는 보고되고 조치가 이루어져야 한다.
② 벌크제품의 최대 보관기한을 설정하여야 하며, 그 기한과 가까워진 벌크제품은 완제품으로 제조하기 전에 품질 이상과 변질 여부 등을 확인해야 한다.
③ 벌크제품의 충전 공정 후 벌크가 사용하지 않은 상태로 남아 있고 차후 다시 사용할 것이라면 밀봉하여 식별 정보를 표시해야 한다.
④ 여러 번 자주 사용하는 벌크제품의 경우 가능한 많은 양을 한꺼번에 보관통에 담아 보관한다.
⑤ 남은 벌크는 재보관하고 재사용 할 수 있다.

답 ④

해 여러 번 사용하게 될 벌크제품의 경우 개봉 시 마다 변질 및 오염이 발생한 가능성이 있기 때문에 여러 번 재보관하여 재사용을 반복하는 것을 피한다. 따라서, 여러 번 사용하는 벌크제품의 경우 소량씩 나누어서 보관하고 재보관의 횟수를 줄인다.

030

「우수화장품 제조 및 품질관리기준(CGMP)」에 따른 설비 기구의 유지관리의 원칙에 해당하지 않은 것을 모두 고르시오.

〈보기〉

ㄱ. 건물, 시설 및 주요 설비는 정기적으로 점검하여 화장품의 제조 및 품질관리에 지장이 없도록 유지·관리·기록하여야 한다.
ㄴ. 결함 발생 및 정비 중인 설비는 적절한 방법으로 표시하고, 고장 등 사용이 불가할 경우 표시하여야 한다.
ㄷ. 세척한 설비는 다음 사용 시까지 오염되지 아니하도록 관리하여야 한다.
ㄹ. 모든 제조 관련 설비는 제조시설 구역 있는 모든 직원들이 사용가능하다.
ㅁ. 제품의 품질에 영향을 줄 수 있는 검사·측정·시험장비 및 자동화장치는 계획을 수립하여 정기적으로 검교정 및 성능점검을 하고 기록해야 한다.
ㅂ. 유지관리 작업은 제품의 품질에 최소한의 영향을 주도록 실행한다.

① ㄱ, ㄷ
② ㄴ, ㄹ
③ ㄹ, ㅁ, ㅂ
④ ㄹ, ㅂ
⑤ ㄷ, ㄹ, ㅁ

답 ④

해 ㄹ. 모든 제조 관련 설비는 승인된 자만이 접근·사용하여야 한다.
ㅂ. 유지관리 작업이 제품의 품질에 영향을 주어서는 안 된다.

031

「우수화장품 제조 및 품질관리기준(CGMP)」제11조에 따른 원자재 용기 및 시험기록서에 필수로 기재해야 할 사항이 아닌 것은?

① 수령일자
② 수령지
③ 원자재 공급자가 정한 제품명
④ 원자재 공급자명
⑤ 공급자가 부여한 제조번호 또는 관리 번호

답 ②

해 원자재 용기 및 시험기록서에 필수적으로 기재할 사항은 수령일자, 원자재 공급자가 정한 제품명, 원자재 공급자명, 공급자가 부여한 제조번호 또는 관리 번호이다.

032

〈보기〉는 「우수화장품 제조 및 품질관리기준(CGMP)」 기준일탈과 검체의 채취에 대한 내용이다. (　　) 안에 들어갈 용어로 옳은 것은?

〈보기〉

ㄱ. 기준일탈이 된 경우는 규정에 따라 책임자에게 보고한 후 조사하여야 한다. 조사결과는 책임자에 의해 일탈, 부적합, (㉠)를 명확히 판정하여야 한다.
ㄴ. 시험용 검체의 용기에는 명칭 또는 (㉡), 제조번호 또는 제조단위, 검체채취 날짜, 검체 채취 지점을 기재하여야 한다.

	㉠	㉡
①	검사중	확인코드
②	적합	확인코드
③	보류	확인코드
④	보류	시험번호
⑤	검사중	시험번호

답 ③

해 ① 기준일탈이 된 경우는 규정에 따라 책임자에게 보고한 후 조사하여야 한다. 조사결과는 책임자에 의해 일탈, 부적합, 보류를 명확히 판정하여야 한다.

② 시험용 검체의 용기에는 다음 사항을 기재하여야 한다.
㉠ 명칭 또는 확인코드 - 필수
㉡ 제조번호 또는 제조단위 - 필수
㉢ 검체채취 날짜 - 필수
㉣ 가능한 경우, 검체 채취 지점(point)

033

식품의약품안전처고시 「화장품 안전 기준 등에 관한 규정」 [별표 1]은 사용할 수 없는 원료를 고시하고 있다. 다음 중 화장품에 배합할 수 없는 원료가 아닌 것은?

① 프로피오닉애씨드
② 메칠렌글라이콜
③ 벤조일퍼옥사이드
④ 페닐살리실레이트
⑤ 붕산

답 ①

해 ①은 사용상 제한이 있는 원료 중 보존제로서 사용한도가 프로피오닉애씨드로서 0.9%이다.
*Tip 붕산은 배합금지 원료이지만 붕사는 배합 가능한 원료이다.

034

식품의약품안전처고시 「화장품 안전 기준 등에 관한 규정」 [별표2]는 사용상의 제한이 필요한 원료를 고시하고 있다. 다음의 성분과 그 사용 한도의 연결로 옳지 않은 것은?

원료명	사용한도
① 테트라브로모-o-크레졸	0.3%
② 클로로자이레놀	0.5%
③ 소듐라우로일사코시네이트	0.2%
④ 에칠라우로일알지네이트 하이드로클로라이드	0.4%
⑤ p-클로로-m-크레졸	0.04%

답 ③

해 소듐라우로일사코시네이트는 사용상의 제한이 필요한 원료 중 보존제이다. 사용한도는 없으나 사용 후 씻어내는 제품에만 허용된다. (기타 제품에는 사용금지)

035

다음은 「우수화장품 제조 및 품질관리기준(CGMP)」 제18조에 따른 포장 작업 시작 전 및 작업 시의 지침이다. 옳지 않은 것을 고르시오.

① 포장작업 시작 전 포장작업에 대한 모든 관련 서류가 이용가능하고, 모든 필수 포장재가 사용 가능하며, 설비가 적절히 위생처리 되어 사용할 준비가 완료되었음을 확인하는데 이러한 점검이 필수적이다.
② 포장 작업 전, 이전 작업의 재료들이 혼입될 위험을 제거하기 위하여 작업 구역/라인의 정리가 이루어져야 한다.
③ 제조된 완제품의 각 단위/뱃치에는 추적이 가능하도록 특정한 제조번호가 부여되어야 하며, 완제품에 부여된 특정 제조번호는 벌크제품의 제조번호와 동일해야 한다.
④ 작업 동안, 모든 포장라인은 최소한 다음의 정보로 확인이 가능해야 한다.
- 포장라인명 또는 확인 코드
- 완제품명 또는 확인 코드
- 완제품의 뱃치 또는 제조번호

⑤ 모든 완제품이 규정 요건을 만족시킨다는 것을 확인하기 위한 공정 관리가 이루어져야 한다.

답 ③

해 완제품에 부여된 특정 제조번호는 벌크제품의 제조번호와 동일할 필요는 없지만, 완제품에 사용된 벌크 뱃치 및 양을 명확히 확인할 수 있는 문서가 존재해야 한다.

036

「우수화장품 제조 및 품질관리기준」 원자재 관리에 관한 내용이다. ( )안에 들어갈 내용이 해당 법에 기재 된 법률 용어로 옳게 짝지어진 것은?

〈보기〉

- 원자재의 입고 시 (㉠), 원자재 공급업체 성적서 및 현품이 서로 일치하여야 한다. 필요한 경우 운송 관련 자료를 추가적으로 확인할 수 있다.
- 설정된 보관기한이 지나면 사용의 적절성을 결정하기 위해 (㉡)을 확립하여야 하며, 이를 통해 보관기한이 경과한 경우 사용하지 않도록 규정하여야 한다.

	㉠	㉡
①	구매요구서	재평가시스템
②	구매요구서	재시험시스템
③	거래명세서	재시험시스템
④	거래명세서	재확인시스템
⑤	발주확인서	재평가시스템

답 ①

해 구매요구서는 해당부서에서 요구한 요청사항이고 거래명세서는 판매하는 업체에서 발행하는 문서이다.

037

화장품의 재작업에 대한 내용으로 옳지 않은 것은?

① 재작업은 적합판정기준을 벗어난 완제품 또는 벌크제품을 재처리하여 품질이 적합한 범위에 들어오도록 하는 작업을 말한다.

② 품질 책임자가 규격에 부적합이 된 원인 조사를 지시한다.

③ 재작업 전의 품질이나 재작업 공정의 적절함 등을 고려하여 제품 품질에 악영향을 미치지 않는 것을 재작업 실시 전에 예측한다.

④ 대표자의 승인이 끝난 후 재작업 절차서를 준비해서 실시하고 기록서에 작성하여 남긴다. 재작업 한 최종 제품 또는 벌크제품의 제조기록, 시험기록을 충분히 남긴다.

⑤ 품질이 확인되고 품질 책임자의 승인을 얻을 수 있을 때까지 재작업품은 다음 공정에 사용할 수 없고 출하할 수 없다.

답 ④

해 품질 책임자의 승인이 끝난 후 재작업을 실시한다.

038

다음중 화장품제조에 사용되는 용어의 정의로 옳지 않은 것은?

✔ "일탈"이란 규정된 합격 판정 기준에 일치하지 않는 검사, 측정 또는 시험결과를 말한다.
② "청소"란 화학적인 방법, 기계적인 방법, 온도, 적용시간과 이러한 복합된 요인에 의해 청정도를 유지하고 일반적으로 표면에서 눈에 보이는 먼지를 분리, 제거하여 외관을 유지하는 모든 작업을 말한다.
③ "유지관리"란 적절한 작업 환경에서 건물과 설비가 유지되도록 정기적·비정기적인 지원 및 검증 작업을 말한다.
④ "검교정"이란 규정된 조건 하에서 측정기기나 측정 시스템에 의해 표시되는 값과 표준기기의 참값을 비교하여 이들의 오차가 허용범위 내에 있음을 확인하고, 허용범위를 벗어나는 경우 허용범위 내에 들도록 조정하는 것을 말한다.
⑤ "수탁자"는 직원, 회사 또는 조직을 대신하여 작업을 수행하는 사람, 회사 또는 외부 조직을 말한다.

답 ①

해 ① "일탈"이란 제조 또는 품질관리 활동 등의 미리 정하여진 기준을 벗어나 이루어진 행위를 말한다.
② "기준일탈(out-of-specification)"이란 규정된 합격 판정 기준에 일치하지 않는 검사, 측정 또는 시험결과를 말한다.

039

화장품 포장재에 대한 설명으로 옳지 않은 것은?

① 포장재는 화장품의 포장에 사용되는 모든 재료를 말하며 운송을 위해 사용되는 외부 포장재는 제외한 것이다. 제품과 직접적으로 접촉하는지 여부에 따라 1차 또는 2차 포장재라고 말한다.
② 제품, 원료 및 포장재 등의 혼동이 없도록 각각 따로 구획을 두어야 한다.
③ 포장재가 재포장될 경우, 원래의 용기와 동일하게 표시되어야 한다.
④ 재평가 방법을 확립해 두면 보관기한이 지난 원료 및 포장재를 재평가해서 사용할 수 있다.
✔ 버니어 캘리퍼스를 이용하여 포장재의 재질을 확인한다.

답 ⑤

해 버니어 캘리퍼스를 이용하여 외관 치수를 확인한다. (바깥지름, 안지름, 깊이, 두께 등)

040

「화장품법 시행규칙」제19조, 제20조, 제21조에 따른 화장품의 표시·기재 사항에 대한 설명으로 틀린 것은?

① 화장품의 기재사항은 대통령령으로 정하는 바에 따라 한글로 읽기 쉽도록 기재·표시할 것
② 한글, 한자와 함께 병행 기재 표시할 수 있다.
③ 30mL의 화장품 중 외음부세정제와 속눈썹용퍼머넌트웨이브용 제품을 제외하고는 전성분표시를 생략할 수 있다.
④ 견본품은 전성분 표시를 생략할 수 있다.
⑤ 가격 표시는 소비자에게 직접 판매하는 최종판매자가 표시한다.

답 ①

해 ①, ② 화장품의 기재사항은 총리령으로 정하는 바에 따라 한글로 기재표시 해야 하며 한자 또는 외국어와 함께 적을 수 있다.
③ 내용량이 50mL[g]이하인 경우(외음부세정제와 속눈썹용퍼머넌트웨이브용 제품을 제외하고)전성분 표시를 생략할 수 있다.
④ 견본품이나 비매품에는 화장품의 명칭, 화장품책임판매업자 또는 맞춤형화장품판매업자의 상호, 가격, 제조번호와 사용기한 또는 개봉 후 사용기간(개봉 후 사용기간을 기재할 경우에는 제조연월일을 병행 표기하여야 한다)만을 기재·표시할 수 있다. 따라서 전성분의 표시 생략이 가능하다.
*다음 각 호에 해당하는 1차 포장 또는 2차 포장에는 화장품의 명칭, 화장품책임판매업자 또는 맞춤형화장품판매업자의 상호, 가격, 제조번호와 사용기한 또는 개봉 후 사용기간(개봉 후 사용기간을 기재할 경우에는 제조연월일을 병행 표기하여야 한다)만을 기재·표시할 수 있다. 다만, 제2호의 포장의 경우 가격이란 견본품이나 비매품 등의 표시를 말한다.
1. 내용량이 10밀리리터 이하 또는 10그램 이하인 화장품의 포장
2. 판매의 목적이 아닌 제품의 선택 등을 위하여 미리 소비자가 시험·사용하도록 제조 또는 수입된 화장품의 포장

041

화장품에 사용되는 1차포장재,2차포장재에 대한 설명으로 옳지 않은 것은?

① 운송을 위해 사용되는 외부박스(택배박스)는 2차포장재에 포함된다.
②1차포장재는 화장품 제조 시 내용물과 직접 접촉하는 포장용기로, 유리, 플라스틱, 금속 등이 있다.
③ 2차포장은 1차포장을 수용하는 1개 또는 그 이상의 포장과 보호재 및 표시의 목적으로 한 포장을 말한다.
④ 거의 모든 화장품 용기에 플라스틱이 이용되고 있으며 열가소성수지인 PET, PP, PE, PS, ABS와 열경화성수지인 페놀, 멜라민, 에폭시 수지 등이 있다.
⑤ 금속재질의 포장재는 철, 스테인리스강, 놋쇠, 알루미늄, 주석 등이 해당하며, 화장품 용기의 튜브, 뚜껑, 에어로졸 용기, 립스틱 케이스 등에 사용된다.

답 ①

해 운송을 위해 사용되는 외부박스(택배박스)는 2차포장재에 포함되지 않는다.

042

화장품 작업장의 미생물 관리를 위한 낙하균 측정법에 대한 설명이다. (　　)안에 들어갈 내용으로 옳은 것으로 짝지어진 것은?

〈보기〉

낙하균 측정 위치마다 세균용 배지와 진균용 배지를 1개씩 놓고 배양접시의 뚜껑을 열어 배지에 낙하균이 떨어지도록 한다. 위치별로 정해진 노출시간이 지나면, 배양접시의 뚜껑을 닫아 배양기에서 배양, 일반적으로 세균용 배지는 (㉠)℃, (㉡)시간 이상, 진균용 배지는 (㉢)℃, (㉣)일 이상 배양, 배양 중에 확산균의 증식에 의해 균수를 측정할 수 없는 경우가 있으므로 매일 관찰하고 균수의 변동을 기록한다. 배양 종료 후 세균 및 진균의 평판 마다 집락수를 측정하고, 사용한 배양접시 수로 나누어 평균 집락수를 구하고 단위시간 당 집락수를 산출하여 균수로 한다.

	㉠	㉡	㉢	㉣
①	30~35	24	20~25	3
②	30~35	48	20~25	5
③	30~45	24	20~35	3
④	30~45	48	30~45	5
⑤	30~45	24	30~45	3

답 ②

해 화박사 카페 〈화장품법 정보〉에서 낙하균시험법 참고

043

작업장내 직원의 소독을 위한 손 소독제의 종류로 옳은 것은?

① 알코올 70%, 클로르헥시딘디글루코네이트, 차아염소산나트륨
② 아이오다인과 아이오도퍼, 클로록시레놀, 4급암모늄화합물
③ 클로르헥시딘디글루코네이트, 페녹시에탄올
④ 클로록시레놀, 일반비누, 차아염소산나트륨
⑤ 헥사클로로펜, 트리클로산, 페녹시에탄올

답 ②

해 작업장내 직원의 소독을 위한 손 소독제의 종류

- 알코올 70%
- 클로르헥시딘디글루코네이트(Chlorhexidinedigluconate)
- 아이오다인과 아이오도퍼(Iodine & Iodophors)
- 클로록시레놀(Chloroxylenol)
- 헥사클로로펜(Hexachlorophene, HCP)
- 4급암모늄화합물(Quaternary Ammonium Compounds)
- 트리클로산(Triclosan)
- 일반비누

차아염소산나트륨은 락스를 희석한 것으로 손소독의 목적으로는 적당하지 않다.

044

화장품 제조설비에 따른 재질 및 특성으로 옳지 않은 것은?

① 미생물학적으로 민감하지 않은 물질 또는 제품 제조시 유리로 안을 댄 강화 유리 섬유 폴리에스터와 플라스틱으로 안을 댄 탱크를 사용할 수 있다.

② 교반 장치는 기계적으로 회전된 날의 간단한 형태로부터 정교한 제분기와 균질화기가 있다.

③ 필터 여과기는 내용물과 반응하지 않는 스테인레스 스틸316 또는 비반응성 섬유를 사용해야 한다.

④ 강화된 식품등급의 고무 또는 스테인리스, 구리, 동 소재의 호수를 사용한다.

⑤ 이송파이프 시스템은 제품점도, 유속 등을 고려해야 하며 펌프, 필터, 파이크, 부속품, 밸브, 이덕터 또는 배출기로 구성되어있다.

답 ④

해 강화된 식품등급의 고무 또는 네오프렌, 폴리에칠렌, 폴리프로필렌, 나일론 소재의 호수를 사용한다.

045

화장품제조 설비의 세척 및 소독 원칙 중 옳은 것으로 짝지어진 것은?

〈보기〉

ㄱ. 설비 등은 제품의 오염을 방지하고 배수가 용이하도록 설계, 설치하며, 제품 및 청소 소독제와 화학반응을 일으키지 않는 스테인리스 재질을 사용한다.

ㄴ. 제품과 설비가 오염되지 않도록 배관 및 배수관을 한쪽에 노출 설치하며, 배수관은 역류되지 않아야 하고, 청결을 유지할 것.

ㄷ. 천정 주위의 대들보, 파이프, 덕트 등은 가급적 노출되지 않도록 설계하고, 피치못할 경우 파이프는 벽에 붙여서 안전하게 받침대 등으로 고정한다.

ㄹ. 세정제는 안전성이 높아야 하며, 세정력이 우수하며 헹굼이 용이하고, 기구 및 장치의 재질에 부식성이 없는 염산을 희석하여 사용한다.

ㅁ. 청소, 소독 시에는 틈새까지 세밀하게 관리해야 하며 물청소 후 반드시 물기를 제거하여야 한다. 청소는 위쪽에서 아래쪽으로 안쪽에서 바깥쪽으로 청소를 해야 한다.

ㅂ. 사용하지 않는 연결 호스와 부속품은 청소 등 위생관리를 하며, 자연건조를 하여 청결에 주의해야 한다.

ㅅ. 세척시 온수 또는 증기로 세척하는 것이 가장 바람직하지만 브러시 또는 수세미등을 사용하여 세척하여도 된다.

ㅇ. 소독제를 선택할 때에는 사용농도에 독성이 없고 제품이나 설비 기구 등에 반응을 하지 않으며, 불쾌한 냄새가 남지 않아야 하고 10분 이내에도 효과를 볼 수 있는 광범위한 항균기능을 가져야 한다.

① ㄱ, ㄴ, ㅁ, ㅅ
② ㄱ, ㄴ, ㅁ, ㅇ
③ ㄴ, ㅁ, ㅂ, ㅅ
④ ㄷ, ㄹ, ㅁ, ㅅ
⑤ ㄷ, ㅂ, ㅅ, ㅇ

답 ①

해 ㉡ 제품과 설비가 오염되지 않도록 배관 및 배수 관을 노출하지 않고 설치하며, 배수관은 역류되지 않아야 하고, 청결을 유지할 것.
㉢ 파이프는 청소가 용이 하도록 벽에 붙이지 않고 고정해야 한다.
㉣ 염산은 부식이 강하여 청소 소독제로 적당하지 않다.
㉥ 사용하지 않는 연결 호스와 부속품은 청소 등 위생관리를 하며, 건조한 상태로 유지하고 먼지, 얼룩 또는 다른 오염으로 부터 보호할 것.
㉧ 소독제를 선택할 때에는 사용농도에 독성이 없고 제품이나 설비 기구 등에 반응을 하지 않으며, 불쾌한 냄새가 남지 않아야 하고 5분 이내에도 효과를 볼 수 있는 광범위한 항균기능을 가져야 한다.

046

다음은 화장품에서 검출된 비의도적 유래물질이다. 유통화장품안전관리 기준에 적합하여 합격한 화장품은 무엇인가?

	납 (㎍/g)	수은 (㎍/g)	비소 (㎍/g)	니켈 (㎍/g)
① 크림	10	3	10	10
② 토너	10	3	8	12
③ 베이비로션	10	1	5	10
④ 아이섀도우	10	5	5	35
⑤ 샴푸	10	1	10	15

답 ③

해

	비의도적 유래물질	검출허용한도(㎍/g)
1	수은	1㎍/g 이하
2	카드뮴	5㎍/g 이하
3	안티몬	10㎍/g 이하
4	비소	10㎍/g 이하
5	니켈	10㎍/g 이하 눈 화장용 제품은 35㎍/g 이하, 색조 화장용 제품은 30㎍/g 이하
6	납	20㎍/g 이하 점토를 원료로 사용한 분말제품은 50㎍/g 이하
7	디옥산	100㎍/g 이하
8	프탈레이트류 (디부틸프탈레이트, 부틸벤질프탈레이트 및 디에칠헥실프탈레이트에 한함)	총 합으로서 100㎍/g 이하
9	메탄올	0.2(v/v)% 이하, 물휴지는 0.002%(v/v) 이하
10	포름알데하이드	2000㎍/g 이하, 물휴지는 20㎍/g 이하

047

다음은 MW코스메틱에서 새로 출시한 화장품의 총호기성생균수를 검사한 품질검사 결과이다. 합격판정을 받은 제품으로 짝지어진 것은?

구분	제품	결과
㉠	샴푸	총호기성생균수 600개/g(mL)
㉡	아이라이너	총호기성생균수 900개/g(mL)
㉢	베이비로션	총호기성생균수 900개/g(mL)
㉣	토너	총호기성생균수 550개/g(mL)
㉤	물휴지	세균 95개/g(mL) 진균 35개/g(mL)
㉥	아이섀도우	총호기성생균수 600/g(mL)

① ㄱ, ㄴ, ㄷ
② ㄱ, ㄹ, ㅁ
③ ㄴ, ㄷ, ㄹ
④ ㄴ, ㄹ, ㅁ
⑤ ㄹ, ㅁ, ㅂ

답 ②

해 ① 총호기성생균수는 영·유아용 제품류 및 눈화장용 제품류의 경우 500개/g(mL) 이하
② 물휴지의 경우 세균 및 진균수는 각각 100개/g(mL) 이하
③ 기타 화장품의 경우 1,000개/g(mL) 이하
④ 대장균(Escherichia Coli), 녹농균(Pseudomonas aeruginosa), 황색포도상구균(Staphylococcus aureus)은 불검출

048

다음은 시중에 유통 중인 화장품들을 수거하여 품질 검사를 한 결과이다. 유통화장품의 안전관리기준에 적합하여 유통 가능한 제품으로 짝지어진 것은?

〈보기〉

ㄱ. 총호기성생균수 750개/g(mL) 검출된 베이비 로션
ㄴ. 니켈 35㎍/g 검출된 립스틱
ㄷ. 포름알데하이드 18㎍/g 검출된 물휴지
ㄹ. 납 50㎍/g 검출된 페이스파우더
ㅁ. 카드뮴 5㎍/g 검출된 아이섀도우
ㅂ. 비소 20㎍/g 검출된 로션
ㅅ. 디옥산 500㎍/g 검출된 샴푸

① ㄱ, ㄷ, ㅁ
② ㄴ, ㄷ, ㅅ
③ ㄷ, ㄹ, ㅁ
④ ㄹ, ㅁ, ㅂ
⑤ ㅁ, ㅂ, ㅅ

답 ③

해 ① 총호기성생균수는 영·유아용 제품류 및 눈화장용 제품류의 경우 500개/g(mL) 이하
② 물휴지의 경우 세균 및 진균수는 각각 100개/g(mL) 이하
③ 기타 화장품의 경우 1,000개/g(mL) 이하
④ 대장균(Escherichia Coli), 녹농균(Pseudomonas aeruginosa), 황색포도상구균(Staphylococcus aureus)은 불검출

049

화장품 원자재 및 벌크 등의 보관관리에 대한 설명으로 옳지 않은 것은?

① 원자재 및 벌크제품은 품질에 나쁜 영향을 미치지 아니하는 조건에서 보관하여야 하며 보관기한을 별도로 설정하여야 한다.
② 원자재 및 벌크제품은 바닥과 벽에 닿지 않도록 보관하고, 선입선출에 의하여 출고할 수 있도록 보관 하여야 한다.
③ 원자재, 시험 중인 제품 및 부적합품은 각각 구획된 장소에서 보관하여야 한다. 다만, 서로 혼동을 일으킬 우려가 없는 시스템에 의하여 보관되는 경우에는 구획되지 않은 장소에 함께 보관해도 된다.
④ 설정된 보관기한이 지나면 사용의 적절성을 결정하기 위해 재평가시스템을 확립하여야 하며 동 시스템을 통해 보관기한이 경과한 경우 사용하지 않도록 규정하여야 한다. 보관기한이 규정되어 있지 않은 원료는 품질부문에서 적절한 보관기한을 정할 수 있다.
⑤ 원료와 포장재가 재포장될 때, 새로운 용기에는 회사 내부 규정에 따른 새로운 라벨링을 한다.

답 ⑤

해 원료와 포장재가 재포장될 때, 새로운 용기에는 원래와 동일한 라벨링이 있어야 한다. 원료의 경우, 원래 용기와 같은 물질 혹은 적용할 수 있는 다른 대체 물질로 만들어진 용기를 사용하는 것이 중요하다.

050

다음은 설명중 옳은 것으로 짝지어진 것은?

〈보기〉

ㄱ. 포장재 수급 담당자는 포장재의 소요량 및 재고량을 미리 예상하여 품절이 되지 않도록 미리 넉넉하게 재고를 입고시켜야 한다.
ㄴ. 포장지시서는 제품명, 포장 설비명, 포장재 리스트, 상세한 포장 공정 및 포장 생산 수량 등의 항목이 포함되어 있다.
ㄷ. 생산계획서는 생산 계획에 따라 벌크제품, 1차 제품 또는 2차 제품을 어느 일정 일시까지 일정 수량을 생산할 것을 지시하는 서식이다.
ㄹ. 용기란 화장품에 직접 접촉하는 초자, 튜브, 플라스틱, 캡, 분사기 등을 말하며, 1차 포장자재 용기와 화장품에 첨부하는 스푼 등은 용기에 해당된다.
ㅁ. 포장재에는 용기의 재질 및 박스의 재질을 의미하는 1차포장재, 2차포장재가 있으며 각종 라벨 및 봉함 라벨은 포장재에 포함되지 않는다.

① ㄱ, ㄴ ② ㄱ, ㄷ
③ ㄴ, ㄷ ④ ㄴ, ㄹ
⑤ ㄹ, ㅁ

답 ④

해 ㉠ 포장재 수급 담당자는 생산 계획과 포장 계획에 따라 포장에 필요한 포장재의 소요량 및 재고량을 파악한 다음, 부족분 또는 소요량에 대한 포장재 생산에 소요되는 기간 등을 파악하여 적절한 시기에 포장재가 입출고 될 수 있도록 관리하여야 한다.
㉢ 제조지시서는 생산 계획에 따라 벌크제품, 1차 제품 또는 2차 제품을 어느 일정 일시까지 일정 수량을 생산할 것을 지시하는 서식이다. 제품명, 생산 수량, 제조 일자, 포장 단위, 작업자, 작업상의 주의 사항 등이 기재되어 있다.
㉤ 포장재에는 많은 재료가 포함된다. 일차포장재, 이차포장재, 각종 라벨, 봉함 라벨까지 포장재에 포함된다. 라벨에는 제품 제조번호 및 기타 관리번호를 기입하므로 실수방지가 중요하여 라벨은 포장재에 포함하여 관리하는 것을 권장한다.

051

「우수화장품 제조 및 품질관리기준(CGMP)」제20조에 따른 시험관리에 관한 설명으로 바르지 않은 것을 고르시오.

① 품질관리를 위한 시험업무에 대해 문서화된 절차를 수립하고 유지하여야 한다.
② 원자재, 벌크제품 및 완제품에 대한 적합 기준을 마련하고 제조번호별로 시험 기록을 작성·유지하여야 한다.
③ 시험결과 적합 또는 부적합인지 분명히 기록하여야 한다.
④ 원자재, 벌크제품 및 완제품은 적합판정이 된 것만을 사용하거나 출고하여야 한다.
⑤ 정해진 보관 기간이 경과된 원자재 및 벌크제품은 재평가 없이 무조건 폐기해야 한다.

답 ⑤

해 정해진 보관 기간이 경과된 원자재 및 벌크제품은 재평가하여 품질기준에 적합한 경우 제조에 사용할 수 있다.

052

맞춤형화장품조제관리사 A는 고객 B와의 대화를 통해 향료를 포함한 에센스 100g을 제조하려고 한다. (　　)안에 들어갈 알맞은 것은?

〈대화〉

A : 에센스에 향료를 넣어서 조제하겠습니다. 특별히 원하시는 향이 있나요?

B : 기분이 좋아지는 상큼한 향을 원합니다.

A : 바다향과 숲향 두 가지를 추천합니다. 시향해 보시겠어요?

B : 둘 다 향이 상큼하고 좋네요.

A : 향의 양은 1%, 2.5%, 5% 세 가지가 중 선택해 주세요.

B : 2.5%로 선택할게요.

A : 따로 더 요청하실 사항은 있나요?

B : 제가 향 알레르기가 있어서 알레르기 성분이 없는 것은 어떤 향인가요?

A : 제가 추천해드리겠습니다.

〈바다향〉

성분명	함유량(%)
벤질벤조에이트	0.05
리모넨	0.002
유제놀	0.2
헥실신남알	0.03
1,3 부틸렌글라이콜	0.98
디프로필렌글라이콜	0.01

〈숲향〉

성분명	함유량(%)
1-2헥산다이올	0.2
아이소유제놀	0.04
메틸 2-옥티노에이트	0.01
머스크케톤	0.07
1,3-부틸렌글라이콜	0.02
디프로필렌글라이콜	0.1

〈보기〉

추천한 향은 (㉠)이며, 함유된 알레르기 유발물질은 (㉡)이지만 함량이 0.001%를 초과하지 않아서 전성분에 표시하지 않는 안전한 향입니다.

	㉠	㉡
①	바다향	벤질벤조에이트, 리모넨, 유제놀, 헥실신남알
②	바다향	리모넨, 유제놀, 헥실신남알
③	바다향	벤질벤조에이트, 리모넨, 헥실신남알
④	숲향	아이소유제놀, 메틸 2-옥티노에이트, 머스크케톤
⑤	숲향	아이소유제놀, 메틸 2-옥티노에이트

답 ⑤

해 **향료의 함량** : 100x(2.5/100) = 2.5g

성분명	함유량(%)	실제함량(%)
벤질벤조에이트	2.5x(0.05/100) = 0.00125g 0.00125 ÷ 100x100 = 0.00125%	표시한다
리모넨	2.5 x(0.002/100) = 0.00005g	표시하지 않는다
유제놀	2.5x(0.2/100) = 0.005	표시한다
헥실신남알	2.5x(0.03/100) = 0.00075	표시하지 않는다
아이소유제놀	2.5x(0.04/100) = 0.001	표시하지 않는다
메틸 2-옥티노에이트	2.5x(0.01/100) = 0.00025	표시하지 않는다

053

맞춤형화장품판매업자의 준수사항이 옳은 것으로 짝지어진 것은?

〈보기〉

ㄱ. 혼합·소분 전에 손을 소독하거나 세정할 것. 다만, 혼합·소분 시 일회용 장갑을 착용할 수 없다.
ㄴ. 혼합·소분에 사용되는 내용물의 사용기한 또는 개봉 후 사용기간을 초과하여 맞춤형화장품의 사용기한 또는 개봉 후 사용기간을 정하지 말 것.
ㄷ. 소분하는 맞춤형화장품은 미리 소분하여 보관하거나 판매할 수 있다.
ㄹ. 맞춤형화장품 판매내역서와 원료 및 내용물의 입고, 사용, 폐기 내역 등에 대하여 기록 관리 해야 한다.
ㅁ. 혼합·소분 전에 내용물 및 원료의 사용기한 또는 개봉 후 사용기간을 확인하고, 사용기한 또는 개봉 후 사용기간이 지난 것은 자체평가를 통해 다시 사용 가능하다.

① ㄱ, ㄷ ② ㄱ, ㅁ
③ ㄴ, ㄷ ④ ㄴ, ㄹ
⑤ ㄹ, ㅁ

답 ④

054

맞춤형화장품판매업소의 혼합·소분 판매에 대한 내용 중 옳은 것은?

① 시중에 유통되어 판매하는 제품을 구입하여 소분한다.
② 판매의 목적이 아닌 제품의 홍보·판매촉진 등을 위하여 미리 소비자가 시험·사용하도록 제조 또는 수입된 화장품을 소분 판매한다.
③ 화장품책임판매업자로부터 받은 액체 비누 벌크를 소분 판매한다.
④ 맞춤형화장품판매업자가 원료를 직접 구입해서 조제관리사가 원료와 원료를 혼합하여 판매한다.
⑤ 맞춤형화장품판매업자가 화장품 내용물을 직접 수입하여 조제관리사가 내용물과 혼합하여 판매한다.

답 ③

055

다음은 화장품 안전성시험의 시험 방법 중 하나이다. (　　)안에 들어갈 알맞은 용어로 짝지어진 것은?

〈보기〉

(㉠)은 화장품 사용 시에 일어날 수 있는 오염 등을 고려한 사용기한을 설정하기 위하여 장기간에 걸쳐 물리·화학적, 미생물학적 안정성 및 (㉡)을 확인하는 시험이다.

	㉠	㉡
①	가혹시험	용기적합성
②	장기보존시험	용기적합성
③	장기보존시험	안전성
④	개봉 후 안정성시험	안전성
⑤	개봉 후 안정성시험	용기적합성

답 ⑤

해 화장품 사용 시에 일어날 수 있는 오염 등을 고려한 사용기한을 설정하기 위하여 장기간에 걸쳐 물리·화학적, 미생물학적 안정성 및 용기 적합성을 확인하는 시험이다.

개봉 전 시험항목과 미생물한도시험, 살균보존제, 유효성분시험을 수행한다. 다만, 개봉할 수 없는 용기로 되어있는 제품(스프레이 등), 일회용 제품 등은 개봉 후 안정성시험을 수행할 필요가 없다.

056

맞춤형화장품 판매 시 준수사항으로 옳지 못한 것은?

① 원료 입고 시 품질관리 여부를 확인하고 품질성적서를 구비한다.
② 원료는 직사광선을 피하고 품질에 영향을 미치지 않는 장소에 보관한다.
③ 원료는 사용기한을 확인하고 관련 기록을 해야 한다.
④ 맞춤형화장품 판매 시 소비자에게 사용 시 주의사항과 내용물 및 원료에 대한 자료를 문서로 제공해야 한다.
⑤ 맞춤형화장품 판매 시 소비자에게 설명하지 않으면 1차위반 시 200만원 이하의 벌금과 시정명령에 처해진다.

답 ④

해 제품의 1차, 2차 포장에 표기되어있으므로 별도의 문서제공은 하지 않아도 되며 소비자에게는 직접 설명을 해야 한다.

057

맞춤형화장품판매업에 대한 설명으로 옳지 않은 것은?

① 맞춤형화장품은 다양한 피부타입에 해당되는 화장품을 미리 조제한 후에 소비자의 피부상태나 선호도 등에 맞는 제품으로 골라서 판매해도 된다.
② 혼합·소분을 통해 조제된 맞춤형화장품은 소비자에게 제공되는 “유통화장품” 완제품에 해당되므로 유통화장품안전관리기준을 반드시 준수해야 한다.
③ 맞춤형화장품의 안전관리기준 미준수시 행정처분은 1차 위반 시 해당품목만 판매업무정지 15일에 해당된다.
④ 판매내역서, 원료 및 내용물의 입고, 사용, 폐기에 관련된 기록서 등을 작성 비치해야 한다.
⑤ 판매내역서 미작성시 1차위반시 시정명령 4차 위반 시 판매업무 및 해당품목 판매업무정지 6개월에 처해진다.

답 ①

해 소비자의 피부상태나 선호도 등을 확인하지 아니하고 맞춤형화장품을 미리 혼합·소분하여 보관하거나 판매하면 안된다.

058

다음 중 맞춤형화장품에 관련된 사항으로 옳게 설명한 것은?

① 책임판매업자로부터 공급받은 원료와 원료를 혼합하거나 소분 판매한다.
② 발모효과가 있는 벌크샴푸를 소분하여 판매한다.
③ 맞춤형화장품조제관리사 자격증을 재발급 받을 때는 신청서와 신분증을 가지고 지방식품의약품안전청에 신청한다.
④ 손소독제를 소분하여 판매한다.
⑤ 혼합 소분 시 일회용장갑은 착용할 수 없고 반드시 손을 소독하여야 한다.

답 ③

해 원료+원료의 혼합은 제조에 해당되므로 맞춤형화장품이 아니다.

059

피부색소에 대한 설명으로 옳지 않은 것은?

① 티로신(tyrosine)이라는 아미노산이 '티로시나아제(tyrosinase)' 효소 작용에 의해 변화하면서 '유멜라닌'과 '페오멜라닌'이 생성된다.
② 멜라닌형성세포 내의 멜라노좀(melanosome)에서 만들어진 멜라닌이 세포돌기를 통하여 각질형성세포로 전달된다.
③ 피부의 색을 결정하는 색소는 멜라닌, 카로티노이드, 헤모글로빈이 있다.
④ 멜라닌색소의 양은 인종에 따라 차이가 없고 피부색소의 종류와 수에 따라 피부색이 결정된다.
⑤ 카로틴은 비타민 A의 전구물질로 피부에 황색을 띠게 하며 황인종에게 많이 분포한다.

답 ④

해 멜라닌형성세포의 수는 인종에 따라 차이가 없고 멜라닌 색소의 양에 의해 피부색이 결정된다.

060

다음은 표피의 각질층에 대한 설명으로 옳은 것으로 짝지어진 것은?

〈보기〉

ㄱ. 피부의 pH측정은 표피의 각질층에서 측정하여 판단한다.
ㄴ. 20~25개의 층의 죽은 세포로 구성되어있으며 케라틴(50%), 지질, 천연보습인자를 함유하고 있다.
ㄷ. 멜라닌색소가 형성되는 층이다.
ㄹ. 물의 침투에 대한 방어막 역할과 피부 내부로부터의 수분이 증발되는 것을 막아 준다.
ㅁ. 피부의 퇴화가 시작되는 층에 해당된다.

① ㄱ, ㄴ　　② ㄱ, ㅁ
③ ㄴ, ㄹ　　④ ㄱ, ㄹ
⑤ ㄹ, ㅁ

답 ①

해 ⓒ 멜라닌색소가 형성되는 층이다. → 기저층
ⓔ 물의 침투에 대한 방어막 역할과 피부 내부로부터의 수분이 증발되는 것을 막아 준다. → 과립층
ⓜ 피부의 퇴화가 시작되는 층에 해당된다. → 과립층

061

다음 중 맞춤형화장품에 대한 설명으로 옳지 않은것은?

① 화장품의 내용물과 원료를 혼합한 화장품
② 화장품의 원료와 원료를 혼합한 화장품
③ 화장품의 벌크와 벌크를 혼합한 화장품
④ 화장품의 내용물을 소분한 화장품
⑤ 화장품의 대용량을 소분한 향수

답 ②

해 원료와 원료를 혼합한 화장품은 제조에 해당된다.

062

다음은 유통화장품 안전관리 기준에 따른 화장품 내용량 시험기준에 관한 내용이다. (   )에 들어갈 내용으로 바르게 짝지어진 것은?

〈보기〉

ㄱ. 제품 3개를 가지고 시험할 때 그 평균 내용량이 표기량에 대하여 (㉠)% 이상(다만, 화장 비누의 경우 건조중량을 내용량으로 한다)

ㄴ. 내용량이 기준치를 벗어날 경우에는 (㉡)개를 더 취하여 시험할 때 평균 내용량이 (㉠)% 기준치 이상

	㉠	㉡
①	90	3
②	90	6
③	90	9
④	97	3
⑤	97	6

답 ⑤

063

「헤어 퍼머넌트 웨이브 제품 및 헤어스트레이트너 제품」에 개별적으로 반드시 기재하여야 하는 사용 시 주의사항으로 옳은 것은?

① 사용 후 물로 씻어내지 않으면 탈모 또는 탈색의 원인이 될 수 있으므로 주의할 것

② 특이체질, 신장질환, 혈액질환이 있는 분은 사용하지 말 것

③ 개봉한 제품은 7일 이내에 사용할 것(에어로졸 제품이나 사용 중 공기유입이 차단되는 용기는 표시하지 아니한다.)

④ 섭씨 25도 이하의 어두운 장소에 보존하고, 색이 변하거나 침전된 경우에는 사용하지 말 것

⑤ 제2단계 퍼머액 중 그 주성분이 과산화수소인 제품은 검은 머리카락이 회색으로 변할 수 있으므로 유의하여 사용할 것

답 ③

해 헤어 퍼머넌트 웨이브 제품 및 헤어스트레이트너 제품의 개별 주의사항

㉠ 두피·얼굴·눈·목·손 등에 약액이 묻지 않도록 유의하고, 얼굴 등에 약액이 묻었을 때에는 즉시 물로 씻어낼 것

㉡ 특이체질, 생리 또는 출산 전후이거나 질환이 있는 사람 등은 사용을 피할 것

㉢ 머리카락의 손상 등을 피하기 위하여 용법·용량을 지켜야 하며, 가능하면 일부에 시험적으로 사용하여 볼 것

㉣ 섭씨 15도 이하의 어두운 장소에 보존하고, 색이 변하거나 침전된 경우에는 사용하지 말 것

㉤ 개봉한 제품은 7일 이내에 사용할 것(에어로졸 제품이나 사용 중 공기유입이 차단되는 용기는 표시하지 아니한다.)

㉥ 제2단계 퍼머액 중 그 주성분이 과산화수소인 제품은 검은 머리카락이 갈색으로 변할 수 있으므로 유의하여 사용할 것

064

다음 내용 중 맞춤형화장품조제관리사의 업무에 해당되는 것은?

① 홈쇼핑에서 구매한 화장품에 원료를 혼합 소분한다.

② 소비자가 직접 본인의 화장품을 혼합소분 하도록 감독한다.

③ 네일샵에서 메니큐어 혼합 후 고객에게 발라준다.

④ 미용실에서 염색을 위하여 염모제를 혼합후 시술해준다.

⑤ 자외선차단용 대용량벌크제품에 기능성으로 허가를 받은 미백원료를 혼합 소분한다.

답 ⑤

065

다음에서 설명하는 화장품의 제형이 옳게 짝지어진 것은?

〈보기〉

㉠ 유화제 등을 넣어 유성성분과 수성성분을 균질화하여 이루어진 반고형상

㉡ 액체를 침투시킨 분자량이 큰 유기분자로 이루어진 반고형상

	㉠	㉡
①	로션제	겔제
②	크림제	액제
③	크림제	겔제
④	크림제	로션제
⑤	로션제	액제

답 ③

해 ① **로션제**: 유화제 등을 넣어 유성성분과 수성성분을 균질화하여 점액상으로 만든 것

② **액제**: 화장품에 사용되는 성분을 용제 등에 녹여서 액상으로 만든 것

③ **크림제**: 유화제 등을 넣어 유성성분과 수성성분을 균질화하여 반고형상으로 만든 것

④ **침적마스크제**: 액제, 로션제, 크림제, 겔제 등을 부직포 등의 지지체에 침적하여 만든 것

⑤ **겔제**: 액체를 침투시킨 분자량이 큰 유기분자로 이루어진 반고형상

⑥ **에어로졸제**: 원액을 같은 용기 또는 다른 용기에 충전한 분사제(액화기체, 압축기체 등)의 압력을 이용하여 안개모양, 포말상 등으로 분출하도록 만든 것

⑦ **분말제**: 균질하게 분말상 또는 미립상으로 만든 것을 말하며, 부형제 등을 사용할 수 있다.

066

다음은 염모제의 염색의 원리에 대한 설명이다. 괄호 안에 들어갈 알맞은 용어로 짝지어진 것은?

(㉠)는 모표피의 시스틴을 손상시켜 염료와 (㉡)가 모피질 속으로 잘 스며들 수 있도록 하는 역할을 한다. (㉡)는 모피질 속의 멜라닌 색소를 파괴하여 머리카락의 색을 없애주는 탈색의 역할을 한다.

	㉠	㉡
①	암모니아	과산화수소
②	과산화수소	암모니아
③	암모니아	암모니아
④	과산화수소	과산화수소
⑤	황산	과산화수소

답 ①

해 • 모발관련 제품의 특징

- 암모니아는 모표피(모소피)의 시스틴을 손상시켜 염료와 과산화수소가 모피질 속으로 잘 스며들 수 있도록 하는 역할을 한다.
- 과산화수소는 모피질 속의 멜라닌 색소를 파괴하여 머리카락의 색을 없애주는 탈색의 역할을 한다.
- 염모제는 보호층인 모소피를 침투하여 멜라닌 색소를 탈색하고 다른 염료의 색상으로 염색한다. 염색약을 두발에 도포한 후 시간을 두는 것은 멜라닌 색소의 파괴와 다른 염료가 자리를 잡을 수 있는 충분한 시간을 주기 위해서이다.

067

다음 〈보기〉에서 설명하는 화장품 포장재의 재질은 무엇인가?

〈보기〉

ㄱ. 딱딱하고 투명성이 우수하며 광택이 있다.
ㄴ. 내약품성이 우수하다.
ㄷ. 일반 기초화장품 용기로 사용된다.

(용기 예시)

① PET
② 저밀도 폴리에틸렌(LDPE)
③ 고밀도 폴리에틸렌(HDPE)
④ AS수지
⑤ ABS 수지

답 ①

068

〈보기〉는 「기능성화장품 기준 및 시험방법」 [별표2]에 따른 닥나무추출물의 시험방법이다. (　　)에 들어갈 물질에 대한 설명으로 옳지 않은 것은?

〈보기〉

닥나무추출물(Broussonetia Extract)

이 원료는 닥나무 Broussonetia kazinoki 및 동속식물(뽕나무과 Moraceae)의 줄기 또는 뿌리를 에탄올 및 에칠 아세테이트로 추출하여 얻은 가루 또는 그 가루의 2w/v% 부틸렌글리콜 용액이다. 이 원료에 대하여 기능성 시험을 할 때 (　　) 억제율은 48.5 ~ 84.1% 이다.

① 멜라닌을 형성하는데 관여하는 효소이다.
② 소수성으로 물에 녹이면 침전물이 생긴다.
③ 대부분의 식물과 동물 조직에 존재한다.
④ 티로신을 하이드록시하여 도파를 형성하고 더 산화하여 도파퀴논을 형성할 때 관여한다.
⑤ 구리이온을 포함하는 효소로 구리이온과 결합하여 활성에 관여한다.

답 ②

해 이 원료는 닥나무 Broussonetia kazinoki 및 동속식물(뽕나무과 Moraceae)의 줄기 또는 뿌리를 에탄올 및 에칠 아세테이트로 추출하여 얻은 가루 또는 그 가루의 2w/v% 부틸렌글리콜 용액이다. 이 원료에 대하여 기능성 시험을 할 때 타이로시네이즈(티로시나아제) 억제율은 48.5 ~ 84.1% 이다.

② 닥나무추출물은 수성의 성격을 가지고 있는 원료이며 티라시나아제 단백질효소 또한 수용성의 성격을 가지고 있다.

069

다음은 맞춤형화장품 내용물(벌크)의 품질성적서에 대한 내용이다 본 성적서에 대한 해석으로 옳지 못한 것은?

제품명	베이비 썬 로션 내용물	
시험항목	시험기준	시험방법
성상	유백색의 로션상	표준품과 비교
비중	0.990~1.010	비중측정 The specific gravity
점도	12,500 ~ 18,500 (6pin, 30rpm)	점도계 측정
pH	5.3~6.5 (25℃)	pH meter 측정
미생물	세균수, 진균수 총합으로서 1,000 개/g(mL) 이하	화장품 안전기준 등에 관한 규정
기능성 주성분의 함량	티타늄디옥사이드 90% 이상	KFCC
사용법	본품 적당량을 피부에 골고루 펴 바른다.	-
효능효과	자외선으로부터 피부를 보호한다. (SPF30)	-
사용기한	제조일로부터 24개월	-
보관조건	실온보관	-
전성분의 명칭 및 주성분의 함량	정제수, 부틸렌글라이콜, 호호바씨오일, 디메치콘, PEG40-스테아레이트 세틸알코올, 소듐하이알루로네이트 감초뿌리추출물, 오렌지껍질오일, 티타늄디옥사이드(20%w/w), 향료 , 페녹시에탄올	

① 실온에서 흐름성이 거의 없고 밀도가 높은 빽빽한 제형이다.
② 영유아에게 사용하는 제품이므로 미생물 허용한도를 500개/g(mL) 이하를 기준으로 시험해야 한다.
③ 베이비 썬 로션을 맞춤형화장품으로 판매시 페녹시에탄올의 함량을 기재 표시해야 한다.
④ 향료의 알러지 성분을 표시해야 한다.
⑤ 티타늄디옥사이드의 함량은 18% 이상이다.

답 ①

해 점도가 빽빽한 크림형태의 제형은 점도가 30000이상이다.

070

다음 (　　)안에 공통으로 들어갈 알맞은 자외선의 파장은?

〈보기〉

㉠ 자외선 중 (　　)파장을 가진 자외선은 진피까지 도달하여 색소침착 및 콜라겐손상을 일으켜 피부노화의 원인이 된다.
㉡ "최소지속형즉시흑화량(Minimal Persistent Pigment darkening Dose, MPPD)"이라 함은 (　　)의 파장을 가진 자외선을 사람의 피부에 조사한 후 2~24시간의 범위내에, 조사영역의 전 영역에 희미한 흑화가 인식되는 최소 자외선 조사량을 말한다.

① 320nm~400nm
② 290nm~320nm
③ 200nm~290nm
④ 200nm~320nm
⑤ 200nm~400nm

답 ①

해 **"최소지속형즉시흑화량(Minimal Persistent Pigment darkening Dose, MPPD)"** : UVA를 사람의 피부에 조사한 후 2~24시간의 범위내에, 조사영역의 전 영역에 희미한 흑화가 인식되는 최소 자외선 조사량을 말한다.

분류	파장
UVA	320~400㎚의 장파장, 진피까지 도달하여 색소침착 및 콜라겐손상. 유리, 구름 등으로 차단이 안됨
UVB	290~320nm의 중파장, 표피 및 진피의 상부까지 침투 색소침착, 일광화상 및 홍반발생, 피부암 유발 가능성
UVC	200~290nm의 단파장, 대기에서 대부분 차단되며 피부암을 유발시킴

071

피부의 활성 작용과 이에 관여하는 성분을 옳게 짝지은 것은?

〈피부의 작용〉

㉠ 멜라닌이 각질형성세포로 이동하는 것을 막아준다.
㉡ 티로신효소작용 및 도파의 산화를 억제한다.
㉢ 남성호르몬인 테스토스테론이 DHT로 전환되어 탈모가 발생한다.
㉣ 티로시나아제는 멜라닌형성에 도움을 준다.
㉤ MMP는 교원섬유와 탄력섬유를 분해한다.

〈활성성분〉

ⓐ 5-알파 환원효소
ⓑ 아연이온
ⓒ 비타민C 유도체
ⓓ 구리이온
ⓔ 나이아신아마이드

① ㉠ ⓐ
② ㉡ ⓑ
③ ㉢ ⓒ
④ ㉣ ⓓ
⑤ ㉤ ⓔ

답 ④

해 ㉠ 멜라닌이 각질형성세포로 이동하는 것을 막아준다. - 나이아신아마이드
㉡ 티로신효소작용 및 도파의 산화를 억제한다. - 비타민C 유도체
㉢ 남성호르몬인 테스토스테론이 DHT로 전환되어 탈모가 발생한다. - 5알파환원효소
㉣ 티로시나아제는 멜라닌형성에 도움을 준다. - 구리이온
㉤ MMP는 교원섬유와 탄력섬유를 분해한다. -아연이온

그 외: 티로시나제 활성작용억제 - 알부틴,닥나무추출물, 알파-비사보롤, 유용성감초추출물

072

〈보기〉에서 맞춤형화장품 관능평가에 사용되는 표준품을 옳게 짝지어진 것은?

〈보기〉

ㄱ. 제품 표준견본
ㄴ. 흡수도 표준견본
ㄷ. 향료 표준견본
ㄹ. 점도 표준견본
ㅂ. 충진양 표준견본
ㅅ. PH 표준견본
ㅇ. 용기·포장재 한도견본
ㅈ. 용기·포장재 표준견본

① ㄱ, ㄷ, ㅇ, ㅈ
② ㄱ, ㄷ, ㅂ, ㅇ
③ ㄱ, ㄹ, ㅂ, ㅈ
④ ㄴ, ㄹ, ㅁ, ㅅ
⑤ ㄷ, ㄹ, ㅁ, ㅇ

답 ①

해 **관능평가에 사용되는 표준품의 종류**

① **제품 표준견본**: 완제품의 개별포장에 관한 표준(화장품의 완제품 표준)
② **벌크제품 표준견본**: 성상, 냄새, 사용감에 관한 표준
③ **라벨 부착 위치견본**: 완제품의 라벨 부착위치에 관한 표준
④ **충진 위치견본**: 내용물을 제품용기에 충진할 때의 액면위치에 관한 표준
⑤ **색소원료 표준견본**: 색소의 색조에 관한 표준
⑥ **원료 표준견본**: 원료의 색상, 성상, 냄새 등에 관한 표준
⑦ **향료 표준견본**: 향, 색상, 성상 등에 관한 표준
⑧ **용기·포장재 표준견본**: 용기·포장재의 검사에 관한 표준
⑨ **용기·포장재 한도견본**: 용기·포장재 외관검사에 사용하는 합격품 한도를 나타내는 표준

073

다음 내용 중 「화장품법」에 위반되는 사항을 고르시오.

① 고객이 미백에 도움을 주는 화장품을 원했는데, 미백기능성 내용물이 없어서 맞춤형화장품을 조제할 수가 없었다. 그래서 다른 일반 화장품을 추천하여 판매했다.

② 피부가 칙칙하고 기미가 많은 고객에게 알부틴 5%가 첨가된 크림을 추천했다.

③ 알부틴은 「인체적용시험자료」에서 구진과 경미한 가려움이 보고된 예가 있다고 주의사항을 설명했다.

④ 여드름이 많은 남성에게 살리실릭애씨드 2%를 함유한 폼 클렌저를 추천했다.

⑤ 살리실릭애씨드 함유 폼 클렌저는 사용 후 씻어내는 제품이므로 온 가족이 사용가능하다고 설명했다.

답 ⑤

해 살리실릭애씨드 함유제품은 샴푸를 제외한 제품들은 영유아 및 어린이가 사용할 수 없다.

074

「천연화장품 및 유기농화장품의 기준에 관한 규정」에 따른 천연함량 및 유기농 함량 계산 방법으로 옳지 않은 것은?

① 물, 미네랄 또는 미네랄유래 원료는 유기농 함량 비율 계산에 포함한다.

② 유기농 원물만 사용하거나, 유기농 용매를 사용하여 유기농 원물을 추출한 경우 해당 원료의 유기농 함량 비율은 100%로 계산한다.

③ 수용성 및 비수용성 추출물 원료의 유기농 함량 비율 계산 방법은 다음과 같다. 단, 용매는 최종 추출물에 존재하는 양으로 계산하며 물은 용매로 계산하지 않고, 동일한 식물의 유기농과 비유기농이 혼합되어 있는 경우 이 혼합물은 유기농으로 간주하지 않는다.

④ 천연함량 비율은 물을 포함하여 계산한다.

⑤ 신선한 원물이 아닌 건조한 씨앗을 사용하는 경우에는 건조중량에 2.5를 곱하여 신선한 원물로 복원하여 계산한다.

답 ①

해 물, 미네랄 또는 미네랄유래 원료는 유기농 함량 비율 계산에 포함하지 않는다. 물은 제품에 직접 함유되거나 혼합 원료의 구성요소일 수 있다.

075

피부측정방법이 올바르지 않게 연결된 것은?

① 피부수분 - 전기전도도기

② 피부유분 - 카트리지필름

③ 홍반 - 헤모글로빈측정

④ 탄력도 - 음압을 가한 후 복원정도 측정

⑤ 멜라닌 - 멜라닌의 색상 측정

답 ⑤

해 멜라닌의 양을 측정한다.

076

다음은 맞춤형화장품 매장에서의 대화이다. 맞춤형 화장품조제관리사 서영씨가 상담 고객에게 추천할 성분을 모두 고르시오.

〈대화〉

고객 : 최근 들어 얼굴에 주름이 많이 생긴 것 같아 고민입니다.

서영 : 주름 때문에 고민이시군요. 고객님, 피부 측정이 필요할 것 같네요.

고객 : 네. 지난 번 측정결과와 비교할 수 있나요?

서영 : 비교해서 알려드리겠습니다.

(피부 측정 후)

서영 : 고객님, 지난 번과 비교했을 때 주름이 좀 더 깊어진 것이 맞습니다. 색소침착도 10% 증가했네요.

고객 : 색소침착까지... 걱정이네요. 어떤 제품이 좋을까요?

〈추천 제품〉

ㄱ. 에칠아스코빌에텔 함유 제품
ㄴ. 덱스판테놀 함유 제품
ㄷ. 살리실릭애씨드 함유 제품
ㄹ. 폴리에톡실레이티드레틴아마이드 함유 제품
ㅁ. 알파-비사보롤 함유 제품
ㅂ. 시녹세이트 함유제품

답 ㄱ, ㄹ, ㅁ

해 덱스판테놀은 탈모 증상의 완화에 도움을 주며 살리실릭애씨드는 여드름성 피부 완화에, 시녹세이트는 피부를 곱게 태워주거나 자외선으로부터 피부를 보호하는데 도움을 주는 성분이다.

077

다음은 메탄올과 땅콩오일 및 그 추출물과 유도체에 대한 설명이다. (　　)안에 들어갈 내용으로 알맞은 것은?

〈보기〉

- 메탄올은 에탄올 및 이소프로필알코올의 변성제로서만 알콜 중 (㉠)%까지 사용 가능하다.
- 땅콩오일, 추출물 및 유도체는 원료 중 땅콩 단백질의 최대 농도는 (㉡)ppm을 초과하지 않아야 한다.

	㉠	㉡
①	5	0.5
②	1	0.5
③	1	0.05
④	0	0.05
⑤	5	0.05

답 ①

해 메탄올은 화장품에는 사용할 수 없는 원료이지만 원료인 에탄올과 이소프로필알콜의 변성제로 5%까지 사용이 가능하다.
땅콩오일, 추출물 및 유도체는 원료 중 땅콩 단백질의 최대 농도는 0.5ppm을 초과하면 안 된다.

078

다음은 매장을 방문한 고객 B에게 맞춤형화장품조제관리사 A가 상담하는 내용이다. B가 원하는 화장품에 혼합할 기능성 원료와 그 사용된 함량이 옳게 짝지어진 것은? (단, 에센스 용량은 50g, 기능성원료는 보고서 제출로 사용가능함으로 가정함)

〈대화〉

A : 현재 고객님의 피부 상태는 많이 건조하여 보습용 에센스 베이스를 사용할 예정입니다. 추가로 원하시는 것이 있나요?

B : 요즘 피부가 많이 칙칙하고, 주름도 많아져 고민입니다.

A : 피부보습과 미백, 주름 개선에 도움을 줄 수 있는 성분을 함께 조제하겠습니다.

〈보기〉

구분	기능성 원료명	사용함량(g)
ㄱ	레티놀	0.04
ㄴ	알부틴	2.0
ㄷ	마그네슘아스코빌포스페이트	1.5
ㄹ	폴리에톡실레이티드레틴아마이드	0.1
ㅁ	아데노신	0.04
ㅂ	닥나무추출물	1.0
ㅅ	아스코빌테트라이소팔미테이트	0.1
ㅇ	나이아신아마이드	2.0
ㅈ	알파-비사보롤	0.5

① ㄱ, ㄴ, ㄷ, ㅇ, ㅈ
② ㄱ, ㄴ, ㅁ, ㅇ, ㅈ
③ ㄱ, ㄴ, ㅅ, ㅇ, ㅈ
④ ㄴ, ㄷ, ㄹ, ㅂ, ㅇ
⑤ ㄴ, ㄷ, ㅁ, ㅅ, ㅇ

답 ④

해 ① 레티놀 2500 IU = 0.075%
따라서 50g의 제품에는 0.0375g을 사용해야 한다.
② 알부틴 1~2.5g
③ 마그네슘아스코빌포스페이트 1.5g
④ 폴리에톡실레이티드레틴아마이드 0.025~0.1g
⑤ 아데노신 0.02g
⑥ 닥나무추출물 1g
⑦ 아스코빌테트라이소팔미테이트 1g
⑧ 나이아신아마이드 1~2.5g
⑨ 알파-비사보롤 0.25g

079

다음은 MW코스메틱에서 판매하는 제품들의 비의도적 유래물질의 함량을 나타낸 「품질성적서」이다. 유통화장품 안전관리기준에 적합하지 않아 회수 폐기해야 하는 제품으로 짝지어진 것은?

가. 〈MW페이스파우더〉

원료명	함량
납	25㎍/g
비소	7㎍/g
수은	0.5㎍/g
디옥산	50㎍/g
포름알데하이드	2000㎍/g

나. 〈MW아이섀도〉

원료명	함량
납	20㎍/g
니켈	35㎍/g
수은	1.0㎍/g
메탄올	2000㎍/g
포름알데하이드	1200㎍/g

다. 〈MW크림〉

원료명	함량
납	25㎍/g
니켈	10㎍/g
수은	1㎍/g
카드뮴	4㎍/g
포름알데하이드	500㎍/g

라. 〈MW샴푸〉

원료명	함량
납	15㎍/g
니켈	10㎍/g
수은	0.6㎍/g
카드뮴	4㎍/g
포름알데하이드	2000㎍/g

마. 〈MW물휴지〉

원료명	함량
납	20㎍/g
니켈	10㎍/g
수은	0.5㎍/g
메탄올	2000㎍/g
포름알데하이드	2000㎍/g

① 가, 라 ② 가, 다
③ 나, 다 ④ 나, 마
⑤ 다, 마

답 ⑤

해 다. 납성분 20㎍/g 이하
마. 포름알데하이드 20㎍/g 이하
• 비의도적으로 유래된 물질의 검출 허용 한도
1. **납**: 점토를 원료로 사용한 분말제품은 50㎍/g 이하, 그 밖의 제품은 20㎍/g 이하
2. **니켈**: 눈 화장용 제품은 35㎍/g 이하, 색조 화장용 제품은 30㎍/g 이하, 그 밖의 제품은 10㎍/g 이하
3. **비소**: 10㎍/g 이하
4. **수은**: 1㎍/g 이하
5. **안티몬**: 10㎍/g 이하
6. **카드뮴**: 5㎍/g 이하
7. **디옥산**: 100㎍/g 이하
8. **메탄올**: 0.2(v/v)% 이하, 물휴지는 0.002%(v/v) 이하 (환산참고 : 1㎍ = 1/1000000g, 20000㎍ = 0.02g, 2000㎍ = 0.002g, 200㎍ = 0.0002g,20㎍ = 0.00002g)
9. **포름알데하이드**: 2000㎍/g 이하, 물휴지는 20㎍/g 이하
10. **프탈레이트류(디부틸프탈레이트, 부틸벤질프탈레이트 및 디에칠헥실프탈레이트에 한함)**: 총 합으로서 100㎍/g 이하

080

다음 대화는 맞춤형화장품조제관리사 A와 고객 B의 상담내용이다. 화장품책임판매업자 로부터 공급받은 베이스의 성분표이다. 〈대화〉를 바탕으로 베이스 C 40%와 베이스D 60%의 혼합 비율로 맞춤형화장품을 혼합소분 판매하려고 할 때, 「화장품법」에 따른 전성분 기재 표시 순서로 옳은 것은?

〈대화〉

B : 최근에 피부가 많이 건조하고 당겨요. 제 피부에 맞는 화장품을 추천해 주세요.
A : 피부를 측정해 보겠습니다.
(측정 후)
A : 지금 고객님 피부는 많이 붉고 피부침착도가 높습니다. 경피수분손실량이 평균보다 높아서 많이 건조하고 민감한 상태라서 먼저 진정과 보습에 필요한 성분으로 화장품을 처방해 보겠습니다.
B : 그러면 사용되는 전성분을 알수있을까요?
A : 네, 전성분은 당연히 알려드립니다.

〈C베이스 전성분표〉

성분명	함량
정제수	75.4
부틸렌글라이콜	5.0
소듐하이알루로네이트	5.0
시어버터	3.0
올리브오일	2.0
세틸알코올	1.5
PEG-40스테아레이트	2.0
토코페릴아세테이트	0.2
글리세린	3.0
세라마이드	2.0
벤질알코올	0.5
포타슘소르베이트	0.4
합계	100

〈D베이스 전성분표〉

성분명	함량
정제수	60.8
알로에베라	20.0
소듐하이알루로네이트	2.5
올리브오일	3.0
호호바씨오일	1.5
부틸렌글라이콜	3.0
감초뿌리추출물	5.0
PEG-40스테아레이트	2.0
세틸알콜	1.0
토코페릴아세테이트	0.3
벤질알코올	0.5
포타슘소르베이트	0.4
합계	100

① 정제수,알로에베라,소듐하이알루로네이트,감초뿌리추출물,부틸렌글라이콜,올리브오,PEG-40스테아레이트,시어버터,세틸알코올,글리세린,토코페릴아세테이트,세라마이드,호호바씨오일,벤질알코올,포타슘소르베이트

② 정제수,알로에베라,감초뿌리추출물,부틸렌글라이콜,소듐하이알루로네이트,올리브오,PEG-40스테아레이트,시어버터,세틸알코올,글리세린,토코페릴아세테이트,세라마이드,호호바씨오일,벤질알코올,포타슘소르베이트

③ 정제수,알로에베라,소듐하이알루로네이트,,부틸렌글라이콜,올리브오일,감초뿌리추출,PEG-40스테아레이트,시어버터,세틸알코올,글리세린,토코페릴아세테이트,세라마이드,호호바씨오일,벤질알코올,포타슘소르베이트

④ 정제수,알로에베라,부틸렌글라이콜,소듐하이알루로네이트,감초뿌리추출물,올리브오,PEG-40스테아레이트,시어버터,세틸알코올,글리세린,토코페릴아세테이트,세라마이드,호호바씨오일,벤질알코올,포타슘소르베이트

⑤ 정제수,알로에베라,부틸렌글라이콜,감초뿌리추출물,올리브오,PEG-40스테아레이트,소듐하이알루로네이트,시어버터,세틸알코올,글리세린,토코페릴아세테이트,세라마이드,호호바씨오일,벤질알코올,포타슘소르베이트

답 ④

해 1. 가장 많은 원료인 정제수, 알로에베라를 제외한 상위 랭킹 3~4가지 원료를 먼저 환산하여 계산한다.
2. 겹치는 원료는 합을 먼저 구한다.

C베이스 성분명	함량	40%
정제수	75.4	30.16
부틸렌글라이콜	5.0	2.0
소듐하이알루로네이트	5.0	2.0
시어버터	3.0	1.2
올리브오일	2.0	0.8
세틸알코올	1.5	0.6
PEG-40스테아레이트	2.0	0.8
토코페릴아세테이트	0.2	0.08
글리세린	3.0	1.2
세라마이드	2.0	0.8
벤질알코올	0.5	0.2
포타슘소르베이트	0.4	0.16
합계	100	40

D베이스 성분명	함량	60%
정제수	60.8	36.48
알로에베라	20.0	12.0
소듐하이알루로네이트	2.5	1.5
올리브오일	3.0	1.8
호호바씨오일	1.5	0.9
부틸렌글라이콜	3.0	1.8
감초뿌리추출물	5.0	3.0
PEG-40스테아레이트	2.0	1.2
세틸알콜	1.0	0.6
토코페릴아세테이트	0.3	0.18
벤질알코올	0.5	0.3
포타슘소르베이트	0.4	0.24
합계	100	60

정제수	66.64
알로에베라	12.0
부틸렌글라이콜	3.8
소듐하이알루로네이트	3.5
감초뿌리추출물	3.0
올리브오일	2.6
PEG-40스테아레이트	2.0
시어버터	1.2
세틸알코올	1.2
글리세린	1.2
토코페릴아세테이트	0.26
세라마이드	0.8
호호바씨오일	0.9
벤질알코올	0.5
포타슘소르베이트	0.4
합계	100

081

다음은 천연화장품 및 유기농화장품에 대한 인증의 유효기간에 대한 설명이다. (　　)안에 알맞은 숫자를 적으시오.

〈보기〉

법 제14조의2 제1항에 따른 천연화장품과 유기농화장품 인증의 유효기간은 인증을 받은 날부터 3년으로 한다. 인증의 유효기간을 연장 받으려는 자는 유효기간 만료 (　　)일 전에 총리령으로 정하는 바에 따라 연장신청을 하여야 한다.

답 90일

082

다음은 「화장품법 시행규칙」 [별표3] 화장품 유형에 대한 내용이다. (　　)에 들어갈 화장품 유형을 보기에서 찾아 적으시오.

클렌징 워터, 클렌징 오일, 클렌징 로션, 클렌징 크림 등 메이크업 리무버는 (　　)에 포함된다.

〈보기〉

영유아용 제품류, 목욕용 제품류, 인체 세정용 제품류, 눈 화장용 제품류, 방향용 제품류, 두발 염색용 제품류, 색조 화장용 제품류, 두발용 제품류, 손발톱용 제품류, 면도용 제품류, 기초화장용 제품류, 체취 방지용 제품류, 체모 제거용 제품류

답 기초화장용 제품류

해 **기초화장용 제품류**

① 수렴·유연·영양 화장수(face lotions)
② 마사지 크림
③ 에센스, 오일
④ 파우더
⑤ 바디 제품
⑥ 팩, 마스크
⑦ 눈 주위 제품
⑧ 로션, 크림
⑨ 손·발의 피부연화 제품
⑩ 클렌징 워터, 클렌징 오일, 클렌징 로션, 클렌징 크림 등 메이크업 리무버
⑪ 그 밖의 기초화장용 제품류

083

영유아용 로션의 전성분이 〈보기〉와 같을 때 함량을 표시해야 하는 성분을 모두 적으시오.

〈보기〉

〈제품 정보〉

성분명	함량
정제수	70.03
알로에베라추출물	15.0
세틸알코올	1.5
PEG-40스테아레이트	3.0
비즈왁스	2.0
스쿠알란	3.5
디메치콘	2.5
카복시데실트라이실록세인	1.5
세틸피리디늄클로라이드	0.05
프로피오닉애씨드	0.9
착향제	0.02

답 알로에베라추출물, 세틸피리디늄클로라이드, 프로피오닉애씨드

해 영유아 및 어린이가 사용가능한 화장품은 보존제성분과 함량을 표시해야 하며 화장품의 명칭에 성분명을 기재한 경우에도 함량을 표시해야 한다.
- **세틸피리디늄클로라이드** : 0.08% 사용한도의 보존제
- **프로피오닉애씨드 및 그 염류** : 프로피오닉애씨드로서 0.9% 사용한도의 보존제

084

화장품에 사용하는 수성원료 중 분자 내에 하이드록시기(OH-)를 2개 이상 가지고 있는 유기화합물인 다가알코올을 폴리올류라고 한다. 하이드록시기(OH-)를 3개 지니고 있는 폴리올류 원료를 〈보기〉에서 고르시오.

〈보기〉

시트릭애씨드, 솔비톨, 세틸알코올, 토코페롤, 글리세린, 아이소스테아릴알코올, 소듐하이알루로네이트, 세테아릴알코올, 부틸알코올, 프로필렌글라이콜,에탄올

답 글리세린

해 프로필렌글라이콜 - 2가
솔비톨 - 6가

085

다음은 「화장품 안전기준 등에 관한 규정」 중 「유통화장품의 안전관리」에 관한 내용이다. (　　)안에 들어갈 용어를 순서대로 적으시오.

영·유아용 제품류영·유아용 샴푸 영·유아용 린스 영·유아 인체세정용 제품(영·유아목욕용제품 제외), 눈화장용 제품류, 색조 화장용 제품류, 두발용 제품류(샴푸, 린스 제외), 면도용 제품류(셰이빙 크림, 셰이빙 폼 제외), 기초화장용 제품류(클렌징 워터, 클렌징 오일, 클렌징 로션, 클렌징 크림 등 메이크업 리무버 제품 제외) 중 액, 로션, 크림 및 이와 유사한 제형의 액상제품은 pH 기준이 (㉠) ~ (㉡) 이어야 한다. 다만, (㉢)을 포함하지 않는 제품은 제외한다.

답 ㉠ 3.0, ㉡ 9.0, ㉢ 물

086

「화장품법 시행규칙」 제26조 의거 어린이가 개봉하기 어려운 안전용기 포장이 필요한 품목에 대한 내용이다. (　　)에 들어갈 알맞은 용어를 〈보기〉에서 골라 넣으시오.

〈안전용기·포장이 필요한 대상 품목〉

- (㉠)을 함유하는 네일 에나멜 리무버 및 네일 폴리시 리무버
- 개별 포장당 (㉡)를 5% 이상 함유하는 액체 상태의 제품

〈보기〉

에탄올, 메탄올, 과산화수소, 멘톨, 살리실릭애씨드, 솔비톨, 아세톤, 아세틱애씨드, 알부틴, 치오글리콜산, 아이소프로필알코올, 토코페롤, 파라벤, 메틸살리실레이트, 벤질살리실레이트, 벤질알코올, 벤질신나메이트, 구연산, 신남알, 탄화수소, 광물성오일

답 ㉠ 아세톤, ㉡ 메틸살리실레이트

087

다음은 사용한도가 있는 원료에 대한 설명이다. 어떤 원료에 대한 설명인지 성분명을 적으시오.

〈보기〉

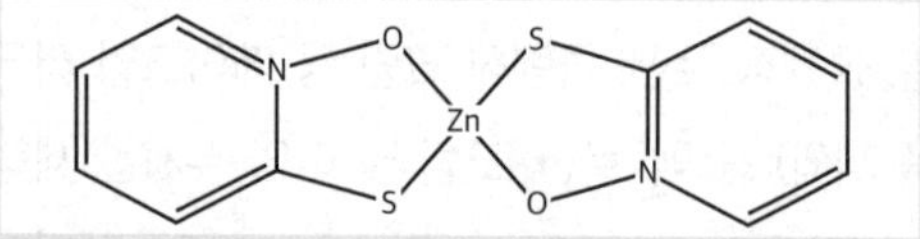

$(C_5H_4ONS)_2Zn$

이 원료는 황색을 띤 회백색의 가루로 냄새는 없다. 이 원료는 디메틸설폭시드에 녹고 디메틸포름아미드 또는 클로로포름에 조금 녹으며 물 또는 에탄올에 거의 녹지 않는다. 사용 후 씻어내는 제품의 보존제로 사용시 사용한도는 0.5% 이다.

답 징크피리치온

088

다음은 기능성화장품의 범위에 대한 내용이다. (　　) 안에 들어갈 알맞은 법령 용어를 순서대로 작성하시오.

〈보기〉

- 여드름성 피부를 완화하는 데 도움을 주는 화장품 다만, (㉠) 제품류로 한정한다.
- (㉡)로 인한 붉은 선을 엷게 하는 데 도움을 주는 화장품

답 ㉠ 인체세정용, ㉡ 튼살

089

다음은 화장품 교육의 의무에 대한 내용이다. (　　)안에 들어갈 알맞은 숫자를 작성하시오.

〈보기〉

- 교육 주기 : 매년 1회
- 교육 내용 : 화장품 관련 법령 및 제도 관련 사항, 책임판매 후 안전성 확보 및 품질관리에 관한 사항
- 교육 시간 : 매년 (㉠)시간 이상, (㉡)시간 이하

답 ㉠ 4, ㉡ 8

090

다음 〈보기〉에서 설명하는 피부측정법으로 적당한 용어를 작성하시오. (영어 또는 한글작성)

〈보기〉

ㄱ. 피부를 통해 손실되는 수분량(단, 땀을 통한 수분 배출은 제외)을 의미하며 피부로부터 증발 및 발산되는 수분량을 측정하므로서 피부장벽의 상태를 알수 있는 피부측정법이다. 건조한 피부나 손상된 피부는 정상인에 비해 높은 값을 보인다.

ㄴ. 피부장벽기능(skin barrier function)의 이상을 나타내는 것으로 과도한 수분량의 손실로 피부의 건조를 유발한다.

답 경피수분손실량(TEWL)

해 **경피수분손실량(Transepidermal Water Loss, TEWL)**: 각질층을 통해서 대기 중으로 빠져나가는 수분의 양을 의미한다. 즉 피부로부터 증발 및 발산하는 수분량을 측정함으로써 피부장벽의 상태를 알 수 있다. 피부장벽기능(skin barrier function)의 이상은 과도한 수분량의 손실로 피부의 건조를 유발할 수 있다. 건조한 피부나 손상된 피부는 정상인에 비해 높은 값을 나타낸다.

091

다음에서 설명하는 세포의 종류를 〈보기〉에서 골라 ㉠, ㉡ 순서대로 작성하시오.

구분	특성
ㄱ	• 피하 지방을 생산 하여 몸을 따뜻하게 보호 • 탄력성 유지 및 체온조절기능 • 외부의 충격으로부터 몸을 보호
ㄴ	• 진피 내에 존재 • 콜라겐 및 엘라스틴을 합성 생성

〈보기〉

각질형성세포, 멜라닌형성세포, 섬유아세포, 기저층, 머켈세포, 비만세포, 지방세포, 대식세포, 백혈구, 적혈구, 랑게르한스세포, 멜라노좀, 멜라닌, 케라토히알린과립, 미토콘드리아, 과립층

답 ㉠ 지방세포, ㉡ 섬유아세포

해 • 섬유아세포(Fibroblast)

타원형의 핵을 가지며 편평하고 길쭉한 모양의 세포질은 미토콘드리아·골지체·중심체·소지방체 등을 포함한다. 교원 섬유, 탄력섬유를 합성하며 세포간질의 기질인 다당류 생산에도 관여한다. 피브로넥틴(Fibronectin), 피브릴린(Fibrillin), 프로테오글리칸(Proteoglycans, PG), 글리코사미노글루칸(Glycosaminoglycan, GAG, 기질탄수화물) 등은 섬유아 세포에 의해 생성된다.

• 대식세포(macrophage), 비만세포(mast cell)

진피에는 섬유아세포 외에 대식세포와 비만세포가 존재한다.

비만세포는 동물 결합조직에 널리 분포하며 염증반응에 중요한 역할을 담당한다. 히스타민과 세로토닌, 헤파린 등을 생성하는 백혈구의 일종이다. 혈액 응고저지, 혈관의 투과성, 혈압 조절 기능과 알레르기 반응에도 관여한다.

대식세포는 면역을 담당하는 백혈구의 한 유형으로 세포 찌꺼기 및 미생물, 암세포, 비정상적인 단백질 등을 소화·분해하는 식작용(phagocytosis)이 있다. 대식세포의세포질에는 리소좀이 있으며, 파고좀과 융합해 효소를 방출하여 이물을 소화하는 식작용을 한다.

• 피하지방층의 지방세포

- 피하지방층은 진피에서 내려온 섬유가 엉성하게 결합되어 형성된 망상조직으로 그 사이사이에 벌집모양으로 많은 수의 지방세포들이 자리잡고 있다.
- 이 지방세포들은 피하지방을 생산하여 몸을 따뜻하게 보호하고 수분을 조절하는 기능과 함께 탄력성을 유지하여 외부의 충격으로부터 몸을 보호하는 기능을 한다.

092

다음은 안전성 정보에 대한 설명이다. (　　)안에 들어갈 용어를 법령 그대로 적으시오.

〈보기〉

- 화장품 안전성 정보의 보고·수집·평가·(㉠) 등 관리체계로 이루어진다.
- "안전성 정보"란 화장품과 관련하여 국민보건에 직접 영향을 미칠 수 있는 안전성·(㉡)에 관한 새로운 자료, 유해사례 정보 등을 말한다.

답 ㉠ 전파, ㉡ 유효성

해 제2조(정의) 이 고시에서 사용하는 용어의 정의는 다음과 같다.

1. "유해사례(Adverse Event/Adverse Experience, AE)"란 화장품의 사용 중 발생한 바람직하지 않고 의도되지 아니한 징후, 증상 또는 질병을 말하며, 당해 화장품과 반드시 인과관계를 가져야 하는 것은 아니다.
2. "중대한 유해사례(Serious AE)"는 유해사례 중 다음 각목의 어느 하나에 해당하는 경우를 말한다.

가. 사망을 초래하거나 생명을 위협하는 경우
나. 입원 또는 입원기간의 연장이 필요한 경우
다. 지속적 또는 중대한 불구나 기능저하를 초래하는 경우
라. 선천적 기형 또는 이상을 초래하는 경우
마. 기타 의학적으로 중요한 상황

3. "실마리 정보(Signal)"란 유해사례와 화장품 간의 인과관계 가능성이 있다고 보고된 정보로서 그 인과관계가 알려지지 아니하거나 입증자료가 불충분한 것을 말한다.
4. "안전성 정보"란 화장품과 관련하여 국민보건에 직접 영향을 미칠 수 있는 안전성·유효성에 관한 새로운 자료, 유해사례 정보 등을 말한다.

제3조(안전성 정보의 관리체계) 화장품 안전성 정보의 보고·수집·평가·전파 등 관리체계는 별표(이론서, 안전성정보의 관리체계 참고)와 같다.

093

다음은 「화장품 사용 시의 주의사항 및 알레르기 유발성분 표시에 관한 규정」 중 화장품의 성분 함유별 표시해야 하는 사용 시의 주의사항 이다. (　　)안에 공통으로 들어갈 공통 성분명을 한글로 작성하시오.

성분	(　　) 및 (　　) 생성물질 함유제품
표시 문구	눈에 접촉을 피하고 눈에 들어갔을 때는 즉시 씻어낼 것

답 과산화수소

094

〈보기〉는 「화장품법 시행규칙」에 따라 기능성화장품의 심사를 받지 않고 보고서를 제출하는 기능성 화장품에 대한 설명이다. (　　)안에 들어갈 알맞은 숫자를 적으시오.

〈보기〉

강한 햇볕을 방지하여 피부를 곱게 태워주는 기능을 가진 화장품 또는 자외선을 차단 또는 산란시켜 자외선으로부터 피부를 보호하는 기능을 가진 화장품인 기능성화장품의 경우 자외선 차단지수의 측정값이 마이너스 (　　)퍼센트 이하의 범위에 있는 경우에는 같은 효능·효과로 보며, 기능성화장품의 심사를 받지 아니하고 식품의약품안전처장에게 보고서를 제출하여 제품을 생산·판매할 수 있다.

답 20

095

〈보기〉는 기능성 화장품 원료의 유효성에 관한 설명이다. ( )안에 들어갈 해당 법령에 기재된 용어를 한글로 작성하시오.

〈보기〉

덱스판테놀, 비오틴, 엘-멘톨, 징크피리치온,징크피리치온액 50% 는 ( ) 증상 완화에 도움을 준다.

답 탈모

096

「화장품 표시·광고를 위한 인증·보증기관의 신뢰성 인정에 관한 규정」에 따른 인증·보증의 종류이다. ( )안에 들어갈 해당 규정에 기재된 용어를 한글로 작성하시오.
(※ 본 규정은 2024.07.09. 폐지 고시됨으로 인해 본 문제를 무시해도 됨)

〈보기〉

( )·코셔(Kosher)·비건(Vegan) 및 천연·유기농 등 국제적으로 통용되거나 그 밖에 신뢰성을 확인할 수 있는 기관에서 받은 화장품 인증·보증

답 할랄(Halal)

해 ① 할랄-이슬람 율법인 샤리아에 따라 허용한 것을 의미
② 코셔-유대교의 율법에 따른 것
③ 동물성분을 사용하지않고 식물성분만 사용

097

다음은 기능성화장품에 별도로 표시 기재해야 되는 사항이다. ( )에 해당 법령에 기재된 용어를 순서대로 작성하시오.

〈사용 시 주의사항〉

"(㉠)의 예방 및 (㉡)를 위한 (㉢)이 아님"

답 ㉠ 질병, ㉡ 치료, ㉢ 의약품

098

다음은 알파-하이드록시애씨드(AHA)가 함유된 각질제거를 위한 화장품의 사용 시 주의사항 이다. ( )안에 들어갈 용어를 순서대로 작성하시오. (㉠은 숫자로, ㉡, ㉢은 순서 관련 없이 〈보기〉에서 고르시오)

〈사용 시 주의사항〉

1. 햇빛에 대한 피부의 감수성을 증가시킬 수 있으므로 자외선차단제를 함께 사용하여 주십시오. (씻어내는 제품 및 두발용 제품은 제외)
2. 피부 자극 등이 있을 수 있으니 일부에 시험 사용하여 피부 이상을 확인하여 주십시오.
3. 고농도의 AHA 성분이 들어 있어 부작용이 발생할 우려가 있으므로 전문의 등에게 상담 후 사용하여 주십시오.

〈문제〉

AHA성분이 10퍼센트를 초과하여 함유되어 있거나 산도가 (㉠) 미만인 제품만 별도의 사용시 주의사항을 표시한다. AHA의 종류에는 (㉡), (㉢)등의 성분이 있다.

〈보기〉

팔미틱애씨드, 미리스틱애씨드, 라우릭애씨드, 벤조익애씨드, 하이드록시애씨드, 살리실릭애씨드, 소르빅애씨드, 락틱애씨드, 글라이콜릭애씨드

답 ㉠ 3.5, ㉡ 글라이콜릭애씨드, ㉢ 락틱애씨드

해 **과일산(AHA)**:
시트릭애씨드(구연산, citric acid, 감귤류)
글라이콜릭애씨드(글리콜산, glycolic acid, 사탕수수)
말릭애씨드(말산, malic acid, 사과산)
락틱애씨드(젖산, lactic acid, 쉰우유)
만델릭애씨드(만델릭산, mandelic acid, 아몬드)
타타릭애씨드(주석산, tartaric acid, 적포도주)

099

(   )안에 알맞은 용어를 한글로 기입하시오.

〈보기〉

자연보습인자(NMF)를 구성하는 수용성의 아미노산(Amino acid)은 (   )이 상층으로 이동함에 따라서 각질층 내의 단백분해효소 [아미노펩티데이스(aminopeptidase), 카복시펩티데이스(carboxy-peptidase)]에 의해 분해된 것이다.

답 필라그린(fillaggrin)

100

다음은 맞춤형화장품조제관리사 B가 고객 A에게 적합한 맞춤형화장품을 상담하는 내용이다. (   )에 들어갈 말을 순서대로 기입하시오. (㉠은 숫자로, ㉡, ㉢은 순서 관계없이 한글로 기입)

〈대화〉

A : 저는 평소 골프를 좋아합니다. 본래 피부가 건조하고 예민한 편인데. 요즘은 밖에 10분만 있어도 피부가 금방 빨개지고 트러블이 생겨요.

B : 피부 상태를 먼저 측정해 보겠습니다.
(피부 상태 측정 후)

B : 고객님은 피부가 흰 편이고, 피부 민감도가 높은 편이며 피부가 많이 건조합니다. 또한 피부장벽이 무너져 민감성이 높아지고, 광과민성도 있어서 햇볕을 조금만 쬐어도 피부에 트러블이 생길 수 있는 상태입니다.

A : 네, 맞아요. 며칠 뒤 야외에서 4시간 정도 활동이 있습니다. 적합한 자외선차단제를 추천해 주세요.

B : 민감성피부 라서 자극성이 우려되므로 그에 적합한 SPF 수치의 자외선 차단 제품이 필요해보입니다. 고객님의 피부 상태와 야외활동 시간을 고려할 때, SPF (㉠) 이상의 제품을 추천 드리며, 자외선 차단성분 중 (㉡), (㉢) 성분이 들어간 제품을 추천합니다. 백탁현상이 있지만, 민감한 피부에 추천드리는 성분입니다.

A : 감사합니다.

답 ㉠ 24, ㉡ 징크옥사이드(산화아연), ㉢ 티타늄디옥사이드(이산화티탄)

해 "자외선차단지수(Sun Protection Factor, SPF)"라 함은 UVB를 차단하는 제품의 차단효과를 나타내는 지수로서 자외선차단제품을 도포하여 얻은 최소홍반량을 자외선차단제품을 도포하지 않고 얻은 최소홍반량으로 나눈 값이다.
따라서 240분 ÷ 10분 = 24

맞춤형화장품 해설집

4회

실전고사 4회

001

「화장품법」제5조 「화장품법 시행규칙」 제12조, 13조에 따른 화장품 책임판매업자의 의무사항으로 옳은 것을 고르시오.

ㄱ. 화장품책임판매업자는 지난해의 생산실적 또는 수입실적을 다음해 2월 말까지 식품의약품안전처장이 정하여 고시하는 바에 따라 식품의약품안전처장에게 보고하여야 한다.
ㄴ. 화장품책임판매업자는 화장품의 안전성 확보 및 품질관리에 관한 교육을 매년 1회 받아야 한다.
ㄷ. 수입대행형 거래(「전자상거래 등에서의 소비자보호에 관한 법률」 제2조제1호에 따른 전자상거래만 해당한다)를 목적으로 화장품을 알선·수여(授與)하는 영업으로 화장품책임판매업을 등록한 자가 수입화장품에 대한 품질검사를 하지 아니하려는 경우에는 식품의약품안전처장이 정하는 바에 따라 식품의약품안전처장에게 수입화장품의 제조업자에 대한 현지실사를 신청하여야 한다.
ㄹ. 과산화화합물을 0.5퍼센트 이상 함유하는 제품의 경우에는 해당 품목의 안정성시험 자료를 최종 제조된 제품의 제조년월일부터 1년간 보존한다.
ㅁ. 화장품책임판매업자는 화장품의 제조과정에 사용된 원료의 목록을 화장품의 유통·판매 전까지 보고해야 한다.

① ㄱ, ㄴ
② ㄴ, ㅁ
③ ㄹ, ㅁ
④ ㄷ, ㄹ
⑤ ㄱ, ㅁ

답 ⑤

해 ㄱ. 화장품책임판매업자는 지난해의 생산실적 또는 수입실적을 매년 2월 말까지 식품의약품안전처장이 정하여 고시하는 바에 따라 대한화장품협회 등 법 제17조에 따라 설립된 화장품업 단체(「약사법」 제67조에 따라 조직된 약업단체를 포함한다)를 통하여 식품의약품안전처장에게 보고하여야 한다.
ㄴ. 화장품책임판매업자가 아닌 책임판매관리자 및 맞춤형화장품조제관리사는 화장품의 안전성 확보 및 품질관리에 관한 교육을 매년 받아야 한다.
ㄷ. 수입된 화장품을 유통·판매하는 영업으로 화장품책임판매업을 등록한 자가 수입화장품에 대한 품질검사를 하지 아니하려는 경우에는 식품의약품안전처장이 정하는 바에 따라 식품의약품안전처장에게 수입화장품의 제조업자에 대한 현지실사를 신청하여야 한다. 현지실사에 필요한 신청절차, 제출서류 및 평가방법 등에 대하여는 식품의약품안전처장이 정하여 고시한다.
ㄹ. 다음 각 목의 어느 하나에 해당하는 성분을 0.5퍼센트 이상 함유하는 제품의 경우에는 해당 품목의 안정성시험 자료를 최종 제조된 제품의 사용기한이 만료되는 날부터 1년간 보존할 것
가. 레티놀(비타민A) 및 그 유도체
나. 아스코빅애시드(비타민C) 및 그 유도체
다. 토코페롤(비타민E)
라. 과산화화합물
마. 효소

002

「개인정보보호법」제17조에 따라 정보주체의 개인정보를 제3자에게 제공하기 위해 정보주체의 동의를 받을 때 정보주체에게 알려야 하는 사항을 〈보기〉에서 모두 고르시오.

ㄱ. 개인정보를 제공받는 자의 이용목적
ㄴ. 개인정보를 제공받는 자
ㄷ. 제공받는 개인정보의 보관방법
ㄹ. 개인정보 제공 동의 일자
ㅁ. 제공하는 개인정보의 항목

① ㄱ, ㄴ, ㄷ
② ㄱ, ㄴ, ㅁ
③ ㄴ, ㄷ, ㄹ
④ ㄴ, ㄷ, ㅁ
⑤ ㄷ, ㄹ, ㅁ

답 ②

해 개인정보처리자는 정보주체의 개인정보를 제3자에게 제공(공유를 포함한다. 이하 같다)하기 위해 정보주체의 동의를 받을 때에는 다음 각 호의 사항을 정보주체에게 알려야 한다. 다음 각 호의 어느 하나의 사항을 변경하는 경우에도 이를 알리고 동의를 받아야 한다.

1. 개인정보를 제공받는 자
2. 개인정보를 제공받는 자의 개인정보 이용 목적
3. 제공하는 개인정보의 항목
4. 개인정보를 제공받는 자의 개인정보 보유 및 이용 기간
5. 동의를 거부할 권리가 있다는 사실 및 동의 거부에 따른 불이익이 있는 경우에는 그 불이익의 내용

003

「화장품법 시행규칙」[별표3]에 따라 인체세정용 제품만으로 묶인 것을 고르시오.

① 물티슈, 클렌징 워터
② 클렌징 크림, 바디클렌저
③ 외음부세정제, 셰이빙 폼
④ 폼클렌저, 액체 비누
⑤ 샴푸, 버블 배스

답 ④

해 ① 물티슈(인체세정용), 클렌징 워터(기초화장용)
② 클렌징 크림(기초화장용), 바디클렌저(인체세정용)
③ 외음부세정제(인체세정용), 셰이빙 폼(면도용)
④ 폼클렌저(인체세정용), 액체비누(인체세정용)
⑤ 샴푸(두발용 제품류), 버블 배스(목욕용)

004

다음은 「개인정보보호법」에 따라 맞춤형화장품판매업자 "뷰티풀스킨"이 작성한 개인정보 수집·활용 동의서이다. 빈칸 (가), (나)에 들어갈 것으로 알맞은 것을 고르시오.

〈개인정보 수집·활용 동의서〉

「개인정보보호법」등 관련 법규에 의거하여 맞춤형화장품판매업자 "뷰티풀스킨"은 고객님의 개인정보 수집 및 활용에 대해 개인정보 수집·활용 동의서를 받고 있습니다.

개인정보 제공자가 동의한 내용 외의 다른 목적으로 활용하지 않으며, 제공된 개인정보의 이용을 거부하고자 할 때에는 개인정보 관리책임자를 통해 열람, 정정, 삭제를 요구할 수 있습니다.

제공된 개인정보는 아래의 항목의 제한된 범위에서만 활용 됩니다.

보유기간	이용목적	수집항목
6개월~12개월	맞춤형화장품 광고 맞춤형화장품 이벤트 알림	(가)

보유기간	이용목적	수집항목
6개월~12개월	맞춤형화장품 조제 맞춤형 정보 제공	(나)

※「개인정보보호법 제15조 제2항 제4호」에 의거 위 사항에 대한 개인정보 제공을 거부할 권리가 있으며, 거부에 따른 불이익이 발생할 수 있음을 알려드립니다.

「개인정보보호법」등 관련 법규에 의거하여
상기 본인은 위와 같이 개인정보 수집 및 활용에
동의합니다.

2021 년 00 월 00 일
고객명 : (인)

	(가)	(나)
①	주민등록번호	인종이나 민족에 관한 정보
②	외국인등록번호	범죄경력자료에 해당하는 정보
③	이름, 연락처, 생년월일	피부의 상태
④	정당의 가입·탈퇴	정치적 견해
⑤	유전정보	주소

답 ③

해 개인정보는 목적 내에서 정당하게 최소 수집이 원칙이므로 해당 이용 목적 내에서 반드시 필요한 정보만 수집해야 한다.
(가)의 경우 이벤트 알림을 보내기 위한 최소한의 개인정보인 이름, 연락처, 생년월일을 수집하고, (나)의 경우도 맞춤형화장품조제 및 맞춤형정보제공을 하기 위해 필요한 최소정보인 피부의 상태에 대한 정보를 수집하는 것이 적합하다.
(가)는 개인정보, (나)는 민감정보이다.

005

「화장품법 시행규칙」제14조의2 등에 따라 다음 중 옳은 설명을 고르시오.

① 회수대상화장품이라는 사실을 안 날부터 5일 이내에 회수계획서에 회수확인서, 제조기록서, 판매량의 기록을 첨부하여 지방식품의약품안전청장에게 제출해야 한다.

② 병원미생물에 오염된 화장품은 위해성 등급 나등급에 해당한다.

③ 책임판매관리자를 두지 않고 판매한 화장품은 위해성 등급 다등급에 해당된다.

④ 회수계획량의 4분의 1 이상 3분의 1 미만을 회수했을 때, 행정처분이 업무정지 또는 품목의 제조·수입·판매 업무정지인 경우에는 정지처분기간의 3분의 1 이하의 범위에서 경감한다.

⑤ 위해화장품의 공표를 한 영업자는 공표일, 공표매체, 공표횟수, 공표문 사본 또는 내용이 포함된 공표결과를 지방식품의약품안전청장에게 통보하여야 한다.

답 ⑤

해 ① 회수계획서 첨부서류
1) 해당품목의 제조·수입기록서 사본
2) 판매처별 판매량·판매일 등의 기록(맞춤형화장품의 경우 판매내역서)
3) 회수 사유를 적은 서류
② 병원미생물에 오염된 화장품은 위해성 등급 다등급에 해당한다.
③ 책임판매관리자를 두지 않고 판매한 화장품은 위해성 등급에 해당되지 않는다.
④ 회수계획량의 4분의 1 이상 3분의 1 미만을 회수했을 때, 행정처분이 업무정지 또는 품목의 제조·수입·판매 업무정지인 경우에는 정지처분기간의 2분의 1 이하의 범위에서 경감한다.

006

「화장품법 시행규칙」제6조에 따라 제조업자가 반드시 갖추어야 할 것이 아닌 것은?

① 원료·자재 및 제품의 품질검사를 위하여 필요한 시험실
② 제조 작업을 하는 작업소
③ 원료·자재 및 제품을 보관하는 보관소
④ 품질검사에 필요한 시설 및 기구
⑤ 원료 폐기시설

답 ⑤

해 화장품제조업을 등록하려는 자가 갖추어야 하는 시설

1. 제조 작업을 하는 다음 각 목의 시설을 갖춘 작업소
가. 쥐·해충 및 먼지 등을 막을 수 있는 시설
나. 작업대 등 제조에 필요한 시설 및 기구
다. 가루가 날리는 작업실은 가루를 제거하는 시설
2. 원료·자재 및 제품을 보관하는 보관소
3. 원료·자재 및 제품의 품질검사를 위하여 필요한 시험실
4. 품질검사에 필요한 시설 및 기구

007

화장품법 제13조 및 「화장품 표시·광고 실증에 관한 규정」에 따라 밑줄 친 것 중 법규정을 위반한 금지표현과 실증자료가 필요한 표현의 개수를 고르시오.

- A병원 홍길동 원장이 추천하는 안전한 항염증 에센스
- B피부과에서 테스트 완료한 제품으로 여드름성 피부에 사용 적합한 폼클렌저
- 식품의약품안전처로부터 인증받은 안전한 코스메슈티컬 기능성화장품
- 4無(메틸, 에틸, 프로필, 부틸 파라벤) 영유아용 로션

	㉠금지표현	㉡실증자료 필요
①	4	2
②	4	3
③	3	2
④	3	3
⑤	5	4

답 ④

해

- **A병원 홍길동 원장이 추천하는**: 화장품법 제13조 제1항 제4호를 위반한 표현이다.

[화장품법 제13조 제1항 제4호 관련]

구분	금지표현
특정인 또는 기관의 지정, 공인 관련	• 00 아토피 협회 인증 화장품 • 00 의료기관의 첨단기술의 정수가 탄생시킨 화장품 • 00 대학교 출신 의사가 공동 개발한 화장품 • 00 의사가 개발한 화장품 • 00 병원에서 추천하는 안전한 화장품

- **항염증 에센스**: 화장품법 제13조 제1항 제1호를 위반한 표현이다.

[화장품법 제13조 제1항 제1호 관련]

구분	금지표현
질병을 진단·치료·경감·처치 또는 예방, 의학적 효능·효과 관련	아토피/ 모낭충/ 심신피로 회복/ 건선/ 노인소양증/ 살균소독/ 항염·진통/ 해독/ 이뇨/ 항암/ 항진균·항바이러스/ 근육이완/ 통증 경감/ 면역강화/ 항알레르기/ 찰과상/ 화상치료·회복/ 관절, 림프선 등 피부 이외 신체 특정부위에 사용하여 의학적 효능, 효과 표방/ 기저귀발진

- **B피부과에서 테스트 완료한 제품**

[화장품 표시·광고 주요 실증대상]

구분	실증대상	비고
효능·효과·품질에 관한내용	시험·검사와 관련된 표현 예 피부과 테스트 완료, oo시험검사기관의 oo효과 입증	인체적용시험 자료 또는 인체외 시험자료로 입증

- **여드름성 피부에 사용 적합한 폼클렌저**

[화장품 표시·광고 주요 실증대상]

구분	실증대상	비고
「화장품 표시·광고 실증에 관한 규정」(식약처 고시) 별표 등에 따른표현	• 여드름성 피부에 사용 적합 • 항균(인체세정용 제품에 한함) • 일시적 셀룰라이트 감소 • 붓기 완화 • 다크서클 완화 • 피부혈행 개선 • 피부장벽 손상의 개선에 도움 • 피부피지 분비조절 • 미세먼지 차단, 미세먼지 흡착방지	인체적용시험 자료로 입증

- **식품의약품안전처로부터 인증받은**: 기능성화장품으로 심사(보고) 관련 표현이므로 실증자료가 필요하지 않다.

구분	실증대상	비고
그 밖의 기타 표현	동 제품은 식품의약품안전처 허가, 인증을 받은 제품임	단, 기능성화장품으로 심사(보고) 관련 표현, 천연·유기농화장품 인증 표현 제외

• 코스메슈티컬 기능성화장품

[화장품법 제13조 제1항 제1호 관련]

구분	금지표현
기타	메디슨(medicine), 드럭(drug), 코스메슈티컬 등을 사용한 의약품 오인 우려표현

• 4無(메틸, 에틸, 프로필, 부틸 파라벤) 영유아용 로션

[화장품 표시·광고 주요 실증대상]

구분	실증대상	비고
효능·효과·품질에 관한내용	제품에 특정성분이 들어 있지 않다는 '무(無) oo' 표현1)	• 시험분석 자료로 입증 단, 특정성분이 타 물질로의 변환가능성이 없으면서 시험으로 해당 성분 함유 여부에 대한 입증이 불가능한 특별한 사정이 있는 경우에는 예외적으로 제조관리기록서나 원료 시험성적서 등 활용

008

「화장품법 시행규칙」[별표3]에 따라 "고압가스를 사용하는 에어로졸 형태의 쉐이빙 폼"에 기재해야 하는 사용 할 때의 주의사항을 모두 고르시오.

ㄱ. 화장품 사용 시 또는 사용 후 직사광선에 의하여 사용 부위가 붉은 반점, 부어오름 또는 가려움증 등의 이상증상이나 부작용이 있는 경우 전문의 등과 상담할 것
ㄴ. 같은 부위에 연속해서 3초 이상 분사하지 말 것
ㄷ. 섭씨 40도 이상의 장소 또는 밀폐된 장소에 보관하지 말 것
ㄹ. 얼굴에 직접 분사하지 말고 퍼프에 덜어서 바를 것
ㅁ. 가능하면 인체에서 10센티미터 이상 떨어져서 사용할 것

① ㄱ, ㄷ　② ㄴ, ㄷ
③ ㄴ, ㅁ　④ ㄷ, ㄹ
⑤ ㄹ, ㅁ

답 ①

해 ㄱ. 화장품 사용 시 또는 사용 후 직사광선에 의하여 사용 부위가 붉은 반점, 부어오름 또는 가려움증 등의 이상증상이나 부작용이 있는 경우 전문의 등과 상담할 것
→사용시 공통주의사항이다.
ㄹ. 얼굴에 직접 분사하지 말고 퍼프에 덜어 얼굴에 바를 것
→고압가스를 사용하는 에어로졸 제품에 기재해야하는 개별 주의사항은 눈 주위 또는 점막 등에 분사하지 말 것. 다만, 자외선 차단제의 경우 "얼굴에 직접 분사하지 말고 손에 덜어 얼굴에 바를 것"이다. 쉐이빙 폼은 자외선 차단제가 아니기 때문에 "얼굴에 직접 분사하지 말고 손에 덜어 얼굴에 바를 것"이라는 주의사항을 기재할 필요가 없다.
ㅁ. 가능하면 인체에서 10센티미터 이상 떨어져서 사용할 것
→가능하면 인체에서 20센티미터 이상 떨어져서 사용할 것

사용할 때의 주의사항

가. 공통사항
1) 화장품 사용 시 또는 사용 후 직사광선에 의하여 사용부위가 붉은 반점, 부어오름 또는 가려움증 등의 이상 증상이나 부작용이 있는 경우 전문의 등과 상담할 것
2) 상처가 있는 부위 등에는 사용을 자제할 것
3) 보관 및 취급 시의 주의사항
가) 어린이의 손이 닿지 않는 곳에 보관할 것
나) 직사광선을 피해서 보관할 것

나. 개별사항
9) 고압가스를 사용하는 에어로졸 제품[무스의 경우 가)부터 라)까지의 사항은 제외한다]
가) 같은 부위에 연속해서 3초 이상 분사하지 말 것
나) 가능하면 인체에서 20센티미터 이상 떨어져서 사용할 것
다) 눈 주위 또는 점막 등에 분사하지 말 것. 다만, 자외선 차단제의 경우 얼굴에 직접 분사하지 말고 손에 덜어 얼굴에 바를 것
라) 분사가스는 직접 흡입하지 않도록 주의할 것
마) 보관 및 취급상의 주의사항
(1) 불꽃길이시험에 의한 화염이 인지되지 않는 것으로서 가연성 가스를 사용하지 않는 제품
(a) 섭씨 40도 이상의 장소 또는 밀폐된 장소에 보관하지 말 것
(b) 사용 후 남은 가스가 없도록 하고 불 속에

버리지 말 것

(2) 가연성 가스를 사용하는 제품
(a) 불꽃을 향하여 사용하지 말 것
(b) 난로, 풍로 등 화기 부근 또는 화기를 사용하고 있는 실내에서 사용하지 말 것
(c) 섭씨 40도 이상의 장소 또는 밀폐된 장소에서 보관하지 말 것
(d) 밀폐된 실내에서 사용한 후에는 반드시 환기를 할 것
(e) 불 속에 버리지 말 것

009

화장품에 사용되는 원료의 종류에 대한 설명으로 옳은 것을 〈보기〉에서 모두 고르시오.

〈보기〉

ㄱ. 비타민 A는 레티노이드(retinoid)로 알려진 지용성 물질 군으로 레티놀(retinol), 레틴알데하이드 (retinaldehyde) 및 레티노익애씨드(retinoic acid)의 3가지 형태가 있으미 이들은 서로 상호전환 된다.
ㄴ. pH조절제는 감도조절제의 중화과정 및 최종 제품의 pH를 조절하는 데 사용되며 화장품에 사용되는 대표적인 중화제로는 트라이에탄올아민, 시트릭애씨드, 알지닌, 포타슘하이드록사이드 등이 있다.
ㄷ. 레티놀은 산화가 잘되므로 유도체 형태인 토코페릴아세테이트로 만들어 사용한다.
ㄹ. 비타민 C는 강력한 항산화 기능을 가지나, 상대적으로 일반적인 저장 및 가공 과정하에서 불안정하며 열, 산화, 전이금속에 의해 구조가 파괴될 수 있다.
ㅁ. 비타민(vitamin)이란 생체의 정상적인 발육과 영양을 유지하는 데 미량으로 필수적인 무기화합물을 총칭하며 지용성 비타민에는 비타민 A, 비타민 E, 비타민 F 등이 있다.

① ㄱ, ㄴ ② ㄴ, ㄹ
③ ㄴ, ㅁ ④ ㄷ, ㄹ
⑤ ㄹ, ㅁ

답 ②

해 ㄱ. 비타민 A는 레티노이드(retinoid)로 알려진 지용성 물질 군으로 레티놀(retinol), 레틴알데하이드(retinaldehyde) 및 레티노익애씨드(retinoic acid)의 3가지 형태가 있다. 이들은 상호전환될 수 있으나, 레티노익애씨드로 전환되는 과정은 비가역적이다.

ㄴ. pH조절제는 감도조절제의 중화과정 및 최종 제품의 pH를 조절하는 데 사용되며 화장품에 사용되는 대표적인 중화제로는 트라이에탄올아민, 시트릭애씨드, 알지닌, 포타슘하이드록사이드, 소듐하이드록사이드(NaOH) 등이 있다.

ㄷ. 천연 상태의 비타민E인 토코페롤은 수산기가 붙어 있는 원료로 불안정한 상태로써 쉽게 산화되어 분해되기 때문에 토코페롤의 에스터 형태인 토코페릴아세테이트가 화장품에 많이 사용된다.

ㄹ. 비타민 C 특성
- 엘-아스코빅애씨드(L-ascorbic acid)라고도 불리는 수용성 비타민. 많은 생리대사에 관여함
- 강력한 항산화 기능을 가지나, 상대적으로 일반적인 저장 및 가공 과정하에서 불안정함
- 열, 산화, 전이금속에 의해 구조가 파괴될 수 있음
- 비타민 C의 안정성을 향상시키는 비타민 C 유도체(에칠아스코빌에텔, 아스코빌글루코사이드, 마그네슘아스코빌포스페이트)들이 개발되어 사용됨
- 해당 비타민 C 유도체들은 미백 기능성화장품 고시원료로 사용됨

ㅁ. 비타민 특성
- 비타민(vitamin)이란 생체의 정상적인 발육과 영양을 유지하는 데 미량으로 필수적인 유기화합물을 총칭
- 비타민은 크게 수용성 비타민과 지용성 비타민으로 나눌 수 있음
- **수용성 비타민** : 비타민 C, 비타민 B1, 비타민 B2, 비타민 B3, 비타민 B5, 비타민 B6, 비타민 B9, 비타민 B12
- **지용성 비타민** : 비타민 A, 비타민 E, 비타민 F

010

「우수화장품 제조 및 품질관리기준[CGMP]」 4대 기준서 중 제조관리기준서에 포함되지 않는 것을 고르시오.

① 원자재관리에 관한 사항
② 완제품관리에 관한 사항
③ 제조지시관리에 관한 사항
④ 시설 및 기구 관리에 관한 사항
⑤ 제조공정관리에 관한 사항

답 ③

해 제조관리기준서는 다음 각 호의 사항이 포함되어야 한다.

1. 제조공정관리에 관한 사항
   가. 작업소의 출입제한
   나. 공정검사의 방법
   다. 사용하려는 원자재의 적합판정 여부를 확인하는 방법
   라. 재작업절차
2. 시설 및 기구 관리에 관한 사항
   가. 시설 및 주요설비의 정기적인 점검방법
   나. 장비의 검교정 및 성능점검 방법
3. 원자재 관리에 관한 사항
   가. 입고 시 품명, 규격, 수량 및 포장의 훼손 여부에 대한 확인방법과 훼손되었을 경우 그 처리방법
   나. 보관장소 및 보관방법
   다. 시험결과 부적합품에 대한 처리방법
   라. 취급 시의 혼동 및 오염 방지대책
   마. 출고 시 선입선출 및 칭량된 용기의 표시사항
   바. 재고관리
4. 완제품 관리에 관한 사항
   가. 입·출하 시 승인판정의 확인방법
   나. 보관장소 및 보관방법
   다. 출하 시의 선입선출방법
5. 위탁제조에 관한 사항
   가. 원자재의 공급, 벌크제품 또는 완제품의 운송 및 보관 방법
   나. 수탁자 제조기록의 평가방법

011

식품의약품안전처고시 「기능성화장품 기준 및 시험방법」에 따라 알부틴 로션제 제형의 기능성화장품을 제조 후 1ppm 이하로 검출되어야 하는 성분은 무엇인가?

① 감광소
② 히드로퀴논
③ 페닐파라벤
④ 메틸이소치아졸리논
⑤ 아스코빅애씨드

답 ②

해 **알부틴 로션제 Arbutin Lotion**

이 기능성화장품은 정량할 때 표시량의 90.0 %이상에 해당하는 알부틴($C_{12}H_{16}O_7$: 272.25)을 함유한다.

• 제법

이 기능성화장품은 알부틴을 주성분(기능성성분)으로 하는 로션제이다. 이 제품은 안정성 및 유용성을 높이기 위해 안정제, 습윤제, 유화제, 보습제, pH조정제, 착색제, 착향제 등을 첨가할 수 있다.

• 확인시험

정량법의 검액에서 얻은 주피크의 유지시간은 표준액에서 얻은 주피크의 유지시간과 같다.

• pH

기준치 ± 1.0 (2 → 30) (다만, pH 범위는 3.0 ~ 9.0이다)

• 히드로퀴논

이 기능성화장품 약 1g을 정밀하게 달아 이동상을 넣어 분산시킨 다음 10mL로 하고 필요하면 여과하여 검액으로 한다. 따로 히드로퀴논 표준품($C_6H_6O_2$) 약 10㎎을 정밀하게 달아 이동상을 넣어 녹여 100mL로 한 액 1mL를 정확하게 취한 후, 이동상을 넣어 정확하게 1000mL로 한 액을 표준액으로 한다. 검액 및 표준액 각 20μL씩을 가지고 다음 조작조건으로 액체크로마토그래프법에 따라 시험할 때 검액의 히드로퀴논 피크는 표준액의 히드로퀴논 피크보다 크지 않다.(1ppm)

조작조건

- 검출기:자외부흡광광도계 (측정파장 290㎚)
- 칼럼:안지름 약 4.6㎜, 길이 약 25㎝인 스테인레스관에 5㎛ 액체크로마토그래프용 옥타데실실릴화한 실리카겔을 충전한다.
- 이동상:10mM 인산이수소칼륨액·아세토니트릴 혼합액 (92:8)
- 유량:1.0mL/분
- 정량법:이 기능성화장품을 가지고 알부틴으로서 약 20㎎ 해당량을 정밀하게 달아 이동상을 넣어 녹

여 50mL로 한 액을 가지고 검액으로 한다. 따로 알부틴 표준품을 데시케이터(감압, 실리카 겔)에서 12시간 건조한 다음 약 20㎎을 정밀하게 달아 검액과 같은 방법으로 조작하여 표준액으로 한다. 검액 및 표준액 각 20μL씩을 가지고 아래 조작조건으로 액체크로마토그래프법에 따라 시험하여 검액 및 표준액의 알부틴 피크면적 A_T 및 A_S를 구한다.

$$\text{알부틴}(C_{12}H_{16}O_7)\text{의 양(mg)} = \text{알부틴 표준품의 양(mg)} \times \frac{A_T}{A_S}$$

조작조건

- 검출기:자외부흡광광도계 (측정파장 280 ㎚)
- 칼럼:안지름 약 4.6㎜, 길이 약 25㎝인 스테인레스관에 5㎛의 액체 크로마토그래프용 옥타데실실릴화한 실리카 겔을 충전한다.
- 이동상:10mM 인산이수소칼륨액·아세토니트릴 혼합액 (92:8)
- 유량:1.0 mL/분

012

다음은 영·유아용 샴푸 300mL의 품질시험 성적서이다.「화장품 안전관리기준 등에 관한 규정」에 따라 적합하지 않은 항목의 개수를 고르시오.(단 자체 시험기준은 비중:1.20~1.30, 점도:7000~8000cP, pH:8~9.50이다.)

〈시험성적서〉

시험항목	시험결과
pH	6.5
성상	액상
비중(25℃)	1.25~1.26
점도(25℃)	4840cP
납	38㎍/g
비소	7ppm
수은	2㎍/g
디옥산	13㎍/g
세균수	100개/g(mL)
진균수	150개/g(mL)

① 0개 ② 1개
③ 2개 ④ 3개
⑤ 4개

답 ③

해 **규정에 어긋난 항목**:납, 수은

[pH 기준]

영·유아용 제품류(영·유아용 샴푸, 영·유아용 린스, 영·유아 인체 세정용 제품, 영·유아 목욕용 제품 제외), 눈 화장용 제품류, 색조 화장용 제품류, 두발용 제품류(샴푸, 린스 제외), 면도용 제품류(셰이빙 크림, 셰이빙 폼 제외), 기초화장용 제품류(클렌징 워터, 클렌징 오일, 클렌징 로션, 클렌징 크림 등 메이크업 리무버 제품 제외) 중 액, 로션, 크림 및 이와 유사한 제형의 액상제품은 pH 기준이 3.0 ~ 9.0 이어야 한다. 다만, 물을 포함하지 않는 제품과 사용한 후 곧바로 물로 씻어 내는 제품은 제외한다.

[미생물한도 기준]

① 총호기성생균수는 영·유아용 제품류 및 눈화장용 제품류의 경우 500개/g(mL) 이하
② 물휴지의 경우 세균 및 진균수는 각각 100개/g(mL) 이하
③ 기타 화장품의 경우 1,000개/g(mL) 이하
④ 대장균(Escherichia Coli), 녹농균(Pseudomonas aeruginosa), 황색포도상구균(Staphylococcus aureus)은 불검출

	비의도적 유래물질	검출허용한도(㎍/g)
1	수은	1㎍/g 이하
2	카드뮴	5㎍/g 이하
3	안티몬	10㎍/g 이하
4	비소	10㎍/g 이하
5	니켈	10㎍/g 이하 눈 화장용 제품은 35㎍/g 이하, 색조 화장용 제품은 30㎍/g 이하
6	납	20㎍/g 이하 점토를 원료로 사용한 분말제품은 50㎍/g 이하
7	디옥산	100㎍/g 이하
8	프탈레이트류 (디부틸프탈레이트, 부틸벤질프탈레이트 및 디에칠헥실프탈레이트에 한함)	총 합으로서 100㎍/g 이하
9	메탄올	0.2(v/v)% 이하, 물휴지는 0.002%(v/v) 이하
10	포름알데하이드	2000㎍/g 이하, 물휴지는 20㎍/g 이하

*㎍/g=ppm

013

다음 〈보기〉는 화장품 제조업자 뷰티풀코스메틱이 제조한 아이크림 100g의 제품표준서이다. 다음 중 옳은 것을 고르시오.

〈보기〉

뷰티풀 코스 메틱	제품표준서	문서번호	A0001
		개정일자	2021.00.00
	제품명 :촉촉 수분크림	개정번호	1
		페이지	1/31

〈성분 및 분량〉

원료명	기준량(%)
정제수	63%
세라마이드	10%
감초뿌리추출물	5% (감초뿌리추출물89%, 부틸렌글라이콜10.8%, 벤조익애씨드 0.2%)
스쿠알란	5%
카프릴릭/카프릭트라이글리세라이드	3%
소듐하이알루로네이트	3%
베타인	3%
아보카도오일	2.5%
비즈왁스	2.5%
세틸알코올	1%
피이지-8스테아레이트	0.45%
카보머	0.35%
페녹시에탄올	0.2%
향료	0.1% (리날룰:2%, 신남알1%)

① 비즈왁스는 산패나 변질이 잘되는 문제점이 있다.
② 피이지-8스테아레이트의 함량은 450ppm이다.
③ 감초뿌리추출물에 존재하는 보존제가 원료 자체에 들어 있는 부수 성분으로서 그 효과가 나타나게 하는 양보다 적은 양이 들어 있는 성분이므로 전성분에 표시하지 않아도 된다.
④ 페녹시에탄올은 보존제로써 사용한도가 0.1%이므로 위 제품은 출시할 수 없다.
⑤ 해당 제품의 전성분에 알레르기 유발성분인 리날룰, 신남알은 반드시 표기해야 한다.

답 ③

해

① 광물성 유지 및 왁스류는 화학적으로 불활성하며 변질 또는 산패의 우려가 없다.
② 1% = 10000ppm이므로 1% × 0.45 = 10000ppm × 0.45 = 4500ppm이다.

*TIP 1% = 백분의 일, 1ppm = 백만분의 일

③ 안정화제, 보존제 등 원료 자체에 들어 있는 부수 성분으로서 그 효과가 나타나게 하는 양보다 적은 양이 들어 있는 성분은 기재·표시를 생략할 수 있다.
④ 페녹시에탄올은 보존제로써 사용한도가 1.0%이다.
⑤

제품에 함유된 리날룰의 함량(%) : 2% × 0.001 = 0.002%
제품에 함유된 신남알의 함량(%) : 1% × 0.001 = 0.001%

아이크림은 씻어내지 않는 제품이므로 0.001% 초과 함유하는 경우에 알레르기 성분명을 전성분에 표시해야 한다. 따라서 리날룰만 전성분에 표시하면 된다.

014

> **다음 중 화장품의 포장에 표시를 생략할 수 없는 경우를 고르시오.**
> ① 내용량이 12mL인 제품에 바코드 표기.
> ② 내용량이 10mL인 핸드크림에 말릭애씨드를 포함한 전성분 표기.
> ③ 내용량이 50mL인 아이크림에 착향제 구성성분 중 알레르기 유발성분 표기.
> ④ 내용량이 100mL인 "산뜻한 프리지아 향수"에 프리지아 향료의 성분명과 함량.
> ⑤ 내용량이 52mL인 영유아용 로션에 보존제의 함량.

답 ⑤

해 ① 15밀리리터 및 15그램 이하의 화장품, 비매품, 견본품은 바코드 표시를 생략할 수 있다.

② 내용량이 10밀리리터 초과 50밀리리터 이하 또는 중량이 10그램 초과 50그램 이하 화장품의 포장인 경우에는 다음 각 목의 성분을 제외한 성분

가. 타르색소
나. 금박
다. 샴푸와 린스에 들어 있는 인산염의 종류
라. 과일산(AHA)
마. 기능성화장품의 경우 그 효능·효과가 나타나게 하는 원료
바. 식품의약품안전처장이 사용 한도를 고시한 화장품의 원료

③ 내용량 10mL(g) 초과 50mL(g)이하인 소용량 화장품의 경우 착향제 구성 성분 중 알레르기 유발성분은 기존 규정과 동일하게 표시·기재를 위한 면적이 부족한 사유로 생략이 가능하나 해당 정보는 홈페이지 등에서 확인할 수 있도록 해야 한다. 또한 소용량 화장품일 지라도 표시 면적이 확보되는 경우에는 해당 알레르기 유발 성분을 표시하는 걸 권장한다. 단, 외음부세정제와 속눈썹용 퍼머넌트웨이브용 제품류는 용량에 상관없이 전성분을 기재 표시 해야 한다.

④ 방향용 제품은 성분명을 제품 명칭의 일부로 사용하더라도 그 성분명과 함량을 적지 않아도 된다.

⑤ 내용량이 50ml(50g)을 초과하면 반드시 전성분 표시를 해야하며 3세 이하의 영유아용 제품류 및 4세 이상부터 13세 이하까지의 어린이가 사용할 수 있는 제품임을 특정하여 표시·광고하는 화장품의 경우 보존제의 사용함량을 표시해야 한다.

법 제10조제1항제10호에 따라 화장품의 포장에 기재·표시하여야 하는 사항은 다음 각 호와 같다. 다만, 맞춤형화장품의 경우에는 제1호 및 제6호를 제외한다.

1. 식품의약품안전처장이 정하는 바코드
2. 기능성화장품의 경우 심사받거나 보고한 효능·효과, 용법·용량
3. 성분명을 제품 명칭의 일부로 사용한 경우 그 성분명과 함량(방향용 제품은 제외한다)
4. 인체 세포·조직 배양액이 들어있는 경우 그 함량
5. 화장품에 천연 또는 유기농으로 표시·광고하려는 경우에는 원료의 함량
6. 수입화장품인 경우에는 제조국의 명칭(「대외무역법」에 따른 원산지를 표시한 경우에는 제조국의 명칭을 생략할 수 있다), 제조회사명 및 그 소재지
7. 제2조제8호부터 제11호까지에 해당하는 기능성화장품의 경우에는 "질병의 예방 및 치료를 위한 의약품이 아님"이라는 문구
8. 다음 각 목의 어느 하나에 해당하는 경우 법 제8조제2항에 따라 사용기준이 지정·고시된 원료 중 보존제의 함량

가. 별표 3 제1호가목에 따른 3세 이하의 영유아용 제품류인 경우
나. 4세 이상부터 13세 이하까지의 어린이가 사용할 수 있는 제품임을 특정하여 표시·광고하려는 경우

015

맞춤형화장품판매업자가 화장품을 판매할 때 한 행동으로 옳은 것은?

① 안전용기·포장은 식품의약품안전처장이 고시한 기준에 따른다.

② 바디오일의 pH 측정치가 9.2가 나와 폐기처분하였다.

③ 향수에 함유된 메탄올이 에탄올의 변성제로서 알콜 성분 중 2% 함유되어 폐기처분 하였다.

④ 영유아용 샴푸의 내용량을 250mL로 표기하고 실제 충진량을 240mL으로 한다.

⑤ 표기량이 200mL인 크림 제품 3개의 평균 내용량이 192mL이어서 6개를 더 취하여 시험한 결과 9개의 평균 내용량이 194mL이므로 해당 제품을 판매하였다.

답 ⑤

해 ① 안전용기·포장은 식품의약품안전처장이 아닌 산업통상자원부장관이 고시한다.

② 유통화장품 중 액상 제품의 pH기준은 물을 포함하지 않는 제품과 사용한 후 곧바로 물로 씻어 내는 제품에는 적용하지 않는다.

③ 메탄올은 에탄올 및 이소프로필알콜의 변성제로서만 알콜 중 5%까지 사용 가능하다.

④ (240÷250)×100=96% 내용량이 97% 이하이므로 유통화장품의 안전관리 기준에 적합하지 않다.

⑤ (192÷200)×100=96%, (194÷200)×100=97% 제품 6개를 추가 시험하여 총 9개의 평균 내용량이 표기량에 대하여 97% 이상이므로 적합하다.

016

〈보기〉에서 체질안료를 모두 고르시오.

〈보기〉

ㄱ. 탄산칼슘
ㄴ. 황색 산화철
ㄷ. 탤크
ㄹ. 옥시염화비스머스
ㅁ. 티타늄다이옥사이드

① ㄱ, ㄷ　② ㄷ
③ ㄴ, ㄹ　④ ㄷ, ㄹ
⑤ ㅁ

답 ①

해 탄산칼슘=체질안료, 황색산화철=착색안료, 탤크=체질안료, 옥시염화비스머스=진주광택안료, 티타늄다이옥사이드=백색안료

무기안료	체질안료	탤크, 카올린, 마이카, 탄산칼슘, 탄산마그네슘, 무수규산
	착색안료	황색산화철, 흑색산화철, 적색산화철
	백색안료	티타늄디옥사이드, 산화아연

017

화장품 용기 및 포장에 대한 법적인 기준에 대한 설명으로 옳은 것을 고르시오.

① 안전용기·포장은 성인이 개봉하기는 어렵지 아니하나 13세 미만의 어린이가 개봉하기는 어렵게 된 것이어야 한다.

② 개별포장당 메틸살리실레이트를 5% 함유하는 일회용 마스크팩에는 안전용기·포장을 해야 한다.

③ 대규모점포 및 면적이 33제곱미터 이상인 매장에서 포장된 제품을 판매하는 자는 포장 되어 생산된 제품을 재포장하여 제조·수입·판매해서는 안 된다.

④ 폐기물의 재활용을 촉진하기 위하여 분리수거 표시를 하는 것이 필요한 제품·포장재로서 대통령령으로 정하는 제품·포장재의 제조자 등은 산업통상부장관이 정하여 고시하는 지침(분리배출에 관한 지침)에 따라 그 제품·포장재에 분리배출 표시를 하여야 한다.

⑤ 외포장된 상태로 수입되는 화장품의 경우 용기 등의 기재사항과 함께 분리배출 표시를 할 수 없다.

답 ③

해 ① 안전용기·포장은 성인이 개봉하기는 어렵지 아니하나 5세 미만의 어린이가 개봉하기는 어렵게 된 것이어야 한다.

② 일회용 제품, 용기 입구 부분이 펌프 또는 방아쇠로 작동되는 분무용기 제품, 압축 분무용기 제품(에어로졸 제품 등)은 안전용기·포장의 대상이 아니다.

④ 「자원의 절약과 재활용촉진에 관한 법률」 제14조(분리배출 표시)에 따라 폐기물의 재활용을 촉진하기 위하여 분리수거 표시를 하는 것이 필요한 제품·포장재로서 대통령령으로 정하는 제품·포장재의 제조자 등은 환경부장관이 정하여 고시하는 지침(분리배출에 관한 지침)에 따라 그 제품·포장재에 분리배출 표시를 하여야 함

⑤ 「화장품법」 제10조(화장품의 표시) 규정, 「분리배출에 관한 지침(환경부 고시)」 제5조에 따라 외포장된 상태로 수입되는 화장품의 경우 용기 등의 기재사항과 함께 분리배출 표시를 할 수 있음(분리배출 표시의 기준일은 제품의 제조일로 적용)

018

맞춤형화장품조제관리사 A씨는 맞춤형화장품판매업소에 찾아온 손님에게 폼 클렌저를 조제해주었다. A씨가 손님에게 해야할 설명으로 옳지 않은 것은? 다음 〈보기〉는 해당 폼 클렌저의 전성분이다(단, 사용상의 제한이 필요한 원료가 최대 사용한도로 사용되었으며, 모든 성분의 함량이 높은 순서대로 전성분 표기되었다.)

〈보기〉

전성분 : 정제수, 글리세린, 미리스틱애씨드, 소듐하이드록사이드, 글리세릴스테아레이트에스이, 코카마이드디이에이, 프로필렌글라이콜, 윗점오일, 비즈왁스, 코카미도프로필베타인, 피이지-60하이드로제네이티드캐스터오일, 페녹시에탄올, 라놀린, 소듐클로라이드, 클로페네신, 토코페릴아세테이트, 에탄올, 다이소듐이디티에이, 미네랄오일

① 해당 제품에 소듐클로라이드가 0.3~1.0% 포함되어있으며, 해당 제품의 pH는 11이하여야 한다.

② 윗점오일은 식물성오일로 밀의 배아에서 추출했으며 비타민 E와 필수지방산이 풍부하다.

③ 미네랄오일은 광물성 오일로 유동파라핀으로도 불리며 쉽게 산화되지 않고 무색, 무취로 유화되기 쉬운 오일이다.

④ 해당 제품에는 양쪽성계면활성제가 비이온계면활성제보다 더 많이 들어있다.

⑤ 라놀린은 왁스류이고 천연 원료에서 석유화학 용제를 이용하여 추출할 경우 천연화장품에 사용할 수 있는 원료이다.

답 ④

해 ① 클로페네신의 사용한도는 0.3%이며 페녹시에탄올의 사용한도는 1.0이다. 사용상의 제한이 필요한 원료가 최대 사용한도로 사용되었으므로 소듐클로라이드는 해당 제품에 0.3~1.0% 포함되어있다. 또한 소듐하이드록사이드를 함유하므로 최종 제품의 pH는 11이하여야 한다.

④ 코카마이드디이에이는 비이온계면활성제이며 코카미도프로필베타인은 양쪽성계면활성제이다. 모든 성분의 함량이 높은 순서대로 전성분 표기되었으므로 해당 제품에는 비이온계면활성제가 양쪽성계면활성제보다 더 많이 들어있다.

019

식품의약품안전처 고시「화장품 안전기준 등에 관한 규정」[별표2]에 따라 핸드크림엔 첨가할 수 없지만 샴푸에는 첨가할 수 있는 보존제를 〈보기〉에서 모두 고르시오.

〈보기〉

ㄱ. 메칠이소치아졸리논
ㄴ. 살리실릭애씨드
ㄷ. 징크피리치온
ㄹ. 벤제토늄클로라이드
ㅁ. 트리클로카반

① ㄱ, ㄴ
② ㄱ, ㄷ
③ ㄴ, ㄹ
④ ㄷ, ㅁ
⑤ ㄹ, ㅁ

답 ②

해

원료명	사용한도	비고
메칠이소치아졸리논	사용 후 씻어내는 제품에 0.0015% (단, 메칠클로로이소치아졸리논과 메칠이소치아졸리논 혼합물과 병행 사용 금지)	기타 제품에는 사용금지
징크피리치온	사용 후 씻어내는 제품에 0.5%	기타 제품에는 사용금지
살리실릭애씨드 및 그 염류	살리실릭애씨드로서 0.5%	영유아용 제품류 또는 13세 이하 어린이가 사용할 수 있음을 특정하여 표시하는 제품에는 사용금지(다만, 샴푸는 제외)
벤제토늄클로라이드	0.1%	점막에 사용되는 제품에는 사용금지
트리클로카반(트리클로카바닐리드)	0.2% (다만, 원료 중 3,3',4,4'-테트라클로로아조벤젠 1ppm 미만, 3,3',4,4'-테트라클로로아족시벤젠 1ppm 미만 함유하여야 함)	

020

다음 화장품원료의 그 특성과 성분이 옳게 짝지어지지 않은 것은?

	주요 성분	특성	대표적 성분
①	살균제	• 미생물 살균 • 양이온성 계면활성제	4급암모늄 화합물, 알코올류, 알데히드류, 세테아디모늄클로라이드
②	점증제	• 에멀젼의 안정성 강화 • 액제의 점증을 높임	소듐카복시메틸셀룰로오스, 폴리비닐알코올, 카보머, 잔탄검, 셀룰로오즈 유도체 등
③	계면활성제	• 세정제의 주요 성분 • 이물제거의 기능	소듐라우릴설페이트, 암모늄라우릴설페이트, 칼슘카보네이트, 비누
④	용제	• 물질을 용해시킨다.	알코올, 글리콜, 벤질알코올
⑤	금속이온 봉쇄제	금속이온의 작용을 억제, 세정제의 기포를 안정화시킴	소듐트리포스페이트, 소듐사이트레이트, EDTA

답 ③

해 ③ 칼슘카보네이트(탄산칼슘)는 체질안료이지만 세제, 치약에서는 연마제로 사용된다.

021

다음은 미백, 주름, 자외선차단으로 자료제출하여 인증받은 3중 기능성 화장품 '트리플A 페이셜 크림'의 제조시 사용 가능한 각 기능성 원료의 함량이다. 출하 가능한 함량으로 묶인 것은?(식품의약품안전처로부터 인증 받은 함량 : ㄱ.나이아신아마이드 : 2%. ㄴ.아데노신 : 0.04%. ㄷ.에칠헥실살리실레이트 : 4.9%)

	㉠	㉡	㉢
①	1.78%	0.032%	4.24%
②	1.80%	0.033%	4.32%
③	1.82%	0.036%	4.35%
④	2.00%	0.038%	4.40%
⑤	2.05%	0.039%	4.42%

답 ⑤

해 나이아신아마이드, 아데노신, 에칠헥실살리실레이트의 제제의 함량기준은 90% 이상이다.
[나이아신아마이드] 2%×0.9=1.8%
[아데노신] 0.04%×0.9=0.036%
[에칠헥실살리실레이트] 4.9%×0.9=4.41%
따라서 각 세 기능성원료는 상기 계산 결과 값의 이상이어야 한다.

022

〈보기〉는 자외선차단 핸드크림의 전성분을 나열한 것이다. 사용상의 제한이 필요한 원료를 최대 사용한도를 사용하고 자료제출이 생략되는 기능성화장품 성분을 최대함량으로 사용하여 제조하였을 때, 로즈힙꽃오일 함량의 범위를 구하시오.

〈보기〉

전성분 : 정제수, 글리세린, 옥토크릴렌, 글리세릴스테아레이트, 스위트아몬드열매추출물, 시녹세이트, 세틸알코올, 디메치콘 글리세릴스테아레이트, 로즈힙꽃오일, 스테아릭애씨드, 프로필렌글라이콜이소스테아레이트, 벤질알코올, 포타슘세틸포스페이트, 메칠파라벤, 카보머, 소듐이소스테아로일락틸레이트, 트로메타민, 디소듐이디티에이

① 0.1~5.0%
② 0.1~10.0%
③ 1.0~5.0%
④ 1.0~10.0%
⑤ 5.0~10.0%

답 ③

해 자료제출이 생략되는 옥토크릴렌의 최대함량은 10%이며, 시녹세이트의 최대함량은 5.0%이다. 또한 벤질알코올의 사용한도는 1.0%이다. 따라서 로즈힙꽃오일 함량의 범위는 1.0~5.0% 이다.

023

다음 중 색소에 대한 설명으로 옳은 것을 고르시오.

① "타르색소"라 함은 화장품에 사용할 수 있는 색소 중 콜타르, 그 중간생성물에서 유래되었거나 무기합성하여 얻은 색소 및 그 레이크, 염, 희석제와의 혼합물을 말한다.

② "희석제"라 함은 레이크 제조 시 순색소를 확산시키는 목적으로 사용되는 물질을 말한다.

③ 착색 안료는 색이 선명하지는 않으나 빛과 열에 강하여 변색이 잘되지 않은 특성을 가짐

④ 염료는 구조 내에서 가용기가 없고 물, 오일에 용해하지 않는 유색 분말이다.

⑤ 일반적으로 레이크는 안료보다 착색력, 내광성이 높아 립스틱, 브러쉬 등의 메이크업 제품에 널리 사용된다.

답 ③

해 ① "타르색소"라 함은 화장품에 사용할 수 있는 색소 중 콜타르, 그 중간생성물에서 유래되었거나 유기합성하여 얻은 색소 및 그 레이크, 염, 희석제와의 혼합물을 말한다.

② "기질"이라 함은 레이크 제조 시 순색소를 확산시키는 목적으로 사용되는 물질을 말하며 알루미나, 브랭크휙스, 크레이, 이산화티탄, 산화아연, 탤크, 로진, 벤조산알루미늄, 탄산칼슘 등의 단일 또는 혼합물을 사용한다.

④ 유기 안료는 구조 내에서 가용기가 없고 물, 오일에 용해하지 않는 유색 분말이다.

⑤ 일반적으로 안료는 레이크보다 착색력, 내광성이 높아 립스틱, 브러쉬 등의 메이크업 제품에 널리 사용된다.

024

식품의약품안전처고시「천연화장품 및 유기농화장품의 기준에 관한 규정」에 따라 천연, 유기농화장품에 사용 가능한 미네랄 유래원료가 아닌 것을 모두 고르시오.

ㄱ. 벤토나이트
ㄴ. 카올린
ㄷ. 미네랄오일
ㄹ. 소듐설페이트
ㅁ. 마그네슘스테아레이트
ㅂ. 비스머스옥시클로라이드

① ㄱ, ㄴ ② ㄴ, ㅂ
③ ㄷ, ㅁ ④ ㄷ, ㄹ
⑤ ㅁ, ㅂ

답 ③

해 ㄷ. 미네랄오일은 광물성오일이다.

ㅁ. 마그네슘스테아레이트는 색소에서 부형제,벌킹제로 사용되며 비수성 점도증가제 로 사용되기도 한다.

ㅂ. 비스머스옥시클로라이드는 천연화장품과유기농화장품에 사용가능한 미네랄유래원료인 무기색소이다.

(식품의약품안전처고시 「천연화장품 및 유기농화장품의 기준에 관한 규정」 참고)

025

다음 그림은 위해평가 모식도이다. 빈칸에 들어갈 알맞은 말을 고르시오.

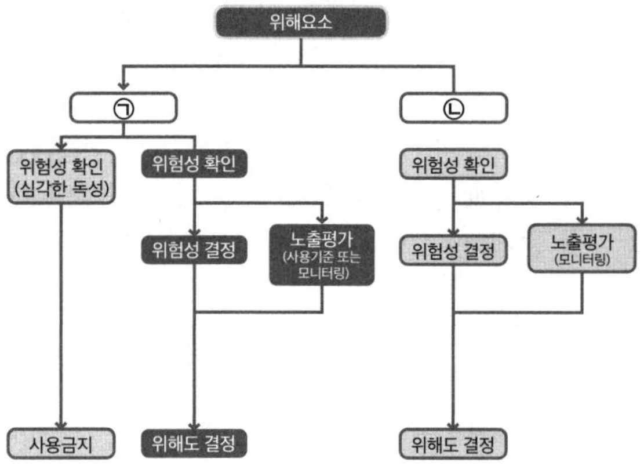

	㉠	㉡
①	천연물질	화학물질
②	위해사례가 보고된 물질	위해사례가 보고되지 않은 물질
③	의도적 사용물질	비의도적 오염물질
④	의도적 천연물질	비의도적 천연물질
⑤	의도적 화학물질	비의도적 화학물질

답 ③

026

다음 중 위해 평가 및 화장품 안전의 일반사항에 대한 설명으로 옳은 것을 모두 고르시오.

ㄱ. 개인별 화장품 사용에 관한 편차를 고려하여 일반 사용환경에서 화장품 성분을 위해평가 한다.
ㄴ. 화장품 성분의 안정성은 노출조건에 따라 달라질 수 있다. 노출조건은 화장품의 형태, 접촉 빈도 및 기간, 관련 체표면적 등에 따라 달라질 수 있다.
ㄷ. 제품에 대한 위해평가는 개개 제품에 따라 다를 수 있으나 일반적으로 화장품의 위험성은 각 원료성분의 독성자료에 기초하며, 모든 원료성분에 대해 독성자료가 필요하다.
ㄹ. 화장품의 사용방법에 따라 피부 흡수 또는 예측 가능한 경구섭취, 흡입독성에 의한 전신 독성이 고려될 수 있다.
ㅁ. 화장품 성분의 화학구조에 따라 물리·화학적 반응 및 생물학적 반응이 결정되며 화학적 순도, 조성 내의 다른 성분들과의 상호작용 및 피부 투과 등은 효능과 안전성 및 안정성에 영향을 미칠 수 있다.

① ㄱ, ㄴ
② ㄴ, ㄷ
③ ㄷ, ㄹ
④ ㄷ, ㅁ
⑤ ㄹ, ㅁ

답 ⑤

해 ㄱ. 개인별 화장품 사용에 관한 편차를 고려하여 일반적으로 일어날 수 있는 최대 사용 환경에서 화장품 성분을 위해평가 한다.
ㄴ. 화장품 성분의 안전성은 노출조건에 따라 달라질 수 있다. 노출조건은 화장품의 형태, 농도, 접촉 빈도 및 기간, 관련 체표면적, 햇빛의 영향 등에 따라 달라질 수 있다.
ㄷ. 제품에 대한 위해평가는 개개 제품에 따라 다를 수 있으나 일반적으로 화장품의 위험성은 각 원료성분의 독성자료에 기초한다. 과학적 관점에서 모든 원료성분에 대해 독성자료가 필요한 것은 아니다. 현재 활용 가능한 자료가 우선적으로 검토될 수 있다. [출처] 화장품 위해평가 가이드라인

027

세정력과 거품 형성이 우수하여 화장품에서 인체세정용 제품으로 활용되는 계면활성제를 고르시오.

① 소듐라우릴설페이트
② 코카마이드MEA
③ 알킬디메틸암모늄클로라이드
④ 베헨트라이모늄클로라이드
⑤ 폴리솔베이트60

답 ①

해 ① **소듐라우릴설페이트**: 음이온 계면활성제
② **코카마이드MEA**: 비이온 계면활성제
③ **알킬디메틸암모늄클로라이드**: 양이온 계면활성제
④ **베헨트라이모늄클로라이드**: 양이온 계면활성제
⑤ **폴리솔베이트60**: 비이온 계면활성제

028

「우수화장품 제조 및 품질관리기준[CGMP]」제19조, 20조, 21조에 따른 설명으로 옳은 것을 고르시오.

① 완제품 보관용 검체는 일반적으로 개별 화장품의 취약성, 예상되는 운반, 보관, 진열 및 사용 과정에서 뜻하지 않게 일어나는 가능성 있는 가혹한 조건에서 품질 변화를 검토하기 위해 사용하는 것으로 가혹한 환경 및 조건에서 보관한다.
② 품질부서 검체 채취 담당자가 제품 시험용 및 보관용 검체를 채취하며 제조책임자가 제품 시험을 책임지고 실시한다.
③ 시험용 검체는 사용기한까지 보관한다. 다만 개봉 후 사용기간을 정하는 경우 제조일로부터 3년간 보관한다.
④ 보관용 검체를 보관하는 목적은 제품의 사용기한 중에 발생할지도 모르는 재검토작업에 대비하기 위함이며, 시판 제품의 포장형태와 동일하여야 한다.
⑤ 보관용 검체의 용기에는 명칭 또는 확인코드, 제조번호, 검체채취 일자를 기재하여야 한다.

답 ④

해 1. 완제품 보관 검체는 제품이 가장 안정한 조건에서 보관한다.
2. 제품 검체채취는 품질관리부서가 실시하는 것이 일반적이다. 제품 시험 및 그 결과 판정은 품질관리부서의 업무다. 제품 시험을 책임지고 실시하기 위해서도 검체 채취를 품질관리부서 검체채취 담당자가 실시한다. 원재료 입고 시에 검체채취라면 다른 부서에 검체 채취를 위탁하는 것도 가능하나 제품 검체채취는 품질관리부서 검체채취 담당자가 실시한다. 불가피한 사정이 있으면 타 부서에 의뢰할 수는 있다.
3. 시험용 검체는 보존기간을 정해 놓는다. 일반적으로는 제품시험이 종료되고 그 시험결과가 승인되면 폐기한다. 시험 시에 여러 번 개봉된 검체는 각종 오염이 발생할 가능성이 있으므로 장기간 보존해도 의미가 없다.
5. 시험용 검체의 용기에는 다음 사항을 기재하여야 한다. 1. 명칭 또는 확인코드 2. 제조번호 3. 검체채취 일자

완제품 보관 검체의 주요 사항

- 제품을 사용기한 중에 재검토(재시험 등)할 때에 대비 한다.
  - 제품을 그대로 보관한다.
  - 각 뱃치를 대표하는 검체를 보관한다.
  - 일반적으로는 각 뱃치별로 제품 시험을 2번 실시할 수 있는 양을 보관한다.
  - 제품이 가장 안정한 조건에서 보관한다.
  - 사용기한까지 또는 개봉 후 사용기간을 기재하는 경우에는 제조일로부터 3년간 보관한다.

029

식품의약품안전처 고시「화장품 안전기준 등에 관한 규정」에 따라 옳은 설명을 〈보기〉에서 모두 고르시오.

〈보기〉

ㄱ. 로션 제품을 10배 희석한 것에 0.2ml를 채취하여 두 배지에 도말하여 검사한 결과 평균 세균수 10개/mL, 진균수 6개/mL가 검출되어 적합 판정하였다.

ㄴ. 바디오일 제품 2개를 혼합한 것이 포름알데하이드가 60㎍/g 검출되어 "이 성분에 과민한 사람은 주의해 주십시오"라는 문구를 사용시 주의사항에 표기해야 한다.

ㄷ. 폼 클렌저의 pH가 2.4, 안티몬이 6ppm, 디옥산 0.01mg 검출되어 부적합 판정을 내렸다.

ㄹ. 탤크를 함유한 파우더 제품에 납 35ppm, 비소 0.0012%, 검출되어 부적합 판정을 내렸다.

ㅁ. 토너에 메탄올이 1000㎕/L 검출되어 부적합 판정을 내렸다.

① ㄱ, ㄷ ② ㄱ, ㄹ
③ ㄴ, ㅁ ④ ㄴ, ㄹ
⑤ ㄷ, ㅁ

답 ②

해 ㄱ.
로션 제품의 세균수(개/mL) : 10×10÷0.2=500
로션 제품의 진균수(개/mL) : 6×10÷0.2=300
∴총호기성생균수=세균수+진균수
=500+300=800(개/mL)
로션의 미생물한도는 총호기성생균수 1000개/g(mL) 이므로 적합하다.

ㄴ. 포름알데하이드 0.05% 이상 검출된 제품에 "이 성분에 과민한 사람은 주의해 주십시오"라는 문구를 사용시주의사항에 표기해야한다. 1㎍/g=0.0001% 이므로 60㎍/g=0.0060%이다. 이는 0.05% 이하의 수치이다. 따라서 해당 사용시주의사항을 표기하지 않아도 된다.

ㄷ. 폼 클렌저는 씻어내는 제품이므로 pH기준이 적용되지 않는다. 또한 안티몬의 경우 1㎍/g=1ppm 이므로 6㎍/g=6ppm이다. 안티몬의 기준은 10㎍/g 이하이므로 적합하다. 디옥산의 경우 1mg=1000 ㎍/g이므로 0.01mg=10㎍/g이다. 디옥산의 기준은 100㎍/g 이하이므로 적합하다.
따라서 해당 폼클렌저는 적합판정을 내려야한다.

ㄹ. 탤크를 함유한 파우더 제품은 점토를 원료로 사용한 분말제품이다. 납의 경우, 35ppm=35㎍/g 이므로 해당 제품의 납의 허용한도 50㎍/g 이하에 적합하다. 비소의 경우 0.0012%=12㎍/g이므로 비소의 허용한도 10㎍/g 이하를 벗어났다. 따라서 해당제품은 부적합하다.

ㅁ. 1㎕/L=0.0001%(v/v)이므로 1000㎕/L=0.1%(v/v) 이다. 따라서 메탄올의 검출한도 0.2(v/v)% 이하를 충족하므로 적합하다.

030

「우수화장품 제조 및 품질관리기준[CGMP]」에 따른 설비에 대한 설명으로 옳은 것을 고르시오.

① 게이지와 미터는 온도, 압력, 흐름, pH, 점도, 속도, 부피 등을 측정 및 또는 기록하기 위해 사용되는 기구이며 설계 고려 대상은 설비의 작업부분과 제품이 접촉하는 것을 최대화하여 설비가 제대로 움직이지 않게 해야한다.

② 탱크의 구성 재질은 구리, 알루미늄 등으로 한다.

③ 이송파이프는 메인 파이프에서 두 번째 라인으로 흘러가도록 밸브를 사용할 때 밸브는 데드렉(dead leg)을 방지하기 위해 주 흐름에 가능한 한 가깝게 위치해야하며, 이송파이프는 이음새로 연결되어서는 안 된다.

④ 펌프는 제품을 혼합하기 위해 사용되며, 기어는 점성이 있는 액체에 사용된다.

⑤ 믹서를 고르는 방법 중 일반적인 접근은 실제 생산 크기의 뱃치 생산 전에 시험적인 정률감소(scale-down) 기준을 사용하는, 뱃치들을 제조하는 것이다.

답 ④

해 ① 게이지와 미터는 온도, 압력, 흐름, pH, 점도, 속도, 부피 그리고 다른 화장품의 특성을 측정 및 또는 기록하기 위해 사용되는 기구이다. 게이지와 미터가 일반적으로 청소를 위해 해체되지 않을 지라도, 설계 시 제품과 접하는 부분의 청소가 쉽게 만들어져야 한다. 또한 설계 고려 대상은 설비의 작업부분과 제품이 접촉하는 것을 최소화하여 설비가 제대로 움직이지 않게 하는 것과 미생물 생장을 돕는 원인일 수 있는 제품 오염을 방지하는 수단이 포함되어야 하는 것이다.

② 탱크의 구성재질은 제품(포뮬레이션 또는 원료 또는 생산공정 중간생산물)과의 반응으로 부식되거나 분해를 초래하는 반응이 있어서는 안 된다. 현재 대부분 원료와 포뮬레이션에 대해 스테인리스 스틸은 탱크의 제품에 접촉하는 표면물질로 일반적으로 선호된다. 구리는 화학 반응성이 제법 큰 편으로 녹이 잘슨다.

③ 파이프 시스템에는 플랜지(이음새)를 붙이거나 용접된 유형의 위생처리 파이프시스템이 있다.

④ 펌프는 다양한 점도의 액체를 한 지점에서 다른 지점으로 이동하기 위해 사용된다. 종종 펌프는 제품을 혼합(재순환 및 또는 균질화)하기 위해 사용된다. 펌프는 뚜렷한 용도를 위해 다양한 설계를 갖는다. 널리 사용되는 두 가지 형태는 원심력을 이용하는 것과 Positive displacement(양극적인 이동)이다. 이들 두 유형들 안에 다음을 포함하는 많은 하위 그룹이 있다.

- 원심력을 이용하는 것 : 열린 날개차(Impeller), 닫힌 날개차(Impeller)
- 낮은 점도의 액체에 사용한다. 예 물, 청소용제
- Positive displacement(양극적인 이동) : Duo Lobe(2중 돌출부), 기어, 피스톤
- 점성이 있는 액체에 사용한다.
  예 미네랄오일, 에멀젼(크림 또는 로션)

⑤ 믹서를 고르는 방법 중 일반적인 접근은 실제 생산크기의 뱃치 생산 전에 시험적인 정률증가(scale-up) 기준을 사용하는, 뱃치들을 제조하는 것이다.

031

우수화장품 제조 및 품질관리기준(CGMP) 제24조에 따른 중대하지 않은 일탈인 것을 고르시오.

① 작업 환경이 생산 환경 관리에 관련된 문서에 제시하는 기준치를 벗어났을 경우

② 생산 시의 관리 대상 파라미터의 설정치 등에 있어서 설정된 기준치로부터 벗어난 정도가 15%이고 품질에 영향을 미치지 않는 것이 확인되어 있을 경우

③ 관리 규정에 의한 관리 항목(생산 시의 관리 대상 파라미터의 설정치 등)보다도 하위 설정(범위를 넓힌)의 관리 기준에 의거하여 작업이 이루어진 경우

④ 제조 공정에 있어서의 원료 투입에 있어서 동일 온도 설정 하에서의 투입 순서에서 벗어났을 경우

⑤ 생산 작업 중에 설비·기기의 고장, 정전 등의 이상이 발생하였을 경우

답 ④

해 ① 작업 환경이 생산 환경 관리에 관련된 문서에 제시하는 기준치를 벗어났을 경우 - 중대한 일탈

② 관리 규정에 의한 관리 항목(생산 시의 관리 대상 파라미터의 설정치 등)에 있어서 설정된 기준치로부터 벗어난 정도가 10% 이하이고 품질에 영향을 미치지 않는 것이 확인되어 있을 경우 - 중대하지 않은 일탈

③ 관리 규정에 의한 관리 항목(생산 시의 관리 대상 파라미터의 설정치 등)보다도 상위 설정(범위를 좁힌)의 관리 기준에 의거하여 작업이 이루어진 경우 - 중대하지 않은 일탈

⑤ 생산 작업 중에 설비·기기의 고장, 정전 등의 이상이 발생하였을 경우 - 중대한 일탈

032

「우수화장품 제조 및 품질관리기준(CGMP)」제2조, 제11조에 따른 포장재 및 입고관리에 대한 설명으로 보기 중 틀린 것을 고르시오.

〈보기〉

ㄱ. "포장재"란 운송을 위해 사용되는 외부 포장재를 비롯한 화장품의 포장에 사용되는 모든 재료를 말한다. 제품과 직접적으로 접촉하는지 여부에 따라 1차 또는 2차 포장재라고 말한다.

ㄴ. 2차 포장이란 1차 포장을 수용하는 1개 또는 그 이상의 포장과 보호재 및 표시의 목적으로 한 포장을 지칭하며 첨부문서를 포함한다.

ㄷ. 입고된 포장재는 보류, 적합, 부적합에 따라 각각의 구분된 공간에 별도로 보관되어야 하며 다만, 동일 수준의 보증이 가능한 다른 시스템이 있다면 대체할 수 있다. 필요한 경우 부적합된 포장재를 보관하는 공간은 잠금장치를 추가한다.

ㄹ. 원자재의 입고 시 구매 요구서, 원자재 공급업체 성적서 및 현품이 서로 일치하여야 하며, 필요한 경우 운송 관련 자료를 추가적으로 확인할 수 있다. 포장재 선적용기에 대해 확실한 표기오류, 용기손상, 봉인파손, 오염 등에 대해 육안으로 검사한다.

ㅁ. 외부로부터 반입되는 모든 포장재는 관리를 위해 표시해야 하며 필요한 경우 포장외부를 깨끗이 청소한다. 적합판정이 내려지면, 포장재는 생산 장소로 이송되며 품질이 부적합 되지 않도록 하기 위해 수취와 이송 중 관리 등 사전 관리가 필요하다.

① ㄱ, ㄴ
② ㄱ, ㄷ
③ ㄴ, ㄷ
④ ㄷ, ㄹ
⑤ ㄹ, ㅁ

답 ②

해 ㄱ. 포장재란 화장품의 포장에 사용되는 모든 재료를 말하며 운송을 위해 사용되는 외부 포장재는 제외한 것이다.

ㄷ. 입고된 포장재는 검사 중, 적합, 부적합에 따라 각각의 구분된 공간에 별도로 보관되어야 한다.

033

「우수화장품 제조 및 품질관리기준[CGMP]」제22조에 따른 기준일탈 제품의 처리 순서를 고르시오.

ㄱ. "시험, 검사, 측정이 틀림없음"을 확인
ㄴ. 기준일탈의 처리
ㄷ. 시험, 검사, 측정에서 기준일탈 결과 나옴
ㄹ. 격리보관
ㅁ. 기준일탈 제품에 불합격라벨 첨부
ㅂ. 기준일탈의 조사

① ㄷ-ㄱ-ㅂ-ㄹ-ㄴ-ㅁ
② ㄷ-ㄱ-ㅂ-ㄴ-ㄹ-ㅁ
③ ㄷ-ㅂ-ㄱ-ㄴ-ㅁ-ㄹ
④ ㄷ-ㅂ-ㄱ-ㄴ-ㄹ-ㅁ
⑤ ㄷ-ㅂ-ㄱ-ㄹ-ㄴ-ㅁ

답 ③

해 기준일탈 제품의 처리

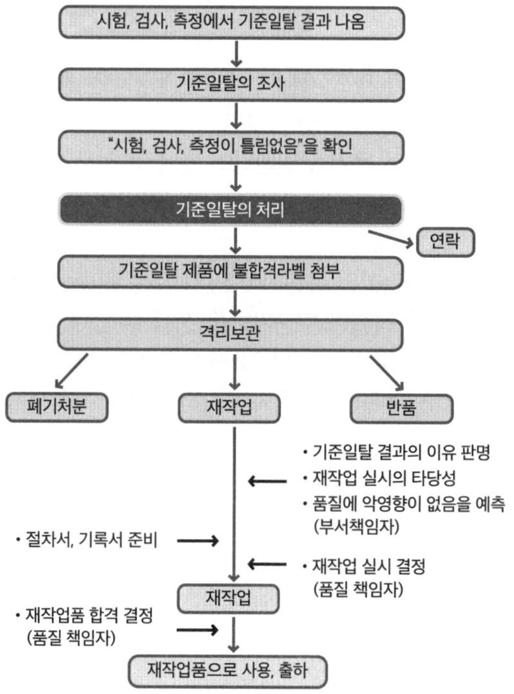

034

입고된 원료 및 내용물의 관리 기준으로 옳은 것을 고르시오.

① 원료가 재포장될 때, 새로운 용기에는 원래의 것과 다른 라벨링이 있어야 한다.

② 원료의 용기는 밀폐되어, 바닥에 적재하여 보관되어야한다.

③ 원료의 샘플링은 조도가 밝은 별도 공간에서 실시한다.

④ 보관기한이 규정되어 있지 않은 원료는 품질부문에서 적절한 보관기한을 정할 수 있으며 물질의 정해진 보관 기한이 지나면, 해당 물질을 무조건 폐기해야 한다.

⑤ 원칙적으로 원료공급처의 사용기한을 준수하여 원료의 보관기한을 설정하여야 하며, 사용기한 내에서 자체적인 재시험 기간과 최소 보관기한을 설정·준수해야 한다.

답 ③

해 ① 원료가 재포장될 때, 새로운 용기에는 원래와 동일한 라벨링이 있어야한다.

② 원료의 용기는 밀폐되어, 청소와 검사가 용이하도록 충분한 간격으로, 바닥과 떨어진 곳에 보관되어야 한다.

④ 보관기한이 규정되어 있지 않은 원료는 품질부문에서 적절한 보관기한을 정할 수 있다. 물질의 정해진 보관 기한이 지나면, 무조건 폐기하는 것이 아닌 해당 물질을 재평가하여 사용 적합성을 결정하는 단계가 있어야 한다. (원료의 최대보관기한을 설정하는 것이 바람직함)

⑤ 원료의 최소보관기한이 아닌 최대보관기한을 설정하는 것이 바람직하다.

035

「우수화장품 제조 및 품질관리기준(CGMP)」제8조에 따른 작업실 시설기준으로 옳은 것을 고르시오.

	청정도 등급	해당 작업실	청정공기 순환	관리기준
①	1	Clean bench	20 회/hr 이상 또는 차압 관리	부유균 :10개/㎥ 또는 낙하균 :20개/hr
②	2	일반 실험실	10 회/hr 이상 또는 차압 관리	부유균 :200개/㎥ 또는 낙하균:30개/hr
③	2	내용물 보관소	10 회/hr 이상 또는 차압 관리	부유균 :200개/㎥ 또는 낙하균 :30개/hr
④	3	원료 보관소	차압 관리	갱의, 포장재의 외부 청소 후 반입
⑤	4	갱의실	차압 관리	-

답 ③

해

청정도등급	1	2	3	4
대상시설	청정도 엄격관리	화장품 내용물이 노출되는 작업실	화장품 내용물이 노출 안 되는 곳	일반 작업실 (내용물 완전폐색)
해당작업실	Clean bench	제조실, 성형실, 충전실, 내용물보관소, 원료 칭량실 미생물시험실	포장실	포장재보관소, 완제품보관소, 관리품보관소, 원료보관소 갱의실, 일반시험실

청정공기순환	20회/hr 이상 또는 차압 관리	10회/hr 이상 또는 차압 관리	차압관리	환기장치
구조조건	Pre-filter, Med-filter, HEPA-filter, Clean bench/booth, 온도 조절	Pre-filter, Med-filter, (필요시 HEPA-filter), 분진발생실 주변 양압, 제진 시설	Pre-filter 온도조절	환기 (온도조절)
관리기준	낙하균: 10개/hr 또는 부유균: 20개/㎥	낙하균: 30개/hr 또는 부유균: 200개/㎥	갱의, 포장재의 외부 청소 후 반입	
작업복장	작업복, 작업모, 작업화	작업복, 작업모, 작업화	작업복, 작업모, 작업화	

036

「우수화장품 제조 및 품질관리기준[CGMP]」에 따른 설비세척, 소독 및 판정에 대한 설명으로 틀린 것을 〈보기〉에서 모두 고르시오.

〈보기〉

ㄱ. 물 또는 증기만으로 설비를 세척할 수 있으면 가장 좋으며, 브러시 등의 세척 기구를 적절히 사용해서 세척한다.
ㄴ. 설비 소독 시 직열의 방법은 다루기 어려운 설비나 파이프에 효과적이며 일반적으로 많이 사용되는 방법이다. 또한 습기가 다량발생되고 고에너지가 소비된다.
ㄷ. 닦아내기 판정 시 설비 별로 닦아내는 천의 색상을 미리 정해 놓고 정해놓은 색상만 써야 한다.
ㄹ. 린스 정량법은 상대적으로 복잡한 방법이지만, 수치로서 결과를 확인할 수 있다. 단, 잔존하는 불용물은 정량할 수 없다.
ㅁ. 린스 액의 최적정량방법으로서 박층 크로마토그래프법(TLC)을 사용하고 HPLC법은 사용하지 않는다.

① ㄱ, ㄴ
② ㄴ, ㄷ
③ ㄴ, ㄷ, ㅁ
④ ㄴ, ㄷ, ㄹ
⑤ ㄴ, ㄷ, ㄹ, ㅁ

답 ③

해 ①
ㄴ. 물리적 소독제로서 온수, 스팀은 습기가 다량 발생하며 고에너지를 소비한다. 설비 소독 시 직열의 방법은 설비나 파이프에 효과적이나 일반적으로 사용하는 방법은 아니다.
ㄷ. 흰 천을 사용할지 검은 천을 사용할지는 설비의 종류에 따른 것이 아닌, 전회 제조물 종류로 정하면 된다.
ㅁ. 린스 액의 최적정량방법은 HPLC법이나 잔존물의 유무를 판정하는 것이면 박층크로마토그래피(TLC)에 의해 간편 정량이 가능하다.

소독제 유형	종류	사용법	특징
물리적 소독제	스팀	100℃ 물을 이용하여 30분 이상 스팀한다.	긴 소독시간으로 인해 고에너지가 소비되고 습기가 다량발생하여 보일러나 파이프에 잔류물이 많이 남는다.
	온수	80~100℃의 물에 30분, 70~80℃의 물에는 2시간 동안 담근다.	많은 양의 물이 필요, 긴 소독시간으로 인한 고에너지 소비, 습기다량 발생
	직열	전기를 가열하는 테이프 사용	일반적으로 사용되는 방법은 아님
화학적 소독제	염소유도체 (차아염소산나트륨, 차아염소산칼슘, 차아염소산리튬)	200ppm, 30 분	찬물에 용해되어 사용이 쉽고 우수한 효과를 나타내지만 부식성과 피부자극이 있다. 단독으로 사용 가능하며 빛과 온도에 예민하고 향, PH 증가시 효과가 감소된다.
	4급암모늄 화합물 (양이온계면 활성제)	200ppm	물에 단독으로 용해하여 사용하며 세정작용이 우수하다. 하지만 세균 포자에 효과가 없고, 중성/약알칼리에서 소독은 가장 효과적이다. 경수, 음이온 세정제에 의해 불활성화된다.
	아이소프로필 알코올, 에탄올	아이소프로필 알코올 60~70%, 15분, 에탄올 60~95%,15분	빠른 건조로 인해 세척이 불필요하며 사용이 간편하고 단독으로 사용한다. 세균 포자에는 효과가 없으며 화재 및 폭발의 위험이 있으며 피부보호가 필요하다.
	페놀, 염소화 페놀	1:200 용액	탈취, 세정작용이 우수하고 사용 후 세척을 반드시 해야 하며 피부자극이 있다. 용액상태로 불안정하여 2~3시간 이내 사용해야 하며 고비용이 지출된다.
	인산용액	내부규정에 따름	저비용, 저온도에서 사용하고 스테인리스 소독에 적합하다. 알카리성 조건하에서 소독효과가 떨어진다.
	과산화수소	35% 용액의 1.5%, 30분	유기물에 효과적이며 고농도시 폭발성, 반응성이 있다. 피부보호가 필요하다.

037

「우수화장품 제조 및 품질관리기준[CGMP]」제8조, 제10조에 따른 시설, 설비 및 기구 관리에 대한 설명으로 옳은 것을 고르시오.

ㄱ. 유지관리는 예방적 활동, 유지보수, 정기 검교정으로 나눌 수 있다. 유지보수는 고장 발생 시의 긴급점검이나 수리를 말하며, 작업을 실시할 때, 설비의 갱신, 변경으로 기능이 변화해도 된다.
ㄴ. 제조 및 품질관리에 필요한 설비 등은 사용목적에 적합하고, 청소가 가능하며, 필요한 경우 위생·유지관리가 가능하여야 한다. 자동화시스템을 도입한 경우는 다를 수 있다.
ㄷ. 제조하는 화장품의 종류·제형에 따라 적절히 구획·구분되어 있어 교차오염 우려가 없을 것.
ㄹ. 수세실과 화장실은 접근이 용이하도록 생산구역 내에 위치시킨다.
ㅁ. 천장은 가능한 매끄러운 표면을 지니도록 하고 바닥은 거칠게 한다.

① ㄱ, ㄴ ② ㄱ, ㄷ
③ ㄴ, ㄷ ④ ㄷ, ㄹ
⑤ ㄹ, ㅁ

답 ②

해 ㄴ. 제조 및 품질관리에 필요한 설비 등은 사용목적에 적합하고, 청소가 가능하며, 필요한 경우 위생·유지관리가 가능하여야 한다. 자동화시스템을 도입한 경우도 또한 같다.
ㄹ. 적절하고 깨끗한 수세실과 화장실을 마련하고 수세실과 화장실은 접근이 쉬워야 하나 생산구역과 분리되어 있을 것
ㅁ. 바닥, 벽, 천장은 가능한 청소하기 쉽게 매끄러운 표면을 지니고 소독제 등의 부식성에 저항력이 있을 것

038

고객이 구입한 맞춤형화장품 내용물에 검은 물질이 검출되어 항의하기 위해 판매업소에 해당 맞춤형화장품을 가지고 왔다. 〈보기〉는 해당 맞춤형화장품의 전성분이다. 재발방지를 위해 맞춤형화장품조제업자가 해야 할 행동은?

〈보기〉

전성분 : 정제수, 부틸렌글라이콜, 글리세린, 트라이에탄올아민, 글리세릴스테아레이트, 참마뿌리추출물, 판테놀, 베타인, 피이지-100스테아레이트, 소듐하이알루로네이트, 세테아릴알코올, 벤질알코올, 스쿠알란, 비즈왁스, 디메치콘, 카보머, 미네랄오일

① 에멀전이 분리되어서 발생했으므로 유화제를 더 첨가하여 제형을 안정화시킨다.

② 보존제인 페녹시에탄올 1%를 추가한다.

③ 도구 및 기기 세척 및 70% 에탄올 소독하여 위생관리를 한다.

④ 징크옥사이드를 넣어 제품을 하얗게 보이게 한다.

⑤ 시트릭애씨드를 첨가하여 pH를 낮춘다.

답 ③

해 ② 맞춤형화장품조제관리사는 사용한도가 있는 보존제를 맞춤형화장품에 첨가할 수 없다.

039

〈보기〉는 「화장품 안전기준 등에 관한 규정」[별표 4] 유통화장품 안전관리 시험방법에 따라 황색포도상구균을 검출하는 시험방법이다. 빈칸에 들어갈 알맞은 말을 고르시오.

〈검액의 조제 및 조작〉

검체 1 g 또는 1 mL를 달아 카제인대두소화액체배지를 사용하여 10 mL로 하고 30 ~ 35 ℃에서 24 ~ 48시간 증균 배양한다. 증균배양액을 (㉠)이식하여 30 ~ 35 ℃에서 24시간 배양하여 균의 집락이 검정색이고 집락주위에 황색투명대가 형성되며 그람염색법에 따라 염색하여 검경한 결과 그람 양성균으로 나타나면 (㉡)을 실시한다. (㉡) 음성인 경우 황색포도상구균 음성으로 판정하고, 양성인 경우에는 황색포도상구균 양성으로 의심하고 동정시험으로 확인한다.

	㉠	㉡
①	보겔존슨한천배지	응고효소시험
②	맥콘키한천배지	응고효소시험
③	카제인대두소화액체배지	응고효소시험
④	베어드파카한천배지	옥시다제시험
⑤	세트리미드한천배지	옥시다제시험

답 ①

해 황색포도상구균시험에는 보겔존슨한천배지 또는 베어드파카한천배지를 사용한다.

040

「화장품법 시행규칙」제14조의2, 제14조의3, 제14조의4 에 따른 설명으로 옳은 것을 〈보기〉에서 모두 고르시오.

ㄱ. 회수계획량의 3분의 1 이상을 회수한 경우 행정처분 기준이 업무정지라면 정지처분 기간의 3분의 1이하의 범위에서 경감한다.

ㄴ. 디페닐아민이 들어간 화장품은 회수를 시작한 날부터 15일 이내 회수를 종료해야 한다.

ㄷ. 데오도란트의 내용량 표기를 120mL로 했으나 실제 내용량이 114mL인 경우 일반일간신문의 게재가 생략되고 해당 영업자의 인터넷 홈페이지와 식품의약품안전처의 인터넷 홈페이지에 게재된다.

ㄹ. 탄저균에 오염된 화장품은 위해성등급 다등급에 해당된다.

ㅁ. 아이 섀도의 니켈 잔류 함량이 0.032mg인 경우 회수를 시작한 날부터 30일 이내 회수를 종료해야 한다.

① ㄱ, ㄷ ② ㄱ, ㄹ ③ ㄴ, ㅁ ④ ㄴ, ㄹ ⑤ ㄷ, ㅁ

답 ④

해 ㄱ. 회수계획량의 3분의 1 이상을 회수한 경우 행정처분기준이 업무정지 또는 품목의 제조·수입·판매 업무정지인 경우에는 정지처분기간의 3분의 2 이하의 범위에서 경감한다.

ㄴ. 디페닐아민은 사용할 수 없는 원료이므로 위해성 등급 가등급에 해당한다. 따라서 회수를 시작한 날부터 15일 이내 회수를 종료해야 한다.

ㄷ. 내용량의 기준을 위반한 화장품은 위해성 화장품에 해당되지 않는다.다만 기능성화장품의 기능성 성분 함량 부족시 유효성의 문제로 인해 위해성 등급 다등급에 해당된다

ㄹ. 탄저균은 병원미생물이다. 병원미생물에 오염된 경우 위해성 등급 다등급에 해당된다.

ㅁ. 1mg = 1000㎍/g이므로 0.032mg = 32㎍/g이다. 아이섀도는 눈 화장용 제품으로서 유통화장품 안전관리 기준 35㎍/g 이하를 충족하므로 위해성 화장품이 아니다.

041

「화장품 위해평가 가이드라인」에 따른 화장품 위해평가에 대한 설명으로 옳은 것을 모두 고르시오.

ㄱ. 위험성 확인은 위해요소에 노출됨에 따라 발생할 수 있는 독성의 정도와 영향의 종류 등을 파악하는 과정이다.

ㄴ. 위험성 결정은 위해요소 및 이를 함유한 화장품의 사용에 따른 건강상 영향을 인체노출허용량(독성기준값) 및 노출수준을 고려하여 사람에게 미칠 수 있는 위해의 정도와 발생빈도 등을 정량적으로 예측하는 과정이다.

ㄷ. 노출평가는 화장품 사용량, 피부흡수율 등의 관련 자료를 토대로 가상의 시나리오를 설정하여 이에 따른 인체 노출량을 정량적으로 산출하는 과정이다.

ㄹ. 위험에 대한 충분한 정보가 부족한 경우 위해평가 필요하다.

ㅁ. 피부로 노출된 경우의 전신노출량(SED) 산출 시 피부흡수율은 문헌에 보고된 값이나 실험값 중 신뢰성 있는 값을 선택하여 적용한다. 다만, 자료가 없는 경우 보수적으로 45%로 적용할 수 있다.

① ㄱ, ㄴ ② ㄱ, ㄷ ③ ㄴ, ㅁ ④ ㄷ, ㄹ ⑤ ㄹ, ㅁ

답 ②

해 ㄴ. 위해도 결정(Risk Characterization) : 위해요소 및 이를 함유한 화장품의 사용에 따른 건강상 영향을 인체노출 허용량(독성기준값) 및 노출수준을 고려하여 사람에게 미칠 수 있는 위해의 정도와 발생빈도 등을 정량적으로 예측하는 과정

ㄹ. 위험에 대한 충분한 정보가 부족한 경우는 위해평가가 불필요한 경우이다.

ㅁ. 피부로 노출된 경우의 전신노출량(SED) 산출시 피부흡수율은 문헌에 보고된 값이나 실험값 중 신뢰성 있는 값을 선택하여 적용한다. 다만, 자료가 없는 경우 보수적으로 50%로 적용할 수 있다.

042

다음은 포장재 소재별 특성을 나타낸 것이다. (가), (나)에 들어갈 소재의 종류를 고르시오.

(가) 반투명, 광택, 내약품성 우수, 내충격성 우수, 잘 부러지지 않음, 원터치 캡에 사용
(나) 내충격성 양호, 금속 느낌을 주기 위한 도금 소재로 사용, 향료, 알코올에 약함

	(가)	(나)
①	PP	ABS 수지
②	AS 수지	PS
③	PET	HDPE
④	PVC	PP
⑤	HDPE	PVC

답 ①

043

2021년 09월 04일 기준으로 사용기한이 가까운 순으로 나열한 것을 고르시오.

	제조 연월일	사용기한 또는 개봉 후 사용기간	개봉일
㉠	2021.08.07	제조연월일로부터 18개월	2021.08.15
㉡	2020.10.12	제조연월일로부터 29개월	2021.01.12
㉢	2021.03.23	제조연월일로부터 17개월	2021.04.18
㉣	2021.07.18	제조연월일로부터 24개월 (개봉 후 11개월)	2021.08.11
㉤	2021.05.30	제조연월일로부터 12개월 (개봉 후 5개월)	2022.02.24

① ㉣-㉤-㉠-㉡-㉢
② ㉣-㉤-㉢-㉠-㉡
③ ㉤-㉣-㉠-㉡-㉢
④ ㉤-㉣-㉢-㉠-㉡
⑤ ㉤-㉣-㉢-㉡-㉠

답 ④

해 ㉠ 제조연월일(2021.08.07)로부터 18개월 후는 2023.02.06
㉡ 제조연월일(2020.10.12)로부터 29개월 후는 2023.03.11
㉢ 제조연월일(2021.03.23)로부터 17개월 후는 2022.08.22
㉣ 제조연월일(2021.07.18)로부터 24개월 후는 2023.07.17.이고, 개봉일(2021.08.11)로부터 11개월 후는 2022.07.10.이다. 개봉 후 사용기한이 전체 사용기간 안에 있으므로 이 제품의 사용기한은 22.07.10이다.
㉤ 제조연월일(2021.05.30)로부터 12개월 후는 2022.05.29이고, 개봉일(2022.02.24)로부터 5개월 후는 2022.07.23.이다. 개봉 후 사용기한은 전체 사용기간 이후가 될 수 없기 때문에 이 제품의 사용기한은 22.05.29이다.

따라서 2021년 09월 04일 기준으로 사용기한이 가까운 순으로 나열하면 ⓜ-ⓡ-ⓒ-ⓐ-ⓛ이다.

044

「우수화장품 제조 및 품질관리기준(CGMP)」제15조에 따라 품질관리기준서에 포함되어야 하는 사항인 것을 〈보기〉에서 모두 고르시오.

〈보기〉

ㄱ. 원자재·벌크·완제품의 기준 및 시험방법
ㄴ. 완제품 등 보관용 검체의 관리
ㄷ. 시험결과 부적합품에 대한 처리방법
ㄹ. 공정검사의 방법
ㅁ. 취급 시의 혼동 및 오염 방지대책
ㅂ. 안정성 시험

① ㄱ, ㄷ
② ㄴ, ㄹ
③ ㄴ, ㅂ
④ ㄷ, ㅁ
⑤ ㄹ, ㅂ

답 ③

해 ① 제조 및 품질관리의 적합성을 보장하는 기본 요건들을 충족하고 있음을 보증하기 위하여 다음 각 항에 따른 제품표준서, 제조관리기준서, 품질관리기준서 및 제조위생관리기준서를 작성하고 보관하여야 한다.

② 제품표준서는 품목별로 다음 각 호의 사항이 포함되어야 한다.
1. 제품명
2. 작성연월일
3. 효능·효과(기능성 화장품의 경우) 및 사용할 때의 주의사항
4. 원료명, 분량 및 제조단위당 기준량
5. 공정별 상세 작업내용 및 제조공정흐름도
6. 삭제
7. 작업 중 주의사항
8. 원자재·벌크제품·완제품의 기준 및 시험방법
9. 제조 및 품질관리에 필요한 시설 및 기기
10. 보관조건
11. 사용기한 또는 개봉 후 사용기간
12. 변경이력
13. 그 밖에 필요한 사항

③ 제조관리기준서는 다음 각 호의 사항이 포함되어야 한다.
1. 제조공정관리에 관한 사항
가. 작업소의 출입제한
나. 공정검사의 방법
다. 사용하려는 원자재의 적합판정 여부를 확인하는 방법
라. 재작업 절차
2. 시설 및 기구 관리에 관한 사항
가. 시설 및 주요설비의 정기적인 점검방법
나. 장비의 검교정 및 성능점검 방법
3. 원자재 관리에 관한 사항
가. 입고 시 품명, 규격, 수량 및 포장의 훼손 여부에 대한 확인방법과 훼손되었을 경우 그 처리방법
나. 보관 장소 및 보관방법
다. 시험결과 부적합품에 대한 처리방법
라. 취급 시의 혼동 및 오염 방지대책
마. 출고 시 선입선출 및 칭량된 용기의 표시사항
바. 재고관리
4. 완제품 관리에 관한 사항
가. 입·출하 시 승인판정의 확인방법
나. 보관 장소 및 보관방법
다. 출하 시의 선입선출방법
5. 위탁제조에 관한 사항
가. 원자재의 공급, 벌크제품 또는 완제품의 운송 및 보관 방법
나. 수탁자 제조기록의 평가방법

④ 품질관리기준서는 다음 각 호의 사항이 포함되어야 한다.
1. 삭제
2. 시험검체 채취방법 및 채취 시의 주의사항과 채취 시의 오염방지대책
3. 시험시설 및 시험기구의 점검(장비의 검교정 및 성능점검 방법)
4. 안정성시험(해당하는 경우에 한함)
5. 완제품 등 보관용 검체의 관리
6. 표준품 및 시약의 관리
7. 위탁시험 또는 위탁 제조하는 경우 검체의 송부방법 및 시험 결과의 판정방법
8. 그 밖에 필요한 사항

⑤ 제조위생관리기준서는 다음 각 호의 사항이 포함되어야 한다.
1. 작업원의 건강관리 및 건강상태의 파악·조치방법
2. 작업원의 수세, 소독방법 등 위생에 관한 사항
3. 작업복장의 규격, 세탁방법 및 착용규정
4. 작업실 등의 청소(필요한 경우 소독을 포함한다. 이하 같다) 방법 및 청소주기
5. 청소상태의 평가방법
6. 제조시설의 세척 및 평가
7. 곤충, 해충이나 쥐를 막는 방법 및 점검주기
8. 그 밖에 필요한 사항

045

「화장품법」제3조의5에 따라 맞춤형화장품 판매업소에 근무하는 맞춤형화장품조제관리사의 결격사유가 아닌 것은?

ㄱ. 「정신건강증진 및 정신질환자 복지서비스 지원에 관한 법률」제3조제1호에 따른 정신질환자
ㄴ. 「마약류 관리에 관한 법률」제2조제1호에 따른 마약류의 중독자
ㄷ. 피성년후견인 또는 파산선고를 받고 복권되지 아니한 자
ㄹ. 「화장품법」 또는 「보건범죄 단속에 관한 특별조치법」을 위반하여 금고 이상의 형을 선고받고 그 집행이 끝나지 아니하거나 그 집행을 받지 아니하기로 확정되지 아니한 자
ㅁ. 「화장품법」제24조에 따라 등록이 취소되거나 영업소가 폐쇄된 날부터 1년이 지나지 아니한 자

① ㄱ, ㄴ
② ㄱ, ㅁ
③ ㄴ, ㄷ
④ ㄷ, ㅁ
⑤ ㄹ, ㅁ

답 ④

해 파산선고를 받고 복권되지 아니한자, 「화장품법」제24조에 따라 등록이 취소되거나 영업소가 폐쇄된 날부터 1년이 지나지 아니한 자는 맞춤형화장품조제관리사의 결격사유가 아니다.

맞춤형화장품조제관리사의 결격사유

1. 「정신건강증진 및 정신질환자 복지서비스 지원에 관한 법률」 제3조제1호에 따른 정신질환자. 다만, 전문의가 맞춤형화장품조제관리사로서 적합하다고 인정하는 사람은 제외한다.
2. 피성년후견인
3. 「마약류 관리에 관한 법률」 제2조제1호에 따른 마약류의 중독자
4. 이 법 또는 「보건범죄 단속에 관한 특별조치법」을 위반하여 금고 이상의 형을 선고받고 그 집행이 끝나지 아니하거나 그 집행을 받지 아니하기로 확정되지 아니한 자
5. 제3조의8에 따라 맞춤형화장품조제관리사의 자격이 취소된 날부터 3년이 지나지 아니한 자

046

제조시설 설비의 소독제의 조건 및 선택 시 고려할 사항으로 옳지 않은 것의 개수를 고르시오.

ㄱ. 항균 스펙트럼의 범위를 고려해야 한다.
ㄴ. 내성균의 출현 빈도를 고려해야 한다.
ㄷ. 물에 대한 용해성을 고려해야 한다.
ㄹ. 에탄올은 높은 농도일수록 소독이 잘 된다.
ㅁ. 대상 미생물의 종류와 수를 고려해야 한다.
ㅂ. 법 규제 및 소요비용을 고려해야 한다.
ㅅ. 소독 전에 존재하던 미생물을 최소한 95% 이상 사멸시켜야 한다.

① 0
② 1
③ 2
④ 3
⑤ 4

답 ③

해 ㄹ. 에탄올의 최적 살균 농도는 70~80%이다.
ㅅ. 소독 전에 존재하던 미생물을 최소한 99.9% 이상 사멸

소독제의 조건	소독제 선택 시 고려할 사항
• 사용 기간 동안 활성 유지 • 경제적이어야 함 • 사용 농도에서 독성이 없어야 함 • 제품이나 설비와 반응하지 않아야 함 • 불쾌한 냄새가 남지 않아야 함 • 광범위한 항균 스펙트럼 보유	• 대상 미생물의 종류와 수 • 항균 스펙트럼의 범위 • 미생물 사멸에 필요한 작용 시간, 작용의 지속성 • 물에 대한 용해성 및 사용 방법의 간편성 • 적용 방법(분무, 침적, 걸레질 등) • 부식성 및 소독제의 향취 • 적용 장치의 종류, 설치 장소 및 사용하는 표면의 상태 • 내성균의 출현 빈도
• 5분 이내의 짧은 처리에도 효과 구현 • 소독 전에 존재하던 미생물을 최소한 99.9% 이상 사멸 • 쉽게 이용할 수 있어야 함	• pH, 온도, 사용하는 물리적 환경 요인의 약제에 미치는 영향 • 잔류성 및 잔류하여 제품에 혼입될 가능성 • 종업원의 안전성 고려 • 법 규제 및 소요 비용

047

다음 〈보기〉는 「우수화장품 제조 및 품질관리기준(CGMP)」 적합판정을 받은 제조업소의 직원A와 신입사원B의 대화이다. 밑줄 친 대화 내용 중 틀린 것을 고르시오.

〈보기〉

A : B님, 저희 회사에 입사하기 전에도 다른 화장품 제조업소에서 일하셨다고 하셨죠?

B : 네, ① 현행법상 모든 화장품 제조업소 뿐만 아니라 제가 다니던 제조업소도 식품의약품안전처장으로부터 우수화장품 제조 및 품질관리기준 적합판정을 받아 CGMP 인증을 의무적으로 취득했습니다.

A: 그렇다면 우수화장품 제조

A : 그렇다면 우수화장품 제조 및 품질관리기준에 대하여 잘 아시겠군요. 하지만 저희 교육규정에 따라 B님은 CGMP 교육을 정기적으로 받으셔야 합니다.

B : 네, 알겠습니다.

A : 혹시 현재 피부에 외상이 있거나 질병에 걸리셨습니까? ② 피부에 외상이 있거나 질병에 걸렸다면 1차포장 업무뿐만 아니라 2차포장 업무도 불가능합니다.

B : 아니요, 저는 현재 피부에 외상도 없고 건강한 상태입니다.

A : 그렇다면 오늘 충진 업무를 하실 수 있겠군요. ③ 작업장에 입실하기에 앞서 손세정을 해야 합니다. 손을 대상으로 하는 세정제품으로는 고형 타입의 비누와 액상타입의 핸드 워시로 준비되어 있습니다. 각 화장실 및 수세실에 배치하였으로 참고하세요.

B : 비누를 손에 충분히 묻히고 흐르는 물에 손을 구석구석 깨끗이 닦았습니다. 이제 입실하면 되죠?

A : 아니요, ④ 손세정 후 반드시 손을 건조시켜야 합니다. 작업모, 작업복, 작업화를 제대로 착용하셨는지 점검하겠습니다.⑤ 2급지 작업실의 작업자는 반드시 방진복을 착용하고 작업장을 입실하여야 합니다.

답 ①

해 ① 모든 제조업소는 CGMP의 품질관리 기준을 따라야 하지만 CGMP인증을 의무적으로 취득할 의무는 없다.

② 제품 품질과 안전성에 악영향을 미칠지도 모르는 건강 조건을 가진 직원은 원료, 포장, 제품 또는 제품 표면에 직접 접촉 금지

③ 손을 대상으로 하는 세정제품으로는 고형 타입의 비누와 액상타입의 핸드 워시(hand wash), 물을 사용하지 않고 세정감을 주는 핸드새니타이저(hand sanitizer)로 구성되어 있다.

④ 물로 헹군 후 손이 재오염되지 않도록 종이 타월(일회용 타월) 또는 드라이어를 이용하여 손을 건조 시켜야 한다.

⑤ 2급지 작업실의 상부 작업자는 반드시 방진복을 착용하고 작업장을 입실해야 한다.

048

「우수화장품 제조 및 품질관리기준[CGMP]」제8조에 따라 작업소 시설에 관한 설명으로 틀린 것은?

① 공기 조절이란 "공기의 온도, 습도, 공중미립자, 풍량, 풍향, 기류의 전부 또는 일부를 자동적으로 제어하는 일"이며 공기 조절 4대요소는 실내온도, 청정도, 습도, 기류이다.

② HEPA-filter를 설치한 작업장에서 일반적인 작업을 실시하면 필터가 막혀버려서 오히려 작업장소의 환경이 나빠진다.

③ "팬코일+에어컨 방식" 보다 센트럴방식과 환기만 하는 방식으로 각각 설치하는 것이 비용적으로 더 바람직하다.

④ 공기 조절시 에어 필터를 통하여 외기를 도입하거나, 순환시킬 필요가 있다.

⑤ 청정 등급의 경우 각 등급 간의 공기의 품질이 다르므로 등급이 낮은 작업실의 공기가 높은 등급으로 흐르지 못하도록 어느 정도의 공기압차가 있어야 한다. 일반적으로는 2급지 >3급지> 4급지 순으로 실압을 높이고 외부의 먼지가 작업장으로 유입되지 않도록 설계한다.

답 ③

해 공기의 온·습도, 공중미립자, 풍량, 풍향, 기류를 일련의 덕트를 사용해서 제어하는 "센트럴 방식"이 가장 화장품에 적합한 공기 조절이다. 흡기구와 배기구를 천장이나 벽에 설치하고 굵은 덕트로 온·습도를 관리한 공기를 순환 또는 외기를 흐르게 한다. 이 방법은 많은 설비 투자와 유지비용을 수반한다. 한편 환기만 하는 방식과 센트럴 방식을 겹친 "팬 코일+에어컨 방식"은 비용적으로 바람직한 방식이다.

049

「우수화장품 제조 및 품질관리기준[CGMP]」제13조에 따라 보관관리에 대한 설명으로 옳지 않은 것은?

① 보관 조건은 각각의 원료와 포장재에 적합하여야 하고, 과도한 열기, 추위, 햇빛 또는 습기에 노출되어 변질되는 것을 방지할 수 있어야 한다.

② 원칙적으로 원료공급처의 사용기한을 준수하여 보관기한을 설정하여야 하며, 사용기한내에서 자체적인 재시험 기간과 최대 보관기한을 설정·준수해야 한다.

③ 원료와 포장재의 용기는 통풍이 잘 되도록 개방해 보관하며, 청소와 검사가 용이하도록 충분한 간격으로, 바닥과 떨어진 곳에 보관되어야 한다.

④ 원료와 포장재가 재포장될 경우, 원래의 용기와 동일하게 표시되어야 한다.

⑤ 재고의 회전을 보증하기 위한 방법이 확립되어 있어야 한다. 따라서 특별한 경우를 제외하고, 가장 오래된 재고가 제일 먼저 불출되도록 선입선출 한다.

답 ③

해 원료와 포장재의 용기는 밀폐되어, 청소와 검사가 용이하도록 충분한 간격으로, 바닥과 떨어진 곳에 보관되어야 한다.

050

「천연화장품 및 유기농화장품의 기준에 관한 규정」에 따라 천연화장품 및 유기농화장품의 용기와 포장에 사용할 수 없는 포장재를 고르시오.

ㄱ. 폴리에틸렌 테레프탈레이트
ㄴ. 폴리에틸렌
ㄷ. 폴리프로필렌
ㄹ. 폴리스티렌폼
ㅁ. 폴리염화비닐

① ㄱ, ㄴ
② ㄴ, ㄹ
③ ㄷ, ㅁ
④ ㄷ, ㄹ
⑤ ㄹ, ㅁ

답 ⑤

해 천연화장품 및 유기농화장품의 용기와 포장에 폴리염화비닐(Polyvinyl chloride (PVC)), 폴리스티렌폼(Polystyrene foam)을 사용할 수 없다.

051

「화장품법」제26조의2. 식품의약품안전처고시「소비자화장품안전관리감시원 운영 규정」에 따라 옳지 않은 것을 고르시오.

① 지방식약청장은 소비자화장품감시원의 활동실적 등을 고려하여 본인 및 소속단체장(제3조제2항에 따라 추천을 받은 경우)의 동의를 얻어 2년 단위로 그 임기를 연장할 수 있다.
② 소비자화장품감시원으로 위촉받고자 하는 자는 소비자화장품감시원을 대상으로 한 교육과정을 최소 8시간 이상 이수하여야 한다.
③ 식품의약품안전처장 또는 지방식품의약품안전청장은 소비자화장품감시원에 대하여 반기마다 화장품 관계법령 및 위해화장품 식별 등에 관한 교육을 실시하고, 소비자화장품감시원이 직무를 수행하기 전에 그 직무에 관한 교육을 실시하여야 한다.
④ 소비자화장품감시원은 해당 소비자화장품감시원을 위촉한 지방식약청의 관할 구역 내에서 직무수행을 하는 것을 원칙으로 한다. 다만 식품의약품안전처장이 계통조사를 명하면 소비자화장품감시원은 관할 구역 밖에서 직무를 수행할 수 있다.
⑤ 식품의약품안전처장이 정하여 고시하는 교육과정을 마친 사람은 소비자화장품안전관리감시원으로 위촉될 수 있다.

답 ②

해 1) 시행규칙 제26조제1항제1호에 따라 소비자화장품감시원으로 위촉받고자 하는 자 및 시행규칙 제26조의2제4항에 따른 소비자화장품감시원을 대상으로 한 교육내용은 다음 각 호와 같다.
1. 소비자화장품감시원의 임무 및 활동요령
2. 화장품 안전관리 정책방향 및 주요업무 계획
3. 법 제18조의2제2항 및 시행규칙 제26조의2제3항의 직무범위별 기본 요령
4. 관할 지역 내 화장품 안전관리 관련 현안사항 및 대책
5. 기타 화장품 관련 법령 및 제도 등

2) 시행규칙 제26조의2제1항제1호에 따라 소비자화장품감시원으로 위촉받고자 하는 자는 제1항의 교육과정을 최소 4시간 이상 이수하여야 한다.

052

「우수화장품 제조 및 품질관리기준[CGMP]」22조에 따른 재작업에 대한 설명으로 틀린 것을 고르시오.

① 뱃치 전체 또는 일부에 추가 처리를 하여 부적합품을 적합품으로 다시 가공하여 사용할 수 있다.

② 재입고할 수 없는 제품의 폐기처리규정을 작성하여야 하며 폐기 대상은 따로 보관하고 규정에 따라 신속하게 폐기하여야 함.

③ 재작업은 그 대상이 변질·변패 또는 병원미생물에 오염되지 아니하거나 사용기한이 1년 이상 남아있는 경우에 가능하다.

④ 기준일탈이 된 완제품 또는 벌크제품은 재작업할 수 있다. 하지만 폐기하는 것이 가장 바람직하며 재작업 여부는 품질 책임자에 의해 승인되어 진행된다.

⑤ 부적합 제품의 권한소유자는 제조책임자이며 재작업하기에 앞서 먼저 권한 소유자에 의한 원인조사가 필요하다.

답 ③

해 재작업은 그 대상이 다음 각 호를 모두 만족한 경우에 할 수 있다.

1. 변질·변패 또는 병원미생물에 오염되지 아니한 경우
2. 제조일로부터 1년이 경과하지 않았거나 사용기한이 1년 이상 남아있는 경우

053

「화장품법」제10조에 따라 10ml 이하 또는 10g 이하인 맞춤형화장품의 1,2차 포장에 반드시 들어가야 하는 것을 〈보기〉에서 모두 고르시오.

〈보기〉

ㄱ. 화장품의 명칭
ㄴ. 사용기한 또는 개봉 후 사용기간
ㄷ. 바코드
ㄹ. 가격[견본품, 비매품]
ㅁ. 내용물의 용량 또는 중량
ㅂ. 기능성화장품의 경우 '기능성화장품'이라는 글자 또는 기능성화장품을 나타내는 도안

① ㄱ, ㄴ
② ㄱ, ㄴ, ㄹ
③ ㄱ, ㄴ, ㄷ, ㄹ
④ ㄱ, ㄴ, ㄹ, ㅁ
⑤ ㄱ, ㄴ, ㄹ, ㅂ

답 ②

해

10mL(g) 이하 소용량 또는 비매품	〈1차 포장 또는 2차 포장 표기 내용〉 1. 화장품의 명칭 2. 화장품책임판매업자 및 맞춤형화장품판매업자의 상호 3. 가격(견본품, 비매품) 4. 제조번호와 사용기한 또는 개봉 후 사용기간(개봉 후 사용기간의 경우 제조연월일 병기)

054

「화장품법」제4조, 「화장품법 시행규칙」제9조, 「기능성화장품 심사에 관한 규정」 제6조에 따라 옳은 설명을 고르시오.

① 기능성화장품으로 인정받아 판매 등을 하려는 화장품제조업자, 화장품책임판매업자, 맞춤형화장품판매업자 또는 총리령으로 정하는 대학·연구소 등은 품목별로 안전성 및 유효성에 관하여 식품의약품안전처장의 심사를 받거나 식품의약품안전처장에게 보고서를 제출하여야 한다.

② 심사를 받은 기능성화장품에 대한 권리를 양도·양수할 수 없다.

③ 안전성에 관한 자료는「비임상시험관리기준」(식품의약품안전처 고시)에 따라 시험한 자료여야 한다. 다만, 인체첩포시험 및 인체누적첩포시험은 국내·외 대학 또는 전문 연구기관에서 실시하여야 하며, 관련분야 전문의사, 연구소 또는 병원 기타 관련기관에서 10년 이상 해당 시험 경력을 가진 자의 지도 및 감독 하에 수행·평가되어야 한다.

④ 유효성 또는 기능에 관한 자료 중 인체적용시험자료를 제출하여 효력시험자료 제출을 면제 받은 경우 해당 유효성분의 효능·효과를 기재·표시할 수 있다.

⑤ 자외선차단지수(SPF)가 10인 제품의 경우 자외선차단지수(SPF), 내수성자외선차단지수(SPF, 내수성 또는 지속내수성) 및 자외선A차단등급(PA) 설정의 근거자료의 자료 제출을 면제한다.

답 ⑤

해 ① 현재 「화장품법」제4조에서 기능성화장품 심사 신청 또는 보고서 제출은 화장품제조업자, 화장품책임판매업자 또는 총리령으로 정하는 대학·연구소 등만 할 수 있도록 규정하고 있어 맞춤형화장품판매업자는 기능성화장품 심사 신청 또는 보고서 제출이 불가능함

② 기능성화장품 심사를 받은 자 간에 법 제4조제1항에 따라 심사를 받은 기능성화장품에 대한 권리를 양도·양수하여 제1항에 따른 심사를 받으려는 경우에는 제1항 각 호의 첨부서류를 갈음하여 양도·양수계약서를 제출할 수 있다.

③ 안전성에 관한 자료는「비임상시험관리기준」(식품의약품안전처 고시)에 따라 시험한 자료. 다만, 인체첩포시험 및 인체누적첩포시험은 국내·외 대학 또는 전문 연구기관에서 실시하여야 하며, 관련분야 전문의사, 연구소 또는 병원 기타 관련기관에서 5년 이상 해당 시험 경력을 가진 자의 지도 및 감독하에 수행·평가되어야 함

④ 유효성 또는 기능에 관한 자료 중 인체적용시험자료를 제출하는 경우 효력시험자료 제출을 면제할 수 있다. 다만, 이 경우에는 효력시험자료의 제출을 면제받은 성분에 대해서는 효능·효과를 기재·표시할 수 없다.

⑤ 자외선차단지수(SPF) 10 이하 제품의 경우에는"자외선차단지수(SPF), 내수성자외선차단지수(SPF, 내수성 또는 지속내수성) 및 자외선A차단등급(PA) 설정의 근거자료"의 자료 제출을 면제한다.

055

다음 〈보기〉에서 맞춤형화장품조제관리사만이 할 수 있는 일의 개수를 고르시오.

ㄱ. 라벤더꽃오일 50%, 에탄올 50%을 혼합하여 향수를 조제한다.
ㄴ. 화장품책임판매업자가 내용물과 원료의 최종 혼합 제품을 기능성화장품으로 기 심사(또는 보고) 받은 나이아신아마이드 베이스에 벤질알코올을 혼합한다.
ㄷ. 손님이 가져온 로션 제품에 로션 내용물을 석는다.
ㄹ. 미리 소분해둔 100kg의 화장비누를 판매한다.
ㅁ. 토너에 자연적인 느낌을 주기 위해 에이치시 녹색1호를 첨가한다.
ㅂ. 화장품책임판매업자로부터 받은 로션베이스에 징크옥사이드 원료를 화장품책임판매업자가 기능성화장품 보고서 제출한 조합·함량의 범위 내에서 혼합한다.
ㅅ. 맞춤형화장품조제관리사가 수입한 크림베이스와 녹차추출물을 혼합한다.

① 0 ② 1
③ 2 ④ 3
⑤ 4

답 ②

해 ㄱ. 맞춤형화장품조제관리사는 원료와 원료를 혼합할 수 없다.
ㄴ. 벤질알코올은 사용 상 제한이 있는 원료(보존제)이므로 맞춤형화장품조제관리사가 이를 혼합할 수 없다.
ㄷ. 손님이 가져온 로션제품은 시중 유통 중인 제품이므로 맞춤형화장품 혼합·소분의 용도로 사용할 수 없다.
ㄹ. 소비자의 피부상태나 선호도 등을 확인하지 아니하고 맞춤형화장품을 미리 혼합·소분하여 보관하거나 판매하면 안된다. 또한 화장 비누(고체 형태의 세안용 비누)를 단순 소분한 화장품은 맞춤형화장품이 아니다.
ㅁ. 에이치시 녹색1호는 사용할 수 없는 원료(사용금지 원료)이다.
ㅂ. 맞춤형화장품에는 식약처장이 고시한 기능성화장품의 효능·효과를 나타내는 원료의 혼합이 원칙적으로 금지되어 있다. 다만, 맞춤형화장품판매업자에게 내용물 등을 공급하는 화장품책임판매업자가 사전에 해당 원료를 포함하여 기능성화장품 심사를 받거나 보고서를 제출한 경우에는 맞춤형화장품조제관리사가 기 심사 받거나 보고서를 제출한 조합·함량의 범위 내에서 해당 원료를 혼합할 수 있다.
ㅅ. 현행 화장품 법령상 화장품의 내용물과 원료는 화장품책임판매업자만 수입할 수 있으므로(표준통관예정보고를 하여야 함) 맞춤형화장품에 사용될 내용물과 원료를 수입하는 경우 수입 단계에서부터 화장품책임판매업자가 공급하여야 한다.

056

혼합시 제형의 안정성을 감소시키는 요인에 대한 설명으로 틀린 것을 고르시오.

① 원료 투입 순서가 달라지면 용해 상태 불량, 침전, 부유물 등이 발생할 수 있으며, 제품의 물성 및 안정성에 심각한 영향을 미치는 경우도 있다.
② 휘발성 원료의 경우 유화 공정 시 혼합 직전에 투입하고, 고온에서 안정성이 떨어지는 원료의 경우 냉각 공정 중에 별도 투입하여야 한다.
③ W/O(water in oil) 형태의 유화 제품 제조 시 수상의 투입 속도를 느리게 할 경우 제품의 제조가 어렵거나 안정성이 극히 나빠질 가능성이 있다.
④ 제조 온도가 설정된 온도보다 지나치게 높을 경우 가용화제의 친수성과 친유성의 정도를 나타내는 HLB(Hydrophilic-lipophilic balance)가 바뀌면서 운점(cloud point) 이상의 온도에서는 가용화가 깨져 제품의 안정성에 문제가 생길 수 있다.
⑤ 믹서의 회전속도가 느린 경우 유화 입자가 커져서 성상 또는 점도가 달라지거나 안정성에 영향을 미칠 수 있다.

답 ③

해 W/O(water in oil) 형태의 유화 제품 제조 시 수상의 투입 속도를 빠르게 할 경우 제품의 제조가 어렵거나 안정성이 극히 나빠질 가능성이 있음

057

화장품법 제13조 및「화장품 표시·광고 가이드라인」에 따라 의약품으로 잘못 인식할 우려가 있는 표시 또는 광고인 것을 모두 고르시오.

ㄱ. 인체세포·조직배양액을 사용해 세포성장을 촉진.
ㄴ. 붓기, 다크서클 완화.
ㄷ. 피부노화 완화, 안티에이징, 피부노화 징후 감소.
ㄹ. 얼굴윤곽개선, V라인 형성에 도움.
ㅁ. 빠지는 모발을 감소시킴.

① ㄱ, ㄴ
② ㄱ, ㄹ
③ ㄴ, ㄷ
④ ㄷ, ㅁ
⑤ ㄹ, ㅁ

답 ②

해

ㄱ. "세포성장을 촉진"은 의약품으로 잘못 인식할 우려가 있는 표시 또는 광고로써 금지표현이다.

의약품으로 잘못 인식할 우려가 있는 표시 또는 광고

구분	실증대상	비고
생리활성 관련	• 혈액순환 • 피부재생, 세포재생 • 호르몬 분비촉진 등 내분비 작용 • 유익균의 균형보호 • 질내 산도 유지, 질염 예방 • 땀 발생을 억제한다. • 세포 성장을 촉진한다. • 세포활력(증가), 세포 또는 유전자(DNA) 활성화	

*TIP "인체세포·조직배양액을 사용"이라는 표현의 경우 화장품 안전기준 등에 관한 규정 [별표 3]에 적합한 원료를 사용한 경우에만 불특정인의 '인체 세포·조직 배양액' 표현가능하다.

그 밖에 사실과 다르게 소비자를 속이거나 소비자가 잘못 인식하도록 할 우려가 있는 표시 또는 광고

구분	실증대상	비고
줄기세포 관련 표현	• 특정인의 '인체세포·조직배양액'기원표현 • 줄기세포가 들어 있는 것으로 오인할 수 있는 표현(다만, 식물줄기세포 함유 화장품의 경우에는 제외) 예 줄기세포 화장품, stem cell, ○억 세포 등	화장품 안전기준 등에 관한 규정 [별표 3]에 적합한 원료를 사용한 경우에만 불특정인의 '인체 세포·조직 배양액' 표현 가능

ㄴ. "붓기, 다크서클 완화"는 「화장품 표시·광고 실증에 관한 규정」에 따라 실증자료를 제출할 경우 사용할 수 있는 표현이다.

화장품 표시·광고 주요 실증대상

구분	실증대상	비고
1.「화장품 표시·광고 실증에 관한 규정」(식약처 고시) 별표 등에 따른 표현	• 여드름성 피부 사용에 적합 • 항균(인체세정용 제품에 한함) • 일시적 셀룰라이트 감소 • 붓기 완화 • 다크서클 완화 • 피부 혈행 개선 • 피부장벽 손상의 개선에 도움 • 피부 피지분비 조절 • 미세먼지 차단, 미세먼지 흡착 방지	인체적용시험 자료로 입증

ㄷ. "피부노화 완화, 안티에이징, 피부노화 징후 감소"는 「화장품 표시·광고 실증에 관한 규정」에 따라 실증자료를 제출할 경우 사용할 수 있는 표현이다.

화장품 표시·광고 주요 실증대상

구분	실증대상	비고
1.「화장품 표시·광고 실증에 관한 규정」(식약처 고시) 별표 등에 따른 표현	• 피부노화 완화, 안티에이징, 피부노화 징후 감소	인체적용시험자료, 인체외시험자료로 입증. 다만, 자외선차단, 주름개선 등 기능성 효능·효과를 통한 피부노화 완화 표현의 경우 기능성화장품 심사(보고) 자료를 근거자료로활용 가능

ㄹ. "얼굴윤곽개선, V라인 형성에 도움"은 의약품으로 잘못 인식할 우려가 있는 표시 또는 광고로써 금지표현이다.

의약품으로 잘못 인식할 우려가 있는 표시 또는 광고

구분	금지표현	비고
신체개선 표현	• 다이어트, 체중감량 • 피하지방분해 • 체형변화 • 몸매개선, 신체 일부를 날씬하게 한다.	

구분	금지표현	비고
신체개선 표현	• 가슴에 탄력을 주거나 확대시킨다. • 얼굴크기가 작아진다.	
	• 얼굴 윤곽개선, V라인	단, (색조 화장용 제품류 등으로서) '연출한다'는 의미의 표현을 함께 나타내는 경우 제외

ㅁ. "빠지는 모발을 감소시킨다"는 「화장품 표시·광고 실증에 관한 규정」에 따라 실증자료를 제출할 경우 사용할 수 있는 표현이다.

화장품 표시·광고 주요 실증대상

구분	실증대상	비고
1.「화장품 표시·광고 실증에 관한 규정」(식약처 고시) 별표 등에 따른 표현	• 빠지는 모발을 감소시킨다.	탈모 증상 완화에 도움을 주는 기능성화장품으로서 이미 심사받은 자료에 근거가 포함 되어 있거나 해당 기능을 별 도로 실증한 자료로 입증

구분	표시·기재 사항
1차 포장	1. 화장품의 명칭 2. 영업자의 상호(화장품제조업자, 화장품책임판매업자, 맞춤형화장품판매업자) 3. 제조번호 4. 사용기한 또는 개봉 후 사용기간(개봉 후 사용기간의 경우 제조연월일 병기) *소비자가 화장품의 1차 포장을 제거하고 사용하는 고형비누 등 총리령으로 정하는 화장품의 경우에는 표시를 생략할 수 있다.
1차 포장 또는 2차 포장	1. 화장품의 명칭 2. 영업자의 상호 및 주소(화장품제조업자, 화장품책임판매업자, 맞춤형화장품판매업자) 3. 해당 화장품 제조에 사용된 모든 성분(인체에 무해한 소량 함유 성분 등 총리령으로 정하는 성분은 제외) 4. 내용물의 용량 또는 중량 5. 제조번호 6. 사용기한 또는 개봉 후 사용기간(개봉 후 사용기간의 경우 제조연월일 병기) 7. 가격(맞춤형화장품만 해당) 8. 기능성화장품의 경우 "기능성화장품"이라는 글자 또는 기능성화장품을 나타내는 도안으로서 식품의약품안전처장이 정하는 도안 9. 사용할 때의 주의사항
1차 포장 또는 2차 포장	10. 그 밖에 총리령으로 정하는 사항 - 기능성화장품의 경우 심사받거나 보고한 효능·효과, 용법·용량 - 성분명을 제품 명칭의 일부로 사용한 경우 그 성분명과 함량(방향용 제품은 제외한다) - 인체 세포·조직 배양액이 들어있는 경우 그 함량 - 화장품에 천연 또는 유기농으로 표시·광고하려는 경우에는 원료의 함량 - 제2조 제8호부터 제11호까지(탈모, 여드름, 피부장벽, 튼살)에 해당하는 기능성화장품의 경우에는 "질병의 예방 및 치료를 위한 의약품이 아님"이라는 문구 - 다음 각 목의 어느 하나에 해당하는 경우 법 제8조제2항에 따라 사용기준이 지정·고시된 원료 중 보존제의 함량 가. 3세 이하의 영유아용 제품류인 경우 나. 4세 이상부터 13세 이하까지의 어린이가 사용할 수 있는 제품임을 특정하여 표시·광고하려는 경우 - 바코드(맞춤형화장품 제외) - 화장품의 용기 또는 포장에 표시할 때 제품의 명칭, 영업자의 상호는 시각장애인을 위한 점자 표시를 병행할 수 있다.

058

다음 〈보기〉를 읽고 맞춤형화장품 판매업자 A씨가 할 일로 옳지 못한 것을 모두 고르시오

"뷰티풀플레이스"이라는 맞춤형화장품 판매업소를 운영하고 있는 맞춤형화장품 판매업자 A씨의 영업계획은 2021년 9월 31일에 부산에서 서울로 업소를 이전하고 상호를 "원더풀플레이스"로 바꾸는 것이다. A씨는 사업확장을 하여 서울에 총 3개의 맞춤형화장품 판매업소를 차릴 계획이다. 또한 고용되었던 맞춤형화장품조제관리사 B씨는 2021년 10월 15일에 그만 두기로 하였고 2021년 10월 3일에 새로운 맞춤형화장품조제관리사 C를 고용할 계획이다.

〈보기〉

ㄱ. 맞춤형화장품조제관리사 자격을 취득한 A씨가 맞춤형화장품조제관리사를 겸직하여 하나의 지점에서 근무할 수 있으며 지점별 맞춤형화장품조제관리사 3명을 각각 신고한다.
ㄴ. 맞춤형화장품조제관리사의 변경 신고를 해야 한다.
ㄷ. 맞춤형화장품판매업소의 소재지 변경신고를 부산지방식품의약품안전청에 한다.
ㄹ. A씨는 소재지 및 상호 변경을 인터넷으로 접수한 후 맞춤형화장품판매업 신고필증의 뒷면에 변경사항을 적어야 한다.
ㅁ. A씨가 신고필증 원본을 식품의약품안전처장에게 우편으로 보낸다.

① ㄱ, ㄴ ② ㄱ, ㅁ
③ ㄴ, ㄷ ④ ㄷ, ㄹ
⑤ ㄹ, ㅁ

답 ④

해 ㄱ. 맞춤형화장품조제관리사 자격을 취득한 맞춤형화장품판매업자는 하나의 매장에서 맞춤형조제관리사 업무를 동시에 수행할 수 있다. 또한 맞춤형화장품판매업자는 판매장마다 맞춤형화장품조제관리사를 고용해야 한다.

ㄴ. 맞춤형화장품판매업소 맞춤형화장품조제관리사 C가 B가 퇴사 전 먼저 고용되었다고 해도 맞춤형화장품조제관리사 변경신고를 한다.

ㄷ. 맞춤형화장품판매업자가 제1항에 따른 변경신고를 하려면 별지 제6호의4서식의 맞춤형화장품판매업 변경신고서(전자문서로 된 신고서를 포함한다)에 맞춤형화장품판매업 신고필증과 그 변경을 증명하는 서류(전자문서를 포함한다)를 첨부하여 맞춤형화장품판매업소의 소재지를 관할하는 지방식품의약품안전청장에게 제출해야 한다. 이 경우 소재지를 변경하는 때에는 새로운 소재지를 관할하는 지방식품의약품안전청장에게 제출해야 한다.

ㄹ. 지방식품의약품안전청장은 변경신고가 그 요건을 갖춘 때에는 맞춤형화장품판매업 신고대장과 맞춤형화장품판매업 신고필증의 뒷면에 각각의 변경사항을 적어야 한다. 이 경우 맞춤형화장품판매업 신고필증은 신고인에게 다시 내주어야 한다.

ㅁ. 맞춤형화장품판매업의 변경신고 방법 : 의약품안전나라 시스템(nedrug.mfds.go.kr) 전자민원, 방문 또는 우편으로 신고하며, 신고필증 원본은 우편으로 보낸다.

059

다음 〈대화〉를 읽고 맞춤형화장품조제관리사 A가 고객 B와의 상담 내용을 참고하여 〈보기〉에서 옳게 처방한 성분의 개수를 고르시오(다만, 책임판매업자로부터 받은 기능성 성분은 기능성 허가를 받은 성분이며, 기능성 성분의 사용 함량(%)은 기능성화장품 심사시 자료제출이 생략되는 범위 내이다).

〈대화〉

A : 야외활동을 많이 해서 피부가 많이 그을렸어요. 그리고 요새 주름도 생긴 것 같아요. 제가 저번에 처방받은 전성분에 필요한 성분을 추가해주셨으면 좋겠어요.

B : 네, 우선 피부 측정부터 해봅시다.

(피부 측정 후)

B : 측정 결과를 확인해보니 고객님의 피부 수분도는 정상인데 고객님의 피부에 기미와 주름이 증가했네요. 미백 관련 기능성 성분과 주름 관련 기능성 성분을 기존제품에 추가해드리겠습니다.

A : 네, 그런데 조제관리사님 지용성인 미백 기능성 성분과 지용성인 주름 기능성 성분으로 부탁드립니다.

〈보기〉

ㄱ. 아데노신 0.03%
ㄴ. 아스코빌테트라이소팔미테이트 3.0%
ㄷ. 티타늄디옥사이드 15%
ㄹ. 소듐하이알루로네이트 1.0%
ㅁ. 레티닐팔미테이트 5000IU/g%

① 0 ② 1
③ 2 ④ 3
⑤ 4

답 ②

해 아스코빌테트라이소팔미테이트는 함량이 초과되었고 레티닐팔미테이트가 범주 내에 있다.

ㄱ. 아데노신은 수용성 주름개선 성분이며 자료제출이 생략되는 함량은 0.04%이다.
ㄴ. 아스코빌테트라이소팔미테이트는 지용성 미백성분이지만 자료제출이 생략되는 함량은 2%이다.
ㄷ. 티타늄디옥사이드는 자외선 차단 기능성성분이며 자료제출이 생략되는 함량은 25%이다.
ㄹ. 소듐하이알루로네이트는 기능성 성분이 아닌 보습성분이다.
ㅁ. 레티닐팔미테이트는 지용성 주름개선 성분이며 자료제출이 생략되는 함량은 10,000IU/g이다.

- 지용성 주름개선 성분 : 레티놀,레티닐팔미테이트,폴리에톡실레이티드레틴아마이드
- 수용성 주름개선 성분 : 아데노신
- 지용성 미백성분 : 유용성감초추출물, 알파-비사보롤, 아스코빌테트라이소팔미테이트
- 수용성 미백성분 : 닥나무추출물, 알부틴, 에칠아스코빌에텔, 아스코빌글루코사이드, 마그네슘아스코빌포스페이트, 나이아신아마이드

060

「화장품법 시행규칙」제12조에 따라 화장품책임판매업자가 준수하여야 할 사항으로 알맞지 않은 것을 고르시오.

① 다음 각 목의 어느 하나에 해당하는 성분을 0.5퍼센트 이상 함유하는 제품의 경우에는 해당 품목의 안정성시험 자료를 최종 제조된 제품의 사용기한이 만료되는 날부터 1년간 보존할 것. 가. 레티놀(비타민A) 및 그 유도체, 나. 아스코빅애시드(비타민C) 및 그 유도체, 다. 토코페롤(비타민E), 라. 과산화수소수, 마. 효소

② 제조업자로부터 받은 제품표준서 및 품질관리기록서(전자문서 형식을 포함한다)를 보관할 것.

③ 화장품의 제조를 위탁하거나 원료·자재 및 제품의 품질검사를 위하여 필요한 시험실을 갖춘 제조업자에게 품질검사를 위탁하는 경우 제조 또는 품질검사가 적절하게 이루어지고 있는지 수탁자에 대한 관리·감독을 철저히 하여야 하며, 제조 및 품질관리에 관한 기록을 받아 유지·관리하고, 그 최종 제품의 품질관리를 철저히 할 것.

④ 수입된 화장품을 유통·판매하는 영업으로 화장품책임판매업을 등록한 자는 제조국 제조회사의 품질관리기준이 국가 간 상호 인증되었거나, 제11조제2항에 따라 식품의약품안전처장이 고시하는 우수화장품 제조관리기준과 같은 수준 이상이라고 인정되는 경우에는 국내에서의 품질검사를 하지 아니할 수 있다. 이 경우 제조국 제조회사의 품질검사 시험성적서는 품질관리기록서를 갈음한다.

⑤ 수입된 화장품을 유통·판매하는 영업으로 화장품책임판매업을 등록한 자의 경우 대외무역법에 따른 수출·수입요령을 준수 및 전자무역 촉진에 관한 법률에 따른 전자무역문서로 표준통관예정보고를 할 것.

답 ①

해 다음 각 목의 어느 하나에 해당하는 성분을 0.5퍼센트 이상 함유하는 제품의 경우에는 해당 품목의 안정성시험 자료를 최종 제조된 제품의 사용기한이 만료되는 날부터 1년간 보존할 것

가. 레티놀(비타민A) 및 그 유도체
나. 아스코빅애시드(비타민C) 및 그 유도체
다. 토코페롤(비타민E)
라. 과산화화합물
마. 효소

061

맞춤형화장품의 제조에 사용되는 원료 및 내용물의 규격에 대한 설명이다. 옳지 않은 것을 고르시오.

① 표준온도는 20℃, 상온은 15~25℃, 실온은 1~30℃, 미온은 30~40℃로 한다. 냉소는 따로 규정이 없는 한 15℃ 이하의 곳을 뜻한다.

② 액체가 일정방향으로 운동할 때 그 흐름에 평행한 평면의 양측에 내부마찰력이 일어나는데 이 성질을 점성이라고 한다. 점성은 면의 넓이 및 그 면에 대하여 수직방향의 속도구배에 비례하며 그 비례정수를 절대점도라 하고 일정온도에 대하여 그 액체의 고유한 정수이다. 그 단위로서는 포아스 또는 센티포아스를 쓴다. 같은 온도의 액체의 밀도를 절대점도로 나눈 값을 운동점도라고 말하고 그 단위로는 스톡스 또는 센티스톡스를 쓴다.

③ 용액의 농도를 (1→5), (1→10), (1→100) 등으로 기재한 것은 고체물질 1 g 또는 액상물질 1 mL을 용제에 녹여 전체량을 각각 5 mL, 10mL, 100mL 등으로 하는 비율을 나타낸 것이다. 또 혼합액을 (1:10) 또는 (5:3:1) 등으로 나타낸 것은 액상물질의 1용량과 10용량과의 혼합액, 5용량과 3용량과 1용량과의 혼합액을 나타낸다.

④ 향취는 따로 규정이 없는 한 1g을 100mL 비커에 취하여 시험한다.

⑤ 화장품원료의 시험은 따로 규정이 없는 한 실온에서 실시하고 조작 직후 그 결과를 관찰하는 것으로 한다.

답 ②

해 절대점도를 같은 온도의 그 액체의 밀도로 나눈 값을 운동점도라고 말하고 그 단위로는 스톡스 또는 센티스톡스를 쓴다.

062

다음 중 안정성 및 유효성에 대한 설명으로 틀린 것을 고르시오.

① 원료에 함유된 화학적으로 규명된 성분 중 품질 관리 목적으로 정한 성분을 지표성분이라 한다.

② 안정성이란 다양한 물리·화학적 조건에서 화장품 성분이 일정한 상태를 유지하는 성질로 화학적 변화에는 변색, 변취, 오염, 결정 석출 등이 있고 물리적 변화에는 분리, 침전, 응집, 겔화, 휘발, 고화, 연화, 균열 등이 있다.

③ 다양한 물리·화학적 조건에서 화장품 성분의 변색, 변취, 상태변화 및 지표성분의 함량변화를 통해 화장품 성분의 변화정도를 평가하는 것을 성분 안정성평가라 한다.

④ 미백에 도움을 주는 효능을 가지는 나이아신아마이드는 화학적 유효성의 예이다.

⑤ 자외선 차단 효능을 가지는 징크옥사이드는 물리적 유효성의 예이다.

답 ④

해 생물학적 유효성이란 생물학적 특성(예 미백에 도움, 주름개선에 도움 등)을 기반으로 한 효과이다. 따라서 미백에 도움을 주는 효능을 가지는 나이아신아마이드는 생물학적 유효성 예이다.

063

다음 표는 외음부 세정제 100g의 시험성적서이다. 〈보기〉에서 옳은 설명을 모두 고르시오.

〈시험성적서〉

시험항목	시험결과
폴리에톡실레이티드레틴아마이드	0.1g
알부틴	1g
비중(25℃)	0.8(g/mL)
납	28㎍/g
비소	7ppm
수은	0.8㎍/g
세균수	460개/g(mL)
진균수	585개/g(mL)

ㄱ. "3세 이하의 영유아에게는 사용하지 말 것"이라는 사용시 주의사항을 제품에 표기해야 한다.

ㄴ. "폴리에톡실레이티드레틴아마이드는 「인체적용시험자료」에서 경미한 발적, 피부건조, 화끈감, 가려움, 구진이 보고된 예가 있음"이라는 사용 시의 주의사항을 제품에 표시해야 한다.

ㄷ. "알부틴은 「인체적용시험자료」에서 구진과 경미한 가려움이 보고된 예가 있음"이라는 사용 시의 주의사항을 제품에 표시해야 한다.

ㄹ. 해당 제품 내용물의 부피는 125mL이다.

ㅁ. 해당 제품은 위해화장품으로서 공표 시 일반일간신문의 게재 생략이 가능하다.

① ㄱ, ㄴ　② ㄱ, ㄷ
③ ㄱ, ㄹ　④ ㄷ, ㅁ
⑤ ㄹ, ㅁ

답 ③

해

대상 제품	표시 문구
폴리에톡실레이티드레틴아마이드 0.2% 이상 함유 제품	폴리에톡실레이티드레틴아마이드는 「인체적용시험자료」에서 경미한 발적, 피부건조, 화끈감, 가려움, 구진이 보고된 예가 있음
알부틴 2% 이상 함유 제품	알부틴은 「인체적용시험자료」에서 구진과 경미한 가려움이 보고된 예가 있음

ㄱ. 외음부세정제는 3세 이하의 영유아는 사용할 수 없다.

ㄴ. 해당 제품에 폴리에톡실레이티드레틴아마이드가 0.2% 이상에 해당되지 않으므로 주의사항은 표기하지 않는다.

ㄷ. 알부틴은 2% 미만으로 함유되어 있으므로 사용시 주의사항을 표기하지 않아도 된다.

ㄹ. 비중x부피 = 질량, 비중 = 질량 ÷ 부피이므로 0.8(g/mL) = 100(g) ÷ 부피(mL)

∴ 부피(mL) = 100 ÷ 0.8 = 125mL

ㅁ. 해당 제품의 총호기성생균수는 세균수와 진균수를 더한 값이다. 따라서 총호기성생균수 = 460 + 585 = 1045개/g(mL)이다. 미생물한도 기준은 기타화장품의 경우 1,000개/g(mL) 이상이므로 유통화장품 안전관리 기준에 적합하지 아니한 화장품이다. 납 함량 20㎍/g 이하에 위배되고 비소 10ppm(㎍/g) 이하, 수은 1㎍/g 이하이므로 비소와 수은의 함량은 적합이다. 따라서 위해성 등급 나등급에 해당한다. 위해성 등급 나등급에 해당하는 화장품은 ① 1개 이상의 전국 일반일간신문 게재 ② 해당 영업자의 인터넷 홈페이지에 게재 ③ 식품의 약품안전처의 인터넷 홈페이지에 모두 게재해야한다.

위해화장품의 공표

등급	공표방법
가등급, 나등급	① 1개 이상의 전국 일반일간신문 게재. ② 해당 영업자의 인터넷 홈페이지에 게재. ③ 식품의약품안전처의 인터넷 홈페이지에 게재 요청.
다등급	① 일반일간신문의 게재 생략. ② 해당 영업자의 인터넷 홈페이지에 게재. ③ 식품의약품안전처의 인터넷 홈페이지에 게재 요청.

064

「화장품법 시행규칙」제19조6항 [별표4]에 따른 화장품 포장의 표시기준 및 표시방법으로 옳지 않은 것은?

① 혼합원료는 개별 성분의 명칭 표시를 생략 할 수 있다.

② 공정별로 2개 이상의 제조소에서 생산된 화장품의 경우에는 일부 공정을 수탁한 화장품제조업자의 상호 및 주소의 기재·표시를 생략할 수 있다.

③ 착향제는 "향료"로 표시할 수 있다. 다만, 착향제의 구성 성분 중 식품의약품안전처장이 정하여 고시한 알레르기 유발성분이 있는 경우에는 향료로 표시할 수 없고, 해당 성분의 명칭을 기재·표시해야 한다.

④ 산성도(pH) 조절 목적으로 사용되는 성분은 그 성분을 표시하는 대신 중화반응에 따른 생성물로 기재·표시할 수 있고, 비누화반응을 거치는 성분은 비누화반응에 따른 생성물로 기재·표시할 수 있다.

⑤ 법 제10조제1항제3호에 따른 성분을 기재·표시할 경우 영업자의 정당한 이익을 현저히 침해할 우려가 있을 때에는 영업자는 식품의약품안전처장에게 그 근거자료를 제출해야 하고, 식품의약품안전처장이 정당한 이익을 침해할 우려가 있다고 인정하는 경우에는 "기타 성분"으로 기재·표시할 수 있다.

답 ①

해 혼합원료는 혼합된 개별 성분의 명칭을 기재·표시한다.

065

「화장품법 시행규칙」제18조에 따른 안전용기· 포장 대상이 아닌 것을 고르시오.

① 개별포장당 메틸살리실레이트를 7% 함유하는 비분무용 에센셜오일 제품
② 개별포장당 메틸살리실레이트를 15% 함유하는 액체상태의 향수
③ 개별포장당 미네랄오일을 12% 이상 함유하고 운동점도가 21센티스톡스(섭씨 40도 기준)이며 에멀젼이 아닌 액체상태의 비분무용 제품
④ 개별포장당 스쿠알란을 14% 함유한 로션
⑤ 아세톤을 함유하는 네일 에나멜 리무버 비분무용 제품

답 ④

해 미네랄오일 스쿠알란은 모두 탄화수소류이다.
④ 로션은 에멀젼 타입의 제품이므로 안전용기·포장 대상이 아니다.

안전용기·포장 대상

1. 아세톤을 함유하는 네일 에나멜 리무버 및 네일 폴리시 리무버
2. 어린이용 오일 등 개별포장 당 탄화수소류를 10퍼센트 이상 함유하고 운동점도가 21센티스톡스(섭씨 40도 기준) 이하인 에멀젼 형태가 아닌 액체상태의 제품
3. 개별포장당 메틸 살리실레이트를 5퍼센트 이상 함유하는 액체상태의 제품

066

맞춤형화장품에 대한 설명으로 틀린 것을 고르시오.

① 맞춤형화장품은 반드시 맞춤형화장품조제관리사가 조제해야 한다.
② 맞춤형화장품의 제조번호는 혼합·소분일을 의미한다.
③ 맞춤형화장품에 혼합할 수 있는 원료는 식품의약품안전처장이 고시한 화장품에 사용할 수 없는 원료, 화장품에 사용상의 제한이 필요한 원료, 기능성화장품의 효능·효과를 나타내는 원료를 제외한 나머지 원료를 혼합할 수 있다.
④ 맞춤형화장품판매업자는 원료와 내용물을 반드시 품질성적서와 함께 공급받아야한다.
⑤ 판매한 맞춤형화장품이 유해사례가 발생한 경우 즉시 회수하여 폐기처분한다.

답 ⑤

해 맞춤형화장품의 유해사례가 보고되면 즉시 식품의약품안전처장에게 보고해야 한다.

067

맞춤형화장품의 혼합 및 소분에 사용되는 장비 및 도구에 대한 설명으로 옳은 것을 고르시오.

① 핫플레이트는 내용물 및 원료 소분 시 무게를 측정할 때 사용한다.
② 스파츌라란 립스틱 및 선스틱 등 스틱 타입 내용물을 성형할 때 사용한다.
③ 가용화제품을 생산하기 위한 제조공정설비에는 아지믹서, 여과장치 등이 있고, 유화제품의 경우에는 호모믹서, 진공 유화 장치 등이 있다.
④ 오버헤드스터러는 터빈형의 회전 날개가 원통으로 둘러싸인 형태로 내용물에 내용물을 또는 내용물에 특정성분을 혼합 및 분산 시 사용한다.
⑤ 광학현미경은 액체 및 반고형제품의 유동성을 측정할 때 사용한다.

답 ③

해 ① **핫플레이트(hotplate)**: 랩히터(lab heater)라고도 함. 내용물 및 특정성분 온도를 올릴 때 사용
② **스파츌라(spatula)**: 내용물 및 특정성분의 소분 시 무게를 측정하고 덜어낼 때 사용
④ **오버헤드스터러(over head stirrer)**: 아지믹서(agi-mixer), 프로펠러믹서(propeller mixer), 분산기 (disper mixer)라고도 함. 봉(shaft)의 끝부분에 다양한 모양의 회전 날개가 붙어 있음. 내용물에 내용물을 또는 내용물에 특정성분을 혼합 및 분산 시 사용 하며 점증제를 물에 분산 시 사용
⑤ **광학현미경**: 유화된 내용물의 유화입자의 크기를 관찰할 때 사용

068

화장품에 사용되는 원료관리 방법과 표준작업절차서에 대한 내용으로 틀린 것을 모두 고르시오.

ㄱ. 모든 기록문서는 적절한 보존기간이 규정되어야 한다.
ㄴ. 표준작업절차서의 유효기간이 만료된 경우, 작업 구역으로부터 회수하여 폐기되어야 하며, 관련 직원이 확인할 수 없도록 한다.
ㄷ. 표준작업절차서는 정기적으로 재검토하고 최신 절차서 원본을 작업 현장에 비치해야한다.
ㄹ. 원료의 수급기간을 고려하여 최대발주량을 선정해 구매요청서로 발주하며, 원료 선적 용기에 대하여 확실한 표기 오류, 용기 손상, 봉인 파손, 오염 등에 대해 육안으로 검사 한다.
ㅁ. 화장품의 원료를 거래처로부터 받아서 원료의 구매 요청서와 성적서, 현품이 일치하는가를 살핀 후에 원료 입출고 관리장에 기록해야 하며, 필요한 경우 운송 관련 자료를 추가적으로 확인할 수 있다.

① ㄱ, ㄹ ② ㄱ, ㄷ
③ ㄴ. ㅁ ④ ㄷ, ㄹ
⑤ ㄷ, ㅁ

답 ④

해 ㄷ. 표준작업절차서의 원본 문서는 품질부서에서 보관하여야 하며, 사본은 작업자가 접근하기 쉬운 장소에 비치 · 사용하여야 한다(제조업체와 책임판매업체를 헷갈려 하면 안 된다. 책임판매관리자는 책임판매업소의 직원이다. 원료입고와 표준작업절차서는 제조소와 관련이 있다).

문서 보관
종이문서(hard-copy papers)
- 보관책임자와 보관 장소를 정해둔다.
  • CGMP문서, 절차서, 기록서의 원본은 품질관리부서가 바람직하다.
  • 필요하면 각 부서에 CGMP문서, 절차서, 기록서의 복사본을 배치한다.
  • 복사본을 충분히 관리한다.
  • 관리문서와 원자료(raw data)는 각 부서에서 관리한다.
- 보관기간을 정해둔다.

전자문서(electronic data processing records)
• 보관책임자를 정해둔다.
• 접근을 제한한다.
• 변경을 관리한다.
• 고쳐 쓰기를 방지한다.
• 백업을 한다.

ㄹ. 원료의 수급 기간을 고려하여 최소 발주량을 선정해 원료 발주 공문(구매 요청서)으로 발주한다. 원료의 사용기한은 화장품의 사용기한과 관련이 있기 때문이다.

069

다음 중 맞춤형화장품조제관리사가 조제할 수 없는 화장품을 고르시오.

① 크림 내용물에 소합향나무추출물을 0.3% 혼합한 화장품
② 크림 벌크에 히알루론산 60%을 혼합한 화장품
③ 화장품의 로션벌크와 에센스벌크를 혼합한 화장품
④ 10kg 액체비누를 소분한 화장품
⑤ 화장품의 로션 내용물에 색소를 혼합한 화장품

답 ①

해 소합향나무(Liquidambar orientalis) 발삼오일 및 추출물은 사용한도가 0.6%인 사용상의 제한이 있는 원료이므로 맞춤형화장품에 사용할 수 없다.

070

다음 〈보기〉는 화장품 안전기준 등에 관한 규정 [별표 4] 유통화장품 안전관리 시험방법의 일부이다. 빈칸에 들어갈 알맞은 숫자를 고르시오.

〈보기〉

검체 약 (㉠) g 또는 (㉠)mL를 취하여 100 mL 비이커에 넣고 물 (㉡)mL를 넣어 수욕상에서 가온하여 지방분을 녹이고 흔들어 섞은 다음 냉장고에서 지방분을 응결시켜 여과한다. 이때 지방층과 물층이 분리되지 않을 때는 그대로 사용한다. 여액을 가지고 「기능성화장품 기준 및 시험방법」(식품의약품안전처 고시) 일반시험법 1. 원료의 "47. pH측정법"에 따라 시험한다. 다만, 성상에 따라 투명한 액상인 경우에는 그대로 측정한다.

	㉠	㉡
①	1	10
②	1	20
③	1	30
④	2	20
⑤	2	30

답 ⑤

해 검체 약 2 g 또는 2 mL를 취하여 100 mL 비이커에 넣고 물 30 mL를 넣어 수욕상에서 가온하여 지방분을 녹이고 흔들어 섞은 다음 냉장고에서 지방분을 응결시켜 여과한다. 이때 지방층과 물층이 분리되지 않을 때는 그대로 사용한다. 여액을 가지고 기능성화장품 기준 및 시험방법 (식품의약품안전처 고시) 일반시험법 1. 원료의 "47. pH측정법"에 따라 시험한다. 다만, 성상에 따라 투명한 액상인 경우에는 그대로 측정한다.

071

「화장품 안전기준 등에 관한 규정」의 [별표3] 인체 세포·조직 배양액 안전기준에 따라 세포·조직 채취 및 검사기록서에 포함되어야 할 항목으로 옳은 것을 〈보기〉에서 모두 고르시오.

〈보기〉

ㄱ. 채취연월일

ㄴ. 검사자의 나이 및 혈액형

ㄷ. 공여자 적격성 평가 결과

ㄹ. 시험기관의 등급

ㅁ. 세포 또는 조직의 종류

ㅂ. 세포 또는 조직의 채취방법, 채취량

① ㄱ, ㅁ, ㅂ

② ㄱ, ㄴ, ㅁ, ㅂ

③ ㄱ, ㄷ, ㅁ, ㅂ

④ ㄱ, ㄹ, ㅁ, ㅂ

⑤ ㄱ, ㄷ, ㄹ, ㅁ, ㅂ

답 ③

해 세포 또는 조직에 대한 품질 및 안전성 확보에 필요한 정보를 확인할 수 있도록 다음의 내용을 포함한 세포·조직 채취 및 검사기록서를 작성·보존하여야 한다.

(1) 채취한 의료기관 명칭

(2) 채취 연월일

(3) 공여자 식별 번호

(4) 공여자의 적격성 평가 결과

(5) 동의서

(6) 세포 또는 조직의 종류, 채취방법, 채취량, 사용한 재료 등의 정보

072

「화장품법 시행규칙」 제19조(화장품 포장의 기재·표시 등)에 따라 「화장품법 시행규칙」 제2조(기능성 화장품의 범위)에 해당하는 제품에는 "질병의 예방 및 치료를 위한 의약품이 아님"이라는 문구를 반드시 표시해야 한다. 다음 기능성 화장품 중 이에 해당하는 제품이 아닌 것은?

① 탈모에 도움을 주는 탈모샴푸
④ 기미·주근깨 등의 생성을 억제함으로써 피부의 미백에 도움을 주는 크림
② 여드름성 피부를 완화하는데 도움을 주는 폼클렌저
③ 피부장벽의 기능을 회복하여 가려움 등의 개선에 도움을 주는 크림
⑤ 튼살로 인한 붉은 선을 엷게 하는데 도움을 주는 마사지크림

답 ②

해 피부에 침착된 멜라닌색소의 색을 엷게 하여 피부의 미백에 도움을 주는 기능을 가진 화장품은 "질병의 예방 및 치료를 위한 의약품이 아님"이라는 문구를 반드시 표시해야 하는 기능성 제품에 해당되지 않는다.
*TIP 여! 튼! 탈! 피! : 여드름, 튼살, 탈모, 피부장벽

073

모발의 생리구조에 대한 설명으로 옳은 것을 고르시오.

① 모표피는 물고기의 비늘처럼 사이사이 겹쳐 놓은 것과 같은 구조로 친수성의 성격이 강하고 모피질을 보호하는 화학적 저항성이 강한 큐티클층이다. 모소피는 단단한 케라틴으로 만들어져 마찰에 약하고 자극에 의해 쉽게 부러지는 성질이 있다.
② 모발의 생성 주기 중 휴지기 단계는 2~3주 기간이며 휴지기 단계에서 모모세포가 활동을 시작하면 새로운 모발로 대체된다.
③ 엔도큐티클(endoicuticle)은 시스틴이 많이 포함되어 있고, 시스틴 결합을 절단하는 퍼머넌트 웨이브의 작용을 받기 쉬운 층이다.
④ 모모세포는 모유두 조직 내에서 모낭 밑에 있는 모세 혈관으로부터 영양분을 공급받아 분열·증식하여 두발을 형성한다.
⑤ 엑소큐티클에는 모소피의 가장 안쪽에 있는 친수성의 내표피는 시스틴 함량이 적고 알칼리성에 약하다.

답 ④

해 ① 모표피는 물고기의 비늘처럼 사이사이 겹쳐 놓은 것과 같은 구조로 친유성의 성격이 강하고 모피질을 보호하는 화학적 저항성이 강한 큐티클층이다. 모소피는 단단한 케라틴으로 만들어져 마찰에 약하고 자극에 의해 쉽게 부러지는 성질이 있다.
② 휴지기(telogen stage) : 휴지기에는 모낭과 모유두가 완전히 분리되고 모낭도 더욱더 위축되어 모근은 위쪽으로 더 밀려 올라가 모발이 빠지게 된다. 휴지기의 기간은 약 2~3개월이며, 이 기간동안 모유두는 쉬게 된다. 이 휴지기에 해당하는 모발의 수는 전체 모발의 약 10%에 해당되며 휴지기에 들어선 후 약 3~4개월은 두피에 머무르다가 차츰 자연스럽게 빠지게 된다. 휴지기 상태의 모발이 약 20% 이상이 되어 탈모되는 수가 많아 질 때는 그 원인을 파악해서 더 이상 탈모가 진행되지 않도록 두피 및 모발관리를 해야 한다.
③ 내표피(endoicuticle, 엔도큐티클) : 모소피의 가장 안쪽에 있는 친수성의 내표피는 시스틴 함량이 적고 알칼리성에 약하다. 내표피는 접착력이 있는 세포막복합체(CMC, cell membrane complex)로 인접한 모표피를 밀착시키는 기능을 한다.
⑤ 엑소큐티클은 2황화결합(-S-S-)이 많은 비결정

질의 케라틴층으로 시스틴이 많이 포함되어 있고 친수성이다. 단백질 용해성의 물질에 대한 저항성은 강하지만 시스틴결합을 절단하는 물질에는 약해서 퍼머넌트 웨이브의 작용을 받기 쉽다.

074

<보기>는 피부에 관련된 내용이다. 틀린 것을 모두 고르시오.

<보기>

ㄱ. 자연보습인자(nmf)를 구성하는 수용성의 아미노산은 필라그린이 각질층세포의 하층으로부터 표층으로 이동함에 따라서 각질층 내의 단백분해효소인 아미노펩티데이스, 카복시펩티데이스 등에 의해 분해된 것이다.

ㄴ. 에크린선에는 피지가 분비되지 않지만 아포크린선에서는 피지가 분비된다.

ㄷ. 각질형성세포는 점점 각질층으로 이동되며 최종적으로 각질층에서 탈락되어 떨어져 나간다. 각질층의 pH는 4.5~5.5 정도로 약산성이며 각질층의 죽은 각질형성세포 안에는 핵이 없다.

ㄹ. 천연보습인자에는 세포간지질이 포함되어 있으며, 세포간지질에는 세라마이드(50%), 포화지방산(30%), 콜레스테롤(15%), 콜레스테릴 에스테르 등이 있다.

ㅁ. 멜라닌형성세포(melanocyte)는 표피에 존재하는 세포의 약 5%를 차지하고 있으며 대부분 기저층에 위치한다. 각질형성세포로 전달된 멜라닌이 가득 차 있는 멜라노좀은 표피의 기저층 위 부분으로 확산되어 자외선에 의해 기저층의 세포가 손상되는 것을 막아준다.

① ㄱ, ㅁ ② ㄱ, ㄷ
③ ㄴ, ㄷ ④ ㄴ, ㄹ
⑤ ㄹ, ㅁ

답 ④

해 ㄴ. 한선(땀샘)에는 아포크린선(대한선)과 에크린선(소한선)이 있다. 아포크린선은 겨드랑이, 유두 주변, 배꼽, 생식기, 서혜부, 항문, 등 특정 부위에 분포해 있으며 모낭과 연결되어 있어 모공을 통해 피지와 섞여 함께 배출된다(아포크린선이 피지를 분비하는 것이 아니다.) 에크린선은 입술, 생식기, 손톱을 제외한 전신에 분포해 있으며 손바닥, 발바닥, 이마에 특히 많이 분포해 있다. 에크린선은 표피의 땀구멍을 통해 분비된다.

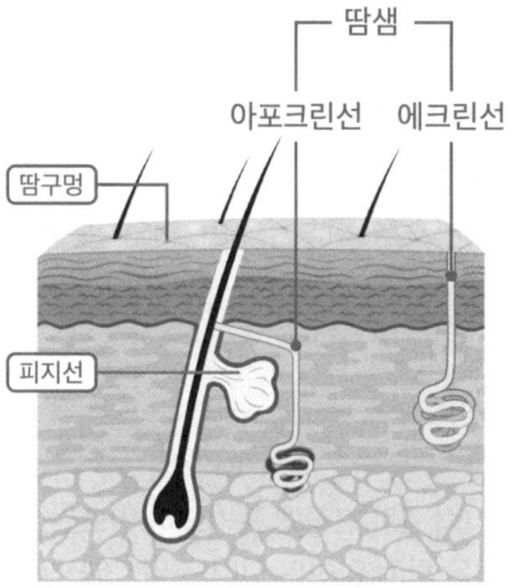

ㄹ. 천연 보습인자는 피부 내에 존재하는 피지의 친수성 부분을 의미하며 피부의 수분량을 조절하여 피부건조를 방지하는 중요한 역할을 한다. 천연 보습인자는 습도가 낮은 상황에서도 수분을 유지하려는 능력이 뛰어나다, 주요 구성물질은 아미노산(40%), 피롤리돈 카프본산염(12%), 젖산염(12%), 요소, 염소, 나트륨, 칼륨, 칼슘, 암모니아, 인산염 등이 있다.

표피지질(세포간지질)은 각질 세포의 사이사이를 메워주는 역할을 하는 성분으로서 이러한 지질성분의 함량 변화는 피부를 건조하게 하는 원인 중 하나이다. 지질은 세포와 세포사이를 더 단단하게 결합하고 수분손실을 막기 위해 라멜라(lamella) 구조를 이루고 있다. 표피 지질구성 성분은 세라마이드(50%), 포화지방산(30%), 콜레스테롤(15%), 콜레스테릴 에스테르 등으로 구성되어 있어서 피부장벽 기능을 회복하고 유지하는데 중요한 역할을 한다 정상적인 지질층의 구성은 각질세포의 정상적인 분열, 분화와 밀접한 관계가 있다.

075

맞춤형화장품 판매 시 준수사항으로 옳지 못한 것은?

① 원료 입고 시 품질관리 여부를 확인하고 품질성적서를 구비한다.

② 원료는 직사광선을 피하고 품질에 영향을 미치지 않는 장소에 보관한다.

③ 원료는 사용기한을 확인하고 관련 기록을 해야한다.

④ 맞춤형화장품 판매 시 소비자에게 사용 시 주의사항과 내용물 및 원료에 대한 자료를 문서로 제공해야 한다.

⑤ 맞춤형화장품 판매 시 소비자에게 설명하지 않으면 1차위반 시 200만원 이하의 벌금과 시정명령에 처해진다.

답 ④

해 제품의 1차, 2차 포장에 표기되어 있으므로 별도의 문서 제공은 하지 않아도 되며 소비자에게는 직접 설명을 해야 한다.

076

다음 <보기>를 보고 맞춤형화장품조제관리사가 조제할 수 있으며 동시에 고객에게 추천할 수 있는 제품의 개수를 고르시오.

〈보기〉

ㄱ. 화장품책임판매업자로부터 받은 항균 작용이 있는 로션 내용물에 티트리잎오일을 혼합해 만드는 항균 티트리 바디로션

ㄴ. 화장품책임판매업자가 기능성화장품 심사를 받은 알부틴 2% 크림베이스에 무화과나무잎엡솔루트를 혼합해 만드는 제품

ㄷ. 화장품책임판매업자가 기능성화장품 심사를 받은 티타늄디옥사이드 25% 로션베이스에 락토바실러스용해물을 혼합해 만드는 제품

ㄹ. 메탄올이 0.03%(v/v) 함유된 물휴지 내용물에 소듐라우릴설페이트를 혼합해 만드는 클렌징티슈

① 0개 ② 1개
③ 2개 ④ 3개
⑤ 4개

답 ②

해 ㄱ. "항균"이라는 표시·광고 표현은 인체세정용 제품에 한하며, 실증자료(인체 적용시험 자료)를 제출해야 가능하다.

ㄴ. 무화과나무잎엡솔루트는 사용금지 원료이다.

ㄷ. 화장품책임판매업자가 기능성 심사를 받은 화장품베이스와 락토바실러스용해물은 맞춤형화장품 조제에 사용이 가능하다.

ㄹ. 메탄올의 검출 허용 한도는 물휴지의 경우 0.002%(v/v)이하여야 한다.

077

다음 〈보기〉는 맞춤형화장품조제관리사 A와 손님 B와의 대화이다. 빈칸에 들어갈 알맞은 말을 고르시오.

〈보기〉

B : 요즘 피부상태가 좋지 않아서 찾아왔어요.

A : 아이고, 그렇군요. 우선 피부측정 후 상담해드릴게요.

(피부 측정 후)

A : 피부진단 데이터를 확인해보니 고객님의 피부는 다른 건 괜찮은데 유·수분이 모두 부족한 것으로 나타나네요. 아무래도 피부장벽이 손상된 것 같습니다.

B : 피부장벽이 손상되면 피부가 푸석해지나요?

A : 네, 맞습니다. 피부장벽은 이는 외부 유해 물질로부터 피부를 보호하고 피부의 수분 손실을 방지합니다. 피부장벽에는 세포간지질이 존재하는데 구성 성분 중 가장 비중이 큰 (㉠)가 부족해지면 피부 장벽이 무너지기 쉽습니다. 피부 장벽이 약해지면 피부가 외부 자극에 민감해지고 피부의 수분 손실을 유발합니다.

B : 그래서 제 피부가 건조한거군요, 피부보습도는 어떻게 측정하나요?

A : (㉡)을 통해 알 수 있습니다. 측정결과에 참고하여 (㉢)를 첨가한 화장품을 처방해드리겠습니다.

① 세라마이드 - Replica 분석법 - 밀폐제
② 세라마이드 - 경피수분손실량 - 피부장벽대체제
③ 세라마이드 - 경피수분손실량 - 밀폐제
④ 지방산 - 경피수분손실량 - 피부장벽대체제
⑤ 지방산 - Replica 분석법 - 밀폐제

답 ②

해 세포간지질은 세라마이드(50%), 포화지방산(30%), 콜레스테롤(15%), 콜레스테릴 에스테르 등으로 구성되어 있어서 피부장벽 기능을 회복하고 유지하는데 중요한 역할을 한다.

피부 타입 검사법

등급	공표방법
피부수분	전기전도도기
피부유분	카트리지필름, 흡묵지
탄력도	피부에 음압을 가한 후 상태복원정도 측정(탄력측정기)
주름	Replica 분석법, 피부표면형태 측정
피부표면	현미경과 비젼프로그램을 이용하여 주름, 각질, 모공크기, 색소침착 등 측정
피부색	피부의 색상 측정
멜라닌	멜라닌의 양을 측정
색소침작	피부색소측정기, UV광을 이용한 측정기
홍반	헤모글로빈 측정
PH	피부의 산성도 측정
피부보습도 분석	경피수분손실량(TEWA) 측정, 피부장벽기능평가, 각질수분량 측정
두피상태	비듬, 피지, 모근상태 등을 현미경을 통해 확인

피부 컨디셔닝제의 종류와 특징

보습제 배합목적	종류 및 특징
피부 컨디셔닝제 (Skin conditioning agents)	피부컨디셔닝제는 피부에 변화를 주는 보습제 성분으로 그 기능에 따라 유연화제, 습윤제, 수분차단제, 기타로 나눌 수 있다. ① 유연화제, 에몰리언트 Skin conditioning agents - emollient : 퍼짐성을 높여 각질층의 각질세포 사이를 메워 피부를 부드럽고, 유연하게 유지하는 데 도움을 주는 성분. 미네랄오일, 에스터오일(아이소프로필팔미테이트, 글라이콜스테아레이트 등), 실리콘오일(사이클로펜타실록세인 등) 등 ② 습윤제,휴멕턴트 Skin conditioning agents - humectant : 피부 외층의 수분보유를 증대시키기 위한 성분으로 피부 도포시 주변의 수분을 흡수하여 보습을 유지하는 물질인 글리세린,히아루론산 등이 있으며, 액체의 표면장력을 감소시키는 물질로 물에 잘 젖지 않는 고체를 잘 젖게 하는 물질로 계면 활성제는 젖기 어려운 고체면에 흡착하여 친수기를 바깥쪽으로 배열시키므로 습윤제가 된다. 임계 미셀농도가 높은 계면 활성제일수록 좋은 습윤제이다. ③ 수분차단제,어쿨루시브 Skin conditioning agents - occlusive : 피부표면으로부터 수분의 증발을 지연시키는 성분으로 사용. 폐색막 형성. 오일, 지방산,페트롤라툼 등 ※ 수분차단제는 대부분 피부 유연화제 역할을 동시에 한다.

보습제 배합목적	종류 및 특징
피부 컨디셔닝제 (Skin conditioning agents)	④ 피부컨디셔닝제(기타,미셀레니어스)Skin conditioning agents - miscellaneous : 피부에 특별한 효과를 주기 위한 성분으로 건조하거나 손상된 피부를 개선, 피부탈락 감소, 유연성 회복을 위하여 사용한다. 시어버터, 실크아미노산, 아이비고도열매추출물, 이삭물수세미추출물, 세라마이드 등 ※ 피부 장벽 대체재 : 각질층의 세포간지질의 성분으로 손상된 피부 장벽을 개선시키는 성분으로 컨디셔닝제(기타)로 분류된다. 세라마이드, 콜레스테롤, 지방산 등

078

제품의 포장재질·포장방법에 관한 기준 등에 관한 규칙에 대한 내용으로 알맞지 않은 것은?

① "단위제품"이란 1회 이상 포장한 최소 판매단위의 제품을 말하고, "종합제품"이란 같은 종류 또는 다른 종류의 최소 판매단위의 제품을 2개 이상 함께 포장한 제품을 말한다. 다만, 주 제품을 위한 전용 계량 도구나 그 구성품, 소량(30g 또는 30ml 이하)의 비매품(증정품) 및 설명서, 규격서, 메모카드와 같은 참조용 물품은 종합제품을 구성하는 제품으로 보지 않는다.

② 제품의 특성상 1개씩 낱개로 포장한 후 여러 개를 함께 포장하는 단위제품의 경우 낱개의 제품포장은 포장공간비율 및 포장횟수의 적용대상인 포장으로 보지 않는다.

③ 종합제품의 경우 종합제품을 구성하는 각각의 단위제품은 제품별 포장공간비율 및 포장횟수기준에 적합하여야 하며, 단위제품의 포장공간비율 및 포장횟수는 종합제품의 포장공간비율 및 포장횟수에 산입(算入)하지 않는다.

④ 종합제품으로서 복합합성수지재질·폴리비닐클로라이드재질 또는 합성섬유재질로 제조된 받침접시 또는 포장용 완충재를 사용한 제품의 포장공간비율은 25% 이하로 한다.

⑤ 단위제품인 화장품의 내용물 보호 및 훼손 방지를 위해 2차 포장 외부에 덧붙인 필름(투명 필름류만 해당한다.)은 포장횟수의 적용대상인 포장으로 보지 않는다.

답 ④

해 종합제품으로서 복합합성수지재질·폴리비닐클로라이드재질 또는 합성섬유재질로 제조된 받침접시 또는 포장용 완충재를 사용한 제품의 포장공간비율은 20% 이하로 한다.

079

다음은 화장품제조업자 뷰티풀코스메틱이 아이섀도를 출시하기 전이며 해당 제품을 관능평가를 할 제품평가단을 모집하기 위해 〈보기〉와 같이 공고를 내었다. 뷰티풀코스메틱이 진행하고자 하는 관능평가의 종류를 고르시오.

〈뷰티풀코스메틱 아이섀도 평가단 모집〉

• 기간 및 일정
- 21. 04. 26.~ 21. 05. 09
• 지원자격
- 서울/경기지역에 거주하시는 20-40대(성별무관)
- 메이크업아티스트 우대
• 모집인원
- 30명

① 소비자에 의한 평가, 비맹검 사용시험, 기호형
② 전문가 패널에 의한 평가, 비맹검 사용시험, 기호형
③ 전문가 패널에 의한 평가, 맹검 사용시험, 분석형
④ 전문가평가, 맹검 사용시험, 분석형
⑤ 소비자에 의한 평가, 맹검, 기호형

답 ①

해

관능평가 종류	평가방법
소비자에 의한 평가	• 맹검 사용시험 (Blind use test) : 제품의 정보를 제공하지 않는 제품 사용시험 • 비맹검 사용시험 (Concept use test) : 제품의 정보를 제공하고 제품에 대한 인식 및 효능이 일치하는지를 조사하는 시험
전문가 패널에 의한 평가	품평
정확한 관능기준을 가지고 교육을 받은 전문가 패널의 도움을 얻어 실시하는 평가	• 의사의 감독하에서 실시하는 시험 • 그 외 전문가 (준의료진, 미용사 등) 관리하에 실시하는 평가

080

다음 〈보기〉는 맞춤형화장품판매업자 유진, 맞춤형화장품판매업소에 근무하는 맞춤형화장품조제관리사 나연, 신입으로 들어올 맞춤형화장품조제관리사 미영의 대화이다. 〈보기〉에서 밑줄친 내용 중 옳지 않은 내용을 고르시오.

〈보기〉

유진 : 미영씨 2021년 2월 1일부터 저희 매장에 출근하시면 됩니다. 이날부터 저희 매장에 맞춤형화장품조제관리사로 등록되실겁니다. 언제 맞춤형화장품조제관리사 자격증을 취득하셨죠?

미영 : 2020년 11월 6일에 자격증을 취득했습니다.

유진 : ① 그렇다면 올해 반드시 의무교육을 받을 필요가 없습니다.

미영 : 네, 알겠습니다. 궁금한게 있습니다. 맞춤형화장품에는 어떻게 가격표시를 하나요?

유진 : ② 맞춤형화장품의 가격표시는 개별 제품에 판매가격을 표시하거나, 소비자가 가장 쉽게 알아볼 수 있도록 제품명, 가격이 포함된 정보를 제시하는 방법으로 표시할 수 있습니다.

미영 : 네 알겠습니다. 제가 근무하기 전에 준비해야할 사항이 있나요?

유진 : 네 있습니다. 저희 매장에서 주로 사용하는 맞춤형화장품에 사용되는 내용물 및 원료에 대한 설명과 사용시 주의사항에 대한 내용을 적어놓은 자료를 드리겠습니다. ③ 손님에게 맞춤형화장품에 사용되는 내용물 및 원료에 대한 설명은 안해도 되지만 사용시주의사항은 반드시 설명해야 합니다.

미영 : 네 알겠습니다. 그럼 다음에 뵙겠습니다.

유진 : 나연씨, ④ 맞춤형화장품에 사용된 모든 원료목록을 식품의약품안전처장에게 보고해야하는데 하셨나요?

나연 : 네, 오늘 완료했습니다. 그리고 유진씨 저희 원료보관소에 있는 원료를 체크해보니 병풀 추출물을 다 써가네요. 새로 발주해야 될 것 같습니다.

유진 : ⑤ 네, 원료의 수급 기간을 고려하여 최소 발주량을 선정해 구매 요청서로 발주해야 합니다.

답 ③

해 ① 책임판매관리자 및 맞춤형화장품조제관리사는 종사한 날부터 6개월 이내 최초 교육을 받아야 한다. 다만, 자격시험에 합격한 날이 종사한 날 이전 1년 이내이면 최초 교육을 받은 것으로 본다. 미영씨는 자격증을 취득 후 1년 이내 종사하였으므로 최초 교육을 받을 필요가 없다. 다만 자격시험에 합격한 날부터 1년이 되는 날을 기준으로 매년 1회 보수 교육을 받으면 된다.

③ 맞춤형화장품 판매 시 다음 각 목의 사항을 소비자에게 설명할 것

가. 혼합·소분에 사용된 내용물·원료의 내용 및 특성

나. 맞춤형화장품 사용 시의 주의사항

④ 맞춤형화장품판매업자는 총리령으로 정하는 바에 따라 맞춤형화장품에 사용된 모든 원료의 목록을 매년 1회 식품의약품안전처장에게 보고하여야 한다.

081

다음 〈보기〉는「화장품법」제5조의 일부이다. 빈칸에 공통으로 들어갈 말을 쓰시오.

〈보기〉

화장품책임판매업자는 총리령으로 정하는 바에 따라 화장품의 생산실적 또는 수입실적, 화장품의 제조과정에 사용된 (　　) 등을 식품의약품안전처장에게 보고하여야 한다. 이 경우 (　　)에 관한 보고는 화장품의 유통·판매 전에 하여야 한다.

답 원료(의) 목록

082

다음 〈보기〉는 식품의약품안전처 고시「천연화장품 및 유기농화장품의 기준에 관한 규정」의 일부이다. 빈칸에 들어갈 숫자를 차례대로 쓰시오.

〈보기〉

합성원료는 천연화장품 및 유기농화장품의 제조에 사용할 수 없다. 다만, 천연화장품 또는 유기농화장품의 품질 또는 안전을 위해 필요하나 따로 자연에서 대체하기 곤란한 제1항 제4호의 원료는 (㉠)% 이내에서 사용할 수 있다. 이 경우에도 석유화학 부분(petrochemical moiety의 합)은 (㉡)%를 초과할 수 없다.

답 ㉠ 5, ㉡ 2

083

다음 〈보기〉는「화장품법」제22조의 내용이다. 빈칸에 공통으로 들어갈 단어를 쓰시오.

〈보기〉

식품의약품안전처장은 화장품제조업자가 갖추고 있는 시설이 제3조제2항에 따른 시설기준에 적합하지 아니하거나 노후 또는 오손되어 있어 그 시설로 화장품을 제조하면 화장품의 안전과 품질에 문제의 우려가 있다고 인정되는 경우에는 화장품제조업자에게 그 시설의 (　　)를 명하거나 그 (　　)가 끝날 때까지 해당 시설의 전부 또는 일부의 사용금지를 명할 수 있다.

해당 품목의 제조 또는 품질검사에 필요한 시설 및 기구 중 일부가 없는 경우 이를 1차위반할 때 (　　) 명령을 내린다.

답 개수

084

〈보기〉의 빈칸에 공통으로 들어갈 단어를 쓰시오.

〈보기〉

- 광 (　　): 햇빛, 자외선, 형광등 불빛 등 다양한 광 조건에서 화장품 성분이 일정한 상태를 유지하는 성질
- 열 (　　): 유통 과정상 발생할 수 있는 조건의 다양한 온도 변화 조건에도 화장품 성분이 일정한 상태를 유지하는 성질
- 미생물 (　　): 미생물이 증식하여 화장품 성분이 변화되지 않고 일정한 상태를 유지하는 성질
- 산화 (　　): 산소 및 화학성분과의 산화 반응이 발생되지 않고 화장품 성분이 일정한 상태를 유지하는 성질

답 안정성

085

다음 〈보기1〉이 설명하는 원료의 명칭을 〈보기2〉에서 찾아쓰시오.

〈보기1〉

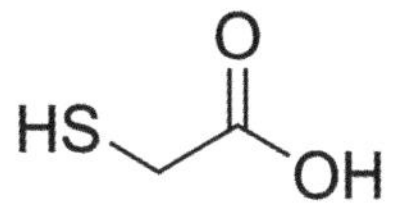

분자식: $C_2H_4O_2S$

분자량: 92.12

CAS No.: 68-11-1

- 환원제로써 펌제 1제에서 많이 쓰는 원료
- 특이한 냄새가 있는 무색 투명한 유동성 액제인 유기산

〈보기2〉

시스테인
시스틴
과산화수소
브론산나트륨
몰식자산
치오글라이콜릭애씨드
살리실릭애씨드

답 치오글라이콜릭애씨드

086

다음 그림을 참고하여 〈보기〉의 빈칸에 들어갈 숫자를 차례대로 쓰시오.

〈보기〉

위 제품의 포장공간 비율은 (㉠)이하이고 포장횟수는 (㉡)차포장까지 가능하다.

답 ㉠ 15, ㉡ 2

해 샴푸는 두발세정용 제품이므로 포장공간 비율은 15% 이하이고 포장횟수는 2차포장까지 가능하다.

제품의 종류		기준	
단위제품	품목	포장공간비율	포장횟수
단위제품	인체세정용	15% 이하	2차포장 이내
	두발세정용	15% 이하	2차포장 이내
	그밖에 화장품(방향용제품 포함, 향수 제외)	10% 이하	2차포장 이내
	향수	-	2차포장 이내
종합제품	전품목	25% 이하	2차포장 이내
종합제품(완충받침대 사용)	전품목	20% 이하	2차포장 이내

087

<보기>의 빈칸에 공통으로 들어갈 알맞은 용어를 쓰시오.

> **<보기>**
> - 화장품에 사용되는 유성원료 중 자연계 액상 오일은 그 유래에 따라 식물성오일, 동물성오일, (　　) 오일로 나뉜다.
> - 비극성인 특성을 기반으로 피부 표면에서 수분 증발 억제 목적(밀폐제)으로 사용된다.
> - 화장품의 사용감 향상의 목적으로 사용한다.
> - 피부연화제 효과가 우수하여, 피부 및 모발에 대한 유연성을 부여하기 위해 사용한다.
> - (　　) 오일은 잘 산화되지 않아 변질되지 않는 특성이 있지만, 유성감이 강해 피부의 호흡을 막고 폐색막을 형성하므로 다른 오일과 혼합하여 사용한다.

답 광물성

088

다음 <보기>는「우수화장품 제조 및 품질관리기준」제2조, 제10조의 일부분이다. 괄호에 공통으로 들어갈 알맞은 용어를 적으시오.

> **<보기>**
> - "(　　)"이란 규정된 조건 하에서 측정기기나 측정 시스템에 의해 표시되는 값과 표준기기의 참값을 비교하여 이들의 오차가 허용범위 내에 있음을 확인하고, 허용범위를 벗어나는 경우 허용범위 내에 들도록 조정하는 것을 말한다.
> - 제품의 품질에 영향을 줄 수 있는 검사·측정·시험장비 및 자동화장치는 계획을 수립하여 정기적으로 (　　) 및 성능점검을 하고 기록해야 한다.

답 검교정

089

「화장품법 시행규칙」제12조의2에 따라 <보기>의 빈칸에 들어갈 용어를 쓰시오.

> **<보기>**
> 다음 각 목의 사항이 포함된 맞춤형화장품 판매내역서(전자문서로 된 판매내역서를 포함한다)를 작성·보관할 것
> 가. 제조번호(맞춤형화장품의 경우 식별번호를 제조번호로 함)
> 나. 사용기한 또는 개봉 후 사용기간
> 다. (㉠) 및 (㉡)

답 ㉠ 판매일자, ㉡ 판매량

090

<보기>의 빈칸에 들어갈 알맞은 용어를 차례대로 쓰시오.

> **<보기>**
> (㉠)은 모발의 주요 성분이며 거친 섬유성 단백질이다. 손발톱에는 주로 이 성분이 포함되어 있다. (㉡)는 피부에 분비되는 기름기 있는 액체로, 피부를 유연하게 해주고 방수 기능을 한다. 우리가 목욕을 할 때 스펀지처럼 물을 흡수하지 않는 이유는 피부의 방수 효과 때문이다. 또한 (㉡)는 수분 증발과 세균의 감염으로부터 막아 준다.

답 ㉠ 케라틴, ㉡ 피지

091

다음 〈보기〉가 설명하는 피부 구조의 명칭을 쓰시오.

〈보기〉

- 표피와 피하지방층 사이에 위치하며 피부의 90% 이상을 차지하며 표피두께의 10 ~ 40배 정도임
- 점탄성을 갖는 탄력적인 조직으로 무정형의 기질(ground substance)과 교원섬유(collagen fiber), 탄력섬유(elastic fiber)등의 섬유성 단백질로 구성됨
- 혈관계나 림프계 등이 복잡하게 얽혀 있는 형태를 띠며 표피에 영양분을 공급하여 표피를 지지하고 강인성에 의해 피부의 다른 조직들을 유지하고 보호해 주는 역할을 함

답 진피

092

〈보기〉는 「화장품법」 제8조 본문의 일부이다. 빈칸에 공통으로 들어갈 알맞은 말을 쓰시오.

〈보기〉

식품의약품안전처장은 보존제, (　　), 자외선차단제 등과 같이 특별히 사용상의 제한이 필요한 원료에 대하여는 그 사용기준을 지정하여 고시하여야 하며, 사용기준이 지정·고시된 원료 외의 보존제, (　　), 자외선차단제 등은 사용할 수 없다.

답 색소

093

〈보기〉는 「화장품법 시행규칙」 제19조의 일부로서 1차 포장 또는 2차 포장에 기재·표시하여야 하는 사항에 대한 내용이다. ㉠, ㉡에 들어갈 단어를 법에 기재된 용어 그대로 쓰시오.

〈보기〉

법 제10조제1항제10호에 따라 화장품의 포장에 기재·표시하여야 하는 사항은 다음 각 호와 같다. 다만, 맞춤형화장품의 경우에는 제1호 및 제6호를 제외한다.

1. 식품의약품안전처장이 정하는 바코드
2. 기능성화장품의 경우 심사받거나 보고한 효능·효과, 용법·용량
3. 성분명을 제품 명칭의 일부로 사용한 경우 그 성분명과 (㉠)((㉡)용 제품은 제외한다)
4. 인체 세포·조직 배양액이 들어있는 경우 그 (㉠)
5. 화장품에 천연 또는 유기농으로 표시·광고하려는 경우에는 원료의 (㉠)
6. 수입화장품인 경우에는 제조국의 명칭(「대외무역법」에 따른 원산지를 표시한 경우에는 제조국의 명칭을 생략할 수 있다), 제조회사명 및 그 소재지
7. 제2조제8호부터 제11호까지에 해당하는 기능성화장품의 경우에는 "질병의 예방 및 치료를 위한 의약품이 아님"이라는 문구
8. 다음 각 목의 어느 하나에 해당하는 경우 법 제8조제2항에 따라 사용기준이 지정·고시된 원료 중 보존제의 (㉠)

가. 별표 3 제1호가목에 따른 3세 이하의 영유아용 제품류인 경우

나. 4세 이상부터 13세 이하까지의 어린이가 사용할 수 있는 제품임을 특정하여 표시·광고하려는 경우

답 ㉠ 함량, ㉡ 방향

094

다음 〈보기〉는 화장품법 시행규칙 [별표 3]의 일부이다. 빈칸에 들어갈 숫자를 차례대로 쓰시오.

〈보기〉

알파-하이드록시애시드(-hydroxyacid, AHA)(이하 "AHA"라 한다) 함유제품((㉠)퍼센트 이하의 AHA가 함유된 제품은 제외한다)

가) 햇빛에 대한 피부의 감수성을 증가시킬 수 있으므로 자외선 차단제를 함께 사용할 것(씻어내는 제품 및 두발용 제품은 제외한다)

나) 일부에 시험 사용하여 피부 이상을 확인할 것

다) 고농도의 AHA 성분이 들어 있어 부작용이 발생할 우려가 있으므로 전문의 등에게 상담할 것(AHA 성분이 (㉡)퍼센트를 초과하여 함유되어 있거나 산도가 3.5 미만인 제품만 표시한다)

㉠ 0.5, ㉡ 10

095

다음 〈보기〉가 설명하는 것의 용어를 쓰시오.

〈보기〉

용제에 약간의 난용성 물질인 향 등을 용해 시키기 위한 목적으로 사용되는 계면활성제가 물에 용해될 때 일정 농도 이상에서 생성되는 마이셀(Micelle)을 이용하여 용해도 이상으로 용해시키는 기술을 이용하여 투명한 형상을 갖는 상태를 의미한다. 이러한 작용을 이용한 화장품은 화장수(토너), 미스트, 향수 등이 있다.

답 가용화

096

다음 〈보기〉가 설명하는 것의 용어를 쓰시오.

〈보기〉

- 뱃치 전체 또는 일부에 추가 처리(한 공정 이상의 작업을 추가하는 일)를 하여 부적합품을 적합품으로 다시 가공하는 일
- 적합판정기준을 벗어난 완제품 또는 벌크제품을 재처리하여 품질이 적합한 범위에 들어오도록 하는 작업

답 재작업

097

다음 〈보기〉는 식품의약품안전처고시「기능성화장품 기준 및 시험」[별표1]에의 일부이다. 빈칸에 들어갈 말을 차례대로 쓰시오.

〈사용 시 주의사항〉

- 제제를 만들 경우에는 따로 규정이 없는 한 그 보존 중 성상 및 품질의 기준을 확보하고 그 유용성을 높이기 위하여 부형제, 안정제, 보존제, 완충제 등 적당한 (㉠)를 넣을 수 있다.
- 검체의 채취량에 있어서 「약」이라고 붙인 것은 기재된 양의 ±(㉡)%의 범위를 뜻한다.

답 ㉠ 첨가제, ㉡ 10

098

화장품제조업자 A씨는 로션을 제조할 계획인데 어떤 성분을 첨가하여야 할지 고민 중이다. 제품에 첨가시 "3세 이하 영유아에게는 사용하지 말 것"이라는 사용 시의 주의사항 표시 문구를 적어야하는 성분을 〈보기〉에서 모두 찾아 쓰시오.

〈보기〉

폴리에톡실레이티드레틴아마이드
아이오도프로피닐부틸카바메이트(IPBC)
과산화수소
살리실릭애씨드
부틸파라벤
스테아린산아연
알루미늄

답 살리실릭애씨드, 아이오도프로피닐부틸카바메이트

해 화장품의 함유 성분별 사용 시의 주의사항 표시 문구

연번	대상 제품	표시 문구
1	과산화수소 및 과산화수소 생성물질 함유 제품	눈에 접촉을 피하고 눈에 들어갔을 때는 즉시 씻어낼 것
2	벤잘코늄클로라이드, 벤잘코늄브로마이드 및 벤잘코늄사카리네이트 함유 제품	눈에 접촉을 피하고 눈에 들어갔을 때는 즉시 씻어낼 것
3	스테아린산아연 함유 제품 (기초화장용 제품류 중 파우더 제품에 한함)	사용 시 흡입되지 않도록 주의할 것
4	살리실릭애씨드 및 그 염류 함유 제품 (샴푸 등 사용 후 바로 씻어내는 제품 제외)	3세 이하 영유아에게는 사용하지 말 것
5	실버나이트레이트 함유 제품	눈에 접촉을 피하고 눈에 들어갔을 때는 즉시 씻어낼 것
6	아이오도프로피닐부틸카바메이트(IPBC) 함유 제품 (목욕용제품, 샴푸류 및 바디클렌저 제외)	3세 이하 영유아에게는 사용하지 말 것
7	알루미늄 및 그 염류 함유 제품 (체취방지용 제품류에 한함)	신장 질환이 있는 사람은 사용 전에 의사, 약사, 한의사와 상의할 것
8	알부틴 2% 이상 함유 제품	알부틴은 「인체적용시험자료」에서 구진과 경미한 가려움이 보고된 예가 있음
9	카민 함유 제품	카민 성분에 과민하거나 알레르기가 있는 사람은 신중히 사용할 것
10	코치닐추출물 함유 제품	코치닐추출물 성분에 과민하거나 알레르기가 있는 사람은 신중히 사용할 것
11	포름알데하이드 0.05% 이상 검출된 제품	포름알데하이드 성분에 과민한 사람은 신중히 사용할 것
12	폴리에톡실레이티드레틴아마이드 0.2% 이상 함유 제품	폴리에톡실레이티드레틴아마이드는 「인체적용시험자료」에서 경미한 발적, 피부건조, 화끈감, 가려움, 구진이 보고된 예가 있음
13	부틸파라벤, 프로필파라벤, 이소부틸파라벤 또는 이소프로필파라벤 함유 제품(영·유아용 제품류 및 기초화장용 제품류(3세 이하 영유아가 사용하는 제품) 중 사용 후 씻어내지 않는 제품에 한함)	3세 이하 영유아의 기저귀가 닿는 부위에는 사용하지 말 것

099

〈보기〉의 빈칸에 들어갈 숫자를 순서대로 쓰시오.

〈보기〉

맞춤형화장품조제관리사 수연은 바디크림 400g에 제라니올 0.02g을 첨가하였다. 따라서 제라니올의 함량은 (㉠)%이다. 해당 바디크림은「화장품 사용 시의 주의사항 및 알레르기 유발성분 표시에 관한 규정」에 따라 제라니올을 (㉡)% 초과 함유하면 해당 성분의 명칭을 기재·표시하여야 한다.

답 ㉠ 0.005, ㉡ 0.001

100

다음 〈보기〉 A, B, C의 대화를 읽고 빈칸에 들어갈 모발의 구조를 차례대로 쓰시오.

〈대화〉

A : 어서오세요, 손님 어제 오셨는데 오늘 또 뵙네요.

B : 안녕하세요, 오늘 머리를 감아봤는데 펌이 제대로 안 나왔어요. 왜 그런건가요?

A : 손님 모발에 (㉠)이 적어서 펌이 잘 안나온 것 같습니다.(㉠)이 많은 두발은 웨이브 펌이 잘 되고, (㉠)이 적은 두발은 웨이브 형성이 잘 안 되는 경향이 있습니다.

C : 미용사님, 저는 염색한지 얼마 안됐는데 웨이브 펌을 해도 될까요?

A : 웨이브펌을 하시지 않는 것이 좋겠습니다. 먼저 염색의 원리를 설명해드릴게요. 염색제에 들어있는 암모니아는 (㉡)를 손상시켜 염료와 과산화수소가 속으로 잘 스며들 수 있도록 하는 역할을 합니다. 과산화수소는 색소를 파괴하는데, 머리카락 속의 멜라닌 색소를 파괴하여 두발 원래의 색을 지워주는 역할을 합니다. 염모제는 머리카락의 본연의 보호하는 층을 뚫고 들어가 멜라닌 색소를 파괴하고 다른 염료의 색상을 넣는 과정을 거칩니다. 그런데 염색을 하고 나서 펌을 또 하시면 (㉡)가 다시 열리면서 염료 성분이 빠져나갑니다.

답 ㉠ 모수질, ㉡ 모표피(모소피)

맞춤형화장품 해설집

5회

실전고사 5회

001

다음 〈보기〉에서 나열된 화장품유형 중 두발용 제품으로 짝지어진 것이 아닌 것은?

〈보기〉
헤어틴트, 무스, 헤어컬러스프레이, 샴푸, 염모제, 헤어스트레이트너, 탈염제, 탈색제, 헤어스프레이, 헤어퍼머넌트웨이브, 흑채

① 헤어틴트, 헤어컬러스프레이
② 헤어스프레이, 흑채
③ 헤어퍼머넌트웨이브, 흑채
④ 샴푸, 무스
⑤ 샴푸, 헤어스트레이트너

답 ①

해 무스, 샴푸, 헤어스트레이트너, 헤어스프레이, 헤어퍼머넌트웨이브, 흑채는 두발용 제품류에 속한다.

1) 두발 염색용 제품류

① 헤어 틴트(hair tints)
② 헤어 컬러스프레이(hair color sprays)
③ 염모제
④ 탈염·탈색용 제품
⑤ 그 밖의 두발 염색용 제품류

2) 두발용 제품류

① 헤어 컨디셔너(hair conditioners), 헤어 트리트먼트(hair treatment), 헤어 팩(hair pack), 린스
② 헤어 토닉(hair tonics), 헤어 에센스(hair essence)
③ 포마드(pomade), 헤어 스프레이·무스·왁스·젤, 헤어 그루밍 에이드(hair grooming aids)
④ 헤어 크림·로션
⑤ 헤어 오일
⑥ 샴푸
⑦ 헤어 퍼머넌트 웨이브(hair permanent wave)
⑧ 헤어 스트레이트너(hair straightner)
⑨ 흑채
⑩ 그 밖의 두발용 제품류

002

다음 〈보기〉에서 화장품이 아닌 것으로 짝지어진 것은?

〈보기〉
치약미백제, 손소독제, 핸드크림, 구강청결제, 식염수, 흑채, 액취방지용 데오도런트

① 손소독제, 핸드크림
② 치약미백제, 손소독제
③ 흑채, 액취방지용 데오도런트
④ 핸드크림, 식염수
⑤ 구강청결제, 흑채

답 ②

해 치아미백제, 손소독제, 구강청결제, 식염수, 액취방지용 데오도런트는 의약외품이다. 체취방지용 데오도런트는 화장품에 해당된다.

003

개인정보의 처리 업무 위탁 시 조치로서 옳지 않은 것은?

① 개인정보 위탁에 대한 내용을 일반일간신문, 일반주간신문 또는 인터넷신문에 싣는다.

② 개인정보 위탁에 대한 내용을 같은 제목으로 연 2회 이상 발행하여 정보주체에게 배포하는 간행물·소식지·홍보지 또는 청구서 등에 지속적으로 싣는다.

③ 위탁자가 재화 또는 서비스를 홍보하거나 판매를 권유하는 업무를 위탁하는 경우에는 대통령령으로 정하는 방법에 따라 위탁하는 업무의 내용과 수탁자를 정보주체에게 알려야 한다. 위탁하는 업무의 내용이나 수탁자가 변경된 경우에도 또한 같다.

④ 개인정보 위탁에 대한 내용을 위탁자의 사업장 등의 보기 쉬운 장소에 지속적으로 게시한다.

⑤ 맞춤형판매업자가 마케팅업무를 외부에 위탁했을 때 수탁업체에서 정보주체의 개인정보를 분실·도난·유출·위조·변조 또는 훼손 등의 문제가 생겼을 경우 맞춤형화장품판매업자는 잘못이 없다.

답 ⑤

해 수탁자를 관리 감독할 의무는 위탁자에게 있으므로 위탁자의 잘못이다.

법 제26조(업무위탁에 따른 개인정보의 처리 제한)

① 개인정보처리자가 제3자에게 개인정보의 처리 업무를 위탁하는 경우에는 다음 각 호의 내용이 포함된 문서에 의하여야 한다.
1. 위탁업무 수행 목적 외 개인정보의 처리 금지에 관한 사항
2. 개인정보의 기술적·관리적 보호조치에 관한 사항
3. 그 밖에 개인정보의 안전한 관리를 위하여 대통령령으로 정한 사항

② 제1항에 따라 개인정보의 처리 업무를 위탁하는 개인정보처리자(이하 "위탁자")는 위탁하는 업무의 내용과 개인정보 처리 업무를 위탁받아 처리하는 자(이하 "수탁자")를 정보주체가 언제든지 쉽게 확인할 수 있도록 대통령령으로 정하는 방법에 따라 공개하여야 한다.

③ 위탁자가 재화 또는 서비스를 홍보하거나 판매를 권유하는 업무를 위탁하는 경우에는 대통령령으로 정하는 방법에 따라 위탁하는 업무의 내용과 수탁자를 정보주체에게 알려야 한다. 위탁하는 업무의 내용이나 수탁자가 변경된 경우에도 또한 같다.

④ 위탁자는 업무 위탁으로 인하여 정보주체의 개인정보가 분실·도난·유출·위조·변조 또는 훼손되지 아니하도록 수탁자를 교육하고, 처리 현황 점검 등 대통령령으로 정하는 바에 따라 수탁자가 개인정보를 안전하게 처리하는지를 감독하여야 한다.

⑤ 수탁자는 개인정보처리자로부터 위탁받은 해당 업무 범위를 초과하여 개인정보를 이용하거나 제3자에게 제공하여서는 아니 된다.

⑥ 수탁자가 위탁받은 업무와 관련하여 개인정보를 처리하는 과정에서 이 법을 위반하여 발생한 손해배상책임에 대하여는 수탁자를 개인정보처리자의 소속 직원으로 본다.

영 제28조(개인정보의 처리 업무 위탁 시 조치)

① 법 제26조제1항제3호에서 "대통령령으로 정한 사항"이란 다음 각 호의 사항을 말한다.
1. 위탁업무의 목적 및 범위
2. 재위탁 제한에 관한 사항
3. 개인정보에 대한 접근 제한 등 안전성 확보 조치에 관한 사항
4. 위탁업무와 관련하여 보유하고 있는 개인정보의 관리 현황 점검 등 감독에 관한 사항
5. 법 제26조제2항에 따른 수탁자가 준수하여야 할 의무를 위반한 경우의 손해배상 등 책임에 관한 사항

② 법 제26조제2항에서 "대통령령으로 정하는 방법"이란 개인정보 처리 업무를 위탁하는 개인정보처리자(이하 "위탁자"라 한다)가 위탁자의 인터넷 홈페이지에 위탁하는 업무의 내용과 수탁자를 지속적으로 게재하는 방법을 말한다.

③ 제2항에 따라 인터넷 홈페이지에 게재할 수 없는 경우에는 다음 각 호의 어느 하나 이상의 방법으로 위탁하는 업무의 내용과 수탁자를 공개하여야 한다.
1. 위탁자의 사업장등의 보기 쉬운 장소에 게시하는 방법
2. 관보(위탁자가 공공기관인 경우만 해당한다)나 위탁자의 사업장등이 있는 시·도 이상의 지역을 주된 보급지역으로 하는 「신문 등의 진흥에 관한 법률」 제2조제1호가목·다목 및 같은 조 제2호에 따른 일반일간신문, 일반주간신문 또는 인터넷신문에 싣는 방법
3. 같은 제목으로 연 2회 이상 발행하여 정보주체에게 배포하는 간행물·소식지·홍보지 또는 청구서

등에 지속적으로 싣는 방법

4. 재화나 용역을 제공하기 위하여 위탁자와 정보주체가 작성한 계약서 등에 실어 정보주체에게 발급하는 방법

004

화장품의 포장에 기재·표시하여야 하는 기타 사항으로 옳지 않은 것은?

① 식품의약품안전처장이 정하는 바코드

② 인체세포·조직 배양액이 들어있는 경우 그 함량

③ 화장품에 천연 또는 유기농으로 표시·광고하려는 경우 원료의 함량

④ 화장품의 효능·효과, 용법·용량

⑤ 어린이용으로 광고하려는 경우 보존제의 함량

답 ④

해 **화장품의 포장에 기재·표시하여야 하는 기타 사항**

① 식품의약품안전처장이 정하는 바코드

② 기능성화장품의 경우 심사받거나 보고한 효능·효과, 용법·용량

③ 성분명을 제품 명칭의 일부로 사용한 경우 그 성분명과 함량(방향용 제품은 제외한다)

④ 인체 세포·조직 배양액이 들어있는 경우 그 함량

⑤ 화장품에 천연 또는 유기농으로 표시·광고하려는 경우에는 원료의 함량

⑥ 수입화장품인 경우에는 제조국의 명칭, 제조회사명 및 그 소재지(「대외무역법」에 따른 원산지를 표시한 경우에는 제조국의 명칭을 생략할 수 있다)

⑦ 탈모, 여드름, 피부장벽, 튼살에 해당하는 기능성화장품의 경우에는 "질병의 예방 및 치료를 위한 의약품이 아님"이라는 문구

⑧ 다음 각 목의 어느 하나에 해당하는 경우 법 제8조 제2항에 따라 사용기준이 지정·고시된 원료 중 보존제의 함량

ㄱ. 영·유아용 제품류인 경우

ㄴ. 화장품에 어린이용 제품(13세 이하의 어린이를 대상으로 생산된 제품을 말한다.)임을 특정하여 표시·광고하려는 경우

005

맞춤형화장품 판매업 신고에 대한 설명으로 틀린 것은?

① 의약품 안전나라시스템에서 전자민원, 방문 또는 우편 신청을 통하여 신고한다.

② 행정개편으로 인한 소재지 변경의 경우 60일 이내 변경신고를 한다.

③ 맞춤형화장품 판매업소별로 소재지에 있는 지방식품의약품안전청에 신고한다.

④ 1개월 이내 맞춤형화장품 판매업을 하려는 경우에도 관할지역의 지방식품의약품안전청에 신고하여야 한다.

⑤ 맞춤형화장품업소가 이전한 경우 이전한 새로운 관할지의 지방식품의약품안전청에 가서 신고하여야 한다.

답 ②

해 **1) 맞춤형화장품 판매업 신고**

① 의약품안전나라시스템(nedrug.mfds.go.kr) 전자민원, 방문 또는 우편 신청을 통하여 신고

② 판매업소별로 판매업소 소재지 지방식품의약품안전청장에 제출

2) 맞춤형화장품 판매업 변경신고

① 맞춤형화장품판매업소 소재지 지방식품의약품안전청장에게 제출

② 의약품안전나라 시스템(nedrug.mfds.go.kr) 전자민원, 방문 또는 우편

③ 변경사유가 발생한 날로부터 30일(행정개편에 따른 소재지변경의 경우 90일) 이내

④ 맞춤형화장품판매업자(법인 포함)의 상호 및 소재지 변경은 변경 신고 대상에 해당되지 아니함

시행규칙 제8조의2(맞춤형화장품판매업의 신고)

① 법 제3조의2제1항 전단에 따라 맞춤형화장품판매업의 신고를 하려는 자는 별지 제6호의2서식의 맞춤형화장품판매업 신고서에 맞춤형화장품조제관리사의 자격증 사본과 시설의 명세서를 첨부하여 맞춤형화장품판매업소의 소재지를 관할하는 지방식품의약품안전청장에게 제출해야 한다. 다만, 맞춤형화장품판매업을 신고한 자(이하 "맞춤형화장품판매업자"라 한다)가 판매업소로 신고한 소재지 외의 장소에서 1개월의 범위에서 한시적으로 같은 영업을 하려는 경우에는 해당 맞춤형화장품판매업 신고서에 별지 제6호의3서식에 따른 맞춤형화장품판매업 신고필증 사본과 맞춤형화장품조제관리사 자격증 사본을 첨부하여 제출해야 한다.

006

식품의약품안전처장(제14조에 따라 식품의약품안전처장의 권한을 위임받은 자 또는 법 제3조의4제3항에 따라 자격시험 관리 및 자격증 발급 등에 관한 업무를 위탁받은 자를 포함한다)이 다음 각 호의 사무를 수행하기 위하여 불가피한 경우 「개인정보 보호법」 제23조에 따른 건강에 관한 정보, 같은 법 시행령 제18조제2호에 따른 범죄경력자료에 해당하는 정보, 같은 영 제19조제1호 또는 제4호에 따른 주민등록번호 또는 외국인등록번호가 포함된 자료를 처리할 수 없는 사무는?

① 맞춤형화장품판매업의 신고 및 변경신고에 관한 사무
② 폐업등의 신고에 관한 사무
③ 천연화장품, 유기농화장품의 인증에 관한 사무
④ 기능성화장품의 심사 등에 관한 사무
⑤ 청문에 관한 사무

답 ③

해 천연화장품, 유기농화장품을 인증받을 때는 민감정보와 고유식별정보를 동의 없이 불가피하게 자료를 처리하지 않는다.

영 제15조(민감정보 및 고유식별정보의 처리)
식품의약품안전처장(제14조에 따라 식품의약품안전처장의 권한을 위임받은 자 또는 법 제3조의4제3항에 따라 자격시험 관리 및 자격증 발급 등에 관한 업무를 위탁받은 자를 포함한다)은 다음 각 호의 사무를 수행하기 위하여 불가피한 경우 「개인정보 보호법」 제23조에 따른 건강에 관한 정보, 같은 법 시행령 제18조제2호에 따른 범죄경력자료에 해당하는 정보, 같은 영 제19조제1호 또는 제4호에 따른 주민등록번호 또는 외국인등록번호가 포함된 자료를 처리할 수 있다.

1. 법 제3조에 따른 화장품제조업 또는 화장품책임판매업의 등록 및 변경등록에 관한 사무

1의2.법 제3조의2제1항에 따른 맞춤형화장품판매업의 신고 및 변경신고에 관한 사무

1의3. 법 제3조의4제1항 및 제4항에 따른 맞춤형화장품조제관리사 자격시험 관리 및 자격증 발급·재발급에 관한 사무

2. 법 제4조에 따른 기능성화장품의 심사 등에 관한 사무
3. 법 제6조에 따른 폐업 등의 신고에 관한 사무
4. 법 제18조에 따른 보고와 검사 등에 관한 사무

4의2. 법 제19조에 따른 시정명령에 관한 사무

5. 법 제20조에 따른 검사명령에 관한 사무
6. 법 제22조에 따른 개수명령 및 시설의 전부 또는 일부의 사용금지명령에 관한 사무
7. 법 제23조에 따른 회수·폐기 등의 명령과 폐기 또는 그 밖에 필요한 처분에 관한 사무
8. 법 제24조에 따른 등록의 취소, 영업소의 폐쇄명령, 품목의 제조·수입 및 판매의 금지명령, 업무의 전부 또는 일부에 대한 정지명령에 관한 사무
9. 법 제27조에 따른 청문에 관한 사무
10. 법 제28조에 따른 과징금의 부과·징수에 관한 사무
11. 법 제31조에 따른 등록필증 등의 재교부에 관한 사무

007

화장품 책임판매업자의 의무와 준수사항에 대한 설명으로 틀린 것은?

① 원료목록보고는 연 2회 반기별로 보고하여야 한다.
② 제조업자로부터 받은 제품표준서 및 품질관리기록서를 보관해야 한다.
③ 생산·수입에 관한 실적은 매년 2월 말까지 보고한다.
④ 제조번호별로 품질검사를 철저히 한 후 유통시킨다.
⑤ 화장품제조업자와 화장품책임판매업자가 같은 경우 책임판매업자는 품질검사를 생략할 수 있다.

답 ①

해 **화장품책임판매업자의 의무**

① 화장품의 품질관리기준, 책임판매 후 안전관리기준, 품질 검사 방법 및 실시 의무, 안전성·유효성 관련 정보사항 등의 보고 및 안전대책 마련·의무 등에 관하여 총리령으로 정하는 준수사항(시행규칙 제12조)을 준수
② 화장품의 생산실적 또는 수입실적(년1회,다음해2월말까지), 화장품의 제조과정에 사용된 원료의 목록(유통판매전선보고) 등을 식품의약품안전처장에게 보고하여야 한다. 이 경우 원료의 목록에 관한 보고는 화장품의 유통·판매 전에 하여야 한다.

시행규칙 제12조(화장품책임판매업자의 준수사항)

① 품질관리기준을 준수할 것
② 책임판매 후 안전관리기준을 준수할 것
③ 제조업자로부터 받은 제품표준서 및 품질관리기록서(전자문서 형식을 포함한다)를 보관할 것
④ 수입한 화장품에 대하여 수입관리기록서를 작성, 보관할 것
⑤ 제조번호별로 품질검사를 철저히 한 후 유통시킬 것. 다만, 화장품제조업자와 화장품책임판매업자가 같은 경우 또는 제6조제2항제2호 각 목의 어느 하나에 해당하는 기관 등에 품질검사를 위탁하여 제조번호별 품질검사결과가 있는 경우에는 품질검사를 하지 아니할 수 있다.(그 외 상권 교재 참고)

008

다음 〈보기〉의 무기안료 중 피부의 커버력을 조절할 수 있는 것으로 짝지어진 것은?

〈보기〉

㉠ 징크옥사이트	㉣ 티타늄디옥사이드
㉡ 카올린	㉤ 진주광택원료
㉢ 황색산화철	㉥ 마이카

① ㉡, ㉢
② ㉠, ㉣
③ ㉡, ㉥
④ ㉤, ㉥
⑤ ㉢, ㉤

답 ②

해 **무기 안료(inorganic pigment)**

- 무기 안료는 발색성분이 무기질로 되어 있어 유기안료에 비해 내열, 내광의 안정성은 좋으나 색상은 선명하지 않다.
- 무기 안료는 특성에 따라 체질 안료, 착색 안료, 백색 안료, 진주광택 안료 등으로 분류된다.

체질 안료(extender pigment)

- 체질 안료는 색상에는 영향을 주지 않으며 착색 안료의 희석제로서 색조를 조정하고 제품의 전연성, 부착성 등 사용감촉과 제품의 제형화 역할을 한다.
- **종류** : 마이카, 탈크, 카올린 등의 점토 광물과 무수규산, 탄산칼슘 등

착색 안료(coloring pigment)

- 화장품에 색상을 부여하는 역할을 하는 안료이다, 색이 선명하지는 않으나 빛과 열에 강하여 변색이 잘되지 않는다.
- **종류** : 적색 산화철, 흑색 산화철, 황색 산화철

백색 안료(white pigment)

- 피부의 커버력을 조절하는 역할을 하는 안료
- **종류** : 티타늄다이옥사이드, 징크옥사이드

진주광택 안료(pearlescent pigment)

- 색상에 진주광택을 주며 금속 광채를 부여하기 위해서 사용되는 특수한 광학적 효과를 갖는 안료이다.
- **종류** : 운모에 티타늄다이옥사이드를 코팅한 티타네이티드마이카 등

009

다음 중 점도조절제에 해당하는 화장품 성분이 아닌 것은?

① 카복시메틸셀룰로오스
② 잔탄검
③ 카라기난
④ 소듐아크릴레이트폴리머
⑤ 라우릴글루코사이드

답 ⑤

해 라우릴글루코사이드는 천연계면활성제(비이온)이다.

- **점증제(Thickening agents)**: 화장품의 점도조절제로 사용되는 원료는 대부분 수용성 고분자 물질이다. 이러한 점증제는 액제의 점도를 높이거나 유화제품의 점증을 높여 주어 안정성을 좋게 한다.

ㄱ. **천연 물질**: 식물에서 추출한 구아검, 아라비아검, 로커스트빈검, 카라기난과 미생물에서 추출한 잔탄 검(Xanthan gum), 덱스트란, 동물에서 추출한 젤라틴, 콜라겐 등이 있다. 피부를 부드럽게 하는 사용감이 있어 액제의 점증제로 많이 사용된다. 하지만 미생물에 오염되기 쉽고, 물성이 쉽게 변하고 안전성이 떨어지는 경우가 많아 액제, 샴푸에 사용 시 주의를 해야 한다.

ㄴ. **반합성 천연 고분자 물질**: 메틸셀룰로오스(Methyl Cellulose), 에틸셀룰로오스(Ethyl Cellulose), 카복시 메틸셀룰로오스(Carboxy Methyl Cellulose) 등이 있다. 이러한 셀룰로오스 유도체들은 비교적 안정성 이 우수하고 사용성이 용이하여 화장품에 대부분 사용되고 있다.

ㄷ. **합성 점증제**: 소듐아크릴레이트폴리머(Sodium Acrylate Polymer), 카보머(Cabomer), 폴리쿼터늄 (Polyquaternium), 폴리아크릴레이트(Polyacrylate), 카복시비닐폴리머(Carboxy Vinyl Polymer) 등이 있다.

010

맞춤형화장품의 pH검사 결과 4.5로 나와 5.5로 조절하려는 경우에 맞춤형화장품조제관리사가 사용할 수 있는 원료로 알맞은 것은?

① 글리세린
② 시트릭애씨드
③ 아세틱애씨드
④ 트라이에탄올아민
⑤ 다이소듐디디티에이

답 ④

해 알칼리제를 찾는 문제이다.

- **글리세린**: 보습제
- **시트릭애씨드**: 산성제, pH조절제
- **아세틱애씨드**: 산성제, pH조절제
- **트라이에탄올아민(TEA)**: 알칼리제, pH조절제
- **다이소듐이디티에이**: 금속이온봉쇄제

알칼리제

① **티이에이(Triethanolamine, TEA)**: 비누의 pH조절제로 사용되거나 카보머와 같은 점증제의 중화제로 사용된다. 끈적이는 점성의 투명한 액상물질로 피부에 자극적이며 공기 중에 노출시 쉽게 산화되어 갈색으로 변한다.

② **트라이아이소프로판올아민(Triisopropanolamine)**: 산성고분자(카보머)를 중화하기 위해 주로 사용된다.

③ **포타슘하이드록사이드(Potassium Hydroxide)**: 수산화칼륨(KOH)이라 하며 흔히 물비누를 만들 때 사용되는 알칼리제이다 화장품의 pH조절제 및 산성고분자의 중화제로 사용되기도 한다.

④ **소듐하이드록사이드(Sodium Hydroxide)**: 수산화나트륨(NaOH)라고 하며 흔히 비누를 만들 때 사용되는 알칼리제이다. 화장품의 pH조절제 및 산성고분자의 중화제로 사용되기도 한다.

⑤ **소듐바이카보네이트(Sodium Bicarbonate)**: 흔히 베이킹소다, 중조, 중탄산나트륨이라고 하며 스크럽제, pH 완충제, 탈취제, pH 조절제, 피부보호제로 사용된다. 산성물질인 시트릭애씨드(Citric Acid), 비타민C 등과 혼합하여 발포성 제품류를 만들 때 주로 사용된다. 치약에서 연마제로 사용되기도 한다.

⑥ **알지닌(Arginine)**: 착향제, 헤어컨디셔닝제, 피부컨디셔닝제로 사용되는 아미노산으로 아르기닌이라고 불린다. 알칼리 성질로 인해 카보머 중화제로 사용된다.

011

두발용 제품류 중 정발효과 및 두피와 두발에 영양을 주는 제품으로 사용방법에 따라 사용 후 씻어내는 제품과 사용 후 씻어내지 않는 제품으로 구별할 수 있는 제품은 무엇인가?

① 포마드
② 헤어토닉
③ 린스
④ 헤어컨디셔너
⑤ 헤어그루밍에이드

답 ④

해 **두발용 제품류**: 두발, 두피등의 보습이나 청결 등 관리를 위하여 사용하는 제품

- 헤어 컨디셔너(hair conditioners)
  - 두발에 윤기를 주고 손상된 두발을 보호해 주며 두발에 수분, 유분을 공급하여 두발을 건강하게 유지시켜 주기 위하여 사용되는 것을 목적으로 하는 제품
  - 두발용 제품은 두피와 두발의 건강을 위해 청결하고 아름답게 유지하는 목적으로 사용되는 화장품임. 일반적인 두발 관리에 있어서 세정을 위한 샴푸와 린스를 사용하고 세정 후 정발(conditioning, 흐트러진 두발을 정돈하고 유연하게 함) 효과 및 두피와 두발에 영양 효과를 주기 위해 헤어컨디셔너, 헤어크림·로션, 헤어트리트먼트가 사용됨. 헤어컨디셔너는 사용 방법에 따라 사용 후 씻어내는 제품과 사용 후 씻어내지 않는 제품으로 구별할 수 있음.
- 헤어 토닉(hair tonics): 두피를 청량하게 하고 두피 및 두발을 건강하게 유지시켜 주기 위하여 사용되는 것을 목적으로 하는 제품
- 헤어 그루밍 에이드(hair grooming aids): 두발에 유분, 광택, 매끄러움, 유연성, 정발 효과 등을 주기 위하여 사용되는 것을 목적으로 하는 제품
- 헤어 크림·로션: 두발에 윤기를 주고 두발의 거칠어짐, 갈라짐을 방지하며 정발력이 있는 유화 또는 젤상의 제품으로 두발용 제품류에 속하는 제품
- 헤어 오일: 두발에 윤기를 주고 흐트러진 머리를 바로잡거나 정발효과를 주기 위하여 사용되는 리퀴드상의 제품으로 두발용 제품류에 속하는 제품
- 포마드(pomade): 두발에 윤기를 주어 정발효과를 주기 위하여 사용되는 것으로써 포마드상의 제품으로 두발용 제품류에 속하는 제품
- 헤어 스프레이·무스·왁스·젤: 원하는 두발의 형태를 만들거나 고정, 유지하기 위하여 사용되는 스프레이, 무스, 왁스, 젤 등의 형태의 제품으로 두발용 제품류에 속하는 제품
- 샴푸: 두피 및 두발을 세정하여 건강하게 유지시키기 위하여 사용되는 것을 목적으로 하는 제품
- 린스: 두발 세정 후에 사용하여 두발에 유연성을 주고 자연스러운 윤기를 주기 위하여 사용되는 두발 세정용 화장품으로서 정전기 발생을 방지하며 정발을 용이하게 하여 두피 및 두발을 건강하게 유지시켜 주는 두발용 제품류에 속하는 제품
- 헤어 퍼머넌트 웨이브(hair permanent wave): 두발에 웨이브를 주고, 두발을 일정한 형태로 유지시켜 주기 위하여 사용되는 것을 목적으로 하는 제품
- 헤어 스트레이트너(hair straightner): 웨이브한 두발, 말리기 쉬운 두발 및 곱슬머리를 펴는 데 사용되는 것을 목적으로 하는 제품
- 흑채: 머리숱이 없는 사람들이 빈모 부위를 채우기 위한 용도로 머리에 뿌리는 고체가루 제품으로서 두발용 제품류에 속하는 제품

012

다음 중 기능성화장품이 아닌 것을 고르시오.

① 튼살로 인한 붉은선을 제거하는데 도움을 주는 크림
② 피부장벽의 기능을 회복하여 가려움 등의 개선에 도움을 주는 로션
③ 자외선을 차단 또는 산란시켜 자외선으로부터 피부를 보호해주는 썬크림
④ 탈모증상 완화에 도움을 주는 샴푸
⑤ 피부에 탄력을 주어 피부의 주름을 개선하는데 도움을 주는 토너

답 ①

해 제거, 효과 등의 표현을 사용할 수 없다.

1. 피부에 멜라닌색소가 침착하는 것을 방지하여 기미·주근깨 등의 생성을 억제함으로써 피부의 미백에 도움을 주는 기능을 가진 화장품
2. 피부에 침착된 멜라닌색소의 색을 엷게 하여 피부의 미백에 도움을 주는 기능을 가진 화장품
3. 피부에 탄력을 주어 피부의 주름을 완화 또는 개선하는 기능을 가진 화장품
4. 강한 햇볕을 방지하여 피부를 곱게 태워주는 기능을 가진 화장품
5. 자외선을 차단 또는 산란시켜 자외선으로부터 피부를 보호하는 기능을 가진 화장품

6. 모발의 색상을 변화[탈염(脫染)·탈색(脫色)을 포함한다.]시키는 기능을 가진 화장품. 다만, 일시적으로 모발의 색상을 변화시키는 제품은 제외한다.
7. 체모를 제거하는 기능을 가진 화장품. 다만, 물리적으로 체모를 제거하는 제품은 제외한다.
8. 탈모 증상의 완화에 도움을 주는 화장품. 다만, 코팅 등 물리적으로 모발을 굵게 보이게 하는 제품은 제외한다.
9. 여드름성 피부를 완화하는데 도움을 주는 화장품. 다만, 인체세정용 제품류로 한정한다.
10. 피부장벽(피부의 가장 바깥쪽에 존재하는 각질층의 표피)의 기능을 회복하여 가려움 등의 개선에 도움을 주는 화장품
11. 튼살로 인한 붉은 선을 엷게 하는데 도움을 주는 화장품

013

다음 〈보기〉의 보존제 중 하나를 사용하여 바디크림을 만들려고 할 때 화장품법에서 고시한 사용한도 함량이 큰 것부터 나열한 것으로 알맞은 것은?

〈보기〉

㉠ 벤조익애씨드
㉡ 벤질알코올
㉢ 벤잘코늄클로라이드

① ㉡, ㉠, ㉢ ② ㉡, ㉢, ㉠
③ ㉠, ㉡, ㉢ ④ ㉠, ㉢, ㉡
⑤ ㉢, ㉡, ㉠

답 ①

해 해당 보존제의 함량은 아래와 같다.

- **벤조익애씨드**: 산으로서 0.5%(다만, 벤조익애씨드 및 그 소듐염은 사용 후 씻어내는 제품에는 산으로서 2.5%)
- **벤질알코올**: 1.0%(다만, 두발 염색용 제품류에 용제로 사용할 경우에는 10%)
- **벤잘코늄클로라이드**: 사용 후 씻어내는 제품에 벤잘코늄클 로라이드로서 0.1%, 기타 제품에 벤잘코늄클로라이드로서 0.05%

014

다음 중 사용 후 씻어내지 않는 화장품에도 사용가능한 성분은?

① 메칠클로로이소치아졸리논과 메칠이소치아졸리논의 혼합물
② 부틸파라벤
③ 헥세티딘
④ 소듐라우로일사코시네이트
⑤ 징크피리치온

답 ②

해 부틸파라벤 사용후 중 씻어내지 않는 화장품에도 사용가능하다.

- **메칠클로로이소치아졸리논과 메칠이소치아졸리논의 혼합물**: 사용후 씻어내는 제품에 0.0015%
- **헥세티딘**: 사용후 씻어내는 제품에 0.1%
- **소듐라우로일사코시네이트**: 사용후 씻어 내는 제품에 허용
- **징크피리치온**: 사용후 씻어내는제품에 0.5%

015

화장품의 원료와 사용할 때 주의사항으로 바르게 이어진 것은?

① 천수국꽃추출물 추출물 - 자외선을 이용한 태닝을 목적으로 하는 제품에는 사용금지
② 트리클로카반 - 손발톱용 제품에 25% 제한
③ 만수국 꽃추출물 - 사용 후 씻어내지 않는 제품에 사용금지
④ 꽃송이이끼추출물 - 알레르기 유발 성분
⑤ 벤잘코늄클로라이드 - 분사형 제품에 사용금지

답 ⑤

해
- **천수국꽃추출물 추출물**: 사용할 수 없는 화장품 원료
- **만수국꽃추출물**: 자외선을 이용한 태닝을 목적으로 하는 하는 제품에 사용금지
- **트리클로카반**: 보존제로서 사용한도 0.2%(다만, 원료 중 3,3',4,4'-테트라클로로아 조벤젠 1ppm 미만, 3,3',4,4'-테트라클로 로아족시벤젠 1ppm 미만 함유하여야 함) 기능성화장품의 유효성분으로서 사용후 씻어내지 않는 제품에 2.5%
- **톨루엔**: 손발톱용 제품에 25%
- **꽃송이이끼추출물**: 피부컨디셔닝제(보습제)로 사용되며 사용제한 없음

016

맞춤형화장품조제관리사가 맞춤형화장품 조제를 위해 사용 가능한 원료로 짝지어진 것은?

① 나이아신아마이드, 금가루
② MCT, 토코페릴아세테이트
③ 판테놀, 페녹시에탄올
④ 카민류, 토코페롤
⑤ 알파-하이드록시애씨드, 벤질알코올

답 ②

해 식품의약품안전처장이 고시한 화장품에 사용할 수 없는 원료, 화장품에 사용상의 제한이 필요한 원료, 기능성화장품의 효능·효과를 나타내는 원료는 맞춤형화장품에 사용할 수 없다.

- **MCT** : 표준명칭은 카프릴릭/카프릭트라이글리세라이드 이다. 이 원료는 카프릴릭과 카프릭애씨드 및 글리세린의 혼합 트라이에스터이며, 착향제, 용제, 피부컨디셔닝제(수분차단제)로 사용되는 오일이다.

017

화장품의 위해성 등급이 다른 것을 고르시오.

① 전부 또는 일부가 변패된 화장품
② 이물질이 혼입되어 있는 화장품
③ 맞춤형화장품조제관리사를 두지 않고 판매한 맞춤형화장품
④ 페닐파라벤이 함유된 화장품
⑤ 병원미생물에 오염된 화장품

답 ④

해 사용할 수 없는 원료는 가등급에 해당된다.

위해성 등급	등급평가 기준
가등급	1. 사용할 수 없는 원료를 사용한 화장품(법 제8조 제1항) 2. 사용상 제한이 필요한 원료를 사용한도 이상으로 사용한 화장품 3. 사용기준이 지정·고시된 원료 외의 보존제, 색소, 자외선차단제 등을 사용한 화장품(법 제8조 제2항)
나등급	1. 안전용기·포장등에 위반되는 화장품(제1항제1호) 2. 유통화장품 안전관리 기준에 적합하지 아니한 화장품(내용량 및 기능성원료 함량부족 제외) 3. 식품의 형태·냄새·색깔·크기·용기 및 포장 등을 모방하여 섭취 등 식품으로 오용될 우려가 있는 화장품(법 제15조제10호)
다등급	1. 전부 또는 일부가 변패된 화장품 2. 병원미생물에 오염된 화장품 3. 이물이 혼입되었거나 부착된 화장품(법 제15조4호) 중 보건위생상 위해를 발생할 우려가 있는 화장품 4. 유통화장품 안전관리 기준에서 기능성화장품의 기능성을 나타나게 하는 주원료 함량이 기준치에 부적합한 화장품(내용량의 기준에 관한 부분은 제외) 5. 사용기한 또는 개봉 후 사용기간(병행 표기된 제조연월일을 포함한다)을 위조·변조한 화장품 6. 화장품제조업자 또는 화장품책임판매업자 스스로 국민보건에 위해를 끼칠 우려가 있어 회수가 필요하다고 판단한 화장품 7. 영업등록을 하지 아니한 자가 제조한 화장품 또는 제조·수입하여 유통·판매한 화장품 8. 영업신고를 하지 아니한 자가 판매한 맞춤형화장품 9. 맞춤형화장품조제관리사를 두지 아니하고 판매한 맞춤형화장품 10. 1차포장, 2차포장 기재표시 사항 위반되는 화장품 11. 소비자에게 판매시 가격을 표시하지 않은 화장품 12. 기재·표시는 다른 문자 또는 문장보다 쉽게 볼 수 있는 곳에 한글로 기재·표시하여야 하며, 한자 또는 외국어를 함께 기재할 수 있음을 위반한 화장품 13. 의약품으로 잘못 인식할 우려가 있게 기재·표시된 화장품 14. 판매의 목적이 아닌 제품의 홍보·판매촉진 등을 위하여 미리 소비자가 시험·사용하도록 제조 또는 수입된 화장품을 판매를 목적으로 보관, 진열 하거나 소비자에게 판매한 화장품 15. 화장품의 포장 및 기재·표시 사항을 훼손 또는 위조·변조한 화장품(맞춤형화장품 판매를 위하여 필요한 경우는 제외한다.)

018

화장품의 위해성 등급이 다른 것을 고르시오.

① 수은이 10㎍/g 검출된 화장품

② 대장균이 검출된 화장품

③ 의약품으로 잘못 인식할 우려가 있도록 기재·표시된 화장품

④ 사용기한을 위조한 화장품

⑤ 화장품의 포장 및 기재·표시 사항을 훼손한 화장품

답 ①

해 유통화장품안전관리 기준에 적합하지 않은 제품은 나등급이다. 그 외 다등급이다.
병원미생물은 바이러스·리케차·세균(구균·간균·나선균·방선균)·진균(眞菌)·스피로헤타·원충(原蟲)의 6종을 의미한다. 대장균은 사람이나 동물의 장속에 사는 세균으로 병원미생물에 해당된다. 병원미생물에 오염된 화장품은 다등급이다. 수은이 10㎍/g 검출된 화장품은 나등급에 해당되며 나머지는 다등급이다.

019

화장품 성분에 대한 특성과 종류에 대한 설명으로 옳은 것은?

① 음이온계면활성제는 세균에 흡착하는 성질을 가지고 있어 살균제로도 사용되며 종류에는 소듐라우릴설페이트, 소듐라우레스설페이트 등이 있다.

② 점도조절제는 액제의 점도를 높이거나 유화제품의 점증을 높여주어 안정성을 좋게 해주는 성분으로 종류에는 구아검, 아라비아검, 카라기난 등이 있다.

③ 금속이온봉쇄제는 수용액에 함유된 금속이온의 작용을 억제하여 세정제의 기포를 안정화하고 물때의 형성을 막으며 에멀젼 제품의 안정성을 높여준다. 종류에는 트라이에탄올아민, 알지닌 등이 있다.

④ 양이온계면활성제는 세정력과 거품 형성이 우수하여 화장품에서 인체세정용 제품으로 활용된다. 바디 클렌저, 샴푸, 폼클렌저 등에 사용된다. 종류에는 세테아디모늄클로라이드, 다이스테아릴다이모늄클로라이드, 베헨트라이모늄클로라이드 등이 있다.

⑤ 피부컨디셔닝제는 피부에 변화를 주는 보습제 성분으로 종류에는 메틸셀룰로오스, 에틸셀룰로오스, 카복시 메틸셀룰로오스 등이 있다.

답 ②

해

분류	특성	종류
음이온계면활성제	세정력과 거품 형성이 우수하여 화장품에서 인체세정용 제품으로 활용된다. 바디 클렌저, 샴푸, 폼클렌저 등에 사용된다.	소듐라우릴설페이트(SLS), 소듐라우레스설페이트(SLES), 암모늄라우릴설페이트(ALS)
금속이온봉쇄제	수용액에 함유된 금속이온(칼슘이온, 마그네슘이온 등)의 작용을 억제하여 세정제의 기포를 안정화하고 물 때의 형성을 막으며 에멀젼 제품의 안정성을 높여준다.	디소듐이디티에이(disodium EDTA), 테트라소듐이디티에이(tetrasodium EDTA)

분류	특성	종류
양이온계면활성제	양이온은 음이온 성격인 세균에 흡착하는 성질로 인해 살균제로도 사용된다. 알킬기의 분자량이 큰 경우에 흡착성이 커서 헤어 린스 등의 유연제 및 대전 방지제로 사용된다.	세테아디모늄클로라이드(C16), 다이스테아릴다이모늄클로라이드 (C18), 베헨트라이모늄클로라이드(C22)
피부컨디셔닝제	피부컨디셔닝제는 피부에 변화를 주는 보습제 성분이다.	미네랄오일, 에스터오일, 실리콘오일, 시어버터, 실크아미노산, 아이비고도열매추출물, 이삭물수세미추출물, 세라마이드 등

020

다음 보기에서 위해평가 절차를 순서대로 나열한 것은?

〈보기〉

㉠ 노출평가과정
㉡ 위험성 확인
㉢ 위해도 결정과정
㉣ 위험성 결정

① ㉠, ㉡, ㉣, ㉢
② ㉠, ㉢, ㉡, ㉣
③ ㉡, ㉣, ㉠, ㉢
④ ㉢, ㉡, ㉠, ㉣
⑤ ㉣, ㉡, ㉠, ㉣

답 ③

해 위해평가는 다음 각 호의 확인·결정·평가 등의 과정을 거쳐 실시한다.

① 위해요소의 인체 내 독성을 확인하는 위험성 확인 과정
② 위해요소의 인체노출 허용량을 산출하는 위험성 결정과정
③ 위해요소가 인체에 노출된 양을 산출하는 노출평가과정
④ 인체에 미치는 위해 영향을 판단하는 위해도 결정과정

021

식품의약품안전처장이 고시한 자료제출이 생략되는 기능성화장품의 미백 성분과 그 성분의 고시된 최대함량으로 옳게 짝지어진 것은?

① 아데노신 0.04%
② 알부틴 2%
③ 알파-비사보롤 0.05%
④ 나이아신아마이드 5%
⑤ 유용성감초추출물 0.5%

답 ④

해 식품의약품안전처장이 고시한 자료제출을 생략할 수 있는 미백기능성화장품의 성분 및 함량은 다음과 같다.

성분명	함량
닥나무추출물	2%
알부틴	2~5%
에칠아스코빌에텔	1~2%
유용성감초추출물	0.05%
아스코빌포스페이드	2%
마그네슘아스코빌포스페이트	3%
나이아신아마이드	2~5%
알파-비사보롤	0.5%
아스코빌테트라이소팔미테이트	2%

022

다음 〈보기〉의 화장품 성분 중 함량을 반드시 기재하여야 하는 성분을 모두 고른 것은?

〈보기〉

제품명	시어버터&비타민E 베이비크림
광고 내용	아이들에게 안전한 시어버터와 비티민E를 사용한 베이비 크림으로 피부의 보습에 좋은 유기농 올리브오일과 유기농 참깨오일을 함유하여 더욱 촉촉하고 부드럽게 사용가능합니다.
제품 전성분	정제수, 시어버터, 참깨오일, 올리브오일, 비타민E, 세틸알코올, 글리세릴스테아레이트, 감초뿌리추출물, 글리세린, 페녹시에탄올, 만델릭산, 향료, 리날룰, 제라니올, 알파-아이소메틸아이오논, 아니스알코올

① 시아버터, 올리브오일, 아니스알코올
② 시어버터, 올리브오일, 참깨오일
③ 비타민E, 리날룰, 제라니올, 알파-아이소메틸아이오논, 아니스알코올
④ 시어버터, 비타민E, 리날룰, 제라니올, 알파-아이소메틸아이오논, 아니스알코올
⑤ 시어버터, 비타민E, 페녹시에탄올, 올리브오일, 참깨오일

답 ⑤

해 제품 명칭의 일부로 사용한 경우(방향용 제품 제외), 유기농으로 광고하려는 경우 그 성분의 함량, 3세 이하의 영유아용 제품류 혹은 4세 이상부터 13세까지의 어린이가 사용할 수 있는 제품임을 특정하여 표시·광고하려는 경우 보존제의 함량을 기재하여야 한다.

023

다음 〈보기〉와 같이 광고하였을 때 위반 사항과 1차 행정처분이 바르게 짝지어진 것은?

〈보기〉

○○샴푸는 사용 시 모발 성장에 도움을 주어 모발이 굵기가 증가하며, 찰랑 찰랑 윤기가 날 수 있게 도와주는 코스메슈티컬스(Cosmeceuticals) 제품입니다.

① 위반사항 : 기능성화장품 오인
행정처분 : 해당품목 광고업무 정지 1개월
② 위반사항 : 기능성화장품 오인
행정처분 : 해당품목 판매업무 정지 3개월
③ 위반사항 : 기능성화장품 오인
행정처분 : 시정명령
④ 위반사항 : 의약품 오인
행정처분 : 해당품목 광고업무 정지 3개월
⑤ 위반사항 : 의약품 오인
행정처분 : 해당품목 판매업무 정지 2개월

답 ④

해 모발이 굵어진다는 표현과 코스메슈티컬스, 메디슨, 드럭이라는 표현은 사용할 수 없다. 코스메슈티컬스는 미국펜실베니아 의대 교수 알버트 클링맨에 의해 제안된 기능성화장품 관련용어이지만 의약품으로 오인할 수 있는 표현이며 위반 시 행정처분은 다음과 같다. 시행규칙 [별표7] 제2호 더목 1)

위반내용		1차처분	2차처분	3차처분
별표5 제2호 가목나목 및 카목에 따른 화장품의 표시·광고 시 준수사항을 위반한 경우	표시위반	해당품목 판매업무 정지 3개월	해당품목 판매업무 정지 6개월	해당품목 판매업무 정지 9개월
	광고위반	해당품목 광고업무 정지 3개월	해당품목 광고업무 정지 6개월	해당품목 광고업무 정지 9개월

시행규칙 [별표5] 제2호 (가,나,카목)

가. 의약품으로 잘못 인식할 우려가 있는 내용, 제품의 명칭 및 효능·효과 등에 대한 표시·광고를 하지 말 것

나. 기능성화장품, 천연화장품 또는 유기농화장품이 아님에도 불구하고 제품의 명칭, 제조방법, 효능·효과 등에 관하여 기능성화장품, 천연화장품 또는 유기농화장품으로 잘못 인식할 우려가 있는 표시·광고를 하지 말 것

카. 사실 유무와 관계없이 다른 제품을 비방하거나 비방한다고 의심이 되는 표시·광고를 하지 말 것

024

다음은 손님A와 맞춤형화장품조제관리사B의 대화이다. 손님A의 질문에 대한 맞춤형화장품조제관리사 B의 답으로 옳은 것으로만 짝지어진 것은?

A : 안녕하세요. 4세 아이가 사용할 샴푸를 구매하려고 합니다. 추천해주실 제품이 있으신가요?
B : 이 ○○샴푸는 어떠신가요?
A : 이 ○○샴푸에 들어있는 소듐라우릴설페이트이라는 성분은 어떤 성분인가요?
B : ㉠ 소듐라우릴설페이트 성분은 음이온성 계면활성제로 다른 이온 계면활성제보다 피부 자극이 적어 영유아 및 어린이용 제품에 많이 사용되는 성분입니다.
A : 그럼 세트인 00린스 상품에 들어있는 계면활성제도 위와 같은 종류의 계면활성제가 들어있나요?
B : ㉡ 린스에 들어있는 계면활성제는 양이온성 계면활성제로 대표적으로 세테아디모늄클로라이드, 다이스테아릴다이모늄클로라이드 등이 있습니다.
A : 그렇군요. 기존에 사용하던 샴푸에는 아이오도프로피닐부틸카바메이트(IPBC)라는 성분이 들어 있었는데 이 성분은 어떤가요?
B : ㉢ 아이오도프로피닐부틸카바메이트(IPBC)라는 성분은 13세 이하 어린이에게는 사용할 수 없는 성분으로 당장 사용을 중지하시는 게 좋을 것 같습니다.
A : 오늘부터 사용을 하지 않아야겠군요. 샴푸 외에 ○○녹색비누를 사용 중인데 이 제품은 괜찮겠죠?
B : 비누의 경우 ㉣ 예전에는 비누가 공산품이었지만 이제는 화장품으로 바뀌면서 ㉤ 피그먼트 녹색 7호 색소는 사용할 수가 없으니 성분을 한번 확인해 보시는 게 좋겠네요.

① ㉠, ㉡	② ㉠, ㉢
③ ㉡, ㉢	④ ㉡, ㉣
⑤ ㉣, ㉤	

답 ④

해 계면활성제의 특성은 다음과 같다.

분류	특성	종류
양이온계면활성제	양이온은 음이온 성격인 세균에 흡착하는 성질로 인해 살균제로도 사용된다. 알킬기의 분자량이 큰 경우에 흡착성이 커서 헤어 린스 등의 유연제 및 대전 방지제로 사용된다.	• 세테아디모늄클로라이드(C16) • 다이스테아릴다이모늄클로라이드(C18) • 베헨트라이모늄클로라이드(C22)
음이온계면활성제	세정력과 거품 형성이 우수하여 화장품에서 인체세정용 제품으로 활용된다. 바디 클렌저, 샴푸, 폼클렌저 등에 사용된다.	• 소듐라우릴설페이트(SLS) • 소듐라우레스설페이트(SLES) • 암모늄라우릴설페이트(ALS)
양쪽성계면활성제	한 분자 내에 양이온과 음이온을 동시에 가지며 pH에 따라 특성이 변한다. 세정력, 살균력이 있지만 다른 이온 계면활성제에 비해 피부 자극이 적어 저자극 세정제, 영유아 및 어린이용 세정제품 등에 주로 이용된다.	• 코카미도프로필베타인 • 라우라미도프로필베타인 • 코코베타인 • 소듐코코암포아세테이트
비이온계면활성제	피부 자극이 적고 피부 안전성이 높아, 유화제, 가용화제, 분산제, 습윤제 등 대부분의 화장품에서 사용된다.	• 폴리소르베이트 계열 • 소르비탄 계열 • 폴리에틸렌글리콜(PEG) 계열 • 폴리옥시에틸알킬에테르염(POE) 계열 • 폴리글리세린 계열 • 글리세릴모노스테아레이트 • 코카마이드MEA/DEA • 라우라마이드 MEA/DEA • 올레마이드 DEA

• 아이오도프로피닐부틸카바메이트(IPBC) :
- 입술에 사용되는 제품, 에어로졸(스프레이에 한 함) 제품, 바디로션 및 바디크림에는 사용금지.
- 영유아용 제품류 또는 13세 이하 어린이가 사용할 수 있음을 특정하여 표시하는 제품에는 사용금지(목욕용

제품, 샤워젤류 및 샴푸류는 제외)
- 화장비누는 2020년 공산품에서 화장품으로 품목이 변경되었다.
- 피그먼트 녹색7호, 피그먼트 적색5호, 피그먼트 자색23호는 화장비누에만 사용가능한 색소이다.

025

세균과 진균에 대한 설명 중 옳은 것은?

① 진균은 대두카제인소화한천배지를 주로 사용하며 배양온도는 25~30℃이다.
② 세균은 사부로포도당한천배지를 주로 사용하며 배양온도는 25~30℃이다.
③ 진균의 대표적인 예로 푸른곰팡이가 있다.
④ 물휴지의 경우 검출된 세균 및 진균의 합이 100개/g(mL) 이하여야 한다.
⑤ 세균의 경우 식물성 성분이 필수 영양소이다.

답 ③

해 **세균**
- **배지**: 대두카제인소화한천배지
- **배지 배양조건**: 30~35℃ 48시간 이상
- **종류**: 황색포도상구균, 대장균, 녹농균
- **필수영양소**: 단백질, 아미노산, 동물성성분

진균
- **배지**: 사부로포도당한천배지 또는 포테이토덱스트로즈한천배지에 배지 1000ml당 클로람페니콜 50mg(0.05g)을 넣음
- **배지 배양조건**: 20~25℃ 5일 이상
- **종류**: 효모-칸디다균(질염균) 곰팡이-푸른곰팡이
- **필수영양소**: 효모-당질, 식물성성분 곰팡이-전분, 식물성성분

미생물한도 기준
① 총호기성생균수는 영·유아용 제품류 및 눈화장용 제품류의 경우 500개/g(mL) 이하
② 물휴지의 경우 세균 및 진균수는 각각 100개/g(mL) 이하
③ 기타 화장품의 경우 1,000개/g(mL) 이하
④ 대장균(Escherichia Coli), 녹농균(Pseudomonas aeruginosa), 황색포도상구균(Staphylococcus aureus)은 불검출

026

식품의약품안전처장이 고시한 「화장품 안전기준 등에 관한 규정」 [별표2]는 사용상의 제한이 필요한 원료를 고시하고 있다. 다음의 성분과 그 사용한도의 연결로 옳지 않은 것은?

① 메칠이소치아졸리논 : 사용 후 씻어내는 제품 0.0015%
② 벤조익애씨드, 그 염류 및 에스텔류 : 산으로서 0.5%
③ 쿼터늄-15 : 2%
④ 트리클로카반 : 0.2%
⑤ 이미다졸리디닐우레아 : 0.6%

답 ③

해 쿼터늄-15의 사용한도는 0.2%이다.

027

다음은 「화장품 안전 기준 등에 관한 규정」에서 고시하고 있는 사용상의 제한이 필요한 원료인 살리실릭애씨드에 대한 설명으로 옳지 않은 것은?

① 영유아용 제품류 또는 만 13세 이하 어린이가 사용할 수 있음을 특정하여 표시한 샴푸에는 살리실릭애씨드를 사용할 수 없다.
② 인체세정용 제품류에 살리실릭애씨드로서 2%까지 사용 가능하다.
③ 보존제로 사용 시 살리실릭애씨드 및 그 염류는 0.5%까지 사용 가능하다.
④ 기타성분으로 살리실릭애씨드 및 그 염류로 두발용제품류에는 3%까지 사용 가능하다.
⑤ 기능성화장품의 유효성분으로 사용하는 경우에 한하며 기타 제품에는 사용금지한다.

답 ①

해 영유아용 제품류 또는 13세 이하 어린이가 사용할 수 있음을 특정하여 표시한 제품에는 사용금지이나 샴푸는 제외이다.

028

화장품 보습제의 종류 및 기능에 대한 설명으로 옳지 못한 것은?

① 에몰리언트 기능으로 미네랄오일, 에스터오일,실리콘오일 등을 사용한다.

② 피부 외층의 수분보유를 증대시키기 위한 습윤제로 피부 도포 시 주변의 수분을 흡수하여 보습을 유지하는 물질인 글리세린, 히아루론산 등이있다.

③ 피부표면으로부터 수분의 증발을 지연시키는 수분차단제의 기능으로 사용되며 폐색막형성 시킨다. 오일, 지방산, 페트롤라툼 등이 있다.

④ 피부에 특별한 효과를 주기 위한 성분으로 건조하거나 손상된 피부를 개선, 피부탈락 감소, 유연성 회복을 위하여 피부컨디셔닝제로 사용한다. 시어버터, 실크아미노산, 세라마이드, 각종추출물들이 있다.

⑤ 세라마이드는 피부장벽 대체재로서 피부보습제의 종류로 사용되지 않는다.

답 ⑤

해 **피부 장벽 대체재**: 각질층의 세포간지질의 성분으로 손상된 피부 장벽을 개선 시키는 성분으로 컨디셔닝제(기타)로 분류된다. 세라마이드, 콜레스테롤, 지방산 등

029

화장품 작업장의 낙하균 측정방법에 대한 설명으로 틀린 것은?

① 일반적으로 작은 방을 측정하는 경우에는 약 2개소를 측정한다.

② 방 이외의 격벽구획이 명확하지 않은 장소(복도, 통로 등)에서는 공기의 진입, 유통, 정체 등의 상태를 고려하여 전체 환경을 대표한다고 생각되는 장소를 선택 한다.

③ 바닥에서 측정하는 것이 원칙이다.

④ 측정 위치마다 세균용배지 1개, 진균용배지 1개를 둔다.

⑤ 노출 시간이 1시간 이상이 되면 배지의 성능이 떨어지므로 예비시험으로 적절한 노출시간을 결정한다.

답 ①

해 일반적으로 작은방을 측정하는 경우에는 약 5개소 측정(사방 모서리, 정중앙)

작업장의 낙하균 측정법

- **재료·자료**: 배지(세균용, 진균용), 배양 접시, 클로람페니콜, 낙하균 측정 위치 도면
- **기기(장비·공구)**: 인큐베이터(30~32℃, 20~25℃), 고압 증기 멸균기, 클린 벤치, 컴퓨터
- **안전·유의 사항**: 낙하균 측정 시에는 미생물이 너무 작아 낙하하지 않는 것, 낙하된 미생물도 배양조건(배지, 온도 등)이 맞지 않아 발육하지 않은 경우가 존재한다는 것을 염두에 두어야 하며, 일반적으로 낙하균 수와 부유 미생물수가 반드시 일치하지는 않는다.
  낙하균 측정 기록 시에 측정 장소의 입자 분포, 건물의 구조, 천장의 높이, 환기 횟수, 강도, 속도, 작업 상태와 종류, 작업의 인원 수, 낙하균 측정 위치, 시험 횟수 등을 상세히 기록하면 낙하균이 많이 검출되는 경우 원인 분석에 좋은 데이터로 활용할 수 있다.
  청정도가 높은 환경의 경우 낙하균으로 청정도를 평가하는 것은 적절하지 않다는 것이 최근의 추세이다. 낙하균 측정 시 현장에 있는 측정용 배지를 작업자들이 만지지 못하도록 하고, 측정 시간을 정확히 지켜 측정 오차를 없애야 한다.
- 수행 순서

낙하균 측정법에 사용되는 배지 및 기구를 준비한다.

1. 배지를 준비한다.

(1) 세균용: 대두 카세인 소화 한천 배지(Tryptic Soy

Agar)

(2) 진균용 : 사부로 포도당 한천 배지(Sabouraud Dextrose Agar) 또는 포테이토 덱스트로즈 한천 배지(Potato Dextrose Agar)에 1000mL당 클로람페니콜 50mg(0.05g)을 넣는다.

2. 배양 접시(내경 9cm)를 준비한다.
3. 배양 접시에 멸균된 배지(세균용, 진균용)를 각각 부어 굳혀 낙하균 측정용 배지를 준비한다.

측정할 위치마다 2~3개씩의 세균용 배지와 진균용 배지를 준비한다. 낙하균 측정 위치 및 노출 시간을 결정한다.

1. 측정 위치를 결정한다.
   (1) 일반적으로 작은 방을 측정하는 경우에는 약 5개소를 측정한다.
   (2) 비교적 큰 방일 경우에는 측정소의 수를 증가한다.(낙하균, 부유균, 표면균 측정 방법의 일례)
   (3) 방 이외의 격벽 구획이 명확하지 않은 장소(복도, 통로 등)에서는 공기의 진입, 유통, 정체 등의 상태를 고려하여 전체 환경을 대표한다고 생각되는 장소를 선택한다. 이 경우 측정하려는 방의 크기와 구조에 더 유의하여야 하나, 5개소 이하로 측정하면 올바른 평가를 얻기 어렵다.
   (4) 측정 위치는 벽에서 30cm 떨어진 곳이 좋다.
   (5) 측정 높이는 바닥에서 측정하는 것이 원칙이지만 부득이한 경우 바닥으로부터 20~30cm 높은 위치에서 측정할 수 있다.
2. 노출 시간을 결정한다.

- 노출시간은 공중 부유 미생물수의 많고 적음에 따라 결정되며, 노출 시간이 1시간 이상이 되면 배지의 성능이 떨어지므로 예비 시험으로 적당한 노출 시간을 결정하는 것이 좋다.
  (1) 청정도가 높은 시설(예 무균실 또는 준무균실) : 30분 이상 노출시킨다.
  (2) 청정도가 낮고, 오염도가 높은 시설(예 원료 보관실, 복도, 포장실, 창고) : 측정시간 단축 한다.

• 낙하균 측정하기

1. 선정된 측정 위치마다 세균용 배지와 진균용 배지를 1개씩 놓고, 배양 접시의 뚜껑을 열어 배지에 낙하균이 떨어지도록 한다.
2. 위치별로 정해진 노출 시간이 지나면, 배양 접시의 뚜껑을 닫아 배양기에서 배양한다.
   (1) 일반적으로 세균용 배지는 30~35℃, 72시간, 진균용 배지는 20~25℃, 7일간 배양한다.
   (2) 배양 중에 확산 균의 증식에 의해 균 수를 측정할 수 없는 경우가 있으므로 매일 관찰하고 균 수의 변동을 기록한다.(실내 공기질 공정 시험방법 도출 연구, 환경부)
3. 배양 종료 후 세균 및 진균의 평판마다 집락 수를 측정하고, 사용한 배양 접시 수로 나누어 평균 집락 수를 구하고, 단위 시간당 집락 수를 산출하여 균 수로 한다.

***출처** : ncs모듈 화학/정밀화학제품제조/생리활성화제품제조/화장품제조

030

화장품 제조 관련 설비의 유지관리에 대한 설명 중 옳지 않은 것은?

① 건물, 시설 및 주요 설비는 정기적으로 점검해야 한다.

② 결함 발생 및 정비 중인 설비는 적절한 방법으로 표시하고 고장 등 사용이 불가할 경우 표시하여야 한다.

③ 품질에 영향을 줄 수 있는 장치는 연간 계획을 세워서 매년 1회 이상 관리한다.

④ 모든 제조관련 설비는 승인된 자만이 접근·사용하여야 한다.

⑤ 유지관리 작업이 제품의 품질에 영향을 주어서는 안 된다.

답 ③

해 품질에 영향을 줄 수 있는 장치는 주기적으로 점검할 수 있도록 일간, 주간 점검을 실시하는 것이 원칙이다.

① 건물, 시설 및 주요 설비는 정기적으로 점검하여 화장품의 제조 및 품질관리에 지장이 없도록 유지·관리·기록하여야 한다.
② 결함 발생 및 정비 중인 설비는 적절한 방법으로 표시하고, 고장 등 사용이 불가할 경우 표시하여야 한다.
③ 세척한 설비는 다음 사용 시까지 오염되지 아니하도록 관리하여야 한다.
④ 모든 제조 관련 설비는 승인된 자만이 접근·사용하여야 한다.
⑤ 제품의 품질에 영향을 줄 수 있는 검사·측정·시험장비 및 자동화장치는 계획을 수립하여 정기적으로 검교정 및 성능점검을 하고 기록해야 한다.
⑥ 유지관리 작업이 제품의 품질에 영향을 주어서는 안 된다.

031

다음 중 위해화장품에 대한 내용으로 옳은 것은?

① 아이크림의 납 잔류함량이 30㎍/g인 경우 합격 제품으로 회수대상이 아니다.
② 변성알코올에 메탄올이 2% 함유된 원료로 향수를 제작한 경우 회수대상에 해당된다.
③ 물휴지에 메탄올의 잔류함량이 0.001%이고 세균수는 90개, 진균수는 101개가 검출된 경우에는 회수대상에 해당되지 않는다.
④ 화장비누의 수분 포함 중량이 100g이고 건조 중량이 85g인 경우 2차포장지에 중량표기는 85g이라고 표기하고 유리알칼리 잔류성분이 0.1% 이하면 합격이므로 회수대상에 해당되지 않는다.
⑤ 바디오일, 폼클렌저, 바디클렌저, 샴푸 등은 ph기준이 25℃에서 3.0 ~ 9.0이다.

답 ④

해 ① 납의 잔류는 20㎍/g, 점토를 원료로 사용한 분말의 경우 50㎍/g이하가 적합이므로 30㎍/g이 검출 된 제품은 부적합 제품으로 회수대상이다.
② 메탄올의 잔류는 0.2(v/v)% 이하, 물휴지는 0.002%(v/v) 이하가 합격이지만 변성제로 사용된 경우 5%까지 허용이 되고 있으며 그 외에 메탄올은 화장품에 사용할 수 없는 원료이다.
③ 물휴지는 0.002%(v/v) 이하의 메탄올 잔류를 허용하며, 세균 및 진균수는 각각 100개/g(mL) 이하 인 경우만 합격제품이다.
④ 기재표시사항의 단순 오류는 회수대상 품목이 아니다.
⑤ 화장품의 ph기준은 25℃에서 3.0 ~ 9.0이지만 물이 포함되지 않은 오일류 제품이나 씻어내는 제품은 제외된다.

032

화장품 설비 세척 소독을 위해 사용되는 화학적 소독제로 알맞은 것은?

① 염소계 소독제, 페놀, 과산화수소
② 4급암모늄화합물200ppm, 차아염소산나트륨, 스팀
③ 스팀, 온수, 직열
④ 스팀, 직열, 에탄올
⑤ 스팀, 에탄올, 아이소프로판올

답 ①

해 • **물리적 소독제**: 스팀, 온수, 직열
• **화학적 소독제**: 염소계 소독제(차아염소산나트륨, 차아염소산칼륨, 차아염소산리튬 200ppm), 양이온계면활성제(4급 암모늄화합물 200ppm), 페놀, 인산, 에탄올, 아이소프로판올, 과산화수소, 계면활성제 등이 있다.(이론서 하권 5장 세척소독방법 22P 참조)

033

화장품 제조설비별 재질 및 특성에 대한 설명으로 맞는 것은?

	시설	재질	특성
①	탱크	스테인리스 #304, #316	표면은 매끈하고 부식성이 없는 재질을 사용하여야 하기 때문에 스테인리스를 주로 사용하지만 구리를 사용하기도 한다.
②	호스	고무, 유리, 나일론	높은 열과 압력에 대하여 문제가 없게 설계되어야 한다.
③	혼합과 교반	알류미늄, 구리	전기 구성 품들은 설비 지역에 있을 수 있는 폭발위험물로부터 안전한 곳에 보관한다.
④	이송 파이프	스테인리스 #304, #316, 알류미늄	생성되는 최고의 압력을 고려해야 하고, 사용 전 시스템은 정수압적으로 시험되어야 한다.
⑤	필터	반응성 섬유	모든 여과 조건하에서 생기는 최고 압력들을 고려해야 한다.

답 ④

해 제조설비별 재질 및 특성은 다음과 같다.

시설	재질	특성
탱크	• 스테인리스 #304 • 스테인리스 #316(부식에 강함)	• 미생물학적으로 민감하지 않은 물질 또는 제품에는 유리로 안을 댄 강화 유리 섬유 폴리에스터와 플라스틱으로 안을 댄 탱크를 사용할 수 있다. • 퍼옥사이드 같은 민감한 물질/제품은 탱크 제작 전문가들 또는 물질 공급자와 함께 탱크의 구성 물질과 생산하고자 하는 내용물이 서로 적용 가능한지에 대해 상의하여야 한다. • 기계로 만들고 광을 낸 표면이 바람직하다.
탱크		• 주형 물질(cast material) 또는 거친 표면은 제품이 뭉치게 되어 깨끗하게 청소하기가 어려워 미생물 또는 교차 오염 문제를 일으킬 수 있어 주형물질은 화장품에 추천되지 않는다. • 모든 용접, 결합은 가능한 한 매끄럽고 평면이어야 한다. • 외부 표면의 코팅은 제품에 대한 저항력(product-resistant)이 있어야 한다.
호스	• 강화된 식품등급의 고무, 또는 네오프렌, 타이곤(tygon) 또는 강화된 타이곤(tygon), 폴리에칠렌 또는 폴리프로필렌, 나일론의 제재 사용. • 호스 부속품과 호스는 작동의 전반적인 범위의 온도와 압력에 적합하여야 하고 제품에 적합한 제재로 건조되어야 한다. • 호스 구조는 위생적인 측면이 고려되어야 한다.	호스 설계와 선택은 적용 시의 사용 압력/온도범위를 고려해야 안전하다.
혼합과 교반	• 전기화학적인 반응을 피하기 위해서 믹서의 재질이 믹서를 설치할 모든 젖은 부분 및 탱크와의 공존이 가능한지를 확인해야 한다. • 대부분의 믹서는 봉인(seal)과 개스킷에 의해서 제품과의 접촉으로부터 분리되어 있는 내부 패킹과 윤활제를 사용한다. • 정기적인 유지관리와 점검은 봉함, 개스킷, 패킹이 유지되는지 그리고 윤활제가 새서 제품을 오염시키지 않는지 확인하기 위해 수행되어야 한다.	혼합기를 작동 시키는 사람은 회전하는 샤프트와 잠재적인 위험 요소를 생각하여 안전한 작동 연습을 적절하게 훈련받아야 한다. 이동 가능한 혼합기는 사용할 때 적절하게 고정되어야 한다.
이송 파이프	• 유리, 스테인리스 스틸 #304 또는 #316, 구리, 알루미늄 등으로 구성되어 있다. • 전기화학반응이 일어날 수 있기 때문에 다른 제재의 사용을 최소화 하기 위해 파이프 시스템을 설치할 때 주의해야 한다. • 어떤 것들은 개스킷, 파이프 도료, 용접봉 등을 사용한다. • 이것들은 물질의 적용 가능성을 위해 평가되어야 한다. • 유형 #304와 #316 스테인리스스틸에 추가해서, 유리, 플라스틱, 표면이 코팅된 폴리머가 제품에 접촉하는 표면에 사용된다.	• 파이프 시스템 설계는 생성되는 최고의 압력을 고려해야 한다. • 사용 전, 시스템은 정수 압적으로 시험되어야 한다.

시설	재질	특성
필터, 여과기 그리고 체	• 화장품 산업에서 선호되는 반응하지 않는 재질은 스테인리스스틸 및 비반응성 섬유이다. • 대부분 원료와 처방에 대해 스테인리스 #316은 제품의 제조를 위해 선호된다. • 여과 매체(예 체, 가방(백(bag)), 카트리지 그리고 필터 보조물)는 효율성, 청소의 용이성, 처분의 용이성 그리고 제품의 적합성에 전체 시스템의 성능에 의해 선택하여 평가하여야 한다.	시스템 설계는 모든 여과 조건하에서 생기는 최고 압력들을 고려해야 한다.

034

화장품 혼합 시 제형의 안정성을 감소시키는 요인에 대한 설명으로 틀린 것은?

① 원료투입순서 : 원료투입 순서가 바뀌면 불안정한 미셀이 형성되어 제품의 냄새, 색상 등이 달라질 수 있다.

② 유화공정 : 제조 온도가 설정된 온도보다 지나치게 높을 경우 유화제의 HLB가 바뀌면서 전상 온도 이상의 온도에서는 상이 서로 바뀌어 유화 안정성에 문제가 생길 수 있다.

③ 가용화공정 : 제조 온도가 설정된 온도보다 지나치게 높을 경우 가용화제의 친수성과 친유성의 정도를 나타내는 HLB가 바뀌면서 운점(cloud point) 이상의 온도에서는 가용화가 깨져 제품의 안정성에 문제가 생길 수 있다.

④ 진공세기 : 제조 시 생기는 미세한 기포를 압력을 가해 제거 하지 않으면 제품의 점도, 비중, 안정성 등에 영향을 미친다.

⑤ 회전속도 : 교반기의 RPM 속도가 느린 경우 유화입자가 커서 성상 및 점도가 달라지고 안정성에 문제가 발생하고 점증제 및 분산제의 분산이 어려워 덩어리가 생길 수 있다.

답 ①

해 **제형의 안정성을 감소 시키는 요인**

① 원료를 투입 혼합하는 순서가 바뀌면 외상과 내상의 상태가 달라질 수 있으며 또한 불안정한 미셀이 형성될 수 있어 분리현상이 잘 일어난다. 기타 첨가물 및 휘발성 있는 원료나 향료는 냉각 후(45℃ 전후)에 투입해야 한다.

② 교반기의 RPM 속도가 느린 경우 유화입자가 커서 성상 및 점도가 달라지고 안정성에 문제가 발생하고 점증제 및 분산제의 분산이 어려워 덩어리가 생길 수 있다.

③ 가용화 또는 유화 공정 시 투입되는 온도가 지나치게 높을 경우 유화제의 HLB가 바뀌면서 상이 바뀌어 불안정한 상이 형성되어 안정성에 문제가 생길 수 있으며 산패의 원인이 될 수 있다.

④ 유화제품의 경우 기포가 다량 발생하므로 진공상태에서 기포를 제거하지 않으면 제품의 점도, 비중에 영향을 미치며 산패의 원인이 되기도 하여 안정성에 문제가 발생할 수도 있다.

035

다음 중 폐기 처분해야 하는 화장품은?

① 소합향나무 추출물 0.4% 함유

② 풍나무 추출물 0.3% 함유

③ 천수국 꽃 추출물 0.01% 함유

④ 로즈케톤-3 0.015% 함유

⑤ 암모니아 0.6% 함유

답 ③

해 사용한도는 다음과 같다.

성분	사용한도
소합향나무 추출물	0.6%
풍나무 추출물	0.6%
천수국 꽃 추출물	사용할 수 없음
로즈케톤-3	0.02%
암모니아	6%

036

화학적 소독제의 장단점이 바르게 설명된 것은?

	유형	장점	단점
①	염소 유도체	우수한 효과, 부식이 없음	물로 씻어야 함
②	알코올	세척불필요, 빠른 건조	알칼리성 조건하에서 효과가 적음
③	인산	우수한 효과, 탈취작용	찬물에 녹지 않아 고온에 사용
④	페놀	빠른 건조	고농도시 폭발성 있음
⑤	과산화 수소	유기물에 효과적	피부에 좋지 않아 직원의 손 보호가 필요함

답 ⑤

해 화학적 소독제의 장단점은 다음과 같다.

유형	장점	단점
염소유도체	• 우수한 효과 • 사용 용이 • 찬물에 용해되어 단독으로 사용 가능	• 향, pH 증가 시 효과 감소 • 금속 표면과의 반응성으로 부식됨 • 빛과 온도에 예민함 • 피부 보호 필요
양이온계면활성제	• 세정 작용 • 우수한 효과 • 부식성 없음 • 물에 용해되어 단독 사용 가능 • 무향, 높은 안정성	• 포자에 효과 없음 • 중성/약알칼리에서 가장 효과적 • 경수, 음이온 세정제에 의해 불활성화 됨
알코올	• 세척 불필요 • 사용 용이 • 빠른 건조 • 단독 사용	• 세균 포자에 효과 없음 • 화재, 폭발 위험 • 피부 보호 필요
페놀	• 세정 작용 • 우수한 효과 • 탈취 작용	• 조제하여 사용 세척 필요함, 고가 • 용액 상태로 불안정 (2~3시간 이내 사용) • 피부 보호 필요
인산	• 스테인리스에 좋음 • 저렴한 가격 • 낮은 온도에서 사용 • 접촉 시간 짧음	• 알카리성 조건하에서는 효과가 적음 • 피부 보호 필요
과산화수소	• 유기물에 효과적	• 고농도 시 폭발성 • 반응성 있음 • 피부 보호 필요

037

아이크림의 유통화장품 안전관리기준으로 옳지 않은 것은?

① 납 20㎍/g 이하
② 니켈 35㎍/g 이하
③ 총호기성생균수 1000개/g(mL) 이하
④ 포름알데하이드 2000㎍/g 이하
⑤ 디옥산 100㎍/g

답 ②

해 아이크림은 눈화장용이 아닌 기초화장용제품이다.

1) 비의도적으로 유래된 물질의 검출허용한도

비의도적 유래물질	검출허용한도(㎍/g)
수은	1㎍/g 이하
카드뮴	5㎍/g 이하
안티몬	10㎍/g 이하
비소	10㎍/g 이하
니켈	10㎍/g 이하, 눈화장용 35㎍/g 이하, 색조화장용 30㎍/g 이하
납	20㎍/g 이하, 점포를 원료로 사용한 분말제품은 50㎍/g 이하
디옥산	100㎍/g 이하
프탈레이트류	총합으로서 100㎍/g 이하
메탄올	0.2(v/v)% 이하, 물휴지는 0.002(v/v)% 이하
포름알데하이드	2000㎍/g 이하, 물휴지는 20㎍/g 이하

2) 미생물한도 기준

① 총호기성생균수는 영·유아용 제품류 및 눈화장용 제품류의 경우 500개/g(mL) 이하
② 물휴지의 경우 세균 및 진균수는 각각 100개/g(mL) 이하
③ 기타 화장품의 경우 1,000개/g(mL) 이하
④ 대장균, 녹농균, 황색포도상구균은 불검출

038

다음은 바디크림 100g 중 비의도 유래물질의 검출량이다. 유통화장품 안전관리 기준에 적합하지 않은 것은?

① 납 23㎍/g 검출
② 니켈 9㎍/g 검출
③ 총호기성생균수 76,200개 검출
④ 비소 8㎍/g 검출
⑤ 수은 1㎍/g 검출

답 ①

해 바디크림의 경우 분말제품이 아니므로 납의 허용 기준치는 20㎍/g 이하이나 23㎍/g이 검출되었으므로 납의 검출량은 유통화장품 안전관리기준에 적합하지 않다. 총호기성생균수의 경우 '/g'의 단위가 없으므로 100g 중 76,200개, 즉 g당 762개가 검출되었으므로 기준치인 1,000개/g 이하이다. 따라서 총호기성생균수의 경우 유통화장품안전관리 기준에 적합하다.

039

품질관리 시설에서 사용되는 기기명과 그 용도가 바르게 짝지어진 것은?

① 회화로 - 시료용해
② 전열기 - 강열잔분시험
③ 데시게이터 - 건조
④ 속실렛추출장치 - 유독가스배출
⑤ Homomixer - 질소정량

답 ③

해 데시게이터는 비누건조감량 측정 시 사용되고 있는 기구이다. 회화로는 전기오븐장치로 건조한 재료를 규정온도(400~600℃) 조건으로 가열하였을 때 남아 있는 재에 잔류하는 물질을 시험하는 기구이다. 전열기는 핫플레이트라고 부르기는 하는 열을 가하는 기구이며 속실렛은 다양한 물질들을 추출하는 장치이다.

품질관리 시설 기기명	용도
회화로	강열잔분시험
전열기	시료용해
데시게이터	건조
속실렛추출장치	추출
Homomixer	교반

040

작업실의 청정도 기준에 대한 내용으로 바르게 짝지어진 것은?

	등급	해당작업실	청정공기 순환	관리기준
①	1	클린벤치	10회/hr 이상 또는 차압관리	낙하균:10개/hr 또는 부유균: 20개/㎥
②	1	제조소	20회/hr 이상 또는 차압관리	낙하균:10개/hr 또는 부유균: 20개/㎥
③	2	원료보관소	20회/hr 이상 또는 차압관리	낙하균:30개/hr 또는 부유균: 200개/㎥
④	2	원료칭량실	10회/hr 이상 또는 차압관리	낙하균:30개/hr 또는 부유균: 200개/㎥
⑤	3	포장실	환기장치	없음

답 ④

해 청정도 기준에 대한 내용은 다음과 같다.

등급	해당작업실	청정공기순환	관리기준
1	클린벤치	20회/hr 이상 또는 차압 관리	낙하균:10개/hr 또는 부유균:20개/㎥
2	제조실 성형실 충전실 내용물보관소 원료 칭량실 미생물시험실	10회/hr 이상 또는 차압 관리	낙하균:30개/hr 또는 부유균:200개/㎥
3	포장실	차압 관리	갱의, 포장재의 외부 청소 후 반입
4	포장재보관소 완제품보관소 관리품보관소 원료보관소 갱의실 일반시험실	환기장치	-

041

자외선 차단제품의 포장에 대한 설명으로 옳은 것은?

	포장공간비율	포장횟수
①	10% 이하	1차
②	10% 이하	2차
③	15% 이하	1차
④	15% 이하	2차
⑤	20% 이하	2차

답 ②

해 자외선 차단제는 밑에 내용 중 그 밖의 화장품에 속한다.

제품의 종류		기준	
단위제품	품목	포장공간비율	포장횟수
단위제품	인체세정용	15% 이하	2차
	두발세정용	15% 이하	2차
	그 밖에 화장품 (방향용 제품 포함, 향수 제외)	10% 이하	2차
	향수	-	2차
종합제품	전품목	25% 이하	2차
종합제품 (완충받침대사용)	전품목	20% 이하	2차

042

다음 〈보기〉에 있는 포장재의 재평가에 대한 설명으로 옳은 것은?

〈보기〉

〈품질성적서〉

- 생산연월일 : 2019.03.04
- 사용기한 : 2022.03.03
- 판정일 : 2019.03.08

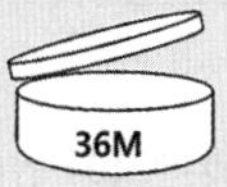

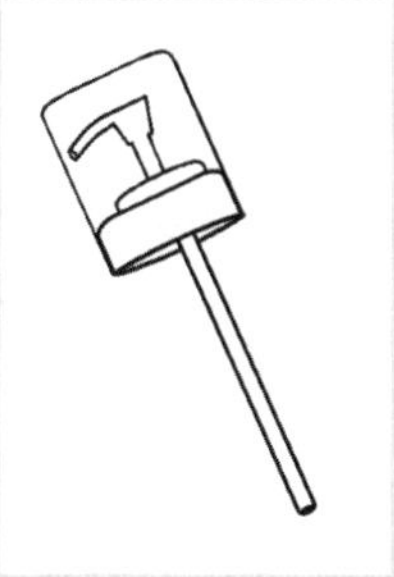

〈조건〉

- 입고일자는 2019.03.07.이다.
- 검수일자는 2019.03.08.이다.
- 검수는 다른 제품으로하여 본 제품은 미개봉 제품이다.

① 이 제품을 2022.03.02.에 개봉했을 경우 용기의 사용기한은 2025.03.01.이다.
② 재평가 시 첫 입고 때 시험한 시험항목으로 다시 시험한다.
③ 아직 사용기간 전이기 때문에 별도의 재시험 없이 용기를 사용할 수 있다.
④ 별도의 재평가 없이 원래 사용기한을 3년 늘릴 수 있다.
⑤ 사용기간이 지나도 재평가 방법을 확립해 두었다면 재평가하여 사용할 수 있다.

답 ⑤

해 재평가를 하지 않은 경우에는 개봉일에 상관 없이 사용기한은 2022.03.03.이며, 이를 늘리기 위해서는 확립해둔 재평가 방법을 통해 재평가를 하여야 한다. 재평가는 사용기한이 지나도 가능하다.

화장품 포장재의 사용기한 표기

- 사용기한 및 보관기간을 결정하기 위한 문서화된 시스템 확립
- 사용기한을 준수 하는 보관기간 설정
- **보관기간 경과 시 재평가 실시** : 자체적인 재평가 시스템 확립
- 사용기한 내에서 자체적인 재시험 기간 설정 및 준수

043

시설기구 소독에 대한 설명으로 옳지 않은 것은?
① UV살균은 자외선이 잘 조사되도록 장비 및 기구들이 겹치지 않게 한 층으로 보관 후 사용한다.
② 소독제의 잔여물이 조금 남아도 사용 가능하다.
③ 5분 이내 살균이 되어야 한다.
④ 99.9% 이상 살균되어야 한다.
⑤ 에탄올 70%를 사용한다.

답 ②

해 혼합·소분 장비 및 도구의 위생관리에 있어 주의해야 할 사항
- 사용 전·후 세척 등을 통해 오염 방지
- 작업 장비 및 도구 세척 시에 사용되는 세제·세척제는 잔류하거나 표면 이상을 초래하지 않는 것을 사용
- 세척한 작업 장비 및 도구는 잘 건조하여 다음 사용 시까지 오염 방지
- 자외선 살균기 이용 시
- 충분한 자외선 노출을 위해 적당한 간격을 두고 장비 및 도구가 서로 겹치지 않게 한 층으로 보관
- 살균기 내 자외선램프의 청결 상태를 확인 후 사용

작업장의 소독제
- 소독액
- 70% 에탄올
- 소독액 보관관리
- 청소도구함:청소도구함을 별도로 설치하여 소독액 및 세제 등을 보관관리하며, 소독액은 필요장소에 별도 비치하여 필요 시 수시 소독이 가능하도록 함

소독제의 조건
- 사용 기간 동안 활성 유지
- 경제적이어야 함
- 사용 농도에서 독성이 없어야 함
- 제품이나 설비와 반응하지 않아야 함
- 불쾌한 냄새가 남지 않아야 함
- 광범위한 항균 스펙트럼 보유
- 5분 이내의 짧은 처리에도 효과 구현
- 소독 전에 존재하던 미생물을 최소한 99.9% 이상 사멸
- 쉽게 이용할 수 있어야 함

044

필터의 종류와 특징에 대한 설명으로 알맞은 것은?
① HEPA필터는 사용온도 최고 100℃에서 0.3㎍ 입자들 99.97% 이상 제거가 가능하다.
② MEDIUM필터는 미립자 0.5㎍를 제거 할 수 있다.
③ PRE필터는 HEPA, MEDIUM 등의 전처리용으로 사용된다.
④ PRE BAG 필터는 미립자 5~10㎍를 제거할 수 있다.
⑤ MEDIUM BAG 필터는 먼지보유량이 적은 대신 수명이 길다.

답 ③

해 필터의 종류와 특징은 아래와 같다.

구분	특징
PRE필터	1. HEPA, MEDIUM 등의 전처리용 2. 대기 중 먼지 등 인체에 해를 미치는 미립자(10 ~ 30㎛)를 제거 3. 압력손실이 낮고 고효율로 Dust 포집량이 크다.
PRE BAG 필터	4. 틀 또는 세제로 세척하여 사용가능 경제적임(재사용 2 ~ 3회) 5. 두께 조정과 재단이 용이하여 교환 또는 취급이 쉽다. 6. Bag type은 처리용량을 4배 이상 높일 수 있다.
MEDIUM필터	1. 포집효율 95%를 보증하는 중고성능 Fliter이다. 2. Clean Room 정밀기계공업 등에 있어 Hepa Filter 전처리용 3. 공기정화, 산업공장 등에 있어 최종 Filter로 사용한다.
MEDIUM BAG 필터	4. Frame은 P/Board or G/Steel 등으로 제작되어 견고한다. 5. Bag type은 먼지 보유용량이 크다. 수명이 길다. 6. Bag type은 포집효율이 높고 압력 손실이 적다.
HEPA필터	1. 사용온도 최고 250℃에서 0.3㎛ 입자들 99.97% 이상 2. 포집성능을 장시간 유지할 수 있는 HEPA Filter이다. 3. 필름, 의약품 등의 제조 Line에 사용 4. 반도체, 의약품 Cleam Oven에 사용

045

작업장 내 직원들이 사용하기에 적합한 소독제로 짝지어진 것은?

✔① 아이오다인, 아이오도퍼

② 4급 암모늄 화합물, 포타슘하이드록사이드

③ 클로록시레놀, 소듐카보네이트

④ 일반 비누, 과산화수소

⑤ 헥사클로로펜, 락틱애씨드

답 ①

해 작업장 내 직원의 소독을 위한 소독제의 종류

- 알코올(Alcohol)
- 클로르헥시딘디글루코네이트(Chlorhexidinedigluconate)
- 아이오다인과 아이오도퍼(Iodine&Iodophors)
- 클로록시레놀(Chloroxylenol)
- 헥사클로로펜(Hexachlorophene, HCP)
- 4급 암모늄 화합물(Quaternary Ammonium Compounds)
- 트리클로산(Triclosan)
- 일반 비누

046

다음은 ○○원료의 시험 성적서이다. 빈칸에 들어갈 단어로 알맞게 짝지어진 것은?

품질 성적서(Certificate of Analysis)

제품코드 :

제품명 : ○○

제조일자 : 2021.03.05

사용기한 : 2023.03.04

제조업체명 : ○○○○

시험항목	시험기준	시험결과
성상	미색 투명한 액상	연갈색 투명한 액상
냄새	약간의 특이취	약간의 특이취
pH	5.5~7.5	6.25
(㉠)d	0.980~1.040	0.976
(㉡)n	1.370~1.410	1.384
비소	≤ 10ppm	적합
(㉢)		
Total bacteria count	≤100 cfu/mL	적합
Total yeast & mold count	≤100 cfu/mL	적합

제조업체주소

제조업체명

품질관리 일자

품질관리 책임자 이름 및 확인

	㉠	㉡	㉢
✔①	비중	굴절률	총호기성생균수
②	굴절률	점도	총호기성생균수
③	질량	점도	대장균
④	비중	점도	총호기성생균수
⑤	굴절률	부피	대장균

답 ①

해 비중은 물이 1이며 대부분은 이를 기준으로 하여 비중기 또는 비중병을 사용하여 측량한다. 굴절률은 형상의 현탁정도에 따라 빛의 굴절을 나타낸 것으로 진공의 굴절률은 1이고 물은 1.333 이다. 대부분 물보다 현탁이 높으므로 굴절률은 시험기준인 물보다 높게 정해진다.

047

치오글라이콜릭애씨드 또는 그염류를 주성분으로 한 냉2욕식 헤어퍼머넌트웨이브용 제품, 치오글라이콜릭애씨드 또는 그 염류를 주성분으로 하는 냉2욕식 헤어스트레이트너용 제품 제1제의 유통화장품 안전관리 기준에 적합하지 않은 것은?

① pH : 4.5 ~ 9.6이며 알칼리성분 중 0.1N염산의 소비량은 검체 1mL에 대하여 7.0mL 이하

② 산성에서 끓인 후의 환원성 물질의 함량(치오글라이콜릭애씨드로서)이 2.0 ~ 11.0%

③ 산성에서 끓인 후의 환원성 물질 이외의 환원성 물질(아황산염, 황화물 등) : 검체 1mL 중의 산성에서 끓인 후의 환원성 물질 이외의 환원성 물질에 대한 0.1N 요오드액의 소비량이 0.6mL 이하

④ 환원후의 환원성 물질(디치오디글라이콜릭애씨드) : 환원후의 환원성 물질의 함량은 4.0% 이하

⑤ 중금속 : 10㎍/g 이하, 비소 : 10㎍/g 이하, 철 : 2㎍/g 이하

답 ⑤

해 중금속 : 20㎍/g 이하, 비소 : 5㎍/g 이하, 철 : 2㎍/g 이하

048

인체적용시험자료 제출 시 사용할 수 있는 광고에 대한 설명으로 옳은 것은?

① 인체에 대한 자외선 내수성 검사 자료 제출 시 워터프루프 기능이 있다고 광고할 수 있다.

② 멜라닌 색소의 침착을 방지하여 기미, 주근깨 완화에 도움을 준다.

③ 피부혈행개선에 도움을 준다.

④ 인체적용시험자료를 제출하여도 일시적으로 붉은기를 가려준다는 표현은 사용할 수 없다.

⑤ 세포성장을 증가 시켜 피부 탄력에 도움을 준다.

답 ③

해 **인체적용시험자료 제출 시 사용가능한 표시·광고 표현**

1. 여드름성 피부에 사용에 적합
2. 향균(인체세정용 제품에 한함)
3. 피부노화 완화
4. 일시적 셀룰라이트 감소
5. 붓기, 다크서클 완화
6. 피부 혈행 개선
7. 콜라겐 증가, 감소 또는 활성화
8. 효소 증감, 감소 또는 활성화

049

시스테인, 시스테인염류 또는 아세틸시스테인을 주성분으로 하는 냉2욕식 헤어퍼머넌트웨이브용 제품에 대한 설명으로 옳지 않은 것은?

① 이 제품은 사용 시 약 60℃ 이하로 가온조작하여 사용하는 것으로서 시스테인, 시스테인염류, 또는 아세틸시 스테인을 주성분으로 하는 제1제 및 산화제를 함유하는 제2제로 구성된다.

② 제1제 : 이 제품은 시스테인, 시스테인염류 또는 아세틸시스테인을 주성분으로 하고 불휘발성 무기알칼리를 함유하지 않은 액제이다. 이 제품에는 품질을 유지하거나 유용성을 높이기 위하여 적당한 알칼리제, 침 투제, 습윤제, 착색제, 유화제, 향료 등을 첨가할 수 있다.

③ 유통화장품 안전관리기준은 아래와 같다.

1) pH : 8.0 ~ 9.5
2) 알칼리 : 0.1N 염산의 소비량은 검체 1mL에 대하여 12mL 이하
3) 시스테인 : 3.0 ~ 7.5%
4) 환원후의 환원성물질(시스틴) : 0.65% 이하
5) 중금속 : 20㎍/g 이하
6) 비소 : 5㎍/g 이하
7) 철 : 2㎍/g 이하

④ 제2제 브롬산나트륨 함유제제의 경우 브롬산나트륨에 그 품질을 유지하거나 유용성을 높이기 위하여 적당한 용해제, 침투제, 습윤제, 착색제, 유화제, 향료 등을 첨가한 것이다. 용해상태는 명확한 불용성이물이 없어야 하고, pH : 4.0 ~ 10.5, 중금속 : 20㎍/g 이하 함유, 1인 1회 분량의 산화력이 3.5 이상이어야 한다.

⑤ 제2제 과산화수소수 함유제제는 과산화수소수 또는 과산화수소수에 그 품질을 유지하거나 유용성을 높이기 위하여 적당한 침투제, 안정제, 습윤제, 착색제, 유화제, 향료 등을 첨가한 것이다. pH : 2.5 ~ 4.5, 중금속 : 20㎍/g 이하, 1인 1회 분량의 산화력이 0.8 ~ 3.0이어야 한다.

답 ①

해 시스테인, 시스테인염류 또는 아세틸시스테인을 주성분으로 하는 냉2욕식 헤어퍼머넌트웨이브용 제품

※ 이 제품은 실온에서 사용하는 것으로서 시스테인, 시스테인염류 또는 아세틸시스테인을 주성분으로 하는 제1제 및 산화제를 함유하는 제2제로 구성된다.

가. **제1제** : 이 제품은 시스테인, 시스테인염류 또는 아세틸시스테인을 주성분으로 하고 불휘발성 무기알칼리를 함유하지 않은 액제이다. 이 제품에는 품질을 유지하거나 유용성을 높이기 위하여 적당한 알칼리제, 침 투제, 습윤제, 착색제, 유화제, 향료 등을 첨가할 수 있다.

1) pH : 8.0 ~ 9.5
2) 알칼리 : 0.1N 염산의 소비량은 검체 1mL에 대하여 12mL 이하
3) 시스테인 : 3.0 ~ 7.5%
4) 환원후의 환원성물질(시스틴) : 0.65% 이하
5) 중금속 : 20㎍/g 이하
6) 비소 : 5㎍/g 이하
7) 철 : 2㎍/g 이하

나. **제2제 기준** :

1) 브롬산나트륨 함유제제 : 브롬산나트륨에 그 품질을 유지하거나 유용성을 높이기 위하여 적당한 용해제, 침투제, 습윤제, 착색제, 유화제, 향료 등을 첨가한 것이다.
  가) 용해상태 : 명확한 불용성이물이 없을 것
  나) pH : 4.0 ~ 10.5
  다) 중금속 : 20㎍/g 이하
  라) 산화력 : 1인 1회 분량의 산화력이 3.5 이상

2) 과산화수소수 함유제제 : 과산화수소수 또는 과산화수소수에 그 품질을 유지하거나 유용성을 높이기 위하여 적당한 침투제, 안정제, 습윤제, 착색제, 유화제, 향료 등을 첨가한 것이다.
  가) pH : 2.5 ~ 4.5
  나) 중금속 : 20㎍/g 이하
  다) 산화력 : 1인 1회 분량의 산화력이 0.8 ~ 3.0

050

생략 가능한 표시사항에 대한 설명으로 옳은 것은?

① 내용물이 30mL 이하인 경우 화장품바코드 표시가 생략 가능하다.

② 10mL 이하의 소용량 제품의 경우 가격표시가 생략 가능하다.

③ 수입화장품 중 「대외무역법」에 따른 원산지를 표시한 경우 제조국의 명칭을 생략할 수있다.

④ 기능성화장품의 경우 50ml 이하의 제품의 경우 그 효능·효과를 나타나게 하는 원료의 표시를 생략할 수 있다.

⑤ 30ml 이하의 제품의 경우 식품의약품안전처장이 사용기준을 고시한 화장품의 원료의 표시를 생략할 수 있다.

답 ③

해 내용량이 15밀리리터 이하 또는 15그램 이하인 제품의 용기 또는 포장이나 견본품, 시공품 등 비매품에 대하여는 화장품바코드 표시를 생략할 수 있다.

수입화장품인 경우에는 제조국의 명칭, 제조회사명 및 그 소재지를 기재·표시하여야 하나 「대외무역법」에 따른 원산지를 표시한 경우에는 제조국의 명칭을 생략할 수 있다.

10mL(g) 이하 소용량 또는 비매품의 1차 포장 또는 2차 포장 표기 내용

1. 화장품의 명칭
2. 화장품책임판매업자 및 맞춤형화장품판매업자의 상호
3. 가격(견본품, 비매품)
4. 제조번호와 사용기한 또는 개봉 후 사용기간(개봉 후 사용기간의 경우 제조연월일 병기)

   내용량이 10밀리리터 초과 50밀리리터 이하 또는 중량이 10그램 초과 50그램 이하 화장품의 포장인 경우에는 다음 각 목의 성분을 제외한 성분

ㄱ. 타르색소

ㄴ. 금박

ㄷ. 샴푸와 린스에 들어 있는 인산염(Sodium Phosphate, 인산나트륨, 소듐파스페이트)의 종류

ㄹ. 과일산(AHA)

ㅁ. 기능성화장품의 경우 그 효능·효과가 나타나게 하는 원료

ㅂ. 식품의약품안전처장이 사용기준을 고시한 화장품의 원료

051

포장재의 입고 시 주의사항으로 틀린 것은?

① 포장재의 크기와 용량이 정확한지 확인을 해야 한다.

② 구매요구서, 인도문서, 인도물이 서로 일치하는지 확인해야 한다.

③ 검사중, 적합, 부적합에 따라 각각의 구분된 공간에 별도로 보관되어야 한다.

④ 선적 용기에 대하여 표기 오류, 용기 손상, 봉인 파손, 오염 등에 대해 육안으로 검사한다.

⑤ 부적합 포장재로 최종 판결된 포장재의 경우 혼동을 방지하기 위해 자동화시스템 보관공간에서도 장금장치를 필수로 장착하여야 한다.

답 ⑤

해 입고된 원료와 포장재는 (검사중, 적합, 부적합)에 따라 각각의 구분된 공간에 별도로 보관되어야 한다. 필요한 경우 부적합 된 원료와 포장재를 보관하는 공간은 잠금장치를 추가하여야 한다. 다만, 자동화 창고와 같이 확실하게 구분하여 혼동을 방지할 수 있는 경우에는 해당 시스템을 통해 관리할 수 있다.

외부로부터 반입되는 모든 원료와 포장재는 관리를 위해 표시를 하여야 하며, 필요한 경우 포장외부를 깨끗이 청소한다. 한 번에 입고된 원료와 포장재는 제조단위 별로 각각 구분하여 관리하여야 한다.

일단 적합판정이 내려지면, 원료와 포장재는 생산 장소로 이송된다. 품질이 부적합 되지 않도록 하기 위해 수취와 이송 중의 관리 등의 사전 관리를 해야 한다. 예를 들면 손상, 보관온도, 습도, 다른 제품과의 접근성과 공급업체 건물에서 주문 준비 시 혼동 가능성은 말할 것도 없다.

확인, 검체채취, 규정 기준에 대한 검사 및 시험 및 그에 따른 승인된 자에 의한 불출 전까지는 어떠한 물질도 사용되어서는 안 된다는 것을 명시하는 원료 수령에 대한 절차서를 수립하여야 한다.

구매요구서, 인도문서, 인도물이 서로 일치해야 한다. 원료 및 포장재 선적 용기에 대하여 확실한 표기 오류, 용기 손상, 봉인 파손, 오염 등에 대해 육안으로 검사한다. 필요하다면, 운송 관련 자료에 대한 추가적인 검사를 수행하여야 한다.

052

화장품 포장의 표시기준 및 표시방법에 대한 설명으로 틀린 것은?

① 제조에 사용된 성분 기재·표시를 할 때는 글자의 크기를 9포인트 이상으로 한다.
② 영업자의 주소는 등록필증 또는 신고필증에 적힌 소재지 또는 반품·교환 업무를 대표하는 소재지를 기재·표시한다.
③ 색조 화장용 제품류, 눈 화장용 제품류, 두발염색용 제품류 또는 손발톱용 제품류에서 호수별로 착색제가 다르게 사용된 경우 '± 또는 +/-'의 표시 다음에 사용된 모든 착색제 성분을 함께 기재·표시할 수 있다.
④ 제19조제4항제7호에 따른 문구는 법 제10조제1항제8호에 따라 기재·표시된 "기능성화장품" 글자 바로 아래에 "기능성화장품" 글자와 동일한 글자 크기 이상으로 기재·표시해야 한다.
⑤ 화장품의 1차 포장 또는 2차 포장의 무게가 포함되지 않은 용량 또는 중량을 기재·표시해야 한다.

답 ①

해 제조에 사용된 성분 기재·표시를 할 때는 글자의 크기를 5포인트 이상으로 한다.

053

식품의약품안전처장이 고시한 치오글라이콜릭애씨드의 용도별 사용한도로 옳지 않은 것은?

① 헤어 퍼머넌트 웨이브용 및 헤어 스트레이트너 11%
② 제모용 5%
③ 염모제 2%
④ 샴푸 2%
⑤ 가온2온식 헤어스트레이트너 제품 5%

답 ③

해 **치오글라이콜릭애씨드(치오글리콜산) 사용한도**
① 헤어퍼머넌트웨이브용 및 헤어스트레이트너 제품 11%
② 가온2욕식 헤어스트레이트너 제품은 5%
③ 발열2욕식 헤어퍼머넌트웨이브용 제품 19%
④ 제모용 제품 5%(자료제출)
⑤ 염모제 1%
⑥ 사용 후 씻어내는 두발용 제품류 2%
⑦ 위 용도 외 사용금지
※ 크림제의 경우만 〈기준 및 시험방법에 관한 자료〉 제출이 생략된다.

054

화장품 제조과정 중 발생하는 일탈 중 중대한 일탈이 아닌 것은?

① 제품표준서, 제조작업절차서 및 포장작업절차서의 기재내용과 다른 방법으로 작업이 실시되었을 경우
② 제조 공정에 있어서의 원료 투입에 있어서 동일 온도 설정 하에서의 투입 순서에서 벗어났을 경우
③ 생산 작업 중에 설비·기기의 고장, 정전 등의 이상이 발생하였을 경우
④ 벌크제품과 제품의 이동·보관에 있어서 보관 상태에 이상이 발생하고 품질에 영향을 미친다고 판단될 경우
⑤ 관리 규정에 의한 관리 항목에 있어서 두드러지게 설정치를 벗어났을 경우

답 ②

해 제조 공정에 있어서의 원료 투입에 있어서 동일 온도 설정 하에서의 투입 순서에서 벗어났을 경우는 중대하지 않은 일탈에 해당된다.

생산 공정상의 중대한 일탈 예
㉠ 제품표준서, 제조작업절차서 및 포장작업절차서의 기재내용과 다른 방법으로 작업이 실시되었을 경우
㉡ 공정관리기준에서 두드러지게 벗어나 품질 결함이 예상될 경우
㉢ 관리 규정에 의한 관리 항목(생산 시의 관리 대상 파라미터의 설정치 등)에 있어서 두드러지게 설정치를 벗어났을 경우
㉣ 생산 작업 중에 설비·기기의 고장, 정전 등의 이상이 발생하였을 경우
㉤ 벌크제품과 제품의 이동·보관에 있어서 보관 상태에 이상이 발생하고 품질에 영향을 미친다고 판단될 경우

055

화장품 검체에 관련된 내용으로 옳지 않은 것은?

① 제품 검체채취는 품질관리부서가 실시하는 것이 일반적이며, 제품 시험 및 그 결과 판정은 품질관리부서의 업무다.

② 원재료의 입고 시 검체 채취는 다른 부서에 검체 채취를 위탁할 수 있으나 화장품 검체채취는 품질관리부서 검체채취 담당자가 실시한다.

③ 검체 채취량에 있어서 "약"이라고 붙인 것은 기재된 양의 ±10%의 범위를 뜻한다.

④ 원료의 '표준품'이란 적정 조건에서 제작, 수입 및 생산되고 해당 품질 규격을 만족하여 시험검사시 비교 시험용으로 사용되는 원료를 말한다.

⑤ 벌크 검체를 보관하는 목적은 제품의 사용 중에 발생할지도 모르는 "재검토작업"에 대비하기 위해서다.

답 ⑤

해 보관용 검체를 보관하는 목적은 제품의 사용 중에 발생할지도 모르는 "재검토작업"에 대비하기 위해서이며 제품을 그대로 완제품으로 보관해야 한다.

056

품질이 보장된 우수한 화장품을 제조·공급하기 위한 제조 및 품질관리에 관한 기준에서 사용되는 용어의 정의로 옳지 않은 것은?

① "오염"이란 제품에서 화학적, 물리적, 미생물학적 문제 또는 이들이 조합되어 나타내는 바람직하지 않은 문제의 발생을 말한다.

② "회수"란 판매한 제품 가운데 품질 결함이나 안전성 문제 등으로 나타난 제조번호의 제품(필요시 여타 제조번호 포함)을 제조소로 거두어들이는 활동을 말한다.

③ "유지관리"란 적절한 작업 환경에서 건물과 설비가 유지되도록 정기적·비정기적인 지원 및 검증 작업을 말한다.

④ "검교정"이란 규정된 조건 하에서 측정기기나 측정 시스템에 의해 표시되는 값과 표준기기의 참값을 비교하여 이들의 오차가 허용범위 내에 있음을 확인하고, 허용범위를 벗어나는 경우 허용범위 내에 들도록 조정하는 것을 말한다.

⑤ "제조번호" 또는 "뱃치번호"란 하나의 공정이나 일련의 공정으로 제조되어 균질성을 갖는 화장품의 일정한 분량을 말한다.

답 ⑤

해 "제조번호" 또는 "뱃치번호"란 일정한 제조단위분에 대하여 제조관리 및 출하에 관한 모든 사항을 확인할 수 있도록 표시된 번호로서 숫자·문자·기호 또는 이들의 특정적인 조합을 말한다.
"제조단위" 또는 "뱃치"란 하나의 공정이나 일련의 공정으로 제조되어 균질성을 갖는 화장품의 일정한 분량을 말한다.

057

다음 〈보기〉에서 대부분 진피에 존재하는 세포들로 모두 고른 것은?

〈보기〉

㉠ 대식세포
㉡ 섬유아세포
㉢ 비만세포
㉣ 머켈세포
㉤ 랑게르한스세포

① ㉠, ㉡, ㉢
② ㉠, ㉢, ㉣
③ ㉡, ㉢, ㉤
④ ㉡, ㉣, ㉤
⑤ ㉢, ㉣, ㉤

답 ①

해 ㉠ **대식세포**: 면역을 담당하는 백혈구의 한 유형으로 세포 찌꺼기 및 미생물, 암세포, 비정상적인 단백질 등을 소화·분해하는 식작용(phagocytosis)이 있는 세포로 진피에 존재한다.
㉡ **섬유아세포**: 타원형의 핵을 가지며 편평하고 길쭉한 모양의 세포질은 미토콘드리아·골지체·중심체·소지방체 등을 포함하며 진피에 존재한다.
㉢ **비만세포**: 동물 결합조직에 널리 분포하며 염증반응에 중요한 역할을 담당하는 세포로 진피에 존재한다.
㉣ **머켈세포**: 기저층(표피)에 위치하고 있으며 신경섬유의 말단과 연결되어 피부에서 촉각을 감지하는 역할을 하여 촉각세포라고 한다.
㉤ **랑게르한스세포**: 대부분 유극층(표피)에 존재하며 피부의 면역에 관계한다. 이 세포는 외부에서 들어온 이물질인 항원을 면역 담당 세포인 림프구로 전달해주는 역할을 한다.

058

맞춤형화장품 조제관리사가 판매내역서에 필수로 기입해야 하는 항목이 아닌 것은?

① 제조업체의 명칭
② 제조번호
③ 판매일자
④ 판매량
⑤ 사용기한 또는 개봉 후 사용기간

답 ①

해 맞춤형화장품 판매내역서(전자문서로 된 판매내역서를 포함한다) 필수 기재사항은 다음과 같다.
가. 제조번호
나. 사용기한 또는 개봉 후 사용기간
다. 판매일자 및 판매량

059

각질형성세포의 각화과정 순서로 알맞은 것은?

〈보기〉

㉠ 기저세포의 분열
㉡ 각질세포의 재구축
㉢ 과립세포의 자기분해
㉣ 유극세포의 합성

① ㉠, ㉡, ㉢, ㉣
② ㉠, ㉣, ㉢, ㉡
③ ㉢, ㉣, ㉠, ㉡
④ ㉢, ㉡, ㉠, ㉣
⑤ ㉣, ㉡, ㉢, ㉠

답 ②

해 각질형성세포의 각화과정(Keratinization) 순서는 다음과 같다.
1. 기저세포의 분열
2. 유극 세포의 합성
3. 과립세포의 자기분해
4. 각질세포의 재구축
5. 각질층 형성

060

모발 성장주기에 대한 설명으로 옳은?

① 모발의 성장주기의 순서는 성장기, 휴지기, 퇴행기, 탈모 순이다.

② 성장기의 기간은 약 6~8년이며, 전체 모발 주기의 60~70%가 이시기에 속한다. 성장기의 모발은 한달에 약 1~1.5cm 자라지만 영양상태, 호르몬분비, 계절, 연령, 유전인자 등 개인에 따라서 달라질 수 있다.

③ 휴지기에는 모낭과 모유두가 완전히 분리되고 모낭도 더욱더 위축되어 모근은 위쪽으로 더 밀려 올라가 모발이 빠지게 된다. 이 기간에 모유두는 쉬게 된다.

④ 퇴행기에는 모유두와 모구부가 멀리 떨어져 있어 더 이상 모발이 자라지 않으며 퇴행기의 기간은 약 2~3개월 정도이다.

⑤ 탈모기에는 모모세포의 생장 활동이 중지되고 휴지기가 점점 짧아진다. 자연탈모의 경우 하루에 50~100개의 모발이 빠진다.

답 ③

해 모발의 성장주기는 성장기, 퇴행기, 휴지기, 탈모 순이며, 각 주기에 특징은 다음과 같다.

(1) **성장기(anagen stage)**: 성장기는 모유두의 세포분열이 매우 왕성하게 진행되어 모발이 빠르게 성장하는 시기이다. 성장기의 기간은 약 3~6년이며, 전체 모발주기의 80~90%가 이 시기에 속한다. 성장기의 모발은 한달에 약 1~1.5cm 자라지만 영양상태, 호르몬분비, 계절, 연령, 유전인자 등 개인에 따라서 달라질 수 있다.

(2) **퇴행기(퇴화기,catagen stage)**: 성장기를 거친 모발이 차츰 퇴화기를 맞아 성장이 느려져 결국 더 이상 모발이 자라지 않는다. 퇴행기는 약 2~3주이며 전체 모발주기의 약 1%에 해당된다. 퇴행기에는 모유두와 모구부가 분리되기 시작하고 모낭이 위축되어 모근은 위쪽으로 밀려 올라가게 되고 결국 세포 분열을 멈추게 된다.

(3) **휴지기(telogen stage)**: 휴지기에는 모낭과 모유두가 완전히 분리되고 모낭도 더욱더 위축되어 모근은 위쪽으로 더 밀려 올라가 모발이 빠지게 된다. 휴지기의 기간은 약 2~3개월이며, 이 기간 동안 모유두는 쉬게 된다. 이 휴지기에 해당하는 모발의 수는 전체 모발의 약 10%에 해당되며 휴지기에 들어선 후 약 3~4개월은 두피에 머무르다가 차츰 자연스럽게 빠지게 된다.

(4) **탈모기**: 탈모는 새로 성장하는 모발의 수보다 빠지는 모발의 수가 더 많아지는 현상으로 모발의 수가 점점 줄어드는 것을 말한다. 정상적인 자연탈모의 경우 하루에 약 50~100개의 모발이 빠지지만 그 이상의 숫자가 빠지는 경우에는 이상탈모 증상으로 보아야 한다. 이 경우 모모세포의 생장 활동이 중지되고 성장기는 짧아지고 휴지기가 길어진다.

061

맞춤형화장품 판매업자의 준수사항이 아닌 것은?

① 혼합·소분 전에 혼합·소분에 사용되는 내용물 또는 원료에 대한 품질성적서를 확인할 것

② 소비자용으로 판매되는 화장품을 소분 또는 혼합하여 판매하지 않는다.

③ 중대한 유해사례 발생시 15일 이내 식품의약품안전처장에게 보고한다.

④ 소비자의 피부유형이나 선호도를 확인하지 않고 미리 혼합 한 후 판매 하지 않는다.

⑤ 책임판매업자가 품질성적서를 구비한 경우 맞춤형화장품조제관리사는 품질검사를 별도로 실시하지 않아도 된다.

답 ⑤

해 시행규칙 제12조의2(맞춤형화장품판매업자의 준수사항) 법 제5조제4항에 따라 맞춤형화장품판매업자가 준수해야 할 사항은 다음 각호와 같다.

1. 맞춤형화장품 판매장 시설·기구를 정기적으로 점검하여 보건위생상 위해가 없도록 관리할 것
2. 다음 각 목의 혼합·소분 안전관리기준을 준수할 것

가. 혼합·소분 전에 혼합·소분에 사용되는 내용물 또는 원료에 대한 품질성적서를 확인할 것

나. 혼합·소분 전에 손을 소독하거나 세정할 것. 다만, 혼합·소분 시 일회용 장갑을 착용하는 경우에는 그렇지 않다.

다. 혼합·소분 전에 혼합·소분된 제품을 담을 포장용기의 오염 여부를 확인할 것

라. 혼합·소분에 사용되는 장비 또는 기구 등은 사용 전에 그 위생 상태를 점검하고, 사용 후에는 오염이 없도록 세척할 것

마. 그 밖에 가목부터 라목까지의 사항과 유사한 것으로서 혼합·소분의 안전을 위해 식품의약품안전처장이 정하여 고시하는 사항을 준수할 것

- 최종 혼합·소분된 맞춤형화장품은 「화장품법」 제8조 및 「화장품 안전기준 등에 관한 규정(식약처 고시)」 제6조에 따른 유통화장품의 안전관리 기준을 준수할 것
- 판매장에서 제공되는 맞춤형화장품에 대한 미생물 오염관리를 철저히 할 것
  예 주기적 미생물 샘플링 검사
- 혼합·소분을 통해 조제된 맞춤형화장품은 소비자에게 제공되는 제품으로 "유통 화장품"에 해당

3. 다음 각 목의 사항이 포함된 맞춤형화장품 판매내역서(전자문서로 된 판매내역서를 포함한다)를 작성·보관할 것

가. 제조번호
나. 사용기한 또는 개봉 후 사용기간
다. 판매일자 및 판매량

4. 맞춤형화장품 판매 시 다음 각 목의 사항을 소비자에게 설명할 것

가. 혼합·소분에 사용된 내용물·원료의 내용 및 특성
나. 맞춤형화장품 사용 시의 주의사항

5. 맞춤형화장품 사용과 관련된 부작용 발생사례에 대해서는 식품의약품안전처장이 정하여 고시하는 바에 따라 식품의약품안전처장에게 보고할 것
   - 맞춤형화장품의 부작용 사례 보고(「화장품 안전성 정보관리 규정」에 따른 절차 준용)
   - 맞춤형화장품 사용과 관련된 중대한 유해사례 등 부작용 발생 시 그 정보를 알게 된 날로부터 15일 이내 식품의약품안전처 홈페이지를 통해 보고하거나 우편·팩스·정보통신망 등의 방법으로 보고해야 한다.

062

모발의 모간부 구조에 대한 설명으로 옳은 것은?

① 엑소큐티클은 가장 바깥층에 위치하며 단백질 용해성 물질에 대한 저항성이 가장 강하다.

② 엔도큐티클은 단백질 용해성의 물질에 대한 용해성 물질에 대한 저항성을 강하지만 시스틴 결합을 절단하는 물질에는 약하다.

③ 에피큐티클은 모소피 가장 안쪽에 있는 물질로 친수성의 성격을 가지며, 시스틴 함량이 적고 알칼리성에 약하다.

④ 모피질은 물고기 비늘처럼 사이사이 겹쳐 놓은 것과 같은 구조로 친유성의 성격이 강하다.

⑤ 모수질의 경우 0.09mm 이상의 굵은 모발에서 주로 발견 되며 일반적으로 모수질이 많은 굵은 모발은 웨이브 펌이 잘된다.

답 ⑤

해 ① 모소피(Cuticle, 모표피) : 모발의 가장 바깥쪽 부분에 위치한 핵이 없는 편평세포로 모발 전체의 10~15%를 차지한다. 물고기의 비늘처럼 사이사이 겹쳐 놓은 것과 같은 구조로 친유성의 성격이 강하고 모피질을 보호하는 큐티클층(Cuticle layer)이다. 모소피는 단단한 케라틴으로 만들어져 마찰에 약하고 자극에 의해 쉽게 부러지는 성질이 있다.

- **최외표피(epicuticle, 에피큐티클)** : 모소피의 가장 바깥층이며 두께가 약 100Å 정도의 얇은 막으로, 수증기는 통과하고 물은 통과하지 못하는 크기이다. 시스틴 함량이 많은 케라틴단백질로 인해 물리적인 자극에 약해서 딱딱하고 부서지기 쉽다. 단백질 용해성의 물질에 대한 저항성이 가장 강한 성질을 나타낸다.
- **외표피(exocuticle, 엑소큐티클)** : 2황화결합(-S-S-)이 많은 비결정질의 케라틴층으로 단백질 용해성의 물질에 대한 저항성은 강하지만 시스틴결합을 절단하는 물질에는 약해서 퍼머넌트 웨이브의 작용을 받기 쉽다.
- **내표피(endoicuticle, 엔도큐티클)** : 모소피의 가장 안쪽에 있는 친수성의 내표피는 시스틴 함량이 적고 알칼리성에 약하다. 내표피는 접착력이 있는 세포막복합체(CMC, cellmembrane complex)로 인접한 모표피를 밀착시키는 기능을 한다.

② 모피질(Cortex) : 케라틴으로 된 피질세포(케라틴)와 세포 간충질로 구성되어 있으며 모발의 85%~90% 차지한다. 친수성의 성격이 강하며 퍼머와

염색제가 작용하는 부분이며 모발의 색상을 결정하는 멜라닌 색소를 함유하고 있다. 간충질은 외부의 자극에 의해 유출되면 모발손상이 된다.

③ **모수질(Medulla)** : 모발 직경이 0.09mm 이상의 굵고 튼튼한 모발에서 주로 발견되며 모발 중심부에 구멍이 많은 형태의 세포가 축 방향으로 죽은 세포들이 줄지어 존재한다. 성분과 기능은 알려져 있지 않지만 연모에는 모수질이 존재하지 않는다. 일반적으로 모수질이 많은 굵은 두발은 웨이브 펌이 잘 된다고 알려져 있다.

063

유두층 위층에 존재하는 피부층으로 유두층에서 영양소, 산소 등을 공급 받는 층은?

① 기저층　② 망상층
③ 각질층　④ 유극층
⑤ 과립층

답 ①

해 표피 중 가장 깊은 곳에 위치하고 있는 기저층은 단층으로 진피(유두층)와 접하고 있으며 서로 물결 모양의 경계를 이루고 있다. 기저층의 세포는 타원형의 핵을 가진 살아 있는 세포로서 활발한 세포분열을 통하여 새로운 세포를 생성한다. 멜라닌형성세포에 있는 타원형의 납작한 멜라노좀(Melanosome) 이라는 소기관에서 멜라닌 색소가 형성되고 피부의 색상을 결정한다. 케라틴을 만드는 각질형성세포는 기저층에서 생성되어 멜라노좀과 함께 각질층으로 이동하여 탈락된다.

064

화장품 제품평가 중 관능평가의 설명으로 틀린 것은?

① 맹검 사용시험은 소비자의 판단에 영향을 미칠 수 있는 제품의 정보를 제공하지 않는 사용시험이다.
② 비맹검 사용시험은 제품의 정보를 제공하고 제품에 대한 인식 및 효능이 일치하는지를 조사하는 시험이다.
③ 관능평가란 여러 가지 품질을 인간의 오감에 의하여 평가하는 제품검사이다.
④ 향취의 경우 비커에 내용물을 담고 코를 비커에 대고 향취를 맡거나 손등에 내용물을 바르고 향취를 맡아 평가한다.
⑤ 관능평가의 경우 일반인이 아닌 전문가들의 참여로만 이루어져야 한다.

답 ⑤

해 관능평가는 여러 가지 품질을 인간의 오감(시각, 청각, 미각, 후각, 촉각)에 의하여 평가하는 제품검사를 의미하며, 인간의 기호를 측정할 수 있다는 점이 관능검사의 중요한 특징이다.

기호성 관능평가 종류	평가방법
소비자에 의한 평가	• 맹검 사용시험(Blind use test) : 제품의 정보를 제공하지 않는 제품 사용시험 • 비맹검 사용시험(Concept use test) : 제품의 정보를 제공하고 제품에 대한 인식 및 효능이 일치하는지를 조사하는 시험
전문가 패널에 의한 평가	품평
정확한 관능기준을 가지고 교육을 받은 전문가 패널의 도움을 얻어 실시하는 평가	• 의사의 감독하에서 실시하는 시험 • 그 외 전문가(준의료진, 미용사 등) 관리하에 실시하는 평가

• 향취 평가 절차
- 비커에 내용물을 일정량 담고 코를 비커에 대고 향취를 맡거나 손등에 내용물을 바르고 향취를 맡음

065

다음 중 맞춤형화장품판매업자의 준수사항으로 옳은것은?

① 백화점에서 구매한 대용량 제품을 소분하여 판매한다.
② 책임판매업자가 수입한 내용물과 원료를 혼합하여 판매한다.
③ 책임판매업자가 기능성 심사 중인 원료를 받아 내용물에 혼합한다.
④ 맞춤형화장품조제관리사가 알부틴 2%를 넣고 직접 기능성 심사를 받은 화장품을 판매한다.
⑤ 6세 미만 어린이가 사용하는 제품은 안전용기 포장을 하여야 한다.

답 ②

해 ① 소비자용으로 판매되는 제품은 맞춤형화장품으로 사용할 수 없다.
③ 기능성 심사 중인 원료는 사용이 불가능하다.
④ 맞춤형화장품조제관리사는 기능성화장품 심사를 신청할 수 없다.
⑤ 5세 미만의 어린이가 사용하는 제품은 안전용기 포장을 하여야 한다.

066

제품검사를 위한 관능평가에 사용되는 표준품이 아닌 것은?

① 제품 표준견본
② 용기·포장재 한도견본
③ 충진 위치견본
④ 내용물 표준견본
⑤ 벌크제품 표준견본

답 ④

해 관능평가에 사용되는 표준품은 다음과 같다.
① **제품 표준견본**: 완제품의 개별포장에 관한 표준(화장품의 완제품 표준)
② **벌크제품 표준견본**: 성상, 냄새, 사용감에 관한 표준
③ **라벨 부착 위치견본**: 완제품의 라벨 부착위치에 관한 표준
④ **충진 위치견본**: 내용물을 제품용기에 충진할 때의 액면위치에 관한 표준
⑤ **색소원료 표준견본**: 색소의 색조에 관한 표준
⑥ **원료 표준견본**: 원료의 색상, 성상, 냄새 등에 관한 표준
⑦ **향료 표준견본**: 향, 색상, 성상 등에 관한 표준
⑧ **용기·포장재 표준견본**: 용기·포장재의 검사에 관한 표준
⑨ **용기·포장재 한도견본**: 용기·포장재 외관검사에 사용하는 합격품 한도를 나타내는 표준

067

다음 〈보기〉에서 설명하는 화장품의 용기를 고르시오.

〈보기〉

일상의 취급 또는 보통 보존 상태에서 액상 또는 고형의 이물 또는 수분이 침입하지 않고 내용물을 손실, 풍화, 조해 또는 증발로부터 보호할 수 있는 용기를 말한다.

① 밀봉용기 ② 밀폐용기
③ 기밀용기 ④ 차광용기
⑤ 멸균용기

답 ③

해 화장품의 용기에 대한 설명은 다음과 같다.

용기 종류	특징
밀폐용기	일상의 취급 또는 보통 보존상태에서 외부로부터 고형의 이물이 들어가는 것을 방지하고 고형의 내용물이 손실되지 않도록 보호할 수 있는 용기를 말한다. 밀폐 용기로 규정되어 있는 경우에는 기밀용기도 쓸 수 있다.
기밀용기	일상의 취급 또는 보통 보존상태에서 액상 또는 고형의 이물 또는 수분이 침입하지 않고 내용물을 손실, 풍화, 조해 또는 증발로부터 보호할 수 있는 용기를 말한다. 기밀용기로 규정되어 있는 경우에는 밀봉용기도 쓸 수 있다.
밀봉용기	일상의 취급 또는 보통의 보존상태에서 기체 또는 미생물이 침입할 염려가 없는 용기를 말한다.
차광용기	광선의 투과를 방지하는 용기 또는 투과를 방지하는 포장을 한 용기를 말한다.

068

「화장품 안전 기준 등에 관한 규정」 [별표1]은 화장품 제조에 사용할 수 없는 원료를 고시하고 있다. 다음 중 화장품에 사용할 수 있는 원료로 짝지어진 것은?

① 벤조페논-3, 니트로메탄
② 히드로퀴논, 글리사이클아미드
③ 엠디엠하이단토인, 클로로펜
④ 천수국꽃 추출물 또는 오일, 무기 나이트라이트
⑤ 목향뿌리오일, 디클로로펜

답 ③

해
- 니트로메탄, 히드로퀴논, 글리사이클아미드, 천수국꽃추출물, 목향뿌리오일, 디클로로펜은 사용금지원료이다.
- 엠디엠하이단토인(0.2%), 클로로펜(0.05%)은 사용상의 제한이 필요한 보존제이다.

069

다음 중 맞춤형화장품의 포장에 관한 설명으로 옳은 것은?

① 2차포장재는 내용물을 보호하고 품질을 유지하는 기능을 가지고 있으므로 항상 청결하게 유지하여야 한다.

② 1차포장재에 반드시 화장품의 용량을 표시하여야 한다.

③ 맞춤형화장품판매업자는 수입한 화장품인 경우 제조국의 명칭, 회사명, 소재지를 반드시 기재표시한다.

④ 제품명칭 일부에 성분명이 있을 경우 그 성분명과 함량을 표시한다.

⑤ 샴푸, 린스 등은 카톤 충진기를 이용해서 충진한다.

답 ④

해 시행규칙 제19조 4항 법 제10조제1항제10호에 따라 화장품의 포장에 기재·표시하여야 하는 사항은 다음 각 호와 같다. 다만, 맞춤형화장품의 경우에는 제1호 및 제6호를 제외한다.〈개정2024.07.09.〉

1. 식품의약품안전처장이 정하는 바코드
2. 기능성화장품의 경우 심사받거나 보고한 효능 · 효과, 용법 · 용량
3. 성분명을 제품 명칭의 일부로 사용한 경우 그 성분명과 함량(방향용 제품은 제외한다)
4. 인체 세포 · 조직 배양액이 들어있는 경우 그 함량
5. 화장품에 천연 또는 유기농으로 표시 · 광고하려는 경우에는 원료의 함량
6. 수입화장품인 경우에는 제조국의 명칭(「대외무역법」에 따른 원산지를 표시한 경우에는 제조국의 명칭을 생략할 수 있다), 제조회사명 및 그 소재지
7. 제2조제8호부터 제11호까지에 해당하는 기능성화장품의 경우에는 "질병의 예방 및 치료를 위한 의약품이 아님"이라는 문구
8. 영유아 또는 어린이가 사용할 수 있는 제품임을 특정하여 표시 · 광고하려는 경우 법 제8조제2항에 따라 사용기준이 지정 · 고시된 원료 중 보존제의 함량

070

맞춤형화장품을 혼합 또는 소분 시 안전관리기준에 해당되지 않는 것은?

① 혼합·소분 전에는 손을 소독할 것.

② 혼합·소분에 사용되는 장비 또는 기구는 사용 후에 세척할 것.

③ 혼합·소분에 사용되는 내용물 또는 원료에 대한 품질성적서를 확인할 것.

④ 혼합·소분 전 일회용 장갑 착용 시 손소독은 생략할 수 있다.

⑤ 맞춤형화장품조제관리사의 관리 하에 직원들이 화장품을 혼합·소분할 것.

답 ⑤

해 화장품의 혼합 및 소분은 맞춤형화장품조제관리사가 직접 해야 한다.

맞춤형화장품판매업자의 안전관리기준 준수사항

1. 맞춤형화장품 판매장 시설·기구를 정기적으로 점검하여 보건위생상 위해가 없도록 관리할 것.
2. 다음 각 목의 혼합·소분 안전관리기준을 준수할 것.

가. 혼합·소분 전에 혼합·소분에 사용되는 내용물 또는 원료에 대한 품질성적서를 확인할 것.

나. 혼합·소분 전에 손을 소독하거나 세정할 것. 다만, 혼합·소분 시 일회용 장갑을 착용하는 경우에는 그렇지 않다.

다. 혼합·소분 전에 혼합·소분된 제품을 담을 포장 용기의 오염 여부를 확인할 것.

라. 혼합·소분에 사용되는 장비 또는 기구 등은 사 용 전에 그 위생 상태를 점검하고, 사용 후에는 오염이 없도록 세척할 것.

마. 그 밖에 가목부터 라목까지의 사항과 유사한 것으로서 혼합·소분의 안전을 위해 식품의약품안전처장이 정하여 고시하는 사항을 준수할 것.

071

다음 상담 내용에 따라 고객이 원하는 맞춤형화장품을 조제 시 첨가되는 원료로 옳은 것은?

- 맞춤형조제관리사 : 특별히 원하시는 사항이 있으신가요?
- 고객 : 저번에 사용한 자외선차단제품은 백탁현상이 생겨 마음에 들지 않았습니다. 백탁이 생기지 않고, 피부 미백에 도움이 되는 자외선 차단제품을 원합니다.

① 드로메트리졸트리실록산 - 알부틴
② 티타늄디옥사이드 - 나이아신아마이드
③ 징크옥사이드 - 아데노신
④ 디갈로일트리올리에이트 - 레티놀
⑤ 징크옥사이드 - 알파비사보롤

답 ①

해 백탁현상이 일어나는 원료는 징크옥사이드, 티타늄디옥사이드이다.

072

혼합·소분 활동 시 작업장 및 시설 기구에 관한 설명으로 옳지 않은 것은?

① 사용기한이 경과한 원료 및 내용물은 조제에 사용하지 않도록 관리한다.
② 작업장과 시설 기구를 화장품제조허가와 달리 정기적으로 점검하지 않고 위생적으로 유지관리만 하면 된다.
③ 혼합·소분에 사용되는 시설, 기구 등은 사용 후에 세척한다.
④ 세제, 세척제는 잔류하거나 표면에 이상을 초래하지 않는 것을 사용한다.
⑤ 세척한 시설 기구는 잘 건조하여 다음 사용 시까지 오염을 방지한다.

답 ②

해 작업장의 시설 및 기구는 정기적으로 점검하고 위생적으로 유지 관리해야 한다.

073

피부 표피의 기저층에 대한 설명으로 틀린 것은?

① 촉각상피세포인 머켈 세포가 존재한다.
② 엘라이딘 때문에 투명하게 보인다.
③ 멜라노사이트에서 멜라닌을 생성한다.
④ 활발한 세포분열을 통해 표피세포를 생성한다.
⑤ 대부분의 각질형성세포가 존재한다.

답 ②

해 엘라이딘은 투명층에 존재한다.
표피 중 가장 깊은 곳에 위치하고 있는 기저층은 단층으로 진피와 접하고 있으며 서로 물결 모양의 경계를 이루고 있다. 기저층의 세포는 타원형의 핵을 가진 살아 있는 세포로서 활발한 세포분열을 통하여 새로운 세포를 생성한다. 멜라닌형성세포에 있는 타원형의 납작한 멜라노좀(Melanosome)이라는 소기관에서 멜라닌 색소가 형성되고 피부의 색상을 결정한다. 케라틴을 만드는 각질형성세포는 기저층에서 생성되어 멜라노좀과 함께 각질층으로 이동하여 탈락된다.

- **머켈 세포(Merkel cell)** : 기저층에 위치하고 있으며 신경섬유의 말단과 연결되어 피부에서 촉각을 감지하는 역할을 하여 촉각세포라고 한다.
- **멜라닌형성세포(Melanocyte, 멜라노사이트)** : 멜라닌형성세포(melanocyte)는 기저층에서 형성되어 대부분의 표피에 존재하며 세포의 약 5%를 차지하고 있다. 멜라닌형성세포는 긴 수지상 돌기를 가진 가늘고 길쭉한 형태로, 각질형성세포 사이에 뻗어 있어, 멜라닌형성세포 내의 멜라노좀(melanosome)에서 만들어진 멜라닌이 세포돌기를 통하여 각질형성세포로 전달된다.

074

다음 중 진피에 대한 설명으로 옳지 않은 것은?

① 유두층은 진피가 표피 방향으로 둥글게 물결모양으로 돌출되어 있는 부분이다.

② 유두층에는 모세혈관이 분포하여 표피에 영양을 공급한다.

③ 유두층에는 교원섬유, 탄력섬유를 생산하는 섬유아세포가 존재한다.

④ 교원섬유는 진피 성분의 90%를 차지하고 있는 단백질이다.

⑤ 망상층에는 혈관, 땀샘, 피지선이 존재한다.

답 ③

해 교원섬유, 탄력섬유를 생산하는 섬유아세포는 진피의 망상층에 존재한다.

075

피부의 구조에 관한 설명으로 옳지 않은 것은?

① 피부의 pH는 약 4~6이며 수용성 산인 젖산, 피롤리돈산, 요산이 원인이다.

② 약산성 피부는 피부를 미생물로부터 보호하는 보호막 역할을 한다.

③ 피부는 표피, 내피, 진피로 구성되어있다.

④ 진피에는 혈관, 피지선, 탄력섬유 등이 존재한다.

⑤ 표피에는 색소세포, 랑게르한스셀 등이 존재한다.

답 ③

해 피부는 표피, 진피, 피하지방으로 구성됨.

076

맞춤형화장품 판매 시 소비자에게 설명해야 하는 사항이 아닌 것은?

① 혼합 소분에 사용된 내용물 및 원료의 내용

② 혼합 소분에 사용된 내용물 및 원료의 내용 중 알러지 성분

③ 혼합 소분에 사용된 내용물의 특성

④ 혼합 소분에 사용된 내용물 및 원료의 품질성적서 내용

⑤ 맞춤형화장품 사용시 주의사항

답 ④

해 **시행규칙 제12조의2(맞춤형화장품판매업자의 준수사항)**

4. 맞춤형화장품 판매 시 다음 각 목의 사항을 소비자에게 설명할 것

가. 혼합·소분에 사용된 내용물·원료의 내용 및 특성

나. 맞춤형화장품 사용 시의 주의사항

077

다음 보기에서 판매한 맞춤형화장품에 대한 판매내역서 작성 중 옳지 못한 것은?

〈보기〉

2021.10.5.일 맞춤형화장품을 조제하여 크림 50g을 판매하였다. 사용기한은 1년이며 개봉 후 사용기간은 3개월이다. 내용물의 제조번호는 A0021이고 소분 판매하려는 맞춤형화장품의 제조번호는 B211이다.

① 맞춤형화장품의 제조번호인 B211만 기재한다.

② 전성분은 기재하지 않아도 된다.

③ 판매일자에 2021.10.5. 일을 기재한다.

④ 판매량인 50g을 기재한다.

⑤ 사용기한을 2022.10.4.까지로 표시한다.

답 ⑤

해 개봉 후 사용기간이 있는 경우에는 제조일과 유통기한이 끝나는 날짜를 모두 표시한다.

078

맞춤형화장품 혼합 및 소분 시 사용되는 장비와 그 용도가 옳지 못한 것은?

① 내용물 및 원료를 혼합할 때 유리비커를 사용한다.
② 액체 및 반고형제품의 유동성을 측정할 때는 경도계를 사용한다.
③ 유화입자를 관찰할 때는 돋보기를 사용한다.
④ 에멀젼의 유화는 호모믹서를 사용한다.
⑤ 내용물과 내용물을 혼합할 때는 아지믹서를 사용한다.

답 ③

해 유화입자를 관찰할 때는 광학현미경을 사용한다.

079

다음은 피부에 대한 설명이다. 옳지 못한 것을 고르시오.

① 각질형성세포는 기저층에서 형성되어 28일 주기로 각질층에서 탈락한다.
② 각질층에는 케라틴 성분이 50% 이상 함유되어 있으며 천연보습인자 NMF가 있어 수분을 함유하고 있다.
③ 투명층은 피부가 흰 사람일수록 발달되어 있으며 흰 피부의 사람에게 많이 분포한다.
④ 유극층은 살아있는 세포가 존재하며 랑게르한스 세포가 있다.
⑤ 과립층은 케라토히알린으로 이루어져 있으며 물의 침투와 방어막 역할을 하고 피부가 퇴화하기 시작하는 층이다.

답 ③

해 투명층은 빛을 차단하는 작고 투명한 세포로 구성되어 있다. 주로 손바닥, 발바닥의 두꺼운 각질층 바로 밑에 존재하며, 2~3층의 편평한 세포로 되어 있다. 투명층에는 엘라이딘(Eleidin)이라는 반유동성 물질이 함유되어 있어 투명하게 보이며 피부가 윤기 있게 해준다.

080

맞춤형화장품 혼합 소분에 관한 설명으로 옳은 것은?

① 책임판매업자가 발행한 품질성적서가 있으면 품질관리를 하지 않아도 된다.
② 혼합·소분한 화장품은 유통화장품 안전관리 기준에 적합하여야 한다.
③ 책임판매업자에게 받은 코코넛오일과 수입한 병풀오일을 혼합하여 피부관리실에 납품한다.
④ 소비자의 기호에 맞게 미리 혼합 소분하여 판매하여도 된다.
⑤ 화장품책임판매업자가 정한 범위를 벗어나 혼합 소분하여도 상관없다.

답 ②

해 1) 내용물 및 원료의 입고

① 식품의약품안전처장이 고시한 화장품에 사용할 수 없는 원료, 화장품에 사용상의 제한이 필요한 원료, 기능성화장품의 효능·효과를 나타내는 원료는 맞춤형화장품에 사용할 수 없다.
② 기능성화장품의 효능·효과를 나타내는 원료는 내용물과 원료의 최종 혼합 제품을 기능성화장품으로 기 심사(또는 보고) 받은 경우에 한하여 기 심사(또는 보고) 받은 조합·함량 범위 내에서만 사용 가능
③ 원료의 경우 개인 맞춤형으로 추가되는 색소, 향, 기능성 원료 등이 해당되며 이를 위한 원료의 조합(혼합 원료)도 사용 가능하다.
④ 맞춤형화장품조제관리사는 보존제를 혼합할 수 없지만 원료의 품질유지를 위해 원료에 보존제가 포함된 경우에는 예외적으로 허용한다.
⑤ 최종 혼합된 맞춤형화장품이 유통화장품 안전관리 기준에 적합한지를 사전에 확인하고, 적합한 범위 안에서 내용물 간(또는 내용물과 원료) 혼합이 가능하다.
⑥ 혼합·소분 전 사용되는 내용물 또는 원료의 품질관리가 선행되어야 하며 책임판매업자의 품질검사 성적서로 대체 가능하다.
⑦ 품질 및 안전성이 확보된 내용물 및 원료를 입고해야 하며 화장품책임판매업자가 혼합 및 소분범위를 정하고 있는 경우에는 그 범위 내에서 혼합·소분 가능

2) 혼합·소분의 안전관리 기준(맞춤형화장품판매업자의 준수사항에 관한 규정 제2조)

① 맞춤형화장품판매업자는 맞춤형화장품 조제에 사용하는 내용물 또는 원료의 혼합·소분의 범위에 대해 사전에 검토하여 최종 제품의 품질 및 안전성을 확보할 것. 다만, 화장품책임판매업자가 혼합 또는 소분의 범위를 미리 정하고 있는 경우에는 그 범위 내에서 혼합 또는 소분할 것

② 혼합·소분에 사용되는 내용물 또는 원료가 「화장품법」제8조의 화장품 안전기준 등에 적합한 것인지 여부를 확인하고 사용할 것

③ 혼합·소분 전에 내용물 또는 원료의 사용기한 또는 개봉 후 사용기간을 확인하고, 사용기한 또는 개봉 후 사용기간이 지난 것은 사용하지 말 것

④ 혼합·소분에 사용되는 내용물 또는 원료의 사용기한 또는 개봉 후 사용기간을 초과하여 맞춤형화장품의 사용기한 또는 개봉 후 사용기간을 정하지 말 것. 다만 과학적 근거를 통하여 맞춤형화장품의 안정성이 확보되는 사용기한 또는 개봉 후 사용기간을 설정한 경우에는 예외로 한다.

⑤ 맞춤형화장품 조제에 사용하고 남은 내용물 또는 원료는 밀폐가 되는 용기에 담는 등 비의도적인 오염을 방지 할 것

⑥ 소비자의 피부 유형이나 선호도 등을 확인하지 아니하고 맞춤형화장품을 미리 혼합·소분하여 보관하지 말 것

맞춤형화장품조제관리사는 맞춤형화장품을 피부관리실에 납품할 수 없다.

081

법 제15조의2(동물실험을 실시한 화장품 등의 유통판매 금지) ① 화장품책임판매업자 및 맞춤형화장품판매업자는 「실험동물에 관한 법률」 제2조제1호에 따른 동물실험(이하 이 조에서 "동물실험"이라 한다)을 실시한 화장품 또는 동물실험을 실시한 화장품 원료를 사용하여 제조(위탁제조를 포함한다) 또는 수입한 화장품을 유통·판매하여서는 아니 된다. 다만, 다음 각 호의 어느 하나에 해당하는 경우는 그러하지 아니하다. 다음 빈칸에 해당하는 용어를 법령에 나와 있는 그대로 작성하시오.

> 제8조제2항의 보존제, 색소, 자외선차단제 등 특별히 사용상의 제한이 필요한 원료에 대하여 그 사용기준을 지정하거나 같은 조 제3항에 따라 국민보건상 (　　) 우려가 제기되는 화장품 원료 등에 대한 (　　) 평가를 하기 위하여 필요한 경우

답 위해

해 법제15조의2(동물실험을 실시한 화장품 등의 유통판매 금지) ① 화장품책임판매업자 및 맞춤형화장품판매업자는 「실험동물에 관한 법률」 제2조제1호에 따른 동물실험(이하 이 조에서 "동물실험"이라 한다)을 실시한 화장품 또는 동물실험을 실시한 화장품 원료를 사용하여 제조(위탁제조를 포함한다) 또는 수입한 화장품을 유통·판매하여서는 아니 된다. 다만, 다음 각 호의 어느 하나에 해당하는 경우는 그러하지 아니하다.

1. 제8조제2항의 보존제, 색소, 자외선차단제 등 특별히 사용상의 제한이 필요한 원료에 대하여 그 사용기준을 지정하거나 같은 조 제3항에 따라 국민보건상 위해 우려가 제기되는 화장품 원료 등에 대한 위해평가를 하기 위하여 필요한 경우

082

다음 빈칸에 들어 갈 용어를 법률용어 그대로 작성하시오.

① 영업자 및 판매자는 자기가 행한 표시·광고 중 사실과 관련한 사항에 대하여는 이를 (　　)할 수 있어야 한다.
② 식품의약품안전처장은 영업자 또는 판매자가 행한 표시·광고가 제13조제1항제4호에 해당하는지를 판단하기 위하여 제1항에 따른 (　　)이 필요하다고 인정하는 경우에는 그 내용을 구체적으로 명시하여 해당 영업자 또는 판매자에게 관련 자료의 제출을 요청할 수 있다.
③ 제2항에 따라 (　　)자료의 제출을 요청받은 영업자 또는 판매자는 요청받은 날부터 15일 이내에 그 (　　)자료를 식품의약품안전처장에게 제출하여야 한다. 다만, 식품의약품안전처장은 정당한 사유가 있다고 인정하는 경우에는 그 제출기간을 연장할 수 있다.
④ 식품의약품안전처장은 영업자 또는 판매자가 제2항에 따라 (　　)자료의 제출을 요청받고도 제3항에 따른 제출기간 내에 이를 제출하지 아니한 채 계속하여 표시·광고를 하는 때에는 (　　)자료를 제출할 때까지 그 표시·광고 행위의 중지를 명하여야 한다.

답 실증

해 **법 제14조(표시·광고 내용의 실증 등)**

① 영업자 및 판매자는 자기가 행한 표시·광고 중 사실과 관련한 사항에 대하여는 이를 실증할 수 있어야 한다.
② 식품의약품안전처장은 영업자 또는 판매자가 행한 표시·광고가 제13조제1항제4호에 해당하는지를 판단하기 위하여 제1항에 따른 실증이 필요하다고 인정하는 경우에는 그 내용을 구체적으로 명시하여 해당 영업자 또는 판매자에게 관련 자료의 제출을 요청할 수 있다.
③ 제2항에 따라 실증자료의 제출을 요청받은 영업자 또는 판매자는 요청받은 날부터 15일 이내에 그 실증자료를 식품의약품안전처장에게 제출하여야 한다. 다만, 식품의약품안전처장은 정당한 사유가 있다고 인정하는 경우에는 그 제출기간을 연장할 수 있다.
④ 식품의약품안전처장은 영업자 또는 판매자가 제2항에 따라 실증자료의 제출을 요청받고도 제3항에 따른 제출기간 내에 이를 제출하지 아니한 채 계속하여 표시·광고를 하는 때에는 실증자료를 제출할 때까지 그 표시·광고 행위의 중지를 명하여야 한다.
⑤ 제2항 및 제3항에 따라 식품의약품안전처장으로부터 실증자료의 제출을 요청받아 제출한 경우에는 「표시·광고의 공정화에 관한 법률」 등 다른 법률에 따라 다른 기관이 요구하는 자료제출을 거부할 수 있다.
⑥ 식품의약품안전처장은 제출받은 실증자료에 대하여 「표시·광고의 공정화에 관한 법률」 등 다른 법률에 따른 다른 기관의 자료요청이 있는 경우에는 특별한 사유가 없는 한 이에 응하여야 한다.

083

자외선 차단 효과가 있는 기능성화장품의 실험결과 평균 자외선 차단 지수 33.7이 나왔을 때 기재할 수 있는 자외선 차단지수의 최솟값을 적으시오.(정수로 쓰시오)

답 27

해 자외선차단지수(SPF)는 측정결과에 근거하여 평균값(소수점 이하 절사)으로부터 -20% 이하 범위 내 정수이다.
33*20% = 6.6 소수점 절사 후 -20% 이하 범위는 33-6 = 27이다. 이 중 정수만 포함하므로 문제의 자외선 차단 지수는 27~33 범위 내에서 표시가 가능하다.
따라서 최소 정수 값은 27이다.

084

다음 빈칸에 들어갈 용어를 적으시오.

(　　) 화장품의 사용 중 발생한 바람직하지 않고 의도되지 아니한 징후, 증상 또는 질병을 말하며, 당해 화장품과 반드시 인과관계를 가져야 하는 것은 아니다.

답 유해사례

해 "유해사례(Adverse Event/Adverse Experience, AE)"란 화장품의 사용 중 발생한 바람직하지 않고 의도되지 아니한 징후, 증상 또는 질병을 말하며, 당해 화장품과 반드시 인과관계를 가져야 하는 것은 아니다.

085

CGMP 4대 기준서 중 다음 내용이 들어간 기준서의 정확한 명칭을 적으시오.

- 공정별 상세 작업내용 및 제조공정흐름도
- 공정별 이론 생산량 및 수율관리기준
- 제조지시서
- 작업 중 주의사항
- 원자재·벌크·완제품의 기준 및 시험방법
- 제조 및 품질관리에 필요한 시설 및 기기

답 제품표준서

해 제품표준서는 품목별로 다음 각 기호 사항이 포함되어야 한다.

ㄱ. 제품명
ㄴ. 작성연월일
ㄷ. 효능·효과(기능성 화장품의 경우) 및 사용상의 주의사항
ㄹ. 원료명, 분량 및 제조단위당 기준량
ㅁ. 공정별 상세 작업내용 및 제조공정흐름도
ㅂ. 공정별 이론 생산량 및 수율관리기준
ㅅ. 작업 중 주의사항
ㅇ. 원자재·벌크·완제품의 기준 및 시험방법
ㅈ. 제조 및 품질관리에 필요한 시설 및 기기
ㅊ. 보관조건
ㅋ. 사용기한 또는 개봉 후 사용기간
ㅌ. 변경이력
ㅍ. 다음 사항이 포함된 제조지시서
- 제품표준서의 번호
- 제품명
- 제조번호, 제조연월일 또는 사용기한(또는 개봉 후 사용기간)
- 제조단위
- 사용된 원료명, 분량, 시험번호 및 제조단위당 실사용량
- 제조 설비명
- 공정별 상세 작업내용 및 주의사항
- 제조지시자 및 지시연월일

ㅎ. 그 밖에 필요한 사항

086

다음은 AHA 함유제품의 주의사항 표기법이다. 다음 빈칸에 들어갈 숫자를 적으시오.

- 햇빛에 대한 피부의 감수성을 증가시킬 수 있으므로 자외선차단제를 함께 사용할 것(씻어내는 제품 및 두발용 제품은 제외)
- 일부에 시험 사용하여 피부의 이상을 확인 할 것
- 고농도의 AHA성분이 들어있어 부작용이 발생할 우려가 있으므로 전문의 등에게 상담할 것(AHA 성분이 ㉠ (　　)%를 초과하거나 산도가 ㉡ (　　) 미만인 제품만 표시한다.)

답 ㉠ 10, ㉡ 3.5

해 **화장품 함유 성분별 사용 시의 주의사항 표시문구**

대상제품	표시문구
알파-하이드록시애시드 (α-hydroxyacid, AHA) (이하 "AHA"라 한다) 함유제품 (0.5퍼센트 이하의 AHA가 함유된 제품은 제외한다)	가) 햇빛에 대한 피부의 감수성을 증가시킬 수 있으므로 자외선 차단제를 함께 사용할 것(씻어내는 제품 및 두발용 제품은 제외한다) 나) 일부에 시험 사용하여 피부 이상을 확인할 것 다) 고농도의 AHA 성분이 들어 있어 부작용이 발생할 우려가 있으므로 전문의 등에게 상담할 것(AHA 성분이 10퍼센트를 초과하여 함유되어 있거나 산도가 3.5 미만인 제품만 표시한다)

087

다음 빈칸에 들어갈 용어를 적으시오.

피부색을 결정하는 색소 중 멜라닌은 멜라노좀에서 합성되어 티로신이라는 아미노산이 티로시나아제 효소 작용에 의해 변화하면서 흑갈색을 띠는 ㉠ (　　)과, 붉은색을 띠거나 황색을 띠는 ㉡ (　　)이 생성된다.

답 ㉠ 유멜라닌, ㉡ 페오멜라닌

해 멜라닌은 멜라노좀에서 합성되어 티로신(tyrosine)이라는 아미노산이 '티로시나아제(tyrosinase)' 효소작용에 의해 변화하면서 '유멜라닌'과 '페오멜라닌'이 생성된다. 흑갈색을 띠는 유멜라닌(eumelanin)과 붉은색이나 황색을 띠는 페오멜라닌(pheomelanin)은 피부색을 결정하는 인자에 해당된다.

088

다음 빈칸에 공통으로 들어갈 용어를 적으시오.

산성도 PH 조절 목적으로 사용되는 성분은 그 성분을 표시하는 대신 중화반응에 따른 생성물로 기재 표시 할 수 있고, (　　) 반응을 거치는 성분은 (　　) 반응에 따른 생성물로 기재 표시 할 수 있다.

답 비누화

해 **시행규칙[별표4]화장품 포장의 표시기준 및 표시방법(제19조제7항관련)**

산성도(pH) 조절 목적으로 사용되는 성분은 그 성분을 표시하는 대신 중화반응에 따른 생성물로 기재·표시할 수 있고, 비누화반응을 거치는 성분은 비누화반응에 따른 생성물로 기재·표시할 수 있다.

089

법 제15조 (영업의 금지) 누구든지 다음 각 호의 어느 하나에 해당하는 화장품을 판매(수입대행형 거래를 목적으로 하는 알선·수여를 포함한다)하거나 판매할 목적으로 제조·수입·보관 또는 진열하여서는 아니 된다. 다음 빈칸에 들어갈 법률용어를 작성하시오.

(　　)의 형태·냄새 색깔·크기·용기 및 포장 등을 모방하여 섭취 등 식품으로 오용될 우려가 있는 화장품

답 식품

해 **법 제15조(영업의 금지)**

누구든지 다음 각 호의 어느 하나에 해당하는 화장품을 판매(수입대행형 거래를 목적으로 하는 알선·수여를 포함한다)하거나 판매할 목적으로 제조·수입·보관 또는 진열하여서는 아니 된다.

10. 식품의 형태·냄새·색깔·크기·용기 및 포장 등을 모방하여 섭취 등 식품으로 오용될 우려가 있는 화장품

090

다음 빈칸에 공동으로 들어갈 용어를 적으시오.

모발의 모근부의 내모근초는 모발을 표피까지 운송하는 역할을 다 한 후 쌀겨 모양의 표피 탈락물인 (　　)이 된다. (　　)은 두피 피지선의 피지마다 분비, 호르몬의 불균형, 두피 세포의 과다 증식, 스트레스, 다이어트, 염색약 등으로 인한 두피손상 등으로 인해 발생이 증가하거나 말라쎄지아라는 진균류의 분비물이 표피증을 자극하여 발생하기도 한다. 또한 탈모의 원인이 되기도 하므로 관리가 필요하다.

답 비듬

해 비듬은 두피 표면에서 자연히 탈락되는 각질과 피지, 먼지가 묻어서 생긴 때의 일종으로 다양한 원인으로 인해 비듬이 과다 발생하기도 한다. 모발 모근부(Hair root)의 내모근초는 모발을 표피까지 운송하는 역할을 다한 후에는 비듬이 되어 두피에서 떨어진다.

비듬은 두피 피지선의 피지 과다 분비, 호르몬의 불균형, 두피 세포의 과다 증식, 스트레스, 다이어트, 염색약 등으로 인한 두피손상 등으로 인해 비듬 발생이 증가하거나 말라쎄지아라는 진균류의 분비물이 표피층을 자극하여 비듬이 발생하기도 한다.

대부분 비듬으로 인해 가려움증이 동반되고, 증상이 심해지면 구진성 발진이나, 심한 가려움과 뾰루지를 동반하는 지루성 피부염의 증상이 발생하여 귀 주변 및 이마 주변까지 나타나기도 한다.

이러한 비듬으로 인해 탈모증세로 이어지는 경우가 대부분이므로 항상 두피를 청결히 하고 계면활성제, 염색약, 헤어퍼머넌트웨이브제와 같은 물질의 두피 자극을 줄여야 한다.

091

(제품별 안전성 자료의 작성·보관) ① 법 제4조의2제1항 및 이 규칙 제10조의2제2항에 따라 화장품의 표시·광고를 하려는 화장품책임판매업자는 법 제4조의2제1항제1호부터 제3호까지의 규정에 따른 제품별 안전성 자료 모두를 미리 작성해야 한다. 다음 빈칸에 들어갈 숫자를 적으시오.

1. 화장품의 1차 포장에 사용기한을 표시하는 경우: 영유아 또는 어린이가 사용할 수 있는 화장품임을 표시·광고한 날부터 마지막으로 제조·수입된 제품의 사용기한 만료일 이후 ㉠ (　　)년까지의 기간. 이 경우 제조는 화장품의 제조번호에 따른 제조일자를 기준으로 하며, 수입은 통관일자를 기준으로 한다.
2. 화장품의 1차 포장에 개봉 후 사용기간을 표시하는 경우: 영유아 또는 어린이가 사용할 수 있는 화장품임을 표시·광고한 날부터 마지막으로 제조·수입된 제품의 제조연월일 이후 ㉡ (　　)년까지의 기간. 이 경우 제조는 화장품의 제조번호에 따른 제조일자를 기준으로 하며, 수입은 통관일자를 기준으로 한다.

답 ㉠ 1, ㉡ 3

해 **시행규칙 제10조의3(제품별 안전성 자료의 작성·보관)**

① 법 제4조의2제1항 및 이 규칙 제10조의2제2항에 따라 화장품의 표시·광고를 하려는 화장품책임판매업자는 법 제4조의2제1항제1호부터 제3호까지의 규정에 따른 제품별 안전성 자료 모두를 미리 작성해야 한다.

② 제품별 안전성 자료의 보관기간은 다음 각 호의 구분에 따른다.

1. **화장품의 1차 포장에 사용기한을 표시하는 경우**: 영유아 또는 어린이가 사용할 수 있는 화장품임을 표시·광고한 날부터 마지막으로 제조·수입된 제품의 사용기한 만료일 이후 1년까지의 기간. 이 경우 제조는 화장품의 제조번호에 따른 제조일자를 기준으로 하며, 수입은 통관일자를 기준으로 한다.
2. **화장품의 1차 포장에 개봉 후 사용기간을 표시하는 경우**: 영유아 또는 어린이가 사용할 수 있는 화장품임을 표시·광고한 날부터 마지막으로 제조·수입된 제품의 제조연월일 이후 3년까지의 기간. 이 경우 제조는 화장품의 제조번호에 따른 제조일자를 기준으로 하며, 수입은 통관일자를 기준으로 한다.

092

다음 빈칸에 들어갈 용어를 적으시오.

㉠ (　　): 액체를 침투시킨 분자량이 큰 유기분자로 이루어진 반고형상의 제형

㉡ (　　): 일상의 취급 또는 보통의 보존상태에서 기체 또는 미생물이 침입할 염려가 없는 용기

답 ㉠ 겔제, ㉡ 밀봉용기

해 화장품의 제형은 다음과 같다.

① **로션제**: 유화제 등을 넣어 유성성분과 수성성분을 균질화하여 점액상으로 만든 것

② **액제**: 화장품에 사용되는 성분을 용제 등에 녹여서 액상으로 만든 것

③ **크림제**: 유화제 등을 넣어 유성성분과 수성성분을 균질화하여 반고형상으로 만든 것

④ **침적마스크제**: 액제, 로션제, 크림제, 겔제 등을 부직포 등의 지지체에 침적하여 만든 것

⑤ **겔제**: 액체를 침투시킨 분자량이 큰 유기분자로 이루어진 반고형상

⑥ **에어로졸제**: 원액을 같은 용기 또는 다른 용기에 충전한 분사제(액화기체, 압축기체 등)의 압력을 이용하여 안개모양, 포말상 등으로 분출하도록 만든 것

⑦ **분말제**: 균질하게 분말상 또는 미립상으로 만든 것을 말하며, 부형제 등을 사용할 수 있다.

화장품의 용기

용기 종류	특징
밀폐용기	일상의 취급 또는 보통 보존상태에서 외부로부터 고형의 이물이 들어가는 것을 방지하고 고형의 내용물이 손실되지 않도록 보호할 수 있는 용기를 말한다. 밀폐 용기로 규정되어 있는 경우에는 기밀용기도 쓸 수 있다.
기밀용기	일상의 취급 또는 보통 보존상태에서 액상 또는 고형의 이물 또는 수분이 침입하지 않고 내용물을 손실, 풍화, 조해 또는 증발로부터 보호할 수 있는 용기를 말한다. 기밀용기로 규정되어 있는 경우에는 밀봉용기도 쓸 수 있다.
밀봉용기	일상의 취급 또는 보통의 보존상태에서 기체 또는 미생물이 침입할 염려가 없는 용기를 말한다.
차광용기	광선의 투과를 방지하는 용기 또는 투과를 방지하는 포장을 한 용기를 말한다.

093

다음 빈칸에 들어갈 용어를 〈보기〉에서 찾아 쓰시오.

화장품의 성분 중 비타민은 주름개선, 미백, 항산화 기능 등 다양한 기능으로 사용되지만 안정성이 낮아 변질의 우려가 있으므로 그 유도체를 주로 이용한다. 주름의 도움을 주는 비타민A는 그 유도체인 ㉠ (　　), 항산화 작용이 뛰어난 비타민E는 그 유도체 ㉡ (　　)을 사용한다.

〈보기〉

닥나무추출물, 에칠헥실드리아존, 옥토크릴렌, 아데노신, 레티놀, 에칠아스코빌에텔, 아스코빌글루코사이드, 아스코빌테트라이소팔미테이트, 토코페릴아세테이트, 에칠헥실메톡시신나메이트, 에칠헥실살리실레이트, 레티닐팔미테이트, 징크옥사이드

답 ㉠ 레티닐팔미테이트, ㉡토코페릴아세테이트

해 레티놀은 항산화 효능 및 주름개선 기능성화장품 고시원료로 사용되나, 열과 공기에 매우 불안정한 특징을 가진다. 따라서, 레티놀의 안정화된 유도체인 레티닐팔미테이트, 폴리에톡실레이티드레틴아마이드 등이 개발되어 사용하고 있다. 레티닐팔미테이트(retinyl palmitate)는 레티놀에 지방산이 붙은 에스테르 형태로, 레티놀 대비 안정성이 높으며 인체 흡수 뒤 레티놀로 가수분해 된다. 폴리에톡실레이티드레틴아마이드는 레티놀에 PEG를 결합한 형태이며, 레티놀 대비 안정성이 높다.

토코페롤은 비타민E 성분으로 밀배아에서 주로 얻어지며 오일류의 변질을 막기 위한 산화방지제로 사용되는 지용성 성분이다. 화장품에는 토코페롤보다는 토코페롤의 에스터가 널리 사용되며, 이러한 에스터에는 토코페릴아세테이트(토코페롤의 아세틱애씨드에스터), 토코페릴리놀리에이트(토코페롤의 리놀레익애씨드에스터), 토코페릴리놀리에이트/올리에이트(토코페롤의 리놀레익애씨드에스터와 올레익애씨 드에스터의 혼합물), 토코페릴니코티네이트(토코페롤의 니코티닉애씨드에스터) 및 토코페릴석시네이트(토코 페롤의 석시닉애씨드에스터)가 있다.

094

다음 빈칸에 들어갈 용어를 적으시오.

㉠ (　　): 고체가 액체 속에 균질하게 퍼져있는 현상으로, 파운데이션, 마스카라, 아이라이너, 네일에나멜이 해당된다.

㉡ (　　): 용제에 약간의 난용성물질인 향 등을 용해 시키기 위한 목적으로 사용되는 계면활성제를 사용하여 투명한 현상을 갖게 한다.

답 ㉠ 분산, ㉡ 가용화

해 용도에 따라 사용되는 계면활성제의 분류는 다음과 같다.

용도에 따른 분류	특징
유화제	물과 오일을 혼합하기 위한 목정으로 에멀젼 제품에 사용되는 계면활성제이다.
가용화제	용매인 물에 불용성 물질인 약간의 향 등에 용해시키기 위한 목적으로 토너에 향을 넣기 위한 목적으로 토너에 향을 넣기 위해 일반적으로 사용하는 계면활성제로 투명한 현상을 가지게 된다.
분산제	안료를 용제에 분산을 목적으로 사용하는 계면활성제이다.
세정제	세정을 목적으로 사용하는 계면활성제이다.
대전방지제	전하를 감소시켜 정전기 발생을 막아 먼지의 흡착을 방지하는 계면활성제이다.

095

화장품의 포장의 표시기준 및 표시방법 중 화장품 제조에 사용된 성분에 관한 내용이다. 빈칸에 들어갈 용어를 적으시오.

> 글자의 크기는 5포인트로 한다.
> 화장품 제조에 사용된 함량이 많은 것부터 기재·표시한다. 다만 ㉠ (   )% 이하로 사용된 성분, 착향제, 착색제는 순서에 상관없이 기재·표시한다.
> 착향제는 ㉡ (   )로 표시할 수 있다. 다만, 착향제의 구성성분 중 식품의약품안전처장이 고시한 알레르기 유발성분이 있는 경우에는 ㉡ (   )로 표시할 수 없고 해당 성분의 명칭을 기재·표시해야 한다.

답 ㉠ 1, ㉡ 향료

해 **시행규칙 [별표4]화장품 포장의 표시기준 및 표시방법(재19조7항관련)**

3. 화장품 제조에 사용된 성분

가. 글자의 크기는 5포인트 이상으로 한다.

나. 화장품 제조에 사용된 함량이 많은 것부터 기재·표시한다. 다만, 1퍼센트 이하로 사용된 성분, 착향제 또는 착색제는 순서에 상관없이 기재·표시할 수 있다

마. 착향제는 "향료"로 표시할 수 있다. 다만, 착향제의 구성 성분 중 식품의약품안전처장이 정하여 고시한 알레르기 유발성분이 있는 경우에는 향료로 표시할 수 없고, 해당 성분의 명칭을 기재·표시해야 한다.

096

다음 빈칸에 들어갈 용어를 적으시오.

> ㉠ (   )는 일정한 제조단위분에 대하여 제조관리 및 출하에 관한 모든 상황을 확인할 수 있도록 표시된 숫자·문자·기호 또는 이들의 특징적인 조합이다. 맞춤형화장품조제관리사는 ㉡ (   )를 ㉠ (   )라 한다.
> ㉡ (   )는 맞춤형화장품의 혼합·소분에 사용되는 내용물 또는 원료의 제조번호와 혼합·소분기록을 추적할 수 있도록 맞춤형화장품판매업자가 숫자·문자·기호 또는 이들의 특징적인 조합으로 부여한 번호이다.

답 ㉠ 제조번호, ㉡ 식별번호

해 제조번호는 일정한 제조단위분에 대하여 제조관리 및 출하에 관한 모든 상황을 확인할 수 있도록 표시된 숫자·문자·기호 또는 이들의 특징적인 조합이다. 맞춤형화장품조제관리사는 식별번호를 제조번호라 한다. 식별번호는 맞춤형화장품의 혼합·소분에 사용되는 내용물 또는 원료의 제조번호와 혼합·소분기록을 추적할 수 있도록 맞춤형화장품판매업자가 숫자·문자·기호 또는 이들의 특징적인 조합으로 부여한 번호이다.

097

화장품의 함유 성분별 사용할 때의 주의사항 표시 문구에 대한 설명이다. 다음 빈칸에 들어갈 숫자를 적으시오.

- 포름알데하이드 ㉠ ( )% 이상 검출된 제품 : 포름알데하이드 성분에 과민한 사람은 신중히 사용할 것
- 폴리에톡실레이티드레티닐아마이드 ㉡ ( )% 이상 함유 제품 : 폴리에톡실레이티드레티닐아마이드는 인체적용시험자료에서 경미한 발적, 피부 건조, 화끈감, 가려움, 구진이 보고된 예가 있음.

답 ㉠ 0.05, ㉡ 0.2

해 화장품 함유 성분별 사용 시의 주의사항 표시문구

대상제품	표시문구
포름알데하이드 0.05% 이상 검출된 제품	포름알데하이드 성분에 과민한 사람은 신중히 사용할 것
폴리에톡실레이티드레티닐아마이드 0.2% 이상 함유 제품	폴리에톡실레이티드레티닐아마이드는 「인체적용시험자료」에서 경미한 발적, 피부 건조, 화끈감, 가려움, 구진이 보고된 예가 있음

098

다음의 사용할 때의 주의사항을 가지고 있는 화장품 유형을 보기에서 찾아 쓰시오.

가) 다음 분들은 사용하지 마십시오. 사용 후 피부나 신체가 과민상태로 되거나 피부이상반응을 보이거나, 현재의 증상이 악화될 가능성이 있습니다.
(1) 두피, 얼굴, 목덜미에 부스럼, 상처, 피부병이 있는 분
(2) 생리 중, 임신 중 또는 임신할 가능성이 있는 분
(3) 출산 후, 병중이거나 또는 회복 중에 있는 분, 그 밖에 신체에 이상이 있는 분
나) 다음 분들은 신중히 사용하십시오.
(1) 특이체질, 신장질환, 혈액질환 등의 병력이 있는 분은 피부과 전문의와 상의하여 사용하십시오.
(2) 이 제품에 첨가제로 함유된 프로필렌글리콜에 의하여 알레르기를 일으킬 수 있으므로 이 성분에 과민하거나 알레르기 반응을 보였던 적이 있는 분은 사용 전에 의사 또는 약사와 상의하여 주십시오.

〈보기〉

헤어메니큐어, 탈염·탈색제, 헤어토닉, 샴푸, 외음부 세정제, 손·발의 피부연화제품, 퍼머넌트웨이브, 제모제, 자외선차단제, 흑채, 헤어틴트, 헤어스트레이트너, 페이스페이팅

답 탈염·탈색제

해 시행규칙[별표3] 사용할 때의 주의사항(시행규칙 제19조제3항 관련)

13) 탈염·탈색제
가) 다음 분들은 사용하지 마십시오. 사용 후 피부나 신체가 과민상태로 되거나 피부이상반응을 보이거나, 현재의 증상이 악화될 가능성이 있습니다.
(1) 두피, 얼굴, 목덜미에 부스럼, 상처, 피부병이 있는 분
(2) 생리 중, 임신 중 또는 임신할 가능성이 있는 분
(3) 출산 후, 병중이거나 또는 회복 중에 있는 분, 그 밖에 신체에 이상이 있는 분
나) 다음 분들은 신중히 사용하십시오.
(1) 특이체질, 신장질환, 혈액질환 등의 병력이 있는 분은 피부과 전문의와 상의하여 사용하십시오.
(2) 이 제품에 첨가제로 함유된 프로필렌글리콜에 의하여 알레르기를 일으킬 수 있으므로 이 성분

에 과민하거나 알레르기 반응을 보였던 적이 있는 분은 사용 전에 의사 또는 약사와 상의하여 주십시오.

다) 사용 전의 주의

(1) 눈썹, 속눈썹에는 위험하므로 사용하지 마십시오. 제품이 눈에 들어갈 염려가 있습니다. 또한, 두발 이외의 부분(손발의 털 등)에는 사용하지 말아 주십시오. 피부에 부작용(피부이상반응, 염증 등)이 나타날 수 있습니다.

(2) 면도 직후에는 사용하지 말아 주십시오.

(3) 사용을 전후하여 1주일 사이에는 헤어퍼머넌트웨이브 제품 및 헤어스트레이트너 제품을 사용하지 말아 주십시오.

라) 사용 시의 주의

(1) 제품 또는 머리 감는 동안 제품이 눈에 들어가지 않도록 하여 주십시오. 만일 눈에 들어갔을 때는 절대로 손으로 비비지 말고 바로 물이나 미지근한 물로 15분 이상 씻어 흘려 내시고 곧바로 안과 전문의의 진찰을 받으십시오. 임의로 안약을 사용하는 것은 삼가 주십시오.

(2) 사용 중에 목욕을 하거나 사용 전에 머리를 적시거나 감지 말아 주십시오. 땀이나 물방울 등을 통해 제품이 눈에 들어갈 염려가 있습니다.

(3) 사용 중에 발진, 발적, 부어오름, 가려움, 강한 자극감 등 피부의 이상을 느끼면 즉시 사용을 중지하고 잘 씻어내 주십시오.

(4) 제품이 피부에 묻었을 때는 곧바로 물 등으로 씻어내 주십시오. 손가락이나 손톱을 보호하기 위하여 장갑을 끼고 사용하십시오.

(5) 환기가 잘 되는 곳에서 사용하여 주십시오.

마) 사용 후 주의

(1) 두피, 얼굴, 목덜미 등에 발진, 발적, 가려움, 수포, 자극 등 피부이상반응이 발생한 때에는 그 부위를 손 등으로 긁거나 문지르지 말고 바로 피부과 전문의의 진찰을 받아 주십시오. 임의로 의약품 등을 사용하는 것은 삼가 주십시오.

(2) 사용 중 또는 사용 후에 구역, 구토 등 신체에 이상을 느끼시는 분은 의사에게 상담하십시오.

바) 보관 및 취급상의 주의

(1) 혼합한 제품을 밀폐된 용기에 보존하지 말아 주십시오. 혼합한 제품으로부터 발생하는 가스의 압력으로 용기가 파열될 염려가 있어 위험합니다. 또한, 혼합한 제품이 위로 튀어 오르거나 주변을 오염시키고 지워지지 않게 됩니다. 혼합한 제품의 잔액은 효과가 없으므로 반드시 바로 버려 주십시오.

(2) 용기를 버릴 때는 뚜껑을 열어서 버려 주십시오.

099

다음 제시된 제품의 전성분 중 함량을 반드시 표시해야 하는 성분을 찾아 적으시오.

전성분 : 정제수, 코코-베타인, 소듐라우릴설페이트, 코코글루코사이드, 베타인, 알로에추출물, 글리세린, 1,2-헥산다이올, 판테놀, 포타슘소르베이트, 토코페릴아세테이트, 소듐클로라이드, 시트릭애씨드, 라벤더꽃오일, 리날룰

답 포타슘소르베이트

해 영유아 및 어린이용 제품의 경우 보존제의 함량을 기재 표시하여야 한다. 포타슘소르베이트는 소르빅애씨드의 염류로서 유기농화장품과 천연화장품에 사용이 가능한 보존제이며 배합한도는 0.6%이다.

100

식품의약품안전처장이 고시한 기능성 성분 중 그 기능성 화장품의 효능·효과를 나타내기 위한 성분 이외의 용도로 사용할 수 없는 성분 두 가지를 보기에서 골라 쓰시오.

〈보기〉

에칠아스코빌에텔, 레티닐팔미테이트, 마그네슘아스코빌포스페이트, 피크라민산, 닥나무추출물, 징크피리치온, 살리실릭애씨드, 옥토크릴렌, 에칠 헥실트리아존, 징크옥사이드, 호모살레이트, 피로갈롤

답 피크라민산, 피로갈롤

해 염모제 성분은 염모제 외의 성분으로 사용 불가능하다. 피로갈롤은 염모제에서 용법·용량에 따른 혼합물의 염모성분으로서 2% 이하 사용된 염모제 외에는 사용할 수 없는 원료로 고시되어 있다.
징크피리치온, 살리실릭애씨드는 기능성 성분 외에 보존제 성분으로 사용이 가능하며 징크옥사이드는 백색제로 사용이 가능하다. 그 외 에칠아스코빌에텔, 레티닐팔미테이트, 마그네슘아스코빌포스페이트는 자료제출이 생략되는 기능성 성분으로는 등록이 되어있지만 사용한도가 있는 성분으로 등록이 되어있지 않아 일반화장품에서는 피부컨디셔닝제로 사용이 가능하다. 자외선차단 성분(옥토크릴렌, 에칠헥실트리아존, 호모살레이트)은 제품의 변색방지를 위해 사용된다.

맞춤형화장품 해설집

6회

실전고사 6회

001

「화장품법」 제13조제2항, 「화장품법 시행규칙」 제22조 및 [별표 5] 제2호(화장품 표시·광고 시 준수사항)에 따라 광고업무 정지처분의 행정처분을 받을 수 있는 부당한 표시·광고에 해당하는 것을 모두 고른 것은?

㉠ 기능성화장품 인증을 받지 않은 남성 토너를 화이트닝 효과로 인해 자외선으로부터 보호를 받을 수 있다고 광고한 경우
㉡ 광고업무 정지기간에 화장품광고 내용이 적혀있는 일회용 비매품 화장품을 무료로 나눠준 경우
㉢ 식약처장이 고시한 사용한도가 있는 원료의 사용기준을 위반한 화장품을 판매의 목적으로 진열한 경우
㉣ 국제적 멸종위기 종의 가공품이 함유된 화장품임을 표현하거나 암시하는 내용으로 광고한 경우
㉤ 별도의 실험 없이 수분 퐁당크림을 24시간 이상 수분감 지속이 가능하다고 광고한 경우

① ㉠, ㉡, ㉢
② ㉠, ㉣, ㉤
③ ㉢, ㉣, ㉤
④ ㉡, ㉢, ㉣
⑤ ㉡, ㉣, ㉤

답 ②

해 ㉡ 광고업무 정지 기간에 화장품 광고 내용이 적혀있는 일회용 비매품 화장품을 무료로 나눠준 경우
㉢ 식약처장이 고시한 사용기준을 위반한 화장품을 판매의 목적으로 진열한 경우
위 두 가지의 경우는 광고 위반이 아닌 영업 위반에 따른 행정처분 기준에 해당되는 경우로 광고업무정지가 아닌 영업업무정지의 처분을 받는다.

〈별표5〉 2. 화장품 표시·광고 시 준수사항

가. 의약품으로 잘못 인식할 우려가 있는 내용, 제품의 명칭 및 효능·효과 등에 대한 표시·광고를 하지 말 것
나. 기능성화장품, 천연화장품 또는 유기농화장품이 아님에도 불구하고 제품의 명칭, 제조방법, 효능·효과 등에 관하여 기능성화장품, 천연화장품 또는 유기농화장품으로 잘못 인식할 우려가 있는 표시·광고를 하지 말 것
다. 의사·치과의사·한의사·약사·의료기관 또는 그 밖의 자(할랄화장품, 천연화장품 또는 유기농화장품 등을 인증·보증하는 기관으로서 식품의약품안전처장이 정하는 기관은 제외한다)가 이를 지정·공인·추천·지도·연구·개발 또는 사용하고 있다는 내용이나 이를 암시하는 등의 표시·광고를 하지 말 것. 다만, 법 제2조제1호부터 제3호까지의 정의에 부합되는 인체 적용시험 결과가 관련 학회 발표 등을 통하여 공인된 경우에는 그 범위에서 관련 문헌을 인용할 수 있으며, 이 경우 인용한 문헌의 본래 뜻을 정확히 전달하여야 하고, 연구자 성명·문헌명과 발표연월일을 분명히 밝혀야 한다.
라. 외국제품을 국내제품으로 또는 국내제품을 외국제품으로 잘못 인식할 우려가 있는 표시·광고를 하지 말 것
마. 외국과의 기술제휴를 하지 않고 외국과의 기술제휴 등을 표현하는 표시·광고를 하지 말 것
바. 경쟁상품과 비교하는 표시·광고는 비교 대상 및 기준을 분명히 밝히고 객관적으로 확인될 수 있는 사항만을 표시·광고하여야 하며, 배타성을 띤 "최고" 또는 "최상" 등의 절대적 표현의 표시·광고를 하지 말 것
사. 사실과 다르거나 부분적으로 사실이라고 하더라도 전체적으로 보아 소비자가 잘못 인식할 우려가 있는 표시·광고 또는 소비자를 속이거나 소비자가 속을 우려가 있는 표시·광고를 하지 말 것
아. 품질·효능 등에 관하여 객관적으로 확인될 수 없거나 확인되지 않았는데도 불구하고 이를 광고하거나 법 제2조제1호에 따른 화장품의 범위를 벗어나는 표시·광고를 하지 말 것

자. 저속하거나 혐오감을 주는 표현·도안·사진 등을 이용하는 표시·광고를 하지 말 것
차. 국제적 멸종위기종의 가공품이 함유된 화장품임을 표현하거나 암시하는 표시·광고를 하지 말 것
카. 사실 유무와 관계없이 다른 제품을 비방하거나 비방한다고 의심이 되는 표시·광고를 하지 말 것

002

천연화장품 및 유기농화장품 인증 신청 시 제출해야 하는 자료가 아닌 것은?

① 인증신청 대상 제품의 규격서 또는 제품표준서
② 인증신청 대상 제품의 제조 공정도
③ 공정, 세척제 체크리스트
④ 제품의 용기, 포장 재질 확인을 위한 자료
⑤ 작업장 및 기구 상세사진

답 ⑤

해 천연화장품 및 유기농화장품 인증 신청시 대상 제품의 제조공정, 용기·포장 및 보관 등에 대한 정보를 제출하여야 하며 제출하여야 하는 자료는 아래와 같다.
- 인증신청 대상 제품의 규격서 또는 제품표준서
- 인증신청 대상 제품의 제조 공정도
- 공정, 세척제 체크리스트
- 제품의 용기, 포장 재질 확인을 위한 자료
- 작업장 및 원료보관사진

• 유기농원료는 다른원료와 구별되도록 보관하여야 하므로 반드시 원료보관사진이 필요하다.

003

화장품영업 등록 및 폐업 신고 시 식품의약품안전처장이 「화장품법」에 따라 불가피하게 처리할 수 있는 개인정보에 해당하지 않는 것은?

① 주민등록번호
② 운전면허번호
③ 건강관련정보
④ 외국인등록번호
⑤ 범죄경력에 대한 정보

답 ②

해 **제15조(민감정보 및 고유식별정보의 처리)**
식품의약품안전처장(제14조에 따라 식품의약품안전처장의 권한을 위임받은 자 또는 법 제3조의4제3항에 따라 자격시험 업무를 위탁받은 자를 포함한다)은 다음 각 호의 사무를 수행하기 위하여 불가피한 경우 「개인정보 보호법」 제23조에 따른 건강에 관한 정보, 같은 법 시행령 제18조제2호에 따른 범죄경력자료에 해당하는 정보, 같은 영 제19조제1호 또는 제4호에 따른 주민등록번호 또는 외국인등록번호가 포함된 자료를 처리할 수 있다.

1. 법 제3조에 따른 화장품제조업 또는 화장품책임판매업의 등록 및 변경등록에 관한 사무 1의2. 법 제3조의2제1항에 따른 맞춤형화장품판매업의 신고 및 변경신고에 관한 사무 1의3. 법 제3조의4제1항에 따른 맞춤형화장품조제관리사 자격시험에 관한 사무
2. 법 제4조에 따른 기능성화장품의 심사 등에 관한 사무
3. 법 제6조에 따른 폐업 등의 신고에 관한 사무
4. 법 제18조에 따른 보고와 검사 등에 관한 사무 4의2. 법 제19조에 따른 시정명령에 관한 사무
5. 법 제20조에 따른 검사명령에 관한 사무
6. 법 제22조에 따른 개수명령 및 시설의 전부 또는 일부의 사용금지명령에 관한 사무
7. 법 제23조에 따른 회수·폐기 등의 명령과 폐기 또는 그 밖에 필요한 처분에 관한 사무
8. 법 제24조에 따른 등록의 취소, 영업소의 폐쇄명령, 품목의 제조·수입 및 판매의 금지명령, 업무의 전부 또는 일부에 대한 정지명령에 관한 사무
9. 법 제27조에 따른 청문에 관한 사무
10. 법 제28조에 따른 과징금의 부과·징수에 관한 사무
11. 법 제31조에 따른 등록필증 등의 재교부에 관한 사무

004

다음 대화 중 영유아 또는 어린이 화장품으로 광고를 하는 경우 해야 할 행동으로 옳지 않은 것을 모두 고른 것은?

〈보기〉

A : ○○바디오일의 경우 올리브오일로 만든 영유아 및 어린이가 사용할 수 있는 화장품으로 출시할 예정이기 때문에 ㉠ 만 5세 미만의 어린이가 개봉하기 어려운 안전용기포장으로 준비했어요.

B : 그렇다면 ㉡ 제품별 안전성자료를 출시 전에 미리 준비해야겠네요.

A : 네, 미리 준비해주세요. 참고로 ㉢ 안전성 자료는 1차포장에 사용기한을 표시하는 경우, 마지막으로 생산된 제품의 사용기한 만료일로부터 1년간 보관해야 합니다.

B : 그럼 ㉣ 제조방법에 대한 설명자료, 화장품의 안전성평가자료, 제품의 효능·효과에 대한 증명자료를 준비하겠습니다.

A : ㉤ 안전성 자료를 작성 또는 보관하지 않으면 1차 위반 시 판매 또는 해당품목 판매업무 정지 3개월의 행정처분이 있으니 잘 준비해주세요.

① ㉠, ㉡ ② ㉡, ㉢
③ ㉠, ㉤ ④ ㉢, ㉤
⑤ ㉣, ㉤

답 ③

해 ▶ 영유아 및 어린이용화장품에 따른 제품별 안전성 자료를 작성 보관하지 않은 경우(1년 이하의 징역 또는 1천만 원 이하의 벌금형에 처해지며 아래의 행정처분도 추가된다)

- **1차 위반** : 판매 또는 해당 품목 판매업무정지 1개월
- **2차 위반** : 판매 또는 해당 품목 판매업무정지 3개월
- **3차 위반** : 판매 또는 해당 품목 판매업무정지 6개월
- **4차 이상 위반** : 판매 또는 해당 품목 판매업무정지 12개월

제4조의2(영유아 또는 어린이 사용 화장품의 관리)

① 화장품책임판매업자는 영유아 또는 어린이가 사용할 수 있는 화장품임을 표시·광고하려는 경우에는 제품별로 안전과 품질을 입증할 수 있는 다음 각 호의 자료(이하 "제품별 안전성 자료"라 한다)를 작성 및 보관하여야 한다.

1. 제품 및 제조방법에 대한 설명 자료
2. 화장품의 안전성 평가 자료
3. 제품의 효능·효과에 대한 증명 자료

▶ **안전용기** : 포장 대상 품목의 기준

ㄱ. 일회용 제품, 용기 입구 부분이 펌프 또는 방아쇠로 작동되는 분무용기 제품, 압축 분무용기 제품(에어로졸 제품 등)은 제외

ㄴ. 안전용기·포장은 성인이 개봉하기는 어렵지 아니하나 만 5세 미만의 어린이가 개봉하기는 어렵게 된 것이어야 한다.

▶ 안전용기·포장을 사용해야 하는 품목

① 아세톤을 함유하는 네일 에나멜 리무버 및 네일 폴리시 리무버

② 어린이용 오일 등 개별포장당 탄화수소류를 10% 이상 함유하고 운동점도가 21센티스톡스(섭씨 40도 기준) 이하인 에멀젼 형태가 아닌 액체상태의 제품

③ 개별포장당 메틸 살리실레이트를 5% 이상 함유하는 액체상태의 제품

제10조의3(제품별 안전성 자료의 작성·보관)

② 제품별 안전성 자료의 보관기간은 다음 각 호의 구분에 따른다.

1. **화장품의 1차 포장에 사용기한을 표시하는 경우** : 영유아 또는 어린이가 사용할 수 있는 화장품임을 표시· 광고한 날부터 마지막으로 제조·수입된 제품의 사용기한 만료일 이후 1년까지의 기간. 이 경우 제조는 화장품의 제조번호에 따른 제조일자를 기준으로 하며, 수입은 통관일자를 기준으로 한다.
2. **화장품의 1차 포장에 개봉 후 사용기간을 표시하는 경우** : 영유아 또는 어린이가 사용할 수 있는 화장품임을 표시·광고한 날부터 마지막으로 제조·수입된 제품의 제조연월일 이후 3년까지의 기간. 이 경우 제조는 화장품의 제조번호에 따른 제조일자를 기준으로 하며, 수입은 통관일자를 기준으로 한다.

005

책임판매관리자의 업무에 대한 내용으로 옳지 못한 것은?

① 품질관리 업무 수행에 필요한 내용은 화장품책임판매업자에게 문서로 보고한다.
② 품질관리 업무 시 화장품제조업자, 맞춤형화장품판매업자, 그 밖의 관계자에게 문서로 연락 또는 지시한다.
③ 품질관리에 관한 기록 및 화장품제조업자의 관리에 관한 기록을 작성하고 이를 해당 제품의 제조일(수입의 경우 수입통관일)로부터 3년간 보관한다.
④ 안전확보 업무의 원활한 수행에 대해 확인하여 기록 및 보관한다.
⑤ 품질관련 모든 문서와 절차를 검토, 승인하고 품질검사가 규정대로 진행되는지 확인한다.

답 ⑤

해 품질관련 모든 문서와 절차를 검토, 승인하고 품질검사가 규정대로 진행되는지 확인하는 것은 품질 책임자의 의무사항이다.

006

다음 중 화장품 표시·광고 실증대상에 대한 설명으로 옳은 것은?

① 제약회사와 제휴를 맺은 화장품책임판매업자만 코스메슈티컬화장품이라는 광고 표현이 가능하다.
② '무(無) ○○' 표현은 인체외시험자료로 입증 할 수 있다.
③ 인체적용시험자료를 제출해도 '빠지는 모발감소' 라는 광고표현을 할 수 없다.
④ 기능성화장품심사를 받지 않아도 인체적용시험자료를 제출하면 기미, 주근깨 완화라는 표시가 가능하다.
⑤ 인체적용시험자료를 제출하더라도 일시적인 셀룰라이트 감소, 피부혈행 개선과 같은 광고표현은 할 수 없다.

답 ③

해 ① 메디슨(medicine), 드럭(drug), 코스메슈티컬 등을 사용한 의약품 오인 우려 표현은 금지표현이다.
② **제품에 특정성분이 들어 있지 않다는 '무(無) ○○' 표현** : 시험분석자료로 입증(단, 특정성분이 타 물질로의 변환 가능성이 없으면서 시험으로 해당 성분 함유 여부에 대한 입증이 불가능한 특별한 사정이 있는 경우에는 예외적으로 제조관리기록서나 원료시험성적서 등으로 입증가능하다.)
③ '빠지는 모발을 감소시킨다'는 표현은 기능성화장품심사 또는 별도의 실증자료로 입증해야 한다.
④ 기미 주근깨 완화라는 표시는 기능성화장품심사(보고)자료로 입증해야 한다.
⑤ 일시적인 셀룰라이트 감소, 피부혈행 개선과 같은 광고표현은 인체적용시험자료로 입증해야 한다.

007

다음 중 개인정보처리자에 관한 설명으로 옳지 않은 것은?

① 개인정보처리자는 개인정보처리방침에 대해 개인에게 통보하거나 인터넷 홈페이지 등에 게시해야 한다.

② 개인정보 처리자는 개인정보의 처리에 관한 업무를 총괄해서 책임질 개인정보 보호책임자를 지정해야 한다.

③ 개인정보처리자는 만 14세 미만 아동의 개인정보를 처리하기 위하여 그 법정대리인의 동의를 받기 위해 법정대리인의 성명, 연락처를 법정대리인의 동의 없이 해당 아동으로부터 직접 수집할 수 있다.

④ 소상공인의 경우 사업주 또는 대표자가 개인정보처리자에 해당하므로 따로 지정할 필요가 없다.

⑤ 개인정보처리자는 100명 이상의 개인정보가 유출되었을 경우에는 전문기관(행정안전부, 한국인터넷진흥원)에 5일 이내 신고를 하고 서면 등의 방법과 함께 인터넷 홈페이지에 정보주체가 알아보기 쉽도록 7일 이상 게시하여 통지한다.

답 ⑤

해 **개인정보 유출 통지**

① 개인정보처리자는 개인정보가 유출되었음을 알게 되었을 때에는 서면 등의 방법으로 지체 없이 정보주체에게 알려야 한다. 다만, 유출된 개인정보의 확산 및 추가 유출을 방지하기 위하여 접속경로의 차단, 취약점 점검·보완, 유출된 개인정보의 삭제 등 긴급한 조치가 필요한 경우에는 그 조치를 한 후 지체 없이 정보주체에게 알릴 수 있다.

② 개인정보처리자는 개인정보가 유출되었음을 알고 긴급한 조치를 한 후에도 구체적인 유출 내용을 확인하지 못한 경우에는 먼저 개인정보가 유출된 사실과 유출이 확인된 사항만을 서면 등의 방법으로 먼저 알리고 나중에 확인되는 사항을 추가로 알릴 수 있다.

③ 1천 명 이상의 정보주체에 관한 개인정보가 유출된 경우에는 전문기관(행정안전부, 한국인터넷진흥원)에 5일 이내 신고를 하고 서면 등의 방법과 함께 인터넷 홈페이지에 정보주체가 알아보기 쉽도록 7일 이상 게시하여야 한다. 다만, 인터넷 홈페이지를 운영하지 아니하는 개인정보처리자의 경우에는 서면 등의 방법과 함께 사업장 등의 보기 쉬운 장소에 법 제34조제1항 각 호의 사항을 7일 이상 게시하여야 한다.

008

표면장력은 서로 같은 물질끼리 잡아당기는 힘으로 화장품에서 안정성에 문제가 발생하면 표면장력이 높은 물질들은 빠르게 분리가 일어난다. 20℃에서 물에 대한 표면장력은 72.8dynes/cm이다. 물의 표면장력과 가장 가까운 물질은 무엇인지 고르시오.

① 에탄올

② 피마자오일

③ 호호바오일

④ 글리세린

⑤ 계면활성제

답 ④

해

물질	표면장력(dynes/cm)
물	72.8
글리세린	63.4
피마자오일	39
올레익에씨드	32.5
에탄올	22.3

009

다음 화장품 유효성을 설명한 것 중 옳지 않은 것을 고르시오.

① 나이아신아마이드, 알부틴은 화학적 작용을 통해 미백효과를 나타낸다.

② 티타늄디옥사이드와 징크옥사이드는 물리적 작용을 통해 자외선을 차단한다.

③ 계면활성제는 화학적 특성을 기반으로 한 효과를 나타내는 특징을 가진다.

④ 염색제는 화학적 유효성을 기반으로 효과를 나타낸다.

⑤ 향은 심리적 유효성을 기반으로 한다.

답 ①

해 나이아신아마이드, 알부틴은 생물학적 작용을 통해 미백효과를 나타낸다. 나이아신아마이드는 멜라닌이 각질형성세포로 이동하는 것을 차단하고 알부틴은 티로시나제의 활성작용을 억제하여 멜라닌 생성을 방지한다.

구분	유효성 종류	특징
1	물리적 유효성	물리적 특성(예 자외선 산란제품 - Ti02, 징크옥사이드 등)
2	화학적 유효성	화학적 특성(예 자외선 흡수제, 염색제, 계면활성제 등)
3	생물학적 유효성	기능성 물질로 인해 도움을 주는 효과(예 알부틴, 아데노신 등)
4	미적 유효성	메이크업으로 인한 효과
5	심미적 유효성	심리적인 특성(예 향수, 향낭 등)

010

화장품에 사용하는 비타민에 대한 설명으로 옳은 것은?

① 비타민A의 유도체 중 레티놀, 레틴알데하이드, 레티노익애씨드는 수용성 유도체 물질이다.

② 레티놀, 레틴알데하이드 및 레티노익애씨드는 상호전환될 수 있으나, 레티노익애씨드로 전환되는 과정은 비가역적이다.

③ 비타민C 성분은 열에 강하고 쉽게 산화되지 않는 높은 안정성을 가진다.

④ 아스코빌스테아레이트는 수용성화 한 비타민C 유도체이다.

⑤ 비타민E의 8가지 이성체 중 생물학적으로 가장 활동적인 성분은 베타 - 토코페롤이다.

답 ②

해 ① 비타민 A의 유도체 중 레티놀, 레틴알데하이드, 레티노익애씨드는 지용성 유도체 물질이다.

② 레티놀, 레틴알데하이드 및 레티노익애씨드는 상호전환될 수 있으나, 레티노익애씨드로 전환되는 과정은 비가역적이다.

③ 비타민C 성분은 열에 약하고 쉽게 산화되어 안정성이 떨어지는 단점이 있어서 비타민C 유도체(에칠아스코빌에텔, 아스코빌글루코사이드, 마그네슘아스코빌포스페이트)를 대부분 사용한다.

④ 아스코빌스테아레이트는 유용성화 한 비타민C 유도체이다.

⑤ 비타민E의 8가지 이성체 중 생물학적으로 가장 활동적인 성분은 알파 - 토코페롤이다.

011

비이온 계면활성제의 특징에 대한 설명으로 틀린 것은?

① 에틸렌옥사이드(ethylene oxide)에 의한 물과의 수소결합으로 친수성을 가진다.

② 물과의 수소결합으로 전하를 갖고 있는 계면활성제이다.

③ 피부에 대하여 이온 계면활성제보다 안전성이 높아 피부의 자극도가 낮다.

④ 에멀젼 제품 및 스킨케어 제품에 주로 사용된다.

⑤ 솔비탄라우레이트, 솔비탄팔미테이트, 솔비탄세스퀴올리에이트, 폴리솔베이트20 등이 있다.

답 ②

해 **비이온 계면활성제**

- 비이온 계면활성제는 이온성에 친수기를 갖는 대신 하이드록시기(-OH)나 에틸렌옥사이드(ethylene oxide)에 의한 물과의 수소결합에 의한 친수성을 가지며, 전하를 가지지 않는 계면활성제이다.
- 전하를 가지지 않으므로 물의 경도로 인한 비활성화에 잘 견디는 특징이 있으며, 피부에 대하여 이온 계면활성제보다 안전성이 높으며 유화력 등이 우수하므로 세정제를 제외한 에멀젼 제품 및 스킨케어 제품에서의 유화제로 사용된다.

비이온 계면활성제 종류

- 솔비탄라우레이트, 솔비탄팔미테이트, 솔비탄세스퀴올리에이트, 폴리솔베이트20 등

012

화장수에 대한 설명으로 옳지 않은 것을 고르시오.

① 유연화장수는 피부 각질층에 수분과 보습 성분을 공급할 뿐 아니라 피지나 발한을 억제하는 기능을 가지고 있다.

② 세정용 화장수는 가벼운 색조 화장을 지우는 데 사용하여 피부를 청결하게 하거나 오염을 제거하는 데 사용된다.

③ 다층화장수는 2층 이상의 층을 이루는 화장수로 사용 시 흔들어 사용하며 수분과 유분에 의한 보습감을 동시에 느낄 수 있다.

④ 화장수는 가용화 공정을 통한 투명한 성상이 일반적이나, 최근에는 일정량의 오일 성분을 o/w형으로 유화하여 불투명한 성상을 갖기도 한다.

⑤ 수렴화장수는 약산성으로 피부 pH를 조절하며, 세균으로부터 피부를 보호하고 소독해주는 작용을 한다.

답 ①

해 **화장수의 사용 목적**

- 피부를 청결하게 하고 수분과 보습 성분을 제공하여 피부 건강을 유지 및 증진하는 기초화장품. 화장수는 가용화 공정을 통한 투명한 성상이 일반적이나, 최근에는 계면활성제나 오일 함량을 조절함으로써 반투명 또는 불투명한 성상을 갖기도 한다.

① 유연화장수

- 피부 각질층에 수분과 보습 성분을 공급하여 피부의 유연성을 증가시켜 부드러움을 유발한다.

② 수렴화장수

- 피부 각질층에 수분과 보습 성분을 공급할 뿐 아니라 피지나 발한을 억제하는 기능을 하는 원료를 추가로 넣어 준다.
- 주로 약산성으로 피부 pH를 조절하며, 알콜성분의 함유로 인해 세균으로부터 피부를 보호하고 소독해주는 작용을 한다.

③ 세정용화장수

- 세안용으로서 사용하거나 가벼운 색조화장을 지우는 데 사용하여 피부를 청결하게 하거나 오염을 제거해 줌. 보습제와 세정효과를 향상하기 위해 계면활성제, 에탄올이 배합되기도 한다.

④ 다층화장수

- 2층 이상의 층을 이루는 화장수로 오일층, 물층, 분말층이 다층으로 구성되기도 함. 사용 시 흔들어 사용하며 수분과 유분에 의한 보습감을 동시에 느낄

수 있으며, 분말의 경우 특이한 사용감을 나타냄. 최근에는 오일 층도 오일의 비중과 극성을 이용하여 더 세분된 층을 이루는 다층화장수도 있다.

013

「화장품 안전기준 등에 관한 규정」에서 화장품에 사용 시 사용한도가 있는 원료로만 짝지어진 것은?

① 징크피리치온, 나이아신아마이드
② 살리실릭애씨드, 알부틴
③ 부틸메톡시디벤조일메탄, 메칠이소치아졸리논
④ 히드로퀴논, 벤잘코늄클로라이드
⑤ 트리클로산, 붕산

답 ③

해 ① 징크피리치온은 사용 후 씻어내는 제품에 0.5%, 나이아신아마이드는 사용제한 원료가 아님
② 살리실릭애씨드 보존제로서 0.5%, 기능성성분으로 인체세정용 2%, 사용 후 씻어내는 두발용제품류 3%(영유아용 어린이제품 샴푸 외 사용금지), 알부틴은 사용제한 원료는 아님
③ 부틸메톡시디벤조일메탄 자외선성분으로 5%, 메칠이소치아졸리논 보존제로서 사용 후 씻어내는 제품에 0.0015%
④ 히드로퀴논은 사용할수 없는 원료, 벤잘코늄클로라이드는 사용 후 씻어내는 제품에 벤잘코늄클로라이드로서 0.1%, 기타제품에 벤잘코늄클로라이드로서 0.05%
⑤ 트리클로산은 사용 후 씻어내는 인체세정용 제품류, 데오도런트(스프레이 제품 제외), 페이스파우더, 피부결점을 감추기 위해 국소적으로 사용하는 파운데이션에 0.3%의 사용한도가 있다. 붕산은 사용할 수 없는 원료이다.

014

착향제 성분 중 알레르기 유발 물질에 해당하는 것은?

① 헥사하이드로쿠마린
② 디하이드로쿠마린
③ 헥사하이드로쿠마린
④ 쿠마린
⑤ 7 -에톡시-4 -메칠쿠마린

답 ④

해 착향제 성분 중 알레르기 유발 물질은 아래와 같다.

번호	성분명
1	신남알(CINNAMAL)
2	아밀신남알 (AMYL CINNAMAL)
3	아밀신나밀알코올(AMYLCINNAMYL ALCOHOL)
4	신나밀알코올(CINNAMYL ALCOHOL)
5	헥실신남알(HEXYL CINNAMAL)
6	제라니올(GERANIOL)
7	아니스알코올(ANISYL ALCOHOL)
8	시트로넬올(CITRONELLOL)
9	하이드록시시트로넬알(HYDROXYCITRONELLAL)
10	부틸페닐메틸프로피오날(LYSMERAL)
11	시트랄(CITRAL)
12	리날룰(LINALOOL)
13	유제놀(EUGENOL)
14	아이소유제놀(ISOEUGENOL)
15	쿠마린(COUMARINE)
16	리모넨(d-LIMONENE)
17	파네솔(FARNESOL)
18	벤질살리실레이트(BENZYL SALICYLATE)
19	벤질신나메이트(BENZYL CINNAMATE)
20	벤질벤조에이트(BENZYL BENZOATE)
21	벤질알코올(BENZYL ALCOHOL)
22	메틸 2-옥티노에이트 (METHYL HEPTINE CARBONATE)
23	알파-아이소메틸아이오논 (ALPHA-ISOMETHYL IONONE)
24	참나무이끼추출물(OAKMOSS EXTRACT)
25	나무이끼추출물(TREEMOSS EXTRACT)

015

다음 보기의 전성분 중 알레르기 유발 물질을 모두 고른 것은?

〈보기〉

전선분 : 정제수, 글리세린, 부틸렌글라이콜, 카프릴릴글라이콜, ㉠ 벤질살리실레이트, 티타늄디옥사이드, ㉡ 1,2-헥산다이올, ㉢ 메틸2-옥티노에이트, ㉣ 알파-아이소메틸아이오논, ㉤ 소듐하이알루로네이트, ㉥ 폴리소르베이트-60, 향료

① ㉠, ㉡, ㉢ ② ㉠, ㉣, ㉥
③ ㉢, ㉣, ㉤ ④ ㉣, ㉤, ㉥
⑤ ㉠, ㉢, ㉣

답 ⑤

해 • 1,2-헥산다이올 : 폴리올성분으로 보존제의 보조 역활로 사용된다.
• 소듐하이알루로네이트 : 히알루론산의 염으로 보습제로 사용된다.
• 폴리소르베이트-60 : 가용화제

착향제 성분 중 알레르기 유발 물질은 아래와 같다.

번호	성분명
1	신남알(CINNAMAL)
2	아밀신남알 (AMYL CINNAMAL)
3	아밀신나밀알코올(AMYLCINNAMYL ALCOHOL)
4	신나밀알코올(CINNAMYL ALCOHOL)
5	헥실신남알(HEXYL CINNAMAL)
6	제라니올(GERANIOL)
7	아니스알코올(ANISYL ALCOHOL)
8	시트로넬올(CITRONELLOL)
9	하이드록시시트로넬알(HYDROXYCITRONELLAL)
10	부틸페닐메틸프로피오날(LYSMERAL)
11	시트랄(CITRAL)
12	리날룰(LINALOOL)
13	유제놀(EUGENOL)
14	아이소유제놀(ISOEUGENOL)
15	쿠마린(COUMARINE)
16	리모넨(d-LIMONENE)
17	파네솔(FARNESOL)
18	벤질살리실레이트(BENZYL SALICYLATE)
19	벤질신나메이트(BENZYL CINNAMATE)
20	벤질벤조에이트(BENZYL BENZOATE)
21	벤질알코올(BENZYL ALCOHOL)
22	메틸 2-옥티노에이트 (METHYL HEPTINE CARBONATE)
23	알파-아이소메틸아이오논 (ALPHA-ISOMETHYL IONONE)
24	참나무이끼추출물(OAKMOSS EXTRACT)
25	나무이끼추출물(TREEMOSS EXTRACT)

016

다음 중 원료의 품질성적서로서 인정 받을 수 없는 것을 고르시오.

① 책임판매업자의 원료에 대한 자가품질검사 성적서
② 맞춤형화장품판매업자의 원료에 대한 자가품질검사 성적서
③ 원료업체의 원료에 대한 공인검사기관 성적서
④ 책임판매업자의 원료에 대한 공인검사기관 성적서
⑤ 대한화장품협회의 '원료공급자의 검사결과 신뢰기준 자율규약 '기준에 적합한 원료업체의 자가품질검사 성적서

답 ②

해 **원료의 품질성적서 인정 기준**

① 제조업자의 자가품질검사 성적서 또는 공인검사기관 성적서
② 책임판매업자의 자가품질검사 성적서 또는 공인검사기관 성적서
③ 원료업체에서 공급하는 공인검사기관 성적서
④ 원료업체의 자가품질검사 성적서(대한화장품협회의 '원료공급자의 검사결과 신뢰 기준 자율규약' 기준에 적합한 것)

017

다음 중 저장 및 시험 온도가 옳은 것으로 짝지어진 것은?

① 실온 10~20℃

② 상온 20~30℃

③ 냉소 1~10℃ 이하

④ 미온탕 30~40℃의 물

⑤ 온탕 100℃의 물

답 ④

해 저장 및 시험 온도의 정의(셀시우스법 ℃)

온도	정의
표준온도	20℃
상온	15~25℃
실온	1~30℃
미온	30~40℃
냉소	1~15℃ 이하의 곳
냉수	10℃ 이하의 물
미온탕	30~40℃의 물
온탕	60~70℃의 물
열탕	약 100℃ 의 물
가열한 용매(열용매)	그 용매의 비점 부근의 온도로 가열한 것
가온한 용매(온용매)	60~70℃로 가온한 것
수욕상 또는 수욕중에서 가열	끓인 수욕 또는 100℃의 증기욕을 써서 가열하는 것
냉침	15~25℃
온침	35~45℃

018

위해화장품의 회수절차에 대한 설명으로 옳지 않은 것은?

① 회수의무자는 폐기신청서에 회수계획서사본, 회수확인서사본을 첨부하여 지방식품의약품안전처장에게 제출한다.

② 회수의무자는 폐기확인서를 작성하여 2년간 보관하여야 한다.

③ 회수의무자는 관계 공무원의 참관하에, 환경 관련 법령에서 정하는 바에 따라 폐기한다.

④ 회수계획을 통보받은 자는 회수대상화장품을 회수의무자에게 반품하고, 회수확인서를 작성하여 회수의무자에게 송부한다.

⑤ 회수 종료 후 회수종료신고서에는 폐기계획서를 첨부하여 지방식품의약품안전청장에게 제출하여야 한다.

답 ⑤

해 시행규칙 제14조의3 8항 회수의무자는 회수대상화장품의 회수를 완료한 경우에는 별지 제10호의6서식의 회수종료신고서에 다음 각 호의 서류를 첨부하여 지방식품의약품안전청장에게 제출하여야 한다.

1. 별지 제10호의3서식의 회수확인서 사본
2. 별지 제10호의5서식의 폐기확인서 사본(폐기한 경우에만 해당한다)
3. 별지 제10호의7서식의 평가보고서 사본

019

다음 보기의 원료에 대한 설명으로 옳지 않은 것은?

〈보기〉

글리세린, 폴리에틸렌글라이콜, 하이알루로닉애씨드, 판테놀, 프로필렌글라이콜

① 보기에 있는 원료들은 보습제에 속하는 원료들로 피부를 촉촉하고 부드럽게 한다.

② 글리세린은 하이드록시기 3개를 갖는 다가알코올로 폴리올류이다.

③ 하이알루로닉애씨드는 분자가 큰 고분자화합물에 속하며 점성이 있다.

④ 판테놀은 비타민B5 성분으로 보습, 진정, 육모제 등에 사용된다.

⑤ 프로필렌글라이콜은 보습제 중 밀폐제에 해당한다.

답 ⑤

해 • 분자 내에 하이드록시기(-OH)를 2개 이상 갖는 다가알코올
- **2가알코올**: 부틸렌글라이콜, 프로필렌글라이콜 등
- **3가 알코올**: 글리세린
- **5가 알코올**: 펜티톨
- **6가 알코올**: 솔비톨, 헥시톨

• 수분을 차단하는 밀폐제 역할은 오일종류이며 피부유연화제 역할을 동시에 하는 보습제이다.

020

다음 원료 중 금속이온봉쇄제를 고르시오.

① 티이에이

② 알지닌

③ 비에이치티

④ 다이소듐이디티에이

⑤ 살리실릭애씨드

답 ④

해 **금속이온봉쇄제(Sequestering Agent)**

수용액에 함유된 금속이온(칼슘이온, 마그네슘이온 등)의 작용을 억제하여 세정제의 기포를 안정화하고 물때의 형성을 막으며 에멀젼 제품의 안정성을 높여준다. 제품 내 금속이온은 화장품의 안정성 및 성상에 영향을 유발시킬 수 있다. 화장품에는 디소듐이디티에이(disodium EDTA), 테트라소듐이디티에이(tetrasodium EDTA) 등이 주로 사용되고 있다. 파이틱애씨드(Phytic Acid)는 식물의 씨앗에 함유된 천연 금속이온봉쇄제지만 금속이온과 결합한 침전물이 생겨 제품의 안정성 문제로 인해 화장품에는 대부분 사용되지 않는다.

021

맞춤형화장품의 혼합 및 소분에 사용되는 내용물 및 원료를 사용하여 만든 맞춤형화장품을 고르시오.

① 로션 내용물에 보존제로서 살리실릭애씨드 0.5%를 넣었다.

② 다마스크장미꽃수와 정제수를 혼합하여 토너를 만들었다.

③ 에탄올에 라벤더 향료를 넣어 향수로 만들었다.

④ 로션 내용물에 적색2호를 넣어 핑크색 로션을 만들었다.

⑤ 대용량 구강청결제를 소용량으로 소분하였다.

답 ④

해 ① 보존제 및 기능성성분은 사용할 수 없다.
②, ③ 원료+원료는 제조에 해당되므로 불가능하다.
⑤ 의약외품은 소분할 수 없다.

022

<보기1>의 품질성적서에 대한 <보기2> 설명 중 내용이 옳은 것의 개수를 고르시오.

<보기 1>

원료명 : 아보카도 혼합오일

입고일자 : 2020.11.15

시험일자 : 2020.11.15

판정일자 : 2020.11.15

성분 : 아보카도오일 97%, 로즈힙씨오일 2%, 풍나무발삼오일 0.6%, 토코페롤 0.4%

<품질 성적서>

시험항목	시험기준	결과
성상	투명한 연노랑 액제	투명한 연노랑 액제
향취	약간의 특이취	약간의 특이취
비중	0.900~0.920	0.921
굴절률	1.465~1.470	1.467
납	20㎍/g 이하	10㎍/g
수은	1㎍/g 이하	2㎍/g
비소	10㎍/g 이하	8㎍/g
총호기성 생균수	1000개/mL 이하	147개/mL

<보기 2>

㉠ 수은 외 다른 중금속들은 유통화장품 안전관리기준에 부합한다.

㉡ 화장품 제조 시 위 원료의 함량을 35%까지 늘려 사용할 수 있다.

㉢ 비중이 기준치를 0.001 초과하므로 재작업을 실시해야 한다.

㉣ 시험일자와 판정일자간의 문제가 있어 입고처에 문의를 해봐야 한다.

㉤ 사용제한원료가 2가지 이상 혼합된 복합성분이다.

① 1개 ② 2개
③ 3개 ④ 4개
⑤ 5개

답 ③

해 ㉠ 중금속은 납, 수은, 비소이며, 그중 수은만 검출허용한도를 초과하였다.
㉡ 풍나무발삼오일 및 추출물은 0.6%의 사용한도가 있다. 따라서 원료의 함량을 35% 사용하면 풍나무발삼오일의 함량이 0.21%이므로 무방하나 수은의 검출 허용한도가 초과하여 위 원료는 사용이 불가능하다.
㉢ 비중이 미미한 차이인 0.001이 초과된 경우 기준일탈보고를 하고 조사한 후에 필요하면 재작업을 할 수도 있지만 반드시 재작업이 필요한 것은 아니다.
㉣ 세균배양 30~35℃에서 48시간, 진균배양 20~25℃ 조건에서 5일간 배양해서 측정하므로 검사판정일이 시험 일자와 같을 수가 없다.
㉤ 풍나무발삼오일 0.6%, 토코페롤 20% 사용한도가 있다.

023

유기농 화장품에 사용할 수 없는 원료로 짝지어진 것은?

① 베타인, 잔탄검, 이소프로필알코올
② 테트라소듐글루타메이트이아세테이트, 디알킬카보네이트, 이소프로필알코올
③ 디알킬디모늄클로라이드, 소듐벤조에이트, 살리실릭애씨드
④ 앱솔루트, 콘크리트, 레지노이드
⑤ 안나토, 라놀린, 피토스테롤

답 ④

해 앱솔루트, 콘크리트, 레지노이드는 천연화장품에만 허용된다.

024

화장품의 안정성시험에 대한 설명으로 옳지 않은 것은?

① 가속시험은 온도 40±2℃/상대습도 75±5% 조건하에서 시행된다.
② 장기보존시험은 6개월 이상 시험을 진행한다.
③ 가혹시험은 검체의 특성 및 시험 조건에 따라 시험할 롯트를 적절히 정한다.
④ 개봉 후 안정성 시험은 계절별 연평균 온도, 습도의 조건하에서 시행된다.
⑤ 가혹시험은 온도 25±2℃/상대습도 60±5% 조건하에서 시행된다.

답 ⑤

해 개봉 후 안정성시험

종류	조건	시험측정주기	시험검체
장기보존시험	1. 실온보관 : 온도 25±2℃/상대습도 60±5% 또는 온도 30±2℃/상대습도 66±5% 2. 냉장보관 : 온도 5±3℃	6개월 이상 처음 1년 - 3개월마다 2년까지 - 6개월마다 2년 이후 - 1년에 1회 시험실시	3롯트 이상 선정, 완제품 사용
가속시험	온도 40±2℃/상대습도 75±5% 온도 25±2℃/상대습도 60±5%	6개월 이상 최소 3회 시행	3롯트 이상 선정, 완제품 사용
가혹시험	15℃/25℃/45℃ 가혹조건 사이클링 자연광노출 및 인공광노출 동결/해동, 물리적시험(진동, 원심분리)	2주~3개월	검체의 특성 및 시험조건에 따라 시험할 롯트는 적절히 정함
개봉 후 안정성 시험	계절별 연평균 온도, 습도	6개월 이상 처음 1년 - 3개월 2년까지 - 6개월 2년 이후 - 1년	3롯트 이상 선정, 완제품 사용

025

다음 중 위해등급이 바르게 이어진 것을 모두 고른 것은?

〈보기〉

㉠ 일반용기에 담긴 네일 리무버는 나등급이다.
㉡ 메탄올이 3% 함유된 향수는 가등급이다.
㉢ 대장균 100개/g(mL)가 검출된 로션은 가등급이다.
㉣ 식품형태의 화장비누는 나등급이다.
㉤ 1mm 크기의 미세플라스틱이 들어있는 폼클렌저는 나등급이다.

① ㉠, ㉡　② ㉠, ㉢
③ ㉠, ㉣　④ ㉡, ㉢
⑤ ㉠, ㉤

답 ③

해 ㉠ 안전용기·포장을 위반한 경우에는 나등급이다.
㉡ 메탄올은 에탄올 및 이소프로필알코올의 변성제로서만 알콜 중 5%까지 사용되므로 위해등급에 해당되지 않는다.
㉢ 대장균, 녹농균, 황색포도상구균은 병원미생물로 불검출되어야 하며 위반 시 다등급이다.
㉣ 식품의 형태·냄새·색깔·크기·용기 및 포장 등을 모방하여 섭취 등 식품으로 오용될 우려가 있는 화장품은 나등급이다.
㉤ 5mm 크기 이하의 미세플라스틱이 들어있는 세정, 각질제거 등의 제품은 사용금지이며 위반 시 가등급이다.

026

다음 중 위해화장품의 위해 등급이 전혀 다른 것은?

① 안전용기·포장 등에 위반되는 화장품
② 기능성을 나타나게 하는 주원료의 함량이 기준치에 부적합한 화장품
③ 병원미생물에 오염된 화장품
④ 전부 또는 일부가 변패 된 화장품
⑤ 의약품으로 잘못 인식할 우려가 있게 기재 표시한 화장품

답 ①

해 ①은 나등급, 그 외는 모두 다등급이다.

027

다음은 계면활성제의 HLB값을 나타낸 것이다. 그 설명으로 옳지 못한 것은?

〈보기〉

계면활성화	HLB값
A	2.1
B	5.7
C	12.6
D	17.8

① A는 C보다 친유성 성질을 가지고 있다.

② A는 기포는 제거하는 소포제로 사용된다.

③ w/o 유화에 B보다 C가 적합하다.

④ D는 가용화제로 적합하다.

⑤ w/o 유화제는 o/w 유화제보다 끈적이거나 고형이다.

답 ③

해 **계면활성제의 친수 친유성 밸런스 척도 HLB**

유화제의 친수성과 친유성의 균형을 HLB(hydrophilic-lipophilic balance)로 나타내며, 유화제의 특성을 파악하여 적절한 유화제를 선택하기 위해 HLB값이 사용된다. HLB값은 0~20의 수치를 가지며 높을수록 친수성, 낮을수록 친유성의 성질을 가진다.

HLB 값	용도
1~3	소포제
4~6	W/O유화제
7~9	습윤제
8~18	O/W유화제
13~15	세정제
15~18	가용화제

028

낙하균 검사에 관한 설명으로 틀린 것은?

① Koch법이라고도 하며, 실내외를 불문하고, 대상 작업장에서 평판배지 위에 일정 시간 자연 낙하시켜 측정하는 방법이다.

② 작은방의 경우 5개소를 측정한다.

③ 측정 높이는 바닥에서 측정하는 것이 원칙이지만 부득이한 경우 바닥으로부터 20~30cm 높은 위치에서 측정할 수 있다.

④ 복도 등 칸막이 등으로 구분만 된 곳은 공기의 진입, 유통, 정체 등의 상태를 고려하여 전체 환경을 대표한다고 생각되는 장소를 선택한다.

⑤ 깨끗한 청정구역의 경우 30분 이하로 노출하여 측정한다.

답 ⑤

해 노출 시간은 공중 부유 미생물 수의 많고 적음에 따라 결정되며, 노출 시간이 1시간 이상이면 배지의 성능이 떨어지므로 먼저 예비 시험을 통해 적당한 노출 시간을 결정하는 것이 좋다.

(1) 청정도가 높은 시설(예 무균실 또는 준무균실)은 30분 이상 노출시킨다.

(2) 청정도가 낮고, 오염도가 높은 시설(예 원료 보관실, 복도, 포장실, 창고)은 측정시간을 단축한다.

029

작업장의 차압관리에 대한 설명으로 옳지 못한 것은?

① 공기 조절기를 설치하면 작업장의 실압을 관리하고, 외부와의 차압을 일정하게 유지하도록 한다.

② 낮은 작업실의 공기가 높은 등급으로 흐리지 못하도록 어느 정도의 공기압차가 있어야 한다.

③ 2급지보다 4급지의 실압을 높여 외부의 먼지가 작업장으로 유입되지 않도록 설계한다.

④ 온습도에 민감한 제품의 경우에는 온습도를 유지할 수 있도록 관리하는 체계를 갖추도록 한다.

⑤ 온도는 1~30℃, 습도는 80% 이하로 관리한다.

답 ③

해 **차압**

① 공기 조절기를 설치하면 작업장의 실압을 관리하고, 외부와의 차압을 일정하게 유지하도록 한다.

② 청정 등급의 경우 각 등급 간의 공기의 품질이 다르므로 등급이 낮은 작업실의 공기가 높은 등급으로 흐르지 못하도록 어느 정도의 공기압차가 있어야 한다.

③ 일반적으로는 4급지 < 3급지 < 2급지 순으로 실압을 높이고 외부의 먼지가 작업장으로 유입되지 않도록 설계한다. 작업실이 분진 발생, 악취 등 주변을 오염시킬 우려가 있을 경우에는 해당 작업실을 음압으로 관리할 수 있으며, 이 경우 적절한 오염방지대책을 마련하여야 한다.

④ 온도는 1 ~ 30℃, 습도는 80% 이하로 관리한다. 제품 특성상 온습도에 민감한 제품의 경우에는 해당 온 습도를 유지할 수 있도록 관리하는 체계를 갖추도록 한다. 온습도의 설정을 정할 때에는 “결로”에 신경을 써야 한다.

030

다음 중 화장품 바코드에 대한 설명으로 옳은 것은?

① 화장품 바코드 표시는 국내에서 화장품을 제조하는 화장품제조업자가 한다.

② 화장품 바코드는 반드시 백과 흑의 평형 막대의 조합으로 표시한다.

③ 내용량이 15g 이하인 제품의 용기에는 생략가능하나 견본품 등 비매품에는 바코드를 생략할 수 없다.

④ 화장품 판매업소를 통하지 않고 폐쇄된 유통경로를 이용하는 경우에는 자체바코드를 사용 가능하다.

⑤ 표준바코드 표시는 유통비용이 다소 증가시킬 수 있지만 거래의 투명성을 확보하기 위한 목적으로 사용되고 있다.

답 ④

해 ① 화장품 바코드 표시는 국내에서 화장품을 유통·판매하고자 하는 화장품책임판매업자가 한다.

② 화장품 바코드 인쇄 크기와 색상은 자율적으로 정할 수 있다.(단, 배경과 바 색상에 따라 인식이 불가능한 색상이 있으므로 조심하여야 한다.)

③ 내용량이 15mL 이하 또는 15g 이하인 제품의 용기 또는 포장이나 견본품, 시공품 등 비매품에 대하여는 화장품 바코드 표시를 생략할 수 있다.

⑤ 국내 제조 및 수입되는 화장품에 대하여 표준바코드를 표시하게 함으로써 화장품 유통현대화의 기반을 조성하여 유통비용을 절감하고 거래의 투명성을 확보함을 목적으로 한다.

031

화장품을 제작하는 작업소의 기준으로 옳은 것은?

① 제조하는 화장품의 종류·제형에 따라 반드시 구획되어 있어 교차오염의 우려를 없애야 한다.

② 외부와 연결된 창문은 반드시 열려 환기가 가능하도록 설치한다.

③ 수세실은 생산구역 내에 화장실은 생산구역 밖에 설치한다.

④ 바닥, 벽, 천장은 가능한 매끄러운 표면을 지닐 수 있도록 한다.

⑤ 작업소 중 생산라인 위주로 조명을 설치하도록 한다.

답 ④

해 1. 제조하는 화장품의 종류·제형에 따라 적절히 구획·구분되어 있어 교차오염 우려가 없을 것

2. 바닥, 벽, 천장은 가능한 청소 또는 위생관리를 하기 쉽게 매끄러운 표면을 지니고 청결하게 유지되어야 하며 소독제 등의 부식성에 저항력이 있을 것

3. 환기가 잘 되고 청결할 것.

4. 외부와 연결된 창문은 가능한 열리지 않도록 할 것, 창문이 외부 환경으로 열리는 경우, 제품의 오염을 방지하도록 적절히 차단할 것

5. 작업소 내의 외관 표면은 가능한 매끄럽게 설계하고, 청소, 소독제의 부식성에 저항력이 있을 것

6. 적절하고 깨끗한 수세실과 화장실을 마련하고 수세실과 화장실은 접근이 쉬워야 하나 생산구역과 분리되어 있을 것

7. 작업소 전체에 적절한 조명을 설치하고, 조명이 파손될 경우를 대비한 제품을 보호할 수 있는 처리절차를 마련할 것

8. 제품의 오염을 방지하고 적절한 온도 및 습도를 유지할 수 있는 적절한 환기시설을 갖출 것

9. 각 제조구역별 청소 및 위생관리 절차에 따라 효능이 입증된 세척제 및 소독제를 사용할 것

10. 제품의 품질에 영향을 주지 않는 소모품을 사용할 것

032

화장품에 사용되는 보존제를 선택할 때에 고려해야 할 사항이 아닌 것은?

① 넓은 pH의 범주에서 효과를 발휘해야 한다.

② 낮은 농도에서의 광범위한 효과 발휘해야 한다.

③ 다양한 저항성균에 대한 항균 및 생성억제, 사멸시키는 효과가 있다.

④ 미생물이 존재하는 물 파트에서 충분한 농도를 유지할 수 있는 적절한 오일/물 분배계수를 가져야 한다.

⑤ 균에 대한 작용 효과가 짧은 시간 작용해야 한다.

답 ⑤

해 **보존제의 조건**

- 사용하기에 안전해야 한다.
- 낮은 농도에서 다양한 균에 대한 광범위한 효과가 있어야 한다.
- 다양한 온도, pH 범위에서 안정하고, 장기적으로 효과가 오래 지속되어야 한다.
- 제품의 물리적 성질에 영향을 미치지 않아야 한다.
- 제품 내 다른 원료 및 포장 재료와 반응하지 않아야 한다.
- 제품의 안정성, 색상, 향, 질감, 점도 등 외관적 특성에 영향을 미치지 않아야 한다.
- 미생물이 존재하는 물 파트에서 충분한 농도를 유지할 수 있는 적절한 오일/물 분배계수를 가져야 한다.
- 자연계에서 쉽게 분해되고, 분해산물에 독성이 없어 환경을 오염하면 안 된다.
- 원료 수급이 용이하고, 가격이 저렴해야 한다.
- 균에 대한 작용효과는 사용기한보다 훨씬 더 길게 작용해야만 한다.

033

다음 보기에서 설명하는 소독제의 종류는 무엇인지 고르시오.

〈보기〉

- 사용법 : 200ppm, 30분
- 특징 및 장단점 :
  - 찬물에 쉽게 용해된다.
  - 단독으로 사용해야 한다.
  - 금속을 부식시킨다.
  - pH가 산성에서 알카리로 증가시 효과가 감소한다.

① 가성가리 ② 가성소다
③ 페놀 ④ 염소계 소독제
⑤ 과산화수소

답 ④

해 화학적 소독제

종류	소독법	특징	단점	종류
염소계 소독제	200ppm, 30분	• 찬물용해, 사용편리 • 단독으로 사용 • 우수한 효과	• PH가 산성에서 알카리로 증가시 효과 감소 • 금속부식 • 빛, 온도에 불안정 • 피부보호필요	차아염소산나트륨, 차아염소산칼슘, 차아염소산리튬
양이온계 계면활성제	200ppm	• 세정작용 우수 • 부식성 없음 • 물에 용해 단독 사용 가능 • 높은 안정성	• 포자에 효과없음 • 중성, 약알카리에서 가장 효과적임 • 경수, 음이온 계면활정제에 의해 불활성화됨	4급 암모늄 화합물
아이소프로판올, 에탄올	아이소프로필 알코올 60~70%, 15분, 에탄올 60~95%, 15분	• 사용용이 • 빠른 건조로 인해 세척 불필요 • 단독사용	• 세균포자에 효과없음 • 화재, 폭발 위험 • 피부보호필요	아이소프로필알코올, 에탄올
페놀	1:200 용액	• 세정작용 • 우수한 효과 • 탈취작용	• 조제하여 사용 • 세척필요 • 용액상태로 불안정(2~3시간 이내 사용) • 피부보호 필요 • 고가	페놀, 염소화페놀
인산	제조사 자체 규정	• 스테인레스 사용시 매우 좋음 • 저렴한 가격 • 낮은 온도에서 사용 • 접촉시간 짧음	• 산성 조건하에서 사용이 좋음 • 피부보호 필요	인산 용액
과산화수소	35% 용액의 1.5%, 30분	• 유기물에 효과	• 고농도 시 폭발 • 반응성 • 피부보호 필요	안정화된 용액 사용

034

미생물 한도 기준에서 영유아 제품류의 총호기성생균수 검출 기준은?

① 10개/g(mL) 이하
② 100개/g(mL) 이하
③ 500개/g(mL) 이하
④ 1000개/g(mL) 이하
⑤ 5000개/g(mL) 이하

답 ③

해 미생물한도 기준

① 총호기성생균수는 영·유아용 제품류 및 눈화장용 제품류의 경우 500개/g(mL) 이하
② 물휴지의 경우 세균 및 진균수는 각각 100개/g(mL) 이하
③ 기타 화장품의 경우 1,000개/g(mL) 이하
④ 대장균(Escherichia Coli), 녹농균(Pseudomonas aeruginosa), 황색포도상구균(Staphylococcus aureus)은 불검출

035

화장품 원료의 품질관리와 보관에 대한 설명으로 옳지 않은 것은?

① 품질 확인 후 바로 생산실에 입고하여 사용한다.
② 설정된 보관기한이 지나면 재평가시스템을 통해 사용할 수 있다.
③ 원료보관실에 입고 전 검체를 채취하여 품질검사를 실시한다.
④ 원료와 포장재가 재포장될 경우, 원래의 용기와 동일하게 표시되어야 한다.
⑤ 제조번호가 없는 경우에는 관리번호를 부여하여 보관하여야 한다.

답 ①

해 품질검사 확인 후 '적합'을 표시하고 관리번호를 부여한 후, 원료보관실에 입고하여 사용한다.

보관관리에 대한 세부요건

ㄱ. 보관 조건은 각각의 원료와 포장재의 세부요건에 따라 적절한 방식으로 정의되어야 한다(예 냉장, 냉동보관).
ㄴ. 원료와 포장재가 재포장될 때, 새로운 용기에는 원래와 동일한 라벨링이 있어야 한다. 원료의 경우, 원래 용기와 같은 물질 혹은 적용할 수 있는 다른 대체 물질로 만들어진 용기를 사용하는 것이 중요하다.
ㄷ. 보관 조건은 각각의 원료와 포장재에 적합하여야 하고, 과도한 열기, 추위, 햇빛 또는 습기에 노출되어 변질되는 것을 방지할 수 있어야 한다.
ㄹ. 물질의 특징 및 특성에 맞도록 보관, 취급되어야 한다.
ㅁ. 특수한 보관 조건은 적절하게 준수, 모니터링 되어야 한다.
ㅂ. 원료와 포장재의 용기는 밀폐되어, 청소와 검사가 용이하도록 충분한 간격으로, 바닥과 떨어진 곳에 보관되어야 한다.
ㅅ. 원료와 포장재가 재포장될 경우, 원래의 용기와 동일하게 표시되어야 한다.
ㅇ. 원료 및 포장재의 관리는 허가되지 않거나, 불합격 판정을 받거나, 아니면 의심스러운 물질의 허가되지 않은 사용을 방지할 수 있어야 한다(물리적 격리(quarantine)나 수동 컴퓨터 위치 제어 등의 방법).
ㅈ. 재고의 회전을 보증하기 위한 방법이 확립되어 있어야 한다. 따라서 특별한 경우를 제외하고, 가장 오래된 재고가 제일 먼저 불출되도록 선입선출 한다.
- 재고의 신뢰성을 보증하고, 모든 중대한 모순을 조사하기 위해 주기적인 재고조사가 시행되어야 한다.
- 원료 및 포장재는 정기적으로 재고조사를 실시한다.
- 장기 재고품의 처분 및 선입선출 규칙의 확인이 목적이다.
- 중대한 위반품이 발견되었을 때에는 일탈처리를 한다.

ㅊ. 원료, 포장재의 보관 환경
- **출입제한**: 원료 및 포장재 보관소의 출입제한
- **오염방지**: 시설대응, 동선관리가 필요
- 방충·방서 대책
- **온도, 습도**: 필요시 설정한다.

ㅋ. 원료의 허용 가능한 보관기한을 결정하기 위한 문서화된 시스템을 확립해야 한다. 보관기한이 규정되어 있지 않은 원료는 품질부문에서 적절한 보관기한을 정할 수 있다. 이러한 시스템은 물질의 정해진 보관기한이 지나면, 해당 물질을 재평가하여 사용 적합성을 결정하는 단계들을 포함해야 한다. 그러나 원칙적으로 원료공급처의 사용기한을 준수하여 보관기한을 설정하여야 하며, 사용기한 내에서 자체적인 재시험 기간과 최대 보관기한을 설정·준수해야 한다.

036

보기 중 맞춤형화장품조제관리사가 한 행동 중 옳은 것을 모두 고른 것은?

〈보기〉

㉠ 내용물 기준 500g 제품의 내용량을 시험하여 각각 495g, 498g, 490g이 측정되어 화장품을 판매하였다.

㉡ 같은 책임판매업자에게 받은 다른 두 종류의 내용물을 혼합하여 조제하였다.

㉢ 고객에게 받은 내용물에 몇 가지 원료를 혼합하여 조제하였다.

㉣ A책임판매업자에게 공급 받은 내용물과 B책임판매업자에게 공급 받은 원료를 혼합하여 조제하였다.

㉤ 고객에게 립스틱 베이스에 원하는 색소를 넣어 립스틱을 조제하도록 하고 옆에서 관리감독하였다.

① ㉠, ㉡, ㉢　② ㉠, ㉡, ㉣
③ ㉠, ㉢, ㉤　④ ㉡, ㉢, ㉤
⑤ ㉡, ㉣, ㉤

답 ②

해 ㉠ 3개의 평균량이 97% 이상이므로 판매할 수 있다.
㉡ 책판업자에게 받은 내용물+내용물을 혼합 할 수 있다.
㉢ 고객에게 받은 내용물은 사용할 수가 없다.
㉣ 한 책판업자에게 독점공급을 받을 수도 있고, 2명 이상의 책판업자에게 내용물, 원료 등을 공급받아 사용할 수도 있다.
㉤ 고객에게 직접 조제를 시키는 건 불가능하다.

037

다음 방충의 대책 중에서 적절하지 않은 대책은?

① 실내압을 외부보다 높게 한다.
② 배기구, 흡기구에 필터를 단다.
③ 개방할 수 있는 창문을 만들지 않는다.
④ 벽, 천장, 창문, 파이프 구멍을 골판지로 틈이 없도록 막는다.
⑤ 창문은 차광하고 야간에 빛이 밖으로 새어나가지 않게 한다.

답 ④

해 골판지는, 나무의 경우 벌레의 집이 될 수 있어 작업장에 방치하지 않는다.

038

화장품 제조업자 〈보기〉의 원료를 보관·관리하는 방법을 바르게 설명한 것은?

〈보기〉

보관온도 : 1~4℃
보관조건 : 직사광선을 피하여 서늘한 공간에 보관한다.
제조일자 : 2022년 01월 13일
사용기한 : 2024년 01월 12일

① 보관온도 이하로 보관하는 것은 상관없다.
② 별도의 정해진 습도 조건이 없으므로 높은 습도의 공간에서 보관이 가능하다.
③ 냉장고에 보관한 원료의 경우 유통기한과 상관없이 사용가능하다.
④ 원료의 사용기한이 지나면 보관하지 않고 곧바로 폐기한다.
⑤ 원료를 보관하는 냉장고는 문제가 발생하지 않게 정기적으로 점검하여야 한다.

답 ⑤

해 ① 적절한 보관온도에 보관하여야 한다.
② 높은 습도의 경우 원료가 변질될 우려가 높으므로 적절하지 않다.

③ 냉장고에 보관하더라도 원료가 변질될 우려가 있으므로 사용기한이 지나면 재평가 절차를 통해 사용가능한지 확인하여야 한다.
④ 원료의 사용기한이 지나도 재평가를 통해 더 사용할 수 있으므로 미리 정해둔 절차대로 처리를 하는 것이 적절하다.
⑤ 원료를 보관하는 냉장고는 문제가 발생하지 않게 정기적으로 점검하여야 한다.

039

다음 〈보기〉를 우수화장품 제조 및 품질관리기준(CGMP)에 따른 기준일탈제품의 처리방법을 순서대로 나열한 것은?

〈보기〉

㉠ 시험, 검사 측정에서 불합격 결과 나옴
㉡ 측정이 틀림없음을 확인
㉢ 기준일탈의 처리
㉣ 격리보관
㉤ 기준일탈의 조사
㉥ 재작업 및 폐기처분, 반품
㉦ 기준일탈제품에 불합격 라벨 첨부
㉧ 품질 책임자의 승인

① ㉠-㉡-㉢-㉣-㉤-㉥-㉦-㉧
② ㉠-㉡-㉤-㉢-㉣-㉦-㉧-㉥
③ ㉠-㉤-㉡-㉢-㉦-㉣-㉧-㉥
④ ㉡-㉠-㉧-㉢-㉤-㉣-㉦-㉥
⑤ ㉡-㉠-㉢-㉧-㉣-㉤-㉥-㉦

답 ③

해 화장품 제조 및 품질관리기준(CGMP)에 따른 기준일탈제품의 처리 방법

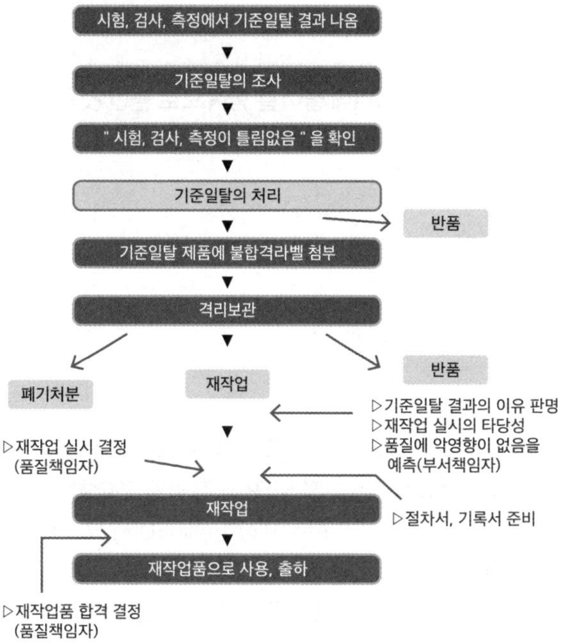

040

포장재의 입출고 관리 및 품질 관리기준으로 옳지 못한 것은?

① 사용기한 및 보관기간을 결정하기 위한 문서화된 시스템을 확립하고 사용기한을 준수하는 보관기간을 설정한다.
② 포장재 입고절차 중 육안확인 시 물품에 결함이 있을 경우 입고를 보류하고 격리보관 및 폐기하거나 포장재 공급업자에게 반송하여야 한다.
③ 입고 시 구매 요구서, 자재 공급업체 성적서 및 현품이 서로 일치하여야 한다. 필요한 경우 운송 관련 자료를 추가적으로 확인할 수 있다.
④ 사용기한 내에서 자체적인 재시험 기간 설정 및 준수를 하고 보관기간 경과 시 자체적인 재평가 시스템으로 평가한다.
⑤ 시험 중인 제품 및 부적합품은 각각 '시험중', '부적합'을 표시하여 같은 구역에 보관한다.

답 ⑤

해 원자재, 시험 중인 제품 및 부적합품은 각각 구획된 장소에서 보관하여야 한다. 다만, 서로 혼동을 일으킬 우려가 없는 시스템에 의하여 보관되는 경우에는 그러하지 아니한다.

041

CGMP 포장지시서에 들어갈 항목으로 틀린 것은?

① 포장 설비명

② 포장재 리스트

③ 포장공정

④ 포장 생산수량

⑤ 파렛트 포장단위

답 ⑤

해 포장 지시서에는 벌크제품을 완제품으로 만들기 위하여 거쳐야 하는 충전 및 표시 작업을 포함한 1차 포장, 2차 포장 등의 모든 포장 단계(ISO-22716)의 작업에 대한 작업 기준이 기록되어 있는 양식이다. 제품명, 포장 설비명, 포장재 리스트, 상세한 포장 공정 및 포장 생산 수량 등의 항목이 포함되어 있다.

042

CGMP 작업장 청정도 등급에 따른 낙하균, 부유균의 관리 기준으로 옳은 것은?

① 2등급은 낙하균 : 30개/hr 또는 부유균 : 20개/㎥ 이하로 관리한다.

② 2등급은 낙하균 : 10개/hr 또는 부유균 : 20개/㎥ 이하로 관리한다.

③ 3등급은 낙하균 : 30개/hr 또는 부유균 : 200개/㎥ 이하로 관리한다.

④ 1등급은 낙하균 : 30개/hr 또는 부유균 : 20개/㎥ 이하로 관리한다.

⑤ 1등급은 낙하균 : 10개/hr 또는 부유균 : 20개/㎥ 이하로 관리한다.

답 ⑤

해 청정도 기준

청정도 등급	대상 시설	해당 작업실	청정 공기 순환	구조 조건	관리 기준	작업 복장
1	청정도 엄격 관리	Clean bench	20회/hr 이상 또는 차압 관리	Pre-filter, Med-filter, HEPA-filter, Clean bench/booth, 온도 조절	낙하균 : 10개/hr 또는 부유균 : 20개/㎥	작업복, 작업모, 작업화
2	화장품 내용물이 노출되는 작업실	제조실, 성형실, 충전실, 내용물 보관소, 원료 칭량실, 미생물 시험실	10회/hr 이상 또는 차압 관리	Pre-filter, Med-filter, (필요시 HEPA-filter), 분진 발생실 주변 양압, 제진 시설	낙하균 : 30개/hr 또는 부유균 : 200개/㎥	작업복, 작업모, 작업화
3	화장품 내용물이 노출 안 되는 곳	포장실	차압 관리	Pre-filter 온도조절	갱의, 포장재의 외부 청소 후 반입	작업복, 작업모, 작업화
4	일반 작업실 (내용물 완전 폐색)	포장재 보관소, 완제품 보관소, 관리품 보관소, 원료 보관소 갱의실, 일반 시험실	환기 장치	환기 (온도 조절)	-	-

043

작업장 세정제 종류별 특성과 성분이 바르게 이어진 것은?

	세정제 종류	특성	종류
①	연마제	살균작용, 색상개선	소듐트리포스페이트
②	용제	에멀젼의 안정성 강화	점토, 석영
③	금속이온 봉쇄제	세정제의 기포를 안정화시킴	칼슘카보네이트, 클레이
④	유기폴리머	세정효과를 강화	셀룰로오스 유도체
⑤	계면활성제	세정제의 주요성분	알데하이드류, 페놀유도체

답 ④

해 유기폴리머는 점증제로서 세정제의 잔류성을 강화하여 세정기능을 더욱 강화시킨다.
한국직업능력개발원(2016). NCS 화장품 제조 학습모듈 08 위생·안전관리

주요성분	특성	대표적 성분
계면활성제	• 비이온, 음이온, 양성 계면활성제 • 세정제의 주요 성분 • 다양한 세정 기작으로 이물 제거	알킬벤젠설포네이트(ABS), 알칸설포네이트(SAS), 알파올레핀설포네이트(AOS), 알킬설페이트(AS), 비누(Soap), 알킬에톡시레이트(AE), 지방산알칸올아미드(FAA), 알킬베테인(AB)/알킬설포베테인(ASB)
살균제	• 미생물 살균 • 양이온 계면활성제 등	4급암모늄 화합물, 양성 계면활성제, 알코올류, 산화물, 알데히드류, 페놀유도체
금속이온 봉쇄제	• 세정 효과를 증가 • 입자 오염에 효과적	소듐트리포스페이트(Sodium Triphosphate), 소듐사이트레이트(Sodium Citrate), 소듐글루코네이트(Sodium Gluconate)
유기폴리머	• 세정 효과를 강화 • 세정제 잔류성 강화	셀룰로오스 유도체(Cellulose derivative)
용제	• 계면활성제의 세정 효과 증대	알코올(Alcohol), 글리콜(Glycol), 벤질알코올(Benzyl Alcohol)
연마제	• 기계적 작용에 의한 세정 효과 증대	칼슘카보네이트(Calcium Carbonate), 클레이, 석영
표백성분	• 살균 작용 • 색상 개선	활성염소 또는 활성염소 생성 물질

044

작업장 소독제의 요구조건으로 옳지 못한 것은?

① 5분 이내의 짧은 처리에도 효과를 보여야 한다.
② 소독 전에 존재하던 미생물을 최소한 99.9% 이상 사멸시켜야 한다.
③ 불쾌한 냄새가 남더라도 사용 농도에서 독성이 없어야 한다.
④ 경제적이어야 한다.
⑤ 광범위한 항균 스펙트럼을 가져야 한다.

답 ③

해 소독제의 요구 조건
① 사용 기간 동안 활성을 유지해야 한다.
② 경제적이어야 한다.
③ 사용 농도에서 독성이 없어야 한다.
④ 제품이나 설비와 반응하지 않아야 한다.
⑤ 불쾌한 냄새가 남지 않아야 한다.
⑥ 광범위한 항균 스펙트럼을 가져야 한다.
⑦ 5분 이내의 짧은 처리에도 효과를 보여야 한다.
⑧ 소독 전에 존재하던 미생물을 최소한 99.9% 이상 사멸시켜야 한다.
⑨ 쉽게 이용할 수 있어야 한다.

045

다음 중 산성에 녹는 물질 및 금속산화물 제거를 위한 화학적 세척제인 무기산과 약산성 세척제를 모두 고른 것은?

〈보기〉

㉠ 염산
㉡ 황산
㉢ 탄산나트륨
㉣ 수산화칼륨
㉤ 구연산

① ㉠, ㉡
② ㉠, ㉡, ㉤
③ ㉡, ㉢, ㉣
④ ㉢, ㉣, ㉤
⑤ ㉣, ㉤

답 ②

해 화학적 세척제

유형	pH	오염 제거 물질 예시		장단점
무기산과 약산성 세척제	0.2~5.5	무기염, 수용성 금속 Complex	강산 : 염산, 황산, 인산 약산(희석한 유기산) : 초산, 구연산	산성에 녹는 물질, 금속산화물 제거에 효과적 독성, 환경 및 취급 문제 있을 수 있음
중성 세척제	5.5~8.5	기름때 작은 입자	약한 계면활성제 용액(알코올과 같은 수용성 용매를 포함할 수 있음)	용해나 유화에 의한 제거 낮은 독성, 부식성
약알칼리, 알칼리 세척제	8.5~12.5	기름, 지방, 입자	수산화암모늄, 탄산나트륨, 인산나트륨, 붕산액	알칼리는 비누화, 가수 분해를 촉진
부식성 알칼리 세척제	12.5~14	찌든 기름	수산화나트륨, 수산화칼륨, 규산나트륨	오염물의 가수분해시 효과 좋음 독성 주의, 부식성

046

제조 탱크의 세척 및 소독 방법으로 옳은 것은?

① 세척제 없이 스펀지로 내용물을 닦아 없애고 상수로 씻어낸다.
② 상수를 탱크의 90%까지 채우고 100℃로 가온한다.
③ 뚜껑은 70% 알코올로 소독한 후 UV 소독한 수건으로 닦아 준다.
④ 70% 알코올을 부어 소독 한 후 알코올이 마르도록 뚜껑을 열어 말린다.
⑤ 정제수로 2차 세척 후 UV 소독한 수건으로 두 번 닦아 물기를 완전히 제거한다.

답 ⑤

해 제조 설비·기구 세척 및 소독 관리 표준서

적용 기계 및 기구류	제조, 탱크, 저장 탱크(일반 제품)
세척 도구	• 스펀지, 수세미, 솔, 스팀 세척기
세제 및 소독액	• 일반 주방 세제(0.5%), 70% 에탄올
세척 및 소독 주기	• 제품 변경 시 또는 작업 완료 후 • 설비 미사용 72시간 경과 후, 밀폐되지 않은 상태로 방치 시 • 오염 발생 혹은 시스템 문제 발생 시
세척 방법	• 제조 탱크, 저장 탱크를 스팀 세척기로 깨끗이 세척한다. • 상수를 탱크의 80%까지 채우고 80℃로 가온한다. • 패달 25r/m, 호모 2,000r/m으로 10분간 교반 후 배출한다. • 탱크 벽과 뚜껑을 스펀지와 세척제로 닦아 잔류하는 제품이 없도록 제거 후 상수로 세척한다. • 정제수로 2차 세척한 후 UV로 처리한 깨끗한 수건이나 부직포 등을 이용하여 물기를 완전히 제거한다. • 잔류하는 제품이 있는지 확인하고, 필요에 따라 위의 방법을 반복한다. • 저장 탱크의 경우에는 두 번째와 세 번째 항은 생략한다.
소독 방법	• 세척된 탱크의 내부 표면 전체에 70% 에탄올이 접촉되도록 고르게 스프레이한다. • 탱크의 뚜껑을 닫고 30분간 정체해 둔다. • 정제수로 헹군 후 필터된 공기로 완전히 말린다. • 뚜껑은 70% 에탄올을 적신 스펀지로 닦아 소독한 후 자연 건조하여 설비에 물이나 소독제가 잔류하지 않도록 한다. • 사용하기 전까지 뚜껑을 닫아서 보관한다.

적용 기계 및 기구류	제조, 탱크, 저장 탱크(일반 제품)
점검 방법	• 점검 책임자는 육안으로 세척 상태를 점검하고, 그 결과를 점검표에 기록한다. • 품질 관리 담당자는 매 분기별로 세척 및 소독 후 마지막 헹굼수를 채취하여 미생물 유무를 시험한다.

047

설비 세척제의 유형별로 제거 물질과 종류가 옳게 짝지어진 것은?

	유형	제거물질(오염물질)	종류
①	약산성 세척제	수용성금속	구연산
②	중성 세척제	기름, 지방	인산나트륨
③	약알칼리, 알칼리세척제	기름, 지방	초산
④	부식성 알칼리세척제	찌든 기름의 가수분해시 효과	약한 계면 활성제용액
⑤	무기산	찌든 기름	탄산나트륨

답 ①

해 **화학적 세척제**

유형	pH	오염 제거 물질 예시		장단점
무기산과 약산성 세척제	0.2~5.5	무기염, 수용성 금속 Complex	강산 : 염산, 황산, 인산 약산(희석한 유기산) : 초산, 구연산	산성에 녹는 물질, 금속산화물 제거에 효과적 독성, 환경 및 취급 문제 있을 수 있음
중성 세척제	5.5~8.5	기름때 작은 입자	약한 계면활성제 용액(알코올과 같은 수용성 용매를 포함할 수 있음)	용해나 유화에 의한 제거 낮은 독성, 부식성
약알칼리, 알칼리 세척제	8.5~12.5	기름, 지방, 입자	수산화암모늄, 탄산나트륨, 인산나트륨, 붕산액	알칼리는 비누화, 가수 분해를 촉진
부식성 알칼리 세척제	12.5~14	찌든 기름	수산화나트륨, 수산화칼륨, 규산나트륨	오염물의 가수분해시 효과 좋음 독성 주의, 부식성

048

보관용 검체채취에 대한 설명으로 옳지 못한 것은?

① 제품의 검체채취란 제품 시험용 및 보관용 검체를 채취하는 일이며, 제품규격에 따라 충분한 수량이어야 한다.

② 검체채취란 원료, 포장재, 벌크제품, 완제품 등의 시험용 검체를 채취하는 것이다.

③ 완제품의 보관용 검체는 적절한 보관조건 하에 지정된 구역 내에서 제조단위별로 제조일로부터 3년간 보관하여야 한다.

④ 검체채취는 자격을 갖춘 담당자(품질관리부서)에 의해 특별한 장비를 사용하는 입증된 방법에 따라 수행되어야 한다.

⑤ 보관용 검체를 보관하는 목적은 제품의 사용 중에 발생할지도 모르는 "재검토작업"에 대비하기 위해서다. 재검토작업은 품질상에 문제가 발생하여 재시험이 필요할 때 또는 발생한 불만에 대처하기 위하여 품질 이외의 사항에 대한 검토가 필요하게 될 때이다. 보관용 검체는 재시험이나 불만 사항의 해결을 위하여 사용한다.

답 ③

해 제품의 검체채취란 제품 시험용 및 보관용 검체를 채취하는 일이며, 제품 규격에 따라 충분한 수량이어야 한다.

ㄱ. 제품 검체채취는 품질관리부서가 실시하는 것이 일반적이다. 제품 시험 및 그 결과 판정은 품질관리부서의 업무다. 제품 시험을 책임지고 실시하기 위해서도 검체채취를 품질관리부서 검체채취 담당자가 실시한다. 원재료 입고 시에 검체채취는 다른 부서에 검체채취를 위탁하는 것도 가능하나, 제품 검체채취는 품질관리부서 검체채취 담당자가 실시한다. 불가피한 사정이 있으면 타 부서에

의뢰할 수는 있다. 검체 채취자에게는 검체채취 절차 및 검체채취 시의 주의사항을 교육, 훈련시켜야 한다.

ㄴ. 보관용 검체를 보관하는 목적은 제품의 사용 중에 발생할지도 모르는 "재검토작업"에 대비하기 위해서다. 재검토작업은 품질 상에 문제가 발생하여 재시험이 필요할 때 또는 발생한 불만에 대처하기 위하여 품질 이외의 사항에 대한 검토가 필요하게 될 때이다. 보관용 검체는 재시험이나 불만 사항의 해결을 위하여 사용한다.

완제품 보관 검체의 주요 사항

제품을 사용기한 중에 재검토(재시험 등)할 때에 대비한다.

- 제품을 그대로 보관한다.
- 각 뱃치를 대표하는 검체를 보관한다.
- 일반적으로는 각 뱃치별로 제품 시험을 2번 실시할 수 있는 양을 보관한다.
- 제품이 가장 안정한 조건에서 보관한다.
- 사용기한까지 또는 개봉 후 사용기간을 기재하는 경우에는 제조일로부터 3년간 보관한다.

049

포장재의 소재별 분류와 특징이 옳게 짝지어진 것은?

① 금속은 얇아도 충분한 강도가 있으며 충격에 강하고, 가스 등을 투과시키지 않는다.

② 유리는 표면에 흠집이 잘 생기고 오염되기 쉬우며, 강도가 금속에 비해 약하고 가스나 수증기 등의 투과성이 있어 용제에 약한 단점이 있다.

③ 플라스틱은 유지, 유화제 등 화장품 원료에 대해 내성이 크고, 수분, 향료, 에탄올, 기체 등이 투과되지 않는다.

④ 플라스틱은 세정, 건조, 멸균의 조건에서도 잘 견딘다.

⑤ 유리는 가공이 용이, 자유로운 착색이 가능하고 투명성이 좋고 가볍고 튼튼하다.

답 ①

해 **화장품 포장재의 소재별 분류 및 특징**

① 유리
- 주로 유리병의 형태로 이용됨
- 투명감이 좋고 광택이 있으며 착색이 가능하다는 점이 유리의 주요 특징임
- 유지, 유화제 등 화장품 원료에 대해 내성이 크고, 수분, 향료, 에탄올, 기체 등이 투과되지 않음
- 세정, 건조, 멸균의 조건에서도 잘 견딤
- 깨지기 쉽고 충격에 약하며 중량이 크고 운반, 운송에 불리함
- 유리에서 알칼리가 용출되어 내용물을 변색, 침전, 분리시키거나 pH를 변화시키는 등 영향을 미칠 수 있음

② 플라스틱
- 플라스틱은 거의 모든 화장품 용기에 이용되고 있으며, 열가소성 수지(PET, PP, PS, PE, ABS 등)와 열경화성 수지(페놀, 멜라민, 에폭시수지 등)로 구분됨
- 가공이 용이, 자유로운 착색이 가능하고 투명성이 좋음, 가볍고 튼튼함, 전기절연성, 내수성(물을 흡수하지 않음), 단열성이 플라스틱의 장점임
- 열에 약함, 변형되기 쉬움, 표면에 흠집이 잘 생기고 오염되기 쉬움, 강도가 금속에 비해 약함, 가스나 수증기 등의 투과성이 있음, 용제에 약한 단점이 있음
- 플라스틱 내 첨가제(염료, 안료, 분산제, 안정제 등)가 내용물과 반응하거나 내용물에 용출되어 변질, 변취의 원인이 되기도 하므로, 화장품 내용물 원료에 대한 플라스틱 용기의 내성을 사전에 파악해 두어야 함

③ 금속
- 철, 스테인리스강, 놋쇠, 알루미늄, 주석 등이 해당하며, 화장품 용기의 튜브, 뚜껑, 에어로졸 용기, 립스틱 케이스 등에 사용됨
- 기계적 강도가 크고, 얇아도 충분한 강도가 있으며 충격에 강하고, 가스 등을 투과시키지 않는다는 점이 금속의 장점임
- 도금, 도장 등의 표면가공이 쉬움. 단, 녹에 대해 주의해야 하며 불투명하고 무거우며 가격이 높다는 단점이 있음

④ 종이
- 주로 포장상자, 완충제, 종이드럼, 포장지, 라벨 등에 이용됨
- 상자에는 통상의 접는 상자 외에 풀로 붙이는 상자, 선물세트 등의 상자가 있음
- 포장지나 라벨의 경우, 종이소재에 필름을 붙이는 코팅을 하며 광택을 증가시키는 것도 있음

050

다음 설비를 이용하여 만드는 제품으로 바르게 짝지어진 것은?

〈보기〉
리본믹서, 헨셀믹서, 아토마이저, 3단롤밀

① 아이라이너, 아이크림
② 선크림, 아이크림
③ 로션, 파운데이션
④ 립글로스, 립스틱
⑤ 아이섀도우, 파우더팩트

답 ⑤

해 **화장품 공정에 따라 필요한 제조설비의 종류**

공정	설비종류
가용화제형	아지 믹서(agi-mixer), 디스퍼믹서(disper mixer), 용해탱크, 여과장치 등
유화제품	용해 탱크, 열교환기, 호모 믹서(homo mixer), 디스퍼 믹서(disper mixer), 진공 유화 장치(vacuumemulsifying unit), 온도 기록계, 압력계, 냉각기, 여과 장치 등
파우더 혼합제품	리본 믹서, 헨셀 믹서(henschel mixer), 아토마이저(atomizer), 3단 롤 밀(3 roll mill) 등
색소 분산	아지믹서(agi-mixer), 3단롤밀(3 roll mill) 등
충전기	저점도액체충전기, 고점도충전기, 분말충전기, 튜브충전기, 파우더충전기 등
혼합 교반에 필요한 도구	스테인리스 나이프, 교반봉 혹은 실리콘주걱(헤라), 마그네틱바, 유리비커

051

포장재의 보관관리기준에 대한 설명으로 적절하지 않은 것은?

① 포장재가 재포장될 때 새로운 용기에는 동일한 라벨링이 있어야 한다.
② 포장재는 밀폐되어 있어야 하고 바닥에 구분하여 보관되어야 한다.
③ 포장재는 정기점검을 하지 않아도 되나, 선입선출을 해야 한다.
④ 도난, 분실, 변질 등의 문제가 발생하지 않도록 작업자 외에 보관소의 출입을 제한한다.
⑤ 재평가시스템을 통해 보관기한이 경과한 경우 사용하지 않도록 규정한다.

답 ②

해 포장재는 밀폐되어, 청소와 검사가 용이하도록 충분한 간격으로 바닥과 떨어진 곳에 보관되어야 하고 포장재 박스 종류는 밀폐 보관하지 않고 먼지가 들어가지 않도록 하여 바닥과 떨어진 곳에 보관 되어야 한다.

보관 관리기준

① 원자재 및 벌크제품은 품질에 나쁜 영향을 미치지 아니하는 조건에서 보관하여야 하며 보관기간을 설정하여야 한다.
② 원자재 및 벌크제품은 바닥과 벽에 닿지 아니하도록 보관하고, 가능한 선입선출에 의하여 출고할 수 있도록 보관하여야 한다.
③ 원자재, 시험 중인 제품 및 부적합품은 각각 구획된 장소에서 보관하여야 한다. 다만, 서로 혼동을 일으킬 우려가 없는 시스템에 의하여 보관되는 경우에는 그러하지 아니한다.
④ 설정된 보관기간이 지나면 사용의 적절성을 결정하기 위해 재평가시스템을 확립하여야 하며 동 시스템을 통해 보관기간이 경과한 경우 사용하지 않도록 규정하여야 한다.

※ 포장재의 보관기간을 확인하고 판정할 수 있다.

화장품 포장재의 사용기한 표기

- 보관기간을 결정하기 위한 문서화된 시스템 확립
- 보관기간을 준수하는 보관기간 설정
- **보관기간 경과 시 재평가 실시**: 자체적인 재평가시스템 확립
- 보관기간 내에서 자체적인 재시험 기간 설정 및 준수

052

다음 〈보기〉의 ○○○아이크림의 품질성적서에 대한 설명으로 옳은 것은?

〈보기〉

제품명 : ○○○아이크림

제조번호 : 221005

제조날짜 : 2022.08.15

유통기한 : 2024.08.14

〈품질 성적서〉

시험항목	결과
성상	백색 크림제
향취	무향
비중	1.05
pH	6.15
납	23㎍/g
수은	0.7㎍/g
비소	7㎍/g
포름알데하이드	1020㎍/g
총호기성생균수	127개/mL

① 납 함량은 유통화장품 안전관리기준 등에 관한 규정에 적합하다.

② 총호기성생균수 기준인 500개/g(mL) 이하이므로 기준에 적합하다.

③ 포름알데하이드가 기준 내 합격이지만 해당 제품에서 방출될 수 있는지 확인해야 한다.

④ 해당 제품의 니켈 함량 기준은 35㎍/g 이하이다.

⑤ 수은은 유통화장품 안전관리기준 등에 관한 규정에 적합하다.

답 ⑤

해 아이크림은 눈화장용 제품유형에 속하지 않는다.
① 납 함량 기준은 20㎍/g 이하이므로 적합하지 않다.
② 총호기성생균수 기준은 1000개/g(mL)이다.
③ 모든 화장품류에서 포름알데하이드는 인위적으로 첨가하지 않았으나, 비의도적으로 검출되는 경우 2000㎍/g 이하(물휴지는 20㎍/g)의 검출허용한도까지는 적합한 화장품으로 판정한다.
④ 해당 제품의 니켈 함량기준은 10㎍/g 이하이다.

053

맞춤형화장품판매업자의 결격사유에 해당되는 것은?

① 정신질환자(「정신건강증진 및 정신질환자 복지서비스 지원에 관한 법률」 제3조제1호) 다만, 전문의가 화장품제조업자로서 적합하다고 인정하는 사람은 제외

② 마약류의 중독자(「마약류 관리에 관한 법률」 제2조제1호)

③ 피성년후견인 또는 파산선고를 받고 3년이 지나 복권된 자

④ 화장품법 또는 「보건범죄 단속에 관한 특별조치법」을 위반하여 금고 이상의 형을 선고받고 그 집행이 끝나지 아니하거나 그 집행을 받지 아니하기로 확정되지 아니한 자

⑤ 법 제24조에 따라 영업등록이 취소되거나 영업소가 폐쇄된 날부터 3년이 지난 자

답 ④

해 **책임판매업자 및 맞춤형화장품판매업자의 결격사유**
① 피성년후견인 또는 파산선고를 받고 복권되지 아니한 자
② 화장품법 또는 「보건범죄 단속에 관한 특별조치법」을 위반하여 금고 이상의 형을 선고받고 그 집행이 끝나지 아니하거나 그 집행을 받지 아니하기로 확정되지 아니한 자
③ 법 제24조에 따라 영업등록이 취소되거나 영업소가 폐쇄된 날부터 1년이 지나지 아니한 자

054

맞춤형화장품조제관리사가 할 수 있는 업무에 해당되는 것은?

① 직접 수입한 화장품 내용물에 원료 2가지 이상을 혼합하였다.

② 백화점에서 구매한 대용량제품을 소분하였다.

③ 백화점에서 구매한 수입화장품을 소분하였다.

④ 책임판매업자에게 납품받은 내용물과 내용물을 혼합하였다.

⑤ 대용량 손소독제를 소분하였다.

답 ④

해 소비자용 화장품은 혼합 및 소분이 불가능하다.

055

인체 세포·조직배양액의 안전성 확보를 위하여 반드시 작성 보존하여야 하는 자료가 아닌 것은?

① 안점막자극 시험자료
② 피부감작성 시험자료
③ 2차피부자극 시험자료
④ 인체첩포 시험자료
⑤ 피부광감작성 시험자료

답 ③

해 인체 세포·조직 배양액의 안전성 확보를 위하여 〈안전성시험 자료〉를 작성·보존하여야 한다.

ㄱ. 단회투여독성 시험자료
ㄴ. 반복투여독성 시험자료
ㄷ. 1차 피부자극 시험자료
ㄹ. 안점막자극 또는 기타점막자극 시험자료
ㅁ. 피부감작성 시험자료
ㅂ. 광독성 및 광감작성 시험자료(자외선에서 흡수가 없음을 입증하는 흡광도 시험자료를 제출하는 경우에는 제외함)
ㅅ. 인체 세포·조직 배양액의 구성성분에 관한 자료
ㅇ. 유전독성 시험자료
ㅈ. 인체첩포 시험자료

※ 안전성시험자료는 「비임상시험관리기준」(식품의약품안전처 고시)에 따라 시험한 자료이어야 한다. 다만, 인체첩포시험은 국내·외 대학 또는 전문 연구기관에서 실시하여야 하며, 관련분야 전문의사, 연구소 또는 병원 기타 관련기관에서 5년 이상 해당시험에 경력을 가진 자의 지도 감독 하에 수행·평가되어야 한다.

056

분말이나 과립제품의 혼합상태가 분리될 때에 수행하는 시험과 시험방법이 옳게 짝지어진 것은?

① 가속시험 - 진동시험
② 가혹시험 - 진동시험
③ 장기보존시험 - 기계 - 물리적 충격시험
④ 개봉 후 안정성 시험 - 온도 사이클링 시험
⑤ 장기보존시험 - 기계 - 물리적 충격시험

답 ②

해 입자가 굵은 분말과 입자가 가는 분말을 서로 혼합할 경우 진동을 주면 분리현상이 발생되는데 이러한 시험은 가혹시험에 해당한다.

가혹시험

① **온도 사이클링(cycling) 또는 "동결 - 해동(freeze - thaw)" 시험** : 현탁발생 여부, 유제와 크림제의 안정성 결여, 포장 문제, 알루미늄튜브 래커의 부식 여부
② **진동 시험(vibration testing)** : 분말 또는 과립 제품의 혼합상태가 깨지거나(de - mixing) 또는 분리 발생 여부를 판단하기 위해 수행
③ **기계적 충격 시험(mechanical shock testing)** : 운반 과정에서 화장품 또는 포장이 손상될 가능성을 조사하기 위해 수행
④ **광안정성 시험** : 화장품이 빛에 노출될 수 있는 상태로 포장된 화장품의 빛에 대한 안정성 여부

057

맞춤형화장품판매업의 신고에 대한 사항 중 옳은 것을 모두 고른 것은?

〈보기〉

㉠ 신고 시 맞춤형화장품조제관리사의 자격증 사본과 세부평면도, 시설 명세서가 필요하다.

㉡ 영업지가 아닌 곳에서 영업 시 별도의 신청 없이 한 달 범위 내에서 영업을 할 수 있다.

㉢ 건축물관리대장의 건축물 용도는 1종, 2종 근린생활시설, 판매시설, 업무시설에 해당해야 한다.

㉣ 맞춤형화장품 신고서에는 맞춤형화장품조제관리사 정보가 들어가지 않는다.

㉤ 맞춤형화장품 판매업 신고시 맞춤형화장품조제관리사는 2인 이상도 신고가 가능하다.

① ㉠, ㉡, ㉢　② ㉠, ㉢, ㉣
③ ㉠, ㉢, ㉤　④ ㉡, ㉢, ㉤
⑤ ㉢, ㉣, ㉤

답 ③

해 맞춤형화장품 판매업 신고 서류

① 맞춤형화장품조제관리사의 자격증 사본(2인 이상도 신고 가능)
② 맞춤형화장품 판매업 신고서(전자문서 포함)
③ 사업자등록증 사본, 법인등기부등본(법인 해당)
④ **건축물관리대장**: 건축물 용도는 1종, 2종 근린생활시설, 판매시설, 업무시설에 해당해야 함
⑤ 임대차계약서(임대의 경우 해당)
⑥ 혼합, 소분 장소 및 시설 등을 확인할 수 있는 세부평면도 및 상세사진(시설명세서)

맞춤형화장품 판매업 신고서 기재사항

1. 신고 번호 및 신고 연월일
2. 맞춤형화장품판매업자의 성명 및 생년월일(법인인 경우에는 대표자의 성명 및 생년월일)
3. 맞춤형화장품 판매업자의 상호 및 소재지
4. 맞춤형화장품 판매업소의 상호 및 소재지
5. 맞춤형화장품조제관리사의 성명, 생년월일 및 자격증 번호
- 맞춤형화장품 판매업자가 맞춤형화장품조제관리사 자격시험에 합격한 경우에는 판매업소 중 하나의 장소에서 업무를 수행 할 수 있다.
6. 영업의 기간(한시적으로 1개월 범위 내 영업을 하려는 경우만 해당)

058

멜라닌 색소의 침착을 방지하기 위한 화장품 사용방법으로 옳지 못한 것은?

① 멜라노좀을 분해시켜 사멸시키는 히드로퀴논이 첨가된 화장품을 사용한다.
② 자외선차단 기능이 있는 자외선 차단제품을 사용한다.
③ 각질 탈락속도가 빨라지면 각질형성세포의 분열주기가 빨라져 멜라닌 과립의 전달이 충분히 이뤄지지 않은 상태에서 각질형성세포가 위로 올라가므로 AHA성분이 함유된 화장품을 사용한다.
④ 멜라닌의 이동을 억제하는 나이아신아마이드가 함유된 화장품을 사용한다.
⑤ 티로신 효소작용 억제 및 도파의 산화를 억제하는 비타민C 유도체가 들어간 화장품을 사용한다.

답 ①

해 히드로퀴논은 의약품성분으로 화장품에는 사용할 수 없는 원료이다.

멜라닌 색소 침착 방지 방법

① **자외선차단**: 자외선차단제품 사용
② **티로시나제 활성작용억제**: 코직산은 누룩에서 발견된 감마피론계 화합물로 금속이온을 불활성화시키는 작용을 한다. 티로시나제 내부의 구리이온을 제거하여 티로시나제가 산소와 결합하여 티로신을 도파, 도파퀴논으로 산화시키는 효소작용을 억제하여 멜라닌 생성을 방지한다.
코직산, 알부틴, 닥나무추출물, 알파-비사보롤, 유용성감초추출물 등 사용
③ **티로신 효소작용 억제 및 도파의 산화억제**: 비타민C 유도체 등의 항산화제 사용 에칠아스코빌에텔, 아스코빌글루코사이드, 아스코빌테트라이소팔미테이트, 마그네슘아스코빌포스페이트 등 사용
④ (PAR)-2, (PAR)-3 방지-콩단백질 분자 STI, BBI에 의해 방지된다.
⑤ **멜라닌형성세포에 독성물질 사용**: 히드로퀴논(hydroquinone)은 멜라노좀을 분해시켜 멜라닌세포를 사멸 시킨다. 따라서 백반증의 부작용이 있으며 화장품에서는 사용할 수 없는 원료이다.
⑥ **각질세포의 박리로 멜라닌 생성 억제**: 각질이 탈락되면 동시에 멜라닌도 탈락이 된다. 각질 탈락 속도가 빨라지면 각질형성세포의 세포분열주기가 빨라져 멜라닌 과립의 전달이 충분히 이뤄지기 않아 불안정한 상태에서 각질형성세포가 위로 올라

간다. 각질제거 성분들은 AHA, BHA, 레티놀(retinol) 등이 있다.

⑦ **멜라닌의 이동을 억제**: 나이아신아마이드는 멜라닌이 각질형성세포로 이동하는 것을 차단한다.

059

피부의 진피에 대한 설명으로 옳은 것은?

① 진피는 표피 두께의 4~5배 정도이고 표피와 피하지방 사이에 존재하며, 전체의 50%를 차지한다.
② 콜라겐과 엘라스틴이 존재한다.
③ 진피의 기질에는 세라마이드, 포화지방산, 콜라겐이 많이 함유되어 있다.
④ 멜라닌형성세포가 멜라닌을 합성하는 층이다.
⑤ 진피의 망상층에는 촉각세포인 머켈세포가 있다.

답 ②

해 진피의 특징

- 표피 아래에 존재하는 층
- 교원섬유, 탄력섬유 등 섬유 단백질과 기질로 구성되어 있다. 혈관계, 신경계, 림프계 등이 복잡하게 얽혀 있고 표피에 영양분을 공급하여 표피를 지지하고 피부의 다른 조직을 유지하고 보호해 준다.
- 유두층, 망상층이 있으며 망상층에는 교원섬유와 탄력섬유를 합성하는 섬유아세포, 대식세포, 비만세포가 있다.
- 진피의 결합 섬유사이를 채우고 있는 당단백질의 기질은 대부분 히아루론산과 콘드로이친 황산 등으로 이루어져 있다. 이들은 친수성 다당체로 물에 녹아 끈적한 액체상태로 존재하며 쉽게 마르거나 얼지 않는다.
- 두께는 표피의 15~40배로, 등과 같이 가장 두꺼운 부위는 5mm, 피부의 90% 이상

060

화장품의 안전성 평가자료에 포함되어야 할 자료로 옳지 못한 것은?

① 제조과정 중에 제거되어 최종제품에 남아있지 않은 성분을 포함한 제품에 사용되는 각각의 원료에 대한 검토 자료
② 완제품에 대하여 「화장품 안전기준 등에 관한 규정」 제6조에 따른 유통화장품의 안전관리 기준에 적합함을 검토한 자료
③ 「화장품 안전성 정보관리 규정」에 따른 신속·정기 보고, 안전성 정보의 검토 및 평가자료
④ 후속조치한 내용을 포함한 사용 후 이상사례 정보의 수집·검토·평가 및 조치 관련 자료
⑤ 원료 및 완제품, 이상사례 등에 대한 자료를 바탕으로 해당 제품의 안전성에 대한 평가자료

답 ①

해 화장품의 안전성 평가 자료

가. 제조 시 사용된 원료 및 제품의 안전성 평가 자료
  1) **원료에 대한 검토자료**: 해당 제품에 대해 사용되는 각각의 원료에 대한 물리화학적 특성, 독성 등 정보를 포함한 자료, 각 원료에 대한 기준규격 정보를 포함하여 자료를 작성한다. 다만, 제조과정 중에 제거되어 최종 제품에는 남아 있지 않은 성분은 제외한다.
  2) **완제품에 대한 검토자료**: 완제품에 대하여 「화장품 안전기준 등에 관한 규정」 제6조에 따른 유통화장품의 안전관리 기준에 적합함을 검토한 자료를 포함하여 작성한다.

나. 사용 후 이상사례 정보의 수집·검토·평가 및 조치 관련 자료 「화장품 안전성 정보관리 규정」에 따른 신속·정기 보고, 안전성 정보의 검토 및 평가, 후속조치한 내용을 포함하여 작성한다.

다. 제품 안전성평가결과 원료 및 완제품, 이상사례 등에 대한 자료를 바탕으로 해당 제품의 안전성에 대한 평가결과를 작성한다.

영유아 및 어린이 제품의 안전성자료

㉠ **제품 및 제조방법에 대한 설명자료**: 제품명, 제조업체 및 책임판매업체 정보, 제조관리기준서·제품표준서·제조관리기록서 등 제조방법 관련 자료
㉡ **화장품의 안전성 평가 자료**: 제조 시 사용된 원료의 독성정보, 제품의 방부력 테스트 결과, 사용 후 이상사례(부작용 포함) 정보의 수집·평가 및 조치

관련 자료

Ⓒ **제품의 효능·효과에 대한 증명 자료**: 제품의 표시·광고와 관련된 효능·효과에 대한 실증 자료

※ 안전성 자료는 최종 제조·수입된 제품의 사용기한이 만료되는 날부터 1년간 보관하여야 한다(개봉 후 사용기간을 기재하는 경우 제조연월일로부터 3년간 보관하여야 한다).

기능성화장품 심사시 제출하는 안전성에 관한 자료

(1) 단회투여독성 시험자료

(2) 1차피부자극 시험자료

(3) 안점막자극 또는 기타점막자극 시험자료

(4) 피부감작성 시험자료(感作性: 외부 자극에 의한 면역계 반응성을 말한다.)

(5) 광독성(빛에 의한 독성 반응성을 말한다.) 및 광감작성(빛에 의한 면역계 반응성을 말한다.) 시험자료-자외선에서 흡수가 없음을 입증하는 흡광도 시험자료를 제출하는 경우에는 면제함

(6) 인체첩포 시험자료(貼布試驗: 접촉 피부염의 원인을 파악하기 위해 원인 추정 물질을 몸에 붙여 반응을 조사하는 시험을 말한다.)

(7) 인체누적첩포 시험자료-인체적용시험자료에서 피부이상반응 발생 등 안전성 문제가 우려된다고 판단되는 경우에 한함

061

개발한 새로운 원료 X을 넣어 제조한 화장품으로 기능성 화장품 심사를 받으려고 준비해야 하는 행동으로 옳지 못한 것은?

제출서류	내용
기원 및 개발 경위에 관한 자료	지난 3월 산하에 있는 ○○연구소에서 ○○으로부터 미백에 도움을 줄 수 있는 새로운 원료x를 추출하는데 성공하여… (이하생략)
안전성에 관한 자료	단회투여독성시험자료…(이하생략)
유효성 또는 기능에 관한 자료	효력시험자료, 인체적용시험자료
기준 및 시험방법에 관한 자료	KFCC 방법

① 인체첩포시험은 국내·외 대학 또는 전문 연구기관에서 실시하였다.

② 안점막자극시험은 동물대체시험법으로 대체하여 실험을 실시하였다.

③ 인체적용시험을 의뢰하기 전에 원료X에 대한 안전성을 확보하였다.

④ X원료는 직접적인 검출이 쉽지 않아 원료X의 구성 성분인 A를 기준으로 실험하였다.

⑤ 효력 시험 자료는 국내·외 대학 또는 전문 연구기관에서 시험한 것으로서 당해 기관의 장이 발급한 자료로 준비하였다.

답 ④

해 원료를 투입하고 완성된 화장품을 기준으로 실험이 실시 되어야 한다.

(1) 기원(起源) 및 개발 경위에 관한 자료

기능성화장품에 대한 판단에 도움을 줄 수 있도록 명료하게 기재된 자료(언제, 어디서, 누가, 무엇으로부터 추출, 분리 또는 합성하였고 발견의 근원이 된 것은 무엇이며, 기초시험·인체적용시험 등에 들어간 것은 언제, 어디서였나, 국내외 인정허가 현황 및 사용 현황은 어떠한가 등)

(2) 안전성에 관한자료

① 일반사항

식품의약품안전처에서 고시한 「비임상시험관리기준」에 따라 시험한 자료. 다만, 인체첩포시험 및 인체누

적첩포시험은 국내·외 대학 또는 전문 연구기관에서 실시하여야 하며, 관련분야 전문의사, 연구소 또는 병원 기타 관련기관에서 5년 이상 해당 시험 경력을 가진 자의 지도 및 감독 하에 수행·평가되어야 함

② 시험방법

ㄱ. 식약처장이 고시한 [별표 1] 독성시험법에 따르는 것을 원칙으로 하며 기타 독성시험법에 대해서는 「의약품등의 독성시험기준」을 따를 것

ㄴ. 다만 시험방법 및 평가기준 등이 과학적·합리적으로 타당성이 인정되거나 경제협력개발기구(Organization for Economic Cooperation and Development) 또는 식품의약품안전처가 인정하는 동물 대체시험법인 경우에는 규정된 시험법을 적용하지 아니할 수 있다.

(3) 유효성 또는 기능에 관한 자료

① 효력시험 자료(비임상시험자료)

심사대상 효능을 뒷받침하는 성분의 효력에 대한 비임상시험자료로서 효과발현의 작용기전이 포함되어야 하며, 다음 중 어느 하나에 해당할 것

ㄱ. 국내·외 대학 또는 전문 연구기관에서 시험한 것으로서 당해 기관의 장이 발급한 자료(시험시설 개요, 주요설비, 연구인력의 구성, 시험자의 연구경력에 관한 사항이 포함될 것)

ㄴ. 당해 기능성화장품이 개발국 정부에 제출되어 평가된 모든 효력시험자료로서 개발국 정부(허가 또는 등록기관)가 제출 받았거나 승인하였음을 확인한 것 또는 이를 증명한 자료

ㄷ. 과학논문인용색인(Science Citation Index 또는 Science Citation Index Expanded)에 등재된 전문학회지에 게재된 자료

② 인체 적용시험 자료

ㄱ. 사람에게 적용 시 효능·효과 등 기능을 입증할 수 있는 자료로서 아래 사항 중 어느 하나에 해당할 것

- 국내·외 대학 또는 전문 연구기관에서 시험한 것으로서 당해 기관의 장이 발급한 자료(시험시설 개요, 주요설비, 연구인력의 구성, 시험자의 연구경력에 관한 사항이 포함될 것)
- 당해 기능성화장품이 개발국 정부에 제출되어 평가된 모든 효력시험자료로서 개발국 정부(허가 또는 등록기관)가 제출받았거나 승인하였음을 확인한 것 또는 이를 증명한 자료

ㄴ. 인체적용시험의 실시기준 및 자료의 작성방법 등에 관하여는 「화장품 표시·광고 실증에 관한 규정」을 준용할 것

■ **인체 첩포 시험**: 피부과 전문의 또는 연구소 및 병원, 기타 관련 기관에서 5년 이상 해당시험 경력을 가진 자의 지도하에 수행되어야 한다.

- **대상**: 30명 이상
- **투여 농도 및 용량**: 원료에 따라서 사용 시 농도를 고려해서 여러 단계의 농도와 용량을 설정하여 실시하는데, 완제품의 경우는 제품자체를 사용하여도 된다.
- **첩부 부위**: 사람의 상등부(정중선의 부분은 제외) 또는 전완부 등 인체사용시험을 평가하기에 적정한 부위를 폐쇄첩포한다.
- **관찰**: 원칙적으로 첩포 24시간 후에 patch를 제거하고 제거에 의한 일과성의 홍반의 소실을 기다려 관찰·판정한다.
- **시험결과 및 평가**: 홍반, 부종 등의 정도를 피부과 전문의 또는 이와 동등한 자가 판정하고 평가한다.

■ **인체 누적첩포시험**: 대표적인 방법으로 다음과 같은 방법이 있다.

- Shelanski and Shelanski 법
- Draize 법(Jordan modification)
- Kilgman의 Maximization 법

062

화장품 제조를 위한 작업자의 위생관리에 대한 내용으로 옳은 것은?

① 작업모는 공기 유통을 차단하며, 기타 이물이 나오지 않아야 한다.

② 제조실에 입실 후 준비된 사물함에서 작업복을 착용한다.

③ 작업복은 1인 1벌을 기준으로 지급한다.

④ 작업복은 주2회 세탁을 원칙으로 한다.

⑤ 작업장 입실시 전용 실내화를 착용하지 않아도 된다.

답 ④

해

작업모의 기준	• 가볍고 착용감이 좋아야 함 • 착용이 용이하고 착용 후 머리카락 형태가 원형을 유지해야 함 • 착용 시 머리카락을 전체적으로 감싸줄 수 있어야 함 • 공기 유통이 원활하고, 분진 기타 이물 등이 나오지 않도록 함

작업화의 기준	• 가볍고 땀의 흡수 및 방출이 용이하여야 함 • 제조실 근무자는 등산화 형식의 안전화 및 신발 바닥이 우레탄 코팅이 되어 있는 것 사용
작업복의 착용 방법	• 작업실 상주자는 작업실 입실 전 탈의실에서 작업복을 착용 후 입실 • 작업실 상주자는 제조소 이외의 구역으로 외출, 이동 시 탈의실에서 작업복을 탈의 후 외출 • 임시 작업자 및 외부 방문객이 작업실로 입실 시 탈의실에서 해당 작업복을 착용 후 입실 • 입실자는 작업장 전용 실내화(작업화) 착용 • 작업장 내 출입할 모든 작업자는 작업현장에 들어가기 전에 개인 사물함에 의복을 보관 후 깨끗한 사물함에서 작업복 착용 • 작업장 내로 출입한 작업자는 비치된 위생 모자를 머리카락이 밖으로 나오지 않도록 위생모자 착용 • 위생 모자를 쓴 후 2급지 작업실의 상부 작업자는 반드시 방진복을 착용하고 작업장 입실 • 제조실 작업자는 에어 샤워실에 들어가 양팔을 천천히 몸을 1~2회 회전시켜 청정한 공기로 에어 샤워
작업복의 관리	• 작업복은 1인 2벌을 기준으로 지급 • 작업복은 주 2회 세탁을 원칙으로 하며, 하절기에는 그 횟수를 늘릴 수 있음 • 작업복의 청결상태는 매일 작업 전 생산부서 관리자 확인

063

다음 중 콜로이드 상태에 대한 설명으로 옳은 것은?

① 거품은 고체가 액체 속에 퍼져있는 것
② 유화는 액체가 액체 속에 미세한 입자로 퍼져있는 것
③ 분산은 기체가 액체 속에 퍼져있는 경우
④ 가용화는 기체에 분산된 액체
⑤ 에어로졸은 액체에 분산된 기체

답 ②

해 액체가 액체 속에 분산된 경우를 유화(emulsion)라 하며 기체가 액체 속에 분산된 경우를 거품(foam)이라 하고 고체가 액체 속에 퍼져있는 것을 분산(dispersion)이라고 한다.

• **콜로이드(colloid)** : 용매와 용질이 완전히 혼합되어 단일상을 이루는 용액과 달리, 크기가 1~1000nm (1nm~1μm)인 불용성 물질이 분산된 상태로 다른 물질과 혼합되어있는 물질을 말한다. 졸(액체에 분산 된 고체 콜로이드), 에어로졸(기체에 분산된 액체 또는 고체 콜로이드), 에멀젼, 하이드로졸, 거품(액체에 분산된 기체 콜로이드) 등 다양한 종류의 콜로이드 상태가 존재한다.

064

「우수화장품 제조 및 품질관리기준(CGMP)」에서 자재의 재포장 관리 준수사항으로 옳은 것은?

① 포장재가 재포장될 경우 원래의 용기와 동일하게 표시하지 않아도 된다.
② 사용기한을 공급처에서 받지 못하면 직접 보관기한 설정이 가능하다.
③ 포장재의 보관기한이 지나면 무조건 폐기처분해야 한다.
④ 가장 최근에 들어온 포장재가 먼저 출고되어야 한다.
⑤ 시험 중인 자재와 불합격품은 함께 보관해도 무방하다.

답 ②

해 「우수화장품 제조 및 품질관리기준(CGMP)」 제3장(제조)제2절(원자재의 관리)제13조(보관관리)

• 원자재 및 벌크제품은 품질에 나쁜 영향을 미치지 아니하는 조건에서 보관하여야 하며 보관기한을 설정하여야 함
• 원자재 및 벌크제품은 바닥과 벽에 닿지 아니하도록 보관하고, 선입선출에 의하여 출고할 수 있도록 보관하여야 함
• 원자재, 시험 중인 제품 및 부적합품은 각각 구획된 장소에서 보관하여야 함. 다만, 서로 혼동을 일으킬 우려가 없는 시스템에 의하여 보관되는 경우에는 제외
• 설정된 보관기한이 지나면 사용의 적절성을 결정하기 위해 재평가시스템을 확립하여야 하며, 동 시스템을 통해 보관기한이 경과한 경우 사용하지 않도록 규정하여야 함

포장재의 적절한 보관을 위해 다음 사항을 고려해야 함

• 보관조건은 각각의 포장재에 적합해야 하고, 과도한 열기, 추위, 햇빛 또는 습기에 노출되어 변질되는 것을 방지할 수 있어야 함
• 물건의 특징 및 특성에 맞도록 보관·취급하며, 특수한 보관조건은 적절하게 준수·모니터링 되어야 함
• 포장재의 용기는 밀폐되어, 청소와 검사가 용이하도록 충분한 간격으로 바닥과 떨어진 곳에 보관되어야 함

- 포장재가 재포장될 경우 원래의 용기와 동일하게 표시되어야 함
- 포장재의 관리는 허가되지 않거나, 불합격 판정을 받거나 아니면 의심스러운 물질의 허가되지 않은 사용을 방지할 수 있어야 함(물리적 격리나 수동컴퓨터 위치제어 등의 방법)
  - 재고의 회전을 보증하기 위한 방법이 확립되어 있어야 함. 특별한 경우를 제외하고 가장 오래된 재고가 제일 먼저 불출되도록 선입·선출
  - 포장재의 도난, 분실, 변질 등의 문제가 발생하지 않도록 작업자 외에 보관소의 출입을 제한

065

다음은 「우수화장품 제조 및 품질관리기준(CGMP)」 제2조에 따른 용어의 정의이다. 옳지 않은 것을 고르시오.

① "검교정"이란 규정된 조건하에서 측정기기나 측정시스템에 의해 표시되는 값과 표준기기의 참값을 비교하여 이들의 오차가 허용범위 내에 있음을 확인하고, 허용범위를 벗어나는 경우 허용범위 내에 들도록 조정하는 것을 말한다.

② "공정관리"란 제조공정 중 적합판정기준의 충족을 보증하기 위하여 공정을 모니터링하거나 조정하는 모든 작업을 말한다.

③ "감사"는 직원, 회사 또는 조직을 대신하여 작업을 수행하는 사람, 회사 또는 외부 조직을 말한다.

④ "재작업"이란 적합 판정기준을 벗어난 완제품, 벌크제품을 재처리하여 품질이 적합한 범위에 들어오도록 하는 작업을 말한다.

⑤ "제조단위" 또는 "뱃치"란 하나의 공정이나 일련의 공정으로 제조되어 균질성을 갖는 화장품의 일정한 분량을 말한다.

답 ③

해 "수탁자"는 직원, 회사 또는 조직을 대신하여 작업을 수행하는 사람, 회사 또는 외부 조직을 말한다. "감사"란 제조 및 품질과 관련한 결과가 계획된 사항과 일치하는지의 여부와 제조 및 품질관리가 효과적으로 실행되고 목적 달성에 적합한지 여부를 결정하기 위한 체계적이고 독립적인 조사를 말한다.

066

맞춤형화장품의 내용물 및 원료보관 방법으로 옳지 않은 것은?

① 원료보관소는 내용물이 완전 폐색된 구역으로 청정도 등급이 4등급으로 관리한다.

② 원료보관실은 품질 저하를 방지하기 위하여 적절한 실내 온도를 유지해야 한다.

③ 원료보관소는 환기장치를 설치한다.

④ 내용물 및 원료가 입고되면 품질성적서를 작성하여 보관한다.

⑤ 사용기한을 확인한 후 관련 기록을 보관하고, 사용기한이 지난 내용물 및 원료는 폐기한다.

답 ④

해 맞춤형화장품의 내용물 및 원료의 관리
- 입고 시 품질관리 여부를 확인하고 품질성적서를 구비
- 원료 등은 품질에 영향을 미치지 않는 장소에서 보관 (예 직사광선을 피할 수 있는 장소 등)
- 원료 등의 사용기한을 확인한 후 관련 기록을 보관하고, 사용기한이 지난 내용물 및 원료는 폐기

067

맞춤형화장품의 특성을 분석하기 위해 사용하는 도구들로 짝지어진 것은?

① 디지털발란스, 광학현미경, 점도계

② pH미터, 경도계, 광학현미경

③ 광학현미경, 오버헤드스터러, 온도계

④ 핫플레이트, 호모믹서, 오버헤드스터러

⑤ 광학현미경, 디지털발란스, 호모믹서

답 ②

해
- **소분** : 냉각통, 디스펜서, 디지털발란스, 비커, 스파츌라, 헤라
- **특성 분석** : pH미터, 경도계, 광학현미경, 점도계
- **혼합** : 스틱성형기, 오버헤드스터러, 온도계, 핫플레이트, 호모믹서

068

A, B, C의 대화를 보고 B와 C의 화장품 영업의 종류를 각각 바르게 연결한 것은?

A : 요즘 K-Beauty에 대한 관심이 높아지면서 한국화장품의 수출액 규모가 계속 증가하고 있고, 많은 전문가들이 한국의 화장품에 대한 미래가 좋다고 평가를 하고 있대! 그래서 나도 한번 화장품사업에 도전을 해볼까 고민을 하고 있어.

B : 전문가들이 화장품 시장이 좋다고 평가를 하고 있다고? 그 사람들은 아마 수치로만 판단을 해서 그런 결과가 나왔을 수도 있어. 하지만 내가 요즘 화장품을 소분해서 판매를 하고 있는 입장에서는 코로나 때문에 다들 마스크를 써서 화장품에 대한 수요가 많이 줄었어. 그래서 그런지 고객도 많이 줄어서 너무 힘들어. 전문가의 말이라고 믿고 무작정 시작하지 말고 시작하려면 잘 알아보고 해!!

C : 나는 한국의 화장품에 대한 해외 관심이 높아졌다고 해서 이 기회를 이용해 화장품 원료를 수출해볼까 해서 지금 열심히 연구중이야! 지금은 다양한 지역의 특산물들을 토대로 독자적인 화장품 원료에 대한 개발을 마무리하고 있어.

B : 직접 원료를 개발하고 수출을 준비중이라니! 멋지구나! 개발하는 원료 중에 좋은 게 있으면 우리 매장에도 납품을 부탁해!

C : 그래. 원료 개발이 완료되면 말해줄게. 힘들지만 우리 모두 화이팅하자!

	B	C
①	화장품제조업	화장품제조업
②	화장품제조업	화장품책임판매업
③	화장품책임판매업	맞춤형화장품판매업
④	맞춤형화장품판매업	화장품제조업
⑤✓	맞춤형화장품판매업	화장품책임판매업

답 ⑤

해 B : 화장품을 소분해서 판매를 하고 있으므로 맞춤형 화장품 판매업 영업신고가 필요하다.
C : 원료개발, 수출의 경우 화장품책임판매업 영업등록이 필요하다.

069

피부 표피에 대한 설명으로 옳은 것은?

① 인종별로 멜라닌 양의 차이는 없다.
② 표피의 세포간지질 주성분은 세라마이드, 콜라겐, 포화지방산이다.
③ 랑게르한스 세포와 머켈 세포는 표피의 기저층에 있다.
④✓ 멜라닌색소는 자외선으로부터 피부를 보호한다.
⑤ 멜레닌형성세포 돌기를 통해 멜라닌은 표피 상층으로 올라간다.

답 ④

해
- 피부가 검을수록 멜라닌의 양이 많다.
- 콜라겐은 진피에 존재한다.
- 랑게르한스 세포는 유극층에, 머켈세포는 기저층에 존재한다.
- 멜라닌은 각질형성세포에 전달되어 표피의 상층으로 올라간다.

070

진피층에 대한 설명으로 틀린 것은?

①✓ 멜라닌세포가 합성하여 멜라닌을 생성한다.
② 결합섬유인 교원섬유(Collagen fiber)와 탄력섬유(Elastin fiber)가 그물모양으로 잘 짜여져 있고 그 결합섬유 사이의 기질인 무코다당체가 수분 보유력이 좋아야 한다.
③ 섬유아세포에서 교원섬유와 탄력섬유를 합성하여 생성한다.
④ 진피에는 대식세포와 비만세포가 있다.
⑤ 진피층에는 모세혈관이 많이 분포되어있다.

답 ①

해 표피의 기저층에서 멜라닌세포가 합성하여 멜라닌을 생성한다.

071

모발의 성장주기에 대한 설명으로 옳지 못한 것은?

① 성장기에 모모세포는 모유두에서 영양공급을 받아 세포분열을 한다.

② 퇴행기에 모유두에서 밀려 올라가기 시작하여 분리가 시작된다.

③ 퇴행기의 기간은 3~6년이며 이 기간 동안 모유두는 쉬게 된다.

④ 휴지기에는 모낭과 모유두가 완전히 분리되고 모낭도 더욱더 위축되어 모근은 위쪽으로 더 밀려 올라가 모발이 빠지게 된다.

⑤ 휴지기에 해당하는 모발의 수는 전체 모발의 약 10%에 해당되며 휴지기에 들어선 후 약 3~4개월은 두피에 머무르다가 차츰 자연스럽게 빠지게 된다.

답 ③

해 **(1) 성장기(anagen stage)**: 성장기는 모유두의 세포분열이 매우 왕성하게 진행되어 모발이 빠르게 성장하는 시기이다. 성장기의 기간은 약 3~6년이며, 전체 모발주기의 80~90%가 이 시기에 속한다. 성장기의 모발은 한달에 약 1~1.5cm 자라지만 영양상태, 호르몬 분비, 계절, 연령, 유전인자 등 개인에 따라서 달라질 수 있다.

(2) 퇴행기(퇴화기, catagen stage): 성장기를 거친 모발이 차츰 퇴화기를 맞아 성장이 느려져 결국 더 이상 모발이 자라지 않는다. 퇴행기는 약 2~3주이며 전체 모발주기의 약 1%에 해당된다. 퇴행기에는 모유두와 모구부가 분리되기 시작하고 모낭이 위축되어 모근은 위쪽으로 밀려 올라가게 되고 결국 세포 분열을 멈추게 된다.

(3) 휴지기(telogen stage): 휴지기에는 모낭과 모유두가 완전히 분리되고 모낭도 더욱더 위축되어 모근은 위쪽으로 더 밀려 올라가 모발이 빠지게 된다. 휴지기의 기간은 약 2~3개월이며, 이 기간 동안 모유두는 쉬게 된다. 이 휴지기에 해당하는 모발의 수는 전체 모발의 약 10%에 해당되며 휴지기에 들어선 후 약 3~4개월은 두피에 머무르다가 차츰 자연스럽게 빠지게 된다. 휴지기 상태의 모발이 약 20% 이상이 되어 탈모되는 수가 많아질 때는 그 원인을 파악해서 더 이상 탈모가 진행되지 않도록 두피 및 모발관리를 해야 한다.

(4) 탈모기: 탈모는 새로 성장하는 모발의 수보다 빠지는 모발의 수가 더 많아지는 현상으로 모발의 수가 점점 줄어드는 것을 말한다. 정상적인 자연탈모의 경우 하루에 약 50~100개의 모발이 빠지지만 그 이상의 숫자가 빠지는 경우에는 이상탈모 증상으로 보아야 한다. 이 경우 모모세포의 생장활동이 중지되고 성장기는 짧아지고 휴지기가 길어진다. 남성호르몬의 이상, 스트레스, 피지분지, 염증, 잦은 퍼머 또는 염색으로 인해 탈모가 발생하기도 한다. 탈모에 도움이 되는 기능성 성분은 덱스판테놀, 비오틴, L-멘톨, 징크피리치온, 징크피리치온액50%, 살리실릭애씨드, 나이아신아마이드 등이 있다.

072

시행규칙 [별표4] 화장품 포장의 표시기준 및 표시방법에서 화장품 제조에 사용된 성분에 대한 설명으로 옳지 못한 것을 고르시오.

① 글자의 크기는 6포인트 이상으로 한다.

② 화장품 제조에 사용된 함량이 많은 것부터 기재·표시한다. 다만, 1퍼센트 이하로 사용된 성분, 착향제 또는 착색제는 순서에 상관없이 기재·표시할 수 있다.

③ 혼합원료는 혼합된 개별 성분의 명칭을 기재·표시한다.

④ 색조 화장용 제품류, 눈 화장용 제품류, 두발염색용 제품류 또는 손발톱용 제품류에서 호수별로 착색제가 다르게 사용된 경우 '± 또는 +/-'의 표시 다음에 사용된 모든 착색제 성분을 함께 기재·표시할 수 있다.

⑤ 산성도(pH) 조절 목적으로 사용되는 성분은 그 성분을 표시하는 대신 중화반응에 따른 생성물로 기재·표시할 수 있고, 비누화반응을 거치는 성분은 비누화반응에 따른 생성물로 기재·표시할 수 있다.

답 ①

해 **화장품 제조에 사용된 성분**

① 글자의 크기는 5포인트 이상으로 한다.

② 화장품 제조에 사용된 함량이 많은 것부터 기재·표시한다. 다만, 1퍼센트 이하로 사용된 성분, 착향제 또는 착색제는 순서에 상관없이 기재·표시할

수 있다.
③ 혼합원료는 혼합된 개별 성분의 명칭을 기재·표시한다.
④ 색조 화장용 제품류, 눈 화장용 제품류, 두발염색용 제품류 또는 손발톱용 제품류에서 호수별로 착색제가 다르게 사용된 경우 '± 또는 +/-'의 표시 다음에 사용된 모든 착색제 성분을 함께 기재·표시할 수 있다.
⑤ 착향제는 "향료"로 표시할 수 있다. 다만, 착향제의 구성 성분 중 식품의약품안전처장이 정하여 고시한 알레르기 유발성분이 있는 경우에는 향료로 표시할 수 없고, 해당 성분의 명칭을 기재·표시해야 한다.
⑥ 산성도(pH) 조절 목적으로 사용되는 성분은 그 성분을 표시하는 대신 중화반응에 따른 생성물로 기재·표시할 수 있고, 비누화반응을 거치는 성분은 비누화반응에 따른 생성물로 기재·표시할 수 있다.
⑦ 법 제10조제1항제3호에 따른 성분을 기재·표시할 경우 영업자의 정당한 이익을 현저히 침해할 우려가 있을 때에는 영업자는 식품의약품안전처장에게 그 근거자료를 제출해야 하고, 식품의약품안전처장이 정당한 이익을 침해할 우려가 있다고 인정하는 경우에는 "기타 성분"으로 기재·표시할 수 있다.

073

화장품의 함유 성분별 사용할 때의 주의사항 표시 문구가 올바르게 짝지어진 것은?

① 스테아린산아연이 함유된 파우더 - 신장질환이 있는 사람은 사용 전에 의사, 약사, 한의사와 상의할 것.
② IPBC가 함유된 바디클렌저 - 만 3세 이하 영유아에게는 사용하지 말 것.
③ 살리실릭애씨드가 함유된 샴푸 - 만 3세 이하 영유아에게는 사용하지 말 것.
④ 알루미늄이 함유된 데오도란트 - 사용 시 흡입되지 않도록 주의할 것.
⑤ 벤잘코늄클로라이드가 함유된 폼 클렌저 - 눈에 접촉을 피하고 눈에 들어갔을 때는 즉시 씻어낼 것.

답 ⑤

해 화장품의 함유 성분별 사용할 때의 주의사항 표시 문구(제2조 관련)

번호	대상 제품	표시 문구
1	과산화수소 및 과산화수소 생성물질 함유 제품	눈에 접촉을 피하고 눈에 들어갔을 때는 즉시 씻어낼 것
2	벤잘코늄클로라이드, 벤잘코늄브로마이드 및 벤잘코늄사카리네이트 함유 제품	눈에 접촉을 피하고 눈에 들어갔을 때는 즉시 씻어낼 것
3	스테아린산아연 함유 제품 (기초화장용 제품류 중 파우더 제품에 한함)	사용 시 흡입되지 않도록 주의할 것
4	살리실릭애씨드 및 그 염류 함유 제품(샴푸 등 사용 후 바로 씻어내는 제품 제외)	만 3세 이하 영유아에게는 사용하지 말 것
5	실버나이트레이트 함유 제품	눈에 접촉을 피하고 눈에 들어갔을 때는 즉시 씻어낼 것
6	아이오도프로피닐부틸카바메이트(IPBC) 함유 제품(목욕용 제품, 샴푸류 및 바디클렌저 제외)	만 3세 이하 영유아에게는 사용하지 말 것
7	알루미늄 및 그 염류 함유 제품(체취방지용 제품류에 한함)	신장 질환이 있는 사람은 사용 전에 의사, 약사, 한의사와 상의할 것
8	알부틴 2% 이상 함유 제품	알부틴은 「인체적용시험자료」에서 구진과 경미한 가려움이 보고된 예가 있음
9	알파-하이드록시애시드 (α-hydroxyacid, AHA) (이하 "AHA"라 한다) 함유제품 (0.5퍼센트 이하의 AHA가 함유된 제품은 제외한다)	가) 햇빛에 대한 피부의 감수성을 증가시킬 수 있으므로 자외선 차단제를 함께 사용할 것(씻어내는 제품 및 두발용 제품은 제외한다) 나) 일부에 시험 사용하여 피부 이상을 확인할 것 다) 고농도의 AHA 성분이 들어 있어 부작용이 발생할 우려가 있으므로 전문의 등에게 상담할 것(AHA 성분이 10퍼센트를 초과하여 함유되어 있거나 산도가 3.5 미만인 제품만 표시한다)
10	카민 함유 제품	카민 성분에 과민하거나 알레르기가 있는 사람은 신중히 사용할 것
11	코치닐추출물 함유 제품	코치닐추출물 성분에 과민하거나 알레르기가 있는 사람은 신중히 사용할 것
12	포름알데하이드 0.05% 이상 검출된 제품	포름알데하이드 성분에 과민한 사람은 신중히 사용할 것

번호	대상 제품	표시 문구
13	폴리에톡실레이티드레틴아마이드 0.2% 이상 함유 제품	폴리에톡실레이티드레틴아마이드는 「인체적용시험자료」에서 경미한 발적, 피부건조, 화끈감, 가려움, 구진이 보고된 예가 있음
14	부틸파라벤, 프로필파라벤, 이소부틸파라벤 또는 이소프로필파라벤 함유 제품(영·유아용 제품류 및 기초화장용 제품류(만 3세 이하 영유아가 사용하는 제품) 중 사용 후 씻어내지 않는 제품에 한함)	만 3세 이하 영유아의 기저귀가 닿는 부위에는 사용하지 말 것

074

관능평가에 사용되는 표준품에 해당하지 않는 것은?

① 제품 표준견본
② 벌크제품 표준견본
③ 라벨 부착 위치견본
④ 용기 포장재 표준견본
⑤ 반제품 표준견본

답 ⑤

해 관능평가에 사용되는 표준품은 다음과 같다.

① **제품 표준견본** : 완제품의 개별포장에 관한 표준(화장품의 완제품 표준)
② **벌크제품 표준견본** : 성상, 냄새, 사용감에 관한 표준
③ **라벨 부착 위치견본** : 완제품의 라벨 부착위치에 관한 표준
④ **충진 위치견본** : 내용물을 제품용기에 충진할 때의 액면위치에 관한 표준
⑤ **색소원료 표준견본** : 색소의 색조에 관한 표준
⑥ **원료 표준견본** : 원료의 색상, 성상, 냄새 등에 관한 표준
⑦ **향료 표준견본** : 향, 색상, 성상 등에 관한 표준
⑧ **용기·포장재 표준견본** : 용기·포장재의 검사에 관한 표준
⑨ **용기·포장재 한도견본** : 용기·포장재 외관검사에 사용하는 합격품 한도를 나타내는 표준

075

화장품 혼합 시 안정성을 감소시키는 요인이 아닌 것은?

① 유화 공정시 온도가 너무 낮으면 O/W 상이 바뀌어 미셀의 형상이 불안정해진다.
② 가용화 또는 유화 공정 시 투입되는 온도가 지나치게 높을 경우 유화제의 HLB가 바뀌면서 상이 바뀌어 불안정한 상이 형성되어 안정성에 문제가 생길 수 있다.
③ 교반기의 RPM 속도가 느린 경우 유화 입자가 커서 성상 및 점도가 달라지고 안정성에 문제가 발생하고 점증제 및 분산제의 분산이 어려워 덩어리가 생길 수 있다.
④ 유화 제품의 경우 기포가 다량 발생하므로 진공 상태에서 기포를 제거하지 않으면 제품의 점도, 비중에 영향을 미치며 산패의 원인이 되기도 하여 안정성에 문제가 발생할 수도 있다.
⑤ 휘발성 원료의 경우 유화 공정 시 혼합 직전에 투입하고, 고온에서 안정성이 떨어지는 원료의 경우 냉각 공정 중에 별도 투입하여야 한다.

답 ①

해 제형의 안정성을 감소 시키는 요인

① 원료를 투입 혼합하는 순서가 바뀌면 외상과 내상의 상태가 달라질 수 있으며 또한 불안정한 미셀이 형성될 수 있어 분리현상이 잘 일어난다. 기타 첨가물 및 휘발성 있는 원료나 향료는 냉각 후(45℃ 전후)에 투입해야 한다.
② 교반기의 RPM 속도가 느린 경우 유화입자가 커서 성상 및 점도가 달라지고 안정성에 문제가 발생하고 점증제 및 분산제의 분산이 어려워 덩어리가 생길 수 있다.
③ 가용화 또는 유화 공정 시 투입되는 온도가 지나치게 높을 경우 유화제의 HLB가 바뀌면서 상이 바뀌어 불안정한 상이 형성되어 안정성에 문제가 생길 수 있으며 산패의 원인이 될 수 있다.
④ 유화제품의 경우 기포가 다량 발생하므로 진공상태에서 기포를 제거하지 않으면 제품의 점도, 비중에 영향을 미치며 산패의 원인이 되기도 하여 안정성에 문제가 발생할 수도 있다.

076

두피의 구조에 대한 설명으로 옳지 않은 것은?

① 두피의 외피에는 동맥, 정맥, 신경들이 분포되어 있다.
② 두피의 피하조직은 얇은 지방층을 가지고 있다.
③ 두개골을 둘러싼 근육과 연결된 신경조직을 두개피라고 한다.
④ 두피는 피부의 일부분이며 혈관, 모낭, 피지선이 많이 분포되어 있다.
⑤ 진피층에는 머리카락을 통해 감각을 느낄 수 있도록 조밀하게 신경이 분포되어 있다.

답 ②

해 **두피의 구조**

① 두피는 피부의 일부분이며 혈관, 모낭, 피지선이 많이 분포되어 있다.
② 진피층에는 모세혈관이 많이 분포되어 있어 두부 외상에 의한 출혈이 발생하며, 머리카락을 통해 감각을 느낄 수 있도록 조밀하게 신경이 분포되어 있다.
③ 두피의 구성
ㄱ. **외피** : 동맥, 정맥, 신경들이 분포
ㄴ. **두개피** : 두개골을 둘러싼 근육과 연결된 신경조직
ㄷ. **두개피하조직** : 얇고 지방층이 없음

077

피부 구조에 대한 설명으로 옳은 것은?

① 피부 표면의 얇은 줄 사이의 움푹한 곳을 피부결이라고 부른다.
② 모공은 피부 소릉의 구멍이다.
③ 한공은 땀구멍이 아니다.
④ 소구와 소릉의 높이가 차이 날수록 피부가 거친 편이다.
⑤ 상피조직은 표피와 진피가 있다.

답 ④

해 **형태학적 피부표면구조**

① **피부 소구** : 피부 표면의 얇은 줄 사이의 움푹한 곳
② **피부 소릉** : 피부 표면의 약간 올라온 곳
③ **피부결** : 피부 소구와 소릉에 의해 형성된 그물 모양의 표면으로 소구와 소릉의 높이가 차이가 날수록 피부가 거친편에 속한다.
④ **모공** : 피부 소구가 서로 교차하는 곳에 있는 모구멍
⑤ **한공** : 피부 소릉의 땀 구멍

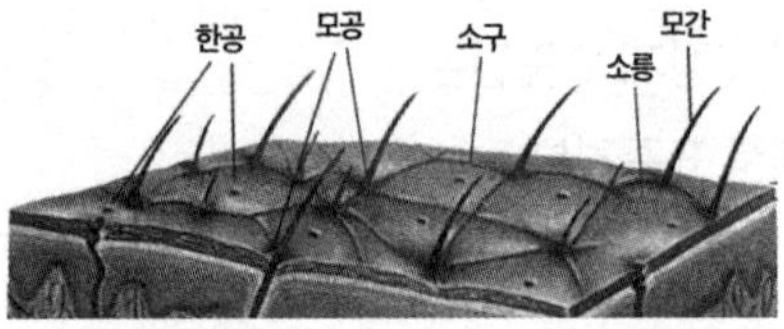

조직학적 피부구조

피부는 신체를 외부환경으로부터 보호하고 외부환경과 신체의 경계에 있는 피부표면을 덮고 있는 기관이다. 피부 조직은 상피조직인 표피, 결제 조직인 진피, 피하조직의 구조로 구성되어 있다.

078

맞춤형화장품 표시기재 사항 중 생략이 가능한 표시 내용을 〈보기〉에서 고른 것은?

〈보기〉

㉠ 바코드
㉡ 3세 이하의 영유아용 제품의 보존제 함량
㉢ 화장품에 천연 또는 유기농으로 표시·광고하려는 경우에는 원료의 함량
㉣ 내용물이 수입화장품인 경우에는 제조국의 명칭, 제조회사명 및 그 소재지
㉤ 인체 세포·조직 배양액이 들어있는 경우 그 함량

① ㉠, ㉣　② ㉠, ㉢
③ ㉡, ㉣　④ ㉡, ㉢
⑤ ㉢, ㉣

답 ①

해 시행규칙 제19조 4항 법 제10조제1항제10호에 따라 화장품의 포장에 기재·표시하여야 하는 사항은 다음 각 호와 같다. 다만, 맞춤형화장품의 경우에는 제1호 및 제6호를 제외한다. 〈개정 2022. 2. 18.〉

1. 식품의약품안전처장이 정하는 바코드
2. 기능성화장품의 경우 심사받거나 보고한 효능·효과, 용법·용량
3. 성분명을 제품 명칭의 일부로 사용한 경우 그 성분명과 함량(방향용 제품은 제외한다)
4. 인체 세포·조직 배양액이 들어있는 경우 그 함량
5. 화장품에 천연 또는 유기농으로 표시·광고하려는 경우에는 원료의 함량
6. 수입화장품인 경우에는 제조국의 명칭(「대외무역법」에 따른 원산지를 표시한 경우에는 제조국의 명칭을 생략할 수 있다), 제조회사명 및 그 소재지
7. 제2조제8호부터 제11호까지에 해당하는 기능성화장품의 경우에는 "질병의 예방 및 치료를 위한 의약품이 아님"이라는 문구
8. 다음 각 목의 어느 하나에 해당하는 경우 법 제8조 제2항에 따라 사용기준이 지정·고시된 원료 중 보존제의 함량
   가. 3세 이하의 영유아용 제품류인 경우
   나. 4세 이상부터 13세 이하까지의 어린이가 사용할 수 있는 제품임을 특정하여 표시·광고하려는 경우

079

150g 나이트크림에 대한 품질성적서이다. 성적서에 대한 설명으로 옳은 것은?

〈보기〉

제품명 : 나이트크림
제조번호 : 221009
제조날짜 : 2022.05.14
유통기한 : 2024.05.13

〈품질 성적서〉

시험항목	결과
성상	백색 크림제
향취	없음
내용량	140g
비중	1.02
pH	6.07
납	7㎍/g
수은	6㎍/g
비소	17㎍/g
진균	324개/mL
세균	564개/mL

① 내용량의 경우 유통화장품안전관리 기준을 충족한다.
② 납의 함량의 경우 유통화장품안전관리 기준에 적합하지 않다.
③ 미생물한도 기준에 적합하지 않은 제품이다.
④ 나이트크림의 경우 위해화장품이다.
⑤ 수은의 함량의 경우 유통화장품안전관리 기준을 충족한다.

답 ④

해 ① 내용량의 경우 97%인 145.5g 이상이어야 한다.
② 납의 함량의 경우 20㎍/g 이하이므로 유통화장품 안전관리 기준을 충족한다.
③ 세균, 진균을 포함한 총호기성생균수가 1000개 이하이므로 미생물한도 기준에 적합한 제품이다.
⑤ 수은의 함량이 1㎍/g 이하가 아니므로 유통화장품 안전관리 기준에 적합하지 않다.

080

다음 〈보기〉의 내용은 모간부의 구조에 대한 내용이다. 각 구조에 해당되는 내용으로 알맞게 짝지은 것은?

〈보기〉

㉠ 물고기의 비늘처럼 사이사이 겹쳐 놓은 것과 같은 구조로 친유성의 성격이 강하다.
㉡ 모발의 굵기에 따라 있는 것도 있고 없는 것도 있다.
㉢ 육각형 모양의 죽은 세포가 밀려 올라가 판상으로 둘러쌓인 형태의 세포이다.
㉣ 모발의 85%~90% 차지한다.
㉤ 한랭지 서식의 동물에는 털의 약 50%를 차지하여 보온의 역할을 한다.
㉥ 친수성의 성격이 강하며 퍼머와 염색제가 작용하는 부분이다.
㉦ 멜라닌 색소를 함유하고 있다.
㉧ 핵이 없는 편평세포로 모발 전체의 10~15%를 차지한다.

	모수질	모피질	모표피
①	㉠, ㉡, ㉤	㉢, ㉥, ㉦	㉣, ㉧
②	㉠, ㉥, ㉧	㉡, ㉤	㉢, ㉣, ㉦
③	㉡, ㉤	㉣, ㉥, ㉦	㉠, ㉢, ㉧
④	㉡, ㉢, ㉣	㉤, ㉥	㉠, ㉦, ㉧
⑤	㉣, ㉤	㉠, ㉢, ㉦	㉡, ㉥

답 ③

해 ㉠ 물고기의 비늘처럼 사이사이 겹쳐 놓은 것과 같은 구조로 친유성의 성격이 강하다.(모표피)
㉡ 모발의 굵기에 따라 있는 것도 있고 없는 것도 있다.(모수질)
㉢ 육각형 모양의 죽은 세포가 밀려 올라가 판상으로 둘러쌓인 형태의 세포이다.(모표피)
㉣ 모발의 85%~90% 차지한다.(모피질)
㉤ 한랭지 서식의 동물에는 털의 약 50%를 차지하여 보온의 역할을 한다.(모수질)
㉥ 친수성의 성격이 강하며 퍼머와 염색제가 작용하는 부분이다.(모피질)
㉦ 멜라닌 색소를 함유하고 있다.(모피질)
㉧ 핵이 없는 편평세포로 모발 전체의 10~15%를 차지한다.(모표피)

① **모소피(Cuticle, 모표피)** : 모발의 가장 바깥쪽 부분에 위치한 핵이 없는 편평세포로 모발 전체의 10~15%를 차지한다. 물고기의 비늘처럼 사이사이 겹쳐 놓은 것과 같은 구조로 친유성의 성격이 강하고 모피질을 보호하는 큐티클층(Cuticle layer)이다. 모소피는 단단한 케라틴으로 만들어져 마찰에 약하고 자극에 의해 쉽게 부러지는 성질이 있다.
② **모피질(Cortex)** : 케라틴으로 된 피질세포(케라틴)와 세포 간충질로 구성되어 있으며 모발의 85%~90% 차지한다. 친수성의 성격이 강하며 퍼머와 염색제가 작용하는 부분이며 모발의 색상을 결정하는 멜라닌 색소를 함유하고 있다. 간충질은 외부의 자극에 의해 유출되면 모발손상이 된다.
③ **모수질(Medulla)** : 모발 직경이 0.09mm 이상의 굵고 튼튼한 모발에서 주로 발견되며 모발 중심부에 구멍이 많은 형태의 세포가 축 방향으로 죽은 세포들이 줄지어 존재한다. 성분과 기능은 알려져 있지 않지만 연모에는 모수질이 존재하지 않는다. 일반적으로 모수질이 많은 굵은 두발은 웨이브 펌이 잘 된다고 알려져 있다. 모축에 따라 연속 또는 불연속으로 존재하는 공간의 틈은 탈수화의 과정에서 수축하여 두발에 따라 크기가 작은 공동을 남긴다. 이 공동은 한랭지 서식의 동물의 털에는 약 50%를 차지하며 공기를 함유하고 있어 보온의 역할을 한다.

081

다음은 화장품법 제14조의3(인증의 유효기간)에 관한 내용이다. 빈칸에 들어갈 내용을 순서대로 적으시오.

제14조의2(천연화장품 및 유기농화장품에 대한 인증)제1항에 따른 인증의 유효기간은 인증을 받은 날부터 (㉠)년으로 한다.
인증의 유효기간을 연장 받으려는 자는 유효기간 만료 (㉡)일 전에 총리령으로 정하는 바에 따라 연장신청을 하여야 한다.

답 ㉠ 3, ㉡ 90

해 **제14조의3(인증의 유효기간)**
① 제14조의2(천연화장품 및 유기농화장품에 대한 인증) 제1항에 따른 인증의 유효기간은 인증을 받은 날부터 3년으로 한다.
② 인증의 유효기간을 연장 받으려는 자는 유효기간 만료 90일 전에 총리령으로 정하는 바에 따라 연장신청을 하여야 한다.

082

다음 〈보기〉에서 화장품에 속하지 않는 제품 2가지를 찾아 적으시오.

〈보기〉

구중청량제, 아이섀도, 페이스 파우더, 에센스, 에프터셰이브 로션, 헤어오일 베이스코트, 클렌징 워터, 마사지 크림, 영유아용 샴푸, 버블배스, 액체비누, 향수, 치아미백제, 탈염·탈색제, 바디페인팅 제품, 마스카라, 목욕용 소금류, 염모제, 헤어토닉

답 구중청량제, 치아미백제

해 구중청량제, 치아미백제는 의약외품에 속한다.

083

다음은 법 제10조(화장품의 기재사항)에 대한 내용이다. 빈칸에 들어갈 내용을 적으시오.

화장품의 1차 포장 또는 2차 포장에는 총리령으로 정하는 바에 따라 다음 각 호의 사항을 기재·표시하여야 한다. 다만, 내용량이 소량인 화장품의 포장 등 총리령으로 정하는 포장에는 (㉠), 화장품책임판매업자 및 맞춤형화장품판매업자의 상호, 가격, (㉡)와 사용기한 또는 개봉 후 사용기간을 기재할 경우에는 제조연월일을 병행 표기하여야 한다.

답 ㉠ 화장품의 명칭(제품의명칭), ㉡ 제조번호

해 제10조(화장품의 기재사항)

① 화장품의 1차 포장 또는 2차 포장에는 총리령으로 정하는 바에 따라 다음 각 호의 사항을 기재·표시하여야 한다. 다만, 내용량이 소량인 화장품의 포장 등 총리령으로 정하는 포장에는 화장품의 명칭, 화장품책임판매업자 및 맞춤형화장품판매업자의 상호, 가격, 제조번호와 사용기한 또는 개봉 후 사용기간을 기재할 경우에는 제조연월일을 병행 표기하여야 한다.

084

다음 네모칸에서 설명하고 있는 색소의 종류를 적으시오.

타르색소의 나트륨, 칼륨, 알루미늄, 바륨, 칼슘, 스트론튬 또는 지르코늄염을 기질에 흡착, 공침 또는 단순한 혼합이 아닌 화학적 결합에 의하여 확산시킨 색소를 말한다.

답 레이크

해 레이크는 타르색소의 나트륨, 칼륨, 알루미늄, 바륨, 칼슘, 스트론튬 또는 지르코늄염을 기질에 흡착, 공침 또는 단순한 혼합이 아닌 화학적 결합에 의하여 확산시킨 색소를 말한다.

085

CGMP 4대 기준서 중 다음 각 호의 사항이 포함되어야 하는 기준서를 적으시오.

ㄱ. 작업원의 건강관리 및 건강상태의 파악·조치방법
ㄴ. 작업원의 수세, 소독방법 등 위생에 관한 사항
ㄷ. 작업복장의 규격, 세탁방법 및 착용규정
ㄹ. 작업실 등의 청소방법 및 청소주기
ㅁ. 청소상태의 평가방법
ㅂ. 제조시설의 세척 및 평가
ㅅ. 곤충, 해충이나 쥐를 막는 방법 및 점검주기

답 제조위생관리기준서

해 제조위생관리기준서는 다음 각 호의 사항이 포함되어야 한다.

ㄱ. 작업원의 건강관리 및 건강상태의 파악·조치방법
ㄴ. 작업원의 수세, 소독방법 등 위생에 관한 사항
ㄷ. 작업복장의 규격, 세탁방법 및 착용규정
ㄹ. 작업실 등의 청소(필요한 경우 소독을 포함한다. 이하 같다) 방법 및 청소주기
ㅁ. 청소상태의 평가방법
ㅂ. 제조시설의 세척 및 평가
- 책임자 지정
- 세척 및 소독 계획
- 세척방법과 세척에 사용되는 약품 및 기구
- 제조시설의 분해 및 조립 방법
- 이전 작업 표시 제거방법
- 청소상태 유지방법
- 작업 전 청소상태 확인방법

ㅅ. 곤충, 해충이나 쥐를 막는 방법 및 점검주기
ㅇ. 그 밖에 필요한 사항

086

다음 빈칸에 들어갈 공통된 단어를 영어로 적으시오.

- 최소지속형즉시흑화량은 (   )를 사람의 피부에 조사한 후 2~24시간의 범위 내에, 조사영역의 전 영역에 희미한 흑화가 인식되는 최소 자외선 조사량을 말한다.
- (   )은 진피까지 도달하여 색소침작 및 콜라겐을 손상시키는 자외선으로, 320~400㎚의 장파장을 가지고 있다.

답 UVA

해
- 최소지속형즉시흑화량은 자외선A를 사람의 피부에 조사한 후 2~24시간의 범위 내에, 조사영역의 전 영역에 희미한 흑화가 인식되는 최소 자외선 조사량을 말한다.
- 자외선A는 320~400㎚의 장파장으로, 진피까지 도달하여 색소침착 및 콜라겐손상을 입히며, 유리, 구름 등으로 차단이 안 된다.

087

다음 빈칸에 들어갈 용어를 적으시오.

천연보습인자를 구성하는 수용성의 아미노산은 (   )이 상층으로 이동함에 따라서 각질층 내의 단백분해효소에 의해 분해된 것이다.

답 필라그린

해 천연보습인자를 구성하는 수용성의 아미노산(amino acid)은 필라그린(fillaggrin)이 상층으로 이동함에 따라서 각질층 내의 단백분해효소 [아미노펩티데이스(aminopeptidase), 카복시펩티데이스(carboxypeptidase)]에 의해 분해된 것으로 피부의 보습에 중요한 역할을 한다.
필라그린은 각질세포의 케라틴 섬유(Keratin fibers)에 결합하는 필라멘트 접착 단백질로 알려져 있으며 필라그린이 부족하면 각질세포 간의 결합이 약해져 피부가 건조해지고 알러지를 유발 시킬 수 있다. 필라그린에서 단백분해 되어 아미노산이 생성되므로 필라그린은 건성피부, 아토피 피부 등의 문제의 해결 방안으로 높은 관심을 받고 있다.

088

다음 ○○화장품의 전성분 중 자외선차단을 목적으로 사용된 성분과 그 성분의 최대 사용함량(%)을 적으시오.

정제수, 에칠헥실메톡시신나메이트, 글리세린, 부틸렌글라이콜, 세테아릴알코올, 카프릴/카프릴릭트라이글리세라이드, 비즈왁스, 나이아신아마이드, 1,2-헥산다이올, 살리실릭애씨드, 토코페릴아세테이트, 실리카, 폴리솔베이트80, 다이소듐이디티에이, 아데노신, 알란토인, 향료, 황색산화철

답 에칠헥실메톡시신나메이트, 7.5(%)

해 전성분 중 자외선차단을 목적으로 사용된 원료는 에칠헥실메톡시신나메이트이다. 에칠헥실메톡시신나메이트의 경우 최대 사용함량은 7.5%이다.

089

다음은 화장품 사용할 때의 주의사항이다. 빈칸에 들어갈 용어를 순서대로 적으시오.

• 샴푸
ㄱ. 눈에 들어갔을 때에는 즉시 씻어낼 것
ㄴ. 사용 후 물로 씻어내지 않으면 탈모 또는 (㉠)의 원인이 될 수 있으므로 주의할 것

• (㉡)를 사용하는 에어로졸 제품[무스의 경우 ㄱ~ㄹ의 사항은 제외한다]
ㄱ. 같은 부위에 연속해서 3초 이상 분사하지 말 것
ㄴ. 가능하면 인체에서 20센티미터 이상 떨어져 사용할 것
ㄷ. 눈 주위 또는 점막 등에 분사하지 말 것. 다만, 자외선 차단제의 경우 얼굴에 직접 분사하지 말고 손에 덜어 얼굴에 바를 것
ㄹ. 분사가스는 직접 흡입하지 않도록 주의할 것

답 ㉠ 탈색, ㉡ 고압가스

해 사용할 때의 주의사항 중 보기에 나온 개별 표시 기재 사항에 대한 내용은 아래와 같다.

• 샴푸
ㄱ. 눈에 들어갔을 때는 즉시 씻어낼 것
ㄴ. 사용 후 물로 씻어내지 않으면 탈모 또는 탈색의 원인이 될 수 있으므로 주의할 것

• 고압가스를 사용하는 에어로졸 제품[무스의 경우 ㄱ-ㄹ의 사항은 제외한다]
ㄱ. 같은 부위에 연속해서 3초 이상 분사하지 말 것
ㄴ. 가능하면 인체에서 20센티미터 이상 떨어져 사용할 것
ㄷ. 눈 주위 또는 점막 등에 분사하지 말 것. 다만, 자외선 차단제의 경우 얼굴에 직접 분사하지 말고 손에 덜어 얼굴에 바를 것
ㄹ. 분사가스는 직접 흡입하지 않도록 주의할 것

090

다음 빈칸에 들어갈 용어를 적으시오.

중대한 (　　)
- 사망을 초래하거나 생명을 위협하는 경우
- 입원 또는 입원기간의 연장이 필요한 경우
- 지속적 또는 중대한 불구나 기능저하를 초래하는 경우
- 선천적 기형 또는 이상을 초래하는 경우
- 기타 의학적으로 중요한 상황

답 유해사례

해 **중대한 유해사례(Serious AE)**
ㄱ. 사망을 초래하거나 생명을 위협하는 경우
ㄴ. 입원 또는 입원기간의 연장이 필요한 경우
ㄷ. 지속적 또는 중대한 불구나 기능저하를 초래하는 경우
ㄹ. 선천적 기형 또는 이상을 초래하는 경우
ㅁ. 기타 의학적으로 중요한 상황

091

다음 빈칸에 들어갈 용어를 한글로 적으시오.

남성형 탈모는 모낭에 존재하는 효소와 반응해 전환된 안드로겐 그룹 호르몬인 (　　)물질이 원인으로 이는 모발의 뿌리인 모낭에 작용해 모발의 성장을 억제하여 모발이 점점 얇아지고 빠지는 대머리증상을 유발한다.

답 디하이드로테스토스테론(디에이치티)

해 **남성형 탈모증**
남성 호르몬인 테스토스테론은 모낭에 존재하는 5-alpha-reductase(5-알파환원효소)라는 효소가 작용하여, 디하이드로테스토스테론(DHT)으로 전환된다. 남성형 탈모증은 남성호르몬인 디하이드로테스토스테론(DHT, Dihydrotestosterone)호르몬의 영향으로 모발이 점점 얇아지면서 빠지는 대머리 증상을 말한다.

092

다음은 빈칸에 들어갈 용어를 한글로 적으시오.

손·발의 피부를 연화하기 위하여 사용되는 것을 목적으로 하는 (　　)제제의 핸드크림 및 풋크림
ㄱ. 눈, 코 또는 입 등에 닿지 않도록 주의하여 사용할 것
ㄴ. 프로필렌 글라이콜(Propylene Glycol)을 함유하고 있으므로 이 성분에 과민하거나 알레르기 병력이 있는 사람은 신중히 사용할 것(프로필렌 글라이콜 함유제품만 표시한다.)

답 요소(우레아)

해 **손·발의 피부연화 제품(요소제제의 핸드크림 및 풋크림)**
ㄱ. 눈, 코 또는 입 등에 닿지 않도록 주의하여 사용할 것
ㄴ. 프로필렌 글라이콜(Propylene Glycol)을 함유하고 있으므로 이 성분에 과민하거나 알레르기 병력이 있는 사람은 신중히 사용할 것(프로필렌 글라이콜 함유제품만 표시한다.)
• 각질용해제로 사용되는 피부 연화제인 우레아는 요소라고도 불린다.

093

다음 빈칸에 들어갈 용어들을 〈보기〉에서 찾아 순서대로 적으시오.

크로스컷트 : 화장품 용기 소재인 유리, 금속, 플라스틱의 유기 또는 무기 코팅막 또는 도금층의 (㉠) 측정
감압누설 : 액상 내용물을 담는 용기의 마개, 펌프, 패킹 등의 (㉡) 측정

〈보기〉

안전성, 안정성, 밀폐성, 기밀성, 밀착성, 접착성, 광택성, 적합성, 탄력성, 유효성, 변화성, 기능성, 위해성, 유해성, 정확성, 완전성, 위험성, 사용성, 심미성, 친유성, 가용성, 부착성, 취약성, 균등성, 내열성, 저항성, 흡착성, 보온성, 부식성, 감작성

답 ㉠ 밀착성, ㉡ 밀폐성

해 크로스컷트, 감압누설 시험은 화장품 용기 적합성 시험법이다.

- **크로스컷트** : 화장품 용기 소재인 유리, 금속, 플라스틱의 유기 또는 무기 코팅막 또는 도금층의 밀착성 측정
- **감압누설** : 액상 내용물을 담는 용기의 마개, 펌프, 패킹 등의 밀폐성 측정

094

사용할 때의 주의사항으로 다음 내용을 추가하여 개별 기재 표시해야 하는 성분과 제품유형을 순서대로 적으시오.

가. 다음과 같은 사람(부위)에는 사용하지 마십시오.
(1) 생리 전후, 산전, 산후, 병후의 환자
(2) 얼굴, 상처, 부스럼, 습진, 짓무름, 기타의 염증, 반점 또는 자극이 있는 피부
(3) 유사 제품에 부작용이 나타난 적이 있는 피부
(4) 약한 피부 또는 남성의 수염부위

나. 이 제품을 사용하는 동안 다음의 약이나 화장품을 사용하지 마십시오.
(1) 땀발생억제제(Antiperspirant), 향수, 수렴로션(Astringent Lotion)은 이 제품 사용 후 24시간 후에 사용하십시오.

답 치오글라이콜릭애씨드(치오글리콜산), 체모제거용

해 제시된 개별 기재 사항은 치오글라이콜릭애씨드가 함유된 제모제이며 그 제품 유형은 체모제거용 제품류이다.

제모제(치오글라이콜릭애씨드 함유 제품에만 표시함)
가. 다음과 같은 사람(부위)에는 사용하지 마십시오.
(1) 생리 전후, 산전, 산후, 병후의 환자
(2) 얼굴, 상처, 부스럼, 습진, 짓무름, 기타의 염증, 반점 또는 자극이 있는 피부
(3) 유사 제품에 부작용이 나타난 적이 있는 피부
(4) 약한 피부 또는 남성의 수염부위
나. 이 제품을 사용하는 동안 다음의 약이나 화장품을 사용하지 마십시오.
(1) 땀발생억제제(Antiperspirant), 향수, 수렴로션(Astringent Lotion)은 이 제품 사용 후 24시간 후에 사용하십시오.
다. 부종, 홍반, 가려움, 피부염(발진, 알레르기), 광과민반응, 중증의 화상 및 수포 등의 증상이 나타날 수있으므로 이러한 경우 이 제품의 사용을 즉각 중지하고 의사 또는 약사와 상의하십시오.

095

화장품 사용할 때의 주의사항에서 아래 〈보기〉의 사항의 개별 기재 주의사항을 추가해야 하는 화장품의 제품 유형을 법령용어로 적으시오.

〈보기〉
털을 제거한 직후에는 사용하지 말 것

답 체취방지용

해 **체취방지용 제품의 개별기재사항**: 털을 제거한 직후에는 사용하지 말 것

096

다음사항을 포함하는 기준서를 보기에서 찾아 적으시오.

항목	상세내용
제조공정	작업소의 출입제한, 공정검사의 방법
시설 및 기구	시설 및 주요설비의 정기적인 점검방법
원자재	시험결과 부적합품에 대한 처리방법
완제품	입·출하 시 승인판정의 확인방법
위탁제조	원자재의 공급, 벌크 등의 운송방법

〈보기〉
제품표준서, 제조기록서, 제조관리기준서, 제품절차서, 제조위생관리기준서, 포장지시서, 생산계획서, 품질관리서, 제조세부내역서, 제조계획서, 제품관리기준서, 시험표준서, 제조공정서

답 제조관리기준서

해 제조관리기준서는 다음 각 호의 사항이 포함되어야 한다.

ㄱ. 제조공정관리에 관한 사항
- 작업소의 출입제한
- 공정검사의 방법
- 사용하려는 원자재의 적합판정 여부를 확인하는 방법
- 재작업방법

ㄴ. 시설 및 기구 관리에 관한 사항
- 시설 및 주요설비의 정기적인 점검방법
- 작업 중인 시설 및 기기의 표시방법
- 장비의 검교정 및 성능점검 방법

ㄷ. 원자재 관리에 관한 사항
- 입고 시 품명, 규격, 수량 및 포장의 훼손 여부에 대한 확인방법과 훼손되었을 경우 그 처리방법
- 보관 장소 및 보관방법
- 시험결과 부적합품에 대한 처리방법
- 취급 시의 혼동 및 오염 방지대책
- 출고 시 선입선출 및 칭량된 용기의 표시사항
- 재고관리

ㄹ. 완제품 관리에 관한 사항
- 입·출하 시 승인판정의 확인방법
- 보관 장소 및 보관방법
- 출하 시의 선입선출방법

ㅁ. 위탁제조에 관한 사항
- 원자재의 공급, 벌크제품 또는 완제품의 운송 및 보관 방법
- 수탁자 제조기록의 평가방법

097

다음 화장품법 제8조(화장품 안전기준 등)에 관한 내용 중 빈칸에 들어갈 용어를 보기에서 모두 찾아 적으시오.

식품의약품안전처장은 (　　) 등과 같이 특별히 사용상의 제한이 필요한 원료에 대하여는 그 사용기준을 지정하여 고시하여야 하며, 사용기준이 지정·고시된 원료 외의 (　　) 등은 사용할 수 없다.

〈보기〉
자외선차단제, 기능성원료, 색소, 가용화제, 향료, 알칼리제, 산화방지제, 계면활성제, 비타민, 천연원료, 석유화학원료, 변성제, 허용기타원료

답 자외선차단제, 색소

해 식품의약품안전처장은 보존제, 색소, 자외선차단제 등과 같이 특별히 사용상의 제한이 필요한 원료에 대하여는 그 사용기준을 지정하여 고시하여야 하며, 사용기준이 지정·고시된 원료 외의 보존제, 색소, 자외선차단제 등은 사용할 수 없다.

098

다음 내용 중 빈칸에 공동으로 들어갈 용어를 적으시오.

- 광고 내용과 관련이 있고 과학적이고 객관적인 방법에 의한 자료로서 (　　)과 재현성이 확보되어야 한다.
- 국내외 대학 또는 화장품 관련 전문 연구기관(제조 및 영업부서 등 다른 부서와 독립적인 업무를 수행하는 기업 부설 연구소 포함)에서 시험한 것으로서 기관의 장이 발급한 자료이어야 한다.
- 시험기관에서 마련한 절차에 따라 시험을 실시했다는 것을 증명하기 위해 문서화된 (　　)보증업무를 수행한 자료이어야 한다.

답 신뢰성

해 **화장품 표시·광고 실증에 관한 규정**

제4조(시험 결과의 요건) 「화장품법 시행규칙」 제23조제2항에 따른 표시·광고 실증을 위한 시험 결과의 요건은 다음 각 호와 같다.

1. 공통사항

가. 광고 내용과 관련이 있고 과학적이고 객관적인 방법에 의한 자료로서 신뢰성과 재현성이 확보되어야 한다.

나. 국내외 대학 또는 화장품 관련 전문 연구기관(제조 및 영업부서 등 다른 부서와 독립적인 업무를 수행하는 기업 부설 연구소 포함)에서 시험한 것으로서 기관의 장이 발급한 자료이어야 한다.

예 대학병원 피부과, ○○대학교 부설 화장품 연구소, 인체시험 전문기관 등

다. 기기와 설비에 대한 문서화된 유지관리 절차를 포함하여 표준화된 시험절차에 따라 시험한 자료이어야 한다.

라. 시험기관에서 마련한 절차에 따라 시험을 실시했다는 것을 증명하기 위해 문서화된 신뢰성보증업무를 수행한 자료이어야 한다.

마. 외국의 자료는 한글요약문(주요사항 발췌) 및 원문을 제출할 수 있어야 한다.

099

다음 빈칸에 들어갈 용어를 순서대로 적으시오.

왁스는 고급지방산에 (㉠)이 결합된 에스테르 화합물이다. 크림의 사용감을 높여주거나 립스틱의 (㉡)를 높이기 위해 사용된다.

답 ㉠ 고급알코올, ㉡ 경도

해 왁스는 고급지방산에 고급알코올이 결합된 에스테르 화합물로 고급알코올의 종류에 따라 고체와 반고체 상이 있다. 크림의 사용감을 높여주거나 경도를 높이기 위해 사용된다. 또한 친유성제품의 보조유화제, 광택제, 수분증발억제제로 사용된다. 카나우바 왁스(Carnauba Wax), 칸데릴라 왁스(Candelilla Wax), 비즈왁스(Bees Wax), 라놀린(Lanolin), 호호바 오일(Jojoba oil) 등이 있다.

100

다음 네모칸에서 설명하는 성분을 보기에서 2가지를 찾아 적으시오.

> 피부 자극이 적고 피부 안전성이 높아 유화제, 가용화제, 분산제, 습윤제 등의 용도로 대부분의 기초화장용 제품류에서 사용된다.

〈보기〉

소듐라우레스-3카복실레이트, 소듐라우릴설페이트, 폴리솔베이트20, 세테아디모늄클로라이드, 코카미도프로필베타인, 암모늄라우릴설페이트, 베헨트라이모늄클로라이드, 소듐코코암포아세테이트, 솔비탄팔미테이트, 다이스테아릴다이모늄클로라이드

답 솔비탄팔미테이트, 폴리솔베이트20

해 피부 자극이 적고 피부 안전성이 높아 유화제, 가용화제, 분산제, 습윤제 등 대부분의 기초화장품에서 사용되는 성분은 비이온 계면활성제이다.

음이온 계면활성제 종류

- **설페이트계** : 소듐라우릴설페이트(SLS), 소듐라우레스설페이트(SLES), 암모늄라우릴설페이트(ALS), 암모늄라우레스설페이트(ALES) 등
- **설포네이트계** : 티이에이-도데실벤젠설포네이트, 페르프루오로옥탄설포네이트, 알킬벤젠설 포네이트 등
- **카르복실레이트계** : 소듐라우레스-3카복실레이트 등

계면활성제의 특징에 따른 분류

분류	특징	종류
양이온 계면 활성제	양이온은 음이온 성격인 세균에 흡착하는 성질로 인해 살균제로도 사용된다. 알킬기의 분자량이 큰 경우에 흡착성이 커서 헤어 린스 등의 유연제 및 대전 방지제로 사용된다.	• 세테아디모늄클로라이드(C16) • 다이스테아릴다이모늄클로라이드(C18) • 베헨트라이모늄클로라이드(C22)
음이온 계면 활성제	세정력과 거품 형성이 우수하여 화장품에서 인체세정용 제품으로 활용된다. 바디 클렌저, 샴푸, 폼클렌저 등에 사용된다.	• 소듐라우릴설페이트(SLS) • 소듐라우레스설페이트(SLES) • 암모늄라우릴설페이트(ALS)
양쪽성 계면 활성제	한 분자 내에 양이온과 음이온을 동시에 가지며 pH에 따라 특성이 변한다. 세정력, 살균력이 있지만 다른 이온 계면활성제에 비해 피부 자극이 적어 저자극 세정제, 영유아 및 어린이용 세정제품 등에 주로 이용된다.	• 코카미도프로필베타인 • 라우라미도프로필베타인 • 코코베타인 • 소듐코코암포아세테이트
비이온 계면 활성제	하이드록시기(-OH)나 에틸렌옥사이드(ethylene oxide)에 의한 물과 수소결합으로 인해 친수성을 가지며, 전하를 가지지 않아 물의 경도로 인한 비활성화에 잘 견디는 특징이 있다. 피부 자극이 적고 안전성이 높으며 유화력이 우수하여 세정제를 제외한 유화제, 가용화제, 분산제, 습윤제 등 대부분의 화장품에서 사용된다.	• 폴리소르베이트 계열 • 소르비탄 계열 • 폴리에틸렌글리콜(PEG)계열 • 폴리옥시에틸알킬에테르염(POE)계열 • 폴리글리세린 계열 • 글리세릴모노스테아레이트 • 코카마이드MEA/DEA • 라우라마이드MEA/DEA • 올레마이드 DEA
천연 계면 활성제	천연물질에서 유래되거나 추출한 계면활성제로 계란 또는 콩에서 얻은 레시틴, 식물에서 얻은 사포닌 등이 있다.	• 레시틴(양쪽성계면활성제) • 사포닌 • 라우릴글루코사이드 • 세테아릴올리베이트 • 솔비탄올리베이트코코베타인

MEMO

맞춤형화장품 해설집

7회

실전고사 7회

001

다음 중 화장품에 해당하는 제품으로 옳은 것은?
① 칼라민이 함유된 땀띠 완화 로션
② 성 윤활을 목적으로 하는 질 보습 윤활제
③ 입안의 청량감을 주는 마우스 워시
④ 머리카락을 풍성하게 보이게 하는 흑채
⑤ 주름 개선을 목적으로 하는 윤활 광택 주사

답 ④

해 의약외품, 의약품, 화장품은 구분할 수 있어야 한다.
① 땀띠 완화 로션 - 의약외품
② 질 보습 윤활제 - 의료기기
③ 마우스 워시 - 의약외품
④ 흑채 - 일반화장품
⑤ 윤활 광택 주사 - 의약품

002

화장품법에서 규정하는 화장품영업자와 그 업무가 바르게 연결된 것은?
① 화장품 제조업 - 화장품 원료 제조
② 화장품 제조업 - 화장품 2차포장을 하는 영업
③ 화장품 책임판매업 - 수입대행형 거래로 화장품을 알선, 수여 하는 영업
④ 맞춤형화장품 판매업 - 일반화장품 완제품 판매
⑤ 맞춤형화장품 판매업 - 고형비누 단순 소분

답 ③

해 화장품제조업은 화장품을 제조하는 업이며 화장품 원료 제조는 별도의 화학 원료제조업체에서 생산 가공한다.
화장품 2차 포장의 경우에는 일반 사업자들도 가능하다. 맞춤형화장품판매업은 맞춤형화장품을 소분, 혼합하여 판매하는 업이며 고형비누 단순 소분은 일반사업자들도 가능하다. 일반화장품 완제품 판매는 일반사업자도 모두 가능하며 화장품법에서 규정하는 맞춤형화장품판매업의 영업에 해당되지 않으며 화장품법과 상관이 없다.

003

[개인정보보호법]에서 규정하는 개인정보로 옳지 않은 것은?
① 생년월일
② 맞춤형화장품조제관리사의 자격증 번호
③ 개인정보 일부를 삭제하여 추가 정보 없이는 특정 개인을 알아볼 수 없는 정보
④ 사망자, 단체, 기업의 정보 또는 공익적 기록 보존을 위한 가명 정보
⑤ A씨의 부친 B씨가 사망했다는 부고 기사

답 ④

해 개인정보란
살아 있는 개인에 관한 정보로서 성명, 주민등록번호 및 영상 등을 통하여 개인을 알아볼 수 있는 정보, 다른 정보와 쉽게 결합하여 특정 개인을 식별할 수 있는 정보를 말한다.
① 성명, 주민등록번호 및 영상 등을 통하여 개인을 알아볼 수 있는 정보
② 해당 정보만으로는 특정 개인을 알아볼 수 없더라도 다른 정보와 쉽게 결합하여 알아볼 수 있는 정보.
이 경우 쉽게 결합할 수 있는지 여부는 다른 정보의 입수 가능성 등 개인을 알아보는 데 소요되는 시간, 비용, 기술 등을 합리적으로 고려하여야 한다.

004

동물실험을 실시한 화장품 등으로 유통 판매를 할 수 없는 경우는?

① 새로운 보습제의 보습 실험
② 중국에 수출하기 위한 중국법령에 따라 실험한 제품
③ 약사법에 따라 동물실험을 실시하여 제조된 원료를 사용한 화장품
④ 새로운 보존제의 사용 기준을 지정하기 위한 경우
⑤ 동물대체시험 방법이 없는 경우

답 ①

해 제15조의2(동물실험을 실시한 화장품 등의 유통 판매 금지)

① 화장품책임판매업자 및 맞춤형화장품판매업자는 「실험동물에 관한 법률」 제2조 제1호에 따른 동물실험(이하의 조에서 "동물실험"이라 한다)을 실시한 화장품 또는 동물실험을 실시한 화장품 원료를 사용하여 제조(위탁제조를 포함한다) 또는 수입한 화장품을 유통·판매하여서는 아니 된다. 다만, 다음 각호의 어느 하나에 해당하는 경우는 그러하지 아니하다.

1. 제8조 제2항의 보존제, 색소, 자외선차단제 등 특별히 사용상의 제한이 필요한 원료에 대하여 그 사용기준을 지정하거나 같은 조 제3항에 따라 국민 보건상 위해 우려가 제기되는 화장품 원료 등에 대한 위해 평가를 하기 위하여 필요한 경우
2. 동물대체시험법(동물을 사용하지 아니하는 실험방법 및 부득이하게 동물을 사용하더라도 그 사용되는 동물의 개체 수를 감소하거나 고통을 경감시킬 수 있는 실험방법으로서 식품의약품안전처장이 인정하는 것을 말한다. 이하 이 조에서 같다)이 존재하지 아니하여 동물실험이 필요한 경우
3. 화장품 수출을 위하여 수출 상대국의 법령에 따라 동물실험이 필요한 경우
4. 수입하려는 상대국의 법령에 따라 제품 개발에 동물실험이 필요한 경우
5. 다른 법령에 따라 동물실험을 실시하여 개발된 원료를 화장품의 제조 등에 사용하는 경우
6. 그밖에 동물실험을 대체할 수 있는 실험을 실시하기 곤란한 경우로서 식품의약품안전처장이 정하는 경우

② 식품의약품안전처장은 동물대체시험법을 개발하기 위하여 노력하여야 하며, 화장품책임판매업자 등이 동물대체시험법을 활용할 수 있도록 필요한 조치를 하여야 한다.

005

화장품에 사용할 수 없는 원료가 아닌 것은?

① 니트로스 아민류
② 미녹시딜 유도체
③ 벤조일퍼옥사이드
④ 비타민 K1
⑤ 피리딘-2-올1-옥사이드

답 ⑤

해 ① **니트로스 아민류** : 사용할 수 없는 원료
② **미녹시딜 유도체** : 사용할 수 없는 원료
③ **벤조일퍼옥사이드** : 사용할 수 없는 원료
④ **비타민 K1 =피토나디온** : 사용할 수 없는 원료
⑤ **피리딘-2-올1-옥사이드** : 0.5%의 사용 한도가 있는 보존제 성분

006

다음 중 판매 업무 정지에 해당하는 위해 등급이 다른 하나는?

① 병원 미생물에 오염된 맞춤형화장품
② 맞춤형화장품조제관리사가 그만두어 새로운 직원 맞춤형화장품조제관리사를 뽑기 전
③ 사용할 수 없는 원료를 사용한 화장품
④ 사용기한이 지워져 새로운 사용기한을 판매자가 기입한 제품
⑤ 영업 신고를 하기 직전 시장의 반응을 알아보기 위해 판매한 맞춤형화장품

답 ③

해 ① 병원 미생물에 오염된 맞춤형화장품-다등급
② 맞춤형화장품조제관리사가 그만두어 새로운 직원 맞춤형화장품조제관리사를 뽑기 전-다등급
③ 사용할 수 없는 원료를 사용한 화장품-가등급
④ 사용기한이 지워져 새로운 사용기한을 판매자가 기입한 제품-다등급
⑤ 영업 신고를 하기 직전 시장의 반응을 알아보기 위해 판매한 맞춤형화장품 -다등급

007

개인정보 보호법에 따른 개인정보 관리법으로 옳은 것은?

① 소비자가 본인의 개인정보 열람을 요청했지만 중요한 사항이 있어서 이를 거절하였다.

② 고객의 성명, 전화번호 등이 저장된 컴퓨터 백신 프로그램의 사용기한이 만료되어 이를 연장하지 않았다.

③ 탈퇴한 고객의 개인정보 동의서를 찢어서 종량제 봉투에 넣어 폐기하였다.

④ 3가지 제품을 추천하여 그중 원하는 제품을 제공하는 서비스를 영업 중, 고객이 추천 서비스 메일 수신을 거부하는 경우 서비스 이용 계약 해지 여부와 상관없이 더 이상 제품을 추천할 수 없다.

⑤ 클라우드에 저장된 개인정보를 파기할 때 클라우드에 접속한 컴퓨터, 노트북, 휴대기기 등에 저장되었는지 확인하고 정보를 모두 삭제함.

답 ⑤

해
- 개인정보주체자는 개인정보처리 여부 확인 및 개인정보 열람을 요구할 권리가 있다.
- 개인정보 보호를 위해 백신 사용 기한을 연장해야 한다.
- 개인정보를 삭제 파기 할 때는 복구가 되지 않도록 파쇄, 소각 하여야 한다.
- 개인정보처리자는 정보 주체가 선택적으로 동의할 수 있는 사항을 동의하지 아니하거나 제4항 및 제18조제2항제1호(정보주체로부터 별도의 동의를 받은 경우)에 따른 동의를 하지 아니한다는 이유로 정보주체에게 재화 또는 서비스의 제공을 거부하여서는 아니 된다.

008

다음 원료 중 친수성 크기의 부등호 표시가 "잘못"된 것은?

① 1-부탄올 > 부틸렌글라이콜

② 글리세린 > 1-프로판올

③ 비타민 C > 비타민 E

④ 아세틱애씨드 > 팔미틱애씨드

⑤ 에탄올 > 세틸알코올

답 ①

해 친수성이 큰 원료는 물에 잘녹다.
1-부탄올은 저급알코올인 부틸알코올로 수산기(-OH)가 1개이며 부틸렌글라이콜은 수산기가 2개인 2가알코올이다. 글리세린은 수산기가 3개인 3가 알코올이며, 1-프로판올은 탄소수 3개, 수산기 1개의 알코올인 프로필알코올이다.
바타민E, 팔미틱애씨드는 유용성의 원료이다. 세틸알코올은 고급 알코올인 유화안정화제이다.
아세틱애씨드는 아세트산으로 PH 조절제로 사용되며 식초의 원료이다.

009

다음 중 화장품 원료와 배합목적으로 옳은 것은?

① 다이소듐이디티에이 - 세정제

② 레시틴 - 비이온계면활성제

③ 벤토나이트 - 밀폐제

④ 트라이에탄올아민 - 가용화제

⑤ 카보머 - 점증제

답 ⑤

해 ① 다이소듐이디티에이 - 금속이온봉쇄제
② 레시틴 - 양쪽성계면활성제
③ 벤토나이트 - 증량제, 유화안정화제, 흡수제
④ 트라이에탄올아민 - 유화제, 착향제, pH조절제
⑤ 카보머 - 점증제

010

화장품 보존제에 대한 설명으로 옳지 않은 것은?

① 보존제는 주로 2가지 이상 혼합하여 사용한다.

② 메틸파라벤의 화학명은 메틸파라하이드록시벤조익애씨드이다.

③ 살리실릭애씨드는 영유아용 제품 중 샴푸를 제외하고 보존제로 사용할 수 없다.

④ 1,2-헥산다이올은 보습력이 있는 보존제이다.

⑤ 페녹시에탄올은 보존제로서 최대 사용 함량은 1.0%이다.

답 ④

해 보존제는 2가지 이상 혼합 사용함으로 인해 다양한 균에 대한 항균 및 상승효과(synergism)가 발생하여, 미생물 및 균의 생성을 억제하거나 사멸시키는 효과가 발생된다.
1,2-헥산다이올은 폴리올류로서 주로 용제로 사용되지만 살균 기능을 어느 정도 가지고 있기는 하지만 화장품법에서 보존제로 지정되어 있지 않다.

011

다음 <보기>의 괄호 안에 공통으로 들어갈 원료와 그 예시가 바르게 짝지어진 것은?

〈보기〉

화장품법 제8조 2항

식품의약품안전처장은 (　　) 등과 같이 특별히 사용상의 제한이 필요한 원료에 대하여는 그 사용기준을 지정하여 고시하여야 하며, 사용기준이 지정·고시된 원료 외의 (　　) 등은 사용할 수 없다.

① 보존제 - 메칠이소치아졸리논
색소 - 녹색204호
자외선차단제 - 벤조페논-4

② 보존제 -1,2-헥산다이올
색소 - 녹색401호
자외선차단제 - 에칠헥실메톡시신나메이트

③ 보존제 - 페녹시에탄올
색소 - 적색102호
자외선차단제 - 마그네슘아스코빌포스페이트

④ 보존제 -벤질알코올
색소 - 피그먼트 자색23호
향료- 아밀신남알

⑤ 보존제 -살리실릭애씨드
색소 - 적색2호
염모제 - 몰식자산

답 ①

해 식품의약품안전처장은 보존제, 색소, 자외선차단제 등과 같이 특별히 사용상의 제한이 필요한 원료에 대해서는 그 사용기준을 지정하여 고시하여야 하며, 사용기준이 지정·고시된 원료 외의 보존제, 색소, 자외선차단제 등은 사용할 수 없다.

012

다음 <보기>는 화장품 표시 기재 사항이다. 내용 중 화장품법에 따른 위반 사항 및 1차위반에 대한 행정처분으로 옳게 짝지어진 것은?

〈보기〉

전성분 : 정제수, 에탄올, 향료, 아이소유제놀, 리모넨, 글리세린, 레시틴, 토코페릴아세테이트, 프로필렌글라이콜, 녹색201호, 청색1호

용량 : 150mL

제조번호 : 220304ABC

해외제조원 : 스테이션비

화장품책임판매업자 : 미시우먼코스메틱

사용법 : 목 뒤나 손목에 적당량을 분사하여 사용합니다.

① 제조 번호에서 제조일을 알 수 없어서 판매업무정지에 해당한다.

② 사용법은 금지표현이라 판매업무정지에 해당한다.

③ 사용금지원료인 프로필렌글라이콜을 사용하여 판매업무정지에 해당한다.

④ 배합금지원료인 녹색201호를 사용하여 판매업무정지에 해당한다.

⑤ 알레르기 유발성분인 아이소유제놀을 사용하여 판매업무정지에 해당한다.

답 ①

해
- 제조 번호와 사용기한은 반드시 표시해야 한다.
- 기재사항 일부를 기재하지 않은 경우 해당 품목 판매업무정지 15일
- 화장품의 제조 등에 사용할 수 없는 원료를 사용한 화장품 - 제조 또는 판매업무정지 3개월
- 프로필렌글라이콜은 사용가능한 폴리올류 보습제, 용제에 해당된다.
- 녹색201호는 사용할 수 있는 타르색소이다.

013

착향제의 구성성분 중 알레르기 유발성분의 함량 산출 방법 중 ( )에 들어갈 말로 옳은 것은?

알레르기 유발성분이 제품의 ( )에서 차지하는 함량의 비율로 계산하여 전성분명에 표시한다.

① 착향제의 양

② 정제수양

③ 정제수를 제외한 내용량

④ 기능성 성분의 양

⑤ 내용량

답 ⑤

해 착향제에 함유된 알러지 유발성분은 화장품의 전체 내용량에서 함유되어 있는 함량을 비율로 계산한다. 사용 후 씻어내는 제품의 경우에는 전체 내용량에서 알러지성분이 0.01% 초과 시, 사용 후 씻어내지 않는 제품의 경우에는 0.001% 초과 시 알레르기 성분명을 전성분명에 표시해야 한다.

014

기초화장용 제품류 중 크림에 대한 설명으로 옳지 못한 것은?

① 유형으로 O/W형 크림, W/O형 크림, 다중유화 크림 등이 있다.

② 다중유화는 O/W형을 내상으로 수성 성분의 외상에 존재하는 W/O/W형, W/O형의 내상이 유성 성분의 외상에 존재하는 O/W/O형이 대표적이며 안정성이 높다.

③ 사용 목적은 피부에 수분을 공급하여 피부의 보습 효과를 준다. 단, 유연 효과는 없다.

④ O/W형 크림은 유화 타입의 크림으로 유성 성분이 내상(외상인 수성 성분 내에 유화)인 산뜻한 사용감을 느끼는 친유성 크림이다.

⑤ 마사지크림 및 클렌징크림은 W/O형 크림이 대부분이다.

답 ③

해 유성 성분은 피부의 유연성을 높여준다.

■ 에멀젼(Emulsion)의 유형

① **O/W(Oil in Water, 수중유형)**: 외상인 물에 내상의 오일 입자를 분산시켜서 제조한다. O/W 제형은 수분량이 많아 묽고 흐름이 있으며 물에 쉽게 제거되는 특징이 있다. 수상에 용해도가 높은 계면활성제를 사용한다.

② **W/O(Water in Oil, 유중수형)**: 외상인 오일에 내상인 물 입자를 분산시켜서 제조한다. W/O 제형은 오일 느낌이 있는 끈적임으로 인해 건성피부용 제품에 사용된다. 유상에 용해도가 높은 계면활성제를 사용한다.

③ **O/W/O, W/O/W(multiple emulsion, 다상에멀젼)**: 유화조건에 따라 O/W형의 에멀젼이 오일 속에 분산된 형태(O/W/O) 또는 W/O형 에멀젼이 물속에 분산된 형태(W/O/W)이다. 오일 대신 실리콘을 사용하여 S/ W/S, W/S/W 형태의 에멀젼으로 분산하여 사용감이 좋은 커버형 색조화장품에 응용하기도 한다.

④ 분산된 액적의 크기(지름)에 따라 마이크로에멀젼, 나노에멀젼으로 구분한다.

015

화장품법에서 규정되어 있는 기능성 화장품으로 옳은 것은?

① 모발의 색상을 일시적으로 변화시키는 헤어스프레이

② 여드름 피부에 사용할 수 있는 에센스

③ 튼살로 인해 붉은 선을 엷게 하는 데 도움을 주는 바디크림

④ 물리적으로 제모를 제거하는 제모스트립

⑤ 아토피성 피부의 가려움 증상을 완화 시켜주는 로션

답 ③

해 기능성화장품

분류	기능성화장품의 범위
화장품법	가. 피부의 미백에 도움을 주는 제품 나. 피부의 주름개선에 도움을 주는 제품 다. 피부를 곱게 태워주거나 자외선으로부터 피부를 보호하는 데에 도움을 주는 제품 라. 모발의 색상 변화·제거 또는 영양공급에 도움을 주는 제품 마. 피부나 모발의 기능 약화로 인한 건조함, 갈라짐, 빠짐, 각질화 등을 방지하거나 개선하는데 도움을 주는 제품
화장품법 시행규칙	1. 피부에 멜라닌색소가 침착하는 것을 방지하여 기미·주근깨 등의 생성을 억제함으로써 피부의 미백에 도움을 주는 기능을 가진 화장품 2. 피부에 침착된 멜라닌색소의 색을 엷게 하여 피부의 미백에 도움을 주는 기능을 가진 화장품 3. 피부에 탄력을 주어 피부의 주름을 완화 또는 개선하는 기능을 가진 화장품 4. 강한 햇볕을 방지하여 피부를 곱게 태워주는 기능을 가진 화장품 5. 자외선을 차단 또는 산란시켜 자외선으로부터 피부를 보호하는 기능을 가진 화장품 6. 모발의 색상을 변화[탈염(脫染)·탈색(脫色)을 포함한다.]시키는 기능을 가진 화장품. 다만, 일시적으로 모발의 색상을 변화시키는 제품은 제외한다. 7. 체모를 제거하는 기능을 가진 화장품. 다만, 물리적으로 체모를 제거하는 제품은 제외한다. 8. 탈모 증상의 완화에 도움을 주는 화장품. 다만, 코팅 등 물리적으로 모발을 굵게 보이게 하는 제품은 제외한다. 9. 여드름성 피부를 완화하는데 도움을 주는 화장품. 다만, 인체세정용 제품류로 한정한다. 10. 피부장벽(피부의 가장 바깥 쪽에 존재하는 각질층의 표피)의 기능을 회복하여 가려움 등의 개선에 도움을 주는 화장품 11. 튼살로 인한 붉은 선을 엷게 하는데 도움을 주는 화장품

016

다음 중 화장품의 기능에 대한 설명으로 옳지 않은 것은?

① 피부 거침을 개선하고 피부결을 좋게 한다.

② 피부의 결점을 감추어준다.

③ 두피 및 두발을 깨끗하게 세정하여 비듬과 가려움에 도움이 된다.

④ 물리적, 화학적인 방법으로 체모를 제거한다.

⑤ 땀을 억제하여 액취를 방지한다.

답 ⑤

해 이론서 상권 310페이지~326 참조

017

헤어퍼머넌트 웨이브 제품 및 헤어스트레이트너 제품의 사용할 때의 주의 사항 중 옳은 것은?

① 사용 후 물로 씻어 내지 않으면 탈모 또는 탈색의 원인이 될 수 있으므로 주의할 것

② 땀발생억제제(Antiperspirant), 향수, 수렴로션(Astringent Lotion)은 이 제품 사용 후 24시간 후에 사용하십시오.

③ 부종, 홍반, 가려움, 피부염(발진, 알레르기), 광과민반응, 중증의 화상 및 수포 등의 증상이 나타날 수 있으므로 이러한 경우 이 제품의 사용을 즉각 중지하고 의사 또는 약사와 상의하십시오.

④ 개봉한 제품은 7일 이내에 사용해야 하고, 섭씨 15도 이하의 어두운 장소에 보존하고, 색이 변하거나 침전된 경우에는 사용하지 말 것

⑤ 제2단계 퍼머액 중 그 주성분이 과산화수소인 제품은 검은 머리카락이 회색으로 변할 수 있으므로 유의하여 사용할 것

답 ④

해 **<헤어 퍼머넌트 웨이브 제품 및 헤어스트레이트너 제품의 사용할 때의 주의 사항>**

가. 두피·얼굴·눈·목·손 등에 약액이 묻지 않도록 유의하고, 얼굴 등에 약액이 묻었을 때에는 즉시 물로 씻어낼 것

나. 특이체질, 생리 또는 출산 전후이거나 질환이 있는 사람 등은 사용을 피할 것

다. 머리카락의 손상 등을 피하기 위하여 용법·용량을 지켜야 하며, 가능하면 일부에 시험적으로 사용하여 볼 것

라. 섭씨 15도 이하의 어두운 장소에 보존하고, 색이 변하거나 침전된 경우에는 사용하지 말 것

마. 개봉한 제품은 7일 이내에 사용할 것(에어로졸 제품이나 사용 중 공기 유입이 차단되는 용기는 표시하지 아니한다.)

바. 제2단계 퍼머액 중 그 주성분이 과산화수소인 제품은 검은 머리카락이 갈색으로 변할 수 있으므로 유의하여 사용할 것

018

다음 내용은 위해화장품의 회수계획 및 절차에 관한 내용이다. (   )안에 들어갈 숫자가 올바른 것은?

〈보기〉

■ 회수계획서: 회수대상화장품이라는 사실을 안 날부터 (ㄱ)일 이내에 회수계획서에 다음 각호의 서류를 첨부하여 지방식품의약품안전청장에게 제출하여야 한다.

□ 회수계획서 첨부서류
- 해당 품목의 제조·수입기록서 사본
- 판매처별 판매량·판매일 등의 기록(맞춤형화장품의 경우 판매내역서)
- 회수 사유를 적은 서류

■ 공표 및 회수통보: 회수의무자는 판매자, 그 밖에 해당 화장품을 업무상 취급하는 자에게 방문, 우편, 전화, 전보, 전자우편, 팩스 또는 언론매체를 통한 공고 등을 통하여 회수계획을 통보하여야 하며, 통보 사실을 입증할 수 있는 자료를 회수종료일부터 (ㄴ)년간 보관하여야 한다.

① 5 - 2　　② 5 - 5

③ 7 - 2　　④ 7 - 3

⑤ 10 - 1

답 ①

해 회수계획서는 회수대상화장품이라는 사실을 안 날부터 5일 이내에 회수계획서에 다음 각호의 서류를 첨부하여 지방식품의약품안전청장에게 제출하여야 한다.
공표 및 회수통보는 회수의무자는 판매자, 그 밖에 해당 화장품을 업무상 취급하는 자에게 방문, 우편, 전화, 전보, 전자우편, 팩스 또는 언론매체를 통한 공고 등을 통하여 회수계획을 통보하여야 하며, 통보 사실을 입증할 수 있는 자료를 회수종료일부터 2년간 보관하여야 한다.
회수를 통보받은 자는 화장품을 반품하고 회수확인서를 작성하여 회수의무자에게 송부하여야 한다.

019

화장품 원료 중 왁스에 대한 설명으로 옳은 것은?

① 비즈왁스(Bees Wax)는 융점이 100℃ 이상으로 부드러운 감촉이 있다.
② 천연 유래 왁스로 파라핀왁스, 마이크로크리스탈린왁스가 있다.
③ 친수성 제품의 보조유화제와 수분증발억제제로 사용된다.
④ 규소와 산소의 결합인 실록산 결합(-Si-O-Si-)을 가지는 유기 규소 화합물이다.
⑤ 고급지방산과 고급알코올이 결합된 에스터 화합물이다.

답 ⑤

해 **왁스(Wax)** : 왁스는 고급지방산에 고급알코올이 결합된 에스테르화합물로 고급알코올의 종류에 따라 고체와 반고체상이 있다. 크림의 사용감을 높여주거나 경도를 높이기 위해 사용된다. 또한 친유성제품의 보조유화제, 광택제, 수분증발억제제로 사용된다. 카나우바 왁스(Carnauba Wax), 칸데릴라 왁스 (Candelilla Wax), 비즈왁스(Bees Wax), 라놀린(Lanolin), 호호바 오일(Jojoba oil) 등이 있다.

020

사용상 사용 한도가 있는 원료가 아닌 것을 보기에서 모두 고른 것은?

〈보기〉

㉠ 나이아신아마이드
㉡ 우레아
㉢ 제라니올
㉣ 토코페롤
㉤ 베타인살리실레이트

① ㉠, ㉢
② ㉠, ㉤
③ ㉡, ㉤
④ ㉡, ㉣
⑤ ㉢, ㉤

답 ①

해
- 나이아신아마이드는 기능성화장품 허가 시 자료제출이 생략되는 함량으로 식약처장이 고시한 한도는 있지만 일반 화장품의 원료로 사용 시 사용 한도가 설정되어 있지 않다.
- 우레아 10%, 토코페릴아세테이트 20%의 사용 한도가 있다.
- 제라니올은 착향제 성분으로 사용한도가 있는 원료가 아니다.
- 베타인살리실레이트는 베타인과 살리실릭애씨드가 반응하여 얻은 염으로 각질제거제로 사용되는 원료인데 살리실릭애씨드로서 사용후 씻어내는 제품류에 2% 두발용제품류에 3%의 사용 한도가 있으며 영유아 및 어린이 제품의 경우 샴푸를 제외한 제품에 사용할 수 없다.
- 보존제로서 사용할 경우에는 살리실릭애씨드로서 0.5%의 사용 한도가 있다. MSDS를 통해 살릭실릭애씨드의 함량을 체크하여 사용 한도가 넘지 않도록 주의해야 한다.

021

맞춤형화장품조제관리사가 조제하여 소비자에게 판매할 수 있는 맞춤형화장품을 <보기>에서 모두 고른 것은?

〈보기〉

㉠ 화장품책임판매업자가 공급한 원료에 맞춤형 화장품조제관리사가 혼합한 원료를 서로 혼합한 제품

㉡ 화장품책임판매업자가 공급한 벌크제품에 보존제가 함유된 원료를 혼합한 제품

㉢ 수입된 벌크제품의 내용물을 단순 소분한 화장품

㉣ 수입된 벌크제품에 기능성 고시 원료를 혼합하여 기능성 심사를 받은 맞춤형화장품

㉤ 수입된 향료와 국내 식물 추출물을 혼합하여 만든 제품

㉥ 홍보, 판매촉진을 위하여 소비자가 시험 사용하도록 제조한 화장품을 소분한 화장품

① ㉠㉡㉢　② ㉠㉢㉣

③ ㉡㉢㉣　④ ㉣㉤㉥

⑤ ㉡㉣㉤

답 ③

해 ㉠ 원료와 원료의 혼합은 제조에 해당하므로 맞춤형화장품이 아니다.

㉡ 원료에 보존제가 혼합되어 있어도 사용할 수 있다. 다만 맞춤형화장품조제관리사가 별도로 보존제를 혼합할 수는 없다.

㉢ 벌크제품의 내용물을 소분한 것은 맞춤형화장품이다.

㉣ 기능성 심사를 받은 기능성화장품은 맞춤형화장품으로 판매가 가능하다.

㉤ 향료와 추출물의 혼합은 원료와 원료를 혼합한 것이므로 제조에 해당되므로 맞춤형화장품이 아니다.

㉥ 홍보 및 판매촉진을 위해 제조된 화장품은 맞춤형화장품 전용 벌크제품이 아니므로 소분하여 맞춤형화장품으로 판매할 수 없다.

022

「화장품 안전기준 등에 관한 규정」에 의거 유통화장품 안전관리 시험방법에 따라 시험할 때 화장비누의 내용량에 대한 설명으로 옳은 것을 고르시오.

① 수분 함량이 포함된 화장비누의 중량을 내용량으로 한다.

② 1차 포장이 포함된 화장비누의 중량을 내용량으로 한다.

③ 평균 내용량이 표기량에 대해 95% 이상이어야 한다.

④ 포장지의 무게가 포함되지 않은 화장비누의 건조중량을 내용량으로 한다.

⑤ 1차 포장 상태에서 건조중량을 내용량으로 한다.

답 ④

해
- 화장비누의 경우 건조중량을 내용량으로 하고 수분 포함 중량과 건조중량 모두 표시해야 한다.
- 수분 포함 중량-상온에서 저울로 측정(g)하여 실중량은 전체 무게에서 포장 무게를 뺀 값으로 하고, 소수점 이하 1자리까지 반올림하여 정수 자리까지 구한다.
- 제품 3개를 가지고 시험할 때 그 평균 내용량이 표기량에 대하여 97% 이상이어야 하며, 기준치를 벗어나는 경우 6개를 더 취하여 시험할 때 9개의 평균 내용량이 97% 이상이어야 함.

023

다음은 화장품의 원료에 대한 설명이다. 각 원료와 설명이 잘못 짝지어진 것은?

① 산화방지제 - 유지성분의 산화를 방지하며 천연 원료로 토코페롤이 있다.
② 보존제-화장품 품질을 일정하게 유지하기 위해 사용하며 종류로 BHT, BHA 등이 있다.
③ 보습제 - 피부를 부드럽고 촉촉하게 유지해 주며 보존제의 보조역할도 한다.
④ 금속이온봉쇄제 - 킬레이트제라고도 부르며 종류는 다이소듐이디티에이가 있다.
⑤ 고분자화합물 - 주로 수용성 물질로 미생물에 대한 오염도가 높으며 유화 제품의 안정성을 높인다.

답 ②

해 보존제는 화장품의 변질 방지 목적으로 사용하며 화장품 품질을 일정하게 유지하기 위해 사용하는 것은 산화방지제로 종류는 BHT, BHA 등이 있다.

024

사용상 제한이 있는 성분과 그 용도가 옳게 짝지어진 것이 아닌 것은?

① 보존제 - 트리클로산, 에칠렌옥사이드
② 보존제 - 징크피리치온, 살리실릭애씨드
③ 염모제 - 피크라민산, 레조시놀
④ 자외선차단제 - 에칠헥실메톡시신나메이트, 에칠헥실살리실레이트
⑤ 자외선차단제 - 티타늄디옥사이드, 징크옥사이드

답 ①

해 에칠렌옥사이드는 사용할 수 없는 원료이다.

025

화장품 용기의 적합성 시험법 중 그 적용 범위가 잘못 짝지어진 것은?

① 감압누설 - 액상 내용물을 담는 용기의 마개, 펌프, 패킹 등의 밀폐성 측정
② 내용물감량 - 충전된 내용물의 건조감량을 측정
③ 유리병의 내부압력 - 유리 소재의 화장품 용기의 내압 강도를 측정
④ 크로스컷트 - 용기에 인쇄된 문자, 코팅막, 라미네이팅의 밀착성을 측정
⑤ 라벨접착력 - 포장의 라벨, 스티커 또는 수지 지체의 접착력 측정

답 ④

해 화장품 용기 적합성 시험법

구분	구분	적용범위	비고
1	감압누설	액상 내용물을 담는 용기의 마개, 펌프, 패킹 등의 밀폐성 측정	스킨, 로션, 오일과 같은 액상 제품의 용기에 적용
2	내용물 감량	화장품 용기에 충전된 내용물의 건조감량을 측정	마스카라, 아이라이너 또는 내용물 일부가 쉽게 휘발되는 제품에 적용
3	내용물에 의한 용기 마찰	내용물에 따른 인쇄문자, 핫스탬핑, 증착 또는 코팅막의 용기 표면과의 마찰을 측정	내용물에 의한 인쇄문자 및 코팅막 등의 변형, 박리, 용출을 확인
4	내용물에 의한 용기의 변형	용기와 내용물의 장기간 접촉에 따른 용기의 팽창, 수축, 변질, 탈색, 연화, 발포, 균열, 용해 등을 측정	내용물에 침적된 용기 재료의 물성저하 또는 변화 상태, 내용물 간의 색상 전이 등을 확인
5	용기의 내열성 및 내한성	내용물이 충전된 용기 또는 용기를 구성하는 각종 소재의 내한성 및 내열성 측정	혹서기, 혹한기 또는 수출 시 유통환경 변화에 따른 제품 변질 방지를 위함
6	유리병의 내부 압력	유리 소재의 화장품 용기의 내압강도를 측정	화려한 디자인 및 독특한 형상의 유리병은 내부 압력에 취약
7	유리병 표면 알칼리 용출량	유리병 내부에 존재하는 알칼리를 황산과 중화반응 원리를 이용하여 측정	고온다습 환경에서 장기 방치 시 발생하는 표면의 알칼리화 변화량 확인

8	유리병의 열충격	화장품용 유리병의 급격한 온도 변화에 따른 내구력을 측정	유리병 제조 시 열처리 과정에서 발생하는 불량 방지
9	펌프 누름 강도	펌프 용기의 화장품을 펌핑 시 펌프 버튼의 누름 강도 측정	펌프 제품의 사용 편리성을 확인
10	펌프분사형태	스프레이 펌프의 분사 패턴을 측정하기 위한 참고 시험 방법	종이에 분사된 염료용액으로 분사형태와 분사각을 확인
11	낙하	플라스틱 용기, 조립 용기, 접착 용기에 대한 낙하에 따른 파손, 분리 및 작용 여부를 측정	다양한 형태의 조립 포장재료가 부착된 화장품 용기에 적용
12	접착력	화장품 용기에 표시된 인쇄문자, 코팅막, 라미네이팅의 밀착성을 측정	용기 표면의 인쇄문자, 코팅막 및 필름을 접착 테이프로 박리 여부 확인
13	라벨 접착력	화장품 포장의 라벨, 스티커 또는 수지 지지체의 접착력 측정	시험편이 붙어있는 접착판을 인장시험기로 시험
14	크로스컷트	화장품 용기 소재인 유리, 금속, 플라스틱의 유기 또는 무기 코팅막 또는 도금층의 밀착성 측정	규정된 점착테이프를 압착한 후 떼어내어 코팅층의 박리 여부를 확인

026

화장품의 안정성시험 항목 중 장기보존시험 및 가속시험 방법으로 바르게 연결된 것은?

① 화학적 시험 - 비중, 융점, 경도

② 화학적 시험 - pH, 유화상태, 점도 등

③ 물리적 시험 - 시험물 가용성 성분, 에테르불용 및 에탄올 가용성성분

④ 미생물학적 시험 - 제품 속의 증식 가능한 미생물을 평가

⑤ 용기적합성 시험 - 용기의 제품 흡수, 부식, 화학적 반응 등에 대한 적합성을 평가

답 ⑤

해 ① **일반시험**: 향취 및 색상, 사용감, 액상, 유화형, 내온성, 균등성을 수행한다.

② **물리, 화학적 시험**: 성상, 향, 사용감, 점도, 질량 변화, 분리도, 유화상태, 경도 및 pH 등 제제의 물리·화학적 성질을 평가한다.

ㄱ. **물리적 시험**: 비중, 융점, 경도, pH, 유화상태, 점도 등

ㄴ. **화학적 시험**: 시험물 가용성 성분, 에테르불용 및 에탄올 가용성 성분, 에테르 및 에탄올 가용성 불검 화물, 에테르 및 에탄올 가용성 검화물, 에테르 가용 및 에탄올 불용성 불검화물, 에테르 가용 및 에탄올 불용성 검화물, 증발잔류물, 에탄올 등

③ **미생물학적 시험**: 제품 사용 시 미생물 증식을 억제하는 능력이 있음을 증명하는 미생물에 대한 안정성을 평가한다.

④ **용기적합성 시험**: 용기의 제품 흡수, 부식, 화학적 반응 등에 대한 적합성을 평가한다.

027

폼클렌저 검화 실험 시 사용한 지방산을 80% 중화한 경우, 중화제인 수산화칼륨이 내용물 전체에서 차지하는 비율로 옳은 것은?

폼클렌저 실험 시 사용한 지방산 종류, 산가 및 함량(%)

지방산 종류	산가(KOH 양)	지방산 함량(%)
A	300	5%
B	250	6%
C	200	10%

① 1%
② 2%
③ 3%
④ 4%
⑤ 5%

답 ④

해 산가는 검체 1g을 중화하는 데 필요한 수산화칼륨(KOH)의 mg 수이다.

지방산	(1)산가	지방산함량(%)	(2)제품 100g 중 지방산량(g)
스테아릭 애씨드 지방산	300	5	5
팔미틱 애씨드 지방산	250	6	6
미리스틱 애씨드 지방산	200	10	10
합계		21	21

(3)중화에 필요한 KOH양 (mg):(1)*(2)	(4)100% 중화 시 필요한 KOH양 (g):(3)/1000	80% 중화 시 필요한 KOH양 (g):(4)*0.8
1500	1.5	1.2
1500	1.5	1.2
2000	2.0	1.6
5000	5.0	4.0

028

원자재 용기 및 시험기록서의 필수 기재 사항이 아닌 것은?

① 원자재 공급자가 정한 제품명
② 원자재 공급자명
③ 수령 일자
④ 공급자가 부여한 제조번호 또는 관리번호
⑤ 원자재 제조국

답 ⑤

해 < 원자재의 입출고 관리 >

① 제조업자는 원자재 공급자에 대한 관리·감독을 적절히 수행하여 입고관리가 철저히 이루어지도록 하여야 한다.
② 원자재의 입고 시 구매 요구서, 원자재 공급업체 성적서 및 현품이 서로 일치하여야 한다. 필요한 경우 운송 관련 자료를 추가로 확인할 수 있다.
③ 원자재 용기에 제조번호가 없는 경우에는 관리번호를 부여하여 보관하여야 한다.
④ 원자재 입고 절차 중 육안 확인 시 물품에 결함이 있을 경우 입고를 보류하고 격리보관 및 폐기하거나 원자재 공급업자에게 반송하여야 한다.
⑤ 입고된 원자재는 "적합", "부적합", "검사 중" 등으로 상태를 표시하여야 한다. 다만, 동일 수준의 보증이 가능한 다른 시스템이 있다면 대체할 수 있다.
⑥ 원자재 용기 및 시험기록서의 필수적인 기재 사항은 다음 각호와 같다.
ㄱ. 원자재 공급자가 정한 제품명
ㄴ. 원자재 공급자명
ㄷ. 수령 일자
ㄹ. 공급자가 부여한 제조번호 또는 관리번호
⑦ 원자재는 시험 결과 적합판정 된 것만을 선입선출 방식으로 출고해야 하고 이를 확인할 수 있는 체계가 확립되어 있어야 한다.

029

화장품 원료의 입고를 위한 관리 절차로 옳지 못한 것은?

① 입고된 원료의 배치가 기존 적합 판정받은 배치와 같아 입고 시험이 면제되었다.

② 공급업체의 원료 성적서 결과가 모두 “적합”으로 확인되어 원료 시험을 면제하였다.

③ “시험 중” 라벨이 붙어있는 원료의 시험 결과가 “적합” 판정되어 “시험 중” 라벨 표시 위에 “적합” 표시 라벨을 부착하였다.

④ 입고된 원료의 시험용 검체를 원료 공급자로부터 직접 전달받아 시험을 실시했다.

⑤ “적합” 판정받은 원료는 원료보관소로 이동하여 보관하였다.

답 ④

해 시험용 검체는 품질관리부서의 검체채취 담당자가 직접 검체를 채취해야 한다.

030

작업장 내의 위생을 위한 세정제와 소독제에 대한 설명으로 옳은 것은?

〈보기〉

㉠ 손소독제는 물 없이 손 소독이 가능하고 손소독제는 의약외품이다.

㉡ 알코올 70%의 손 세정제가 좋다.

㉢ 글리세린 성분이 들어간 직접 만든 손소독제를 사용해도 된다.

㉣ 작업자의 손을 소독하기 위한 비누는 고형비누보다 액체비누를 권장한다.

㉤ 작업복은 목적과 오염도에 따라 세탁을 하고, 필요에 따라 소독한다.

① ㉠, ㉡	② ㉡, ㉢
③ ㉢, ㉣	④ ㉣, ㉤
⑤ ㉠, ㉤	

답 ⑤

해 ㉡ 알코올 70%의 손소독제가 좋다.

㉢ 글리세린 성분이 들어간 직접 만든 손 세정제를 사용해도 된다.

㉣ 작업자의 손을 세정하기 위한 비누는 고형비누보다 액체비누를 권장한다.

031

화장품 원료 및 부자재 등의 폐기 기준 절차에 대한 내용 중 옳은 것을 모두 고른 것은?

〈보기〉

㉠ 원료와 포장재, 벌크제품과 완제품이 미리 설정된 기준을 벗어나면 기준일탈 제품으로 지정한다.

㉡ 기준일탈 제품이 발생했을 때는 미리 정한 절차에 따라 처리하고 실시한 기록은 모두 삭제한다.

㉢ 기준일탈 제품이 발생하면 제조책임자가 원인 조사에 대한 권한이 있다.

㉣ 기준일탈 제품은 폐기하는 것이 바람직하지만 재작업을 고려할 수 있다.

㉤ 충전량의 기준 일탈로 인해 부적합 판정이 된 경우 재작업을 실시할 수 없다.

㉥ "부적합" 판정을 받은 제품은 다시 재작업을 실시하여 "적합" 판정을 받은 경우 "부적합" 라벨 위에 "적합" 라벨을 붙일 수 있다.

① ㉠, ㉡, ㉢
② ㉡, ㉢, ㉣
③ ㉢, ㉣, ㉤
④ ㉣, ㉤, ㉥
⑤ ㉠, ㉣, ㉥

답 ⑤

해 ㉡ 화장품 제조에 따른 모든 공정에 관련된 기록서는 모두 보관해야 한다.
㉢ 기준일탈시 품질책임자의 권한에 따라 원인조사를 시행한다.
㉤ 충전량의 기준 일탈 시 재작업을 실시할 수 있다.

032

화장품 제조 설비기구의 위생 기준으로 옳은 것은?

① 설비는 사용 목적보다 설비 세척 및 위생관리의 용이성을 고려해야 한다.
② 사용하지 않는 설비는 건조한 상태로 유지하며 오염으로부터 보호해야 한다.
③ 설비의 위치는 제품의 품질에 대한 영향보다 작업자의 동선을 우선으로 고려해야 한다.
④ 청소의 용이성을 위해 노출된 배관은 벽에 붙여서 설치한다.
⑤ 세척제는 청소, 위생 또는 유지작업 동안에 사용되는 소모품에 포함하지 않는다.

답 ②

해 제조 및 품질관리에 필요한 설비 등은 다음 각호에 적합하여야 한다.
1. 사용 목적에 적합하고, 청소가 가능하며, 필요한 경우 위생 · 유지관리가 가능하여야 한다. 자동화시스템을 도입한 경우도 또한 같다.
2. 사용하지 않는 연결 호스와 부속품은 청소 등 위생관리를 하며, 건조한 상태로 유지하고 먼지, 얼룩 또는 다른 오염으로부터 보호할 것
3. 설비 등은 제품의 오염을 방지하고 배수가 용이하도록 설계, 설치하며, 제품 및 청소 소독제와 화학반응을 일으키지 않을 것
4. 설비 등의 위치는 원자재나 직원의 이동으로 인하여 제품의 품질에 영향을 주지 않도록 할 것
5. 용기는 먼지나 수분으로부터 내용물을 보호할 수 있을 것
6. 제품과 설비가 오염되지 않도록 배관 및 배수관을 설치하며, 배수관은 역류하지 않아야 하고, 청결을 유지할 것
7. 천장 주위의 대들보, 파이프, 덕트 등은 가급적 노출되지 않도록 설계하고, 파이프는 받침대 등으로 고정하고 벽에 닿지 않게 하여 청소가 쉽도록 설계할 것
8. 시설 및 기구에 사용되는 소모품은 제품의 품질에 영향을 주지 않도록 할 것

033

화장품 제조 시 사용되는 설비, 도구 등의 오염 물질을 제거, 소독하는 방법으로 옳은 것은?

① 설비 세척의 유효기간은 설비와 도구 등에 모두 동일하게 적용한다.
② 위험성이 다소 있더라도 화장품 잔여물과 세척제가 설비에 남아 있지 않도록 강한 유기용제로 세척한다.
③ 증기세척은 설비장치의 부식을 초래할 수 있으므로 적절한 세척방법이 아니다.
④ 세척 후 육안으로만 판정하고 오염을 제거한다.
⑤ 설치세척은 유효기간을 설정하고 세척 후 반드시 "판정"한다.

답 ⑤

해 세척은 잔류물, 먼지 등의 오염물을 제거하는 과정이며, 소독은 오염 미생물 수를 허용 기준 이하로 감소시키기 위한 위생관리 단계이다. 화장품 제조 설비의 세척과 소독은 위생관리프로그램을 운영해야 하며 문서화 된 절차에 따라 수행하고, 세척 및 소독된 장비와 기계는 오염을 방지하기 위해 건조시켜 보관해야 한다. 세척과 소독 주기를 결정한 후 담당자가 정기적으로 점검해야 하며 작업장 청소 시 공기 중의 먼지를 최소화하도록 노력해야 한다.

① 작업장은 곤충, 해충, 쥐 등을 막을 수 있는 방충 방서기를 설치하고 정기적으로 점검을 해야 하며 창문은 차광하여 야간에 빛이 밖으로 새어 나가지 않도록 조치해야 한다.
② 작업장의 바닥, 벽, 천장, 창문은 수시로 점검하여 청결을 유지해야 하며 틈이 없어야 한다.
③ 배기구 및 흡기구에는 필터를 설치하고 폐수구에는 트랩을 설치한다.
④ 세척실은 UV 램프를 사용하여 내부를 멸균하고, 기구 및 도구들은 세척 후 세척 사항을 기록한다.
⑤ 청소, 소독 시에는 틈새까지 세밀하게 관리해야 하며 물청소 후 물기를 제거하여야 한다. 청소는 위쪽에서 아래쪽으로 안쪽에서 바깥쪽으로 청소해야 한다.
⑥ 벌크 작업실 및 원료 보관실은 품질 저하를 방지하기 위하여 적절한 실내 온도를 유지해야 한다.
⑦ 작업장 내 조명등은 전등의 파손으로 인한 오염이 발생하지 않도록 조치해야 한다.
⑧ 가루 작업 시 분진이 발생하지 않도록 조치해야 한다.

▶ **설비 세척의 원칙**

- 위험성이 없는 용제(물이 최적)로 세척한다.
- 가능한 한 세제를 사용하지 않는다.
- 증기 세척은 좋은 방법이다.
- 브러시 등으로 문질러 지우는 것을 고려한다.
- 분해할 수 있는 설비는 분해해서 세척한다.
- 세척 후는 반드시 "판정"한다.
- 판정 후의 설비는 건조·밀폐해서 보존한다.
- 세척의 유효기간을 설정한다.

034

작업장 내 직원의 소독을 위한 소독제에 대한 설명으로 옳지 못한 것은?

① 소독제는 병원미생물을 사멸시키기 위해 피부, 점막의 표면, 기구 등의 소독을 목적으로 사용하는 화학물질의 총칭이다.
② 알코올은 피부의 세포막을 파괴함으로써 소독 효과가 나타난다.
③ 흐르는 깨끗한 물에 손을 적신 후 비누를 충분히 사용해야 하며, 뜨거운 물은 피부염을 발생시킬 수 있으므로 미지근한 물을 사용해야 한다.
④ 소독제를 선택할 때는 잔류성, 부식성, 경제성, 안전성 등을 고려해야 한다.
⑤ 일회용 장갑을 착용해서 손 소독을 하지 않아도 된다.

답 ②

해 알코올은 세균이나 바이러스의 세포막을 파괴하여 소독한다.

035

화장품 포장재를 보관할 때 고려해야 할 사항으로 옳은 것을 <보기>에서 모두 고른 것은?

〈보기〉

㉠ 물건의 특징 및 특성에 맞게 보관하며 특별한 보관 조건은 적절하게 준수하여 모니터링한다.

㉡ 포장재의 용기는 밀폐되어 청소가 용이하도록 보관 장소의 바닥에 제품끼리 충분한 간격의 거리를 두고 보관한다.

㉢ 포장재가 재포장될 경우 신규 표시 방법을 도입하여 표시한다.

㉣ 불합격 판정을 받은 포장재는 사용하지 않도록 별도로 관리한다.

㉤ 포장재의 용기는 재질과 뱃치 정보를 확인할 수 있는 표시를 반드시 부착해야 한다.

① ㉠, ㉡, ㉢
② ㉠, ㉡, ㉣
③ ㉠, ㉢, ㉣
④ ㉠, ㉣, ㉤
⑤ ㉠, ㉡, ㉤

답 ④

해 포장재의 용기는 밀폐되어 청소가 용이하도록 바닥과 벽에 충분한 간격을 두고 보관하여야 하며 재포장되더라도 원래 용기의 표시 사항을 동일하게 표시해야 한다.

036

다음은 화장품 설비 소독에 사용되는 화학적 소독제에 대한 내용이다. 괄호 안에 들어갈 내용으로 옳은 것은?

성분	• (㉠) 암모늄 화합물
사용농도	• 200ppm
장점	• (㉡)이 없다. • 안정성이 높다. • 세정작용이 우수하다. • (㉢)에 용해되어 단독 사용 가능
단점	• (㉣)에는 효과 없다. • 경수, (㉤) 계면활성제에 의해 불활성화된다.

	㉠	㉡	㉢	㉣	㉤
①	3급	잔류성	물	포자	양이온
②	3급	부식성	물	포자	음이온
③	3급	잔류성	에탄올	포자	양이온
④	4급	잔류성	물	포자	양이온
⑤	4급	부식성	물	포자	음이온

답 ⑤

해 화학적 소독제

종류	소독법	특징
염소계 소독제	200ppm, 30분	• 찬물용해, 사용편리 • 단독으로 사용 • 우수한 효과
양이온계 계면활성제	200ppm	• 세정작용 우수 • 부식성 없음 • 물에 용해 단독사용가능 • 높은 안정성
아이소프로판올, 에탄올	아이소프로필 알코올 60~70%, 15분, 에탄올 60~95%, 15분	• 사용용이 • 빠른 건조로 인해 세척 불필요 • 단독사용
페놀	1:200 용액	• 세정작용 • 우수한 효과 • 탈취작용
인산	제조사 자체규정	• 스테인레스 사용시 매우 좋음 • 저렴한 가격 • 낮은 온도에서 사용 • 접촉시간 짧음
과산화수소	35% 용액의 1.5%, 30분	• 유기물에 효과

종류	단점	종류
염소계 소독제	• PH가 산성에서 알카리로 증가시 효과 감소 • 금속부식 • 빛, 온도에 불안정 • 피부보호필요	차아염소산나트륨, 차아염소산칼슘, 차아염소산리튬
양이온계 계면활성제	• 포자에 효과없음 • 중성, 약알카리에서 가장 효과적임 • 경수, 음이온 계면활정제에 의해 불활성화 됨	4급 암모늄 화합물
아이소프로판올, 에탄올	• 세균포자에 효과없음 • 화재, 폭발 위험 • 피부보호필요	아이소프로필알코올, 에탄올
페놀	• 조제하여 사용 • 세척필요 • 용액상태로 불안정 (2 ~3시간 이내사용) • 피부보호 필요 • 고가	페놀, 염소화페놀
인산	• 산성 조건하에서 사용이 좋음 • 피부보호 필요	인산 용액
과산화수소	• 고농도 시 폭발 • 반응성 • 피부보호필요	안정화된 용액 사용

037

화장품 제조소의 청정도 기준이 아닌 것은?

① 청정도 2등급은 차압으로 공기 순환을 관리한다.
② 청정도 3등급은 차압으로 공기 순환을 관리한다.
③ 클린벤치는 헤파필터가 설치되어 있다.
④ 화장품 내용물이 노출되는 작업실은 청정도 3등급으로 관리한다.
⑤ 완제품 보관소 및 원자재보관소는 환기장치로 공기를 순환하고 청정도 4등급으로 관리한다.

답 ④

해 내용물이 노출되는 작업실은 청정도 2등급으로 관리한다.

<청정도 기준>

청정도 등급	대상시설	해당 작업실	청정공기 순환
1	청정도 엄격관리	Clean bench	20회/hr 이상 또는 차압 관리
2	화장품 내용물이 노출되는 작업실	제조실 성형실 충전실 내용물보관소 원료 칭량실 미생물시험실	10회/hr 이상 또는 차압 관리
3	화장품 내용물이 노출 안 되는 곳	포장실	차압 관리
4	일반 작업실 (내용물 완전폐색)	포장재보관소 완제품보관소 관리품보관소 원료보관소 갱의실, 일반시험실	환기장치

청정도 등급	구조 조건	관리 기준	작업복장
1	Pre- filter, Med- filter, HEPA- filter, Clean bench/booth, 온도 조절	낙하균 : 10개/hr 또는 부유균 : 20개/m^3	작업복 작업모 작업화
2	Pre- filter, Med- filter, (필요시 HEPA- filter), 분진발생실 주변 양압, 제진 시설	낙하균 : 30개/hr 또는 부유균 : 200개/m^3	작업복 작업모 작업화
3	Pre- filter 온도조절	갱의, 포장재의 외부 청소 후 반입	작업복 작업모 작업화
4	환기 (온도조절)	-	-

038

화장품 원료 및 내용물의 변질 방지를 위한 방법으로 옳지 않은 것은?

① 벌크는 품질이 변하지 않도록 밀폐된 용기에 넣어 지정된 장소에서 보관해야 하며 명칭.제조번호, 보관 조건 등을 표시해야 한다.

② 벌크의 최대 보관 기한을 설정해야 하며, 보관 기한이 가까워진 제품은 완제품으로 제조하기 전에 품질 이상, 변질 여부 등을 반드시 확인해야 한다.

③ 원료의 시험용 검체는 오염되지 않도록 채취하고, 남은 원료는 원상태에 준하는 포장을 해야 하며, 검체가 채취되었음을 표시한다.

④ 벌크제품을 재사용하기 위해서는 반드시 차광용기를 이용하며 기존의 보관 환경과 동일한 조건에서 보관하고, 제조지시서에 따라 재사용한다.

⑤ 개봉할 때마다 오염이 발생할 가능성이 있으므로 여러 번 재사용 후 재보관하는 벌크제품은 조금씩 나누어서 보관한다.

답 ④

해 벌크제품 재사용 시 차광용기를 이용할 필요는 없다.

039

다음 중 위해화장품의 분류별 등급이 다른 하나는?

① 기능성화장품의 기능성을 나타나게 하는 주원료 함량이 기준치에 부적합한 화장품

② 안전용기·포장 등에 위반되는 화장품

③ 사용기한 또는 개봉 후 사용기간을 위조·변조한 화장품

④ 병원미생물에 오염된 화장품

⑤ 맞춤형화장품조제관리사를 두지 아니하고 판매한 맞춤형화장품

답 ②

해 위해화장품의 분류별 등급

위해성 등급	등급 평가 기준
가등급	1. 사용할 수 없는 원료를 사용한 화장품(법 제8조 제1항) 2. 사용상 제한이 필요한 원료를 사용한도 이상으로 사용한 화장품 3. 사용기준이 지정·고시된 원료 외의 보존제, 색소, 자외선차단제 등을 사용한 화장품(법제8조 제2항)
나등급	1. 안전용기·포장등에 위반되는 화장품(제1항제1호) 2. 유통화장품 안전관리 기준에 적합하지 아니한 화장품(내용량 및 기능성원료 함량부족 제외) 3. 식품의 형태·냄새·색깔·크기·용기 및 포장 등을 모방하여 섭취 등 식품으로 오용될 우려가 있는 화장품(법 제15조제10호)
다등급	1. 전부 또는 일부가 변패된 화장품(법15조2호) 2. 병원미생물에 오염된 화장품(법15조3호) 3. 이물이 혼입되었거나 부착된 화장품(법 제15조4호) 중 보건위생상 위해를 발생할 우려가 있는 화장품 4. 유통화장품 안전관리 기준에서 기능성화장품의 기능성을 나타나게 하는 주원료 함량이 기준치에 부적합한 화장품(내용량의 기준에 관한 부분은 제외). 5. 사용기한 또는 개봉 후 사용기간(병행 표기된 제조연월일을 포함한다)을 위조·변조한 화장품(법제15조제9호) 6. 화장품제조업자 또는 화장품책임판매업자 스스로 국민보건에 위해를 끼칠 우려가 있어 회수가 필요하다고 판단한 화장품(법제14조의2바목) 7. 영업등록을 하지 아니한 자가 제조한 화장품 또는 제조·수입하여 유통·판매한 화장품(법제16조제1항1호) 8. 영업신고를 하지 아니한 자가 판매한 맞춤형화장품 9. 맞춤형화장품조제관리사를 두지 아니하고 판매한 맞춤형화장품 10. 1차포장, 2차포장 기재표시 사항 위반되는 화장품(법제10조) 11. 소비자에게 판매시 가격을 표시하지 않은 화장품(법제11조) 12. 기재·표시는 다른 문자 또는 문장보다 쉽게 볼 수 있는 곳에 한글로 기재·표시하여야 하며, 한자 또는 외국어를 함께 기재할 수 있음을 위반한 화장품(법제12조) 13. 의약품으로 잘못 인식할 우려가 있게 기재·표시된 화장품 14. 판매의 목적이 아닌 제품의 홍보·판매촉진 등을 위하여 미리 소비자가 시험·사용하도록 제조 또는 수입된 화장품을 판매를 목적으로 보관, 진열하거나 소비자에게 판매한 화장품 15. 화장품의 포장 및 기재·표시 사항을 훼손또는 위조·변조한 화장품(맞춤형화장품 판매를 위하여 필요한 경우는 제외한다).

040

다음 중 원료의 품질성적서로서 인정받을 수 없는 것을 고르시오.

① 책임판매업자의 원료에 대한 자가품질검사 성적서
② 맞춤형화장품판매업자의 원료에 대한 자가 품질검사 성적서
③ 원료업체의 원료에 대한 공인검사기관 성적서
④ 책임판매업자의 원료에 대한 공인검사기관 성적서
⑤ 대한화장품협회의 '원료공급자의 검사결과 신뢰 기준 자율규약' 기준에 적합한 원료업체의 자가품질검사 성적서

답 ②

해 원료의 품질성적서 인정 기준

① 제조업자의 자가품질검사 성적서 또는 공인검사기관 성적서
② 책임판매업자의 자가품질검사 성적서 또는 공인검사기관 성적서
③ 원료업체에서 공급하는 공인검사기관 성적서
④ 원료업체의 자가품질검사 성적서(대한화장품협회의 '원료공급자의 검사결과 신뢰 기준 자율규약' 기준에 적합한 것)

041

「우수화장품 제조 및 품질관리기준(CGMP)」 제12조에 따른 출고 관리에 관한 설명으로 옳은 것을 고르시오.

① 출고 관리는 모든 직원이 원료 및 포장재의 불출 절차를 수행할 수 있다.
② 배치에서 취한 검체가 일부 합격 기준에 부합할 때 배치가 분출될 수 있다.
③ 원료와 포장재는 분출되기 전까지 사용을 금지하는 격리를 위해 특별한 절차가 이행되어야 한다.
④ 재고품은 최신의 것이 먼저 사용되도록 보증해야 한다.
⑤ 사용기한이 긴 경우 먼저 입고된 물품보다 먼저 출고할 수 있다.

답 ③

해 ① 출고 관리는 오직 승인된 자만이 원료 및 포장재의 불출 절차를 수행할 수 있다.
② 배치에서 취한 검체가 모든 합격 기준에 부합할 때 배치가 불출될 수 있다.
④ 재고품은 오래된 것이 먼저 사용되도록 보증해야 한다.
⑤ 사용기한이 임박한 경우 먼저 입고된 물품보다 빨리 출고할 수 있다.

042

「화장품법 시행규칙」 제19조, 제20조, 제21조에 따른 화장품의 표시·기재 사항에 대한 설명으로 틀린 것은?

① 15mL 이하의 제품, 견본품, 비매품에는 화장품 바코드 표시를 생략할 수 있다.
② 한글, 한자와 함께 기재 표시할 수 있다.
③ 50ml 이하의 화장품은 전성분 표시를 생략할 수 있다. 다만 속눈썹용 퍼머넌트웨이브 제품과 외음부세정제는 그러하지 아니한다.
④ 견본품은 전성분 표시를 생략할 수 있다.
⑤ 온라인에 판매 시 제품의 전성분은 표시하지 않아도 된다.

답 ⑤

해 온라인 판매 시 전성분을 반드시 표시해야 한다.

043

설비의 세척 소독 및 판정 방법으로 옳지 못한 것은?

① 잔류물 확인 시 육안 판정 후 무진포 천으로 잔류물을 확인한다.

② 세척 소독 완료 후 잔류물이 남지 않도록 유기용제를 사용한다.

③ 설비는 되도록 분해하지 않고 세척한다.

④ 세척 후에는 반드시 "판정"한다.

⑤ 세척의 유효기간을 설정한다.

답 ②

해 세척 시 온수 또는 증기로 세척하는 것이 가장 바람직하지만, 브러시 또는 수세미 등을 사용하여 세척하여도 된다. 계면활성제를 사용하여 세척 시 세제가 잔존하지 않도록 수압을 이용하여 잘 씻어낸 후 pH 페이퍼를 이용하여 세제의 잔류를 확인하고 UV로 멸균시킨 마른 수건으로 물기를 제거한다. 잔류물 확인 시 육안 판정을 기본으로 하며 흰 천 또는 검은 천의 무진포로 문질러 천 표면의 잔류물 유무를 육안으로 확인한다.

044

작업장 내 직원의 소독을 위한 손 소독제의 종류로 옳은 것은?

① 알코올 70%, 클로르헥시딘디글루코네이트, 차아염소산나트륨

② 아이오다인과 아이오도퍼, 클로록시레놀, 4급암모늄화합물

③ 클로르헥시딘디글루코네이트, 페녹시에탄올

④ 클로록시레놀, 일반비누, 차아염소산나트륨

⑤ 헥사클로로펜, 트리클로산, 페녹시에탄올

답 ②

해 작업장 내 직원의 소독을 위한 손 소독제의 종류

- 알코올 70%
- 클로르헥시딘디글루코네이트(Chlorhexidinedig-lu-conate)
- 아이오다인과 아이오도퍼(Iodine&Iodophors)
- 클로록시레놀(Chloroxylenol)
- 헥사클로로펜(Hexachlorophene, HCP)
- 4급암모늄화합물(Quaternary Ammonium Com-pounds)
- 트리클로산(Triclosan)
- 일반비누
- 차아염소산나트륨은 락스를 희석한 것으로 손 소독의 목적으로는 적당하지 않다.

045

다음은 화장품의 제조 설비, 기구의 세척 및 소독관리기준서의 일부이다 (　　) 안의 숫자의 합은?

〈보기〉

설비 종류	제조탱크, 저장탱크	필터, 여과기, 체
세척 및 소독방법	상수를 탱크의 (㉠)%까지 채우고, (㉡)℃로 가온한다.	(㉢)%의 에탄올을 분사하고 필터를 통과한 깨끗한 공기로 건조하거나 UV로 멸균시킨 마른 수건으로 닦는다.

① 200　② 210　③ 220　④ 230　⑤ 240

답 ④

해 상수를 탱크의 (80)% 까지 채우고, (80)℃ 까지 가온한다. (70)% 알코올로 소독한다.

적용 기계 및 기구류	제조, 탱크, 저장 탱크(일반 제품)
세척 도구	• 스펀지, 수세미, 솔, 스팀 세척기
세제 및 소독액	• 일반 주방 세제(0.5%), 70% 에탄올
세척 및 소독 주기	• 제품 변경 시 또는 작업 완료 후 • 설비 미사용 72시간 경과 후, 밀폐되지 않은 상태로 방치 시 • 오염 발생 혹은 시스템 문제 발생 시
세척 방법	• 제조 탱크, 저장 탱크를 스팀 세척기로 깨끗이 세척한다. • 상수를 탱크의 80%까지 채우고 80℃로 가온한다. • 패달 25r/m, 호모 2,000r/m으로 10분간 교반 후 배출한다. • 탱크 벽과 뚜껑을 스펀지와 세척제로 닦아 잔류하는 제품이 없도록 제거 후 상수로 세척한다. • 정제수로 2차 세척한 후 UV로 처리한 깨끗한 수건이나 부직포 등을 이용하여 물기를 완전히 제거한다. • 잔류하는 제품이 있는지 확인하고, 필요에 따라 위의 방법을 반복한다. • 저장 탱크의 경우에는 두 번째와 세 번째 항은 생략한다.
소독 방법	• 세척된 탱크의 내부 표면 전체에 70% 에탄올이 접촉되도록 고르게 스프레이한다. • 탱크의 뚜껑을 닫고 30분간 정체해 둔다. • 정제수로 헹군 후 필터 된 공기로 완전히 말린다. • 뚜껑은 70% 에탄올을 적신 스펀지로 닦아 소독한 후 자연 건조하여 설비에 물이나 소독제가 잔류하지 않도록 한다. • 사용하기 전까지 뚜껑을 닫아서 보관한다.

046

화장품의 작업소의 기준이 아닌 것은?

① 청소가 용이하도록 바닥, 벽, 천장은 매끄러운 표면이어야 한다.

② 외부와 연결된 창문은 가능한 한 열리지 않도록 한다.

③ 파이프, 덕트 등 노출된 부분은 벽에 붙여서 고정한다.

④ 곤충, 해충 등이 들어오지 않게 적절히 조치한다.

⑤ 수세실과 화장실은 접근이 쉬워야 하나 생산 구역과 분리되어 있어야 한다.

답 ③

해 ■ 작업소의 기준

1. 제조하는 화장품의 종류·제형에 따라 적절히 구획·구분되어 있어 교차오염 우려가 없을 것
2. 바닥, 벽, 천장은 가능한 청소 또는 위생관리를 하기 쉽게 매끄러운 표면을 지니고 청결하게 유지되어야 하며 소독제 등의 부식성에 저항력이 있을 것
3. 환기가 잘 되고 청결할 것.
4. 외부와 연결된 창문은 가능한 열리지 않도록 할 것, 창문이 외부 환경으로 열리는 경우, 제품의 오염을 방지하도록 적절히 차단할 것
5. 작업소 내의 외관 표면은 가능한 매끄럽게 설계하고, 청소, 소독제의 부식성에 저항력이 있을 것
6. 적절하고 깨끗한 수세실과 화장실을 마련하고 수세실과 화장실은 접근이 쉬워야 하나 생산구역과 분리되어 있을 것
7. 작업소 전체에 적절한 조명을 설치하고, 조명이 파손될 경우를 대비한 제품을 보호할 수 있는 처리절차를 마련할 것
8. 제품의 오염을 방지하고 적절한 온도 및 습도를 유지할 수 있는 적절한 환기시설을 갖출 것
9. 각 제조구역별 청소 및 위생관리 절차에 따라 효능이 입증된 세척제 및 소독제를 사용할 것
10. 제품의 품질에 영향을 주지 않는 소모품을 사용할 것

■ 제조 및 품질관리에 필요한 설비 등의 기준

① 사용 목적에 적합하고, 청소가 가능하며, 필요한 경우 위생·유지 관리가 가능하여야 한다. 자동화시스템을 도입한 경우도 또한 같다.

② 사용하지 않는 연결 호스와 부속품은 청소 등 위생관리를 하며, 건조한 상태로 유지하고 먼지, 얼룩 또는 다른 오염으로부터 보호할 것

③ 설비 등은 제품의 오염을 방지하고 배수가 쉽도록 설계·설치하며, 제품 및 청소 소독제와 화학반응을 일으키지 않을 것
④ 설비 등의 위치는 원자재나 직원의 이동으로 인하여 제품의 품질에 영향을 주지 않도록 할 것
⑤ 용기는 먼지나 수분으로부터 내용물을 보호할 수 있을 것
⑥ 제품과 설비가 오염되지 않도록 배관 및 배수관을 설치하며, 배수관은 역류하지 않아야 하고, 청결을 유지할 것
⑦ 천장 주위의 대들보, 파이프, 덕트 등은 가급적 노출되지 않도록 설계하고, 파이프는 받침대 등으로 고정하고 벽에 닿지 않게 하여 청소가 용이하도록 설계할 것
⑧ 시설 및 기구에 사용되는 소모품은 제품의 품질에 영향을 주지 않도록 할 것

047

위해화장품은 (　　)일 이내에 회수계획서를 제출하고, 회수 의무자는 회수 통보 사실을 입증할 수 있는 자료를 회수종료일부터 (　　)년간 보관한다.

① 5일, 1년　② 5일, 2년
③ 10일, 1년　④ 10일, 3년
⑤ 15일, 1년

답 ②

해 ▶ **화장품법 시행규칙 제14조의3(위해화장품의 회수계획 및 회수절차 등)**

① 법 제5조의2제1항에 따라 화장품을 회수하거나 회수하는 데에 필요한 조치를 하려는 영업자(이하 "회수의무자"라 한다)는 해당 화장품에 대하여 즉시 판매중지 등의 필요한 조치를 하여야 하고, 회수대상화장품이라는 사실을 안 날부터 5일 이내에 별지 제10호의2서식의 회수계획서에 다음 각호의 서류를 첨부하여 지방식품의약품안전청장에게 제출하여야 한다. 다만, 제출 기한까지 회수계획서의 제출이 곤란하다고 판단되는 경우에는 지방식품의약품안전청장에게 그 사유를 밝히고 제출 기한 연장을 요청하여야 한다.
1. 해당 품목의 제조 수입기록서 사본
2. 판매처별 판매량 판매일 등의 기록
3. 회수 사유를 적은 서류

② 회수의무자가 제1항 본문에 따라 회수계획서를 제출하는 경우에는 다음 각호의 구분에 따른 범위에서 회수 기간을 기재해야 한다. 다만, 회수 기간 이내에 회수하기가 곤란하다고 판단되는 경우에는 지방식품의약품안전청장에게 그 사유를 밝히고 회수 기간 연장을 요청할 수 있다.
1. **위해성 등급이 가등급인 화장품**: 회수를 시작한 날부터 15일 이내
2. **위해성 등급이 나등급 또는 다등급인 화장품**: 회수를 시작한 날부터 30일 이내

③ 지방식품의약품안전청장은 제1항에 따라 제출된 회수계획이 미흡하다고 판단되는 경우에는 해당 회수의무자에게 그 회수계획의 보완을 명할 수 있다.
④ 회수의무자는 회수대상화장품의 판매자(법 제11조 제1항에 따른 판매자를 말한다), 그밖에 해당 화장품을 업무상 취급하는 자에게 방문, 우편, 전화, 전보, 전자우편, 팩스 또는 언론매체를 통한 공고 등을 통하여 회수계획을 통보하여야 하며, **통보 사실을 입증할 수 있는 자료를 회수종료일부터 2년간 보관하여야 한다.**
⑤ 제4항에 따라 회수계획을 통보받은 자는 회수대상화장품을 회수의무자에게 반품하고, 별지 제10호의3서식의 회수확인서를 작성하여 회수의무자에게 송부하여야 한다.
⑥ 회수의무자는 회수한 화장품을 폐기하려는 경우에는 별지 제10호의4서식의 폐기신청서에 다음 각호의 서류를 첨부하여 지방식품의약품안전청장에게 제출하고, 관계 공무원의 참관하에 환경 관련 법령에서 정하는 바에 따라 폐기하여야 한다.
1. 별지 제10호의 2서식의 회수계획서 사본
2. 별지 제10호의 3서식의 회수확인서 사본

⑦ 제6항에 따라 폐기를 한 회수의무자는 별지 제10호의 5서식의 폐기확인서를 작성하여 2년간 보관하여야 한다.
⑧ 회수의무자는 회수대상화장품의 회수를 완료한 경우에는 별지 제10호의 6서식의 회수종료 신고서에 다음 각호의 서류를 첨부하여 지방식품의약품안전청장에게 제출하여야 한다.
1. 별지 제10호의 3서식의 회수확인서 사본
2. 별지 제10호의 5서식의 폐기확인서 사본(폐기한 경우에만 해당한다)
3. 별지 제10호의 7서식의 평가보고서 사본

⑨ 지방식품의약품안전청장은 제8항에 따라 회수종료신고서를 받으면 다음 각호에서 정하는 바에 따라 조치하여야 한다.
1. 회수계획서에 따라 회수대상화장품의 회수를 적절하게 이행하였다고 판단되는 경우에는 회수가

종료되었음을 확인하고 회수의무자에게 이를 서면으로 통보할 것
2. 회수가 효과적으로 이루어지지 아니하였다고 판단되는 경우에는 회수의무자에게 회수에 필요한 추가 조치를 명할 것

048

제조설비 중 탱크설비에 관한 설명으로 옳지 못한 것은?

① 탱크는 공정 단계 및 완성된 포뮬레이션 과정에서 공정 중인 또는 보관용 원료를 저장하기 위해 사용되는 용기이다.
② 미생물학적으로 민감하지 않은 물질 또는 제품에는 유리로 안을 덧댄 강화유리섬유 폴리에스터와 플라스틱으로 안을 덧댄 탱크를 사용할 수 있다.
③ 주형 물질(Cast material)로 탱크를 제작할 수 있다.
④ 외부표면의 코팅은 제품에 대해 저항력(Product-resistant)이 있도록 코팅한다.
⑤ 용접, 결합은 가능한 한 매끄러운 평면이어야 한다.

답 ③

해 가. 탱크(TANKS)

탱크는 공정 단계 및 완성된 포뮬레이션 과정에서 공정 중인 또는 보관용 원료를 저장하기 위해 사용되는 용기이다. 탱크는 가열과 냉각을 하도록 또는 압력과 진공 조작을 할 수 있도록 만들어질 수도 있으며 고정하거나 움직일 수 있게 설계될 수도 있다. 탱크는 적절한 커버를 갖춰야 하며 청소와 유지 관리를 쉽게 할 수 있어야 한다.

① 구성 재질(Materials of Construction)
- 온도/압력 범위가 조작 전반과 모든 공정 단계의 제품에 적합해야 한다.
- 제품에 해로운 영향을 미쳐서는 안 된다.
- 제품(포뮬레이션 또는 원료 또는 생산공정 중간 생산물)과의 반응으로 부식되거나 분해를 초래하는 반응이 있어서는 안 된다.
- 제품, 또는 제품제조과정, 설비 세척, 또는 유지 관리에 사용되는 다른 물질이 스며들어서는 안 된다.
- 세제 및 소독제와 반응해서는 안 된다.

용접, 나사, 나사못, 용구 등을 포함하는 설비 부품들 사이에 전기화학 반응을 최소화하도록 고안되어야 한다. 현재 대부분 원료와 포뮬레이션에 대해 스테인리스스틸은 탱크의 제품에 접촉하는 표면 물질로 일반적으로 선호된다. 구체적인 등급으로는 유형번호 304와 더 부식에 강한 번호 316 스테인리스스틸이 가장 광범위하게 사용된다. 어떤 경우에, 미생물학적으로 민감하지 않은 물질 또는 제품에는 유리로 안을 댄 강화유리섬유 폴리에스터와 플라스틱으로 안을 댄 탱크를 사용할 수 있다. 퍼옥사이드 같은 어떠한 민감한 물질/제품은 탱크제작전문가들 또는 물질 공급자와 함께 탱크의 구성 물질과 생산하고자 하는 내용물이 서로 적용 가능한지에 대해 상의하여야 한다.

기계로 만들고 광을 낸 표면이 바람직하다. 주형물질(Cast material) 또는 거친 표면은 제품이 뭉치게 되어 깨끗하게 청소하기가 어려워 미생물 또는 교차오염 문제를 일으킬 수 있다. 주형 물질(Cast material)은 화장품에 추천되지 않는다. 용접, 결합은 가능한 한 매끄러운 평면이어야 한다. 외부표면의 코팅은 제품에 대해 저항력(Product-resistant)이 있어야 한다. 원료 공급업체는 그들이 판매한 화학제품들의 구성성분에 대한 정보를 제공해야 한다.

② **세척과 위생처리(Cleaning and Sanitization)**: 탱크는 세척하기 쉽게 고안되어야 한다. 제품에 접촉하는 모든 표면은 검사와 기계적인 세척을 하기 위해 접근할 수 있는 것이 바람직하다. 세척을 위해 부속품 해체가 용이하여야 한다. 최초 사용 전에 모든 설비는 세척되어야 하고 사용 목적에 따라 소독되어야 한다. 반응할 수 있는 제품의 경우 표면을 비활성으로 만드는 데 사용하기 전에 표면 패시베이션(Passivation)을 하는 것이 추천된다. 설비의 일부분이 변경 시 어떤 경우에는 다시 패시베이션이 필요할 수 있다.

Clean-in-place 시스템(스프레이 볼/스팀세척기 같은)은 제품과 접촉되는 표면에 쉽게 접근할 수 없을 때 사용될 수 있다. 그러나, 설비의 악화 또는 손상이 확인되고 처리되는 동안에는 장비의 해체 청소를 하여야 한다. 가는 관을 연결하여 사용하는 것은 물리적/미생물 또는 교차오염 문제를 일으킬 수 있으며 청소하기가 어렵다. 탱크는 완전히 내용물이 빠지도록 설계되어야 한다.

위생(Sanitary) 밸브와 연결 부위는 비위생적인 틈을 방지하기 위해 추천되며 세척/위생처리를 쉽게 하며 여러 가지 상태에서 사용할 수 있게 한다.

밸브들은 청소하기 어려운 부분이나, 정체 부위

(dead leg)가 발생하지 않도록 설치해야 한다.

③ **위치(Location)**: 탱크는 작업, 관찰, 유지관리가 쉽고 탱크와 주변 청소가 용이하고 위생적 조건들을 보증하고 제품 오염의 가능성을 최소화하는 위치에 설치하여야 한다. 구조적 부품(다리, 받침대, 장식용 쇠붙이 등)은 물리적 오염의 가능성을 최소화하고 청소가 쉽도록 설계되어야 한다.

④ **안전(Safety)**: 모든 탱크 시스템들과 주변 지역은 산업 안전 등에 관련된 법규와 요건들을 따라야만 한다.

049

원자재 입·출고 관리에 대한 사항으로 옳지 못한 것은?

① 원자재 입고 시 구매요구서, 원자재 공급업체 성적서, 현품이 일치하여야 한다.

② 원자재 공급업자의 문서에 표기에 제조번호와 제품의 제조번호가 달라 CAS 번호를 제조번호로 사용했다.

③ 시험결과 "적합"으로 판정되고 품질부서 책임자가 승인한 것부터 선입선출하였다.

④ "적합" 판정을 받은 후 원자재, 부적합품, 반품된 제품을 구획된 장소에 따라 각각 보관하였다.

⑤ 검체를 채취한 원료에 "시험 중"라벨을 부착하고 원료보관소에 보관하였다.

답 ⑤

해 적합판정을 받지 않은 원료는 원료보관소에 보관할 수 없다.

050

모든 완제품은 포장 및 유통을 위해 불출되기 전, 해당 제품이 규격서를 준수하고, 지정된 권한을 가진 자에 의해 승인된 것임을 확인하는 규격서가 수립되어야 한다. 보관, 출하, 회수 시, 완제품의 품질을 유지할 수 있도록 보장하는 내용이 수립되어야 한다. 여기에서 "권한을 가진 자"란 누구를 의미하는 가?

① 제조 책임자

② 품질책임자

③ 책임판매 관리자

④ 책임판매업자

⑤ 대표자

답 ②

051

외부업체에 위수탁하여 업무를 맡기는 경우 옳지 못한 것은?

① 외부업체 선정 시 수탁업체의 계약 수행 능력을 평가하고 그 업체가 계약을 수행하는데 필요한 시설 등을 갖추고 있는지 확인해야 한다.

② 방충, 방서에 대한 관리를 외부업체에 위탁하는 경우 모니터링 보고서를 수령하여 검토, 판정한다.

③ 공정 또는 시험 일부를 위탁하고자 할 때는 문서화된 절차를 수립·유지하여야 한다.

④ 위탁업체는 수탁업체에 대해 계약에서 규정한 감사를 시행해야 하며 수탁업체는 이를 수용하여야 한다.

⑤ 제조소의 방충 방서관리는 위탁업체에 맡겼으니 관리, 점검에 대해 신경 쓰지 않아도 된다.

답 ⑤

해 제조소의 방충 방서 관리는 위탁업체에 맡기더라도 자체 점검은 실시해야 한다.

① 화장품 제조 및 품질관리에 있어 공정 또는 시험 일부를 위탁하고자 할 때는 문서화된 절차를 수립·유지하여야 한다.

② 제조업무를 위탁하고자 하는 자는 제30조에 따라 식품의약품안전처장으로부터 우수화장품 제조 및 품질관리기준 적합판정을 받은 업소에 위탁 제조하는 것을 권장한다.

③ 위탁업체는 수탁업체의 계약 수행 능력을 평가하고 그 업체가 계약을 수행하는 데 필요한 시설 등을 갖추고 있는지 확인해야 한다.
④ 위탁업체는 수탁업체와 문서로 계약을 체결해야 하며 정확한 작업이 이루어질 수 있도록 수탁업체에 관련 정보를 전달해야 한다.
⑤ 위탁업체는 수탁업체에 대해 계약에서 규정한 감사를 시행해야 하며 수탁업체는 이를 수용하여야 한다.
⑥ 수탁업체에서 생성한 위·수탁 관련 자료는 유지되어 위탁업체에서 이용 가능해야 한다.

제조 비용의 절감 요청, 제조 기술의 고도화, 국제 분업의 발전 등으로 인하여 위·수탁 업무는 앞으로도 증가할 것이다.

이에 따라 생산 공장의 거의 모든 과정에 대해 위탁계약이 이루어질 수 있다. 따라서 화장품의 제조, 포장에서부터 품질관리까지 위탁계약이 이루어질 수 있으며, 제조 및 품질관리에 있어 공정 또는 시험 일부를 위탁하고자 할 때는 위탁계약에 관한 문서화된 절차를 수립·유지하여야 한다.

■ 외부업체 운영 시 관리

1) 업체 선정 시 적합한 업체인지 조사 및 평가한다.
2) 방충방서 모니터링 보고서를 수령하여 검토하고 이상 발생 시 대책수립을 논의 요청한다.
3) 사용 약제(사용 시) 정보 등을 수령하여 유해성 여부를 평가한다.
4) 업체에서 관리하더라도 내부적으로 점검할 항목을 추가할 수 있다.

052

「우수화장품 제조 및 품질관리기준(CGMP)」 제20조에 따른 시험관리에 관한 설명으로 옳지 않은 것은?

① 품질관리를 위한 시험업무에 대해 문서화된 절차를 수립하고 유지하여야 한다.
② 원자재, 벌크 및 완제품에 대한 적합 기준을 마련하고 제조번호별로 시험 기록을 작성·유지하여야 한다.
③ 시험결과 "적합" 또는 "부적합"인지 분명히 기록하여야 한다.
④ 원자재, 벌크 및 완제품은 "적합" 판정이 된 것만을 사용하거나 출고하여야 한다.
⑤ 정해진 보관 기간이 지난 원자재 및 벌크는 무조건 폐기해야 한다.

답 ⑤

해 정해진 보관 기간이 경과된 원자재 및 벌크는 재평가하여 품질기준에 적합한 경우 제조에 사용할 수 있다.

053

맞춤형화장품 판매업소에서 조제 판매가 가능한 경우로 옳은 것은?

① 스킨로션 내용물에 여드름 피부를 위한 아젤라산 0.1% 혼합
② 바디로션 내용물에 착향제인 시스-로즈케톤-1을 0.02% 혼합
③ 헤어샴푸 내용물에 구매한 혼합원료(알로에베라잎추출물 99.9% + 인디고페라 엽가루 0.1%)를 혼합
④ 헤어샴푸 내용물에 구매한 혼합원료(하이알루로닉애씨드 1.0% + 징크피리치온 0.4% + 정제수 98.6%)를 혼합
⑤ 크림 내용물에 토코페롤 2.0% 혼합하여 사용감이 우수하도록 혼합

답 ④

해 ① 아젤라산은 사용할 수 없는 원료이다.
② 시스-로즈케톤-1은 0.02%의 사용한도가 있는 원료로 사용할 수 없다.
③ 인디고페라(*Indigofera tinctoria*) 엽가루는 비산화염모제에 25%의 사용농도 상한이 있으며 염모제 외의 제품에는 사용금지이다. 혼합물이라고 해도 사용 불가능하다.
④ 혼합원료에서 징크피리치온이 보존제로 사용된 경우에는 맞춤형화장품판매업소에서 사용가능한 원료이다.
⑤ 토코페롤은 20%의 사용한도가 있는 원료이므로 사용이 불가능하다.

054

맞춤형화장품판매업의 변경 신고에 관한 내용 중 틀린 것은?

① 맞춤형화장품판매업자를 변경하는 경우 변경신고를 해야 한다.
② 맞춤형화장품판매업소의 상호 또는 소재지를 변경하는 경우 변경 신고를 해야 한다.
③ 맞춤형화장품조제관리사를 변경하는 경우 변경 신고를 해야 한다.
④ 맞춤형화장품판매업 변경 신고서는 맞춤형화장품판매업소의 소재지를 관할하는 지방식품의약품안전청장에게 제출해야 한다.
⑤ 맞춤형화장품판매업자는 변경 신고 후 맞춤형화장품판매업 신고대상과 신고필증의 뒷면에 각각의 변경사항을 적어야 한다.

답 ⑤

해 지방식품의약품안전청장은 맞춤형화장품판매업 신고대상과 신고필증의 뒷면에 각각의 변경사항을 적어야 한다.

055

다음은 혼합원료에 대한 설명이다. 아래 <보기>의 품질성적서에 해당되는 원료를 각각 a, b, c 원료에 혼합비율만큼 혼합하여 맞춤형화장품에 사용한 설명으로 옳은 것은? (단, 원료의 비검출허용량의 적합 여부는 무시하고 완료된 맞춤형화장품의 비검출허용량을 기준으로 한다.)

〈보기〉

성상	백색의 액제
향취	특이취
pH	6.8
굴절률	1.320~1.380
니켈	100㎍/g
비소	40㎍/g
총호기성생균수	세균 : 600개/g(mL)/ 진균 0개/g(mL)
보관조건	20~25℃/ 광차단
사용기한	제조일로부터 12개월
포장단위	20kg

혼합비율 : a 원료 70% ,b 원료 20% ,c 원료 10%씩 넣어 각각 혼합하여 원료로 사용

① 토너 내용물에 원료 a를 15% 혼합하여 고객에게 제공하였다.
② 물휴지의 내용물에 원료 a를 10% 혼합하여 고객에게 제공하였다.
③ 크림 내용물 40%에 b 원료 60%를 혼합하여 고객에게 제공하였다.
④ c 원료는 조제실 선반에 두고 15개월간 사용할 예정이다.
⑤ 한 달간 사용할 원료를 투명유리 용기에 소분하여 조제실 선반에 보관하며 사용한다.

답 ②

해 1) 비의도적으로 유래된 물질의 검출허용 한도

비소	10㎍/g 이하
니켈	10㎍/g 이하 눈 화장용 제품은 35㎍/g 이하 색조 화장용 제품은 30㎍/g 이하

2) 미생물 한도 기준
① 총 호기성 생균수는 영·유아용 제품류 및 눈화장용 제품류의 경우 500개/g(mL) 이하
② 물휴지의 경우 세균 및 진균 는 각각 100개/g(mL) 이하
③ 기타 화장품의 경우 1,000개/g(mL) 이하
④ 대장균(Escherichia Coli), 녹농균(Pseudomonas aeruginosa), 황색포도상구균(Staphylococcus aureus)은 불검출

• 원료의 품질성적서에서 니켈과 비소의 함량이 초과한 상태이지만 a, b, c에 각각 70%, 20%, 10%를 혼합하여 사용하였으므로 a 원료에는 니켈함량 70㎍/g, 비소28㎍/g, b원료에는 니켈함량 20㎍/g, 비소8㎍/g, c원료에는 니켈함량 10㎍/g, 비소4㎍/g가 각각 함유되어 있다. 여기에서 c 원료만이 적합하다고 할 수 있지만 위 문제에서는 혼합된 맞춤형화장품에 대한 검출양으로 계산하면 된다.

① a원료에는 니켈함량 70㎍/g, 비소함량 28㎍/g이 함유되어 있으나 15%를 사용했으므로 니켈 10.5㎍/g, 비소 4.2㎍/g 함유되어 니켈함량의 검출허용량이 많아 부적합으로 판매할 수 없다.
② a 원료에는 니켈함량 70㎍/g, 비소함량 28㎍/g이 함유, 세균 420개인 원료 10%를 사용했으므로 니켈함량 7㎍/g, 비소함량 2.8㎍/g이 함유, 세균 42개로 물휴지에 적합하다.
③ b 원료에는 니켈함량 20㎍/g, 비소 8㎍/g이 함유되어 있으나 60%를 사용했으므로 니켈함량 12㎍/g, 비소 4.8㎍/g이 함유되어 니켈함량이 초과하여 판매할 수 없다.
④ 제조일로부터 12개월 사용할 수 있다.
⑤ 광차단병에 넣어서 보관해야 한다.

056

맞춤형화장품 판매 시 준수사항으로 옳지 못한 것은?

① 원료 입고 시 품질관리 여부를 확인하고 품질성적서를 구비한다.

② 원료는 직사광선을 피하고 품질에 영향을 미치지 않는 장소에 보관한다.

③ 원료는 사용기한을 확인하고 관련 기록을 해야 한다.

④ 맞춤형화장품 판매 시 소비자에게 내용물 및 원료에 대한 품질성적서를 문서로 제공해야 한다.

⑤ 맞춤형화장품 판매 시 소비자에게 설명하지 않으면 1차 위반 시 200만원 이하의 벌금과 시정명령에 처해진다.

답 ④

해 제품의 1차, 2차 포장에 표기되어 있으므로 별도의 문서 제공은 하지 않아도 되며 혼합 소분에 사용된 내용물 및 원료의 내용, 특성, 사용 시의 주의사항을 소비자에게 직접 설명해야 한다.

057

맞춤형화장품판매업자가 지켜야 할 준수사항이 옳은 것으로 짝지어진 것은?

〈보기〉

ㄱ. 혼합·소분 전에 손을 소독하거나 세정할 것. 다만, 혼합·소분 시 일회용 장갑을 착용할 수 없다.

ㄴ. 혼합·소분에 사용되는 내용물의 사용기한 또는 개봉 후 사용기간을 초과하여 맞춤형화장 품의 사용기한 또는 개봉 후 사용기간을 정하지 말 것.

ㄷ. 소분하는 맞춤형화장품은 미리 소분하여 보관하거나 판매할 수 있다.

ㄹ. 맞춤형화장품 판매내역서와 원료 및 내용물의 입고, 사용, 폐기 내역 등에 대하여 기록 관리해야 한다.

ㅁ. 혼합·소분 전에 내용물 및 원료의 사용기한 또는 개봉 후 사용기간을 확인하고, 사용기한 또는 개봉 후 사용기간이 지난 것은 자체 평가를 통해 재사용할 수 있다.

① ㄱ, ㄷ
② ㄱ, ㅁ
③ ㄴ, ㄷ
④ ㄴ, ㄹ
⑤ ㄹ, ㅁ

답 ④

058

기능성화장품 심사에 관한 규정에서 독성시험법 중 보기에서 설명 중인 시험법은?

가. 일반적으로 Maximization Test 을 사용하지만 적절하다고 판단되는 다른 시험법을 사용할 수 있다.
나. 시험 동물 : 기니픽
다. 동물 수 : 원칙적으로 1군당 5마리 이상
라. 시험군 : 시험물질감작군, 양성대조감작군, 대조군을 둔다.
마. Adjuvant를 사용하는 시험법 중 Freund's Complete Adjuvant Test 사용

① 안점막자극 또는 기타점막자극시험
② 피부 감작성 시험법
③ 유전독성시험
④ 단회투여독성시험
⑤ 광독성시험

답 ②

해 ■ **피부감작성시험**

가. 일반적으로 Maximization Test 을 사용하지만 적절하다고 판단되는 다른 시험법을 사용할 수 있다.
나. 시험 동물 : 기니픽
다. 동물 수 : 원칙적으로 1군당 5마리 이상
라. 시험군 : 시험물질감작군, 양성대조감작군, 대조군을 둔다.
마. 시험 실시요령 : Adjuvant는 사용하는 시험법 및 adjuvant 사용하지 않는 시험법이 있으나 제1단계로서 Adjuvant를 사용하는 사용법 가운데 1가지를 선택해서 행하고, 만약 양성 소견이 얻어진 경우에는 제2단계로서 Adjuvant를 사용하지 않는 시험방법을 추가해서 실시하는 것이 바람직하다.
바. 시험결과의 평가 : 동물의 피부반응을 시험법에 의거한 판정기준에 따라 평가한다.
사. 대표적인 시험방법은 다음과 같은 방법이 있다.
(1) Adjuvant를 사용하는 시험법
- Adjuvant and Patch Test
- Freund's Complete Adjuvant Test
- Maximization Test
- Optimization Test
- Split Adjuvant Test

(2) Adjuvant를 사용하지 않는 시험법
- Buehler Test
- Draize Test
- Open Epicutaneous Test

059

닥나무 추출물의 기준 및 시험방법에서 기능성 시험을 실시할 때 산화작용 억제율을 측정해야 하는 산화효소는?

① 엘라스타아제
② 콜라게나아제
③ 타이로시네이즈
④ 카복시펩티데이스
⑤ 폴리펩타이드

답 ③

해 닥나무추출물은 닥나무 Broussonetia kazinoki 및 동속식물(뽕나무과 Moraceae)의 줄기 또는 뿌리를 에탄올 및 에칠 아세테이트로 추출하여 얻은 가루 또는 그 가루의 2w/v% 부틸렌글리콜 용액이다. 이 원료에 대하여 기능성 시험을 할 때 타이로시네이즈(티로시나아제) 억제율은 48.5 ~ 84.1%이다.

060

관능평가를 위해 사용되는 표준품에 대한 설명으로 옳은 것을 <보기>에서 모두 고른 것은?

〈보기〉

㉠ 제품표준견본 : 성상, 냄새, 사용감에 관한 표준
㉡ 충진 위치견본 : 내용물을 제품용기에 충진할 때의 액면위치에 관한 표준
㉢ 라벨 부착 위치견본 : 완제품의 라벨 부착위치에 관한 표준
㉣ 벌크제품 표준견본 : 색소의 색조에 관한 표준
㉤ 용기·포장재 표준견본 : 용기·포장재 외관검사에 사용하는 합격품 한도를 나타내는 표준

① ㉠, ㉡　　② ㉠, ㉢
③ ㉡, ㉢　　④ ㉢, ㉣
⑤ ㉣, ㉤

답 ③

해 ① **제품 표준견본**: 완제품의 개별 포장에 관한 표준(화장품의 완제품 표준)
② **벌크제품 표준견본**: 성상, 냄새, 사용감에 관한 표준
③ **라벨 부착 위치견본**: 완제품의 라벨 부착 위치에 관한 표준
④ **충진 위치견본**: 내용물을 제품 용기에 충진할 때의 액면 위치에 관한 표준
⑤ **색소원료 표준견본**: 색소의 색조에 관한 표준
⑥ **원료 표준견본**: 원료의 색상, 성상, 냄새 등에 관한 표준
⑦ **향료 표준견본**: 향, 색상, 성상 등에 관한 표준
⑧ **용기·포장재 표준견본**: 용기·포장재의 검사에 관한 표준
⑨ **용기·포장재 한도견본**: 용기·포장재 외관검사에 사용하는 합격품 한도를 나타내는 표준

061

맞춤형화장품 조제 시 혼합하는 원료 및 내용물로 옳지 못한 것은?

① 다마스크장미꽃수에 소듐벤조에이트 0.7%를 보존제로 함유한 원료(사용 후 씻어내는 제품에 3.0% 배합)
② 다마스크장미꽃오일 과 소합향나무발삼오일 50% 혼합된 원료 (사용 후 씻어내는 제품에 0.4% 배합)
③ 에탄올에 벤잘코늄클로라이드 1.0% 혼합된 원료 (사용 후 씻어내는 제품에 10% 배합)
④ 청량감을 주기 위해 정제수에 청색1호 0.1%가 용해된 원료(사용 후 씻어내지 않는 제품에 0.2%배합)
⑤ 보존제로서 벤질알코올 100% (사용 후 씻어내지 않는 제품에 0.9% 배합)

답 ⑤

해 ① **소듐벤조에이트(벤조익애씨드의 염류)**: 0.5% 사용 한도(씻어내는 제품은 2.5% 사용 한도)
- 소듐벤조에이트 0.7%를 함유한 원료를 사용 후 씻어내는 제품에 3.0% 배합 시 소듐벤조에이트의 함량은 0.02%이므로 적합하다.

② **소합향나무발삼오일 및 추출물**: 0.6% 사용 한도가 있는 원료이다.
- 50% 혼합된 원료를 사용 후 씻어내는 제품에 0.4% 배합 시 소합향나무발삼오일의 함량은 0.2% 함유이므로 적합하다.

③ **벤잘코늄클로라이드**: 사용 후 씻어내는 제품에 0.1% 기타제품에 0.05% 사용 한도가 있는 원료이다. 1.0% 혼합된 원료를 사용 후 씻어내는 제품에 10% 배합 시 벤잘코늄클로라이드의 함량은 0.1%이므로 적합하다.
④ **청색1호**: 타르색소로서 주의 사항 및 사용 한도 없으므로 적합하다.
⑤ **벤질알코올**: 1% (염모제10%) 사용 한도가 있는 보존제이다. 맞춤형화장품조제시 사용 한도가 있는 원료, 보존제는 단독으로 사용할 수 없다. 혼합물일 경우 사용이 가능하다.

062

맞춤형화장품조제관리사가 혼합 및 소분할 수 있는 화장품으로 알맞은 것은?

① 책임판매업자가 소비자에게 그대로 판매하기 위해 수입한 화장품을 소분한 화장품
② 판매의 목적이 아닌 제품의 홍보, 판매 촉진들을 위해 제조 또는 수입된 화장품
③ 품질의 유지를 위해 맞춤형화장품조제관리사가 내용물에 보존제를 혼합한 화장품
④ 개인이 선호하는 향의 화장품을 만들기 위해 내용물에 향료를 혼합한 화장품
⑤ 기능성 고시원료를 별도로 구매하여 내용물에 혼합한 화장품

답 ④

해 맞춤형화장품은 소비자용 화장품을 사용할 수 없으며 보존제, 사용 한도가 있는 원료, 기능성 고시원료는 사용할 수 없다.

063

맞춤형화장품판매업의 영업신고를 할 수 없는 자로 옳은 것은?

① 파산선고를 받고 복권된 자
② 광고 업무 정지 처분을 받은 날로부터 1년이 지난 자
③ 난치병으로 인해 맞춤형화장품판매업을 하기 곤란한 자
④ 허위로 맞춤형화장품판매업을 신고한 사실이 적발되어 영업소가 폐쇄된 날로부터 6개월이 지난 자
⑤ 맞춤형화장품판매업을 등록하지 아니하고 해당 영업을 영위하였다는 이유로 징역 1년 형이 확정된 뒤, 복역을 마치고 출소한 자

답 ④

해 **(1) 영업등록의 결격사유(법 제3조3)**

다음 각 호의 어느 하나에 해당하는 자는 화장품제조업 또는 화장품책임판매업의 등록이나 맞춤형화장품판매업의 신고를 할 수 없다. 다만, 제1호 및 2호는 화장품제조업만 해당한다.

① 정신질환자(「정신건강증진 및 정신질환자 복지서비스 지원에 관한 법률」 제3조제1호) 다만, 전문의가 화장품제조업자로서 적합하다고 인정하는 사람은 제외
② 마약류의 중독자(「마약류 관리에 관한 법률」 제2조제1호)
③ 피성년후견인 또는 파산선고를 받고 복권되지 아니한 자
④ 화장품법 또는 「보건범죄 단속에 관한 특별조치법」1을 위반하여 금고 이상의 형을 선고받고 그 집행이 끝나지 아니하거나 그 집행을 받지 아니하기로 확정되지 아니한 자
⑤ 법 제24조에 따라 영업등록이 취소되거나 영업소가 폐쇄(제1호부터 제3호까지 제외)된 날부터 1년이 지나지 아니한 자

(2) 맞춤형화장품조제관리사의 결격사유(법 제3조의 5)

다음 각 호의 어느 하나에 해당하는 자는 맞춤형화장품조제관리사가 될 수 없다.

① 「정신건강증진 및 정신질환자 복지서비스 지원에 관한 법률」 제3조제1호에 따른 정신질환자. 다만, 전문의가 맞춤형화장품조제관리사로서 적합하다고 인정하는 사람은 제외한다.
② 피성년후견인
③ 「마약류 관리에 관한 법률」 제2조제1호에 따른 마약류의 중독자
④ 이 법 또는 「보건범죄 단속에 관한 특별조치법」을 위반하여 금고 이상의 형을 선고받고 그 집행이 끝나지 아니하거나 그 집행을 받지 아니하기로 확정되지 아니한 자
⑤ 제3조의8에 따라 맞춤형화장품조제관리사의 자격이 취소된 날부터 3년이 지나지 아니한 자

(3) 맞춤형화장품조제관리사 자격의 취소

① 거짓이나 그 밖의 부정한 방법으로 맞춤형화장품조제관리사의 자격을 취득한 경우
② 맞춤형화장품조제관리사 결격사유 중 어느 하나에 해당하는 경우
③ 다른 사람에게 자기의 성명을 사용하여 맞춤형화장품조제관리사 업무를 하게 하거나 맞춤형화장품조제관리사자격증을 양도 또는 대여한 경우

064

메이크업파우더의 내용물 규격서에서 확인 할 수 없는 것은?

① 성상　② 색상
③ 총호기성생균수　④ pH
⑤ 향취

답 ④

해 물을 포함하지 않는 제품은 pH를 측정할 수 없다.

065

2차 포장을 포함한 화장품의 1차 포장에 반드시 기재해야 하는 표시 사항으로 옳은 것은?

① 영업자의 상호
② 제조국의 명칭
③ 내용물의 용량 또는 중량
④ 식품의약품안전처장이 규정한 사용 한도를 고시한 화장품원료
⑤ 기능성화장품의 경우 "기능성화장품"이라는 글자 또는 도안

답 ①

해 **<2차 포장을 포함한 화장품의 1차 포장 기재 사항>**

화장품의 명칭, 영업자의 상호, 제조번호, 사용기한 또는 개봉 후 사용기간

066

화장품 원료 및 내용물의 재고관리를 위한 설명으로 옳지 않은 것은?

① 수기는 쉽게 수정할 수 있어 반드시 전자 문서로 관리한다.
② 재고 관리 방침, 재고 품목, 재고품의 구분, 재고 수량, 재고 통제, 재고 기간, 재고 방법을 관리한다.
③ 폐기된 문서가 사용되지 않도록 근거를 마련해야 한다.
④ 유효기간이 만료된 경우 폐기한다.
⑤ 사용 전 승인된 자에 의해 승인되어야 하고, 서명과 개봉날짜를 기재한다.

답 ①

해 재고 관리란 일반적으로 재고 수량을 관리하는 것을 의미하지만, 넓은 의미로는 재고 수량을 관리하는 것만이 아니라 생산, 판매 등을 원활히 하기 위한 활동이다. 재고 관리가 잘되면 자금의 운용이 수월해지고 최적의 생산 관리를 할 수 있게 된다. 또 물품에 결점이 있을 때 공정상의 문제점을 근본적으로 제거할 수 있다. 재고 관리에는 재고 관리 방침, 재고 품목, 재고품의 구분, 재고 수량, 재고 통제, 재고 기간, 재고 방법, 재고 설비, 재고 비용, 정보 처리와의 관계, 재고 관리의 운영, 재고 관리 조직 등이 포함된다. 재고관리는 수기, 전자문서 등 다양하게 관리가 가능하다.

067

인체첩포시험에 대한 설명으로 옳은 것은?

① 아무것도 안 한 깨끗한 피부의 부위에 첩포한다.
② 24시간 개방 혹은 폐쇄첩포를 실시한다.
③ 피부과 전문의 또는 연구소 및 병원, 기타 관련 기관에서 3년 이상 해당 시험 경력을 가진 자의 지도하에 수행되어야 한다.
④ 인체첩포 시험 시 10명 이상 시행해야 한다.
⑤ 시험 결과 및 평가 시 홍반, 부종 등의 정도를 첩포를 행한 연구원이 판정하고 평가한다.

답 ①

해 **(1) 인체 첩포 시험** : 피부과 전문의 또는 연구소 및 병원, 기타 관련 기관에서 5년 이상 해당 시험 경력을 가진 자의 지도하에 수행되어야 한다.

- **대상** : 30명 이상
- **투여농도 및 용량** : 원료에 따라서 사용 시 농도를 고려해서 여러 단계의 농도와 용량을 설정하여 실시하는데, 완제품의 경우는 제품 자체를 사용하여도 된다.
- **첩부 부위** : 사람의 상등부(정중선의 부분은 제외) 또는 전완부 등 인체사용시험을 평가하기에 적정한 부위를 폐쇄 첩포한다.
- **관찰** : 원칙적으로 첩포 24시간 후에 patch를 제거하고 제거에 의한 일과성 홍반의 소실을 기다려 관찰 · 판정한다.
- **시험결과 및 평가** : 홍반, 부종 등의 정도를 피부과 전문의 또는 이와 동등한 자가 판정하고 평가한다.

068

기능성화장품이 아닌 일반 화장품의 효능으로 옳은 것은?

① 주름 개선에 도움을 준다.

② 화학적 체모 제거

③ 탈모 증상의 완화

④ 일시적 모공수축

⑤ 피부 장벽의 기능을 회복하여 피부 가려움 등의 개선

답 ④

해 기능성화장품의 종류를 정확히 숙지 하여야 한다.

분류	기능성화장품의 범위
화장품법	가. 피부의 미백에 도움을 주는 제품 나. 피부의 주름개선에 도움을 주는 제품 다. 피부를 곱게 태워주거나 자외선으로부터 피부를 보호하는 데에 도움을 주는 제품 라. 모발의 색상 변화·제거 또는 영양공급에 도움을 주는 제품 마. 피부나 모발의 기능 약화로 인한 건조함, 갈라짐, 빠짐, 각질화 등을 방지하거나 개선하는데 도움을 주는 제품
화장품법 시행규칙	1. 피부에 멜라닌색소가 침착하는 것을 방지하여 기미·주근깨 등의 생성을 억제함으로써 피부의 미백에 도움을 주는 기능을 가진 화장품 2. 피부에 침착된 멜라닌색소의 색을 엷게 하여 피부의 미백에 도움을 주는 기능을 가진 화장품 3. 피부에 탄력을 주어 피부의 주름을 완화 또는 개선하는 기능을 가진 화장품 4. 강한 햇볕을 방지하여 피부를 곱게 태워주는 기능을 가진 화장품 5. 자외선을 차단 또는 산란시켜 자외선으로부터 피부를 보호하는 기능을 가진 화장품 6. 모발의 색상을 변화[탈염(脫染)·탈색(脫色)을 포함한다.]시키는 기능을 가진 화장품. 다만, 일시적으로 모발의 색상을 변화시키는 제품은 제외한다. 7. 체모를 제거하는 기능을 가진 화장품. 다만, 물리적으로 체모를 제거하는 제품은 제외한다. 8. 탈모 증상의 완화에 도움을 주는 화장품. 다만, 코팅 등 물리적으로 모발을 굵게 보이게 하는 제품은 제외한다. 9. 여드름성 피부를 완화하는데 도움을 주는 화장품. 다만, 인체세정용 제품류로 한정한다. 10. 피부장벽(피부의 가장 바깥 쪽에 존재하는 각질층의 표피)의 기능을 회복하여 가려움 등의 개선에 도움을 주는 화장품 11. 튼살로 인한 붉은 선을 엷게 하는데 도움을 주는 화장품

069

다음은 위해성 평가 과정이다. 빈칸에 들어갈 용어로 바르게 짝지어진 것은?

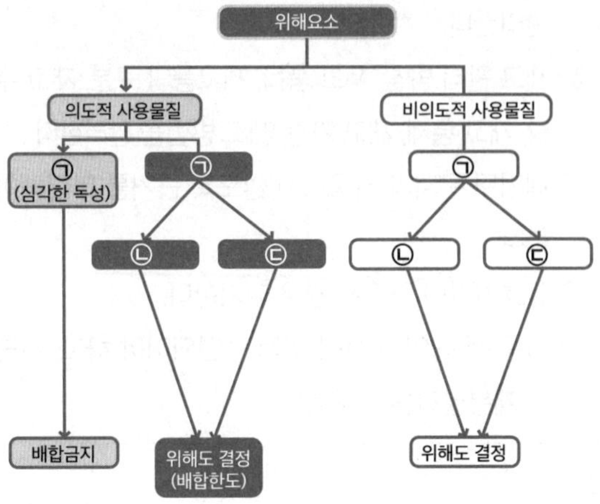

	㉠	㉡	㉢
①	위험성확인	위험성인지	노출평가
②	위험성확인	노출평가	위험성 결정
③	위험성결정	노출평가	위험성확인
④	위험성결정	위험성확인	노출평가
⑤	위험성확인	위험성결정	노출평가

답 ⑤

해

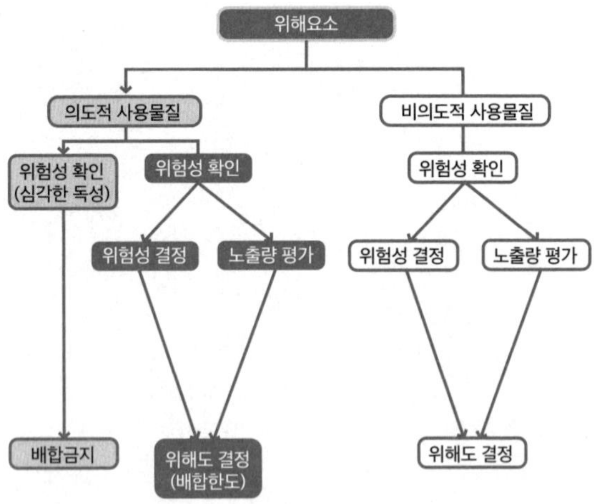

070

기능성화장품 심사에 관한 규정에서 독성시험법 중 1차피부자극시험에 대한 설명으로 옳은 것은?

① 피부 : 아무런 처치를 하지 않은 원래의 피부
② 투여 농도 및 용량 : 단일농도 투여 시에는 1ml(액체) 또는 1g(고체)를 투여량으로 한다.
③ 투여 방법 : 24시간 개방 또는 폐쇄첩포
④ 투여 경로 : 경구 또는 비경구 투여
⑤ 관찰 : 투여 후 6, 12, 24시간의 투여부위의 육안관찰을 한다.

답 ③

해 **1차피부자극시험**

가. Draize방법을 원칙으로 한다.
나. 시험 동물 : 백색 토끼 또는 기니픽
다. 동물 수 : 3마리 이상
라. 피부 : 털을 제거한 건강한 피부
마. 투여 면적 및 용량 : 피부 1차 자극성을 적절하게 평가 시 얻어질 수 있는 면적 및 용량
바. 투여 농도 및 용량 : 피부 1차 자극성을 평가하기에 적정한 농도와 용량을 설정한다. 단일농도 투여 시에는 0.5ml(액체) 또는 0.5g(고체)를 투여량으로 한다.
사. 투여 방법 : 24시간 개방 또는 폐쇄첩포
아. 투여 후 처치 : 무처치하지만 필요에 따라서 세정 등의 조작을 해도 좋다.
자. 관찰 : 투여 후 24, 48, 72시간의 투여부위의 육안관찰을 한다.
차. 시험 결과의 평가 : 피부 1차 자극성을 적절하게 평가 시 얻어지는 채점법으로 결정한다.

071

피부, 모발을 위한 기능성화장품의 기능으로 옳지 못한 것은?

① 건조함　② 갈라짐
③ 감염　④ 각질화
⑤ 빠짐

답 ③

해 **기능성화장품의 범위(화장품법)**

가. 피부의 미백에 도움을 주는 제품
나. 피부의 주름 개선에 도움을 주는 제품
다. 피부를 곱게 태워주거나 자외선으로부터 피부를 보호하는 데에 도움을 주는 제품
라. 모발의 색상 변화 · 제거 또는 영양공급에 도움을 주는 제품
마. 피부나 모발의 기능 약화로 인한 건조함, 갈라짐, 빠짐, 각질화 등을 방지하거나 개선하는데 도움을 주는 제품

072

[화장품 안전기준 등에 관한 규정]에 의해 제조가 가능한 화장품을 <보기>에서 모두 고른 것은?

〈보기〉
ㄱ. 헥사메칠렌테트라아민이 0.1% 함유된 샴푸
ㄴ. 2,4-디클로로벤질알코올이 0.1% 함유된 샴푸
ㄷ. 글루타랄이 0.1% 함유된 에어로졸 스프레이 제품
ㄹ. 소듐라우로일사코시네이트가 0.1% 함유된 크림
ㅁ. 아이오도프로피닐부틸카바메이트가 0.01% 함유된 데오도란트

① ㄱ, ㄴ　② ㄱ, ㄹ
③ ㄱ, ㅁ　④ ㄴ, ㅁ
⑤ ㄷ, ㄹ

답 ①

해 1. 메텐아민(헥사메칠렌테트라아민) 은 0.15% 사용한도가 있는 보존제이다.
2. 2,4-디클로로벤질알코올은 0.15% 사용한도가 있는 보존제이다.
3. 글루타랄은 0.1% 사용 한도가 있는 보존제 성분으로 에어로졸(스프레이에 한함)제품에는 사용금지이다.
4. 소듐라우로일사코시네이트는 사용 후 씻어내는 제품에만 사용할 수 있는 보존제로 보존제외 기타제품에는 사용금지이다.
5. 아이오도프로피닐부틸카바메이트(아이피비씨): 사용 후 씻어내는 제품에 0.02%, 사용 후 씻어내지 않는 제품에 0.01% (다만, 데오드란트에 배합할 때는 0.0075%)의 사용 한도가 있는 보존제 성분으로 입술에 사용되는 제품, 에어로졸(스프레이에 한함) 제품, 바디로션 및 바디크림에는 사용금지, 영유아용 제품류 또는 13세 이하 어린이가 사용할 수 있음을 특정하여 표시하는 제품에는 사용금지(목욕용 제품, 샤워젤류 및 샴푸류는 제외)

073

맞춤형화장품조제관리사가 맞춤형화장품에 대한 표시 사항과 행동으로 옳은 것은?

① "기능성화장품" 표시를 2차 포장에만 표시하였다.
② 1차포장이 유리로 된 재질이므로 제품명을 생략하였다.
③ 맞춤형화장품에 화장품명칭, 조제일, 사용기한을 적어서 소비자 테스트 제품으로 사용하였다.
④ 조제일자를 2차포장에만 기재하였다.
⑤ 알로에추출물을 사용한 제품명을 "알로에크림"으로 표시하고 전성분에 알로에 함량을 표시하지 않았다.

답 ①

074

화장품 제형의 안정성을 감소시키는 요인에 해당되지 않는 것은?

① 온도에 안정성이 낮은 원료를 공정 초기에 투입했다.
② 유화과정에서 생긴 기포
③ 교반기의 RPM 속도를 느리게 하여 유화 시간을 증가시켰다.
④ 제조 온도가 설정된 온도보다 지나치게 높으면 유화제의 HLB가 바뀌면서 전상 온도 이상의 온도에서는 상이 서로 바뀌어 유화 안정성에 문제가 생길 수 있다.
⑤ 휘발성이 있는 유용성원료를 유화 공정 시 냉각 후에 투입했다.

답 ⑤

해 ▶ **유화액의 안정성을 높이는 방법**
① 점증제를 사용하여 연속상의 점도를 높인다.
② 유화제와 내상의 농도(유화제, 오일왁스 등)를 높여 내상의 점도를 높인다.
③ 입자의 크기를 작게 하여 분산상과 연속상의 밀도 차이를 줄여준다.

▶ **제형의 안정성을 감소시키는 요인**
① 원료를 투입 혼합하는 순서가 바뀌면 외상과 내상의 상태가 달라질 수 있으며 또한 불안정한 미셀이 형성될 수 있어 분리 현상이 잘 일어난다. 기타 첨가물 및 휘발성 있는 원료나 향료는 냉각 후(45℃ 전후)에 투입해야 한다.
② 교반기의 RPM 속도가 느린 경우 유화입자가 커서 성상 및 점도가 달라지고 안정성에 문제가 발생하고 점증제 및 분산제의 분산이 어려워 덩어리가 생길 수 있다.
③ 가용화 또는 유화 공정 시 투입되는 온도가 지나치게 높으면 유화제의 HLB가 바뀌면서 상이 바뀌어 불안 정한 상이 형성되어 안정성에 문제가 생길 수 있으며 산패의 원인이 될 수 있다.
④ 유화제품의 경우 기포가 다량 발생하므로 진공상태에서 기포를 제거하지 않으면 제품의 점도, 비중에 영향을 미치며 산패의 원인이 되기도 하여 안정성에 문제가 발생할 수도 있다.

075

기능성화장품 기준 및 시험방법에 대한 설명으로 옳은 것은?

① 비타민 A 정량법은 원자흡광광도법에 따라 정량하는 방법이다.

② 액상 원료의 형광을 관찰할 때에는 백색 배경을 사용한다.

③ 향취에 대한 시험 규정이 따로 없는 한 10g을 100mL 비커에 취하여 시험한다.

④ 액성의 산성, 알칼리성 측정은 따로 규정이 없는 한 리트머스지를 사용해서 시험한다.

⑤ 화장품 원료의 시험은 따로 규정이 없는 한 실온에서 실시한다.

답 ④

해 ① 비타민 A 정량법은 자외부흡광광도계를 사용하여 정량한다.(기능성화장품 기준및 시험방법 (별표3) 레티놀 참조)

② 색조의 경우 직접 발라서 색상을 확인하거나 슬라이드 글라스에 눌러서 백색 또는 흑색의 배경을 사용하여 대조한다. 형광을 관찰할 때는 흑색의 배경을 사용한다.

③ **향취**: 표준품을 선정하여 100mL 비이커에 1g의 내용물을 담아 코를 대고 향취를 맡거나 피부에 직접 도포 또는 시향지를 이용하여 향취를 맡은 후 대조한다.

⑤ **실온**: 1 ~ 30℃, 상온: 15 ~ 25℃ 화장품 원료의 시험은 따로 규정이 없는 한 상온에서 실시한다. 겨울에는 실측편차가 심하여 실온에서는 측정할 수 없다.

076

화장품 안전기준 등에 관한 규정에 의해 판매할 수 있는 화장품은?

① 벤질알코올 2% 넣은 로션

② 만수국아재비꽃추출물을 0.02% 넣은 에센스

③ 징크피리치온이 0.5% 함유된 크림

④ 6-히이드록시인돌이 1% 함유된 산화염모제

⑤ 벤조페논-4를 5% 넣은 자외선차단크림

답 ⑤

해 ① **벤질알코올**: 1% 사용 한도(염모제10%)

② **만수국아재비꽃 추출물 또는 오일**: 사용 후 씻어내는 제품에 0.1% 사용 한도, 사용 후 씻어내지 않는 제품에 0.01% 사용 한도 있음

- 원료 중 알파 테르티에닐(테르티오펜) 함량은 0.35% 이하
- 자외선 차단제품 또는 자외선을 이용한 태닝(천연 또는 인공)을 목적으로 하는 제품에는 사용금지
- 만수국꽃 추출물 또는 오일과 혼합 사용 시 '사용 후 씻어내는 제품'에 0.1%, '사용 후 씻어내지 않는 제품'에 0.01%를 초과하지 않아야 함

③ **징크피리치온**: 사용 후 씻어내는 제품에 보존제로서 0.5%, 비듬 및 가려움을 덜어주고 씻어내는 제품(샴푸, 린스) 및 탈모 증상의 완화에 도움을 주는 화장품에 총 징크피리치온으로서 1.0% 사용 한도

④ **6-히이드록시인돌**: 0.5% 사용 한도

⑤ **벤조페논-4**: 5% 사용 한도

077

다음 보기에서 예시한 제품이 1차 포장 또는 2차 포장에 기재 표시하지 않아도 되는 내용은?

〈보기〉

제품명: 장미꽃오일 코롱

내용량: 100mL

제조국: 프랑스

전성분: 에탄올,정제수,장미꽃오일,토코페릴아세테이트,리날룰

① 바코드
② 장미꽃오일 함량
③ 용량
④ 제조국
⑤ 주의 사항

답 ②

해 방향용 제품류의 경우에 제품명에 원료명이 기재되어도 원료 함량을 표시하지 않는다.

078

크림타입의 폼클렌저 포장 용기로 광택이 없고, 수분 투과 및 유분에 강한 포장 재질로 적합한 것은?

① 고밀도 폴리에틸렌 (HDPE)
② 저밀도 폴리에틸렌 (LDPE)
③ 폴리스티렌 (PS)
④ 폴리염화비닐(PVC)
⑤ 폴리프로필렌(PP)

답 ①

해

포장재 종류	특징
저밀도 폴리에틸렌 (LDPE)	반투명, 광택, 유연성 우수(병, 튜브, 마개, 패킹 등)
고밀도 폴리에틸렌 (HDPE)	광택이 없음, 수분 투과가 적음(화장수, 유화 제품, 린스 등의 용기, 튜브 등)
폴리프로필렌 (PP)	반투명, 광택, 내약품성 우수, 내충격성 우수, 잘 부러지지 않음(원터치캡 등)
폴리스티렌 (PS)	딱딱함, 투명, 광택, 치수 안정성 우수, 내약품성이 나쁨(콤팩트, 스틱용기, 캡 등)
AS 수지	투명, 광택, 내충격성, 내유성 우수(콤팩트, 스틱 용기 등)
ABS 수지	내충격성 양호, 금속 느낌을 주기 위한 도금 소재로 사용
PVC	투명, 성형 가공성 우수(리필용기, 샴푸용기, 린스용기 등)
PET	딱딱함, 투명성 우수, 광택, 내약품성 우수(일반 기초화장품용기 등)
소다 석회 유리	투명 유리
칼리 납 유리	굴절률이 매우 높음(고급 용기, 향수 용기 등)
유백색 유리	유백색 색상 용기로 주로 사용(크림, 로션 등의 용기)
알루미늄	가공성 우수
황동	금과 비슷한 색상으로 코팅용 소재로 사용
스테인리스 스틸	부식이 잘 되지 않음, 금속성 광택 우수
철	녹슬기 쉬우나 저렴함(부탄가스, 스프레이용기 등)

079

맞춤형화장품에 사용되는 내용물 및 취급에 대한 설명으로 옳은 것은?

① 화장품책임판매업자로부터 로션 내용물을 10kg 납품받아 사용하였다.
② 인터넷 쇼핑몰에서 판매하는 제품을 구매하여 소분 판매하였다.
③ 내용물에 대한 성적서는 맞춤형화장품조제관리사가 작성하여 보관하였다.
④ 화장품책임판매업자에게 판매내역서를 보고했다.
⑤ 소비자를 위해 미리 깨끗한 용기에 소분하고 라벨링 하였다.

답 ①

해 소비자용 제품은 맞춤형화장품내용물로 사용할 수 없으며 납품받은 내용물에 대한 성적서는 책임판매업자로부터 받아서 보관해야 한다. 판매내역서는 자체 보관을 하면 되고 전성분에 대한 품목보고는 식약처장에게 보고하며 맞춤형화장품은 미리 조제하여 보관할 수 없다.

080

자외선차단지수에 대한 내용으로 옳은 것은?

① UVB를 사람의 피부에 조사한 후 16 ~ 24시간의 범위에 조사영역의 전 영역에 홍반을 나타낼 수 있는 최소한의 자외선 조사량을 최소홍반량이라고 한다.

② UVA차단지수 측정 시 290㎚ 이하의 파장은 적절한 필터를 이용하여 제거한 태양광과 유사한 인공태양광조사기(solar simulator) 또는 이와 유사한 광원을 사용한다.

③ 자외선A차단지수가 8~16 미만인 경우 PA++로 등급을 표시한다.

④ 자외선차단지수의 95% 신뢰구간은 자외선차단지수(SPF)의 ±25% 이내이어야 한다. 다만 이 조건에 적합하지 않으면 표본 수를 늘리거나 시험조건을 재설정하여 다시 시험한다.

⑤ 자외선차단화장품의 자외선차단지수(SPF)는 자외선차단지수 계산 방법에 따라 얻어진 자외선차단지수(SPF) 값의 소수점까지 표시한다.

답 ①

해 자외선의 분류

분류	파장
UVA	320~400㎚의 장파장, 진피까지 도달하여 색소침착 및 콜라겐손상. 유리, 구름 등으로 차단이 안됨
UVB	290~320nm의 중파장, 표피 및 진피의 상부까지 침투 색소침착, 일광화상 및 홍반 발생, 피부암 유발 가능성
UVC	200~290nm의 단파장, 대기에서 대부분 차단되며 피부암을 유발시킴

① **자외선차단지수(Sun Protection Factor, SPF)** : UVB를 차단하는 제품의 차단효과를 나타내는 지수로서 자외선차단제품을 도포하여 얻은 최소홍반량을 자외선차단제품을 도포하지 않고 얻은 최소홍반량으로 나눈 값이다.

② **최소홍반량(Minimum Erythema Dose, MED)** : UVB를 사람의 피부에 조사한 후 16 ~ 24시간의 범위 내에 조사영역의 전 영역에 홍반을 나타낼 수 있는 최소한의 자외선 조사량을 말한다.

③ **최소지속형즉시흑화량(Minimal Persistent Pigment darkening Dose, MPPD)** : UVA를 사람의 피부에 조사한 후 2 ~ 24시간의 범위내에, 조사영역의 전 영역에 희미한 흑화가 인식되는 최소 자외선 조사량을 말한다.

④ **자외선A차단지수(Protection Factor of UVA, PFA)** : UVA를 차단하는 제품의 차단효과를 나타내는 지수로 자외선A차단제품을 도포하여 얻은 최소지속형즉시흑화량을 자외선A차단제품을 도포하지 않고 얻은 최소지속형즉시흑화량으로 나눈 값이다(PFA). 값의 소수점 이하는 버리고 정수로 표시한다. 자외선A 범위에서 연속적인 스펙트럼을 가진 자외선으로 태양광의 비율과 유사한 것을 선정하여 측정한다.

⑤ **자외선A차단등급(Protection grade of UVA)** : UVA 차단효과의 정도를 나타내며 약칭은 피·에이(PA)라 한다.

- 그 외 하권 부록 기능성화장품심사에관한 규정 (자외선차단지수 측정방법) 참고
- 자외선차단지수(SPF)는 제품 무도포부위의 최소홍반량(MEDu)과 제품 도포부위의 최소홍반량(MEDp)를 구하고 다음 계산식에 따라 각 피험자의 자외선차단지수(SPFi)를 계산하여 그 산술평균값으로 한다. 자외선차단지수의 95% 신뢰구간은 자외선차단지수(SPF)의 ±20% 이내이어야 한다. 다만 이 조건에 적합하지 않으면 표본 수를 늘리거나 시험조건을 재설정하여 다시 시험한다.
- 자외선차단화장품의 자외선차단지수(SPF)는 자외선차단지수 계산 방법에 따라 얻어진 자외선차단지수(SPF) 값의 소수점 이하는 버리고 정수로 표시한다(예 SPF30).

자외선A차단등급 분류

자외선A차단지수 (PFA)	자외선A차단등급 (PA)	자외선A차단효과
2 이상 4 미만	PA+	낮음
4 이상 8 미만	PA++	보통
8 이상 16 미만	PA+++	높음
16 이상	PA++++	매우 높음

081

괄호 안에 들어갈 법령 용어를 작성하시오.

> 화장품법은 화장품의 제조 · 수입 · (　　) 및 (　　) 등에 관한 사항을 규정함으로써 국민 보건 향상과 화장품 산업의 발전에 기여함을 목적으로 한다.

답 판매,수출

해 1) 화장품법의 목적
이 법은 화장품의 제조 · 수입 · 판매 및 수출 등에 관한 사항을 규정함으로써 국민보건 향상과 화장품 산업의 발전에 기여함을 목적으로 한다.

082

괄호 안에 들어갈 법령 용어를 작성하시오.

> 천연화장품 및 유기농화장품에 사용할 수 있는 원료 중 자연에서 대체하기 곤란한 허용기타원료, 허용 (　　)는 5% 이내에서 사용할 수 있으며, (　　) 부분은 2%를 초과할 수 없다.

답 합성원료, 석유화학

해 자연에서 대체하기 곤란한 허용기타원료(별표 3), 허용합성 원료(별표 4)는 5% 이내에서 사용할 수 있으며, 석유화학 부분(petrochemical moiety의 합)은 2%를 초과할 수 없다.

083

영유아용 화장품 표시 광고에 대한 안전성 자료의 보관기간에 관한 내용이다. 괄호에 들어갈 법령 용어를 순서대로 작성하시오.

> 영유아용 화장품의 (　ㄱ　)에 사용기한을 표시하는 경우 영유아 또는 어린이가 사용할 수 있는 화장품임을 표시·광고한 날부터 마지막으로 제조·수입된 제품의 사용기한 만료일 이후 (　ㄴ　)까지의 기간. 이 경우 제조는 화장품의 제조 번호에 따른 제조 일자를 기준으로 하며, 수입은 통관 일자를 기준으로 한다.

답 1차포장, 1년

해 **[영유아 및 어린이화장품의 안전성 자료의 보관기간]**

ㄱ. **화장품의 1차 포장에 사용기한을 표시하는 경우** : 영유아 또는 어린이가 사용할 수 있는 화장품임을 표시 광고한 날부터 마지막으로 제조·수입된 제품의 사용기한 만료일 이후 1년까지의 기간. 이 경우 제조는 화장품의 제조 번호에 따른 제조 일자를 기준으로 하며, 수입은 통관 일자를 기준으로 한다.

ㄴ. **화장품의 1차 포장에 개봉 후 사용기간을 표시하는 경우** : 영유아 또는 어린이가 사용할 수 있는 화장품임을 표시·광고한 날부터 마지막으로 제조·수입된 제품의 제조연월일 이후 3년까지의 기간. 이 경우 제조는 화장품의 제조번호에 따른 제조 일자를 기준으로 하며, 수입은 통관 일자를 기준으로 한다.

084

괄호에 들어갈 내용을 한글로 적으시오.

> 세포간 지질을 구성하는 주성분의 대표적 3가지는 세라마이드, (ㄱ), 자유지방산이다.

답 콜레스테롤

해 표피 지질은 각질 세포의 사이사이를 메워주는 역할을 하는 성분으로서 이러한 지질 성분의 함량 변화는 피부를 건조하게 하는 원인 중 하나이다. 지질은 세포와 세포 사이를 더 단단하게 결합하고 수분 손실을 막기 위해 라멜라(lamella)구조를 이루고 있다. 표피 지질구성 성분은 세라마이드(50%), 자유지방산(30%), 콜레스테롤(15%), 콜레스테릴 에스테르 등으로 구성되어 있어서 피부장벽 기능을 회복하고 유지하는 데 중요한 역할을 한다.

정상적인 지질층의 구성은 각질 세포의 정상적인 분열, 분화와 밀접한 관계가 있다.

① **세라마이드**: 세포간지질 성분 중 가장 많이 구성하고 있는 물질로 피부 장벽을 튼튼하게 하도록 도움을 주는 물질로 사용된다.

② **콜레스테롤**: 세포간지질을 구성하는 성분 중 주요 성분으로 스테로이드 호르몬, 담즙산, 비타민D의 합성 전구체로 사용된다.

③ **지방산(자유지방산)**: 1개의 카르복실기를 가지는 카르복실산으로 세포 내에 흡수되어 에너지원으로 사용된다.

085

다음에서 말하는 얼굴 부위를 한글로 쓰시오.

> • 피지 분비량이 적어 피부가 쉽게 거칠어지고 다른 피부와 달리 각질층이 얇다.
> • 이 부위에 사용되는 화장품은 윤기, 색조, 광택, 윤곽 장조 등 사용 목적에 따라 여러 가지 제형의 제품이 있다.
> • 아이오도프로피닐부틸카바메이트는 (ㄱ)에 사용되는 제품, 에어로졸 제품, 바디로션 및 바디크림에는 사용금지다.

답 입술

086

화장품 안전기준 등에 관한 규정 중 유통화장품안전관리 기준에서 미생물 한도에 대한 내용이다. 법령에서 규정하는 숫자를 순서대로 적으시오.

> 영유아용 제품류의 총호기성 생균수는 (ㄱ)개/g(mL)이하, 물휴지의 세균수 (ㄴ)개/g(mL) 이하, 진균수 (ㄴ)개/g(mL) 이하이다.

답 500개, 100개

087

( )안에 들어갈 용어를 순서대로 작성하시오.

> • 유화는 서로 혼합되지 않는 성격이 다른 두 물질이 계면활성제에 의해 (ㄱ)이 낮아져서 균일하게 분산되도록 하여 용질인 오일이 용매인 물에 골고루 분산되어 있는 상태이다.
> • 서로 성격이 다른 둘 이상의 액체가 단일상으로 있는 것으로 크기가 1~1000nm(1nm~1μm)인 불용성 물질이 분산된 상태로 (ㄴ)은/는 다른 물질 속에 분산된 상태의 총칭이다.

답 계면장력, 콜로이드

해 • **에멀전(Emulsion, 유화)**: 서로 혼합되지 않는 성격의 전혀 다른 두 액체 중 한 액체(분산상, 내상)가 다른 액체(연속상, 외상)에 섞여 있는 것처럼 골고루 균일하게 분산된 상태로 두 개의 상을 갖는다. 유화제에 의해 계면장력이 낮아져 용질인 오일이 용매인 물에 골고루 분산되어 있는 상태이다. 이를 이용한 화장품은 유백색의 형상을 가지는 크림류, 로션류 등이 있다.

• **콜로이드(colloid)** : 용매와 용질이 완전히 혼합되어 단일상을 이루는 용액과 달리, 크기가 1~1000nm(1nm~1μm)인 불용성 물질이 분산된 상태로 다른 물질과 혼합되어 있는 물질을 말한다. 졸(액체에 분산된 고체 콜로이드), 에어로졸(기체에 분산된 액체 또는 고체콜로이드), 에멀전, 하이드로졸, 거품(액체에 분산된 기체 콜로이드) 등 다양한 종류의 콜로이드 상태가 존재한다.

088

다음은 자외선차단제 기능성화장품의 시험 성적서이다. 기준에 맞지 않는 시험 항목 2개를 고르시오.

〈보기〉

시험항목	시험기준	시험결과
pH	유통화장품안전 관리기준	9
점도	2500~3000	2800
내용량	표시량 150mL	144g
비중	0.980~1.0	1.001
총호기성 생균수	유통화장품안전 관리기준	1.01 + 10^3개/g(mL)
납	유통화장품안전 관리기준	1㎍/g
수은	유통화장품안전 관리기준	0.1㎍/g
에칠헥실메톡시신나메이트	함량 7.0%	6.5%

답 내용량, 총호기성생균수

해 비중이 1.001 이므로(부피x비중 = 질량) 150mL의 중량은 150.15이다. 내용량은 97% 이상이므로 150.15x0.97 = 145.6 따라서 충진 시 145.6~150.15g을 충진하면 된다. 위 내용에서 144g의 내용량은 기준에서 벗어난다. 총호기성생균수는 1010.1개/g(mL) 이므로 기준에서 벗어난다.

pH : 3~9
점도: 자체 기준
내용량: 표시량의 97% 이상
비중: 자체기준
총호기성생균수: 1,000개/g(mL) 이하.대장균, 녹농균, 황색포도상구균은 불검출.
납: 20㎍/g 이하. 점토를 원료로 사용한 분말제품은 50㎍/g 이하
수은: 1㎍/g 이하
에칠헥실메톡시신나메이트: 7.5% 사용 한도

089

다음은 자료 제출이 생략되는 기능성화장품 중 자외선차단성분의 최대 사용 함량을 나타낸 것이다. 괄호 안에 들어갈 숫자를 순서대로 작성하시오.

디에칠아미노하이드록시벤조일헥실 벤조에이트 : 10%
벤조페논-8 : 3%
시녹세이트 : 5%
벤조페논-3 :(ㄱ)%
비스-에칠헥실옥시페놀메톡시 페닐트리아진 : (ㄴ)%

답 5, 10

해

번호	성분명	최대함량
1	드로메트리졸	1%
2	디갈로일트리올리에이트	5%
3	4-메칠벤질리덴캠퍼	4%
4	멘틸안트라닐레이트	5%
5	벤조페논-3	5%
6	벤조페논-4	5%
7	벤조페논-8	3%
8	부틸메톡시디벤조일메탄	5%
9	시녹세이트	5%
10	에칠헥실트리아존	5%
11	옥토크릴렌	10%
12	에칠헥실디메칠파바	8%
13	에칠헥실메톡시신나메이트	7.5%
14	에칠헥실살리실레이트	5%
15	페닐벤즈이미다졸설포닉애씨드	4%
16	호모살레이트	10%
17	징크옥사이드	25% (자외선차단성분으로서)
18	티타늄디옥사이드	25% (자외선차단성분으로서)
19	이소아밀p-메톡시신나메이트	10%
20	비스-에칠헥실옥시페놀메톡시 페닐트리아진	10%

21	디소듐페닐디벤즈이미다졸테트라 설포네이트	산으로 10%
22	드로메트리졸트리실록산	15%
23	디에칠헥실부타미도트리아존	10%
24	폴리실리콘-15 (디메치코디에칠벤잘말로네이트)	10%
25	메칠렌비스-벤조트리아졸릴테트라 메칠부틸페놀	10%
26	테레프탈릴리덴디캠퍼설포닉애씨드 및 그 염류	산으로 10%
27	디에칠아미노하이드록시벤조일헥실 벤조에이트	10%

090

다음은 화장품법 시행규칙에서 규정하는 기능성화장품의 범위에 대한 일부 내용이다. 괄호 안에 들어갈 내용을 해당 법령에 기재된 용어 그대로 작성하시오.

피부장벽(피부의 가장 바깥쪽에 존재하는 (ㄱ) 의 표피)의 기능을 회복하여 가려움 등의 개선에 도움을 주는 화장품

답 각질층

091

화장품법 시행규칙 중 기능성화장품의 심사 규정에서 안전성에 관한 자료에 대한 내용이다. 괄호 안에 들어갈 용어를 법령 그대로 작성하시오.

( )은/는 접촉 피부염의 원인을 파악하기 위해 원인 추정 물질을 몸에 붙여 반응을 조사 하는 시험을 말한다.

답 인체첩포시험

092

괄호 안에 들어갈 내용을 해당 법령에 기재된 용어 그대로 작성하시오.

화장품책임판매업자 및 맞춤형화장품판매업자는 화장품을 판매할 때에는 어린이가 화장품을 잘못 사용하여 인체에 위해를 끼치는 사고가 발생하지 아니하도록 ( )을/를 사용하여야 한다.

답 안전용기 포장

해 화장품법 제9조(안전용기·포장 등)

① 화장품책임판매업자 및 맞춤형화장품판매업자는 화장품을 판매할 때에는 어린이가 화장품을 잘못 사용하여 인체에 위해를 끼치는 사고가 발생하지 아니하도록 안전용기·포장을 사용하여야 한다.

② 제1항에 따라 안전용기·포장을 사용하여야 할 품목 및 용기·포장의 기준 등에 관해서는 총리령으로 정한다.

093

다음은 바디크림 75g에 사용된 원료와 향료 함량이다. 알레르기 표시를 해야 하는 성분을 모두 고르시오.

〈보기〉

원료	함량(g)
에칠트라이실록세인	5
사이클로메치콘	2
리날룰	0.005
쿠마린	0.0005
하이드록시시트로넬알	0.005

답 리날룰, 하이드록시시트로넬알

해 **리날룰** : 0.005g ÷ 75g x100 = 0.0066%

쿠마린 : 0.0005 ÷ 75g x100 = 0.00066%

하이드록시시트로넬알 : 0.005g ÷ 75g x100 = 0.0066%

*1g에 함유된 향유의 %를 구하기 위해서는 향료 양에 제품 양을 나누어주면 1g에 대한 양이 나오면 이것을 다시 %로 바꾸어주면 된다.

사용 후 씻어내는 제품(샴푸, 린스, 바디클렌저 등)에는 0.01% 초과, 사용 후 씻어내지 않는 제품(토너, 로션, 크림 등)에는 0.001% 초과 함유하는 경우에 알레르기 성분명을 전성분명에 표시해야 한다. 에칠트라이실록세인과 사이클로메치콘은 실리콘오일로서 알러지 성분이 아니다.

094

다음은 화장품에 공통으로 표시해야 하는 기재 사항이다. 법령에 기재된 용어를 그대로 작성하시오.

1) 화장품 사용 시 또는 사용 후 (㉠)에 의하여 사용 부위가 붉은 반점, 부어오름 또는 가려움증 등의 이상 증상이나 부작용이 있는 경우 전문의 등과 상담할 것
2) 상처가 있는 부위 등에는 사용을 자제할 것
3) 보관 및 취급 시의 주의 사항
   가) (㉡)이/가 닿지 않는 곳에 보관할 것
   나) (㉠)을/를 피해서 보관할 것

답 직사광선, 어린이의 손

095

립스틱의 단단함(hardness)을 측정하려고 할 때 사용하는 장비명을 작성하시오.

답 경도계

해 **경도계**: 물체의 경도를 측정
점도계: 유체의 점성도를 측정
레오미터(유변계): 유동상태에 따라 점도가 바뀌는 경우 점도 측정

096

화장품 표시 광고 범위 및 준수사항에 관한 내용이다. 괄호에 들어갈 법률 용어를 그대로 작성하시오.

(ㄱ)의 가공품이 함유된 화장품임을 표현하거나 암시하는 표시 광고를 하지 말 것

답 국제적 멸종 위기종

097

염모제 성분으로 산화염모제에 사용할 때 농도상한을 순서대로 작성하시오.

- P-니트로-O-페닐렌디아민 : 1.5%
- 니트로-P-페닐렌디아민 : 3.0%
- 톨루엔-2,5-디아민 : (ㄱ)%
- 2-아미노-4-니트로페놀 : 2.5%
- 5-아미노-O-크레솔 : (ㄴ)%
- 5-아미노-6-클로로-O-크레솔 : 1.0%

답 2, 1

해 이론서 상권 화장품사용제한 원료 중 염모제 성분의 제한 참조

098

괄호 안에 들어갈 숫자를 순서대로 작성하시오.

부틸메톡시디벤조일메탄은 자외선 흡수제 성분으로 최대 함량은 (ㄱ)% 이고, 변색방지제로 사용될 때의 배합 한도는 (ㄴ)% 이다.

답 5, 0.5

해 사용 한도가 있는 원료 중 자외선차단성분의 제한 및 주석에서 확인하세요

099

다음은 화장품법 시행규칙 제7조 책임판매 후 안전관리 기준이다. 괄호에 들어갈 내용을 법령에 기재된 용어 그대로 작성하시오.

① "안전관리 정보"란 화장품의 품질, 안전성·유효성, 그밖에 적정 사용을 위한 정보를 말한다.
② (㉠)란 화장품책임판매 후 안전관리 업무 중 정보 수집, 검토 및 그 결과에 따른 필요한 조치(이하 "안전확보 조치"라 한다)에 관한 업무를 말한다.
③ (㉠) 업무에 관련된 조직 및 인원: 화장품책임판매업자는 (㉡)를 두어야 하며, (㉠) 업무를 적정하고 원활하게 수행할 능력을 갖추는 인원을 충분히 갖추어야 한다.

답 ㉠ 안전확보, ㉡ (화장품)책임판매관리자

100

다음에서 설명하는 특징을 가진 원료 2가지를 한글로 작성하시오.

〈보기〉

1. 고급지방산과 결합하여 비누화 반응을 하여 비누를 형성한다.
2. 천연화장품, 유기농화장품에서 정하는 미네랄 유래 원료이다.
3. 천연화장품 및 유기농화장품을 제조하는 작업장에서 세척제로 사용할 수 있다.

답 가성가리(수산화칼륨,포타슘하이드록사이드), 가성소다(소듐하이드록사이드,수산화나트륨)

해 고급지방산은 알칼리 성분과 결합하여 비누화 반응을 일으킨다.

- **고급지방산(fatty acid)**: 지방산은 대부분 동물성 유지의 주성분이며, 탄소수가 많은 유기산으로 카르복 시기(-COOH)를 가지며 알칼리성 물질과 중화반응을 일으킬 수 있어 R-COOH 등으로 표시되는 화합 물로, 천연의 유지와 밀납 등에 에스터로 함유되어 있다.
- 고급 지방산은 탄화수소 사슬이 긴 지방산 물질을 통칭하며 유화 안정화제 용도 및 화장비누, 크림타입의 클렌징폼 등에 주로 사용된다.
- 라우릭애씨드, 미리스틱애씨드, 팔미틱애씨드, 스테아릭애씨드 등이 있다.

MEMO

맞춤형화장품조제관리사 답안지

응시일	년 월 일
고사장	
고사실	

※ OMR카드 작성요령

1. 감독관 지시에 따라 응답지를 작성할 것.
2. 반드시 컴퓨터용싸인펜을 사용할 것.
3. 인적사항은 좌측부터, 성명은 복모음에 유의하여 작성할 것.

수 험 번 호

⓪①②③④⑤⑥⑦⑧⑨	⓪①②③④⑤⑥⑦⑧⑨	⓪①②③④⑤⑥⑦⑧⑨	⓪①②③④⑤⑥⑦⑧⑨	⓪①②③④⑤⑥⑦⑧⑨	⓪①②③④⑤⑥⑦⑧⑨	⓪①②③④⑤⑥⑦⑧⑨	⓪①②③④⑤⑥⑦⑧⑨

성 명

ㄱㄲㄴㄷㄸㄹㅁㅂㅃㅅㅆㅇㅈㅉㅊㅋㅌㅍㅎ / ㅏㅐㅑㅒㅓㅔㅕㅖㅗㅘㅙㅚㅛㅜㅝㅞㅟㅠㅡㅢㅣ / ㄱㄲㄴㄷㄸㄹㅁㅂㅃㅅㅆㅇㅈㅉㅊㅋㅌㅍㅎ	ㄱㄲㄴㄷㄸㄹㅁㅂㅃㅅㅆㅇㅈㅉㅊㅋㅌㅍㅎ / ㅏㅐㅑㅒㅓㅔㅕㅖㅗㅘㅙㅚㅛㅜㅝㅞㅟㅠㅡㅢㅣ / ㄱㄲㄴㄷㄸㄹㅁㅂㅃㅅㅆㅇㅈㅉㅊㅋㅌㅍㅎ	ㄱㄲㄴㄷㄸㄹㅁㅂㅃㅅㅆㅇㅈㅉㅊㅋㅌㅍㅎ / ㅏㅐㅑㅒㅓㅔㅕㅖㅗㅘㅙㅚㅛㅜㅝㅞㅟㅠㅡㅢㅣ / ㄱㄲㄴㄷㄸㄹㅁㅂㅃㅅㅆㅇㅈㅉㅊㅋㅌㅍㅎ	ㄱㄲㄴㄷㄸㄹㅁㅂㅃㅅㅆㅇㅈㅉㅊㅋㅌㅍㅎ / ㅏㅐㅑㅒㅓㅔㅕㅖㅗㅘㅙㅚㅛㅜㅝㅞㅟㅠㅡㅢㅣ / ㄱㄲㄴㄷㄸㄹㅁㅂㅃㅅㅆㅇㅈㅉㅊㅋㅌㅍㅎ

선 다 형 답 란

1	①②③④⑤	21	①②③④⑤	41	①②③④⑤	61	①②③④⑤
2	①②③④⑤	22	①②③④⑤	42	①②③④⑤	62	①②③④⑤
3	①②③④⑤	23	①②③④⑤	43	①②③④⑤	63	①②③④⑤
4	①②③④⑤	24	①②③④⑤	44	①②③④⑤	64	①②③④⑤
5	①②③④⑤	25	①②③④⑤	45	①②③④⑤	65	①②③④⑤
6	①②③④⑤	26	①②③④⑤	46	①②③④⑤	66	①②③④⑤
7	①②③④⑤	27	①②③④⑤	47	①②③④⑤	67	①②③④⑤
8	①②③④⑤	28	①②③④⑤	48	①②③④⑤	68	①②③④⑤
9	①②③④⑤	29	①②③④⑤	49	①②③④⑤	69	①②③④⑤
10	①②③④⑤	30	①②③④⑤	50	①②③④⑤	70	①②③④⑤
11	①②③④⑤	31	①②③④⑤	51	①②③④⑤	71	①②③④⑤
12	①②③④⑤	32	①②③④⑤	52	①②③④⑤	72	①②③④⑤
13	①②③④⑤	33	①②③④⑤	53	①②③④⑤	73	①②③④⑤
14	①②③④⑤	34	①②③④⑤	54	①②③④⑤	74	①②③④⑤
15	①②③④⑤	35	①②③④⑤	55	①②③④⑤	75	①②③④⑤
16	①②③④⑤	36	①②③④⑤	56	①②③④⑤	76	①②③④⑤
17	①②③④⑤	37	①②③④⑤	57	①②③④⑤	77	①②③④⑤
18	①②③④⑤	38	①②③④⑤	58	①②③④⑤	78	①②③④⑤
19	①②③④⑤	39	①②③④⑤	59	①②③④⑤	79	①②③④⑤
20	①②③④⑤	40	①②③④⑤	60	①②③④⑤	80	①②③④⑤

*연습용 답안지

단 답 형 답 란							
81		86		91		96	
82		87		92		97	
83		88		93		98	
84		89		94		99	
85		90		95		100	

맞춤형화장품조제관리사 답안지

응시일	년 월 일
고사장	
고사실	

※ OMR카드 작성요령

1. 감독관 지시에 따라 응답지를 작성할 것.
2. 반드시 컴퓨터용싸인펜을 사용할 것.
3. 인적사항은 좌측부터, 성명은 복모음에 유의하여 작성할 것.

수험번호

⓪	⓪	⓪	⓪	⓪	⓪	⓪	⓪
①	①	①	①	①	①	①	①
②	②	②	②	②	②	②	②
③	③	③	③	③	③	③	③
④	④	④	④	④	④	④	④
⑤	⑤	⑤	⑤	⑤	⑤	⑤	⑤
⑥	⑥	⑥	⑥	⑥	⑥	⑥	⑥
⑦	⑦	⑦	⑦	⑦	⑦	⑦	⑦
⑧	⑧	⑧	⑧	⑧	⑧	⑧	⑧
⑨	⑨	⑨	⑨	⑨	⑨	⑨	⑨

성명

ㄱ	ㅏ	ㄱ	ㄱ	ㅏ	ㄱ	ㄱ	ㅏ	ㄱ	ㄱ	ㅏ	ㄱ
ㄲ	ㅐ	ㄲ	ㄲ	ㅐ	ㄲ	ㄲ	ㅐ	ㄲ	ㄲ	ㅐ	ㄲ
ㄴ	ㅑ	ㄴ	ㄴ	ㅑ	ㄴ	ㄴ	ㅑ	ㄴ	ㄴ	ㅑ	ㄴ
ㄷ	ㅒ	ㄷ	ㄷ	ㅒ	ㄷ	ㄷ	ㅒ	ㄷ	ㄷ	ㅒ	ㄷ
ㄸ	ㅓ	ㄸ	ㄸ	ㅓ	ㄸ	ㄸ	ㅓ	ㄸ	ㄸ	ㅓ	ㄸ
ㄹ	ㅔ	ㄹ	ㄹ	ㅔ	ㄹ	ㄹ	ㅔ	ㄹ	ㄹ	ㅔ	ㄹ
ㅁ	ㅕ	ㅁ	ㅁ	ㅕ	ㅁ	ㅁ	ㅕ	ㅁ	ㅁ	ㅕ	ㅁ
ㅂ	ㅖ	ㅂ	ㅂ	ㅖ	ㅂ	ㅂ	ㅖ	ㅂ	ㅂ	ㅖ	ㅂ
ㅃ	ㅗ	ㅃ	ㅃ	ㅗ	ㅃ	ㅃ	ㅗ	ㅃ	ㅃ	ㅗ	ㅃ
ㅅ	ㅘ	ㅅ	ㅅ	ㅘ	ㅅ	ㅅ	ㅘ	ㅅ	ㅅ	ㅘ	ㅅ
ㅆ	ㅙ	ㅆ	ㅆ	ㅙ	ㅆ	ㅆ	ㅙ	ㅆ	ㅆ	ㅙ	ㅆ
ㅇ	ㅚ	ㅇ	ㅇ	ㅚ	ㅇ	ㅇ	ㅚ	ㅇ	ㅇ	ㅚ	ㅇ
ㅈ	ㅛ	ㅈ	ㅈ	ㅛ	ㅈ	ㅈ	ㅛ	ㅈ	ㅈ	ㅛ	ㅈ
ㅉ	ㅜ	ㅉ	ㅉ	ㅜ	ㅉ	ㅉ	ㅜ	ㅉ	ㅉ	ㅜ	ㅉ
ㅊ	ㅝ	ㅊ	ㅊ	ㅝ	ㅊ	ㅊ	ㅝ	ㅊ	ㅊ	ㅝ	ㅊ
ㅋ	ㅞ	ㅋ	ㅋ	ㅞ	ㅋ	ㅋ	ㅞ	ㅋ	ㅋ	ㅞ	ㅋ
ㅌ	ㅟ	ㅌ	ㅌ	ㅟ	ㅌ	ㅌ	ㅟ	ㅌ	ㅌ	ㅟ	ㅌ
ㅍ	ㅠ	ㅍ	ㅍ	ㅠ	ㅍ	ㅍ	ㅠ	ㅍ	ㅍ	ㅠ	ㅍ
ㅎ	ㅡ	ㅎ	ㅎ	ㅡ	ㅎ	ㅎ	ㅡ	ㅎ	ㅎ	ㅡ	ㅎ
	ㅢ			ㅢ			ㅢ			ㅢ	
	ㅣ			ㅣ			ㅣ			ㅣ	

선다형 답란

1	① ② ③ ④ ⑤	21	① ② ③ ④ ⑤	41	① ② ③ ④ ⑤	61	① ② ③ ④ ⑤
2	① ② ③ ④ ⑤	22	① ② ③ ④ ⑤	42	① ② ③ ④ ⑤	62	① ② ③ ④ ⑤
3	① ② ③ ④ ⑤	23	① ② ③ ④ ⑤	43	① ② ③ ④ ⑤	63	① ② ③ ④ ⑤
4	① ② ③ ④ ⑤	24	① ② ③ ④ ⑤	44	① ② ③ ④ ⑤	64	① ② ③ ④ ⑤
5	① ② ③ ④ ⑤	**25**	① ② ③ ④ ⑤	**45**	① ② ③ ④ ⑤	**65**	① ② ③ ④ ⑤
6	① ② ③ ④ ⑤	26	① ② ③ ④ ⑤	46	① ② ③ ④ ⑤	66	① ② ③ ④ ⑤
7	① ② ③ ④ ⑤	27	① ② ③ ④ ⑤	47	① ② ③ ④ ⑤	67	① ② ③ ④ ⑤
8	① ② ③ ④ ⑤	28	① ② ③ ④ ⑤	48	① ② ③ ④ ⑤	68	① ② ③ ④ ⑤
9	① ② ③ ④ ⑤	29	① ② ③ ④ ⑤	49	① ② ③ ④ ⑤	69	① ② ③ ④ ⑤
10	① ② ③ ④ ⑤	**30**	① ② ③ ④ ⑤	**50**	① ② ③ ④ ⑤	**70**	① ② ③ ④ ⑤
11	① ② ③ ④ ⑤	31	① ② ③ ④ ⑤	51	① ② ③ ④ ⑤	71	① ② ③ ④ ⑤
12	① ② ③ ④ ⑤	32	① ② ③ ④ ⑤	52	① ② ③ ④ ⑤	72	① ② ③ ④ ⑤
13	① ② ③ ④ ⑤	33	① ② ③ ④ ⑤	53	① ② ③ ④ ⑤	73	① ② ③ ④ ⑤
14	① ② ③ ④ ⑤	34	① ② ③ ④ ⑤	54	① ② ③ ④ ⑤	74	① ② ③ ④ ⑤
15	① ② ③ ④ ⑤	**35**	① ② ③ ④ ⑤	**55**	① ② ③ ④ ⑤	**75**	① ② ③ ④ ⑤
16	① ② ③ ④ ⑤	36	① ② ③ ④ ⑤	56	① ② ③ ④ ⑤	76	① ② ③ ④ ⑤
17	① ② ③ ④ ⑤	37	① ② ③ ④ ⑤	57	① ② ③ ④ ⑤	77	① ② ③ ④ ⑤
18	① ② ③ ④ ⑤	38	① ② ③ ④ ⑤	58	① ② ③ ④ ⑤	78	① ② ③ ④ ⑤
19	① ② ③ ④ ⑤	39	① ② ③ ④ ⑤	59	① ② ③ ④ ⑤	79	① ② ③ ④ ⑤
20	① ② ③ ④ ⑤	**40**	① ② ③ ④ ⑤	**60**	① ② ③ ④ ⑤	**80**	① ② ③ ④ ⑤

*연습용 답안지

단 답 형 답 란							
81		86		91		96	
82		87		92		97	
83		88		93		98	
84		89		94		99	
85		90		95		100	

맞춤형화장품조제관리사 답안지

응시일	년 월 일
고사장	
고사실	

※ OMR카드 작성요령

1. 감독관 지시에 따라 응답지를 작성할 것.
2. 반드시 컴퓨터용싸인펜을 사용할 것.
3. 인적사항은 좌측부터, 성명은 복모음에 유의하여 작성할 것.

수 험 번 호

0	0	0	0	0	0	0	0
1	1	1	1	1	1	1	1
2	2	2	2	2	2	2	2
3	3	3	3	3	3	3	3
4	4	4	4	4	4	4	4
5	5	5	5	5	5	5	5
6	6	6	6	6	6	6	6
7	7	7	7	7	7	7	7
8	8	8	8	8	8	8	8
9	9	9	9	9	9	9	9

성 명

ㄱ	ㅏ	ㄱ	ㄱ	ㅏ	ㄱ	ㄱ	ㅏ	ㄱ	ㄱ	ㅏ	ㄱ
ㄲ	ㅐ	ㄲ	ㄲ	ㅐ	ㄲ	ㄲ	ㅐ	ㄲ	ㄲ	ㅐ	ㄲ
ㄴ	ㅑ	ㄴ	ㄴ	ㅑ	ㄴ	ㄴ	ㅑ	ㄴ	ㄴ	ㅑ	ㄴ
ㄷ	ㅒ	ㄷ	ㄷ	ㅒ	ㄷ	ㄷ	ㅒ	ㄷ	ㄷ	ㅒ	ㄷ
ㄸ	ㅓ	ㄸ	ㄸ	ㅓ	ㄸ	ㄸ	ㅓ	ㄸ	ㄸ	ㅓ	ㄸ
ㄹ	ㅔ	ㄹ	ㄹ	ㅔ	ㄹ	ㄹ	ㅔ	ㄹ	ㄹ	ㅔ	ㄹ
ㅁ	ㅕ	ㅁ	ㅁ	ㅕ	ㅁ	ㅁ	ㅕ	ㅁ	ㅁ	ㅕ	ㅁ
ㅂ	ㅖ	ㅂ	ㅂ	ㅖ	ㅂ	ㅂ	ㅖ	ㅂ	ㅂ	ㅖ	ㅂ
ㅃ	ㅗ	ㅃ	ㅃ	ㅗ	ㅃ	ㅃ	ㅗ	ㅃ	ㅃ	ㅗ	ㅃ
ㅅ	ㅘ	ㅅ	ㅅ	ㅘ	ㅅ	ㅅ	ㅘ	ㅅ	ㅅ	ㅘ	ㅅ
ㅆ	ㅙ	ㅆ	ㅆ	ㅙ	ㅆ	ㅆ	ㅙ	ㅆ	ㅆ	ㅙ	ㅆ
ㅇ	ㅚ	ㅇ	ㅇ	ㅚ	ㅇ	ㅇ	ㅚ	ㅇ	ㅇ	ㅚ	ㅇ
ㅈ	ㅛ	ㅈ	ㅈ	ㅛ	ㅈ	ㅈ	ㅛ	ㅈ	ㅈ	ㅛ	ㅈ
ㅉ	ㅜ	ㅉ	ㅉ	ㅜ	ㅉ	ㅉ	ㅜ	ㅉ	ㅉ	ㅜ	ㅉ
ㅊ	ㅝ	ㅊ	ㅊ	ㅝ	ㅊ	ㅊ	ㅝ	ㅊ	ㅊ	ㅝ	ㅊ
ㅋ	ㅞ	ㅋ	ㅋ	ㅞ	ㅋ	ㅋ	ㅞ	ㅋ	ㅋ	ㅞ	ㅋ
ㅌ	ㅟ	ㅌ	ㅌ	ㅟ	ㅌ	ㅌ	ㅟ	ㅌ	ㅌ	ㅟ	ㅌ
ㅍ	ㅠ	ㅍ	ㅍ	ㅠ	ㅍ	ㅍ	ㅠ	ㅍ	ㅍ	ㅠ	ㅍ
ㅎ	ㅡ	ㅎ	ㅎ	ㅡ	ㅎ	ㅎ	ㅡ	ㅎ	ㅎ	ㅡ	ㅎ
	ㅢ			ㅢ			ㅢ			ㅢ	
	ㅣ			ㅣ			ㅣ			ㅣ	

선 다 형 답 란

1	① ② ③ ④ ⑤	21	① ② ③ ④ ⑤	41	① ② ③ ④ ⑤	61	① ② ③ ④ ⑤
2	① ② ③ ④ ⑤	22	① ② ③ ④ ⑤	42	① ② ③ ④ ⑤	62	① ② ③ ④ ⑤
3	① ② ③ ④ ⑤	23	① ② ③ ④ ⑤	43	① ② ③ ④ ⑤	63	① ② ③ ④ ⑤
4	① ② ③ ④ ⑤	24	① ② ③ ④ ⑤	44	① ② ③ ④ ⑤	64	① ② ③ ④ ⑤
5	① ② ③ ④ ⑤	25	① ② ③ ④ ⑤	45	① ② ③ ④ ⑤	65	① ② ③ ④ ⑤
6	① ② ③ ④ ⑤	26	① ② ③ ④ ⑤	46	① ② ③ ④ ⑤	66	① ② ③ ④ ⑤
7	① ② ③ ④ ⑤	27	① ② ③ ④ ⑤	47	① ② ③ ④ ⑤	67	① ② ③ ④ ⑤
8	① ② ③ ④ ⑤	28	① ② ③ ④ ⑤	48	① ② ③ ④ ⑤	68	① ② ③ ④ ⑤
9	① ② ③ ④ ⑤	29	① ② ③ ④ ⑤	49	① ② ③ ④ ⑤	69	① ② ③ ④ ⑤
10	① ② ③ ④ ⑤	30	① ② ③ ④ ⑤	50	① ② ③ ④ ⑤	70	① ② ③ ④ ⑤
11	① ② ③ ④ ⑤	31	① ② ③ ④ ⑤	51	① ② ③ ④ ⑤	71	① ② ③ ④ ⑤
12	① ② ③ ④ ⑤	32	① ② ③ ④ ⑤	52	① ② ③ ④ ⑤	72	① ② ③ ④ ⑤
13	① ② ③ ④ ⑤	33	① ② ③ ④ ⑤	53	① ② ③ ④ ⑤	73	① ② ③ ④ ⑤
14	① ② ③ ④ ⑤	34	① ② ③ ④ ⑤	54	① ② ③ ④ ⑤	74	① ② ③ ④ ⑤
15	① ② ③ ④ ⑤	35	① ② ③ ④ ⑤	55	① ② ③ ④ ⑤	75	① ② ③ ④ ⑤
16	① ② ③ ④ ⑤	36	① ② ③ ④ ⑤	56	① ② ③ ④ ⑤	76	① ② ③ ④ ⑤
17	① ② ③ ④ ⑤	37	① ② ③ ④ ⑤	57	① ② ③ ④ ⑤	77	① ② ③ ④ ⑤
18	① ② ③ ④ ⑤	38	① ② ③ ④ ⑤	58	① ② ③ ④ ⑤	78	① ② ③ ④ ⑤
19	① ② ③ ④ ⑤	39	① ② ③ ④ ⑤	59	① ② ③ ④ ⑤	79	① ② ③ ④ ⑤
20	① ② ③ ④ ⑤	40	① ② ③ ④ ⑤	60	① ② ③ ④ ⑤	80	① ② ③ ④ ⑤

*연습용 답안지

단답형 답란							
81		86		91		96	
82		87		92		97	
83		88		93		98	
84		89		94		99	
85		90		95		100	

맞춤형화장품조제관리사 답안지

응시일	년 월 일
고사장	
고사실	

※ OMR카드 작성요령

1. 감독관 지시에 따라 응답지를 작성할 것.
2. 반드시 컴퓨터용싸인펜을 사용할 것.
3. 인적사항은 좌측부터, 성명은 복모음에 유의하여 작성할 것.

수 험 번 호

⓪①②③④⑤⑥⑦⑧⑨	⓪①②③④⑤⑥⑦⑧⑨	⓪①②③④⑤⑥⑦⑧⑨	⓪①②③④⑤⑥⑦⑧⑨	⓪①②③④⑤⑥⑦⑧⑨	⓪①②③④⑤⑥⑦⑧⑨	⓪①②③④⑤⑥⑦⑧⑨	⓪①②③④⑤⑥⑦⑧⑨

성 명

ㄱㄲㄴㄷㄸㄹㅁㅂㅃㅅㅆㅇㅈㅉㅊㅋㅌㅍㅎ / ㅏㅐㅑㅒㅓㅔㅕㅖㅗㅘㅙㅚㅛㅜㅝㅞㅟㅠㅡㅢㅣ / ㄱㄲㄴㄷㄸㄹㅁㅂㅃㅅㅆㅇㅈㅉㅊㅋㅌㅍㅎ	ㄱㄲㄴㄷㄸㄹㅁㅂㅃㅅㅆㅇㅈㅉㅊㅋㅌㅍㅎ / ㅏㅐㅑㅒㅓㅔㅕㅖㅗㅘㅙㅚㅛㅜㅝㅞㅟㅠㅡㅢㅣ / ㄱㄲㄴㄷㄸㄹㅁㅂㅃㅅㅆㅇㅈㅉㅊㅋㅌㅍㅎ	ㄱㄲㄴㄷㄸㄹㅁㅂㅃㅅㅆㅇㅈㅉㅊㅋㅌㅍㅎ / ㅏㅐㅑㅒㅓㅔㅕㅖㅗㅘㅙㅚㅛㅜㅝㅞㅟㅠㅡㅢㅣ / ㄱㄲㄴㄷㄸㄹㅁㅂㅃㅅㅆㅇㅈㅉㅊㅋㅌㅍㅎ	ㄱㄲㄴㄷㄸㄹㅁㅂㅃㅅㅆㅇㅈㅉㅊㅋㅌㅍㅎ / ㅏㅐㅑㅒㅓㅔㅕㅖㅗㅘㅙㅚㅛㅜㅝㅞㅟㅠㅡㅢㅣ / ㄱㄲㄴㄷㄸㄹㅁㅂㅃㅅㅆㅇㅈㅉㅊㅋㅌㅍㅎ

선 다 형 답 란

1	①②③④⑤	21	①②③④⑤	41	①②③④⑤	61	①②③④⑤
2	①②③④⑤	22	①②③④⑤	42	①②③④⑤	62	①②③④⑤
3	①②③④⑤	23	①②③④⑤	43	①②③④⑤	63	①②③④⑤
4	①②③④⑤	24	①②③④⑤	44	①②③④⑤	64	①②③④⑤
5	①②③④⑤	**25**	①②③④⑤	**45**	①②③④⑤	**65**	①②③④⑤
6	①②③④⑤	26	①②③④⑤	46	①②③④⑤	66	①②③④⑤
7	①②③④⑤	27	①②③④⑤	47	①②③④⑤	67	①②③④⑤
8	①②③④⑤	28	①②③④⑤	48	①②③④⑤	68	①②③④⑤
9	①②③④⑤	29	①②③④⑤	49	①②③④⑤	69	①②③④⑤
10	①②③④⑤	**30**	①②③④⑤	**50**	①②③④⑤	**70**	①②③④⑤
11	①②③④⑤	31	①②③④⑤	51	①②③④⑤	71	①②③④⑤
12	①②③④⑤	32	①②③④⑤	52	①②③④⑤	72	①②③④⑤
13	①②③④⑤	33	①②③④⑤	53	①②③④⑤	73	①②③④⑤
14	①②③④⑤	34	①②③④⑤	54	①②③④⑤	74	①②③④⑤
15	①②③④⑤	**35**	①②③④⑤	**55**	①②③④⑤	**75**	①②③④⑤
16	①②③④⑤	36	①②③④⑤	56	①②③④⑤	76	①②③④⑤
17	①②③④⑤	37	①②③④⑤	57	①②③④⑤	77	①②③④⑤
18	①②③④⑤	38	①②③④⑤	58	①②③④⑤	78	①②③④⑤
19	①②③④⑤	39	①②③④⑤	59	①②③④⑤	79	①②③④⑤
20	①②③④⑤	**40**	①②③④⑤	**60**	①②③④⑤	**80**	①②③④⑤

*연습용 답안지

단 답 형 답 란							
81		86		91		96	
82		87		92		97	
83		88		93		98	
84		89		94		99	
85		90		95		100	

맞춤형화장품조제관리사 답안지

응시일	년 월 일
고사장	
고사실	

※ OMR카드 작성요령
1. 감독관 지시에 따라 응답지를 작성할 것. 2. 반드시 컴퓨터용싸인펜을 사용할 것. 3. 인적사항은 좌측부터, 성명은 복모음에 유의하여 작성할 것.

수	험	번	호				
⓪	⓪	⓪	⓪	⓪	⓪	⓪	⓪
①	①	①	①	①	①	①	①
②	②	②	②	②	②	②	②
③	③	③	③	③	③	③	③
④	④	④	④	④	④	④	④
⑤	⑤	⑤	⑤	⑤	⑤	⑤	⑤
⑥	⑥	⑥	⑥	⑥	⑥	⑥	⑥
⑦	⑦	⑦	⑦	⑦	⑦	⑦	⑦
⑧	⑧	⑧	⑧	⑧	⑧	⑧	⑧
⑨	⑨	⑨	⑨	⑨	⑨	⑨	⑨

성	명		
ㄱ ㄲ ㄴ ㄷ ㄸ ㄹ ㅁ ㅂ ㅃ ㅅ ㅆ ㅇ ㅈ ㅉ ㅊ ㅋ ㅌ ㅍ ㅎ ㅏ ㅐ ㅑ ㅒ ㅓ ㅔ ㅕ ㅖ ㅗ ㅘ ㅙ ㅚ ㅛ ㅜ ㅝ ㅞ ㅟ ㅠ ㅡ ㅢ ㅣ ㄱ ㄲ ㄴ ㄷ ㄸ ㄹ ㅁ ㅂ ㅃ ㅅ ㅆ ㅇ ㅈ ㅉ ㅊ ㅋ ㅌ ㅍ ㅎ	ㄱ ㄲ ㄴ ㄷ ㄸ ㄹ ㅁ ㅂ ㅃ ㅅ ㅆ ㅇ ㅈ ㅉ ㅊ ㅋ ㅌ ㅍ ㅎ ㅏ ㅐ ㅑ ㅒ ㅓ ㅔ ㅕ ㅖ ㅗ ㅘ ㅙ ㅚ ㅛ ㅜ ㅝ ㅞ ㅟ ㅠ ㅡ ㅢ ㅣ ㄱ ㄲ ㄴ ㄷ ㄸ ㄹ ㅁ ㅂ ㅃ ㅅ ㅆ ㅇ ㅈ ㅉ ㅊ ㅋ ㅌ ㅍ ㅎ	ㄱ ㄲ ㄴ ㄷ ㄸ ㄹ ㅁ ㅂ ㅃ ㅅ ㅆ ㅇ ㅈ ㅉ ㅊ ㅋ ㅌ ㅍ ㅎ ㅏ ㅐ ㅑ ㅒ ㅓ ㅔ ㅕ ㅖ ㅗ ㅘ ㅙ ㅚ ㅛ ㅜ ㅝ ㅞ ㅟ ㅠ ㅡ ㅢ ㅣ ㄱ ㄲ ㄴ ㄷ ㄸ ㄹ ㅁ ㅂ ㅃ ㅅ ㅆ ㅇ ㅈ ㅉ ㅊ ㅋ ㅌ ㅍ ㅎ	ㄱ ㄲ ㄴ ㄷ ㄸ ㄹ ㅁ ㅂ ㅃ ㅅ ㅆ ㅇ ㅈ ㅉ ㅊ ㅋ ㅌ ㅍ ㅎ ㅏ ㅐ ㅑ ㅒ ㅓ ㅔ ㅕ ㅖ ㅗ ㅘ ㅙ ㅚ ㅛ ㅜ ㅝ ㅞ ㅟ ㅠ ㅡ ㅢ ㅣ ㄱ ㄲ ㄴ ㄷ ㄸ ㄹ ㅁ ㅂ ㅃ ㅅ ㅆ ㅇ ㅈ ㅉ ㅊ ㅋ ㅌ ㅍ ㅎ

선 다 형 답 란							
1	① ② ③ ④ ⑤	21	① ② ③ ④ ⑤	41	① ② ③ ④ ⑤	61	① ② ③ ④ ⑤
2	① ② ③ ④ ⑤	22	① ② ③ ④ ⑤	42	① ② ③ ④ ⑤	62	① ② ③ ④ ⑤
3	① ② ③ ④ ⑤	23	① ② ③ ④ ⑤	43	① ② ③ ④ ⑤	63	① ② ③ ④ ⑤
4	① ② ③ ④ ⑤	24	① ② ③ ④ ⑤	44	① ② ③ ④ ⑤	64	① ② ③ ④ ⑤
5	① ② ③ ④ ⑤	**25**	① ② ③ ④ ⑤	**45**	① ② ③ ④ ⑤	**65**	① ② ③ ④ ⑤
6	① ② ③ ④ ⑤	26	① ② ③ ④ ⑤	46	① ② ③ ④ ⑤	66	① ② ③ ④ ⑤
7	① ② ③ ④ ⑤	27	① ② ③ ④ ⑤	47	① ② ③ ④ ⑤	67	① ② ③ ④ ⑤
8	① ② ③ ④ ⑤	28	① ② ③ ④ ⑤	48	① ② ③ ④ ⑤	68	① ② ③ ④ ⑤
9	① ② ③ ④ ⑤	29	① ② ③ ④ ⑤	49	① ② ③ ④ ⑤	69	① ② ③ ④ ⑤
10	① ② ③ ④ ⑤	**30**	① ② ③ ④ ⑤	**50**	① ② ③ ④ ⑤	**70**	① ② ③ ④ ⑤
11	① ② ③ ④ ⑤	31	① ② ③ ④ ⑤	51	① ② ③ ④ ⑤	71	① ② ③ ④ ⑤
12	① ② ③ ④ ⑤	32	① ② ③ ④ ⑤	52	① ② ③ ④ ⑤	72	① ② ③ ④ ⑤
13	① ② ③ ④ ⑤	33	① ② ③ ④ ⑤	53	① ② ③ ④ ⑤	73	① ② ③ ④ ⑤
14	① ② ③ ④ ⑤	34	① ② ③ ④ ⑤	54	① ② ③ ④ ⑤	74	① ② ③ ④ ⑤
15	① ② ③ ④ ⑤	**35**	① ② ③ ④ ⑤	**55**	① ② ③ ④ ⑤	**75**	① ② ③ ④ ⑤
16	① ② ③ ④ ⑤	36	① ② ③ ④ ⑤	56	① ② ③ ④ ⑤	76	① ② ③ ④ ⑤
17	① ② ③ ④ ⑤	37	① ② ③ ④ ⑤	57	① ② ③ ④ ⑤	77	① ② ③ ④ ⑤
18	① ② ③ ④ ⑤	38	① ② ③ ④ ⑤	58	① ② ③ ④ ⑤	78	① ② ③ ④ ⑤
19	① ② ③ ④ ⑤	39	① ② ③ ④ ⑤	59	① ② ③ ④ ⑤	79	① ② ③ ④ ⑤
20	① ② ③ ④ ⑤	**40**	① ② ③ ④ ⑤	**60**	① ② ③ ④ ⑤	**80**	① ② ③ ④ ⑤

*연습용 답안지

단 답 형 답 란							
81		86		91		96	
82		87		92		97	
83		88		93		98	
84		89		94		99	
85		90		95		100	

맞춤형화장품조제관리사 답안지

응시일	년 월 일
고사장	
고사실	

※ OMR카드 작성요령

1. 감독관 지시에 따라 응답지를 작성할 것.
2. 반드시 컴퓨터용싸인펜을 사용할 것.
3. 인적사항은 좌측부터, 성명은 복모음에 유의하여 작성할 것.

수 험 번 호

⓪	⓪	⓪	⓪	⓪	⓪	⓪	⓪
①	①	①	①	①	①	①	①
②	②	②	②	②	②	②	②
③	③	③	③	③	③	③	③
④	④	④	④	④	④	④	④
⑤	⑤	⑤	⑤	⑤	⑤	⑤	⑤
⑥	⑥	⑥	⑥	⑥	⑥	⑥	⑥
⑦	⑦	⑦	⑦	⑦	⑦	⑦	⑦
⑧	⑧	⑧	⑧	⑧	⑧	⑧	⑧
⑨	⑨	⑨	⑨	⑨	⑨	⑨	⑨

성 명

ㄱ	ㅏ	ㄱ	ㄱ	ㅏ	ㄱ	ㄱ	ㅏ	ㄱ	ㄱ	ㅏ	ㄱ
ㄲ	ㅐ	ㄲ	ㄲ	ㅐ	ㄲ	ㄲ	ㅐ	ㄲ	ㄲ	ㅐ	ㄲ
ㄴ	ㅑ	ㄴ	ㄴ	ㅑ	ㄴ	ㄴ	ㅑ	ㄴ	ㄴ	ㅑ	ㄴ
ㄷ	ㅒ	ㄷ	ㄷ	ㅒ	ㄷ	ㄷ	ㅒ	ㄷ	ㄷ	ㅒ	ㄷ
ㄸ	ㅓ	ㄸ	ㄸ	ㅓ	ㄸ	ㄸ	ㅓ	ㄸ	ㄸ	ㅓ	ㄸ
ㄹ	ㅔ	ㄹ	ㄹ	ㅔ	ㄹ	ㄹ	ㅔ	ㄹ	ㄹ	ㅔ	ㄹ
ㅁ	ㅕ	ㅁ	ㅁ	ㅕ	ㅁ	ㅁ	ㅕ	ㅁ	ㅁ	ㅕ	ㅁ
ㅂ	ㅖ	ㅂ	ㅂ	ㅖ	ㅂ	ㅂ	ㅖ	ㅂ	ㅂ	ㅖ	ㅂ
ㅃ	ㅗ	ㅃ	ㅃ	ㅗ	ㅃ	ㅃ	ㅗ	ㅃ	ㅃ	ㅗ	ㅃ
ㅅ	ㅘ	ㅅ	ㅅ	ㅘ	ㅅ	ㅅ	ㅘ	ㅅ	ㅅ	ㅘ	ㅅ
ㅆ	ㅙ	ㅆ	ㅆ	ㅙ	ㅆ	ㅆ	ㅙ	ㅆ	ㅆ	ㅙ	ㅆ
ㅇ	ㅚ	ㅇ	ㅇ	ㅚ	ㅇ	ㅇ	ㅚ	ㅇ	ㅇ	ㅚ	ㅇ
ㅈ	ㅛ	ㅈ	ㅈ	ㅛ	ㅈ	ㅈ	ㅛ	ㅈ	ㅈ	ㅛ	ㅈ
ㅉ	ㅜ	ㅉ	ㅉ	ㅜ	ㅉ	ㅉ	ㅜ	ㅉ	ㅉ	ㅜ	ㅉ
ㅊ	ㅝ	ㅊ	ㅊ	ㅝ	ㅊ	ㅊ	ㅝ	ㅊ	ㅊ	ㅝ	ㅊ
ㅋ	ㅞ	ㅋ	ㅋ	ㅞ	ㅋ	ㅋ	ㅞ	ㅋ	ㅋ	ㅞ	ㅋ
ㅌ	ㅟ	ㅌ	ㅌ	ㅟ	ㅌ	ㅌ	ㅟ	ㅌ	ㅌ	ㅟ	ㅌ
ㅍ	ㅠ	ㅍ	ㅍ	ㅠ	ㅍ	ㅍ	ㅠ	ㅍ	ㅍ	ㅠ	ㅍ
ㅎ	ㅡ	ㅎ	ㅎ	ㅡ	ㅎ	ㅎ	ㅡ	ㅎ	ㅎ	ㅡ	ㅎ
	ㅢ			ㅢ			ㅢ			ㅢ	
	ㅣ			ㅣ			ㅣ			ㅣ	

선 다 형 답 란

1	① ② ③ ④ ⑤	21	① ② ③ ④ ⑤	41	① ② ③ ④ ⑤	61	① ② ③ ④ ⑤
2	① ② ③ ④ ⑤	22	① ② ③ ④ ⑤	42	① ② ③ ④ ⑤	62	① ② ③ ④ ⑤
3	① ② ③ ④ ⑤	23	① ② ③ ④ ⑤	43	① ② ③ ④ ⑤	63	① ② ③ ④ ⑤
4	① ② ③ ④ ⑤	24	① ② ③ ④ ⑤	44	① ② ③ ④ ⑤	64	① ② ③ ④ ⑤
5	① ② ③ ④ ⑤	**25**	① ② ③ ④ ⑤	**45**	① ② ③ ④ ⑤	**65**	① ② ③ ④ ⑤
6	① ② ③ ④ ⑤	26	① ② ③ ④ ⑤	46	① ② ③ ④ ⑤	66	① ② ③ ④ ⑤
7	① ② ③ ④ ⑤	27	① ② ③ ④ ⑤	47	① ② ③ ④ ⑤	67	① ② ③ ④ ⑤
8	① ② ③ ④ ⑤	28	① ② ③ ④ ⑤	48	① ② ③ ④ ⑤	68	① ② ③ ④ ⑤
9	① ② ③ ④ ⑤	29	① ② ③ ④ ⑤	49	① ② ③ ④ ⑤	69	① ② ③ ④ ⑤
10	① ② ③ ④ ⑤	**30**	① ② ③ ④ ⑤	**50**	① ② ③ ④ ⑤	**70**	① ② ③ ④ ⑤
11	① ② ③ ④ ⑤	31	① ② ③ ④ ⑤	51	① ② ③ ④ ⑤	71	① ② ③ ④ ⑤
12	① ② ③ ④ ⑤	32	① ② ③ ④ ⑤	52	① ② ③ ④ ⑤	72	① ② ③ ④ ⑤
13	① ② ③ ④ ⑤	33	① ② ③ ④ ⑤	53	① ② ③ ④ ⑤	73	① ② ③ ④ ⑤
14	① ② ③ ④ ⑤	34	① ② ③ ④ ⑤	54	① ② ③ ④ ⑤	74	① ② ③ ④ ⑤
15	① ② ③ ④ ⑤	**35**	① ② ③ ④ ⑤	**55**	① ② ③ ④ ⑤	**75**	① ② ③ ④ ⑤
16	① ② ③ ④ ⑤	36	① ② ③ ④ ⑤	56	① ② ③ ④ ⑤	76	① ② ③ ④ ⑤
17	① ② ③ ④ ⑤	37	① ② ③ ④ ⑤	57	① ② ③ ④ ⑤	77	① ② ③ ④ ⑤
18	① ② ③ ④ ⑤	38	① ② ③ ④ ⑤	58	① ② ③ ④ ⑤	78	① ② ③ ④ ⑤
19	① ② ③ ④ ⑤	39	① ② ③ ④ ⑤	59	① ② ③ ④ ⑤	79	① ② ③ ④ ⑤
20	① ② ③ ④ ⑤	**40**	① ② ③ ④ ⑤	**60**	① ② ③ ④ ⑤	**80**	① ② ③ ④ ⑤

*연습용 답안지

단 답 형 답 란

81		86		91		96	
82		87		92		97	
83		88		93		98	
84		89		94		99	
85		90		95		100	

맞춤형화장품조제관리사 답안지

응시일	년 월 일
고사장	
고사실	

※ OMR카드 작성요령

1. 감독관 지시에 따라 응답지를 작성할 것.
2. 반드시 컴퓨터용싸인펜을 사용할 것.
3. 인적사항은 좌측부터, 성명은 복모음에 유의하여 작성할 것.

수 험 번 호

⓪	⓪	⓪	⓪	⓪	⓪	⓪	⓪
①	①	①	①	①	①	①	①
②	②	②	②	②	②	②	②
③	③	③	③	③	③	③	③
④	④	④	④	④	④	④	④
⑤	⑤	⑤	⑤	⑤	⑤	⑤	⑤
⑥	⑥	⑥	⑥	⑥	⑥	⑥	⑥
⑦	⑦	⑦	⑦	⑦	⑦	⑦	⑦
⑧	⑧	⑧	⑧	⑧	⑧	⑧	⑧
⑨	⑨	⑨	⑨	⑨	⑨	⑨	⑨

성 명

ㄱ	ㅏ	ㄱ	ㄱ	ㅏ	ㄱ	ㄱ	ㅏ	ㄱ	ㄱ	ㅏ	ㄱ
ㄲ	ㅐ	ㄲ	ㄲ	ㅐ	ㄲ	ㄲ	ㅐ	ㄲ	ㄲ	ㅐ	ㄲ
ㄴ	ㅑ	ㄴ	ㄴ	ㅑ	ㄴ	ㄴ	ㅑ	ㄴ	ㄴ	ㅑ	ㄴ
ㄷ	ㅒ	ㄷ	ㄷ	ㅒ	ㄷ	ㄷ	ㅒ	ㄷ	ㄷ	ㅒ	ㄷ
ㄸ	ㅓ	ㄸ	ㄸ	ㅓ	ㄸ	ㄸ	ㅓ	ㄸ	ㄸ	ㅓ	ㄸ
ㄹ	ㅔ	ㄹ	ㄹ	ㅔ	ㄹ	ㄹ	ㅔ	ㄹ	ㄹ	ㅔ	ㄹ
ㅁ	ㅕ	ㅁ	ㅁ	ㅕ	ㅁ	ㅁ	ㅕ	ㅁ	ㅁ	ㅕ	ㅁ
ㅂ	ㅖ	ㅂ	ㅂ	ㅖ	ㅂ	ㅂ	ㅖ	ㅂ	ㅂ	ㅖ	ㅂ
ㅃ	ㅗ	ㅃ	ㅃ	ㅗ	ㅃ	ㅃ	ㅗ	ㅃ	ㅃ	ㅗ	ㅃ
ㅅ	ㅘ	ㅅ	ㅅ	ㅘ	ㅅ	ㅅ	ㅘ	ㅅ	ㅅ	ㅘ	ㅅ
ㅆ	ㅙ	ㅆ	ㅆ	ㅙ	ㅆ	ㅆ	ㅙ	ㅆ	ㅆ	ㅙ	ㅆ
ㅇ	ㅚ	ㅇ	ㅇ	ㅚ	ㅇ	ㅇ	ㅚ	ㅇ	ㅇ	ㅚ	ㅇ
ㅈ	ㅛ	ㅈ	ㅈ	ㅛ	ㅈ	ㅈ	ㅛ	ㅈ	ㅈ	ㅛ	ㅈ
ㅉ	ㅜ	ㅉ	ㅉ	ㅜ	ㅉ	ㅉ	ㅜ	ㅉ	ㅉ	ㅜ	ㅉ
ㅊ	ㅝ	ㅊ	ㅊ	ㅝ	ㅊ	ㅊ	ㅝ	ㅊ	ㅊ	ㅝ	ㅊ
ㅋ	ㅞ	ㅋ	ㅋ	ㅞ	ㅋ	ㅋ	ㅞ	ㅋ	ㅋ	ㅞ	ㅋ
ㅌ	ㅟ	ㅌ	ㅌ	ㅟ	ㅌ	ㅌ	ㅟ	ㅌ	ㅌ	ㅟ	ㅌ
ㅍ	ㅠ	ㅍ	ㅍ	ㅠ	ㅍ	ㅍ	ㅠ	ㅍ	ㅍ	ㅠ	ㅍ
ㅎ	ㅡ	ㅎ	ㅎ	ㅡ	ㅎ	ㅎ	ㅡ	ㅎ	ㅎ	ㅡ	ㅎ
	ㅢ			ㅢ			ㅢ			ㅢ	
	ㅣ			ㅣ			ㅣ			ㅣ	

선 다 형 답 란

1	① ② ③ ④ ⑤	21	① ② ③ ④ ⑤	41	① ② ③ ④ ⑤	61	① ② ③ ④ ⑤
2	① ② ③ ④ ⑤	22	① ② ③ ④ ⑤	42	① ② ③ ④ ⑤	62	① ② ③ ④ ⑤
3	① ② ③ ④ ⑤	23	① ② ③ ④ ⑤	43	① ② ③ ④ ⑤	63	① ② ③ ④ ⑤
4	① ② ③ ④ ⑤	24	① ② ③ ④ ⑤	44	① ② ③ ④ ⑤	64	① ② ③ ④ ⑤
5	① ② ③ ④ ⑤	**25**	① ② ③ ④ ⑤	**45**	① ② ③ ④ ⑤	**65**	① ② ③ ④ ⑤
6	① ② ③ ④ ⑤	26	① ② ③ ④ ⑤	46	① ② ③ ④ ⑤	66	① ② ③ ④ ⑤
7	① ② ③ ④ ⑤	27	① ② ③ ④ ⑤	47	① ② ③ ④ ⑤	67	① ② ③ ④ ⑤
8	① ② ③ ④ ⑤	28	① ② ③ ④ ⑤	48	① ② ③ ④ ⑤	68	① ② ③ ④ ⑤
9	① ② ③ ④ ⑤	29	① ② ③ ④ ⑤	49	① ② ③ ④ ⑤	69	① ② ③ ④ ⑤
10	① ② ③ ④ ⑤	**30**	① ② ③ ④ ⑤	**50**	① ② ③ ④ ⑤	**70**	① ② ③ ④ ⑤
11	① ② ③ ④ ⑤	31	① ② ③ ④ ⑤	51	① ② ③ ④ ⑤	71	① ② ③ ④ ⑤
12	① ② ③ ④ ⑤	32	① ② ③ ④ ⑤	52	① ② ③ ④ ⑤	72	① ② ③ ④ ⑤
13	① ② ③ ④ ⑤	33	① ② ③ ④ ⑤	53	① ② ③ ④ ⑤	73	① ② ③ ④ ⑤
14	① ② ③ ④ ⑤	34	① ② ③ ④ ⑤	54	① ② ③ ④ ⑤	74	① ② ③ ④ ⑤
15	① ② ③ ④ ⑤	**35**	① ② ③ ④ ⑤	**55**	① ② ③ ④ ⑤	**75**	① ② ③ ④ ⑤
16	① ② ③ ④ ⑤	36	① ② ③ ④ ⑤	56	① ② ③ ④ ⑤	76	① ② ③ ④ ⑤
17	① ② ③ ④ ⑤	37	① ② ③ ④ ⑤	57	① ② ③ ④ ⑤	77	① ② ③ ④ ⑤
18	① ② ③ ④ ⑤	38	① ② ③ ④ ⑤	58	① ② ③ ④ ⑤	78	① ② ③ ④ ⑤
19	① ② ③ ④ ⑤	39	① ② ③ ④ ⑤	59	① ② ③ ④ ⑤	79	① ② ③ ④ ⑤
20	① ② ③ ④ ⑤	**40**	① ② ③ ④ ⑤	**60**	① ② ③ ④ ⑤	**80**	① ② ③ ④ ⑤

*연습용 답안지

단 답 형 답 란							
81		86		91		96	
82		87		92		97	
83		88		93		98	
84		89		94		99	
85		90		95		100	

맞춤형화장품조제관리사 답안지

응시일	년 월 일
고사장	
고사실	

※ OMR카드 작성요령

1. 감독관 지시에 따라 응답지를 작성할 것.
2. 반드시 컴퓨터용싸인펜을 사용할 것.
3. 인적사항은 좌측부터, 성명은 복모음에 유의하여 작성할 것.

수 험 번 호

⓪ ① ② ③ ④ ⑤ ⑥ ⑦ ⑧ ⑨	⓪ ① ② ③ ④ ⑤ ⑥ ⑦ ⑧ ⑨	⓪ ① ② ③ ④ ⑤ ⑥ ⑦ ⑧ ⑨	⓪ ① ② ③ ④ ⑤ ⑥ ⑦ ⑧ ⑨	⓪ ① ② ③ ④ ⑤ ⑥ ⑦ ⑧ ⑨	⓪ ① ② ③ ④ ⑤ ⑥ ⑦ ⑧ ⑨	⓪ ① ② ③ ④ ⑤ ⑥ ⑦ ⑧ ⑨	⓪ ① ② ③ ④ ⑤ ⑥ ⑦ ⑧ ⑨

성 명

ㄱ ㄲ ㄴ ㄷ ㄸ ㄹ ㅁ ㅂ ㅃ ㅅ ㅆ ㅇ ㅈ ㅉ ㅊ ㅋ ㅌ ㅍ ㅎ / ㅏ ㅐ ㅑ ㅒ ㅓ ㅔ ㅕ ㅖ ㅗ ㅘ ㅙ ㅚ ㅛ ㅜ ㅝ ㅞ ㅟ ㅠ ㅡ ㅢ ㅣ / ㄱ ㄲ ㄴ ㄷ ㄸ ㄹ ㅁ ㅂ ㅃ ㅅ ㅆ ㅇ ㅈ ㅉ ㅊ ㅋ ㅌ ㅍ ㅎ	ㄱ ㄲ ㄴ ㄷ ㄸ ㄹ ㅁ ㅂ ㅃ ㅅ ㅆ ㅇ ㅈ ㅉ ㅊ ㅋ ㅌ ㅍ ㅎ / ㅏ ㅐ ㅑ ㅒ ㅓ ㅔ ㅕ ㅖ ㅗ ㅘ ㅙ ㅚ ㅛ ㅜ ㅝ ㅞ ㅟ ㅠ ㅡ ㅢ ㅣ / ㄱ ㄲ ㄴ ㄷ ㄸ ㄹ ㅁ ㅂ ㅃ ㅅ ㅆ ㅇ ㅈ ㅉ ㅊ ㅋ ㅌ ㅍ ㅎ	ㄱ ㄲ ㄴ ㄷ ㄸ ㄹ ㅁ ㅂ ㅃ ㅅ ㅆ ㅇ ㅈ ㅉ ㅊ ㅋ ㅌ ㅍ ㅎ / ㅏ ㅐ ㅑ ㅒ ㅓ ㅔ ㅕ ㅖ ㅗ ㅘ ㅙ ㅚ ㅛ ㅜ ㅝ ㅞ ㅟ ㅠ ㅡ ㅢ ㅣ / ㄱ ㄲ ㄴ ㄷ ㄸ ㄹ ㅁ ㅂ ㅃ ㅅ ㅆ ㅇ ㅈ ㅉ ㅊ ㅋ ㅌ ㅍ ㅎ	ㄱ ㄲ ㄴ ㄷ ㄸ ㄹ ㅁ ㅂ ㅃ ㅅ ㅆ ㅇ ㅈ ㅉ ㅊ ㅋ ㅌ ㅍ ㅎ / ㅏ ㅐ ㅑ ㅒ ㅓ ㅔ ㅕ ㅖ ㅗ ㅘ ㅙ ㅚ ㅛ ㅜ ㅝ ㅞ ㅟ ㅠ ㅡ ㅢ ㅣ / ㄱ ㄲ ㄴ ㄷ ㄸ ㄹ ㅁ ㅂ ㅃ ㅅ ㅆ ㅇ ㅈ ㅉ ㅊ ㅋ ㅌ ㅍ ㅎ

선 다 형 답 란

1	① ② ③ ④ ⑤	21	① ② ③ ④ ⑤	41	① ② ③ ④ ⑤	61	① ② ③ ④ ⑤
2	① ② ③ ④ ⑤	22	① ② ③ ④ ⑤	42	① ② ③ ④ ⑤	62	① ② ③ ④ ⑤
3	① ② ③ ④ ⑤	23	① ② ③ ④ ⑤	43	① ② ③ ④ ⑤	63	① ② ③ ④ ⑤
4	① ② ③ ④ ⑤	24	① ② ③ ④ ⑤	44	① ② ③ ④ ⑤	64	① ② ③ ④ ⑤
5	① ② ③ ④ ⑤	**25**	① ② ③ ④ ⑤	**45**	① ② ③ ④ ⑤	**65**	① ② ③ ④ ⑤
6	① ② ③ ④ ⑤	26	① ② ③ ④ ⑤	46	① ② ③ ④ ⑤	66	① ② ③ ④ ⑤
7	① ② ③ ④ ⑤	27	① ② ③ ④ ⑤	47	① ② ③ ④ ⑤	67	① ② ③ ④ ⑤
8	① ② ③ ④ ⑤	28	① ② ③ ④ ⑤	48	① ② ③ ④ ⑤	68	① ② ③ ④ ⑤
9	① ② ③ ④ ⑤	29	① ② ③ ④ ⑤	49	① ② ③ ④ ⑤	69	① ② ③ ④ ⑤
10	① ② ③ ④ ⑤	**30**	① ② ③ ④ ⑤	**50**	① ② ③ ④ ⑤	**70**	① ② ③ ④ ⑤
11	① ② ③ ④ ⑤	31	① ② ③ ④ ⑤	51	① ② ③ ④ ⑤	71	① ② ③ ④ ⑤
12	① ② ③ ④ ⑤	32	① ② ③ ④ ⑤	52	① ② ③ ④ ⑤	72	① ② ③ ④ ⑤
13	① ② ③ ④ ⑤	33	① ② ③ ④ ⑤	53	① ② ③ ④ ⑤	73	① ② ③ ④ ⑤
14	① ② ③ ④ ⑤	34	① ② ③ ④ ⑤	54	① ② ③ ④ ⑤	74	① ② ③ ④ ⑤
15	① ② ③ ④ ⑤	**35**	① ② ③ ④ ⑤	**55**	① ② ③ ④ ⑤	**75**	① ② ③ ④ ⑤
16	① ② ③ ④ ⑤	36	① ② ③ ④ ⑤	56	① ② ③ ④ ⑤	76	① ② ③ ④ ⑤
17	① ② ③ ④ ⑤	37	① ② ③ ④ ⑤	57	① ② ③ ④ ⑤	77	① ② ③ ④ ⑤
18	① ② ③ ④ ⑤	38	① ② ③ ④ ⑤	58	① ② ③ ④ ⑤	78	① ② ③ ④ ⑤
19	① ② ③ ④ ⑤	39	① ② ③ ④ ⑤	59	① ② ③ ④ ⑤	79	① ② ③ ④ ⑤
20	① ② ③ ④ ⑤	**40**	① ② ③ ④ ⑤	**60**	① ② ③ ④ ⑤	**80**	① ② ③ ④ ⑤

*연습용 답안지

단 답 형 답 란							
81		86		91		96	
82		87		92		97	
83		88		93		98	
84		89		94		99	
85		90		95		100	

MEMO

전혜승

약력 및 경력

- 현) 미시우먼코스메틱 대표
- 현) 한국천연화장품협동조합 대표
- 현) 가천대학교 바이오나노대학 외래교수
- 현) (사)평생교육진흥연구회 화장품분과 교육원장
- 현) 대한맞춤형화장품조제관리사협회 이사
- 중앙대학교 의약식품대학원 향장학 석사
- 맞춤형화장품조제관리사
- 평생교육사 2급

최신판 전혜승 맞춤형화장품조제관리사 블랙박스 실전고사 8회분

발행일 2024년 8월 30일 **발행인** 조순자
저 자 전혜승 **디자인** 서시영
발행처 지식오름

정 가 48,000원 **ISBN** 979-11-93686-58-4